麦读
MyRead

走 向 上 的 路 　 追 求 正 义 与 智 慧

民商法原理与实务精讲系列

担保法精讲

体系解说与实务解答

吴光荣 著

Guaranty Law

Principles and Practice

中国民主法制出版社

全国百佳图书出版单位

前　言

一

本书是以笔者就《民法典担保解释》进行解读的授课内容为基础整理而成，因而保留了授课时的口语化表达。之所以决定将授课内容整理成书，主要是考虑到由于笔者近两年的授课往往限于法院系统，不少以前经常听笔者授课的朋友希望我能将授课内容整理出来，作为他们学习担保法的资料。当然，本书是第一本，后面还将陆续出版涉及物权法、合同法、公司法等方面的类似书籍。

《民法典》颁布后，最高人民法院及时开展司法解释的全面清理工作和新的配套司法解释的起草工作。《民法典》担保制度横跨《民法典》物权编和合同编，是优化营商环境的重要制度，也是司法实践中疑难问题最为突出的领域之一。为此，最高人民法院将制定《民法典担保解释》作为切实实施《民法典》的重大举措。

与以往的司法解释通常是在被解释的法律实施一段时间后才制定有所不同，《民法典担保解释》是在《民法典》虽已通过但未实施的背景下新制定的一部司法解释。同时，虽然最高人民法院在《民法典》实施前公布了七部新制定的司法解释，但除《民法典时间效力解释》系完全新制定的外，其他六部司法解释均是在清理以往司法解释的基础上制定。不过，与另外五部司法解释系仅在简单清理以往司法解释的基础上进行制定有所不同，《民法典担保解释》虽然也是在清理与原《担保法》有关的司法解释的基础上制定的，但是并未简单将凡是与《民法典》不冲突的规定都保留下来，而是另起炉灶，完全以问题为导向，仅针对实践中突出存在的问题进行规定，因此即使原《担保法解释》的规定与《民法典》并不冲突，也只有在该规定仍具有重大实践意义的情况下才予以保留。如此一来,《民法典担保解释》保留原《担保法解释》的规定就很少,反倒是增加了大量原《担保法解释》所没有的新规定。正因如此,实践中经常有人提出如下两个问题:其一,《民法典担保解释》与原《担保法解释》之间的关系如何处理?尤其是,《民法典担保解释》实施后,原《担保法解释》的规定在与《民法典》不冲突的情况下是否还有适用的空间?其二,为什么要在《民法典》尚未实施的情况下制定《民法典担保解释》?

第一个问题涉及新旧司法解释的衔接适用,本书第四讲将会全面回答这个问题。这里,简单谈谈笔者对第二个问题的看法。

二

尽管《民法典》对担保制度进行了重大发展,但是编纂《民法典》不同于制定一部全新的民事法律,《民法典》的主要内容仍来自已经被废止的九部民事法律,只不过借编纂《民法典》的机会,对九部民事法律进行了适当的修改。也正因为此,尽管《民法典担保解释》是在《民法典》实施前制定的司法解释,但这部司法解释所要解决的问题,并非都是《民法典》实施后才会出现的问题,而主要是原《担保法》和原《物权法》实施以来就长期困扰司法实践的疑难问题。也就是说,这些问题早就已经存在,且在《民法典》编纂完成前,最高人民法院已经对这些问题进行了广泛的研究,针对其中部分问题,也以各种方式不同程度地表达过裁判观点。例如最高人民法院在《民法典》通过前夕发布的《九民纪要》,就针对担保纠纷案件的审理作了大量规定。此外,也有不少指导案例涉及担保问题的处理。

《民法典担保解释》的第一个主要内容,就是要在总结司法实践经验的基础上,对这些长期困扰司法实践的疑难问题给出更加科学的答案,笔者称之为"顽疾根治"。"顽疾根治"的典型代表是该司法解释就公司对外提供担保问题作的规定。公司对外提供担保的合同效力与责任归属,一直是困扰司法实践的疑难问题。对于《公司法》第16条的规范性质,过去的理论研究和司法实践往往陷入管理性强制性规定与效力性强制性规定的两分法,导致对违反这一规定的法律后果只能作出或有或无的回答。《九民纪要》拨乱反正,认为《公司法》第16条在规范性质上属于赋权性规定,并据此认为违反这一规定构成越权代表,因此应根据原《合同法》第50条认定合同效力。这一思路显然是正确的。但是,《九民纪要》在对待相对人的审查义务方面以及关于无须公司决议之情形的规定都存在一定的缺陷,从而可能导致《公司法》第16条被架空。这又显然不符合立法精神。《民法典担保解释》既坚持了《九民纪要》确立的方向,又弥补了《九民纪要》存在的问题,从而为解决公司对外担保问题提供了科学的裁判依据。

《民法典担保解释》的第二个主要内容,是对《民法典》实施后必然会出现的裁判混乱现象作出预判并提前给出解决方案,从而避免"先乱后治"或者"边乱边治",笔者将此种情形称为"未乱先治"。"未乱先治"的典型代表是《民法典担保解释》关于共同担保中担保人之间追偿的规定。关于共同担保人之间能否相互追偿,原《物权法》实施起就成为困扰理论界和实务界的一个大问题。对此,《民法典》也没有正面给予明确回答,但从《民法典》未保留原《担保法》关于共同保证人可以相互追偿的规定来看,立法机关的意图还是很明确的,即原则上不承认共同担保人之间的相互追偿权。不过,由于《民法典》本身对此并无明确规定,且《民法典》在第700条规定了保证人的清偿代位权,在第519条规定了连带债务人之间的相互追偿,在第524条规定了第三人代为清偿后的法定债权转让,因此《民法典》通过后,绝大多数学者在对《民法典》进行解读时,认为《民法典》实际上已经承认共同担保人之间的相互追偿。孰是孰非?可以想象,如果在《民法典》实施前不能给出一个明确的答案,那么《民法典》一旦实施,司法实践必将一片混乱。不仅如此,如何确保司法解释给出的答案既能尊重立法机关的立法本意,又能照顾到《民法典》本身的逻辑体系和多数学者的意见,成为考验司法解释起草人智慧的一道难题。本书第十六讲将对司法解释就这一问题的相关规定的来龙去脉作详细介绍,此处不赘。

《民法典担保解释》的第三个主要内容,是对《民法典》就担保制度进行的重大政策调整作出有效回应,笔者称之为"因时而治"。《韩非子·心度》有"法与时转则治"的经典表述。习近平总书记在《充分认识颁布实施民法典重大意义,依法更好保障人民合法权益》的报告中亦指出:

"随着经济社会不断发展、经济社会生活中各种利益关系不断变化,民法典在实施过程中必然会遇到一些新情况新问题。这次新冠肺炎疫情防控的实践表明,新技术、新产业、新业态和人们新的工作方式、交往方式、生活方式不断涌现,也给民事立法提出了新课题。要坚持问题导向,适应技术发展进步新需要,在新的实践基础上推动民法典不断完善和发展。"就担保制度而言,《民法典》基于社会经济的发展,将立法政策从过去主要注重债权人保护转变为平衡对债权人与担保人进行保护。立法政策的这一转变不仅体现在当事人对保证方式没有约定或者约定不明时从推定为连带责任保证转变为推定为一般保证,而且也表现在对抵押物的转让从限制转让转变为自由转让。这些立法政策的变化必然带来司法政策的变化。为落实《民法典》在立法政策上的重大变化,《民法典担保解释》就保证方式的认定、抵押物的转让等问题在司法实践中的处理作了详细规定。

《民法典担保解释》的第四个主要内容,是针对《民法典》借鉴域外法制而对担保制度在规则层面的重大发展而作的规定,笔者称之为"借镜防治"。前面谈到,担保制度是优化营商环境的重要内容。考虑到中小企业能够用于担保的财产主要是动产或者权利,《民法典》为优化营商环境,在借鉴域外法制的基础上,对动产和权利担保作了重大发展。例如,《民法典》为动产和权利担保的统一登记预留空间、全面规定了动产抵押中的正常经营买受人、创设超级优先权制度等。既然《民法典》关于动产和权利担保的规定主要是借鉴域外法制的结果,《民法典担保解释》就有必要在总结域外司法经验的基础上,就《民法典》的上述制度创新在司法实践中的运用问题作出更为明确的规定。

总之,《民法典担保解释》的内容虽然非常丰富,但大多都能归纳到上述四个方面,而其目的,无非是实现"规则之治"。当然,相对于丰富多彩的社会生活,法律是僵化的,也是滞后的,司法解释也不例外。因此,指望《民法典》以及相关司法解释解决实践中所有的问题,是不现实的。就此而言,《民法典担保解释》仅仅旨在解决当前审判实践中面临的问题,也仅仅代表当前阶段最高人民法院对这些担保问题的认识。《民法典担保解释》实施以来,实践中又出现了大量新的担保问题。本书针对实践中出现的新问题,也给予了一定的关注。

三

《民法典》施行后,原《担保法》作为形式意义上的担保法已被废止。尽管《民法典》物权编和合同编分别就担保物权和保证合同作了全面规定,但此种立法体例在维护物权编完整性的同时,在一定程度上却不利于维护担保法的统一性。不过,这个小小的遗憾也因《民法典担保解释》的制定而得到弥补。《民法典担保解释》充分发挥司法解释的优势,通过构建担保制度的一般规定,将分散在《民法典》中的担保制度重新统一起来,进而为全面构建实质意义上的担保法提供了基础。这也是本书仍采"担保法"作为书名的重要原因。

本书的特点有两个:一是体系化解读担保制度;二是以实践问题的解决为导向。虽然本书将《民法典担保解释》的解读作为重点,但与相同主题的其他书籍有所不同的是,本书没有按照司法解释的条文书顺序逐条解读,而是从体系的角度出发,采取从总论到分论的思路,先归纳出担保制度的共同规则并进行全面解读,再就各种不同担保方式中的疑难问题进行分析,因此尽管本书分八编共三十五讲,但各部分之间的联系却极为密切。总体上看,前四编为总论,后四编为分论。体系化的解读虽然有利于帮助读者形成系统化的思维,但也可能会给读者带来阅读上的负担,因为似乎读者只有读完全书,才能找到自己关心的某个担保问题的答案。在笔者看来,果真如此的话,那么读者找到的答案应该是经得起推敲的。

最高法院的司法解释是以实践问题的解决为导向制定的,因而极大地考验着起草人对实践问题的把握程度。所谓实践问题,说到底就是法官在面对具体案件时的疑惑点以及引起疑惑的原因和背景。因为只有全面了解法官审理具体案件的"痛点",才能对症下药,彻底解决法官心中的各种困惑,进而形成对某个法律问题作出判断的底气。本书的重要内容之一是介绍《民法典担保解释》每一条的来龙去脉,以帮助读者了解各个规则形成的原因和背景。在不少人看来,只要知道具体规则就可以了,没有必要了解规则形成的原因和背景。这显然是极其短视的观念,因为司法解释仍然是抽象的规则,法律适用者仍不可避免地还要对司法解释进行再解释,而解释的主要方法,除了文义解释和体系解释,就是目的解释和历史解释,而后者就涉及法律或者司法解释形成的原因和背景。此外,刚才谈到,司法解释是以实践问题的解决为导向,且在此过程中必然要深刻观察法官的思维及其特点。因此,介绍司法解释条文形成的原因和背景,其实也是在讨论法官在实践中的认识规律以及可能存在的问题。而了解这些,无论是对于法官,还是对于经常要与法官打交道的人,都应该是很重要的,因为我们不能完全陷入自己的逻辑自说自话,也要在一定程度上尊重他人的思维习惯。

当然,笔者对本书特点的描述并不意味着本书没有缺点。相反,无论是内容还是形式,本书都存在很多不足,但限于水平和能力,只能等待将来再进一步完善。需要指出的是,无论是对《民法典担保解释》进行的解读,还是就实践中新出现的问题进行的讨论,书中的观点仅仅是笔者个人的一孔之见,不足之处,还请读者朋友不吝赐教。最后,祝大家"阅途"愉快!

目　录

上部　担保法总论

下部　担保法分论

民法体系中的
担保制度

《中华人民共和国民法典》(以下简称《民法典》)已于 2021 年 1 月 1 日开始施行。 其中，担保制度是《民法典》的一项重要内容。 为了全面贯彻和正确实施《民法典》关于担保制度的规定，最高人民法院在全面清理与担保有关的司法解释的基础上，制定了新的担保制度司法解释，即《最高人民法院关于适用〈中华人民共和国民法典〉有关担保制度的解释》(法释〔2020〕28号，以下简称《民法典担保解释》)，并与《民法典》同步实施。 本书旨在全面而系统地阐释民法典对担保制度的新发展，并结合审判实践全面解读《民法典担保解释》的相关规定，共分三十五讲。 作为开篇，本部分先从担保制度在整个法律体系中的地位谈起，因为只有了解担保制度在整个法律体系中的地位，我们才能对《民法典》关于担保制度的规定有一个宏观上的把握。 当然，这一问题也与《民法典担保解释》密切相关，因为该解释第 1 条涉及担保制度的范围，而要把握好担保制度的范围，就必须对担保制度在法律体系中的地位有一个全面的了解。

第一讲

为债权的实现而奋斗

一、民法对债权的保障

民法上的担保制度,是指担保债权实现的法律制度。通常认为,担保制度与金融行业密切相关,为什么呢?因为金融就是指资金融通,必然会发生大量的债权债务关系,而债权的实现又会遇到诸多风险,因此离不开各种法律制度的保障,其中最为重要的法律制度之一,就是担保制度。

大家知道,债权的实现之所以成为问题,是因为相对于物权,债权的效力较弱。债权作为对人权和请求权,具有相对性,其实现有赖于债务人的给付行为,因此债权之实现,须取决于债务人的清偿能力。由于债权具有平等性,当若干人同时成为某一债务人的债权人时,在没有担保和优先权的情况下,债权人的地位是平等的,只能平等地参与受偿,因此在债务人的财产不足以清偿全部债权时,债权就有不能实现的风险。

从法律的角度来说,保障债权得到实现,是一个国家法治文明程度的重要标志之一。日本有一个著名的学者叫我妻荣,他有一部成名之作,叫作《债权在近代法中的优越地位》,其核心内容是说,债权在近代以来备受关注,大量法律制度是因保障债权的实现发展起来的,例如担保物权制度在"二战"后获得了充足的发展,不仅代表了物权的价值化趋势,而且债权与担保物权结合,横扫千军,演成债权之优越地位。[1]当然,保障债权的实现,并非仅仅依靠担保制度。事实上,为了保障债权的实现,现代民法构建了一套非常完整的制度体系。**一般认为,现代民**

---

[1] 参见[日]我妻荣:《债权在近代法中的优越地位》,王书江、张雷译,中国大百科全书出版社 1999 年版。

法对债权的保障大致可以分为三个层次：一是强化债权的效力；二是健全担保制度；三是发展合同上的义务群。[1]

首先，债权的效力是债权保障的内在动力。法律为保障债权的存续与实现，赋予债权如下效力：请求力、执行力、依法自力实现、处分权能和保持力。正是因为债权具有这些效力，债权的实现才有基本的保障。例如，正是因为债权有强制执行的效力，在债务人有清偿能力但没有清偿债务的意愿的情况下，人民法院可基于债权人的请求对债务人的财产进行强制执行，以保障债权得到实现。从民法的发展情况看，债权的效力呈不断扩张之势，例如为进一步保障债权的实现，法律在特殊情形下允许突破债权的相对性，赋予债权人代位权与撤销权，从而使债权的效力得以扩张至当事人之外；又如，借用、寄托关系中，由于须转移标的物占有（事实上之管领力），债权人还受到法律有关占有规定的保护。

其次，健全担保制度。债权本身的效力虽然能够在一定程度上保障债权的实现，但在债务人的财产不足以清偿全部债务的情形下，债权仍有不能实现的风险。这个时候，担保制度的重要性就凸显出来。担保分为典型担保和非典型担保。前者又包括人的担保、物的担保和金钱担保：人的担保主要是指保证，即当债务人不履行或者不能履行债务时，由保证人按照约定履行债务；物的担保是指担保物权，即在债务人或者第三人的特定财产上设立一种物权，当债务人不清偿债务时，债权人可就该特定财产受偿或者优先受偿，具体包括抵押权、质权、留置权；金钱担保主要是指定金，即由一方当事人将一定数额的金钱交付对方作为履行债务的担保，当其不履行债务时，无权请求返还定金，而如果对方不履行债务，则须双倍返还定金。非典型担保则主要是指让与担保、所有权保留、融资租赁以及有追索权的保理等。

最后，民事责任制度在保障债权的现实方面也发挥着重要的作用，尤其是民事责任制度中的违约责任制度。当然，违约责任的追究以合同当事人违反合同义务为前提，因此判断合同当事人是否违反合同义务，就成为能否利用违约责任制度保障债权实现的先决条件。而要判断合

---

[1]　参见崔建远、韩世远：《债权保障法律制度研究》，清华大学出版社 2004 年版。

同当事人是否违反合同义务,就须先知道合同包含哪些义务。在大陆法系,现代民法以主给付义务为中心,基于诚信原则,由近而远,渐次发生从给付义务、附随义务等,辅助实现给付利益以及维护他方当事人的人身及财产利益,从而形成合同法上的义务群;在英美法系,以"默示条款"为基础,合同法上的义务群也有丰富多彩的发展和运用。由此可见,现代民法正是通过扩大合同法上的义务群,从而达到充分利用违约责任制度实现对债权的保障,因为合同当事人对任何合同义务的违反,都可能成为追究其违约责任的依据和基础。合同关系上义务群的发展,在20世纪的合同法中,是一道亮丽的风景线,甚至有学者称,"债法的变迁和进步是建立在债之关系上各种义务形成和发展","债之关系上的义务群,乃债法的核心问题","现代债法的发展,在某种意义上,可以说是债之关系上义务群的发展"[1]。

总之,债权的实现面临诸多风险,但债权的实现又关系到市场交易秩序的巩固和发展,因而法律必须构建全面的制度体系来保障债权的实现。也正因为如此,有学者发出"为债权的实现而奋斗"的呐喊。在众多保障债权的法律制度中,与担保制度联系最为密切的,当属债的保全制度。所谓债的保全制度,就是指债权人所享有的代位权和撤销权。其中,《民法典》第535—537条规定的是债权人的代位权,《民法典》第538—542条规定的是债权人的撤销权。

二、债的保全与债的担保

债的保全是要解决什么问题呢?上文谈到,债权的实现既取决于债务人本身的清偿能力,同时也涉及债务人的清偿意愿,而这些都与债权本身的效力有关。关于债务人的清偿能力,涉及一个很重要的概念,叫作责任财产,即债务人用来承担责任的全部财产。债务人承担责任的全部财产越多,他的清偿能力也就越强;相反,责任财产越少,那么他的清偿能力也就越弱。债权人的代位权主要是要解决这么一个问题:当债务人的责任财产应该增加而没有增加,从而影响债权的实现时(例如我们

---

〔1〕 王泽鉴:《债法原理(第一册)》,中国政法大学出版社2001年版,第34—54页。

把债务人的债务人叫次债务人，如果债务人怠于向次债务人主张权利，导致自己没有向债权人清偿债务的能力），债权人就可以代债务人的位向次债务人主张权利，从而使得债务人的责任财产能够扩大，进而提高债务人的清偿能力。

从域外多数国家或者地区关于债权人代位权的规定看，债权人代债务人的位向次债务人主张权利，其法律后果应归属于债务人，然后再由债务人向债权人清偿债务。这个规则叫"入库规则"。也就是说，债权人代债务人向次债务人主张权利，所获得的履行后果首先应该进入债务人的口袋，不能直接到债权人的口袋，债权人权利的实现，仍有待债务人履行。这样的规则会带来如下的问题：债权人辛辛苦苦替债务人向次债务人主张并实现了权利，结果虽然是次债务人把钱还给了债务人，但是债务人在拿到钱之后，并没有还给债权人，而是用来挥霍或者是用于偿还其他债权人的债务，从而导致债权人"竹篮打水一场空"。显然，"入库规则"不利于鼓励或者是激励债权人代位债务人主张权利，所以从原《合同法》开始，我国民法就没有按照"入库规则"来设计债权人代位权，而是明确规定债权人代债务人向次债务人主张权利时，其后果直接归属于债权人，而不是归属于债务人。这是个比较特殊的规则。

债的保全还包括债权人的撤销权。债权人的撤销权所要解决的问题是什么呢？就是当债务人的责任财产"人为"地减少，比如说债务人把他的财产无偿赠送给第三人，或者以明显的低价转让给了第三人，从而影响到债务人的清偿能力时，债权人可以请求人民法院撤销债务人无偿赠送的行为或者是以明显低价处分其财产的行为。债务人的责任财产可能本来是挺多的，他的清偿能力也非常高，但是，他故意使责任财产减少，就可能导致债权人的债权无法得到实现。根据《民法典》第538条的规定，债务人故意减少责任财产的方式，既可以是以放弃其债权、放弃债权担保、无偿转让财产等方式无偿处分财产权益，也可以是恶意延长其到期债权的履行期限等。无论是哪种方式，只要是结果上导致了责任财产的减少，从而影响到债权人权利的实现，债权人就可以请求人民法院撤销债务人的行为。

大家可以看到，债的保全制度有一个非常重要的特征，即无论是债权人的代位权还是债权人的撤销权,关注的都是债务人自身的责任财产。债务人的责任财产该增加的没有增加,不该减少的减少了,从而影响到债权的实现,这个时候债权人就可以动用债的保全制度来维护其利益。所谓债的"保全",保全的是债务人的责任财产,就是防止债务人的责任财产"人为"地减少。

但是,债务人的责任财产即使不"人为"地减少,也可能因正常的商业活动而发生减少。大家知道做生意都会有风险,这个风险很多是市场风险(当然,也有大量法律风险)。也就是说,债务人的责任财产本来就处于一种变化状态:今天多,也许明天就变少了。这是责任财产的一个典型特征。另外,虽然债务人的清偿能力与债务人的责任财产多少有关,但也有一个相对性问题。刚才谈到,债权具有平等性和非公开性。对债务人的某一特定债权人来说,刚开始债务人的责任财产可能是充足的,此后也没有发生明显变化,但是债务人后来欠其他债权人的钱越来越多,就可能导致他的责任财产不足以清偿所有债务,这也是债权人普遍面临的风险之一。这个时候,从表面上来看,债务人的责任财产好像没有发生重大变化,但债务人的债务增加了,也会影响债权人权利的实现。

由此可见,债的保全制度只能解决债务人"人为"减少责任财产给债权实现带来的风险,无法防止债务人正常经营过程中产生的风险。也正是在这个问题上,担保制度发挥着非常重要的作用,因为**担保制度不仅可以将第三人的财产纳入责任财产,而且在设定担保物权的情况下,还可以使享有担保物权的债权人优先于其他债权人受偿。**

三、担保制度的运行机理

我们先来看人的担保,即保证合同制度。我去银行借钱,银行担心我今后没有清偿能力,怎么办呢?银行说,你能不能找一个人来做保证人。显然,如果我能找到马云做我的保证人,那银行绝对会相信它的债权能够实现。为什么呢?因为通过保证这个制度,就可以把马云的责任财产也纳入整个责任财产。尽管我的责任财产少,我的清偿能力弱,但是马云的责任财产多,清偿能力高,所以,银行不会担心它的债权无法得到实现。从这里我们可以看到,保证制度与前面谈到的债的保全制度有一个明显的区别:债的保全关注的是债务人自身的责任财产,即该增加的没有增加,不该减少的减少了,而保证实际上是把保证人的责任财产纳入整个责任财产,其本质是扩大责任财产的范围。还应看到,人的担保不仅可以迅速扩大责任财产的范围,还可以起到类似于证券投资中"组合投资"的作用,进而降低债权不能实现的风险,因为债务人和保证人的责任财产同时因正常经营活动发生减少的风险,显然要小于债务人的责任财产因正常经营活动减少的风险,正如一个公司股票价格下跌的风险要远远高于若干公司股票价格同时下跌的风险。

再来看物的担保,即担保物权。上文谈到,债务人的清偿能力处于变化之中。比如说我去甲银行借钱,我有房子、车子以及其他的财产,这个时候我是有清偿能力的,但是,可能过一段时间之后,我的责任财产会发生变化,比如我的房子卖了,车子也卖了,那么这个时候我可能就没有那么多的责任财产;另外,不仅我可能把房子、车子等卖了,而且还可能有新的债权人加入,例如最开始我只找甲银行借了钱,甲银行是我唯一的债权人,但是后来我又欠了乙公司、丙公司的钱,它们也都成了我的债权人。当上述情况发生后,甲银行的债权就有可能面临不能够实现的风险。此时,通过要求债务人提供保证人,将保证人的责任财产纳入进来作为责任财产,从而降低债权不能实现的风险,是银行防范风险的办法之一。但是,保证制度虽然扩大了责任财产的范围,但保证人的清偿能力也会面临上面同样的问题,也是处于变动状态,因此保证制度只能降低风险,并不能彻底避免风险。在这样的背景下,甲银行就会想:我能不能在你的责任财产或者你提供的第三人的责任财产中选择一个或者数个有价值的财产,在它或它们上面设定担保物权,有了这个担保物权之后,我就能确保我的债权能够得到实现,因为不管你今后的责任财产怎么变动,我都可以通过行使担保物权就这些特定财产的价值受偿,这是其一;其二,即使今后还有其他债权人再加入进来,这些特定财产的价值也要优先保障我的债权得到实现。所以,我们可以看到担保物权实际上有一个重要的特征,就是以债务人或者第三人提供的特定财产来保障债权优先得到实现,从而避免责任财产变化带来的风险。

最后简单说说金钱担保，主要是定金制度。上文谈到，定金一旦设立之后，交付定金的一方如果没有履行合同，无权请求返还定金；接受定金的一方，如果没有履行合同，就要双倍返还定金。这个机制被称为"定金罚则"。定金的担保功能就是通过定金罚则来实现的。因此，定金具有双向担保的功能，即同时担保双方履行合同：不仅担保交付定金的一方当事人履行合同，也担保接受定金的一方当事人履行合同。这是定金的一个很重要的特点。

总之，担保制度是由三种不同的担保方式组成的制度体系，不同的担保方式，有不同的运行机理。只有掌握了各种担保方式的运行机理，才能对担保制度在整个法律体系中的地位和作用有一个更加深入的理解。需要注意的是，债的担保制度有利于克服债的保全制度所存在的缺陷。或者说，正是因为债的保全制度不足以保障债权的实现，才出现债的担保制度，二者是泾渭分明的。但是，由于我国民法没有采用"入库规则"，因此在债务人有多个债权人的情况下，如果其中一个债权人行使代位权，那么其结果可能会导致该债权人优先其他债权人得到清偿，从而使得债的保全制度与债的担保制度在一定程度上出现了模糊地带，因为没有设定担保物权的债权人通过行使代位权也可以实现优先受偿。不过，尽管如此，由于债权人行使代位权有严格的条件限制，且仅仅限于债务人自己的责任财产，而担保物权则不限于债务人提供的物的担保，也包括第三人提供的物的担保，因此较之债的保全制度更具优势。

第二讲

担保制度的确立与发展

一、担保制度在我国民法上的确立

全面掌握担保制度,还需要对担保制度在我国的确立有一个了解。当然,担保制度在我国的确立,也经历了一个过程。这个过程大体上可以分为以下四个阶段。

第一个阶段是《民法通则》及其司法解释。大家知道,《民法通则》及其司法解释规定了一些担保的方式,比如说抵押、保证、定金,此外还有留置,共四种担保方式。尽管《民法通则》及其司法解释确立了担保制度,但关于担保的规定都比较简单。简单到什么地步呢?第一,关于保证,虽然《民法通则》提到了保证,但是关于保证的规定很少,实际上找不到太多的条文,《最高人民法院关于贯彻执行〈中华人民共和国民法通则〉若干问题的意见(试行)》(已失效,以下简称《民通意见》)也没有就保证作出详细解释;第二,关于物的担保,仅仅规定了抵押和留置,实际上是把抵押和质押混为一谈,因为《民法通则》规定的抵押实际上是包括质押的。由此可以看出,当时对担保制度的认识水平是不高的。也正是在这样一个背景下,为了解决实践中大量出现的担保问题,最高人民法院在1994年专门制定了一部重要的司法解释——《关于审理经济合同纠纷案件有关保证的若干问题的规定》。在这部司法解释中,最高人民法院在总结实践经验的基础上,就保证方式的认定、保证期间及其认定、保证期间与诉讼时效的关系等长期困扰司法实践的疑难问题作了较为详细的规定,既满足了实践的需求,也为后来《担保法》的制定奠定了基础。不过,这一阶段总体来说,是属于担保制度的一个雏形,或者是处于起步阶段。虽然有一些关于担保制度的规定,但是规定得不是很全面。

　　第二个阶段是《担保法》及其司法解释。大家都清楚,20 世纪 90 年代的前中期,国家正在进行金融体制改革,作为金融立法的重要组成部分,《担保法》于 1995 年 6 月通过,并且于 1995 年 10 月 1 日开始施行。《担保法》对担保制度的发展具有重要意义,因为在此之前,我国民法上的担保制度非常简单,也没有形成一个成熟的体系,但通过原《担保法》的制定,我们建立起了比较全面的担保法律制度,例如原《担保法》没有再混淆抵押和质押,而是将二者区别开来,分别进行规定。现在看来,尽管《担保法》的有些内容还不是很成熟,有些规则也还付之阙如,但它将各种担保制度归纳到一起,并就各种担保制度的共同性规则作出规定,本身就是一个贡献。在 1995 年施行《担保法》之后,最高人民法院一直在研究《担保法》在实践中遇到的问题,并且在 2000 年制定了一部专门的司法解释,即《最高人民法院关于适用〈中华人民共和国担保法〉若干问题的解释》(已失效,以下简称《担保法解释》)。《担保法解释》填补了《担保法》很多制度上的空白,比如说担保物权的不可分性以及担保物权的物上代位效力、追及效力等,这也为后来《物权法》的制定奠定了坚实的基础。

　　当然,1995 年施行的《担保法》及后来制定的《担保法解释》,也存在一些问题,就是当时制定这些法律和司法解释的时候,在国家的经济生活中,我们正面临严重债务危机,比如说“三角债”。“三角债”问题是当时一个亟需解决的重要课题,所以《担保法》及其司法解释更多的是站在保障债权实现的角度来作的规定。比如,上文提到 1994 年最高人民法院制定了《关于审理经济合同纠纷案件有关保证的若干问题的规定》,它规定当事人对于保证方式的类型没有约定或者约定不明确时,应推定为一般保证,但是 1995 年施行的《担保法》就对保证方式的推定进行了修改,规定当事人对保证方式没有约定或者约定不明的,应推定为连带责任保证,而不是一般保证。可见,《担保法》及其司法解释的重点是保障债权的实现。对此,尽管也有学者批评,认为《担保法》及其司法解释过分偏重对债权人的保护,在一定程度上忽视了担保人的权利保护,但是没办法,因为当时债权不能实现的风险确实太大,债务危机非常严重。严重到什么程度? 当时把“欠别人钱的是爷爷,把钱借给别人的人是孙子"这句话用来比喻债权人找债务人还钱难于上青天。应该说，《担保法》及其司法解释在那个时代对于解决债务危机发挥了重要的作用。当然，《担保法》及其司法解释的这一定位，也影响到2007年《物权法》的制定。

第三个阶段是《物权法》的制定。《物权法》的制定也是以确保债权实现作为主要的指导思想。当然，《物权法》只能够调整担保物权，无法涉及保证和定金。但即使如此，它也非常强调维护债权人的利益，最典型的就是《物权法》第191条对于抵押人转让抵押物作了非常严格的限制：抵押人要转让抵押物，一定要经过抵押权人同意；未经抵押权人同意，抵押人不得转让抵押物。为什么要作这个规定？就是担心抵押人将抵押物转让之后，可能会影响到债权的实现。但是，如果未经抵押权人同意，抵押人就不得转让抵押物，也可能会影响到标的物的利用，从而损害到抵押人的利益，因为担保责任只是个"或有责任"，抵押人最终是否承担担保责任，并不一定。最为科学的方式是允许抵押人自由转让抵押物，再通过赋予抵押权以追及效力来保护债权人的利益。关于这一点，我们后面还将详细讨论。

《物权法》通过并施行之后，最高人民法院虽然在2016年制定了《最高人民法院关于适用〈中华人民共和国物权法〉若干问题的解释（一）》（以下简称《物权法解释（一）》），但是，《物权法解释（一）》并没有涉及担保物权。原因很简单，在最高人民法院的内部分工上，《物权法解释（一）》是由民事审判第一庭负责起草，而担保物权因涉及整个担保制度，在内部分工上属于民事审判第二庭的业务范围。所以，在民一庭负责起草《物权法解释（一）》的同时，民二庭也在研究制定《物权法》有关担保物权部分的解释。但是很可惜，这个司法解释的草案虽然曾经一度征求过意见，但是最后还是没有制定出来。其中一个重要原因，就是争议太大，积累的经验还不够。当然，没有相应的司法解释，并不意味着实践中没有疑难问题。恰恰是因为没有司法解释，实践中诸多疑难问题长期得不到解决，例如混合共同担保的问题，理论界和实务界一直存在争议，但因为最高人民法院没有就此作出指导，同案不同判的现象层出不穷。后来，考虑到《民法典》的编纂工作已经提上日程，最高人民法院也就改变了指导方式,不再计划就担保物权问题制定专门的司法解释,而是通过召开全国民商事审判工作会议,以"会议纪要"的方式来指导司法实践。于是2019年11月,最高人民法院发布了一个很重要的会议纪要,即《全国法院民商事审判工作会议纪要》(以下简称《九民纪要》)。《九民纪要》的一项重要内容是关于担保纠纷案件的审理,其中主要涉及的就是担保物权的适用问题。当然,《九民纪要》是在《民法典》编纂工作已经接近尾声的背景下制定的,所以也参考了当时《民法典(草案)》的一些规定。但是,会议纪要毕竟不是司法解释,法官不能在裁判中作为依据进行援引,而只能作为裁判说理的依据,且《九民纪要》涉及的担保问题有限,既无法完全满足司法实践的需要,也不可能解决《民法典》施行后可能带来的大量问题。

最后一个阶段是《民法典》与《民法典担保解释》。2020年编纂完成的《民法典》在总结此前民事立法和司法实践经验的基础上,再次对担保制度进行了修改和发展。尽管根据《民法典》的规定,《民法典》施行后,形式意义上的《担保法》被废止,但是,由于《民法典》不仅于物权编中规定了担保物权制度,而且在合同编中规定了定金、保证合同等担保方式,因此,不仅实质意义上的担保法或者担保制度在《民法典》施行后将继续存在,而且由于在《民法典》的编纂过程中,对《担保法》《物权法》关于担保的规定进行了大量修改和完善,《民法典》关于担保制度的规定在内容上显得更加丰富。

正是因为《民法典》对包括担保制度在内的民事法律制度进行了重大调整,且这种调整不仅是内容上的调整,还包括结构上的调整,因此,在《民法典》编纂完成后,最高人民法院很快就启动了司法解释的清理工作,其中就包括2000年制定的《担保法解释》。不可否认,《担保法解释》在当时的历史背景下发挥过非常重要的作用。但是,经过20年的发展,《担保法解释》中的大量规定已经不能再发挥指导作用了;有些规定因与《民法典》存在冲突,不能再适用;有些规定已为后来的《物权法》甚至是《民法典》所吸收,也没有存在的价值;还有一些规定针对的是当时司法实践中的一些错误做法所作的规定,在当时具有重要意义,但随着理论与实践的发展,大家的认识水平都提高了,也就没有继续保留的必要。更加重要的是,《担保法》本身在《民法典》施行后即废止,《担保法解释》也就失去了存在的基础。正是在这一背景下,最高人民法院决定在清理《担保法解释》等以往关于担保的司法解释的基础上,制定一部新的担保制度司法解释,即《民法典担保解释》。

需要说明的是,尽管《民法典》对担保制度进行了重大发展,但《民法典》将功能上本具统一性的担保制度分散规定于《民法典》的物权编和合同编,也为我们全面掌握和深入理解担保制度带来了一些困难,从而可能导致实践中经常出现"只见树木,不见森林"的问题。也正因为如此,有必要先就《民法典》对担保制度的发展情况作一个宏观上的考察。

二、《民法典》与担保制度的新发展

在编纂《民法典》的众多背景和原因中,有一个重要的原因就是,由于《民法典》编纂完成之前的九部民商事法律是在不同的历史时期制定的,因此这九部法律在内容上相互打架、相互矛盾、相互冲突的地方也不在少数。也就是说,规范冲突问题很严重。此外,还存在一个问题,就是大量规范重复的现象。同一个问题,比如说担保,《民法通则》及其司法解释有规定,后来又有专门的《担保法》,再到后来又制定了《合同法》《物权法》《民法总则》。一个担保合同,既要适用《民法总则》《民法通则》,又要适用《物权法》《合同法》,还要适用《担保法》等,这中间不仅大量内容是重复的,而且相互之间还可能存在冲突,所以《民法典》的编纂,一方面从立法技术的角度来讲,显然有利于避免规范的重复或者冲突,从而更加方便法官"找法"。当然,另一方面,也是希望通过《民法典》的编纂,对过去的民商事法律制度包括担保制度进行修改和完善,删除不合理的规则或者制度,制定更加科学的规则或者制度。

如果是从宏观的制度层面看而不是从具体规则的层面看,《民法典》对整个担保制度最重要的发展体现在《民法典》第388条。那么,这个发展是什么呢?就是把"其他具有担保功能的合同"也作为担保合同予以规定了。当然,由于《民法典》第388条位在《民法典》物权编,所以这里的"其他具有担保功能的合同",仅是指以设立担保物权为目的的合同。大家知道,在《民法典》编纂完成之前,用来设定担保物权的合同是指抵押合同或者是质押合同,但《民法典》第388条在规定抵押合同、质押合同的同时,还规定了"其他具有担保功能的合同"。那么"其他具有担保功能的合同"到底是指哪一些合同呢?对此,全国人大常委会副委员长王晨在对《民法典》的草案进行说明时,说得很清楚。他指出:"(草案)进一步完善了担保物权制度,为优化营商环境提供法制保障:一是扩大担保合同的范围,明确融资租赁、保理、所有权保留等非典型担保合同的担保功能。"可见,**就《民法典》对担保制度的发展而言,一个重大变化是通过"其他具有担保功能的合同"的表述将所有权保留买卖、融资租赁和保理等合同中的担保方式纳入担保制度,从而扩张了担保制度的外延。**

在《民法典》编纂前,我国民法已有关于所有权保留买卖和融资租赁的规定,出卖人保留的所有权和出租人享有的所有权也都被认为具有担保功能。但是,由于《担保法》和《物权法》均未将其规定为担保制度,因此二者仅在学理上被认为属于非典型担保。此种非典型担保物权是否适用担保制度的一般规定,一直是司法实践中争议较大的问题。问题更加突出的是,由于我国当时的法律对于此种非典型担保没有关于登记的规定,实践中也没有相应的登记机构,因此形成了大量隐形担保,给第三人的交易安全带来了严重的威胁。例如,在一些案件的审理中,所有权保留买卖中的出卖人主张自己对标的物保留了所有权或者融资租赁中的出租人主张自己对标的物享有所有权,以排除他人对标的物的强制执行或者在破产程序中请求取回标的物,人民法院常常左右为难:如果支持了出卖人或者出租人的主张,就可能影响到第三人的交易安全,因为第三人无法从外观上获知出卖人保留了所有权或者案涉标的物为出租人所有;如果不支持出卖人或者出租人的主张,又与法律的规定不符,也无法保障出卖人或出租人的交易安全。此外,在保理活动中,在面对当事人就同一应收账款多次保理引发的纠纷时,由于当时的法律欠缺登记的规定,人民法院在审理此类案件时也是困难重重。

《民法典》通过"其他具有担保功能的合同"将上述合同中担保方式统一纳入担保制度,并就所有权保留买卖中出卖人保留的所有权和融资租赁中出租人享有的所有权明确规定"未经登记,不得对抗善意第三人"(《民法典》第641条第2款、第745条),就多重保理亦明确规定"已经登记的先于未登记的取得应收账款;均已经登记的,按照登记时间的先后顺序取得应收账款;均未登记的,由最先到达应收账款债务人的转让通知中载明的保理人取得应收账款;既未登记也未通知的,按照保理融资款或者服务报酬的比例取得应收账款"(《民法典》第768条),从而使得所有权保留买卖中出卖人保留的所有权、融资租赁出租人享有的所有权以及保理人享有的应收账款债权只有在登记后才具有全面的物权效力,进而达到消除隐形担保的目的。不仅如此,针对同一财产上存在多个担保物权的问题,《民法典》第414条第1款在规定抵押权的清偿顺序后,于第2款规定:"其他可以登记的担保物权,清偿顺序参照适用前款规定。"该款所谓"其他可以登记的担保物权",自然也包括所有权保留买卖中出卖人保留的所有权和融资租赁中出租人享有的所有权。当然,在同一应收账款上存在多重保理或者既有保理人的权利又有其他债权人取得的应收账款质权时,则应适用《民法典》第768条确立的规则解决由此可能发生的权利冲突问题。

总之,通过"其他具有担保功能的合同"将所有权保留买卖、融资租赁和保理中的担保方式纳入担保制度,不仅解决了隐形担保给第三人交易安全带来的威胁,也为处理担保物权之间的冲突提供了法律依据,从而为形成更加全面而系统的担保制度提供了基础。

三、其他具有担保功能的制度

前面讲到《民法典》对担保制度一个非常重要的发展,就是把"其他具有担保功能的合同"写进了《民法典》,将过去一些被称为非典型担保的担保方式也纳入担保制度,从而扩张了担保制度的外延,例如上文提到的所有权保留、融资租赁、保理等。不过,值得注意的是,《民法典》虽然扩张了担保制度的范围,但是我们也还是要有一个清醒的认识,要把担保制度与其他具有担保功能的制度区分开来。担保制度本身具有担保的功能,这是毫无疑问的。但是,是不是所有具有担保功能的制度都属于担保制度呢? 这就要另当别论了。

前面也讲到债权保障的法律制度构成一个体系,担保制度只是整个体系中的一个重要环节而已。除了担保制度,还有很多的制度也可能发挥担保的功能,但是不一定属于担保制度。但是,从实践的情况看,不少人认为只要当事人行为的目的是为债务提供担保,就属于担保制度,进而将法律关于担保制度的规定适用于当事人的行为。例如,实践中出现过一些汽车销售商为了融资需要而将汽车合格证交付给银行作为担保手段,约定只有当销售商将销售上一批汽车的价款用于偿还银行的欠款后,银行才将下一批汽车的合格证返还给销售商用于销售该批汽车,如此循环,以确保债权的实现。由于银行持有销售商的汽车合格证,销售商为顺利销售汽车,自然会按照合同约定清偿欠款,再取回汽车合格证。但问题是,如果销售商因欠其他债权人的钱未偿还,其他债权人取得胜诉判决后申请人民法院执行销售商准备销售的汽车,而银行以自己对该批汽车享有担保物权为由主张优先受偿,能否获得支持?对于上述担保方式,有人将其概括为"汽车合格证质押",认为银行就对应的汽车享有优先受偿权。但是,汽车合格证并非汽车本身,且合格证本身并无重大价值,能否质押?即使能够质押,质押的也是汽车合格证,而不是汽车本身,又如何认定银行对汽车享有优先受偿权呢?更加重要的是,如果我们认为银行取得质权并对汽车享有优先受偿权,是否会影响汽车销售商的其他债权人的交易安全,因为汽车停放在销售商处,他们可能并不知道汽车合格证被质押且汽车合格证质押就等于汽车被质押。也正因如此,有学者对实践中的这种动辄运用担保制度来分析问题和解决问题的倾向提出批评,认为实践中存在"泛担保化"的现象,需要提高警惕。从这个意义上说,我们既要看到《民法典》对担保制度的扩张,也要防止担保制度被泛化。

(一)抵销制度

我们首先来看押金。押金在实践中用得很多:我们去租房子,房东让我们交一笔押金;我们住宾馆,宾馆的经营者也要求我们交付一笔押金。他们让我们交押金的目的是什么呢?当然是担保。担保什么?担保债权的实现,因为房东怕你到时候不支付租金或者损坏了房子不赔偿;宾馆的经营者也是一样,怕你损坏了房间的东西不赔偿。可见,押金肯定具有担保的功能。但它是不是担保制度呢？显然，就金钱担保而言，《民法典》只规定了定金，没有专门规定押金，《民法典担保解释》也没有对押金作出规定。在《民法典》编纂完成前，《担保法解释》第118条规定："当事人交付留置金、担保金、保证金、订约金、押金或者订金等，但没有约定定金性质的，当事人主张定金权利的，人民法院不予支持。"可见，该条仅仅规定押金、订金、保证金等不能适用定金罚则，要适用定金罚则就要明确约定是定金，且必须是"确定"的"定"，而不能是"订立"合同的"订"，但是这一条文没有规定押金、保证金等适用什么规则。如果这些担保方式不能适用定金罚则，那么应适用什么规则呢？这是值得我们反思的一个问题。

显然，押金、保证金的担保功能是通过抵销制度来实现的。比如说我去租房子，房东要我交一笔押金，我把押金交给房东，房东就负有一个返还押金的义务，这是不是等于说我把押金给了房东，就把房东变成了债务人，我变成了债权人？问题是，在租赁合同中，房东把符合约定用途的房子交给我占有使用后，就是债权人，享有请求我支付租金的权利，那为什么房东要先让自己变成债务人呢？原因很简单：他先把自己变成债务人，一旦后来他在租赁合同中的债权无法实现，比如说，我拖欠租金或者损坏房屋需要赔偿，这个时候他就可以采用什么制度来实现它的债权呢？很显然，是抵销制度。也就是说，房东是因为担心他的债权无法实现，于是先把自己变成债务人，而一旦他自己的债权无法实现，就会出现他既是债权人又是债务人的现象，他就可以采用抵销制度来实现债权。所以，**在民法的理论上，抵销制度被认为是一种具有担保功能的制度，但不属于《民法典》上的担保制度**，自然也不适用有关担保的规则。需要说明的是，《担保法解释》第118条规定的保证金，与后面我们要讲到的保证金账户不是一个概念。这里的保证金，也是一种金钱担保，只不过不适用定金罚则，而是通过抵销制度来实现担保的功能，而保证金账户质押，属于账户质押的一种。关于保证金账户质押，后面还会详细讨论。

这里需要指出的是，抵销制度的担保功能是非常强大的，甚至比担保制度的担保功能还强大。例如，保证金账户质押是债务人或者第三人将一笔钱存入自己的保证金账户，在满足一定条件时，债权人可就该账户的资金优先受偿,而保证金是债务人或者第三人将一笔钱汇入债权人的账户,自然更应有权就该笔资金优先受偿。也正因如此,如果甲公司将一笔钱以保证金的形式汇入乙公司的账户,用于担保债务的履行,而甲公司的其他债权人丙公司即使知道甲公司有一笔钱存放在乙公司,也不能申请人民法院强制执行该笔钱。理由很简单,钱汇入乙公司的账户,就是乙公司的财产,甲公司虽然对乙公司享有债权,但双方必然约定了乙公司返还该笔钱的条件,在条件不成就的情形下,人民法院不能强制执行,而一旦条件成就,也就意味着乙公司的债权已经实现,因为乙公司的债权如果没有实现,甲公司就可以行使抵销权来实现自己的债权,此时甲公司的债权在对等的额度内也就消灭了,自然也不能成为强制执行的标的。

可见,抵销制度的担保功能是很强大的。实践中,有人问:当债权人对债务人有抵销权而又不行使,而是向作为第三人的担保人主张担保责任时,担保人能否以债权人放弃抵销权为由拒绝承担担保责任?我的意见是,由于抵销具有强大的担保功能,因此,**当债权人对债务人享有抵销权时,应视为债务人自己提供了物的担保**,参照《民法典》第 392 条的规定,债权人自应先行使对债务人的抵销权实现债权,不足部分再向作为第三人的担保人主张担保责任,否则,担保人在可以抵销的范围内免除承担担保责任。也正是因为抵销制度具有担保功能,故《民法典》第 702 条规定:"债务人对债权人享有抵销权或者撤销权的,保证人可以在相应范围内拒绝承担担保证责任。"

(二)信用证与独立保函

信用证有两种:一种是跟单信用证,另一种是备用信用证。无论是跟单信用证,还是备用信用证,都具有一定的担保功能,这个我们不详细说。由于《民法典》第 388 条和第 682 条均将效力独立于主合同的担保合同限制于"法律另有规定"的情形,因此,将独立保函理解为备用信用证的一种替代形式,而非《民法典》意义上的保证,也许是更为可取的一种思路。关于这一点,后面还会详细讨论。值得注意的是,既然将独立保函理解为备用信用证的替代形式可以解决独立保函的合法性问题,那么《最高人民法院关于审理独立保函纠纷案件若干问题的规定》(以下简称《独立保函解释》)将能够开立独立保函的主体限制为银行和非银行金融机构,就值得检讨。在《民法典担保解释》的制定过程中,有人批评这一限制不合理,建议《民法典担保解释》将独立保函的开立主体扩大到其他主体,理由是无论从实际需要看还是从风险防范和承受能力看,很多非金融机构民事主体也应被赋予开立独立保函的主体资格,例如一些大型非金融跨国公司较之大量城乡银行,似乎更有开立独立保函的能力和需求。我个人认为,即使将独立保函理解为备用信用证的替代形式,也应严格限制独立保函的开立主体,但将其开立主体限制为金融机构,是否符合当前社会经济发展的需要,确实值得探讨。然而问题是,既然我们认为独立保函不属于《民法典》意义上的保证,那么就无法通过《民法典担保解释》来解决独立保函的适用范围问题。此外,既然独立保函不属于《民法典》意义上的保证,那么《民法典》第 682 条所规定的"法律另有规定"自然另有所指。考虑到该条主要仅指效力上独立于主合同的保证合同须"法律另有规定",将独立保函排除在保证之外,也符合逻辑上的自洽,因为独立保函并非仅指效力上的独立性,也包括发生、消灭、范围、变更、抗辩等方面的独立性。当然,从逻辑自洽的角度看,既然独立保函不属于《民法典》意义上的保证,那么就意味着除"法律另有规定外",不允许当事人订立效力独立于主合同的担保合同。由于目前我国并无"法律另有规定"的情形(有人认为票据上的保证属于效力独立于主合同的保证,但票据上的保证亦以所担保的票据行为有效为前提),因此,即使是银行或者非银行金融机构,如果其开立的保函不符合《独立保函解释》第 3 条的认定标准,不构成独立保函,就不能排除保证合同在效力上的从属性。也就是说,如果银行或者非银行金融机构的保函不构成独立保函,则该保函关于保函效力独立于主合同的约定无效。此时,若保函本身有效,金融机构应承担何种保证责任,究竟是一般保证的保证责任还是连带责任保证的保证责任,值得思考。另外,银行与非银行金融机构之外的民事主体开立的独立保函或者作为保证人与他人订立效力独立于主合同的担保合同,当事人关于担保独立性的约定显然应被认定无效,但如果主合同有效且担保合同本身有效,担保人应承担何种保证责任,也值得进一步讨论。对此,我们都将在后面中进行详细讨论。

(三)保证保险

下面我想重点讲一下保证保险。保证保险当然具有担保的功能,但保证保险到底是保证还是保险是一个争议很大的问题。如果是保证,那么它就属于《民法典》规定的担保制度,自然应适用担保的有关规定;如果是保险,那么它就不属于《民法典》规定的担保制度,自然不能适用有关担保的规定。可见,对保证保险性质的认定直接关系到保证保险的法律适用。在《民法典担保解释》的制定过程中,征求意见稿曾一度设计了一个关于保证保险的规定,但最后被删除了。之所以删除,原因之一是多数人认为保证保险虽然具有担保功能,但是它不属于担保制度,而是保险的一种,所以因保证保险发生的纠纷应适用《保险法》的规定,既然适用《保险法》的规定,那就不应该规定在有关担保制度的司法解释。另外一个原因,就是这个问题太复杂,复杂到我们很难通过一个条文解决所有的问题,只能留待条件成熟之后,我们再就保证保险来制定专门的司法解释。

对于保证保险,可能有的读者不太了解,我简单地跟大家介绍一下。保证保险是 20 世纪末随着金融创新的开展,逐步发展起来的一种融资担保工具。由于分业经营的监管要求,保险公司无法从事保函业务,因此推出了保证保险业务。顾名思义,保证保险是由保险人为投保人向被保险人(即债权人)提供保证的保险,即当投保人不能履行与被保险人签订合同所约定的义务,从而给被保险人造成经济损失时,债权人有权请求保险人按照其对投保人的承诺向债权人承担代为清偿的责任。以机动车消费贷款保证保险(以下简称车贷险)为例,机动车的消费者因购买机动车需要向银行借钱,银行就会要求其购买一份由保险公司出具的保单,该保单应当约定当购车人(投保人)不能履行还款义务时,由保险公司根据保单的约定向银行承担代为清偿的责任。由于保险公司在办理保证保险业务时收取的保险费较之银行开立保函收取的手续费低很多,因此保证保险业务一经推出,即获得市场的青睐。但是,凡事都有两面性,由于保证保险是一种新的险种,人们对这种险种的潜在风险并无全面的认识,因此保证保险的推行也给参与交易的银行和保险公司带来了大量纠纷。例如一些购车人利用银行和保险公司对投保人的身份和资信均不予审查的漏洞,在花费较低保费取得保险公司出具的保单后,以机动车消费贷的方式从银行获得大量借款,再将资产转移,导致银行因无法从购车人处获得贷款本息,只能以债权人的身份请求保险公司承担担保责任,而保险公司则认为自己收取的是保费,只应承担保险事故发生后的保险责任。

关于保证保险的性质,梁慧星教授认为其是保证不是保险,他的理由主要是两点:第一,保证保险不符合保险法的保险利益原则,因为保证保险的投保人是购车人,而购车人本身是债务人,由债务人购买保险,而受益人是债权人(银行),这就不符合信用保险的原理——信用保险是债权人因担心自己的债权无法实现而为自己买保险,但是在车贷中,是作为债务人的购车人买保险,所以梁老师认为,这个与信用保险并不一样,也违反了保险法的基本原理,因为债务人没有保险利益。第二,根据保险法的基本原理,保险事故的发生是不确定的,且保险事故是否发生不是当事人能够控制的,但是在车贷险中,购车人实际上是能控制风险的,这就会带来很大的道德风险。[1]

当然,对于梁老师的上述观点,也有学者提出不同的意见,认为保证保险是一种特殊的保险,且不违反保险法的基本原理。[2]

从实践的情况看,最高人民法院一开始也认为保证保险是保证而非担保。例如,在针对《湖南省高级人民法院关于中国工商银行郴州市苏仙区支行与中保财产保险有限公司湖南省郴州市苏仙区支公司保证保险合同纠纷一案的请示报告》的复函(2000年8月28日〔1999〕经监字第266号)中,最高人民法院指出:"一、保证保险是由保险人为投保人向被保险人(即债权人)提供担保的保险,当投保人不能履行与被保险人签订合同所规定的义务,给被保险人造成经济损失时,由保险人按照其对投保人的承诺向被保险人承担代为补偿的责任。因此,保证保险虽是

---

〔1〕　参见梁慧星:《保证保险合同纠纷案件的法律适用》,载《人民法院报》2006年3月1日,第B01版。

〔2〕　参见宋刚:《保证保险是保险,不是担保——与梁慧星先生商榷》,载《法学》2006年第6期。

保险人开办的一个险种,其实质是保险人对债权人的一种担保行为。在企业借款保证保险合同中,因企业破产或倒闭,银行向保险公司主张权利,应按借款保证合同纠纷处理,适用有关担保的法律。二、保险单中'保险期1年'的约定,不符合《企业借款保证保险试行办法》的规定,且保险人与投保人就保险期限的约定对债权人没有约束力,保险公司仍应按借款合同中规定的保证期限承担责任。三、鉴于中国工商银行郴州市苏仙区支行实际上收取了50%的保费,根据权利义务对等的原则,对于郴县天字号多金属矿所欠贷款本金、利息,应由保险和银行双方当事人各承担50%。"

但是,最高人民法院在此后的指导意见中又改变了此前的态度。例如,在《最高人民法院关于保证保险合同纠纷案件法律适用问题的答复》(2010年6月24日(2006)民二他字第43号)中,最高人民法院针对辽宁省高级人民《关于保证保险问题的请示报告》(〔2006〕辽高法疑字第4号)请示,指出:"汽车消费贷款保证保险是保险公司开办的一种保险业务。在该险种的具体实施中,由于合同约定的具体内容并不统一,在保险公司、银行和汽车销售代理商、购车人之间会形成多种法律关系。在当时法律规定尚不明确的情况下,应依据当事人意思自治原则确定合同的性质。你院请示所涉中国建设银行股份有限公司葫芦岛分行诉中国人民保险股份有限公司葫芦岛分公司保证保险合同纠纷案,在相关协议、合同中,保险人没有作出任何担保承诺的意思表示。因此,此案所涉保险单虽名为保证保险单,但性质上应属于保险合同。同意你院审判委员会多数意见,此案的保证保险属于保险性质。"

关于保证保险的性质,我个人的意见是,保证保险虽然是一种保险,但其目的在于提供担保,因此,与一般意义上的保险确实存在区别,有其特殊之处,这也是梁慧星教授认为它不是保险而是保证的原因。对于保险公司开展的此种特殊保险,有必要建立一套符合其特征的特别规则,不能简单套用《保险法》的一般规定。只有在法律或者司法解释没有就保证保险作出特别规定时,才能适用《保险法》的一般规定。当然,在法律或者司法解释对保证保险的性质以及相关规则作出特别规定之前,如果有证据证明当事人双方确实是在对保证保险的性质没有达成一致的情形下订立的合同,例如保险公司认为保证保险是一般的保险,而银行则认为保证保险是保证,双方就是在对保证保险的性质没有达成一致认识的基础上签订了相关合同(以车贷险为例,通常会由银行、保险公司与车商三家签订一个框架性的合作协议,明确从汽车销售者处购车的当事人,在保险公司购买保险后,就能到合作的银行申请贷款),那么该合同因双方意思表示不一致而应认为不成立,因此发生的损失应由有过错的当事人根据其过错分担。

例如,在上述《最高人民法院关于保证保险合同纠纷案件法律适用问题的答复》中提到的"中国建设银行股份有限公司葫芦岛分行诉中国人民保险股份有限公司葫芦岛分公司保证保险合同纠纷案"中,建行葫芦岛分行向人民法院提出诉讼依据的就是与人保葫芦岛公司签订的《机动车辆消费贷款保证保险业务合作协议》,主张的是要求人保葫芦岛公司承担机动车辆消费贷款的保证责任,即人保葫芦岛公司承担借款本金及利息并返还保险费,而人保葫芦岛公司则抗辩原告提供的证据不能支持建行葫芦岛分行诉请的金额损失,且根据辽宁省高级人民法院(2005)辽刑二终字第66号刑事判决书,李某兰实施犯罪行为从建行葫芦岛分行骗得贷款,建行葫芦岛分行应当向李某兰主张损失,因为无论是保险合同还是贷款合同,都因犯罪分子实施诈骗而应认定无效,人保葫芦岛公司不应承担支付保险金的责任。

该案一审判决认为,人保葫芦岛公司在签发保险单之时对贷款购车人的资信没有尽到认真审查义务,建行葫芦岛分行对购车人申请贷款资料亦没有尽到认真审查义务。故双方对贷款被骗事实的发生均有过错,应对贷款无法收回所造成的损失承担相应的责任。双方当事人均不服,均提起上诉。建行葫芦岛分行上诉认为,人保葫芦岛公司负有对购车人购车行为真实性的审查义务,却未尽到认真审查的义务,应当对贷款本息损失承担全部责任;《机动车辆消费贷款保证保险业务合作协议》约定人保葫芦岛公司负有办理贷款所购车辆抵押登记手续的义务,而人保葫芦岛公司没有及时办理车辆抵押手续,故应承担贷款损失的全部赔偿责任。人保葫芦岛公司则认为,案涉三个合同是不可分割的整体,所涉及的业务均与犯罪行为相关,故应认定为无效,在此情况下,根据《保险法》的相关规定，人保葫芦岛公司不应承担任何责任；人保葫芦岛公司已根据业务要求进行了适当调查，而建行葫芦岛分行在发放贷款时完全不履行法定的资信调查义务，且没有要求贷款人提供担保，因此建行葫芦岛分行应自行承担全部贷款损失；从业务顺序上看，建行葫芦岛分行发放贷款在前，人保葫芦岛公司办理抵押在后，建行葫芦岛分行对人保葫芦岛公司未办理抵押登记的情况是明知的。

二审法院认为，建行葫芦岛分行与人保葫芦岛公司在开展案涉机动车消费贷款保证保险业务中，存在同等过错，应当在实际损失的范围内，即建行葫芦岛分行发放贷款总额减去已还款数额，再扣除保费和扣收的经销商葫芦岛融亿亚飞汽车销售有限公司交存的保证金，建行葫芦岛分行与人保葫芦岛公司各按50%的比例分担损失。人保葫芦岛公司申请再审。最高人民法院作出驳回裁定，指出："本案中，建行葫芦岛分行与人保葫芦岛公司签订的《机动车辆消费贷款保证保险业务合作协议》，因涉及犯罪应被认定无效。根据《中华人民共和国合同法》第五十八条关于'合同无效或者被撤销后，因该合同取得的财产，应当予以返还；不能返还或者没有必要返还的，应当折价补偿。有过错的一方应当赔偿对方因此所受到的损失，双方都有过错的，应当各自承担相应的责任'的规定，建行葫芦岛分行与人保葫芦岛公司在开展案涉机动车消费贷款保证保险业务时，均未充分履行各自应负的资信调查义务，从而导致合同诈骗犯罪得逞，原审认定建行葫芦岛分行与人保葫芦岛公司承担同等过错责任、判决人保葫芦岛公司返还根据《机动车辆消费贷款保证保险业务合作协议》收取的机动车保险费并无不当，人保葫芦岛公司主张建行葫芦岛分行承担贷款损失的全部责任没有法律依据。"

在这个案件中，三级法院都对当事人之间的损失进行了分担，但一审、二审判决都没有给出明确的法律依据，最高人民法院作出的再审申请裁定则明确指出其法律依据是《合同法》第58条。当然，该裁定适用《合同法》第58条的前提是认为当事人签订的《机动车辆消费贷款保证保险业务合作协议》因涉及犯罪而被认定无效。问题是，谁构成犯罪？在本案中是购车人构成犯罪，而购车人并非该合作协议的当事人，且合作协议签订在先，犯罪行为发生在后，又怎么能依据后发生的犯罪行为来否定订立在先的合同的效力呢? 另外,当事人签订《机动车辆消费贷款保证保险业务合作协议》后,并非仅仅办理了案涉 28 笔业务,难道其他业务也都因本案的购车人涉及犯罪而应被认定无效? 可见,三级法院虽然合理的分担了损失,但法律依据都没有找准确。在我看来,此类案件之所以发生,就是因为保险公司和银行对于保证保险的性质并未达成一致,以致对尽职调查的义务相互推诿,从而给犯罪分子创造了可乘之机。既然双方就保证保险的认识不一,所签订的合作协议自然也因为当事人意思表示不一致而没有成立。尽管《合同法》第 58 条仅仅规定了合同无效或者被撤销后的损失分担,而未规定合同不成立时的损失分担,但这显然构成法律漏洞,可类推适用《合同法》第 58 条进行处理。对此,《九民纪要》第 32 条第 1 款也明确指出:"《合同法》第 58 条就合同无效或者被撤销时的财产返还责任和损害赔偿责任作了规定,但未规定合同不成立的法律后果。考虑到合同不成立时也可能发生财产返还和损害赔偿责任问题,故应当参照适用该条的规定。"

总之,保证保险是非常特殊的一类保险,应由法律或者司法解释对其进行特别规制,否则还是可能会发生类似上述案例的风险。只有在明确规则后,保险公司和银行各自的义务才能明确,各自也就可以在此基础上加强风险控制,从而避免给犯罪分子可乘之机,以防止此类损失的发生。

(四)债务加入

接下来,我们来看债务加入。《合同法》没有关于债务加入的规定,但《民法典》第 552 条规定了债务加入。所谓债务加入,在学理上也称为并存的债务承担。也就是说,债务人将债务转移给第三人承担,但是债务人自己并没有脱离债务关系,而是与第三人一起对债权人承担连带责任。债务加入对债权人显然是有利的,因为原来是一个债务人,现在变成了两个债务人,且二者连带承担债务。也正因如此,在起草《合同法》的时候,大家认为并存的债务承担既然对债权人有利,自然无须其同意,仅有第三人的意思表示,即可根据意思自治原则承认其效力,无须法律另设规定。相反,如果是免责的债务承担,即债务人将债务转移给第三人,自己从债权关系中脱离,就可能影响到债权人的利益,此时才需要债权人同意,也才需要法律特别规定。

《民法典》把债务加入写进来,就面临着债务加入与连带责任保证到底有什么区别的问题。一般认为,二者的区别主要有两个:第一,**债务加入没有保证期间的适用问题,而连带责任保证有保证期间的适用**。也正因如此,从责任的轻重程度看,**债务加入的责任要重于连带责任保证**,因为连带责任保证的保证人可以受到保证期间的保护,而加入债务的第三人则无法获得保证期间的保护。第二,有无法定的追偿权。**在连带责任保证中,保证人在承担保证责任后对债务人有一个法定的追偿权**,而在债务加入中,加入债务的第三人在承担债务之后,能不能向本来的债务人追偿,是一个值得研究的问题,可能要具体问题具体分析。例如当事人之间对追偿问题有无约定,如果没有约定,则取决于法律有无特别规定;如果既无约定也无法律规定,则还要看《民法典》第 524 条能否适用或者本来的债务人是否构成不当得利等。总之,在债务加入的情况下,第三人在承担债务后能否向债务人追偿,是一个不确定的问题,但在连带责任保证中,保证人的追偿权是法律明确规定了的。

此外,关于债务加入与连带责任保证之间的区别,还有一个争议较大的问题,就是债务加入是否也存在从属性的问题。担保以及连带责任保证都从属于主债权债务关系,对此,我们将在后文重点分析。由于连带责任保证有从属性的特征,因此,在主合同无效的情况下,担保合同也无效,保证人无须承担保证责任。当然,保证人不承担保证责任,是否就什么责任都不承担? 当然也不是。在保证人对合同无效也有过错的情况下,保证人也可能要对债权人的损失承担赔偿责任,这个赔偿责任在性质上属于缔约过失责任,因此是要根据保证人的过错大小进行确定的,因而与债务人本身的过错要区别开来的。例如,债务人有可能承担的是比较重的责任,但保证人可能过错没那么大,承担的是一个比较小的责任,所以,他和债务人在责任大小上可能还是有区别的。但是债务加入不同。由于债务加入没有从属性,因此,即使被加入的债务无效或者被撤销,作为加入债务的第三人也应该对债务无效或者被撤销的后果承担责任。从这个意义上面讲,即使加入债务的第三人对债务无效或者被撤销的过错很小,但最终也要和本来的债务人一起,承担连带责任。

正是因为债务加入与连带责任保证非常类似,二者之间的区别很小,债务加入自然具有较之连带责任保证更强大的担保功能,所以我们最初在起草《民法典担保解释》时,原本计划就债务加入的法律适用问题一并作出规定。之所以想在《民法典担保解释》中对债务加入进行规定,还有一个原因是实践中很多当事人通过债务加入来规避法律关于担保的规定。例如《公司法》第 16 条就公司对外提供担保作了规定,限制了法定代表人的对外代表公司提供担保的权利,因此,有些公司就采用债务加入的方式,由法定代表人代表公司加入他人的债务,从而实现提供担保的目的。从上面的分析,大家可以看到,债务加入比连带责任保证的责任更重,根据"举轻以明重"的法律解释规则,既然法定代表人提供担保都要有公司决议的授权,那么法定代表人代表公司加入他人债务,就更须公司决议的授权。为此,《九民纪要》第 23 条明确规定:"法定代表人以公司名义与债务人约定加入债务并通知债权人或者向债权人表示愿意加入债务,该约定的效力问题,参照本纪要关于公司为他人提供担保的有关规则处理。"

当然,《九民纪要》仅仅就公司加入他人债务的问题作了规定,而未涉及其他方面,难免有挂一漏万之嫌。例如,《民法典》关于保证人资格的规定,是不是也可适用于债务加入? 显然,有些主体既然没有担保资格,自然也就不能加入他人的债务。再如,《合伙企业法》规定合伙企业对外提供担保须全体合伙人一致同意,但未就合伙企业对外承担债务作出规定,自然也应解释为合伙企业对外承担债务,须全体合伙人一致同意。也正是基于这一考虑,我们在起草司法解释的过程中,曾一度明确规定:"人民法院处理因债务加入引起的纠纷,应当参照民法典以及本解释关于连带责任保证的规定,但民法典及本解释关于保证期间和保证人追偿权的规定,不适用于债务加入;第三人加入合同关系发生的债务后,因合同被认定无效或者被撤销,债权人请求第三人与债务人对合同无效或者被撤销的后果承担连带责任的,人民法院应予支持。"

但是,对于这个规定,有的同志认为,《民法典》既然规定了债务加入,那就说明它有独立的价值,不应该把债务加入与担保混在一起规定,而按照这个规定,债务加入似乎就成了责任更加严格的连带责任保证,这似乎与《民法典》的体例不一致,因为债务加入虽然具有非常强大的担保功能,但毕竟《民法典》并没有把它规定为一种担保制度。也正是受这一观点的影响,《民法典担保解释》没有保留上述条文,而仅仅是将《九民纪要》中关于公司对外加入债务应参照适用公司对外担保的规定予以保留。当然,尽管《民法典担保解释》没有全面就债务加入作出规定,但是债务加入的担保功能是值得关注的。尤其需要注意的是,《民法典》虽然规定了债务加入,但未就债务加入的法律适用作出全面规定,因此,在处理因债务加入引起的纠纷时,还是要参照担保的有关规定。否则,就可能造成法律关于担保的规定被架空。

(五)履行抗辩权

履行抗辩权也有一定的担保功能。例如同时履行抗辩权,就是我们说的"一手交钱,一手交货""你不交钱,我就不交货",即我以不交货来对抗你不交钱,或者以不交钱来对抗你不交货。可见,履行抗辩权是通过中止自己的履行来确保债权的实现,因而具有一定的担保功能。也就是说,为了防止自己的债权不能实现,就先避免自己因已经履行债务而成为"纯粹"的债权人,因为在双务合同中,本来双方都互负债务,但如果一方履行了债务,就只剩下债权,而对方则实现了债权,仅剩债务,就可能失去相互制衡机制。

值得注意的是,履行抗辩权发挥担保功能会受到客观条件的限制:首先,必须是双务合同,即双方互负债权债务,才能通过中止自己的履行逼迫对方作出对待履行;其次,必须自己还没有履行,如果自己已经履行了债务,则无法再通过中止自己的履行来逼迫对方作出对待履行;最后,必须满足履行抗辩权的成立要件,否则就可能构成违约,须承担违约责任。也正是因为履行抗辩权在行使条件时较为严苛,因此履行抗辩权虽然具有一定的担保功能,但它的担保功能并不是特别强。在前面谈到的汽车经销商将汽车合格证交付给银行用于担保债务履行的案例中,我的意见是,因汽车合格证不同于汽车本身,故不能认为当事人之间的行为构成汽车质押,即银行对汽车并无优先受偿权。但是,因当事人在合同中约定了只有汽车经销商偿还了部分债务,银行才返还部分汽车合格证,故应认定当事人之间约定了一定的履行顺序,在汽车经销商未依据合同作出履行前,银行可拒绝返还部分汽车合格证。这就是履行抗辩权的担保功能及其表现。

(六)违约金

违约金在我国原则上是补偿性而不是惩罚性的。不过,尽管违约金原则上只有补偿性,但违约金制度也具有一定的担保功能。为什么呢?因为当事人约定违约金在绝大多数情况下是为了实现证明责任的分配。也就是说,违约金的担保功能是通过分配证明责任来实现的。大家知道,违约金在性质上是当事人关于损害赔偿的预定,因此,即使当事人不约定违约金,守约方也可以要求违约方赔偿因违约而造成的损失。既然如此,那为什么当事人还要约定违约金呢? 这是因为守约方常常无法证明自己的损失究竟是多少。也就是说,守约方如果要求违约方赔偿损失,就得证明自己有多少损失,但在实践中,证明实际损失是个很难的事情,尽管守约方自己知道有多少损失,但是他要证明有多少损失,就非常难。所以,当事人往往约定一个违约金,一旦一方违约,就按照违约金赔偿损失,这就省得守约方再去举证。《民法典》第 585 条第 2 款的规定:"约定的违约金低于造成的损失的,人民法院或者仲裁机构可以根据当事人的请求予以增加;约定的违约金过分高于造成的损失的,人民法院或者仲裁机构可以根据当事人的请求予以适当减少。"可见,如果守约方认为约定的违约金低于实际损失,他就要承担举证责任;相反,如果违约方认为违约金过分高于实际损失,他就要承担举证责任。从实践的情况看,当当事人约定的违约金较高时,违约金制度就会具有对违约方进行制裁的功能,因为一旦他无法举证违约金过分高于实际损失,就要按照违约金赔偿对方的损失。也正是通过此种制裁功能,违约金发挥着督促当事人积极履行合同的作用。

实践中,不少法官对于违约金的担保功能认识不够,尤其是对违约金发挥担保功能的机理认识不够,导致在证明责任分配方面出现偏差,违约金的担保功能也就无从发挥。例如,在守约方主张违约金的情况下,违约方通常会主张违约金过高,一些法官就要求守约方举证证明自己的实际损失,再与违约金进行比较,从而判断违约金是否过高。问题是,守约方往往无法举证证明自己的全部损失,从而导致当事人约定的违约金无法发挥制裁功能。所以我的意见是,在上述情形下,既然当事人约定了违约金,就应将客观证明责任分配给违约方,由他来证明违约金过高,而不能将客观证明责任分配给守约方,由他来证明实际损失是多少。有的人说,违约方要证明违约金过高,就要证明守约方有多少损失,可是他又如何能证明对方有多少损失呢? 在我看来,对损失的证明历来就是司法实践中的难点,违约方无法证明守约方的实际损失,难道守约方就有办法证明? 如果守约方一定有办法证明自己的实际损失,又有何必要约定违约金呢? 当事人约定违约金的原因,常常就是守约方也担心,一旦对方违约,自己没有办法证明全部损失。如果此时法官还要求守约方举证证明自己的实际损失,则违约金的约定就没有任何意义了。可见,合理分配证明责任,是发挥违约金担保功能的必然要求。为此,《九民纪要》第50条中明确规定,"主张违约金过高的违约方应当对违约金是否过高承担举证责任"〔1〕。

(七)增信措施

增信措施在实践中用得很多,比如说差额补足、流动性支持等承诺。所谓差额补足,就是债权人与第三人约定,当债务人出现差额时,第三人有补足的义务;所谓流动性支持,是指债权人与第三人约定,当债务人出现流动资金不够时,第三人有给予支持的义务。此外,在实践中还存在维好协议(即维持友好关系的协议)、安慰函等增信措施。这些增信措施到底是什么性质? 有的构成债务加入,有的构成保证,但也有的既不构成债务加入,也不构成保证,而只是当事人之间的一个普通合同。在增信措施构成债务加入或者保证的情形下,这个增信措施自然具有担保

---

〔1〕 这里的证明责任应指客观证明责任。法官在对客观证明责任进行分配后,如果违约方拿出初步证据证明违约金过高,使得法官产生合理怀疑,就可通过主观证明责任的分配,将举证责任移转至守约方,如果守约方拿不出任何证明损失的证据,则可从合理怀疑变为内心确信,从而认定违约金过高。因此,从主观证明责任的角度看,对于违约金过高的证明,双方都有举证的责任。《全国法院贯彻实施民法典工作会议纪要》第11条第3款中规定,"当事人主张约定的违约金过高请求予以适当减少的,应当承担举证责任;相对人主张违约金约定合理的,也应提供相应的证据",应将分号前的举证责任理解为客观证明责任,将分号后的举证责任理解为主观证明责任。

功能——至于究竟是债务加入还是保证,我们后面再讲。这里需要说明的是,如果当事人之间的约定既不构成债务加入,也不构成保证,是否是这个增信措施就没有担保功能呢? 答案显然是否定的,因为在实践中,当事人通过订立一个合同担保另一个合同履行的情况比比皆是,虽然为担保另一个合同履行的合同不一定构成担保或者债务加入,但这个合同的担保功能是不能否定的。例如前面讲到的押金,实际上就是当事人通过签订一个押金合同来担保另一个合同的履行;又如后面将要讲到的让与担保合同,也是当事人通过签订一个买卖合同或者以物抵债协议来担保另一个合同的履行。此外,在较为复杂的交易关系中,当事人也常常会为担保某一个合同的履行而签订其他合同,例如为了担保房地产开发合作合同的履行,当事人又订立一个股权转让协议,一旦一方不履行房地产开发合作协议,就有义务收购对方的股权。**对于通过一个合同担保另一个合同履行的情形,都应依据合同自由的原则来认定合同效力。**只要没有法定无效的事由,就不能否定合同的效力,进而否定其担保功能。对此,《九民纪要》第 66 条明确规定:"当事人订立的具有担保功能的合同,不存在法定无效情形的,应当认定有效。虽然合同约定的权利义务关系不属于物权法规定的典型担保类型,但是其担保功能应予肯定。"

　　总之,《民法典》规定的担保制度虽然是一个非常庞大的制度,其中既有典型担保,也有非典型担保,但是我们不能把担保制度与具有担保功能的制度混为一谈。在实践中,很多认识上的误区就是因为没有严格区分担保制度与具有担保功能的制度造成的。有些同志一看当事人订立的合同具有担保功能,就想当然地把它认定为担保合同,进而适用《民法典》关于担保的规定。这种眉毛胡子一把抓的做法,必然导致裁判上的错误。实际上,《民法典》上的很多制度具有担保功能,但它们不一定是担保制度。也正因为如此,有学者专门写文章指出,实践中有一种"泛担保化"的趋势,就是说很多法官动不动就把一个具有担保功能的制度归入担保制度,再根据法律有关担保的规定去解决当事人之间的纠纷,从而出现法律适用上的错误。这个问题是值得我们反思的。在我看来,不属于担保制度但又具有担保功能的制度大体可分为两类:一是有些具有担保功能的制度,其担保功能甚至超过担保制度,可以称为"强担保",即效力强于担保制度的担保,如抵销、独立保函、信用证、保证保险以及债务加入,在法律没有特别规定的情形下,应参照担保的有关规定,否则就可能导致的担保制度被架空;二是具有担保功能的制度,其担保功能弱于担保制度,可以称为"弱担保",例如履行抗辩权、违约金等,就不能参照担保的有关规定来处理,否则就可能带来不公平的结果。

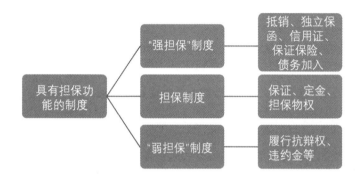

第三讲

担保制度一般规则

　　《民法典》施行后,《担保法》已被废止。从这个意义上说,形式意义上的《担保法》将不再继续存在。但尽管如此,《民法典》在合同编和物权编不仅规定了原《担保法》所承认的保证、定金、抵押、质押和留置等担保方式,而且还明确规定了"其他具有担保功能的合同",如所有权保留买卖、融资租赁和保理等。[1] 就此而言,实质上的担保制度不仅不会因《担保法》的废止而消灭,而且《民法典》较之《担保法》,内容更加丰富,体系也更加完整。[2] 唯一让人觉得稍有遗憾的是,《民法典》为了实现物权编的完整性,不得不将担保物权规定于物权编,进而将定金、保证合同以及"其他具有担保功能的合同"规定于合同编,导致在功能上本具统一性的担保制度被分散规定于《民法典》,其结果是《民法典》未能从形式上就担保制度构建一般性的规则。[3] 当然,虽然《民法典》未从形式上就担保制度构建一般规则,但从内容上看,通过法律解释方法的运用,有些一般性的规则可以通过解释保证合同的相关规定来获得,例如《民法典担保解释》第 20 条就规定人民法院在审理第三人提供的物的担保纠纷案件时,可以适用有关保证合同的一些规定。也正因为如此,《民法典》虽然将保证合同规定在担保物权之后,但却在一定程度上担负着提供一般规则的重任。不过,由于《民法典》关于保证合同的规

---

　　〔1〕 参见全国人民代表大会常务委员会副委员长王晨:《关于〈中华人民共和国民法典(草案)〉的说明——2020 年 5 月 22 日在第十三届全国人民代表大会第三次会议上》。

　　〔2〕 也有学者对于《民法典》不区分形式意义上的担保与实质意义上的担保持批评态度,参见李永军:《论民法典形式意义与实质意义上的担保物权——形式与实质担保物权冲击下的物权法体系》,载《西北师大学报(社会科学版)》2020 年第 6 期。

　　〔3〕 关于担保制度尤其是动产担保制度的立法体例,存在功能主义与形式主义之争,参见高圣平:《动产担保交易的功能主义与形式主义——中国〈民法典〉的处理模式及其影响》,载《国外社会科学》2020 年第 4 期。

定有限,因此仅仅通过将保证合同的一些规定扩大适用于整个担保制度,仍然无法全面获得有关担保制度的一般规则。此外,将构建担保制度一般规则的重任全部赋予保证合同,既可能使保证合同承受不能承受之重,也可能与《民法典》的构造并不完全吻合。例如《民法典》对于最高额保证采取的是参照适用最高额抵押的立法技术(《民法典》第690条),显然是将《民法典》关于最高额抵押的规定理解为关于最高额担保的一般规则。在此背景下,如何构建担保制度的一般规则,成为《民法典》施行后的一项重要课题。《民法典担保解释》的第一部分"关于一般规定",即可算作是通过法律解释方法的运用构建担保制度一般规则的一个努力。

一、如何认识担保制度的一般规则

在讨论如何构建担保制度的一般规则之前,似有必要先讨论构建担保制度一般规则的必要性。从立法技术的角度看,构建担保制度一般规则的意义在于通过提取公因式的方式将能够同时适用于各种担保方式的共同规则抽象出来,从而避免法律规则的重复,节约立法成本。从一定意义上说,这也是法典化本身的优势,例如《民法典》在立法技术上采取的就是总分式,即先将最具普遍适用性的规则规定在总则,再通过分则各编规定各种具体权利或者权利的保护;在分则各编中,常常也是先以通则的形式规定一般规则,再在此基础上规定具体规则或者特别规则。[1]

问题是,是否存在能够统一适用于各种担保制度的共同规则呢? 如果有,数量是多还是少? 显然,如果没有共同规则或者虽有共同规则但数量极少,从立法技术的角度看,就没有必要构建担保制度的一般规则。从已被废止的《担保法》来看,该法总则部分关于一般规则的规定只有5个条文,其中还包括了《担保法》的规范目的和担保活动应当遵循的原则。因此,如果仅仅从《担保法》的规定来看,涉及担保制度的一般规则

---

〔1〕 参见刘贵祥:《〈民法典〉实施的若干理论与实践问题》,载《法律适用》2020年第15期。

似乎很少。但是,《担保法解释》关于总则部分的解释有 12 个条文,尽管相较于该解释的其他部分,篇幅仍然不算大,但这也说明涉及担保制度的一般规则不仅存在,且数量不少。

从内容上来看,《担保法》及其司法解释关于担保制度的一般性规定主要涉及担保方式的范围、反担保的法律适用、担保合同的效力认定、担保合同无效的法律后果以及担保人对债务人的追偿权等。问题是,除了《担保法》及其司法解释在总则部分规定的涉及担保制度的一般性规则,是否还存在其他一般性的规则呢? 答案显然是肯定的。例如《公司法》第 16 条就公司对外提供担保问题作了规定,但并未区分担保方式的不同。[1] 又如,由于《担保法》仅规定了最高额抵押,未规定最高额保证和最高额质押,因此不仅《担保法》本身未就最高额担保的一般性规则作出规定,《担保法解释》也并未就最高额担保的一般性规则作出规定,而仅仅在保证合同部分补充规定了最高额保证这一担保方式的具体含义,但这并不意味着最高额担保并没有共同规则可循。

除了上述情形,我认为,无论是《担保法》还是《担保法解释》,也都存在将一般性规则规定于保证合同而非总则的现象。例如《担保法》及其司法解释都仅规定国家机关或者以公益为目的的事业单位、社会团体原则上不能作为保证人,但对这些主体是否可以签订抵押合同、质押合同,却并无规定。在我看来,这些主体既然不能担任保证人,自然也就不能为他人债务的履行订立抵押合同、质押合同,否则也就不存在《担保法解释》第 53 条明确规定"学校、幼儿园、医院等以公益为目的的事业单位、社会团体,以其教育设施、医疗卫生设施和其他社会公益设施以外的财产为自身债务设定抵押的,人民法院可以认定抵押有效"的必要。可见,在民事主体的担保能力方面,也并非不存在共同规则。

当然,最具意义的当属共同担保人之间的追偿问题。《担保法》及

---

〔1〕 在实践中,有人认为该规定仅适用于保证,不能适用于其他担保方式,尤其是抵押权,理由是法定代表人越权提供抵押担保,如果已经办理抵押登记,则不应认为因违反《公司法》第 16 条而无效。这显然是对抵押登记的误解。抵押登记仅仅是抵押权的公示方式,而我国民法对于物权变动采要因原则,要求有效的物权变动必须以合法有效的原因为前提,即使已经办理了抵押登记,但如果抵押合同被认定无效,仍应认定抵押权没有有效设立。

其司法解释均分别规定共同保证和共同抵押、共同质押等,未对共同担保规定一般性的规则。这在《担保法》及其司法解释全面适用的时代并没有引起太大的问题,因为根据《担保法》与《担保法解释》的规定,无论是共同保证,还是共同抵押、质押,抑或是混合共同担保,共同担保人之间在承担担保责任后,都是可以向其他担保人进行追偿的。就此而言,尽管《担保法》与《担保法解释》没有规定共同担保的一般性规则,但就共同担保人之间的追偿问题而言,实际上是存在一般性规则的。也正因为如此,在《物权法》通过并施行后,问题就来了:囿于调整范围的限制(就担保问题而言,《物权法》仅规定了担保物权或者与担保物权有关的事项),《物权法》第176条仅就混合共同担保作了规定,且有意没有再规定担保人之间的追偿权。[1] 显然,如果据此认为仅混合共同担保人之间不能相互追偿,则必然与《担保法》与《担保法解释》的规定不一致。因为单就混合共同担保本身而言,根据《物权法》第178条的规定,自可采取新法优于旧法的规则处理规范之间的冲突,但就非混合的共同担保而言,则只能继续适用《担保法》及其司法解释。这就必然造成体系上的冲突和不和谐:何以共同保证人之间可以相互追偿,共同抵押或者共同质押的担保人之间可以相互追偿,混合共同担保的担保人之间就不能相互追偿? 也正是在此背景下,《民法典》在继受《物权法》第176条的同时,亦修改了《担保法》关于共同保证的规定,没有再规定共同保证人之间的相互追偿,从而在形式上完成了规则的一致性。[2]

总之,担保的方式虽然多种,但各种担保制度之间并非没有共同的规则。由于共同规则可以适用于各种担保制度,因此担保制度一般规则的构建不仅对于各种担保方式的整合并形成相对独立的担保制度具有

---

〔1〕　参见胡康生主编:《中华人民共和国物权法释义》,法律出版社2007年版,第381—382页。

〔2〕　《民法典》虽然在形式上统一了共同担保的追偿规则,但由于对担保人之间的追偿问题未作明确规定,从而引发理论界的广泛争议。具体可参见崔建远:《混合共同担保人相互间无追偿权论》,载《法学研究》2020年第1期;崔建远:《补论混合共同担保人相互间不享有追偿权》,载《清华法学》2021年第1期;邹海林:《我国〈民法典〉上的"混合担保规则"解释论》,载《比较法研究》2020年第4期;贺剑:《担保人内部追偿权之向死而生:一个法律和经济分析》,载《中外法学》2021年第1期。

重要意义,而且对于司法实践如何正确适用《民法典》所规定的各种担保制度具有重要意义。

二、构建担保制度一般规则的途径

在回答完构建担保制度一般性规则的必要性后,我们再来讨论构建担保制度一般规则的具体途径。关于如何构建担保制度的一般规则,首先涉及担保制度一般规则究竟应当包含哪些内容?这就需要回答担保制度在整体上相对于其他民事制度的特殊性。也就是说,构建担保制度的一般性规则,既要寻找各种担保方式的共性,又要在此基础上找到担保行为区别于其他民事行为的特殊性,因为如果担保行为在整体上没有特殊性,自然可以直接适用《民法典》总则编规定的更一般的规则,而无须专门针对担保制度提供一般规则。我们需要就担保制度提供一般规则,根本原因也正在于将《民法典》总则编的规定直接适用于担保,在实践中存在较大的障碍。依据这个思路,我认为,担保制度的一般规则大致应包含五个方面的内容。

第一,涉及担保的从属性及其适用的具体规则。各种担保方式具有共性且又不同于其他民事制度的一大特点,就是担保的从属性,即担保从属于被担保的主债权债务关系。关于这一点,不仅《民法典》第 388 条第 1 款和第 682 条第 1 款从合同效力的角度对主合同与担保合同之间的主从关系进行了规定,而且《民法典》第 407 条、第 547 条、第 696 条就担保在移转上的从属性、《民法典》第 419 条就担保在消灭上的从属性以及《民法典》第 701 条就担保在抗辩上的从属性分别进行了规定。当然,从属性虽然是担保的基本特征,但也并非没有例外,例如在最高额担保中,通常是先签订最高额担保合同,后发生被担保的债权债务关系,且根据《民法典》第 421 条的规定,除非当事人另有约定,在最高额抵押担保的债权确定前,部分债权转让的,最高额抵押权不得转让,从而使得最高额担保具有相对的独立性。从实践的情况看,关于担保的从属性,除了独立担保以及当事人约定担保合同的效力独立于主合同的情形需要统一加以处理,还存在当事人就担保责任专门约定违约责任是否有效发生争议的情况。此外,实践中存在的委托第三人持有担保物权、借新还旧中的担保责任承担、担保合同无效的法律后果等问题需要处理,这些都涉及担保的从属性及其适用的问题。

第二,因担保行为本身的特殊风险而需要构建的具体规则。担保是一种无须相对人支付对价的交易,因而不仅属于风险极高的民事活动,在组织法上还可能成为利益输送的工具。担保行为的特殊性导致《民法典》总则编在适用于担保行为时,必然会遇到一定的障碍,因此需要特别法或者特别规范进行处理。整体上看,法律对担保行为的特别规制主要体现在两个方面:一是就民事主体的担保资格或者担保能力作出严格限制,例如《民法典》第683条规定机关法人原则不得为保证人,以公益为目的的非营利法人、非法人组织不得为保证人;二是在法人或者非法人组织作为主体提供担保的情况下,严格限制法人的法定代表人或者非法人组织的负责人未经组织法上的决议程序擅自对外提供担保,例如《公司法》就公司对外担保问题进行了特别规定,《合伙企业法》就合伙企业对外提供担保进行了特别规定。关于民事主体的担保资格,虽然《民法典》在保证合同中作了特别规定,但该规定能否类推适用于旨在设立担保物权的担保合同或者其他具有担保功能的合同,则不无疑问。此外,除机关法人和以公益为目的的非营利法人、非法人组织外,《民法典》总则编规定的其他民事主体是否都有担保资格?我认为,不仅机关法人和以公益为目的的非营利法人、非法人组织订立的保证合同无效,这些主体为他人债务提供担保而订立的旨在设立担保物权的担保合同也应被认定无效。至于《民法典》规定的其他民事主体是否都有担保资格的问题,虽然《民法典》没有明确规定,但也还是要具体问题具体分析。例如居民委员会和村民委员会,都是基层群众自治组织,仅有公益性的办公经费而无其他财产来源,类似于机关法人,因此也不具有担保资格。[1]不过,农村集体经济组织不仅享有财产权利,其开展经济活动也可能需要提供担保,因此农村集体经济组织应当具有担保资格;村民委员会根据《村民委员会组织法》的规定提供担保,实际上也是代行村集体经济

---

〔1〕 参见曹士兵:《担保纠纷案件裁判规则——保证人主体资格与担保效力》,法律出版社2019年版,第99—100页。

组织的职能。[1] 当然,无论是农村集体经组织还是村民委员会代行村集体经济组织的职能,其尽管有担保的资格或者能力,但由于担保行为本身的特殊性,法定代表人代表农村集体经济组织对外提供担保应依据法律规定由相关决策机构进行授权,而村民委员会代行村集体经济组织职能提供担保,自然应当解释为属于《村民委员会组织法》第 24 条规定的必须经村民会议或者村民会议授权村民代表会议讨论决定才能办理的事项,而非法定代表人可以单独决定的事项。同理,《公司法》和《合伙企业法》之所以就担保问题进行特别规定,根本原因也在于除金融机构开立保函或者担保公司提供担保外,对外提供担保属于较为异常的经营行为,法人的法定代表人只有在获得法人的特别授权时,才能代表法人签订担保合同,合伙企业的合伙事务执行人也只有在全体合伙人一致同意的情况下,才有权代表合伙企业签订担保合同,否则就构成越权代表,相对人只有在构成表见代表时才能主张由法人或者非法人组织承担约定的担保责任。可见,法律虽然没有限制这些组织的担保能力,但必须满足组织法关于决策程序的要求。

第三,关于担保效力范围的具体规则(被担保债权的范围、最高额担保的最高债权额如何确定等)。与其他债权债务关系不同,担保债务是对他人的债务提供担保而发生的债务,因此在范围上从属于主债权债务关系。但是,担保责任在范围上的从属性仅仅要求担保人的责任不能超过主债务人应当承担的债务范围,而不意味着当事人不能在主债务范围内约定担保责任。根据《民法典》第 389 条的规定,除当事人另有约定外,担保物权的担保范围包括主债权及其利息、违约金、损害赔偿金、保管担保财产和实现担保物权的费用;根据《民法典》第 691 条的规定,保证人的担保范围则包括主债权及其利息、违约金、损害赔偿金和实现债权的费用。可见,《民法典》继受原《担保法》《物权法》以来的一贯立场,对被担保的债权作了较为宽泛的规定,即在当事人对担保范围未作明确限制的情形下,被担保的债权不仅包括主债权,还包括因主债权发生的

---

[1] 参见曹士兵:《担保纠纷案件裁判规则——保证人主体资格与担保效力》,法律出版社 2019 年版,第 100 页。

各种附属债权。对此,有观点认为,我国民法对被担保的债权范围界定过宽,不利于对担保人合理预期进行保护,例如在有些案件中,实现债权的费用很高(如当事人约定实现债权的费用包括律师费),建议司法解释作相应的限制(例如将实现债权的费用限制在合理费用)。我认为,被担保的债权范围已由《民法典》作出明确规定,司法解释不宜加以限制,如果担保人因担心附属债权的范围过大而影响到自己的合理预期,就应自行在担保合同中明确约定被担保的债权范围,对担保范围进行限制。此外,实践中较具争议的是最高额担保中的最高债权额如何确定,即所谓最高债权额究竟是指当事人约定的本金,还是包括本金及其附属债权在内所有债权。例如,当事人约定对未来一年内发生的债权在2000万元的范围内承担担保责任,这2000万元究竟是指本金,还是包括本金在内的所有债权,如利息、违约金、损害赔偿金和实现债权的费用等。这里涉及一个风险控制和承担的问题:如果认为最高债权额是指包括本金在内的所有债权,则债权人将承担由此带来的风险,因为当本金达到2000万元时,实际发生的债权可能不止2000万元,而超出部分则不属于被担保的债权,因此债权人就要加强风险控制,在发放本金时,必须同时考虑实际的债权数额是多少;如果最高债权额仅指本金,则担保人就要承担由此带来的风险,因为实际发生的债权可能远远超过约定的最高债权额。根据《民法典担保解释》的规定,最高额担保中的最高债权额,是指包括主债权及其利息、违约金、损害赔偿金、保管担保财产和实现担保物权的费用等在内的全部债权,但是当事人另有约定的除外。之所以如此规定,是考虑到债权人较之担保人在风险控制上更具有便利,尤其是银行在发放后续贷款时,有能力也有条件对已经实际发生的债权进行计算,并在此基础上控制贷款规模,而不应将此风险完全交由担保人承担。当然,由于《民法典》规定担保范围可由当事人自由约定,因此最高债权额究竟指何,也应可由当事人自由约定。

　　第四,因担保人承担担保责任或者赔偿责任而引发的追偿问题以及与之相关的反担保问题而需构建的具体规则。担保制度区别于其他民事制度的另一个显著特征是担保人在承担担保责任或者赔偿责任后,还存在一个追偿问题。担保人的追偿可以分为三个方面:一是担保人向主债务人的追偿;二是在共同担保的情形下,向其他担保人的追偿;三是担保人向反担保人的追偿。《民法典》就担保人向债务人的追偿以及向其他担保人的追偿问题作了明确的规定,尽管分别规定在合同编的保证合同和物权编的担保物权部分,但还是可以看出来存在统一的规则。值得注意的是,《民法典》并未明确规定共同担保的情形下,已经承担担保责任的担保人是否有权向其他担保人进行追偿。对此,理论界与实务界有不同的看法,争议很大。在《民法典》编纂完成前,《担保法》及其司法解释规定无论是共同保证,还是其他共同担保,担保人之间都有相互追偿的权利,但《物权法》则仅对人保和物保并存时的混合共同担保进行了规定,且没有再规定担保人之间有相互追偿的权利,因而就混合共同担保人之间是否有相互追偿权产生争议。一种观点认为,如果此时不承认担保人之间有相互追偿的权利,必然造成体系上的不一致,因为共同保证仍须适用《担保法》及其司法解释,承认保证人之间有追偿权利。也正因为如此,部分学者主张《物权法》虽然没有明确规定混合共同担保的担保人之间有相互追偿权,但按照体系解释,也应承认担保人之间有相互追偿的权利。当然,也有学者认为,共同保证与混合共同担保有所不同,不能用共同保证人之间有追偿权来论证混合共同担保人之间也有相互追偿的权利。不过,由于《民法典》没有延续《担保法》的规定,没有再规定共同保证中保证人之间有相互追偿的权利,因此,共同担保人之间的追偿问题是否具有统一性,也就成了一个首先要解决的问题。显然,如果人保和物保不具有同质性,需要区别对待,就无法就共同担保人的追偿问题构建统一的规则;相反,如果人保和物保具有同质性,则应该就共同担保人之间的追偿问题构建统一的规则,即一般规则。

第五,关于担保人权利保护的具体规则。较之《担保法》和《物权法》,《民法典》更加注重对担保人的保护。例如,《民法典》将当事人约定不明的保证类型推定为一般保证而非连带责任保证;又如,《民法典》不仅规定了保证人对债务人的追偿权,而且规定了保证人的清偿代位权。我认为,对担保人进行特殊保护,本身就是担保制度一般规则的一项重要内容。当然,《民法典》对担保人进行特殊保护,主要是通过赋予担保人以追偿权和抗辩权来实现的。关于担保人的追偿权及相关问题,前已述及。至于担保人所享有的抗辩和抗辩权，又可进一步细分为担保人基于主从关系所享有的债务人的抗辩和抗辩权以及担保人自己基于担保合同所享有的抗辩和抗辩权。对于前者，《民法典》第701条明确规定："保证人可以主张债务人对债权人的抗辩。债务人放弃抗辩的，保证人仍有权向债权人主张抗辩。"这里的抗辩，不仅包括实体上的抗辩和抗辩权，也包括诉讼上的抗辩。此外，针对债务人对债权人享有抵销权或者撤销权的情形，《民法典》还于第702条规定："债务人对债权人享有抵销权或者撤销权的，保证人可以在相应范围内拒绝承担保证责任。"考虑到《民法典》的上述规定是担保从属性的重要表现，而主从关系不仅存在于保证合同，还存在于其他担保方式，因此，上述条文当然也可以适用于担保物权。

三、担保制度一般规则的适用范围

如前所述，《担保法》及其司法解释规定的担保方式有保证、抵押、质押、留置和定金，而《民法典》在规定上述五种担保方式的同时，还规定旨在设定担保物权的担保合同不仅包括抵押合同、质押合同，还包括其他具有担保功能的合同（《民法典》第388条第1款）。在《民法典担保解释》的制定过程中，一个颇具争议的问题是：上述担保方式是否都应适用担保制度的一般规则？

《民法典担保解释》第1条规定："因抵押、质押、留置、保证等担保发生的纠纷，适用本解释。所有权保留买卖、融资租赁、保理等涉及担保功能发生的纠纷，适用本解释的有关规定。"这一规定有两点值得引起注意：其一，该条没有明确列举定金；其二，明确所有权保留买卖、融资租赁、保理等合同，仅因涉及担保功能发生的纠纷，才适用该解释。之所以没有明确列举定金，是因为《民法典》虽然将其规定为债的担保（《民法典》第586条第1句），但在体系上却又将其作为一种违约救济的方式规定于合同编的违约责任，因此宜将其与其他违约制度一并处理，而不宜在本司法解释作出规定。至于担保制度一般规则是否能够适用于定金，则存在争议。一种观点认为，担保制度一般规定不能适用于定金，例如前述关于担保资格的限制。我们认为，由于定金大多系由主合同当事人自己提供,而担保制度一般规则关注的重点则是第三人提供担保的情形,因此担保制度一般规则确实很难适用于定金,但所谓难以适用,并非不能适用,而是因为大量规定并无定金制度适用的空间。

此外,在《民法典担保解释》的制定过程中,有一种观点认为,所有权保留买卖、融资租赁和保理虽然具有一定的担保功能,但司法解释直接将其界定为具有担保功能的合同,则可能有以偏概全之嫌,因为《民法典》关于上述合同的规定,大部分内容与担保没有关系,且《民法典担保解释》也不宜对上述合同的法律适用进行规范,而应通过其他相关司法解释如买卖合同司法解释、融资租赁司法解释等一并解决其中涉及的担保问题。我们认为,上述观点虽然有一定道理,但却并未深刻认识到《民法典》将上述合同规定为具有担保功能的合同所带来的体系效应。不可否认,《民法典》关于所有权保留买卖、融资租赁、保理的规定并不限于担保,但担保问题无疑是此类合同的一个重要方面。在我看来,《民法典》通过"具有担保功能的合同"这一概念将这些合同中涉及的担保功能予以明确化,其目的一方面在于通过登记制度消除隐形担保给交易安全带来的隐患,另一方面则是通过将其纳入担保制度,从而实现将有关担保物权的一般规则统一适用于上述合同所涉及的担保问题。例如,《民法典》第414条第1款规定了同一标的物上数个担保物权的清偿顺序,第2款进一步规定:"其他可以登记的担保物权,清偿顺序参照适用前款规定。"其中,其他可以登记的担保物权,自然包括出卖人保留的所有权、融资租赁出租人享有的所有权等。实际上,此种所谓"参照适用"不仅存在于《民法典》关于担保物权的规定,也存在于《民法典》关于上述合同的规定,例如《民法典》第642条第2款规定:"出卖人可以与买受人协商取回标的物;协商不成的,可以参照适用担保物权的实现程序。"

也有人担心,所有权保留、融资租赁、保理等合同中的担保问题虽然可以参照适用担保物权的一般规则,但是否可以适用担保制度的一般规则,则值得怀疑,例如在是否存在主从合同问题上,上述合同与一般的担保合同就有明显的区别,另外上述合同的担保功能也很难运用于反担保。我们认为,上述具有担保功能的合同确实很难运用于反担保,但所谓难以运用,并非不能运用,而是因为其性质而无法运用。也正是因为如此,在《民法典担保解释》的制定过程中,征求意见稿曾一度规定:"因所有权保留、融资租赁、保理等其他具有担保功能的合同发生的纠纷,适用本解释,但是根据其性质不能适用的除外。"至于所有权保留买卖、融资租赁、保理中的主从关系,虽然不是很明显,但也并非不能通过一定的解释方法来探知。以所有权保留买卖为例,发挥担保功能的只是当事人在买卖合同中关于将所有权保留给出卖人的约定,但是否可以据此推论所有权保留没有主从关系呢? 显然,我们不能因为上述约定仅存在于主合同就否认买卖合同与所有权保留之间存在主从关系,因为其他担保合同(如保证合同)也可能只是主合同中一个保证条款,甚至只是行为人以保证人的身份在主合同上签字、盖章或者按指印。事实上,担保合同既可以独立存在,也完全可以与主合同合并在一起,只是在解释适用的时候,应有主从关系的区分。

再来说当事人提供反担保的方式很难运用所有权保留、融资租赁或者保理的问题。我们认为,一种担保方式是否能够运用于某种特定的交易形式,并非判断该担保方式能否适用担保制度一般规则的依据。例如留置权也不能运用于反担保,但不意味着留置权不能适用担保制度的一般规则,更不意味着留置权不是担保制度。就此而言,即使某一特定的担保方式不能适用所有的规则,但只要不影响其担保功能的发挥,就不应影响我们将其作为一项担保制度。退一步说,也正是因为所有权保留、融资租赁和保理的担保功能有其适用范围上的限制,过去的民法学说才将其称为非典型担保。《民法典》第 388 条专门创设"其他具有担保功能的合同"这一概念,其无非是为了将这些具有担保功能的交易形式统一纳入担保制度,以便将《民法典》关于担保的规定统一适用于它们。

需要说明的是,由于《民法典》是在物权编下担保物权分编中使用"其他具有担保功能的合同"这一概念,因此保证合同虽然具有担保功能,但不应包括在这一概念之内。同理,债务加入虽然具有较之保证合同更强的担保功能,也无法被这一概念所涵盖。不过,保证合同尽管不能纳入"其他具有担保功能的合同"这一概念,但保证为担保制度的重要组成部分,并无疑问,自然应适用担保制度的一般规则。问题是,债务加入是否也应适用担保制度的一般规则？如前所述,考虑到实践中广泛存在公司通过债务加入规避《公司法》关于公司对外提供担保的规定,《九民纪要》明确规定法定代表人以公司名义与债务人约定加入债务并通知债权人或者向债权人表示愿意加入债务,该约定的效力问题,应参照纪要中关于公司为他人提供担保的有关规则处理。在《民法典担保解释》的制定过程中,我曾建议就债务加入适用担保制度的一般规则作出明确规定,因为债务加入除保证期间和担保人的法定追偿权外,与连带责任保证几乎没有任何差异[1],因而不仅仅是公司加入他人债务要参照适用担保规定的问题,担保制度的其他一般规则也应参照适用于债务加入,但考虑到债务加入不属于《民法典》规定的担保制度,最终通过的《民法典担保解释》仅仅继受了《九民纪要》的规定,没有全面将担保制度的一般规则类推适用于债务加入。

四、掌握担保制度一般规则的意义

在《民法典》的编纂过程中,有不少学者主张《民法典》应将担保制度独立成编,理由之一即是担保制度是一个完整的体系,如果分散规定于物权编和合同编,就会破坏这一体系的完整性。[2] 在我看来,担保制度的体系性在很大程度上就表现为担保制度存在大量一般性规则。如果没有大量一般性规则,也就谈不上担保制度的体系性,更谈不上有独立成编的必要。所谓鱼和熊掌不能兼得,《民法典》照顾到了物权编的完整性,但却牺牲了担保制度的体系性,这应该是一个基本的共识。值得庆幸的是,《民法典》编纂留下的这个小小遗憾,在我国还可以通过司法解释这一有中国特色的法源制度予以补救。《民法典担保解释》在整合各种担保方式的基础上,提炼出担保制度的一般性规则,将其作为统一适用于各种担保方式的共同规则,具有极其重要的理论与实践意义。

从理论上说,担保制度一般规则的构建既有利于人们更加深入的认

---

〔1〕 参见曹士兵:《担保纠纷案件裁判规则——保证人主体资格与担保效力》,法律出版社 2019 年版,第 100 页。

〔2〕 参见高圣平:《民法典担保物权法编纂:问题与展望》,载《清华法学》2018 年第2 期。

识各种担保方式的共同特征,也有利于人们从整体上进一步反思担保行为区别于其他民事行为的特殊性。人们在认识事物的过程中,既需要从具体到抽象,也需要从抽象到具体,我们对担保制度的认识也不例外。作为一个用于概括各种担保方式的上位概念,担保制度本身就蕴含大量一般性的问题以及由此带来的规则,同时,担保制度区别于其他制度而独立存在的依据,也只能在各种担保方式所具有的共同规则中去寻找。

从实践的角度看,担保制度一般规则的构建在有效保障担保制度统一实施的同时,也能有效避免泛担保化的问题。尽管《民法典》分别在保证合同和担保物权规定了一些担保制度的一般性规则(如担保的从属性、共同担保等),但还有部分一般性规则仅规定于保证合同,担保物权中则没有规定(如担保人的权利保护规则),这就给法官如何适用法律带来了难题。此外,如前所述,法官还面临着《民法典》总则编的规定能否以及如何适用于担保行为的问题。更为重要的是,有学者指出近年来的司法实践出现了所谓泛担保化的问题,即法官误将具有担保功能的制度认为都是担保制度,进而适用担保制度的一般性规则来解决不属于担保制度的法律问题。一方面,担保制度一般规则的构建无疑有效提供了规则供给,从而不仅满足了法官处理担保问题的规则需求,也确保了规则的统一实施;另一方面,担保制度一般规则的构建,也使得担保制度与其他具有担保功能的制度相互之间区分开来,从而避免了规则的滥用或者误用。

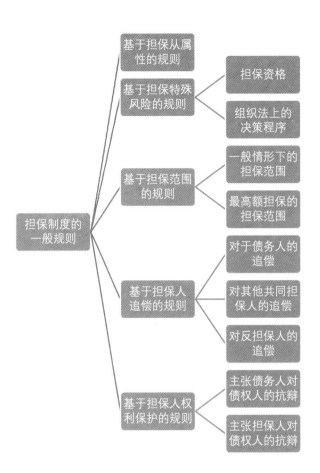

第四讲

新旧担保制度的衔接与适用

一、《民法典》有关担保之规定的时间效力

为了解决新旧法的衔接与适用问题,最高人民法院在《民法典》施行前就发布了《最高人民法院关于适用〈中华人民共和国民法典〉时间效力的若干规定》(以下简称《民法典时间效力解释》),就《民法典》的溯及力问题进行了规定,其中就包括《民法典》关于担保的规定是否具有溯及既往的效力。值得注意的是,编纂《民法典》并非制定一部新的法律解释,《民法典》的大部分规定来自已经被废止的九部法律,担保制度也不例外。因此,《民法典时间效力解释》所针对的,仅仅是《民法典》较之《担保法》和《物权法》有变化的规定,而并不针对没有变化的规定。也就是说,对于没有变化的规定,就谈不上时间效力问题,无论是根据《民法典》裁判案件还是根据原法律裁判案件,在结果上并无区别。

根据《民法典时间效力解释》的规定,《民法典》有变化的规定仅在两种情形下具有溯及既往的效力:一是根据《立法法》第 93 条规定的"有利溯及原则",《民法典》的规定更有利于保护当事人的合法权益,更有利于维护社会和经济秩序,更有利于弘扬社会主义核心价值观;二是法律事实发生时的法律、司法解释没有规定,而《民法典》有规定,但是明显减损当事人合法权益、增加当事人法定义务或者背离当事人合理预期的除外。此外,《民法典》还具有释法功能,即在《民法典》施行前的法律事实引起的民事纠纷案件,当时的法律、司法解释仅有原则性规定而民法典有具体规定的,适用当时的法律、司法解释的规定,但是可以依据《民法典》具体规定进行裁判说理。

除了明确上述原则,《民法典时间效力解释》还就个别性的具体规则是否具有溯及既往的效力进行了规定。就担保制度而言,主要有以下

几个方面。

一是《民法典时间效力解释》第 7 条规定:"民法典施行前,当事人在债务履行期限届满前约定债务人不履行到期债务时抵押财产或者质押财产归债权人所有的,适用民法典第四百零一条和第四百二十八条的规定。"《民法典》第 401 条和第 428 条为人民法院处理让与担保提供了裁判依据。根据这两条处理因让与担保发生的纠纷,更有利于保护当事人的合法权益,故即使是《民法典》施行前成立的让与担保,也应依据该规定处理。

二是《民法典时间效力解释》第 8 条规定:"民法典施行前成立的合同,适用当时的法律、司法解释的规定合同无效而适用民法典的规定合同有效的,适用民法典的相关规定。"据此,担保合同虽然订立在《民法典》施行前,按照当时的法律、司法解释,该担保合同无效,但依据《民法典》与《民法典担保解释》的规定,该担保合同有效的,人民法院应认定担保合同有效。

三是《民法典时间效力解释》第 12 条规定:"民法典施行前订立的保理合同发生争议的,适用民法典第三编第十六章的规定。"据此,对于《民法典》施行前订立的保理合同,也应根据《民法典》的规定处理,其中也包括具有担保功能的有追索权的保理。

四是《民法典时间效力解释》第 20 条规定:"民法典施行前成立的合同,依照法律规定或者当事人约定该合同的履行持续至民法典施行后,因民法典施行前履行合同发生争议的,适用当时的法律、司法解释的规定;因民法典施行后履行合同发生争议的,适用民法典第三编第四章和第五章的相关规定。"据此,在所有权保留买卖、融资租赁中,如果出卖人或者出租人在《民法典》施行后未办理所有权登记,那么一旦因《民法典》施行后的履行发生纠纷,出卖人或出租人所享有的担保物权将不具有对抗第三人的效力。此外,如果在同一标的物上有两个以上的担保物权,包括所有权保留买卖或者融资租赁中的所有权,也须根据《民法典》第 414 条的规定来确定清偿顺序。

五是《民法典时间效力解释》第 27 条规定:"民法典施行前成立的保证合同,当事人对保证期间约定不明确,主债务履行期限届满至民法典施行之日不满二年,当事人主张保证期间为主债务履行期限届满之日起二年的,人民法院依法予以支持;当事人对保证期间没有约定,主债务履行期限届满至民法典施行之日不满六个月,当事人主张保证期间为主债务履行期限届满之日起六个月的,人民法院依法予以支持。"可见,《民法典》关于保证期间推定的规定没有溯及既往的效力。

二、《民法典担保解释》的时间效力

根据《民法典担保解释》第 71 条的规定,《民法典》施行之日,也就是《民法典担保解释》施行之日。由于《民法典担保解释》是根据《民法典》制定的司法解释,因此,在《民法典》有溯及力的场合,《民法典担保解释》也有溯及力。也就是说,《民法典担保解释》是否具有溯及力,首先取决于被解释的《民法典》的相关规定是否有溯及力:如果被解释的《民法典》的相关规定具有溯及力,则根据该规定所制定的司法解释也应具有溯及力;如果被解释的《民法典》的相关规定不具有溯及力,则根据该规定所制定的司法解释自然也不应被赋予溯及力。

不过,前面谈到,我们在讨论《民法典》的溯及力时,针对的都是《民法典》规定的新制度、新规则。因此,《民法典时间效力解释》所涉及的,也仅仅是《民法典》的新制度、新规定是否具有溯及力的问题。可见,如果《民法典担保解释》所解释的,不是《民法典》的新制度、新规则,则《民法典担保解释》的溯及力问题就无法通过适用《民法典时间效力解释》来解决。《民法典担保解释》通过后,实践中不少人提出如下问题:除了根据《民法典时间效力解释》一般规定和具体规定可以认定《民法典》具有溯及力的情形下《民法典担保解释》也应具有溯及力,《民法典担保解释》的其他规定是否也有溯及力? 能否适用于《民法典》和《民法典担保解释》施行前发生的法律事实? 例如,由于《民法典》关于保证期间推定的规定不具有溯及力,因此《民法典担保解释》关于这一规定的解释当然也不具有溯及力,但是《民法典担保解释》关于保证期间的其他解释是否具有溯及力呢?

我的意见是,既然编纂《民法典》不是制定新的法律,那么我们限制《民法典》的溯及力,也仅仅是限制《民法典》有变化的规定溯及既往的效力。至于《民法典》对原九部法律未作修改的规定,即使不赋予《民法典》以溯及力,法官根据法律事实发生时的法律作出裁判与根据《民法典》作出的裁判也没有差别。大家知道,司法解释代表的是最高司法机关对法律的理解。尽管《民法典担保解释》是根据《民法典》所作的解释,但因《民法典》的内容大多来自已被废止的九部法律,因此在《民法典》未对纳入其中的民商事法律进行修改的情况下,最高人民法院对《民法典》所作的解释,实际上也就是对已经被废止的九部法律的相关规定进行的解释,代表了最高人民法院对这些未变化的规定的理解。问题是,这是不是意味着,在法律规则没有发生变化的情形下,即使人民法院根据法律事实发生时的法律进行裁判,《民法典担保解释》也应可以作为理解为当时法律的依据?

对此,我个人的意见是,即使是在《民法典》未对原九部法律作出修改的情形下,赋予《民法典担保解释》的相关规定以溯及力,也仍应具体问题具体分析,因为《民法典担保解释》在对《民法典》的相关规定进行解释时,有时采取的是狭义的法律解释方法,有时则采取的是广义的法律解释方法,包括采取了制定法漏洞填补的解释方法。所谓狭义的法律解释方法,是指法律有规定,但存在歧义,解释者通过运用文义解释、体系解释、历史解释、目的解释等方法澄清法律条文本身的含义;所谓制定法漏洞的填补,是指因违反立法圆满状态导致法律对某一事项没有规定,法官运用类推适用、目的性限缩或者目的性扩张等方法填补制定法的漏洞。在《民法典担保解释》采用狭义解释方法的场合,由于《民法典》有相应的规定,只是对该规定存在理解上的歧义,因此,如果《民法典》未改变原法律的规定,则针对《民法典》的解释也可以被认为是针对原法律的解释,自可将《民法典担保解释》作为理解原法律的依据。当然,考虑到《民法典》和《民法典担保解释》于2021年1月1日才施行,在待决案件应当适用过去的法律和司法解释时,如果法官直接依据《民法典担保解释》进行裁判,就可能会带来逻辑上的矛盾,所以在上述情形下,建议法官仅在裁判文书说理部分,将《民法典担保解释》的相关规定作为理解当时法律的依据。这样一来,虽然从形式上看,《民法典担保解释》似乎不具有溯及既往的效力,但从实质上看,《民法典担保解释》被赋予一定的溯及力。

例如,《民法典担保解释》第7、8、10条就公司对外提供担保的效力与责任承担作了明确规定,其依据是《公司法》第16、63条等。由于《公司法》第16、63条等本身并未因《民法典》的编纂而发生变化,因此,《民法典担保解释》第7、8、10条自应赋予具有溯及既往的效力。也就是说,即使是《民法典》施行前发生的公司担保,也应适用《民法典担保解释》的相关规定,只不过不能作为裁判依据而只能作为说理的依据。道理很简单:《公司法》第16条对于公司担保已经作了明确规定,《公司法》第63条也已经对一人公司的人格否认问题作出了规定,只是大家对这些规定如何适用存在理解上的分歧,而《民法典担保解释》的相关规定代表的正是最高人民法院对这一问题的最新理解,因此,在案件尚未作出终审判决的情形下,自然应适用最高人民法院最新的理解。进一步说,关于公司对外担保,如果《民法典担保解释》的规定与《九民纪要》的规定不一致,因《民法典担保解释》在性质上为司法解释且制定在后,故自应适用《民法典担保解释》的规定,而不能再继续适用《九民纪要》的规定,因为《民法典担保解释》代表的是最高人民法院最新的认识。也就是说,尽管二者都只能作为裁判说理的依据,法官也应根据最新的认识来进行裁判说理,而不能以过去的认识进行裁判说理,除非案件在《民法典担保解释》施行前已经终审。

又如,《民法典担保解释》施行后,实践中有人提出如下问题:《民法典担保解释》第52条关于抵押预告登记的规定能否适用于司法解释施行前的法律事实引起的纠纷?我的意见是,由于预告登记是《物权法》就已经确立的一项制度,且《民法典》虽然就预告登记制度进行了文字修改,但并未影响我们对抵押预告登记的理解,因此《民法典担保解释》对抵押预告登记的规定,虽然是根据《民法典》进行的解释,但也代表最高人民法院对《物权法》关于预告登记的理解。就此而言,即使对于《民法典担保解释》施行前发生的抵押预告登记,如果法官依据《物权法》作出判决,也可以将《民法典担保解释》第52条作为裁判说理的依据。当然,如果法官依据《民法典》进行裁判,就可以直接将这一条作为裁判依据。[1]

但是,在《民法典担保解释》采用广义的法律解释方法填补制定法的漏洞时,由于《民法典》和原来法律对该问题均未作规定,《民法典担保解释》在一定程度上就具有创制规则的色彩,如果此时赋予《民法典担保解释》溯及力,则可能破坏当事人合理的预期。例如,《民法典担保解释》第9条对上市公司对外提供担保作了特别规定,且该规定在《九民纪要》的基础上增加了两款。在我看来,《民法典担保解释》第9条第1款来自《九民纪要》,系运用狭义解释方法的结果,但该条第2、3款系新增条款,是对《公司法》进行目的性扩张解释的结果,其目的是填补《公司法》的漏洞,因为《公司法》第16条并未对上市公司对外提供担保作特别规定,如果仅仅按照《公司法》的已有规定处理,就可能导致广大投资者利益受到损害。既然是填补制定法的漏洞,就可能会创设新的规则,《民法典担保解释》第9条第2、3款就是如此。此时如果赋予该规定以溯及既往的效力,就可能给当事人的交易安全造成隐患,进而严重影响到当事人的合理预期,所以不能赋予该规定溯及既往的效力。

又如,在连带责任保证中,如果债权人在保证期间仅向部分保证人主张保证责任,其效力是否及于其他保证人? 对此,以往实践中多持肯定的意见,依据是《最高人民法院关于已承担保证责任的保证人向其他保证人行使追偿权问题的批复》(法释〔2002〕37号)。该批复指出:"根据《中华人民共和国担保法》第十二条的规定,承担连带责任保证的保证人一人或者数人承担保证责任后,有权要求其他保证人清偿应当承担的份额,不受债权人是否在保证期间内向未承担保证责任的保证人主张过保证责任的影响。"尽管该条规定的是保证人之间的内部追偿问题,但

---

〔1〕 实践中有人认为只能依据《物权法》裁判,不能适用《民法典》,否则构成法律适用错误,因为《民法典时间效力解释》没有规定此种情形下《民法典》具有溯及力。笔者认为,这一理解值得商榷。如前所述,《民法典时间效力解释》处理的是《民法典》确立的新制度、新规则是否具有溯及力问题,至于《民法典》没有对以往法律进行修改的部分,则无须讨论是否具有溯及力。此时,即使法官依据《民法典》的规定对该法施行前的法律事实引起的纠纷作出裁判,也不能理解为法律适用错误。

通过推理,不难认为该批复实际上已就上述问题作出了回答,因为已经承担保证责任的保证人向未承担保证责任的保证人追偿的前提,自然是债权人在保证期间内向部分保证人主张保证责任的效力及于其他保证人。但是,对于同样的问题,《民法典担保解释》第29条则规定,同一债务有两个以上保证人,债权人以其已经在保证期间内依法向部分保证人行使权利为由,主张已经在保证期间内向其他保证人行使权利的,人民法院不予支持。同一债务有两个以上保证人,保证人之间相互有追偿权,债权人未在保证期间内依法向部分保证人行使权利,导致其他保证人在承担保证责任后丧失追偿权,其他保证人主张在其不能追偿的范围内免除保证责任的,人民法院应予支持。可见,《民法典担保解释》采取的是否定论,即债权人在保证期间内仅对部分保证人主张保证责任,其效力不及于其他保证人。从《民法典担保解释》第29条的表述来看,债权人对部分保证人主张保证责任的效力是否及于其他保证人似乎与保证人之间是否有追偿权并无关系。即使保证人之间有追偿权,也应认为债权人对部分保证人主张权利的效力不及于其他保证人。关于为什么要改变规则,我们将在第五篇关于保证期间的讲解中详细分析。这里需要指出的是,《民法典担保解释》施行后,对于《民法典担保解释》施行前订立的连带责任保证合同,如果债权人在保证期间内仅向部分保证人主张保证责任,其效力是否及于其他保证人? 也就是说,《民法典担保解释》第29条的规定是否具有溯及力呢? 笔者的意见是,保证期间涉及当事人利益关系重大,且具有一定特殊性,由于《民法典担保解释》施行前,最高人民法院已经根据原《担保法》第12条就债权人仅向部分保证人主张保证责任的效力是否及于其他保证人的问题已经作出规定,尽管上述批复的合理性存在争议,并与原《担保法》第26条的规定是否完全吻合,亦不无疑问,但因为规则已经很明确,为保护当事人的合理信赖,还是要限制《民法典担保解释》第29条的溯及力,因为相对于法释〔2002〕37号批复,《民法典担保解释》第29条属于规则创新。也就是说,二者都采用了广义的法律解释方法,因为无论是原《担保法》还是《民法典》,其实对这个问题都没有作规定,法释〔2002〕37号批复虽然依据原《担保法》第12条进行解释,但仍属于填补法律漏洞的规则创设,

《民法典担保解释》第 29 条更是如此。既然都带有规则创设的性质,就要注意保护当事人的合理预期,除非新的规则更有利于保护当事人的合法权益,否则不宜赋予新规则溯及既往的效力。

总之,《民法典担保解释》的内容可以分为两个部分:一部分是对《民法典》有变化的规定进行的解释;另一部分是对《民法典》没有变化的部分进行的解释。对于前者,《民法典担保解释》的相关规定是否具有溯及力,取决于被解释的《民法典》相关规定是否具有溯及力,即被解释的《民法典》相关规定有溯及力,对该规定进行的解释也自然具有溯及力;如果被解释的《民法典》相关规定没有溯及力,则对该规定进行的解释也自然不具有溯及力。对于后者,《民法典担保解释》的相关规定是否具有溯及力,则取决于解释方法的运用,如果采取的是狭义的解释方法,则该解释具有溯及既往的效力;如果采取的是制定法漏洞的填补方法,且创设了新的规则,则原则上不能赋予该解释溯及既往的效力,仅在该解释更有利于保护当事人合法权益时,才能赋予该解释以溯及既往的效力。

三、原《担保法解释》的适用空间

不可否认,原《担保法解释》在当时的历史背景下发挥过非常重要的作用。但是,经过 20 年的发展,《担保法解释》中的大量规定已经不能再发挥指导作用了:有些规定因与《民法典》存在冲突,不能再适用;有些规定已经被后来的《物权法》或者是《民法典》所吸收,没有存在的价值;还有一些规定,针对的是当时司法实践中的一些错误做法所作的规定,在当时具有重要意义,但随着理论与实践的发展,大家的认识水平都提高了,也就没有继续保留的必要。更加重要的是,《担保法》本身在《民法典》施行后即被废止,《担保法解释》也就失去了存在的基础。正是在这一背景下,最高人民法院决定在清理《担保法解释》等以往关于担保的司法解释的基础上,制定一部新的担保司法解释。

值得注意的是,尽管《民法典担保解释》是在清理《担保法解释》的基础上制定的,但并不意味着《担保法解释》中没有保留到《民法典担保解释》中的规定都是与《民法典》相冲突或者有矛盾的规定。相反,《担保法解释》没有保留在《民法典担保解释》的规定,很多都与《民法典》并不存在冲突或者矛盾,可能仅仅因为在实践中的意义较小,因而未能保留在《民法典担保解释》当中。这与《民法典担保解释》的起草思路有关。

在《民法典担保解释》制定过程中,我们坚持的一个基本思路是"问题导向"。在《担保法解释》制定的年代,我国的民商事立法还相当不完善,许多制度都付之阙如,因此《担保法解释》担负着大量填补制度漏洞的重任。现在,《民法典》已经通过并实施,基本上不存在民事基本制度欠缺的问题,因此《民法典担保解释》的重点不是要构建制度,而是要解决实际问题,尤其是长期困扰司法实践的疑难问题。正是在这一思路的指导下,《民法典担保解释》并不特别强调面面俱到,而是突出问题的重要性。在这种指导思想下,即使《担保法解释》某一规定与《民法典》的规定并无矛盾和冲突,但如果该规定在实践中已经不具有太大的意义,就不再保留到《民法典担保解释》。也就是说,只有对司法实践仍有重大意义的规定,才予以保留。既然如此,《担保法解释》没有保留在《民法典担保解释》的规定,如果与《民法典》和《民法典担保解释》不冲突,在《民法典》和《民法典担保解释》施行后,也仍有适用的空间。兹举三例予以说明。

第一,《担保法解释》第 18 条规定:"企业法人的职能部门提供保证的,保证合同无效。债权人知道或者应当知道保证人为企业法人的职能部门的,因此造成的损失由债权人自行承担。债权人不知保证人为企业法人的职能部门,因此造成损失,可以参照担保法第五条第二款的规定和第二十九条的规定处理。"关于该规定是否应保留于《民法典担保解释》或者经修改后保留于《民法典担保解释》,有过争议,也有过反复,但最终未能保留在《民法典担保解释》之中。之所以没有保留,主要是因为人们对于企业法人的职能部门不能担任保证人已经有了基本共识,似没有再规定的必要,而在《担保法解释》制定的年代,人们对于企业法人的认识水平不高,甚至有些当事人不知道企业法人的职能部门为何物,因而有明确规定的必要。当然,尽管没有保留到《民法典担保解释》,但如果实践中仍然发生法人职能部门提供担保的情形,这一规定仍具有指导意义。

第二，《担保法解释》第 84 条至第 95 条，系关于动产质押的规定，除个别条文已经被吸收到《民法典》中（如《担保法解释》第 93 条已经被《民法典》第 431 条吸收；《担保法解释》第 95 条第 2 款的内容已被《民法典》第 437 条吸收），其他条文既未被《民法典》吸收，也未保留在《民法典担保解释》中。那么，这些没有被保留的条文是否都与《民法典》相冲突或者矛盾呢？并不都是。有些条文之所以没有被保留，很大程度上不是因为这些条文与《民法典》的规定相冲突或者相矛盾，而是因为这些条文在实践中的意义不大，尤其是在我们对相关问题的认识水平提高后，似无须通过司法解释再次强调。例如，《担保法解释》第 84 条是在当时没有关于善意取得制度的具体规定的情形下作出的规定，在《物权法》及其后的《民法典》对善意取得制度进行明确规定的情形下，已经没有再予特别规定的必要；又如，《担保法解释》第 90 条关于"质物有隐蔽瑕疵造成质权人其他财产损害的，应由出质人承担赔偿责任。但是，质权人在质物移交时明知质物有瑕疵而予以接受的除外"的规定，亦可通过类推适用《民法典》第 893 条来获得，也没有必要再予规定。总之，上述条文未予保留，并非因为该条文与《民法典》有冲突或者矛盾，而主要是因为这些条文的现实意义不大，因为即使有冲突，但如果现实意义重大，当然也可经适当修改后予以保留。同样的情形，也发生在《担保法解释》关于权利质押、留置权的规定，因条文过多，就不在此一一予以分析讨论了。

第三，关于定金的规定。如前所述，尽管定金也被规定为债权的担保方式（《民法典》第 586 条），但考虑到定金与违约责任尤其是与违约金的关系更为密切，且《民法典》也是将定金规定于《民法典》合同编关于违约责任的部分，《民法典担保解释》没有就定金的适用问题进行规定，而是留待《民法典》合同编的相关司法解释进行规定。当然，这并不意味着《担保法解释》关于定金的规定与《民法典》存在冲突。相反，在《民法典》合同编相关司法解释就定金问题作出规定前，《担保法解释》关于定金的规定尤其是关于成约定金、解约定金的规定，对于实践中处理相关纠纷案件仍然具有重要的指导意义。也就是说，即使《担保法解释》已被废止，但只要与《民法典》不冲突，这些规定所体现的裁判思路就仍然具有指导意义。

如《担保法解释》第36条规定："一般保证中，主债务诉讼时效中断，保证债务诉讼时效中断；连带责任保证中，主债务诉讼时效中断，保证债务诉讼时效不中断。"考虑到这一规定当属应有之义，因而没有保留到《民法典担保解释》中。但是，实践中有人认为，既然这一规定被废止，就应依据《最高人民法院关于审理民事案件适用诉讼时效制度若干问题的规定》（以下简称《诉讼时效解释》）第15条关于连带债务诉讼时效中断的规定来处理连带责任保证中诉讼时效中断的问题，即无论是主债务诉讼时效中断，还是保证债务诉讼时效中断，其效力均应及于其他连带债务人。笔者认为，这一理解是错误的，因为《民法典担保解释》没有保留《担保法解释》第36条的规定，并非因为后者与《民法典》冲突或者矛盾，而是考虑到这一规定应该是大家的共识，无须再通过司法解释进行规定。此外，连带责任保证虽然也产生对债权人的连带债务，但由于保证人对主债务人有追偿权，因而是不真正连带债务，而《诉讼时效解释》第15条处理的是真正连带债务的情形，将该条适用于连带责任保证，是有问题的。所以，即使是《民法典担保解释》施行后，对于连带责任保证的诉讼时效中断问题，也还是要将《担保法解释》第36条作为裁判说理的依据。

综上所述，《民法典担保解释》虽然是在清理《担保法解释》的基础上制定的，且《民法典担保解释》施行之日也是《担保法解释》废止之日，但是，我们应该看到，《担保法解释》的许多规定，并非因为与《民法典》冲突或者矛盾而没有保留，也许仅仅是因为其现实意义不大而没有被保留。既然如此，**在因《民法典》与《民法典担保解释》施行后发生的法律事实而引起的担保纠纷中，如果《担保法解释》有明确规定而仅仅是因为现实意义不大而没有保留，则《担保法解释》仍有适用空间。**但需要指出的是，尽管在《民法典》和《民法典担保解释》施行后，《担保法解释》仍有适用空间，**但应将其作为裁判说理的依据进行援引，**不应将其作为裁判依据进行援引，因为毕竟《民法典》施行后，该解释已经被废止。这里再啰嗦一句：必须是在《担保法解释》的规定不是因为与《民法典》有冲突或者矛盾而未予保留的场合,才能将其作为裁判说理的依据,如果是因为与《民法典》有冲突或者矛盾而未予保留,则不能将其作为裁判说理的依据。为了帮助大家分析《担保法解释》中的哪些规定仍有适用的空间,在最高人民法院民二庭主编的《民法典担保制度司法解释的理解与适用》一书的附录部分,我们对《担保法解释》逐条进行了分析,指出该条是否与《民法典》及《民法典担保解释》相冲突,供大家参考。

总之,在《民法典》和《民法典担保解释》施行后,《担保法解释》是否仍然可以作为裁判说理的依据进行援引,取决于该解释的规定是否与《民法典》与《民法典担保解释》相冲突。实际上,《担保法解释》的情况,与《民通意见》《最高人民法院关于适用〈中华人民共和国合同法〉若干问题的解释(一)》(以下简称《合同法解释(一)》)、《最高人民法院关于适用〈中华人民共和国合同法〉若干问题的解释(二)》(以下简称《合同法解释(二)》)的情况极为相似。这三部司法解释在《民法典》施行后也被废止,但是否意味着这些司法解释的规定都不能再继续适用呢? 当然不是。最高人民法院于 2021 年 4 月 6 日发布的《全国法院贯彻实施民法典工作会议纪要》第 1—11 条不仅列举了这三部司法解释仍然可以继续适用的具体条文,而且在该纪要第 12 条明确规定:"除上述内容外,对于民通意见、合同法解释一、合同法解释二的实体性规定所体现的精神,与民法典及有关法律不冲突且在司法实践中行之有效的,如民通意见第2 条关于以自己的劳动收入为主要生活来源的认定规则等,人民法院可以在裁判文书说理时阐述。上述司法解释中的程序性规定的精神,与民事诉讼法及相关法律不冲突的,如合同法解释一第十四条、第二十三条等,人民法院可以在办理程序性事项时作为参考。"可见,在《民法典》施行后,虽然这三部司法解释被废止,但只要与《民法典》的规定不冲突,仍然可以作为裁判说理的依据。同理,《民法典》施行后,《担保法解释》能否继续适用,也应如此理解。

此外,还需要指出,根据《民法典时间效力解释》第 1 条第 2 款的规定,尽管《民法典》施行后《担保法》被废止,但在《民法典》没有溯及力的场合,人民法院在审理因《民法典》施行前发生的法律事实引起的担保纠纷案件时,仍应适用法律事实发生时的法律、司法解释,因此,在案件须适用《担保法》时,自然也应适用《担保法解释》。当然,如果此时《担保法解释》与《民法典担保解释》不一致,则应根据前述《民法典担保解释》的时间效力来解决二者之间的适用关系,此处不再赘述。

四、《九民纪要》关于担保之规定的适用

《九民纪要》是在《民法典》编纂工作接近尾声的背景下制定的,因此《九民纪要》在诸多问题上已经考虑到当时《民法典(草案)》的相关规定,例如《九民纪要》第64条关于动产浮动抵押之效力的规定,就考虑到了与《民法典(草案)》相关规定的衔接。此外,如前所述,编纂《民法典》并非制定新的法律,因此,就担保问题而言,尽管《九民纪要》处理的是《民法典》施行前司法实践遇到的疑难问题,但在《民法典》对此前民商事法律未作重大修改的领域,《九民纪要》对于《民法典》施行后的民商事审判仍然具有重大指导意义。也正是基于上述原因,《民法典》通过并实施后,《九民纪要》并未被废止。

《民法典担保解释》是在《九民纪要》施行一年多后制定的。在制定《民法典担保解释》的过程中,为保持司法政策的延续性,对于《九民纪要》关于担保问题的规定,如果实践已经证明较为科学,自然应当予以坚持。当然,保持司法政策的延续性不等于固步自封,更不等于讳疾忌医。因此,对于实践中发现的《九民纪要》的不合理之处,也不应当与时俱进地予以修改,再将其上升为司法解释。

从最终通过的《民法典担保解释》来看,对于《九民纪要》关于担保的规定还是作了一些调整,只是有些调整较大,有些调整较小。其中较大的调整,一是关于公司对外提供担保;二是共同担保人之间的追偿问题。关于公司对外提供担保,《九民纪要》拨乱反正,使人民法院对法定代表人未经公司决议对外提供担保的效力认定回归到越权代表的正确轨道上,而不再陷入《公司法》第16条究竟是管理性强制行规定还是效力性强制性规定的争论中。同时,为避免因司法政策的重大调整给社会经济造成过大的冲击,《九民纪要》一方面对于表见代表的认定采取了较为宽松的标准,认为相对人只要对公司决议进行了形式审查,即可认定其构成善意,进而认定构成表见代表,以维护相对人的交易安全;另一方面,还规定了几种特殊

情形下,即使没有公司决议,法定代表人越权代表公司签订的担保合同也应被认定无效,例如公司为其直接或者间接控制的公司开展经营活动向债权人提供担保;公司与主债务人之间存在相互担保等商业合作关系等。经过反复研究,我们认为,相对人仅仅进行形式审查即可构成善意并进而构成表见代表,容易带来相对人怠于履行审查义务的后果,不利于保护公司运营的安全性。此外,无论是互相提供担保还是因商业合作关系而提供担保,如果都无须公司决议,也可能导致《公司法》第16条被架空,无法防止法定代表人通过公司对外提供担保输送利益,损害公司和公司股东的利益。在此基础上,《民法典担保解释》对于相对人的审查义务作了更为严格的规定,从形式审查调整为合理审查,将无须公司决议的情形从四项修改为三项,删去了公司与主债务人之间存在相互担保等商业合作关系的情形下无须公司决议的规定,同时将公司为其直接或者间接控制的公司开展经营活动向债权人提供担保无须公司决议修改为公司仅为全资子公司提供担保无须公司决议。

关于共同担保人之间的相互追偿问题,由于《九民纪要》制定时,《担保法》及其司法解释仍然有效,且规定共同保证人之间可以相互追偿,因此,《九民纪要》仅对混合共同担保中的追偿问题作了规定,即除非担保人之间另有约定,担保人在承担担保责任后无权向其他担保人追偿。《民法典担保解释》不再区分混合共同担保与非混合共同担保,规定所有共同担保的情形下,担保人之间原则上都无相互追偿权,但对例外情形作了重大调整:一是担保人之间约定相互追偿;二是虽然没有约定相互追偿,但约定承担连带共同担保责任;三是没有前两项情形,但担保人在同一份合同书上签字、盖章或者捺指印。之所以如此规定,一方面是为了尊重立法原意,另一方面也是为了解决实践中的问题。关于这一点,我们将在后面进一步讨论。

总之,《民法典担保解释》对《九民纪要》的相关内容进行了调整。由于《民法典担保解释》在效力上高于《九民纪要》,且《民法典担保解释》制定在后,更能体现最高人民法院的司法政策,因此,**对于《民法典》和《民法典担保解释》施行后发生的担保行为,如果《民法典担保解释》与《九民纪要》的规定不一致,自应适用《民法典担保解释》的规定。**值得注意的是,不仅如此,对于《民法典》与《民法典担保解释》施行前的担保行为,在《民法典担保解释》具有溯及力的情况下,如果《民法典担保解释》与《九民纪要》的规定不一致,也应适用《民法典担保解释》的规定,而不能适用《九民纪要》的规定。需要说明的是,这里说的不一致,是指《九民纪要》有规定,《民法典担保解释》也有规定,且二者规定不一致的情形,不包括《九民纪要》有规定,而《民法典担保解释》没有规定的情形。如果《九民纪要》有规定,而《民法典担保解释》没有规定,且《九民纪要》的规定与《民法典》及《民法典担保解释》的其他规定并无冲突或者矛盾,则《九民纪要》的规定仍然可以适用。例如,在法定代表人越权代表公司提供担保的情形下,《九民纪要》对相对人善意的认定作了较为全面的规定,尽管《民法典担保解释》将形式审查修改为合理审查,但并未区分关联担保和非关联担保而就善意的认定作详细规定,因此,《九民纪要》的相关规定仍然可以继续适用;又如,在抵押权因主债权已过诉讼时效而不再受人民法院保护时,《九民纪要》明确规定抵押人可请求债权人协助注销抵押权登记,而《民法典担保解释》对此没有明确规定,就应继续适用《九民纪要》的规定。

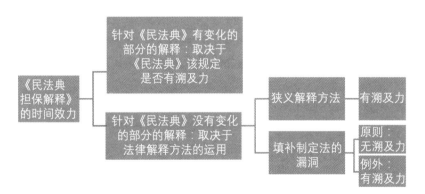

担保的从属性

第二篇要讲的主要内容是担保的从属性，此外也会涉及借新还旧中的担保责任和担保物权代持的问题。担保的从属性一直被认为是担保的一个基本属性，在上一篇谈到担保制度的一般规则时也反复强调了这一点。基于担保的从属性，无论是《民法典》还是《民法典担保解释》，都发展出了大量的具体规则。关于担保的从属性，《九民纪要》有一句非常重要的表述：从属性是担保的基本属性，要慎重认定独立担保行为的效力，将其严格限定在法律或者司法解释明确规定的情形。由此可见，担保的从属性对整个担保制度的设计具有重要影响。这也带来了一个很重要的问题：为什么我们要如此强调担保的从属性？也就是说，我们强调担保从属性的意义是什么？这是第一个需要回答的问题。

在我看来，我们之所以强调担保从属性这一基本特征，是因为担保的从属性关系到担保人权利的保护。这一点，集中体现在《民法典》第 701 条："保证人可以主张债务人对债权人的抗辩。债务人放弃抗辩的，保证人仍有权向债权人主张抗辩。"可见，**担保从属于主债权意味着担保人享有主债务人享有的抗辩权。**或者说，担保人之所以享有主债务人所享有的抗辩权，就是因为担保具有从属性。请大家注意，《民法典》第 701 条规定在保证合同这一部分，在担保物权部分却未有类似规定，是否意味着这一条仅仅适用于保证人权利的保护，而物的担保人或者物上保证人就不享有债务人所享有的抗辩权呢？当然不是。前面我们谈到，在《民法典》将担保制度分散规定于物权编和合同编的背景下，一些共同性的规则就只能放在保证合同中进行规定。对于物的担保人或者物上保证人，就只能类推适用保证合同关于保证人权利的相关规定。为此，《民法典担保解释》第 20 条明确规定人民法院在审理第三人提供物的担保的纠纷案件时，可以适用《民法典》关于保证合同的一些规则，其中就包括《民法典》第 701 条。因此，基于担保的从属性，无论是保证人还是物的担保人，都可以享有债务人所享有的抗辩权。

第五讲

担保从属性的表现及其适用

我们首先分析担保从属性的表现及其适用问题。我们把担保的从属性分为四个方面:发生上的从属性、变更上的从属性、移转上的从属性和消灭上的从属性。当然,我们认为担保具有从属性并将其表现归纳为以上四个方面,但并不是说《民法典》或者过去的《物权法》《担保法》的规定都从上述四个方面体现出担保的从属性,担保的从属性也存在一些例外的情形。即使我们将独立保函排除在担保制度之外,仅从《民法典》关于担保的规定来看,也存在一些例外情形,其中最为典型者当属最高额担保制度。无论是在发生、变更、移转还是消灭阶段,最高额抵押都与一般担保存在一定的差异,对担保的从属性进行了一定程度的突破。比如说发生上的从属性,意味着一般情况下当事人是先签订主合同,例如借贷合同或者买卖合同,之后为了担保债务的履行再签订担保合同。也就是说,一般情况下是先发生主债权债务关系再发生担保关系。但在最高额担保的情况下,无论是最高额抵押、最高额质押还是最高额保证,都是为了一定期间内连续发生的债权提供担保,而这个连续发生的债权当然包括将来发生的债权,这意味着当事人往往是先签订最高额担保合同,再签订具体的被担保的主合同。从这个意义上讲,最高额担保在一定程度上突破了担保在发生方面的从属性。此外,最高额担保在变更、移转和消灭上也体现出对担保从属性的突破。我们在这里不再展开,之后谈到具体问题时再详细分析。

这里需要说明的是,担保在发生上的从属性并非仅指担保合同通常签订在主合同订立之后,而主要是指担保在效力上和范围上(强度上)受到主债权债务关系的限制。事实上,即使不是最高额担保,实践中也可能存在先找好担保人再去签订借款合同或者买卖合同等主合同的现象。无论是先签订主合同再签订担保合同,还是先签订担保合同再签订主合同,担保在发生上的从属性意味着担保责任的承担须以有效的主合同为前提,同时担保的范围不能超过因主合同而发生的债权范围。所以,我们在讨论担保在发生上的从属性时,主要讨论的是担保在效力上和范围上的从属性,这恰恰也是《民法典担保解释》重点解决的两个问题。为了更加充分地探讨这个问题,下面我们将担保在发生上的从属性一分为二,先讨论担保在效力上的从属性,再讨论担保在范围或者说强度上的从属性,最后讨论担保在变更、移转、消灭上的从属性。

一、担保在效力上的从属性及其适用

《民法典担保解释》第2条是关于担保在效力上的从属性及其适用的规定。我们先看这一条的第2款,它规定因金融机构开立独立保函发生的纠纷,适用《独立保函解释》。这就回应了刚才讲到的问题,即在《民法典》施行后,虽然独立保函仍然应该得到认可,但不能再将其作为担保制度予以对待,因独立保函引发的纠纷自应适用《独立保函解释》的规定,而非《民法典》关于担保的规定或者《民法典担保解释》的规定。也就是说,《民法典》和《民法典担保解释》调整的是从属性担保,独立保函由其他法律或者司法解释去规范。

在从属性担保的情况下,我们需要适用《民法典》关于担保的规定以及《民法典担保解释》,当然也包括《民法典担保解释》第2条第1款。《民法典担保解释》第2条第1款规定:"当事人在担保合同中约定担保合同的效力独立于主合同,或者约定担保人对主合同无效的法律后果承担担保责任,该有关担保独立性的约定无效。主合同有效的,有关担保独立性的约定无效不影响担保合同的效力;主合同无效的,人民法院应当认定担保合同无效,但是法律另有规定的除外。"需要大家注意的是,司法解释在这里并未就担保在效力上的从属性进行正面规定,因为《民法典》第388条和第682条对此已经有明确规定。司法解释在这里主要就当事人之间关于违反担保从属性的约定是否有效以及如何处理进行了规定。

在这一款中,《民法典担保解释》规定了当事人之间约定无效的两种情形:一是当事人在担保合同中约定担保合同的效力独立于主合同;

二是当事人在担保合同中约定对主合同无效的后果亦应承担担保责任。第一种情形比较常见，其形成原因主要在于我们对于独立担保的适用范围进行了严格的限制。也就是说，**只要不是金融机构开立的独立保函，当事人之间关于担保合同独立于主合同的约定就应当被认定无效**。这也是《民法典》第388条和第682条的应有之义。值得注意的是，司法解释规定的第二种情形究竟是为了解决什么问题呢？大家知道，如果当事人约定即使主合同无效，担保人仍应该对主合同项下的义务承担担保责任，这属于第一种情形。但第二种情形是，当事人之间约定即使主合同无效，担保人也应对主合同无效的后果承担担保责任。显然，这里不是对原债权债务承担担保责任，而是对主合同无效的后果承担担保责任。

关于当事人之间能否就主合同无效的法律后果约定担保责任，在《民法典担保解释》的制定过程中争议较大。不少学者提出，担保在效力上的从属性仅仅是要求担保合同的效力从属于主合同的效力，因此主合同无效，担保合同也应无效，担保人对主合同项下的债权债务关系不承担担保责任，但不能因此得出当事人不能就主合同无效的后果约定担保责任。大家注意，《民法典担保解释》第2条第1款不是要禁止当事人就主合同无效的后果约定担保责任，而是说当事人不能直接在担保合同中对此"预先"进行约定。也就是说，如果当事人对于主合同被认定无效并无争议，再就主合同无效的后果及其履行另行订立担保合同，基于意思自治原则，只要该约定不存在其他无效事由，就应认定该约定有效。但是，**如果当事人在担保合同中预先就主合同无效的后果及其履行约定了担保责任，则属于突破了担保在效力上的从属性，因此不应予以认可**。

为什么这么说呢？理由如下。其一，在主合同被认定无效后，如果当事人另行就主合同无效的法律后果及其履行订立担保合同，该担保合同自然不应因违反担保的从属性而被认定无效。但如果当事人在担保合同中预先约定担保人应对主合同无效的法律后果承担担保责任，则涉及违反担保从属性的问题，因为主合同无效必然导致担保合同无效，担保合同中关于担保人须对主合同无效的法律后果承担担保责任的约定自然也应被认定无效。其二，主合同无效导致担保合同无效，担保人应承担的法律责任为缔约过失责任，即担保人只有在有过错的情形下才承担赔偿责任,对此不仅《民法典》第 388 条与第 682 条有明确规定,《民法典担保解释》第 17 条亦对此进行了细化,如果认为当事人在担保合同中关于担保人须对主合同无效的法律后果承担担保责任的约定有效,则意味着无论担保人是否有过错都要承担责任,这显然与法律及司法解释的规定不符。其三,当事人约定担保人对主合同无效的法律后果承担担保责任,实际上是由担保人对债务人的缔约过失责任承担担保责任,虽然这在主合同被认定无效后,由当事人另行订立担保合同不会出现问题,但如果允许当事人在担保合同中预先约定,则可能带来一定的道德风险,因为债务人通过事先的约定将自己的过错行为引起的损失交由担保人承担,就不会在意自己在缔约过程中是否有过错。

需要说明的是,当事人关于担保独立性的约定无效并不意味着整个担保合同无效。在《担保法》的实施过程中,就有一些法院以独立性担保仅能适用于国际经济活动而不能适用于国内经济活动为由,不论主合同是否有效,一概认定当事人在国内经济活动中订立的独立性担保合同无效。在独立保函司法解释施行后,虽然不再区分国际经济活动与国内经济活动,但仍有一些法院以独立保函的开立主体限于金融机构为由,不论主合同是否有效,一概认定非金融机构开立的独立保函无效。我们认为上述做法都存在问题,因为债权人订立独立性担保合同无疑是想获得更加安全的保障,法律为防止欺诈、保护担保人的利益,将独立性担保限制在一定的范围自有其正当性。但如果此时不论主合同是否有效,一概以担保合同违反担保的从属性为由认定其无效,则属于矫枉过正,既与当事人的意思不符,也不利于保护债权人的交易安全。正因如此,《九民纪要》第 54 条在强调独立保函的开立主体限于金融机构的同时,明确规定:"银行或者非银行金融机构之外的当事人开立的独立保函,以及当事人有关排除担保从属性的约定,应当认定无效。但是,根据'无效法律行为的转换'原理,在否定其独立担保效力的同时,应当将其认定为从属性担保。此时,如果主合同有效,则担保合同有效,担保人与主债务人承担连带保证责任。主合同无效,则该所谓的独立担保也随之无效,担保人无过错的,不承担责任;担保人有过错的,其承担民事责任的部分,不应超过债务人不能清偿部分的三分之一。"这一规定有两处值得分析。

一是关于"在否定其独立担保效力的同时,应当将其认定为从属性担保"的规定。在我看来,这一规定虽然正确,但将理由界定为"无效法律行为的转换"原理,似有不妥。且不说这一原理已经成为民法通说仍有待考证,关键问题在于当事人关于独立性的约定无效不影响整个担保合同的效力,应是《合同法》第56条第2句关于"合同部分无效,不影响其他部分效力的,其他部分仍然有效"或者《民法典》第156条关于"民事法律行为部分无效,不影响其他部分效力的,其他部分仍然有效"之规定适用的典型场景,与所谓"无效法律行为的转换"原理似没有任何关联,因为这里不存在独立性担保被认定无效后再转换为从属性担保的问题,而是担保的独立性被认定无效后,当然地成为从属性担保。

二是根据上述规定,在担保的独立性被认定无效后,如果主合同有效,则担保合同有效,担保人与主债务人承担连带保证责任。这一结论在《民法典》未施行的情况下具有一定的正当性,因为当事人既然约定担保具有独立性,通常也就不会再明确约定保证人的保证方式是一般保证,此时即使当事人没有明确约定连带责任保证,根据《担保法》第19条的规定,也应推定为连带责任保证。问题是由于《民法典》关于保证方式的推定规则不同于《担保法》,则在《民法典》施行后认定担保人与主债务人承担连带保证责任是否仍具正当性,则存在疑问。在《民法典担保解释》的制定过程中,有一种观点认为,即使当事人关于担保独立性的约定无效,只要当事人没有提供连带责任保证的意思表示,就不应认定担保人需承担连带保证责任。我们认为,如果非金融机构开立的保函构成独立保函,即保函符合《独立保函解释》第3条的认定标准,则即使保函因开立主体不适格而导致其独立性无效,也应认为担保人承担连带保证责任,因为独立保函意味着保证人已经放弃了基于主债权债务关系产生的一切抗辩,自然也包括先诉抗辩权。由于法律不允许非金融机构出具独立保函,因此非金融机构放弃一切抗辩的行为无效,但先诉抗辩权的放弃是法律所允许的,不能认为该放弃行为也无效。因此,在《民法典担保解释》的制定过程中,向社会公开征求意见的征求意见稿曾规定:"银行或者非银行金融机构之外的其他主体开立的独立保函被认定无效后,债权人根据担保人与主债务人承担连带责任的意思表示,请求担保人按照连带责任保证承担责任的,人民法院应予支持。"显然,这一规定将担保人承担连带责任限制在非金融机构开立独立保函的情形。但在表述上,这一规定也存在两个明显的瑕疵:其一,该条将适用前提表述为"独立保函被认定无效后",容易引起误解,应当表述为"保函的独立性被认定无效后";其二,该条将"担保人与主债务人承担连带责任的意思表示"作为债权人请求担保人承担连带责任的条件,既与实际情况严重不符,也与独立保函的性质不符,因为一旦当事人在独立保函中约定承担连带保证责任等内容,就将导致保函丧失独立性而成为从属性担保。

从表面上看,最终通过的《民法典担保解释》第 2 条第 1 款只是规定了当事人关于担保独立性的约定无效不影响担保合同的效力,没有规定在主合同有效且担保合同有效时,担保人究竟应承担何种责任。但是,如果结合《民法典担保解释》第 25 条,则不难看出《民法典担保解释》不仅就此问题已经作出规定,而且与征求意见稿相比,还将担保人承担连带保证责任的范围作了适当扩张。《民法典担保解释》第 25 条第 2 款的规定:"当事人在保证合同中约定了保证人在债务人不履行债务或者未偿还债务时即承担保证责任、无条件承担保证责任等类似内容,不具有债务人应当先承担责任的意思表示的,人民法院应当将其认定为连带责任保证。"显然,如果非金融机构出具的是独立保函,保函必然含有"无条件承担保证责任等类似内容",故虽然其独立性应被认定无效,但在主合同有效且担保合同有效的情形下,担保人仍应承担连带保证责任。此外,即使案涉保证合同不构成独立保函,但如果约定了保证人"无条件承担保证责任"等类似内容的也应认定担保人须承担连带保证责任。可见,对于保证人承担连带保证责任的范围这一问题,《民法典担保解释》还是对《九民纪要》第 54 条进行了一定程度的限制,即如果当事人仅约定了担保合同的效力独立于主合同,则仍然不足以在认定该约定无效后就认为担保人须承担连带保证责任,而是还需要有"保证人无条件承担保证责任"等类似的约定内容。

二、担保在范围上的从属性及其适用

下面讲担保在范围上或者强度上的从属性及其适用,这是《民法典担保解释》第 3 条想要解决的问题。事实上,《九民纪要》对于担保在范围上的从属性也作了非常明确的规定,大致的思路是担保人承担的担保责任的范围不应大于主债务的范围,并且列举了一些具体情形。例如,当事人针对担保责任约定了专门的违约责任,担保责任的数额高于主债务,担保责任约定的利息高于主债务利息,担保责任的履行期先于主债务履行期届满等,均应当认定为超出主债务部分的约定无效,从而使得担保责任的范围缩减到主债务的范围。

《民法典担保解释》在《九民纪要》的基础上,将实践中的具体情形概括为两种:第一,当事人对担保责任的承担约定了专门的违约责任;第二,约定的担保责任的范围超出债务人应当承担的责任范围。前者主要是指在主债务人应当承担的违约责任之外,担保合同另行为担保人承担担保责任约定了独立的违约责任。例如,主合同当事人约定主债务人应当在某期限内履行债务,否则应支付一定数额的违约金,而担保合同则约定担保人应当在某一期限内承担担保责任,如果逾期未承担担保责任,则需在主债务人应当承担的全部债务的基础上另行支付一笔违约金。后者是针对担保合同的约定与主合同约定不一致,从而造成担保责任超出主债务范围的情形。例如,主合同约定的本金是 500 万元,但担保合同约定的本金是 600 万元;又如,担保合同约定的债务履行期限早于主合同约定的债务履行期限届满等。可见,《民法典担保解释》与《九民纪要》在思路上基本是相同的。

（一）担保责任在强度上的"上限"

在《民法典担保解释》的制定过程中,不少实务界的人士对于《九民纪要》所持的司法政策提出批评,尤其是不少法官认为当事人就担保责任约定专门的违约责任有利于督促担保人主动履行担保债务,从而使债权人无须通过法院或者仲裁机构来实现债权。我们认为,如果仅仅是想督促担保人主动承担担保责任,则没有必要通过就担保责任约定专门的违约责任来实现,因为只要当事人将主债权的利息、违约金、损害赔偿金等包含在被担保的债权范围内,就可以起到督促担保人履行担保责任的作用。相反,如果已将主债权的利息、违约金、损害赔偿金等包含在被担保的债权范围内,当事人再就担保责任约定专门的违约责任,则可能导致债权人获得的赔偿高于其实际损失。此种情况既与违约损害赔偿以填补实际损失为原则的立法政策相矛盾，也可能带来债权人滥用优势地位损害担保人利益的现实问题。此外，《民法典》第389条规定："担保物权的担保范围包括主债权及其利息、违约金、损害赔偿金、保管担保财产和实现担保物权的费用。当事人另有约定的，按照其约定。"《民法典》第691条规定："保证的范围包括主债权及其利息、违约金、损害赔偿金和实现债权的费用。当事人另有约定的，按照其约定。"可见，《民法典》继受《担保法》《物权法》的做法，在允许当事人可以就担保范围进行约定的同时，对当事人未作约定时的担保范围作了较为宽泛的规定。如果此时再允许当事人就担保责任约定专门的违约责任，无疑将导致担保人的责任过重，且已经超过债权人的实际损失而带有鲜明的惩罚性，这既与《民法典》严格限制惩罚性赔偿的思路不符，也与兼顾债权人与担保人利益的思路不一致。

当然，也有同志提出，从《民法典》第389条和第691条的规定来看，在当事人对担保范围没有约定的情况下，担保人承担担保责任的范围本身就可能超过债务人应当承担的责任范围。因为在保证合同中，保证人担保的债权范围包含实现债权的费用，担保物权担保的债权范围包含保管担保财产的费用和实现担保物权的费用等，而这些费用都是债务人无须承担的。不可否认，无论是《九民纪要》还是《民法典担保解释》中的上述规定，将担保人承担担保责任的范围限制在债务人应当承担的责任范围之内，至少从表面上看都可能与《民法典》的规定有所冲突。然而，无论是《九民纪要》还是《民法典担保解释》，都不是要否定《民法典》的规定，而是旨在将担保人的担保责任限制在一定的范围内。也就是说，**我们不能将《民法典》关于担保责任范围的规定理解为担保责任可以超过主债务的范围，而应将主债务人应当承担的责任范围作适当扩大理解，即认为主债务人应当承担的债务范围既包括主债务以及因主债务而发生的利息、违约金、损害赔偿金，也包括实现债权的费用（保证）以及保管抵押财产和实现担保物权的费用（担保物权）**。因为毕竟这些费用都是因主债务而发生的费用，而且《民法典》也明确规定担保人在承担上述费用后可以向债务人追偿，这说明这些费用仍然是主债务人应当承担的费用。由此可见,《民法典担保解释》之所以将担保责任严格限制在主债务范围内,是为了防止出现担保人对债务人不应承担的债务承担担保责任后向债务人追偿而导致主债务人最终承担本不应承担的债务的情况。

值得注意的是,实践中确实存在担保人超过主债务范围承担担保责任的情况。例如,在担保人为维护与债权人之间的友好合作关系而主动履行担保责任的情形下(此种情况下担保人多为担保公司,债权人多为银行),债务人应当承担的责任范围可能尚未确定,但担保人已根据债权人的权利主张承担了担保责任。事后,在担保人向债务人追偿时,债务人应当承担的责任范围才得以确定。此时就可能出现担保人承担的责任超出债务人应当承担的责任范围。对此,《民法典担保解释》第3条第2款规定:"担保人承担的责任超出债务人应当承担的责任范围,担保人向债务人追偿,债务人主张仅在其应当承担的责任范围内承担责任的,人民法院应予支持;担保人请求债权人返还超出部分的,人民法院依法予以支持。"该款在最后没有用"人民法院应予支持"的表述,而是表述为"人民法院依法予以支持",主要是因为此时担保人虽然可依据《民法典》关于不当得利的相关规定主张返还,但担保人的诉讼请求能否获得支持还要取决于请求权是否满足其他条件,例如该请求权没有超过诉讼时效。

(二)担保责任在范围上的"缩小"

如前所述,担保的从属性仅仅要求担保人承担责任的范围不能超过债务人应当承担责任的范围,而并非是指当事人不能在债务人应当承担的责任范围内另作约定。因此,保证人并非必须对债务人应当承担的全部债务承担保证责任,而是可以约定一个限额,即有限保证。例如,主债务是100万元,但保证合同约定保证人仅对其中的50万元承担保证责任。与此相同,在当事人约定了担保物权的情况下,担保财产的价值可能低于所担保的主债权,此时担保人仅需在担保财产的范围内承担担保责任,即构成有限担保。值得注意的是,除了当事人通过约定限制担保责任的范围,《民法典》也规定在特殊情形下,担保人的责任范围仅仅是债务人应当承担的责任的一部分。特殊情形主要包括以下几种。

其一,**在同一债务有多个担保的情形下,如果其中有债务人提供的物的担保,则其他担保人仅须对债务人提供的担保物价值范围之外的债务提供担保。**《民法典》第 392 条规定:"被担保的债权既有物的担保又有人的担保的,债务人不履行到期债务或者发生当事人约定的实现担保物权的情形,债权人应当按照约定实现债权;没有约定或者约定不明确,债务人自己提供物的担保的,债权人应当先就该物的担保实现债权;第三人提供物的担保的,债权人可以就物的担保实现债权,也可以请求保证人承担保证责任。提供担保的第三人承担担保责任后,有权向债务人追偿。"可见,在债务人提供了物的担保时,债权人应先就该物的担保实现债权,不足以实现债权时才能向其他担保人主张担保责任。

其二,根据《民法典》第 687 条第 2 款的规定,**在一般保证的情形下,保证人仅对债务人经强制执行仍不能清偿的债务承担担保责任。**为此,《民法典》第 698 条进一步规定:"一般保证的保证人在主债务履行期限届满后,向债权人提供债务人可供执行财产的真实情况,债权人放弃或者怠于行使权利致使该财产不能被执行的,保证人在其提供可供执行财产的价值范围内不再承担保证责任。"

其三,根据《民法典》第 702 条的规定,**在债务人对债权人有抵销权或者撤销权的情形下,保证人可以在相应范围内拒绝承担保证责任。**如前所述,抵销制度具有强大的担保功能,债务人对债权人享有抵销权相当于债务人自己提供了一个担保,其他担保人自然仅须在债务人自己提供的担保范围外承担担保责任。在债务人对债权人享有撤销权的情况下,限制保证人的责任范围是否具有正当性? 在司法解释的制定过程中,即有学者建议司法解释应排除《民法典》关于此种情形下限制保证人责任范围之规定的适用,理由是撤销权不具有担保功能,因此该规定缺乏正当性;也有学者建议司法解释应增加债务人对债权人享有解除权的情形,理由是二者情况相似,不能厚此薄彼。

我们认为,债务人对债权人享有撤销权,意味着主合同系可撤销的法律行为。此时如果债务人行使撤销权将导致主合同自始无效,债务人将不再承担合同约定的给付义务,而仅需承担合同无效的法律后果。但是,如果债务人不行使撤销权,则其仍需承担合同约定的给付义务。通常情况下,该给付义务较之合同无效的法律后果更重,这虽然不利于担保人,但是对债务人来说,不行使撤销权可能更加符合其利益。例如,商品房的出卖人实施了欺诈行为,但此时房价暴涨,如果买受人主张撤销合同就会导致丧失已经取得的商品房,此种情况下买受人可能就会选择不撤销合同。当然,即使买受人选择不撤销合同,也仍然有权请求出卖人承担缔约过失责任,即此时买受人对出卖人仍然享有一个债权请求权。也就是说,债务人对债权人享有一个抵销权,抵销的范围是债权人应承担的缔约过失责任。就此而言,《民法典》第 702 条将抵销权与撤销权放在一起规定,似并无不妥。需要说明的是,如果债务人选择撤销主合同,则合同自始无效,担保合同亦应被认定无效,担保人自然不应承担担保责任。至于担保人是否需要承担赔偿责任,则应根据其是否存在过错进行认定。此时,就不应再适用《民法典》第 702 条的规定,而应适用《民法典》第 388 条第 2 款、《民法典》第 682 条第 2 款以及《民法典担保解释》第 17 条第 2 款的规定。换言之,《民法典》第 702 条仅适用于债务人没有行使撤销权的情形。

那么,在债务人对债权人享有解除权的情形下,是否也应作相同处理?《民法典》吸收了《担保法解释》第 10 条的规定,于第 566 条第 3 款规定:"主合同解除后,担保人对债务人应当承担的民事责任仍应当承担担保责任,但是担保合同另有约定的除外。"可见,除非当事人另有约定,在主合同被解除后,担保人仍须对债务人应当承担的民事责任承担担保责任,这显然与合同被撤销的法律后果有所不同,在合同被撤销时,担保人不再对债务人的民事责任承担担保责任(除非当事人事后另行约定),而仅仅是对自己的过失承担缔约过失责任。然而,虽然担保人在主合同被解除后仍应对债务人应当承担的民事责任承担担保责任,但在责任范围上则可能不同于主合同没有被解除时所应承担的担保责任的范围。根据《民法典》第 566 条第 1 款的规定,合同解除后,尚未履行的,终止履行;已经履行的,根据履行情况和合同性质,当事人可以请求恢复原状或者采取其他补救措施,并有权请求赔偿损失。此外,根据《民法典》第 566 条第 2 款的规定,合同因违约解除的,解除权人可以请求违约方承担违约责任,但是当事人另有约定的除外。可见,合同解除后的民事责任的规定虽然较为复杂,但有一点是明确的,即在债务人对债权人享有合同解除权时,债务人承担民事责任的范围可能会更小,甚至债务人对债权人还享有违约损害赔偿请求权,此时如果债务人不行使合同解除权并主张违约责任,则可能会损害担保人的利益。因此,在债务人对债权人享有合同解除权时限制担保责任的范围,担保人可在相应的范围内拒绝承担担保责任。既然如此,《民法典》第702条为何不将解除权一并予以规定呢? 这是否属于制定法的漏洞? 对此,我们的观点是,《民法典》第701条已经明确规定担保人可以行使债务人享有的抗辩,且即使债务人放弃抗辩,担保人仍可行使该抗辩。且不说债权人的违约行为构成根本违约时债务人放弃合同解除权的情形,即使在债权人的违约行为不构成根本违约时,如果债务人放弃了债权人存在违约行为的抗辩,担保人也应有权主张,从而将其担保范围缩减至债务人应当承担责任的范围。从这个意义上讲,《民法典》第702条未明确规定解除权并非制定法的漏洞,相反,如果规定可能会导致法律适用上的误区,可能让人误以为只有在债务人享有解除权时,担保人才能主张债务人所享有的抗辩权。

同理,在债务人对债权人享有撤销权的场合,如果债务人放弃撤销权,担保人是否可以主张该撤销权? 我认为是可以的,但在主合同被撤销后,如果担保人有过错,仍应承担缔约过失责任,此其一;其二,如果债务人的撤销权因除斥期间经过而失效,则担保人亦无权主张撤销合同,只能在诉讼时效期间内主张由债权人承担缔约过失责任,并在此基础上拒绝承担相应的担保责任。就此而言,《民法典》第702条仅适用于债务人不行使撤销权导致撤销权因除斥期间经过而消灭的场合以及债务人放弃撤销权而担保人也不行使撤销权的场合,因为在上述场合下,担保人仍可以主张债权人应承担缔约过失责任,并且有权在相应的范围内拒绝承担担保责任。

除此之外,《民法典》第566条第3款没有区分主合同解除究竟属于何种情形下的合同解除。我们认为,《民法典》第566条第3款应仅适用于主合同当事人通过行使法定的或者约定的解除权解除合同的场合,而不适用于协议解除合同的场合。原因在于,协议解除实际上是当事人通过订立一个新的合同来解除另一个合同,通常会对合同被解除后的法律后果进行明确的约定。如果主合同的当事人订立的用于解除主合同的协议所约定的法律后果过于严苛,则此时仍由担保人对主合同被解除的后果承担担保责任,对担保人就有失公平。因为这可能导致担保人承担的担保责任在范围上超过原合同项下的担保责任,且这并非属于担保人在订立担保合同时所能预见的,此种情况还可能导致主合同当事人通过协议解除合同加重担保人责任的道德风险。因此我们认为,在主合同当事人通过协议解除合同的情况下,应参照适用《民法典》第 695 条关于主合同变更对担保责任影响的规定。

(三) 债务人破产时的利息计算

关于债务人破产时担保债务是否应当停止计算利息的问题,理论界与实务界存在不同的见解。一种意见认为,《企业破产法》第 46 条规定:"未到期的债权,在破产申请受理时视为到期。附利息的债权自破产申请受理时起停止计息。"根据担保的从属性,担保债务也应停止计息;另一种意见则认为,《企业破产法》虽然规定附利息的债权自破产申请受理时起停止计息,但这并不意味着担保债务也必然停止计息,因为债权人之所以要求债务人提供担保,就是为了防止债务人破产,如果债务人破产即停止计算利息,就会有悖于当事人订立担保合同的目的。《民法典担保解释》第 22 条规定:"人民法院受理债务人破产案件后,债权人请求担保人承担担保责任,担保人主张担保债务自人民法院受理破产申请之日起停止计息的,人民法院对担保人的主张应予支持。"可见,《民法典担保解释》采纳了上述第一种观点。

尽管《民法典担保解释》采纳的是第一种观点,但这并不意味着第二种观点没有正当性和合理性。事实上,关于债务人破产时担保债务是否应停止计息的问题,长期以来就存在激烈的争议。不少学者和实务界人士认为,《企业破产法》之所以规定债务人破产时附利息的债权停止计息,主要是为了实现债权人之间的平等受偿,而非为了特别保护债务人,更不是为了特别保护担保人。此外,尽管根据担保的从属性,担保债务的范围原则上不应超出债务人应当承担的债务范围,但这仅仅是在正常情形下对担保责任的范围上的限制,其目的在于保障担保人的利益。因为担保人在承担担保责任后可以向债务人追偿,如果让其在超出债务人应当承担的责任范围承担担保责任,则超出部分就可能因无法向债务人追偿而无法获得弥补。但在债务人已经破产的情形下,担保人的追偿权本来就面临不能完全实现的风险,此时也就没有必要再将担保责任的范围限制在债务人应承担的责任范围了。

上述观点是有一定道理的。但是,由于我国现行法律对被担保的债权范围规定得过于宽泛,对主债务产生的利息没有进行任何限制(有些国家和地区对主债务产生的利息是有限制的),因此在当事人对被担保的债权范围没有约定的情形下,担保人的责任本来就很重。在债务人破产的情形下,企业破产程序通常时间较长且存在相当的不确定性,如果此时担保债务不停止计息,则可能导致担保人应承担的担保责任漫无边际。实践中,在债务人破产后,如果担保债务不停止计息,则担保人也可能因承担过重的担保责任而陷入破产。当然,也有人提出,在担保债务不停止计息的情况下,如果担保人不想承担过重的利息,完全可以在债务人破产时主动履行担保债务,从而使得主债务消灭,这样一来,不停止计息有利于督促担保人积极承担担保责任。我们认为,担保责任本身属于一种或有责任,法律并无督促担保人主动承担担保责任的必要。如果债权人没有请求担保人承担担保责任,法律就没有必要通过给担保人施加责任的方式来督促担保人履行担保债务。相反,在债权人知道有担保人的情况下仍不积极行使担保权利,而是等待债务人履行债务,甚至在债务人破产的情况下,仍仅向破产管理人申报债权而不向担保人主张权利,则此时债权人应承担由此带来的风险,且不能因此获得额外的利益,尤其是当主合同约定的利率较高时。此外,我们还应看到,债务人破产不仅对债权人来说是风险,对担保人来说也是风险,如果允许债权人通过担保制度将该风险完全移转给担保人,也不符合《民法典》平衡对担保人利益与债权人利益保护的立法思路。《民法典担保解释》第22条将停止计息的时间确定为"人民法院受理破产申请之日",这意味着债权人仍可以主张人民法院受理破产申请之日前的利息,由此较好地平衡债权人的利益与担保人的利益。此外,即使债权人认为这一司法政策对他不利,也完全可以在债务人破产前向担保人主张担保责任。所以,这一司法政策并没有损害债权人的合法利益,而只是限制了其利用债务人破产之机谋取超额利益的可能。

三、担保在变更上的从属性及其适用

接下来我们分析担保在变更上的从属性。《民法典》第 695 条规定：
"债权人和债务人未经保证人书面同意，协商变更主债权债务合同内容，
减轻债务的，保证人仍对变更后的债务承担保证责任；加重债务的，保证
人对加重的部分不承担保证责任。债权人和债务人变更主债权债务合
同的履行期限，未经保证人书面同意的，保证期间不受影响。"这里规定
的虽然仅仅是保证合同，但应类推适用于第三人提供担保的其他情形。
《民法典》借鉴过去担保法司法解释的规定，将担保在变更上的从属性
区分为两种情况：第一种情况是，如果**主合同变更的结果减轻了担保人
的担保责任**，那么担保人仅需要对变更后的债务承担担保责任。例如，
原来的债务是 1000 万元，现在主合同变更后可能只有 800 万元，那么担
保人就只需要在 800 万元的范围内来承担担保责任；第二种情况是，**主
合同变更的结果加重了担保人的责任，担保人对加重的部分不承担保证
责任**。例如，原来的债务是 800 万元，现在主合同变更为 1000 万元，如
果主合同的变更未经担保人书面同意，那么担保人只需对 800 万元承担
担保责任。也就是说，在当事人协议变更合同的情况下，《民法典》根据
合同的变更情况对担保责任的承担作了不同的规定：在合同变更减轻债
务时，担保责任随之减轻；在合同变更加重债务时，非经担保人书面同
意，担保人对加重的部分不承担担保责任。《民法典》的这一规定既严
格贯彻了担保的从属性，又体现了对担保人权利的保护。前面已经谈
到，这里的合同变更仅指当事人通过协议变更合同，不包括当事人一方
行使变更权导致合同被变更的情形。此外，在当事人一方享有变更权的
情形下（如在承揽合同、运输合同等合同中，一方当事人被赋予任意变更
权），也应参照《民法典》第 566 条第 3 款关于合同被解除时对担保责任
影响的规定，即担保人仍须对变更后的合同承担担保责任。

值得注意的是，《民法典》除在第 695 条第 1 款规定一般情形下合同
变更对担保责任的影响外，于该条第 2 款特别规定了主合同履行期间的
变更对保证期间的影响，即未经保证人书面同意的，保证期间不受影响。

例如,主合同最初约定的主债务履行期限为 5 月 1 日,在当事人对保证期限没有约定的情形下,保证期间就是从 5 月 1 日起再计算 6 个月,如果主合同将主债务履行期限从 5 月 1 日延长至 10 月 1 日,但未经保证人书面同意,那么仍然从 5 月 1 日开始计算保证期间。这显然是为了落实前一款保护担保人利益的规定,因为主合同延长了履行期限,实际上是加重了担保责任,担保人对加重的部分不应承担保证责任。

在实践中,主合同当事人对履行期限的变更不仅体现为延长履行期限,也体现为缩短履行期限。例如,借款合同双方当事人协议变更主合同的履行期限,将借款人的还款期限提前半年。如果此时严格适用《民法典》第 695 条第 2 款的规定,则保证人的保证期间仍然应当按照变更前的履行期限进行计算。这对保证人显然不利,也不符合《民法典》的立法本意,因为根据变更后的履行期限计算保证期间,也许保证期间已经届满。可见,在主合同当事人协议变更合同履行期限的情况下,也可能存在按照变更后的履行期限计算保证期间从而更有利于保证人的情形。因此,《民法典》第 695 条第 1 款的思路在此仍有适用的余地,该条第 2 款应仅适用于主合同履行期限的变更不利于保证人的情形,如果主合同履行期限的变更对保证人更为有利,自然应适用变更后的合同履行期限。

此外,《民法典》仅就主合同履行期限的变更对保证人保证期间的影响作了规定,但在实践中,还存在当事人对于主合同履行期限的变更究竟是属于减轻债务还是加重债务。例如,借款合同双方当事人变更合同,将还款期限延长 6 个月。《民法典》对于这一约定对保证期间的影响已有规定。但是出借人可能认为延长期限是为了减轻债务人的负担,因而保证人须对变更后的全部债务承担担保责任;保证人则可能认为延长履行期限属于加重债务人的负担,因而在未经保证人同意时,保证人仅须对变更前的债务承担担保责任。笔者认为,不能笼统地认定主合同履行期限的延长是属于减轻债务或者加重债务,而是需要考察其具体内容。例如,在履行期限方面,延长履行期限显然是减轻了主债务,因此担保人可以主张在变更后的履行期限届至前,自己没有承担担保责任的义务;但是,在其他方面,例如主债务的利息可能随着主合同履行期限的延长而发生更多,此时就应认定为加重了主债务,担保人仅须对变更前的主债务承担担保责任。

四、担保在移转上的从属性及其适用

担保在变更上的从属性,是指主合同的内容发生变更对担保带来的影响,如果是主合同的主体发生了变更,则会涉及担保在移转上的从属性的问题。根据《民法典》的规定,主合同的主体发生变更包括债权转让和债务移转两个方面,因此,对于担保在移转上的从属性这个问题,《民法典》是分别从债权转让和债务移转两个方面来进行规范的。

(一)债权转让对担保的影响

《民法典》有多处规定涉及担保在移转上的从属性这一问题。首先,针对抵押权在移转上的从属性的问题,《民法典》第 407 条规定:"抵押权不得与债权分离而单独转让或者作为其他债权的担保。债权转让的,担保该债权的抵押权一并转让,但是法律另有规定或者当事人另有约定的除外。"这一条与原《物权法》第 192 条的表述完全相同,但在《物权法》的实施过程中,却有不少法官没有注意到第 192 条的真正价值。为什么这么说呢?在当时发生的案件中,债权人将有抵押担保的债权转让给第三人,第三人取得债权后便主张行使抵押权。但由于债权转让无须抵押人同意,第三人也未将抵押权变更登记到自己名下,因此登记的抵押权人还是原来的债权人。此时,抵押人针对第三人行使抵押权的行为提出抗辩,认为第三人无权行使抵押权,理由是《物权法》第 9 条第 1 款规定:"不动产物权的设立、变更、转让和消灭,经依法登记,发生效力;未经登记,不发生效力,但法律另有规定的除外。"抵押人主张,既然《物权法》第 9 条中规定"未经登记,不发生效力",则受让人在办理变更抵押登记前,不能向抵押人主张行使抵押权。于是,审理这个案件的法官就犯难了,因为《物权法》第 9 条中虽然规定了"未经登记,不发生效力",但如果严格按照这一条的规定要求第三人办理抵押权的变更登记,又会遇到如下问题:既然受让人在办理变更抵押登记前未取得抵押权,那么抵押权存在于何处?因为原债权人已经不是债权人,自然不能享有抵押权,而如果受让人也没有取得抵押权,则抵押权就无处可存。

显然,法官感到困惑的原因在于没有厘清《物权法》第9条关于"未经登记,不发生效力"的适用范围。该条应仅限于基于法律行为发生的物权变动且采用形式主义物权变动模式的场合,而不能适用于非依法律行为发生的物权变动或者基于法律行为发生的物权变动但采意思主义物权变动模式的场合。正因如此,《物权法》第9条才在"未经登记,不发生效力"之后加上"但是法律另有规定的"除外。也就是说,《物权法》第192条关于抵押权随主债权一并转让的规定,正是该但书所称"法律另有规定"的情况。因为,抵押权随主债权的转让一并转让是法律基于担保的从属性而进行的直接规定,并非基于当事人之间的法律行为发生的物权变动,自然不应以办理变更登记为必要。为了进一步明确该问题,《九民纪要》第62条规定:"抵押权是从属于主合同的从权利,根据'从随主'规则,债权转让的,除法律另有规定或者当事人另有约定外,担保该债权的抵押权一并转让。受让人向抵押人主张行使抵押权,抵押人以受让人不是抵押合同的当事人、未办理变更登记等为由提出抗辩的,人民法院不予支持。"

值得注意的是,《民法典》第407条继受了《物权法》第192条的规定,《民法典》第207条则继受了《物权法》第9条的规定。立法者预测到实践中不少法官仍可能就上述问题产生困惑,为此,《民法典》在继受《物权法》第192条的同时,也于第547条明确规定:"债权人转让债权的,受让人取得与债权有关的从权利,但是该从权利专属于债权人自身的除外。受让人取得从权利不因该从权利未办理转移登记手续或者未转移占有而受到影响。"

需要说明的是,无论是《物权法》第192条还是《民法典》第407条,在规定抵押权随主债权转让而一并转让的同时,还规定但是法律另有规定或者当事人另有约定的除外。其中如何理解"法律另有规定"?第一种情况是指《民法典》第547条所称"从权利专属于债权人自身"的情形;第二种情况指的是在最高额抵押中的一种情形,《民法典》第421条规定:"最高额抵押担保的债权确定前,部分债权转让的,最高额抵押权不得转让,但是当事人另有约定的除外。"这是因为,最高额抵押所担保的债权可能存在多个,如果只是因为其中部分债权转让就使得最高额抵押权也一并转让的话,将会导致其他债权脱离最高额抵押的担保范围。当然,在非最高额抵押中,也可能存在部分债权转让或者债权被分割的问题。对此,《担保法解释》第 72 条规定:"主债权被分割或者部分转让的,各债权人可以就其享有的债权份额行使抵押权。"显然,这一规定贯彻了担保物权的从属性和不可分性,应当予以坚持,但考虑到《民法典》第 407 条规定的但书部分,《民法典担保解释》第 39 条第 1 款将其修改为:"主债权被分割或者部分转让,各债权人主张就其享有的债权份额行使担保物权的,人民法院应予支持,但是法律另有规定或者当事人另有约定的除外。"

那么,如何理解《民法典》第 407 条规定的"当事人另有约定的除外"? 有人对此提出质疑:难道当事人私下的一个约定就可以排除抵押权在移转上的从属性吗? 此时应如何保护因信赖该债权有抵押担保而接受该债权的受让人的交易安全呢? 我们认为,如果当事人约定抵押权不随主债权的转让而一并转让,但未将该约定予以登记,则当事人的约定不得对抗第三人,即对第三人不产生物权效力。也就是说,如果当事人未将该约定予以登记,则在债权人违反约定转让债权时,抵押人只能请求债权人承担违约责任,而不能主张因信赖抵押登记而接受该债权的第三人没有取得抵押权。

此外,从《民法典》第 547 条的规定看,不仅抵押权应随主债权的转让一并转让,与债权有关的其他从权利也应一并转让,除非该从权利专属于债权人自身。就担保而言,质权、留置权等其他担保物权以及债权人对保证人享有的权利亦应随主债权的转让而一并转让,除非法律另有规定或者当事人另有约定。值得注意的是,《民法典》第 696 条规定:"债权人转让全部或者部分债权,未通知保证人的,该转让对保证人不发生效力。保证人与债权人约定禁止债权转让,债权人未经保证人书面同意转让债权的,保证人对受让人不再承担保证责任。"该条第 1 款与《民法典》第 546 条第 1 款关于"债权人转让债权,未通知债务人的,该转让对债务人不发生效力"的规定一脉相承。据此,债务人或者保证人在接到债权转让的通知前,如果已经向债权的转让方清偿了债务,则构成有效清偿行为,债权的受让人不得再向债务人或者保证人主张权利;债务人或者保证人在接到债权转让的通知后再向债权的转让方清偿债务的，应构成非债清偿，债权的受让人仍然有权向债务人或者保证人主张权利，至于债务人或者保证人因此受到的损失，其可以根据不当得利制度的相关规定向债权转让方请求返还。

问题是如何理解《民法典》第 696 条第 2 款的规定？在《民法典担保解释》的制定过程中，有人提出如下疑问：在保证人与债权人约定禁止债权转让的情形下，如果债权人未经保证人书面同意转让债权，是否保证人就不再承担保证责任？从字面上看，该条虽然仅仅规定保证人不再向受让人承担保证责任，但债权的转让方已不享有债权，保证人自然也无须向债权的转让方承担保证责任。此时似乎可以得出保证人不再承担保证责任的结论。然而，尽管保证人与债权人约定禁止债权转让，但这仅仅意味着该担保专属于债权的转让方，不能由受让人行使而已，因此，在债权的转让方事后再次取得被转让的债权时，其仍然有权在保证期间内向保证人主张保证责任。例如，在受让人向保证人主张保证责任时，如果保证人拒绝向受让人承担保证责任，则受让人可能会以对保证人与债权的转让方之间关于禁止债权转让的约定不知情为由请求撤销债权转让合同或者以债权的转让方构成根本违约为由请求解除债权转让合同，此时债权的转让方重新取得该债权，从而有权在保证期间内向保证人主张保证责任。由此可见，即使保证人与债权人约定了禁止转让债权，当债权人未经保证人书面同意转让债权时也并不意味着保证人就完全不再承担保证责任。

(二)债务移转对担保的影响

我们在前面谈到担保责任是一种或有责任，担保人是否实际承担担保责任是不确定的，尤其是在主债务人有清偿能力的情形下，担保人实际承担担保责任的可能性就小，因此主债务人是否有清偿能力，直接关系到担保人最终是否需要承担担保责任。在债务人移转债务的情形下，由于新债务人的清偿能力可能不同于原债务人，因此债务移转不仅关系到债权人的利益，而且关系到担保人的利益。因为原债务人可能具有清偿能力而新债务人不一定具有清偿能力，如此一来就会加大担保人承担担保责任的风险。另外，担保人在承担担保责任之后，是否可以实现追偿权的风险可能也会增大。与债权转让的不同之处在于,债权转让原则上不影响债务人或者担保人的利益因而仅需通知债务人或者担保人,而债务移转因涉及新债务人的履行能力是否能够足以保障债权得以实现的问题,这对债权人或者保证人的利益将会产生巨大影响,因此法律大多对此设有严格限制。例如,《民法典》为保护债权人的利益,于第551条第1款明确规定债务移转须经债权人同意,于第2款规定"债务人或者第三人可以催告债权人在合理期限内予以同意,债权人未作表示的,视为不同意"。为保障物上担保人的利益,《民法典》第391条规定:"第三人提供担保,未经其书面同意,债权人允许债务人转移全部或者部分债务的,担保人不再承担相应的担保责任。"同理,为保障保证人的利益,《民法典》第697条第1款规定:"债权人未经保证人书面同意,允许债务人转移全部或者部分债务,保证人对未经其同意转移的债务不再承担保证责任,但是债权人和保证人另有约定的除外。"总之,无论是人保还是物保,在发生债务移转时,原则上担保不随债务的移转而一并移转,除非经担保人书面同意或者债权人与担保人另有约定。

值得注意的是,物的担保既可能由债务人自己提供,也可能由第三人提供。在债务人自己提供物的担保时,由于债务移转不会损害债务人自己的利益,自然无须对其进行特别保护。因此原《担保法解释》第72条第2款规定:"主债务被分割或者部分转让的,抵押人仍以其抵押物担保数个债权人履行债务。但是,第三人提供抵押的,债权人许可债务人转让债务未经抵押人书面同意的,抵押人对未经其同意转让的债务,不再承担担保责任。"可见,该款将债务人提供的抵押与第三人提供的抵押进行了区分,将债务移转时需要抵押人书面同意严格限制在第三人提供抵押的情形,《民法典》第391条对此予以继受。为了更清楚地表达上述区分的意义,《民法典担保解释》第39条第2款规定:"主债务被分割或者部分转移,债务人自己提供物的担保,债权人请求以该担保财产担保全部债务履行的,人民法院应予支持;第三人提供物的担保,主张对未经其书面同意转移的债务不再承担担保责任的,人民法院应予支持。"

需要予以说明的是,为保护担保人的利益而限制担保随债务移转而一并移转的,应仅适用于免责的债务承担,即在债务移转后原债务人从债务关系中脱离,并不适用于并存的债务承担,即第三人加入债务的情形。在债务加入的情形下,原债务人并没有从债务关系中脱离,而是增加了一个承担连带责任的债务人,因此无论是对债权人还是担保人来说,都是有利无害的事情,自然既无须债权人或者担保人同意,也无须债权人与保证人另有约定。为此,《民法典》第697条第2款明确规定:"第三人加入债务的,保证人的保证责任不受影响。"

五、担保在消灭上的从属性及其适用

最后我们讲担保在消灭上的从属性及其适用。正所谓"皮之不存,毛将焉附",担保的从属性还表现为担保债务随主债权的消灭而消灭。《民法典》第393条将主债权消灭作为担保物权消灭的一种情形予以明确规定。

值得注意的是,债权超过诉讼时效并不意味着该债权已经消灭,而仅仅意味着该债权已成为一种自然债权,不再受到人民法院保护。正因如此,《民法典》第419条规定:"抵押权人应当在主债权诉讼时效期间行使抵押权;未行使的,人民法院不予保护。"该条采用"人民法院不予保护"的表述,仅仅是表达抵押权并非因主债权消灭而消灭,而是不能通过人民法院予以保护,如果抵押人自愿承担担保责任,法律不会予以干预。然而,该条带有浓厚司法解释语言风格的表述导致实践中有人将此理解为抵押权本身也要适用诉讼时效,从而认为在债权人仅向债务人主张权利而未向抵押人主张权利的情形下,如果按照主债权的诉讼时效计算,抵押权的诉讼时效已经届满,则抵押权不再受到人民法院保护。显然,这一观点严重误解了《民法典》第419条的理论基础,因为该条规定的抵押权不再受人民法院保护,并非是指抵押权本身超过诉讼时效,而是指其所担保的主债权超过诉讼时效。也就是说,《民法典》第419条规定的是抵押权的从属性,而不是指抵押权也要适用诉讼时效。为澄清这一问题,《民法典担保解释》第44条第1款中明确规定,"主债权诉讼时效期间届满后,抵押权人主张行使抵押权的,人民法院不予支持;抵押人以主债权诉讼时效期间届满为由,主张不承担担保责任的,人民法院应予支持"。

实践中,债权人仅对债务人提起诉讼而未向抵押人主张权利的情况并不鲜见,此时原则上应不存在主债权诉讼时效期间届满而导致抵押权不受人民法院保护的问题。然而,如果债权人在取得对债务人的胜诉法律文书后未在法定期间内申请人民法院强制执行,则可能导致主债权诉讼时效期间的经过。这是因为,我国现行《民事诉讼法》对申请执行期间进行了时效化的改造,认为即使是经人民法院生效法律文书确认的债权,如果未在法定期间内申请人民法院强制执行,也应认为该债权超过了诉讼时效,从而不再受人民法院的保护。为了落实这一司法政策并进一步明确担保的从属性,《民法典担保解释》第44条第1款中规定,"主债权诉讼时效期间届满前,债权人仅对债务人提起诉讼,经人民法院判决或者调解后未在民事诉讼法规定的申请执行时效期间内对债务人申请强制执行,其向抵押人主张行使抵押权的,人民法院不予支持"。

存在争议的是,《民法典》仅仅就抵押权因主债权已过诉讼时效而不受人民法院保护进行了规定,而未规定此种情况下的其他担保物权,那么其他担保物权是否也应作相同处理?对此,一种观点是,《民法典》仅就抵押权作出规定而未对其他担保物权进行规定,系制定法的漏洞,根据担保的从属性,其他担保物权也应类推适用《民法典》第419条的规定;另一种观点则是,《民法典》之所以仅就抵押权作上述规定,是因为其他担保物权不存在因主债权超过诉讼时效而不受人民法院保护的情形,故不能类推适用《民法典》第419条的规定。理论上的争论也影响到了实践,例如,在一案例中,债务人将一幅字画交付给债权人作为借款的担保,债权人一直将该字画挂于家中欣赏而没有向债务人主张权利。数年后,债务人以主债权诉讼时效期间届满为由,请求债权人返还该字画。一、二审均判决债权人返还该字画,但再审判决认为,债权人因享有质权而占有该字画,系行使权利的表现,故主债权并未因时效经过而不受人民法院的保护,债务人也无权以主债权诉讼时效期间届满为由要求债权人返还字画。

在《民法典担保解释》的制定过程中,大家最初形成的基本共识是:留置权人以留置债务人的财产这一行为表达向债务人主张权利,因此留置权不会因主债权超过诉讼时效而不受人民法院保护;对质权而言,应当区分以登记为公示方式的权利质权、动产质权以及以交付权利凭证为公示方式的权利质权。前者应类推适用《民法典》第 419 条关于抵押权的相关规定。但是,对于动产质权和以交付权利凭证为公示方式的权利质权来说,债权人占有标的物或者权利凭证是否意味着债权人一直在对债务人主张权利,对此仍存在不同的看法。一种观点认为,动产质权和以交付权利凭证为公示方式的权利质权在效力上与留置权极为类似,即都具有留置标的物或者权利凭证的效力,因而在法律后果上也应类推适用留置权的规则,而不应类推适用《民法典》关于抵押权的规则;另一种观点则认为,在动产质权和以交付权利凭证作为公示方式的权利质权中,虽然债权人占有标的物或者权利凭证,但这是基于当事人之间的意思表示而非债权人行使权利的结果。尤其是在第三人提供质押担保的情况下,债权人占有第三人提供的标的物或者权利凭证,不能理解为债权人一直在向债务人主张权利,因此应与留置权人留置债务人的财产予以区分,不能类推适用留置权的相关规则,否则就是不同的事物相同对待。

我们认为,留置权不因主债务诉讼时效期间届满而不受人民法院保护,其正当性无可置疑;至于动产质权和以交付权利凭证为公示方式的权利质权如何处理,取决于该动产质权和权利质权究竟是更类似于留置权还是更类似于抵押权。尽管动产质权和以交付权利凭证为公示方式的权利质权与留置权之间存在较大的差异,但这二者与抵押权相比,差异更大。在《民法典担保解释》的制定过程中有人提出,在以交付权利凭证为公示方式的权利质押中,债权人取得对权利凭证的占有,而在不动产抵押中,债权人也持有他项权证,二者更具类似性。我们认为,不动产抵押中的他项权证仅仅是登记机构根据不动产登记簿制作的证明文件,即证明债权人被作为抵押权人登记在登记簿上,该凭证并非抵押权本身;相反,在以交付权利凭证为公示方式的权利质押中,当事人所交付的权利凭证是该权利本身,具有物权凭证的属性,如提单、仓单。可见,二者不可相提并论。基于上述考虑,《民法典担保解释》第 44 条在第 1款就抵押权因主债权诉讼时效期间届满而不受人民法院保护作出规定后,于第 2、3 款明确规定:"主债权诉讼时效期间届满后,财产被留置的债务人或者对留置财产享有所有权的第三人请求债权人返还留置财产的,人民法院不予支持;债务人或者第三人请求拍卖、变卖留置财产并以所得价款清偿债务的,人民法院应予支持。主债权诉讼时效期间届满的法律后果,以登记作为公示方式的权利质权,参照适用第一款的规定;动产质权、以交付权利凭证作为公示方式的权利质权,参照适用第二款的规定。"

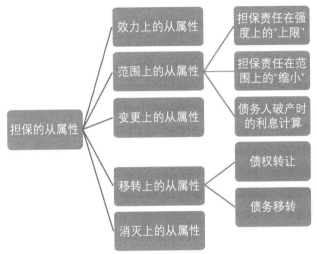

第六讲

担保的从属性与独立担保

一、《担保法》与独立担保

在前面,我们谈到《民法典》的一个重要变化是进一步强化了担保的从属性,严格限制了独立担保的适用范围。例如《民法典》第388条和第682条均规定,只有在法律另有规定的情形下,主债权债务合同无效才可以不导致担保合同无效。与此不同,《担保法》第5条则将担保合同另有约定作为可以排除担保在效力上从属于主合同的情形。所以,在《担保法》时代,很多学者认为法律是认可独立性担保的,并据此质疑从属性到底是不是担保的一个基本属性——既然担保的从属性可以通过当事人的约定予以排除,那就说明它不是担保的基本属性。大家知道,独立性担保的责任很重,风险很高,因为在独立性担保的情况下,担保人无法主张债务人所享有的抗辩权,这就意味着担保人需要无条件承担担保责任。由于债权人往往处于较为优势的地位,他可能会要求担保人签订一份独立性的担保合同,从而要求担保人无条件承担担保责任,因此一旦承认独立性担保,就很容易诱发欺诈。

也正是因为独立性担保的风险太大且容易诱发欺诈,所以以《担保法》施行后,最高人民法院在一份非常重要的判决书中明确表示不允许在国内经济活动中采用独立性担保的方式,进而将独立性担保限制在国际经济活动。这个判决书就是(1998)经终字第184号判决书,是当时最高人民法院经济庭作出的判决(最高人民法院经济庭是最高人民法院民二庭的前身),涉及的案件是"湖南机械进出口公司、海南国际租赁公司与宁波东方投资公司代理进口合同纠纷案"。

该案案情很简单:1996年1月10日,湖南公司与东方公司签订了代理进口协议书两份,海南公司分别于同年1月29日、4月22日和6月6

日向东方公司出具不可撤销担保函,为湖南公司履行代理进口协议书提供连带担保,明确约定本担保函为独立保证;担保责任不因东方公司允许委托人对应付款项时间限制上的任何宽限及延期,或者东方公司延缓行使对代理进口协议书或相关合同所赋予的权利而受影响;本担保函不因委托人的原因导致代理进口协议书无效而失去担保责任。1997 年 6 月 2 日,东方公司以湖南公司未完全履行代理进口协议书约定的付款义务、海南公司未履行担保义务为由起诉至浙江省高级人民法院,要求判令湖南公司立即偿还欠款 5,270,456.38 美元(后又追加诉讼请求 7,502,592 美元)、该款之利息及承担本案诉讼费用,海南公司承担连带责任。一审法院认为,东方公司与湖南公司签订的代理进口协议,意思表示真实,内容不违反国家法律规定,应确认有效。海南公司为湖南公司应支付的结算款提供担保的意思表示真实,约定的担保方式符合法律规定,亦应确认有效。东方公司依约履行了对外签约、开设信用证及付款义务。湖南公司在收到提单后处分了提单项下货物,其未依据约定向东方公司付款的行为属于违约行为,依法应承担逾期支付货款的违约责任。海南公司应依据担保函的承诺对湖南公司的债务承担连带责任。

最高人民法院二审认为,本案争议的代理进口协议无效,一审法院认定代理进口协议有效不当,应予纠正。海南公司的担保合同中虽然有"本担保函不因委托人的原因导致代理进口协议书无效而失去担保责任"的约定,但在国内民事活动中不应采取此种独立担保方式,因此该约定无效,对此应当按照《担保法》第 5 条第 1 款的规定,认定该担保合同因主合同无效而无效。虽然海南公司对本案的损失并无直接过错,但其提供的担保函却为东方公司对外开证付款起到了一定的作用,因此应当承担相应的赔偿责任,该责任应为湖南公司不能偿还欠款部分的 50%。一审法院关于海南公司应承担连带责任的判决应予变更。

由此可见,在最高人民法院看来,独立性担保不能适用于国内的经济活动,而只能适用于国际经济活动。为什么会采取这种"内外有别"的思路呢?这是因为当时大多数民商事主体的法律意识不强,风险防范能力不高,为了防范由此可能出现的欺诈问题,综合考虑现实因素,所以认为在国内的经济活动中不能轻易承认独立性担保的合法性。但在国际商事交易过程中,开具独立保函是一个很常见的担保行为,尤其是独立担保的典型特征是先付款后解决争议,因此在国际贸易中,国外的交易对手常常要求提供独立性担保,如果国内的商事主体都不具有开立独立保函的主体资格,那么很多交易就无法达成,我们的国际贸易就会因此受到很大影响,所以最高人民法院不能轻易否认独立性担保在国际经济活动中的运用。

当然,最高人民法院在表达上述裁判思路时,采取的是个案判决的方式,而非司法解释,而且当时也没有案例指导制度。但就是这样一个判决,对司法实践的影响非常大,此后的很多案件一旦涉及独立性担保,就有不少法院受上述裁判思路的影响,认为独立性担保只能适用于国际经济活动,不能适用于国内的经济活动。久而久之,就有人误解为这是《担保法解释》的规定。例如,在"东方电器集团财务有限公司与四川省投资集团有限责任公司、四川嘉陵政扬地基工程有限公司借款合同纠纷案"中,终审判决认为,根据投资公司出具的担保书第 9 条关于"本担保书是连续性的独立担保"的约定及其他条款的约定,可以认定该担保书具有独立担保的性质,但最高人民法院关于担保法的司法解释将独立担保合同仅规定于国际经济活动中,而未规定国内民事活动可以采取此种独立担保方式,因此本案所涉独立性担保条款的约定应属无效,其担保合同的效力仍应决定于主合同的效力,即应当按照《担保法》第 5 条第 1款的规定,认定该担保合同因外汇借款合同无效而无效。

要跟大家说清楚的是,《担保法解释》本身并没有这样的明确规定,只是最高人民法院曾经作出过这样一个判决。正因如此,尽管不少法院按照最高人民法院的思路处理独立性担保,但也有完全不同的裁判观点,包括最高人民法院在类似案件中也存在相反的裁判思路。例如,在"中国建筑第五工程局有限公司与和记黄埔地产(成都)温江有限公司不当得利纠纷申请再审案"中,最高人民法院在裁定书中指出,二审判决认定中行湖南省分行为中建五局提供的担保属于独立担保关系,案涉银行保函是不可撤销的、见索即付的独立保函。我国有关担保的相关法律虽未对独立保函作出专项规定,但根据《担保法》第 5 条第 1 款"担保合同是主合同的从合同,主合同无效,担保合同无效。担保合同另有约定的,按照约定"的规定,双方约定的独立担保关系成立并生效。

总之,关于独立性担保的适用范围问题,在《担保法》时代就极具争议。这个问题到了《物权法》时代,趋于明朗化。大家应该都注意到《物权法》第172条与《担保法》第5条在表述上就有非常重大的区别:《物权法》第172条和《民法典》第388条的规定是一致的,即将独立性担保物权的适用范围严格限制在法律另有规定的情形,不再允许当事人另作约定。尽管《物权法》并没有完全排除独立性担保物权的存在,但由于从过去到现在,我国并没有一部法律明确规定过独立性担保,因此也就不存在法律另有规定的情形。由此可见,《物权法》实际上是强化了担保的从属性,这也是《九民纪要》将从属性视为担保的基本属性的重要原因。

不过,由于《物权法》只调整担保物权,不调整人的担保即保证,而且由于《物权法》通过施行之后,《担保法》并没有废止,保证合同仍要适用《担保法》的相关规定。因此,尽管立法者在担保物权这个领域强化了担保的从属性,不允许当事人约定独立性的担保,但是在保证合同这一领域下仍可以适用《担保法》的规定,即仍然承认独立性担保。正是在这样的背景下,最高人民法院在2016年制定了《独立保函解释》。

二、《独立保函解释》的制定

在《独立保函解释》的制定过程中,关于该司法解释的名称也存在过争议。当时有人建议称为"独立担保解释",也有人提议为"独立保证解释",但最后还是把名称定为"独立保函解释"。为什么不叫作"独立担保"?显然是因为独立担保的范围太广,不仅包括保证,也包括独立性担保物权,而后者已基本被《物权法》所否定。至于为何不叫作"独立保证",是因为与"独立保证"相比,"独立保函"已经是一个约定俗成的概念。

大家可能已经注意到2016年制定的《独立保函解释》的制定依据之一是《担保法》,这在当时也是存在争议的。有的法官和学者提出,既然独立保函不适用《担保法》关于连带责任保证和一般保证的规定,则不应将《担保法》作为制定的依据。我们认为,《担保法》第5条为我们承认独立保函提供了立法上的依据,因此仍然应将《担保法》作为起草《独立保函解释》的依据之一。当然,由于《担保法》已经在《民法典》施行之后被废止了,因此最高人民法院在 2020 年清理该司法解释时将制定依据中的《担保法》修改为《民法典》。但是,《民法典》中并未规定独立担保,因此,将《民法典》作为《独立保函解释》的制定依据,可能还是存在问题的。

在《独立保函解释》的制定过程中,我们当时的想法是,虽然《物权法》严格限制了独立担保的适用范围,但是《担保法》却为承认独立保函留下了空间,而且当时的法律和司法解释并没有任何限制独立保函范围的相关规定。尽管前文提到的 1998 年最高人民法院的第 184 号判决将其范围限制在国际经济活动中,但在实践中,国内经济活动中也有这种需求,所以最后我们采取了一种折中路线,即不再区分国际经济活动与国内经济活动,但还是必须对独立保函的开立主体进行适当限制。

不再区分国际经济活动与国内经济活动的一个重要原因在于实践中很难将二者予以区分,一个交易究竟是国际的,还是国内的,有时确实很难作出判断。例如,国内某公司在国外承包了一个工程,之后向国内一家银行借款融资,其担保人也在国内。可见,尽管这个项目在国外,但主合同与从合同的当事人都在国内,那么它究竟是一个国际经济活动,还是一个国内的经济活动?显然很难区分。但是,如果不加限制地完全承认独立保函,又会因其具有高风险性而存在顾虑。从比较法的角度看,在承认独立保函的大陆法系国家也都会对独立保函的适用范围作适当的限制。例如,消费者的风险防范能力较弱,为保障消费者的交易安全尤其是防止欺诈发生,有些国家或者地区不承认消费者具有开立独立保函的资格或者能力。我国可能需要更严格的限制,因为一般商事主体的法律意识并不是很高,风险防范的能力也不是特别强。基于这一考虑,我们最终把有资格开立独立保函的主体限制在银行或者非银行的金融机构。

《独立保函解释》第 3 条还就什么情况下能构成独立保函,规定了具体的判断标准。根据这一规定,有以下三种情况之一,即可认定保函构成独立保函:第一,保函载明了见索即付;第二,保函载明适用国际商会的见索即付统一规则;第三,在没有前述两种情况时,如果根据保函的文本内容,能够看出开立人的付款义务独立于基础交易关系的或者是保函申请法律关系,也可认定是独立保函。根据这一规定,并非当事人关于担保合同独立于主合同的任何约定都可以作为认定独立保函的依据,只有在担保人放弃债务人全部抗辩的情形下,才能将该担保合同认定为独立保函。例如,如果当事人仅仅约定担保合同的效力不受主合同效力的影响,则并不意味着该担保合同必然构成独立保函,因为担保人并未放弃所有抗辩,而仅放弃了担保合同的效力不受主合同效力的影响这一个抗辩。也正因为如此,《民法典担保解释》第 2 条将独立性担保区分为两种情况:一种情形是构成独立保函的情形;另一种情形是不构成独立保函,但“当事人在担保合同中约定担保合同的效力独立于主合同,或者约定担保人对主合同无效的法律后果承担担保责任”。对于前者,明确规定“因金融机构开立的独立保函发生的纠纷,适用《最高人民法院关于审理独立保函纠纷案件若干问题的规定》”;对于后者,则仅使当事人之间关于担保独立性的约定无效,再依据从属性担保处理当事人之间的纠纷即可。

三、《民法典》与独立保函

独立保函的地位在《民法典》时代面临一定的挑战。上文讲到,《独立保函解释》的制定依据之一是《担保法》第 5 条,即允许当事人约定独立性的担保。但是在《民法典》通过之后,我们面临的一个大问题是,无论是《民法典》关于担保物权的规定还是关于保证合同的规定,都在强调担保合同的效力从属于主合同,仅规定法律另有规定的除外,不再允许当事人另行约定。由此产生的问题在《民法典》的规定之下,独立保函究竟是否具有合法性?

从实践的情况来看,不承认独立保函是不行的,因为保函业务一直是银行等金融机构的一个重要业务,无论是在国际经济活动还是在国内经济活动中均有大量的现实需求。问题是,即使将《民法典》中所使用的“法律”一词理解为全国人大及其常委会制定的法律以及国务院制定的行政法规,目前也没有专门的“法律”规定了独立保函。在这样的背景下,如何看待独立保函的合法性,就是个大问题。目前存在以下三种观点。

第一种观点认为,应当将最高人民法院制定的司法解释也看作《民法典》规定的"法律"。这种观点认为,在《民法典》编纂的过程中,既然立法机构对独立担保的适用范围做如此严格的限制,很可能是默认最高人民法院制定的司法解释属于《民法典》所称的"法律",否则就很难解释立法机构在明知没有专门法律规定独立保函的情形下,仍然仅将法律另有规定作为担保从属性的例外。

第二种观点认为,虽然最高人民法院制定的司法解释不能理解为《民法典》所规定的"法律",但是中国人民银行发布的规范性文件,尤其是行政规章,则可以理解为属于《民法典》规定的"法律"。该观点认为中国人民银行发布的规范性文件中有关于商业银行开立保函包括独立保函的规定,这些规定就可以理解为《民法典》所称的法律另有规定。大家知道,"法律"这个概念在外延上包括几个层次:最狭义的法律,仅指全国人大及其常委会制定的法律;广义的法律,则包括全国人大及其常委会制定的法律以及国务院制定的行政法规;最广义的法律,还包括地方性的法规、行政规章。第二种观点要求我们不能从狭义上去理解"法律",也不能从广义的角度理解"法律",而应该从最广义的角度去理解《民法典》所规定的"法律"。

第三种观点认为,我们不应该将独立保函视为《民法典》中所规定的保证。也就是说,《民法典》规定的保证合同是不包括独立保函的,既然如此,自然不应适用《民法典》关于保证合同的相关规定,也就不存在要求"法律另有规定"的问题。但问题是,如果不把独立保函理解为保证,那么它是什么性质的文件呢? 我的意见是,可将独立保函理解为备用信用证的一种替代形式,从而适用信用证的有关规定,而非《民法典》关于保证的规定。

将独立保函理解为备用信用证的替代方式,是受美国法的启发。大家知道,独立保函是大陆法系国家的概念,在美国法上没有独立保函的概念,因为在美国的金融监管体系下,不允许银行等金融机构出具保函。为此,美国不得不寻找一种替代的方式来解决实践的需要,这就是备用信用证制度。备用信用证在功能上与独立保函几乎完全一致,美国法上以此作为独立保函的替代方式,满足了实践的需要。在《民法典》的背景下,我们可否反其道而行之,将独立保函理解为备用信用证的替代方式? 如果可行,也就化解了独立保函面临的合法性危机。

至于前面两种观点,我之所以不太赞同,原因在于:第一,司法解释仅仅是最高司法机关对法律作出的理解,如果把最高人民法院的司法解释理解为《民法典》规定的"法律",则有悖于一般的观念,不太妥当。第二,如果从最广义的角度来理解《民法典》规定的"法律",也会面临很多问题,且不说中国人民银行的规范性文件和行政规章是否有关于独立保函的明确规定尚存疑问,即使有,其开立主体也仅限于商业银行,而《独立保函解释》规定的开立主体包括银行和非银金融机构,因此中国人民银行的规范性文件自然无法为其他金融机构开立保函提供法律依据。此外,从《民法典》第 10 条关于法律渊源的规定来看,《民法典》规定的"法律",原则上应限于全国人大及其常委会制定的法律,国务院制定的行政法规也只有在立法机构有特别授权的情况下才属于人民法院必须适用的"法律",更何况是行政规章或者比行政规章效力更低的规范性文件。

总之,尽管独立保函在《民法典》通过并施行后面临着合法性的质疑,但是如果我们将其视为备用信用证的替代方式,一切就会迎刃而解。《民法典》编纂完成后,最高人民法院在对《独立保函解释》进行了清理的基础上重新予以发布,这也表明最高人民法院认为《民法典》与《独立保函解释》并不冲突。

四、独立保函的法律适用问题

将独立保函界定为备用信用证的替代形式,意味着《民法典》关于保证的规定不适用于独立保函。在此背景下,有人提出如下担心:由于我国现行法(包括司法解释)并未构建处理独立保函纠纷的全面制度,如果断然否认独立保函不是保证,就可能导致规则缺失的问题;相反,如果认为独立保函在性质上仍是保证,只是有其特殊性,在《独立保函解释》有特别规定时适用该解释,《独立保函解释》没有特别规定的,仍可以适用《民法典》关于保证的规定,就可以避免可能发生的规则缺失,例如在保证期间、追偿权、共同担保等问题上,因《独立保函解释》均未作特别规定,故应适用《民法典》关于保证的一般规定。我们认为,独立保函的规则供给是否充分,确实是对独立保函进行定位需要考量的一个重要因素。如果规则供给不够充分,独立保函除了要适用司法解释的特别规定以及《民法典》总则编、合同编的规定,还必须要适用《民法典》关于保证合同的规定,则将独立保函看作是备用信用证的替代方式,可能会带来法律适用上的困境。但问题是,《民法典》关于保证合同的规定究竟能否适用于独立保函呢?这就需要具体问题具体分析。

　　就保证期间而言,独立保函大多约定了保证期间,即使没有约定期间(如敞口型独立保函),也会约定适用国际商会《独立保函统一规则》等示范规则,由于这些示范规则明确规定了保证期间,也应适用这些示范规则的保证期间,而不能适用《民法典》关于保证期间的规定。问题是,如果独立保函没有约定保证期间,也没有约定适用示范规则,那么独立保函是否有保证期间?如何确定独立保函的保证期间?我个人认为,即使独立保函既没有约定保证期间,也没有约定适用示范规则,独立保函的保证期间也不能适用《民法典》关于保证期间的规定,因为《民法典》规定的保证期间是以主债务履行期为基础进行计算的,而**独立保函必然独立于主债务,也就不能将主债务的履行期间作为计算保证期间的基础。所以,在当事人没有约定保证期间的情况下,应适用《民法典》关于合同履行期限确定的一般规则,即债务人可以随时履行,债权人也可以随时请求履行,但应当给对方必要的准备时间**(《民法典》第511条第4项)。可见,在保证期间问题上,并无《民法典》关于保证期间之规定适用的余地。

　　至于保证人向债务人追偿的问题,独立保函也有其特殊性:独立保函本身有约定的,按照约定;独立保函没有约定的,保证人并不享有法定的追偿权。可见,此处也不存在《民法典》关于保证合同之规定适用的余地。最具争议的是,共同担保的情形下,担保人之间相互追偿的规定是否也应适用于独立保函。一种观点认为,如果共同担保人之间可以相互追偿,则独立保函也有适用该规则的必要,进而不能将独立保函完全排除在保证合同之外。我的意见是，**即使认为共同担保人之间可以相互追偿，进而认为独立保函的开立人在承担付款责任后也可以向其他担保人追偿，担保人之间追偿的基础也是连带债务（《民法典》第 519 条），而非《民法典》关于保证合同的规定。**因此，《民法典》关于保证合同的规定无适用的余地。

第七讲

借新还旧中的担保责任

接下来我们讨论与担保从属性有关的两个问题:第一个问题是借新还旧中的担保责任;第二个问题是担保物权的委托持有。这也是《民法典担保解释》重点涉及的两个问题。我们先谈第一个问题。

一、借新还旧的法律性质之争

关于借新还旧中的担保责任,《担保法解释》第 39 条已有非常明确的规定,但这个规定也带来了很多争议,因此,《民法典担保解释》再次对借新还旧中的担保责任问题作出规定。

关于借新还旧中担保责任的问题,首先涉及的是借新还旧的法律性质。实践中之所以出现借新贷还旧贷的现象,通常是因为银行作为债权人在收不回来贷款的情况下,不得不给予债务人一定的宽限期,这就是所谓的"展期"。但是银行给予借款人以展期会受到监管政策或者内部管理的严格限制,所以实践中就出现以借新贷还旧贷的形式来达到展期的目的。正因如此,借新还旧也被认为是变相的展期,因为虽然在形式上当事人之间成立了新的贷款关系,但是贷出去的钱并未用于合同约定的用途,而是用来还了旧贷。实际上,监管部门对通过借新还旧进行变相展期的做法是持否定态度的,然而实践中还是有不少当事人通过一些措施来规避监管。例如,通过第三方提供过桥资金的方式来完成借新还旧,从形式上来看用于偿还旧贷的钱不是新贷出去的资金,而是第三人提供的过桥资金,再由新贷资金偿还对第三人的欠款,这就给监管造成更大的难度。

借新还旧与展期的目的相同,因此二者在法律性质上也存在争议。一种观点认为,既然借新还旧的目的是展期,那就应该理解为合同变更,即旧贷并未消灭,新贷也没有实际发生,而是还款期限发生了变更;另一种观点则认为,虽然借新还旧和展期的目的相同,但二者的法律形式不同,法律性质也不同,借新还旧意味着旧贷已经消灭新贷已经发生。尽管从借款合同的角度来看,上述两种观点对借贷双方的影响不大,但是一旦涉及其中的担保问题时,采纳何种观点就显得非常重要。如果将借新还旧理解为合同变更,则旧贷上的担保并不消灭,仅仅是担保人对加重的部分不再承担担保责任,只要没有加重担保人的责任,旧贷的担保人就仍应对旧贷承担担保责任。但是,如果将借新还旧理解为旧贷消灭、新贷发生,那么根据担保的从属性,旧贷上的担保就随之消灭。

二、《担保法解释》的基本立场

为了配合金融监管和金融机构内部的治理,《担保法解释》第 39 条没有采纳上述第一种观点,而是采纳第二种观点,即认为借新还旧与展期不同,并非借贷合同的变更,而是以新贷消灭旧贷。如此一来,银行在进行借新还旧的操作时就会面临风险,因为旧贷消灭后,旧贷上的担保也随之消灭,银行就必须要求债务人另行为新贷提供担保。由于借新还旧虽具有展期的功能,但又不具有变相展期的形式,在加大了金融监管的难度的同时也增大了金融风险,因此,借新还旧并不被监管部门所接受,且从实践的情况看,多数金融机构也明确要求其分支机构不得从事借新还旧的业务。基于这样的背景,当事人在实施借新还旧时,虽然实质是以新贷偿还旧贷,但在新的借贷合同中却很少明确表示新贷是用来偿还旧贷的,而是约定新贷为流动资金贷款或者特定用途贷款。这样一来,即使债务人为新贷提供了担保,银行也还面临另一个风险:在新贷用于偿还旧贷的情形下,新贷的担保人常常以受到债权人和债务人欺诈为由主张担保合同无效,不仅拒绝承担担保责任,而且主张对担保合同无效的后果不承担赔偿责任。因为从新贷的担保人的角度来看,他提供担保的原因可能是以为债务人借钱是为了扩大生产以增强其清偿能力,但如果债务人借钱的目的是用于偿还旧贷而并没有实现增强其偿债能力的目的,那就存在欺诈担保人的问题。根据《担保法》第 30 条的规定,无论是主合同当事人双方串通,骗取保证人提供保证,还是主合同债权人采取欺诈、胁迫等手段,使保证人在违背真实意思的情况下提供保证,保证人都可以免于承担民事责任。此外,《担保法解释》第40条也规定,主合同债务人采取欺诈、胁迫等手段,使保证人在违背真实意思的情况下提供保证的,债权人知道或者应当知道欺诈、胁迫事实的,保证人也可免于承担民事责任。基于上述规定,《担保法解释》第39条第1款规定:"主合同当事人双方协议以新贷偿还旧贷,除保证人知道或者应当知道的外,保证人不承担民事责任。"可见,如果保证人不知道且不应当知道新贷是用于偿还旧贷,则新贷的保证人对于新贷,既无须承担保证责任,也无须承担其他民事责任。

值得注意的是,《担保法解释》第39条第2款规定:"新贷与旧贷系同一保证人的,不适用前款的规定。"也就是说,如果新贷和旧贷是同一个保证人,即使该保证人对借新还旧的事实不知情也不应当知情,他也要承担担保责任。为什么如此规定呢?理由很简单:如果保证人既对新贷提供担保,又对旧贷提供担保,则即使新贷用于偿还了旧贷,对该保证人来说也没有损失,因为他对旧贷也要承担担保责任,现在旧贷消灭,他就无须再对旧贷承担保证责任而只需对新贷承担担保责任,这并未过分增加保证人的责任。另外,在新贷与旧贷是同一保证人的情况下,保证人往往对借新还旧的事实是知情的,此时让保证人对新贷承担保证责任有其正当性。相反,如果此时保证人不再承担保证责任,则债权人的利益就没有办法获得全面的保障,这也容易助长保证人与债务人实施欺诈。

三、《九民纪要》的进步与缺憾

需要说明的是,《担保法解释》第39条规定的是借新还旧中的保证责任,因此,实践中对于这一条能否适用于担保物权存在较为激烈的争议,因为在借新还旧时,旧贷的担保物权在形式上可能并未消灭。例如,为担保旧贷而设定的抵押权可能并未被注销,此时能否理解为抵押人愿意继续为新贷提供担保?为了澄清这个问题,《九民纪要》第57条规定:"贷款到期后,借款人与贷款人订立新的借款合同,将新贷用于归还旧贷,旧贷因清偿而消灭,为旧贷设立的担保物权也随之消灭。贷款人以旧贷上的担保物权尚未进行涂销登记为由,主张对新贷行使担保物权的,人民法院不予支持,但当事人约定继续为新贷提供担保的除外。"可见,《九民纪要》进一步明确了借新还旧的法律性质不是借贷合同的展期,而是旧贷消灭、新贷发生,因此,根据担保的从属性,为旧贷设立的担保物权也随之消灭。在此基础上,《九民纪要》还进一步明确,在第三人提供担保物权的情形下,即使担保物权并未涂销,也不能理解为担保人自愿为新贷提供担保,而必须要由当事人另行约定为新贷提供担保,否则,就应理解为新贷上不存在担保物权。

《九民纪要》施行后,我们对于借新还旧的法律性质以及借新还旧中担保物权的适用问题有了更加全面的认识,但也有一些同志反映,在约定了担保物权的情形下,如果旧贷的担保人愿意继续为新贷提供担保,且此时旧贷上的担保物权也没有注销,那么新贷的债权人能否依据旧贷上担保物权的顺位主张担保物权?对此存在两种不同的观点:一种观点认为,既然我们认为借新还旧是旧贷消灭、新贷发生,那么旧贷上的担保也应消灭,这是担保从属性的必然要求,此时即使担保人愿意继续为新贷提供担保,新贷的债权人也应另行办理抵押登记,而不能直接主张旧贷所设定的担保物权,因此也不能取得为旧贷所设定的担保物权的顺位;另一种观点认为,尽管借新还旧导致旧贷消灭,但既然担保人愿意为新贷提供担保,就属于《担保法解释》第 39 条第 2 款规定的新贷与旧贷的担保人系同一人的情形,自应根据旧贷上担保物权设定的时间确定担保物权的顺位。

四、《民法典担保解释》第 16 条的理解

《民法典担保解释》第 16 条第 1 款规定:"主合同当事人协议以新贷偿还旧贷,债权人请求旧贷的担保人承担担保责任的,人民法院不予支持;债权人请求新贷的担保人承担担保责任的,按照下列情形处理:(一)新贷与旧贷的担保人相同的,人民法院应予支持;(二)新贷与旧贷的担保人不同,或者旧贷无担保新贷有担保的,人民法院不予支持,但是债权人有证据证明新贷的担保人提供担保时对以新贷偿还旧贷的事实知道或者应当知道的除外。"显然,该款在继受原《担保法解释》第 39 条的基础上,将适用范围扩张到担保物权,从而与《九民纪要》第 57 条的精

神保持一致。同时，为了解决《九民纪要》第 57 条在实践中带来的上述问题，《民法典担保解释》增加了一款作为第 16 条的第 2 款，即"主合同当事人协议以新贷偿还旧贷，旧贷的物的担保人在登记尚未注销的情形下同意继续为新贷提供担保，在订立新的贷款合同前又以该担保财产为其他债权人设立担保物权，其他债权人主张其担保物权顺位优先于新贷债权人的，人民法院不予支持"。由此可见，我们在这里没有采用上述第一种观点，而是采用了第二种观点。这主要是出于两点考虑：其一，在借新还旧的情况下，如果为旧贷提供物上担保的担保人愿意为新贷提供担保，当事人先注销旧贷上的抵押权，再另行为新贷办理抵押登记的情形在实践中极为少见。如果完全根据逻辑推理认定旧贷上的抵押权已经消灭，则新贷上的抵押权也就没有设立，这对债权人可能极不公平，因为在旧贷有担保物权的情形下，债权人完全可以通过行使抵押权来实现债权，本没有必要允许债务人借新还旧。其二，债权人可以根据旧贷上的担保物权主张顺位利益，对担保人的其他债权人也不至于造成交易安全方面的威胁。因为其他债权人也都知道旧贷上有抵押权，而旧贷之所以消灭是因为有新贷的发生，即使没有借新还旧，债权人也会通过行使旧贷上的担保物权来实现旧贷上的债权。

　　对此也有人提出质疑，认为《民法典担保解释》第 16 条第 2 款的规定不符合担保的从属性：既然旧贷已经消灭，那么旧贷上的担保物权就已经消灭，债权人自然不能再依据该担保物权主张顺位利益。我们认为，无论是原《担保法解释》还是《民法典担保解释》，对于旧贷和新贷的担保人系一人的情形，都作出了担保人对于新贷仍应承担担保责任的规定。如前所述，尽管在实践中对于借新还旧的法律性质仍存在争议，但无论是将其视为变相展期的合同变更行为，还是视为旧贷消灭、新贷发生，对借贷双方的影响均较小，对担保人的影响却较大。因为，既然在旧贷和新贷的担保人系同一人的情形下，担保人都要承担担保责任，则无论将借新还旧的法律性质作何种理解，对担保人的影响都不大。因此，在旧贷和新贷的担保人系同一人的情形下，我们可以将借新还旧理解为是一种合同变更的行为。也就是说，在一般情形下，我们之所以将借新还旧理解为旧贷消灭、新贷发生，是为了通过保护担保人的利益来打击银行开展借新还旧的违规行为,但现在旧贷和新贷的担保人系同一人,且担保人不能免责,自然就没有必要再将借新还旧理解为旧贷消灭、新贷发生,而应理解为合同变更。

如果此时将借新还旧理解为主合同的变更,则应适用主合同变更对担保影响的相关规则,即如果合同变更加重了担保人的责任,则担保人仅对变更前的债务承担担保责任。据此,即使认定债权人可以主张旧贷上的担保物权及其顺位,也要通过区分新贷是否加重了担保人的责任来判定担保人应当承担的担保责任的范围:如果新贷增加了担保人的责任,则债权人只能依据旧贷的范围主张优先受偿权,否则可能对担保人的其他债权人不公平;只有在新贷没有增加担保人责任的情形下,债权人才可以根据新贷的范围主张优先受偿权。

第八讲

关于担保物权的委托持有

在本篇的最后,我们谈谈担保物权的委托持有问题,这涉及的是《民法典担保解释》第 4 条的规定。之所以在司法解释的第 4 条中规定担保物权的委托持有,是因为这一问题与担保的从属性相关,而司法解释的第 2 条、第 3 条分别就担保在效力上的从属性和范围上的从属性进行了规定,因此顺着这个思路,自然是要将涉及担保从属性的问题一并予以规定。

一、担保物权的委托持有及其背景

虽然担保物权的委托持有涉及担保的从属性,但它实际上是对担保从属性的突破。为什么这么说呢? 这是因为,从前面谈到的担保的从属性及其表现来看,大家会有一个基本的认识,就是债权人与担保物权人应是同一个人。这一点不仅表现在担保在发生上的从属性上,更表现在担保在移转上的从属性上。但在实践中因为各种原因,可能会出现债权人并未将担保物权登记自己名下,而是登记在其委托的第三人名下的情况,这就导致债权人与名义上的担保物权人不一致。例如债权人将有抵押担保的债权转让给第三人,但未办理抵押权变更登记,抵押权仍登记在原债权人名下,这就会导致实际的债权人与登记的抵押权人不一致的现象。此时究竟谁有权主张行使担保物权,就成为一个争议很大的问题。在以往的司法实践中,不少法院认为,既然债权人并非登记的抵押权人,其自然就无权主张抵押权。问题在于,如果债权人不能主张行使抵押权,那么名义上的抵押权人能否行使抵押权呢? 对此也存在不同的观点,因为登记的名义抵押权人并非真正的债权人。如果债权人和登记的名义抵押权人都不能行使抵押权,那么该抵押权是否已经依法设立? 又是由谁来行使该权利呢?

当然,实践中之所以会出现登记的担保物权人与债权人不一致的情形也是有原因的。例如,除了债权转让可能导致债权人与登记的抵押权人不一致,在债券发行的过程中,因为债券持有人太多,发行人提供的担保物权不可能登记到每个债券持有人名下,而只能登记在债券的受托管理人名下;又如,在委托贷款中,按照目前最高人民法院的司法态度,真正的债权人就是出借人,但出借人是以银行的名义出借,因此在借款人或者第三人提供物的担保的情况下,担保物权登记在银行名下,而不是出借人名下;再如,通过 P2P 网络贷款平台进行融资时,由于出借人的人数众多,借款人或者第三人提供的担保物权也都登记在网络贷款平台的名下,而不是登记在真正的债权人名下,因此也会出现真正的债权人与被登记的担保物权人不一致的情况。

二、《债券会议纪要》第 18 条的理解

为了解决债券发行中担保物权的行使问题,最高人民法院于 2020 年 7 月发布的《全国法院审理债券纠纷案件座谈会纪要》(以下简称《债券会议纪要》)第 18 条规定:"登记在受托管理人名下的担保物权行使。根据《最高人民法院关于〈国土资源部办公厅关于征求为公司债券持有人办理国有土地使用权抵押登记意见函〉的答复》精神,为债券设定的担保物权可登记在受托管理人名下,受托管理人根据民事诉讼法第一百九十六条、第一百九十七条的规定或者通过普通程序主张担保物权的,人民法院应当予以支持,但应在裁判文书主文中明确由此所得权益归属于全体债券持有人。受托管理人仅代表部分债券持有人提起诉讼的,人民法院还应当根据其所代表的债券持有人份额占当期发行债券的比例明确其相应的份额。"可见,《债券会议纪要》明确了受托管理人可以主张行使登记在其名下的担保物权,由此所产生的权益归属全体债券持有人或者所代表的部分债券持有人。问题是,债券持有人自己能否主张行使登记在受托管理人名下的担保物权呢?《债券会议纪要》对此未作规定。一种观点认为,《债券会议纪要》既然仅仅提到受托管理人可以主张担保物权,而未规定债券持有人可以主张,就意味着债券持有人不能主张担保物权;另一种观点则认为,尽管《债券会议纪要》未规定债券持

有人可以自己主张担保物权，但《债券会议纪要》第6条规定债券持有人可自行或者共同提起诉讼，这就意味着债券持有人可以通过非讼或者诉讼的方式主张行使担保物权。

我们认为，《债券会议纪要》仅规定受托管理人可以主张行使担保物权，并不意味着债券持有人不能主张行使担保物权。由于受托管理人主张担保物权的权益归属于全体债券持有人或者其所代表的部分债券持有人，因此受托管理人主张担保物权的积极性可能不高，如果只有受托管理人有权主张担保物权，则可能会损害债券持有人的利益。更何况在实践中，受托管理人也可能发生破产或者其他无法履行受托义务的情形，如果只有受托管理人才能主张担保物权，那么债券持有人的权利将无法获得有效的保护。

基于上述考虑，我们认为有必要在《民法典担保解释》中对担保物权的委托持有问题作一个更加明确的规定。最初我们只是想明确规定在发生担保物权委托持有的情形下，即使债权人未被登记为担保物权人其也可以行使登记在第三人名下的担保物权，目的是防止部分法官以违反担保从属性为由驳回债权人的诉讼请求。至于被登记为担保物权人的受托人，其行使担保物权已由《债券会议纪要》明确规定，在实践中并没有遇到太多的法律障碍，因此无须在法条中再予以明确规定。《民法典担保解释》的征求意见稿公布后，有同志提出，尽管《债券会议纪要》明确规定债券的受托管理人可以行使担保物权，但毕竟这只是会议纪要而不是司法解释的规定，法官不能在裁判文书中作为判决依据直接援引而只能将其作为裁判说理的依据。更加重要的是，如果会议纪要有规定而司法解释没有规定，就可能导致有些法官误认为司法解释是在否定会议纪要的规定，从而认为债券的受托管理人不能再主张行使担保物权。即使不发生上述误解，实践中，担保物权委托持有的情形显然不限于债券发行，而目前只有《债券会议纪要》对于债券的受托管理人行使担保物权有明确规定，其他情形下被登记为担保物权人的受托人能否行使担保物权并无明确规定。为避免实践中继续就此问题发生争议，还是有必要明确规定债权人及其受托人均可以主张行使担保物权。

最终通过的《民法典担保解释》采纳了上述建议，在明确规定债权人可以主张行使担保物权的同时,也明确规定了债权人的受托人可以行使担保物权。从实践的情况来看,债权人与其受托人行使担保物权的途径可能会有所差异。由于债权人并未被登记为担保物权人,其通过非讼的方式行使担保物权会存在一定的障碍,故只能通过诉讼的方式行使担保物权。也就是说,债权人只有在通过诉讼确认其是真正的担保物权人后,才能行使担保物权,而不能直接通过非讼程序行使担保物权。但是,债权人的委托人因被登记为担保物权人,其为债权人的利益通过非讼程序主张担保物权则不存在法律上的障碍,尤其是在担保人对于担保物权的行使没有实质争议的情形下,人民法院自然可以根据债权人的受托人的申请,直接对标的物进行拍卖、变卖或者折价。

此外,在债权人的委托人主张行使担保物权的情形下,裁判文书的表述也与债权人自己行使担保物权存在区别。如果是债权人自己行使担保物权,即可直接表述为拍卖、变卖标的物所得价款优先清偿被担保的债权,或者以标的物折价清偿被担保的债权。而在债权人的委托人行使担保物权的情形下,根据《债券会议纪要》的规定,人民法院应当在裁判文书主文中明确由此所得的权益归属于全体债券持有人;如果受托管理人仅代表部分债券持有人提起诉讼,人民法院还应当根据其所代表的债券持有人份额占当期发行债券的比例明确其相应的份额。同理,在其他担保物权委托持有的情形下,如果是债权人的受托人主张行使担保物权,也应在裁判文书主文中明确由此所得的权益归属于债权人,而非受托人。

三、《民法典担保解释》第 4 条的理解

需要说明的是,担保物权的委托持有在形式上突破了担保的从属性,导致登记的担保物权人与债权人不一致。因此,我们在承认担保物权委托持有的同时,是否需要对担保物权的委托持有问题进行适当限制,便成为《民法典担保解释》制定过程中一个比较有争议的问题。我们最初的想法是具体列举实践中可能存在的登记的担保物权人与债权人不一致的情形,并且规定只有在这些具有正当性的情形下,才允许担保物权的委托持有,即债权人可主张行使登记在第三人名下的担保物

权。经过初步梳理，我们认为登记的担保物权人与债权人不一致的情形主要有以下四种类型：一是在债券发行时，将债券发行人提供的担保物权登记在债券受托管理人名下而非债券持有人名下；二是在通过互联网借款平台（P2P）融资时，将借款人提供的担保物权登记在作为通道的平台名下而非资金出借方名下；三是在委托贷款时，将借款人提供的担保物权登记在受托人名下而非委托人名下；四是目前还有一些地方的不动产登记机构不允许非银行的债权人登记为担保物权人，当事人只能委托银行持有担保物权。

然而随着调查的深入，我们发现上述四种类型不足以涵盖所有情形。例如，当事人发行的并非债券而是一些明股实债的集合类金融产品，为担保还本付息，也可能会将为投资者提供的担保物权登记在金融产品管理人名下，而非投资者名下。此外，在银团贷款中，也可能存在为全部债权人提供的担保物权登记在某一债权人名下而非全体债权人名下的情况。至于目前虽然还有少数地方的不动产登记机构不允许非银行的债权人登记为担保物权人，但通过与自然资源部下设的不动产登记局进行沟通，他们也认为不动产登记机构的此种做法没有上位法的依据，是错误的做法，如果因登记机构的过错给当事人造成损失，则登记机构应当承担赔偿责任，但如果明确列举在此种情形下可以采取担保物权的委托持有，反倒成为一些不动产登记机构不予为非银行的债权人办理抵押登记的借口。

为了避免全部列举可能带来的挂一漏万的问题及其他负面影响，最终通过的《民法典担保解释》采取的是"典型列举+兜底条款"的方式。从《民法典担保解释》第4条的规定来看，仅明确列举了"债券持有人提供的担保物权登记在债券受托管理人名下"和"为委托贷款人提供的担保物权登记在受托人名下"两种情形，其他情形均未明确列举，同时将"担保人知道债权人与他人之间存在委托关系的其他情形"作为兜底条款。之所以明确列举债券发行和委托贷款中担保物权的委托持有，是考虑到这两种情况较为常见且争议较小，更为重要的是，这两种情况代表了两种典型的类型且足以涵盖实践中所有的情形，一种是实际债权人的人数众多；另一种是实际债权人的人数单一或者较少。这两种类型在法律适用上也存在一定的差异。例如,在实际债权人人数众多时,如果个别债权人主张就担保物的价值优先受偿,就要考虑该债权人享有的债权在整个被担保的债权中所占份额来确定优先受偿的范围。此时,可以参照《民法典担保解释》第39条第1款"主债权被分割或者部分转让,各债权人主张就其享有的债权份额行使担保物权的,人民法院应予支持,但是法律另有规定或者当事人另有约定的除外"的规定,因为这些都属于多个债权人对同一标的物享有担保物权的情形。例如,在集合类金融产品中,发行人为担保多个投资者而设定担保物权,如果个别投资者主张行使担保物权,则应按照其享有的债权份额确定其优先受偿的范围。

除明确列举的情形外,其他情形都需要通过适用兜底条款来解决。在设计兜底条款时,我们也是有所考虑的。兜底条款既要突出担保物权委托持有的共性,也要对担保物权的委托持有进行适当的限制。所谓突出担保物权委托持有的共性,就是要指出担保物权委托持有的法理基础。找到了担保物权委托持有的法理基础,也就找到了担保物权委托持有的共性,从而对担保物权的委托持有进行适当的限制。我们经过反复研究后认为,担保物权委托持有的法理基础是隐名代理,即受托人以自己的名义代理债权人持有担保物权,而要构成隐名代理,就必须符合《民法典》第925条的规定。

《民法典》第925条规定:"受托人以自己的名义,在委托人的授权范围内与第三人订立的合同,第三人在订立合同时知道受托人与委托人之间的代理关系的,该合同直接约束委托人和第三人;但是,有确切证据证明该合同只约束受托人和第三人的除外。"由此可见,构成隐名代理最为核心的要件是第三人在订立合同时知道受托人与委托人之间的代理关系。也就是说,虽然代理人没有以被代理人的名义从事民事法律行为,但如果第三人知道委托人与受托人之间有代理关系,则受托人实施的法律行为的后果应归属于委托人,而非受托人。正因如此,《民法典担保解释》将"担保人知道债权人与他人之间存在委托关系的其他情形"作为兜底条款,其一方面是为了将担保物权委托持有的法理基础界定为隐名代理,另一方面也是为了限制担保物权委托持有的范围,因为担保物权的委托持有在形式上突破了担保的从属性,如果不加以任何限制,则可能会对当事人的交易安全造成不利影响。

实际上，对于担保物权的委托持有做如上限制的另一个目的在于排除间接代理的适用。根据《民法典》第 926 条的规定，即使第三人不知道受托人与委托人之间的代理关系，只要受托人因第三人的原因对委托人不履行义务，受托人就应当向委托人披露第三人，委托人因此可以行使受托人对第三人的权利。如果将这一规定适用于担保物权的委托持有，则意味着担保人即使不知道债权人是谁，也可能随时要对真正的债权人承担担保责任。这显然不利于保护担保人的交易安全。

总之，担保物权的委托持有已经是实践中不可否认的现象，因而司法解释应对此予以承认，但同时也要对此进行适当限制，以避免担保物权人与债权人不一致的情形过度泛滥，从而影响到担保人以及其他当事人的交易安全。在满足隐名代理构成要件的前提下，如果当事人之间的法律关系属于《民法典担保解释》第 4 条明确列举的情形，就适用该具体情形；如果当事人之间的法律关系不属于《民法典担保解释》第 4 条明确列举的情形，就应适用兜底条款。例如，通过互联网借款平台（P2P）融资时，将借款人提供的担保物权登记在作为通道的平台名下而非资金出借方名下，或者因不动产登记机构的过错不得不将担保物权登记在作为受托人的银行名下等，以上情况都可以通过适用兜底条款来解决其中法律适用的问题。

担保合同的效力认定与责任归属

下面我们开始第三篇：担保合同的效力认定与责任归属。需要说明的是，在本篇中，我们还将重点讨论公司及其分支机构对外提供担保的问题。

第九讲

担保合同无效的原因与后果

担保合同的效力认定，一直是我们处理担保纠纷案件时必然面临的一个重大疑难问题。由于涉及的争议点很多，因此，有必要先对导致担保合同无效的因素以及相应的法律后果做一个系统的梳理。

一、担保合同的地位及其法律适用

担保合同实际上是《民法典》规定的有名合同之一。当然，《民法典》没有统一规定担保合同，而是把担保合同分散进行规定：保证合同规定在合同编中，其他担保合同规定在物权编中。不过，需要注意的是，《民法典》虽然仅在合同编中对保证合同进行了规定，而将除保证合同之外的担保合同规定在物权编中，但物权编重点规定的是担保物权，涉及担保合同的规定较少，因此，**对于除保证合同之外的担保合同，如抵押合同、质押合同以及其他具有担保功能的合同，在《民法典》物权编对该担保合同没有特别规定时，应适用保证合同的有关规定。**也就是说，《民法典》合同编关于保证合同的规定，除少数规定（如保证期间）仅适用于保证合同外，大量规定可以理解为是关于全体担保合同的规定，可参照适用于除保证合同之外的其他担保合同。就此而言，《民法典》关于保证合同的规定，可以理解为具有担保合同总则的功能。这是首先需要说明的问题。

与此相关的另一个问题是：我们在对担保合同的效力进行认定时，可能会适用哪些法律的规定？也就是说，到哪里"找法"的问题。首先，当然是《民法典》关于民事法律行为和代理的有关规定，因为担保合同作为一个民事法律行为，当然要适用《民法典》总则编的规定。其次，就是上文提到的《民法典》合同编，合同编不仅有关于合同的一般规定，即通则部分，包括合同效力的规定等，还包含关于具体合同的规定，例如关于保证合同的规定,它们都可能影响到我们对担保合同效力的处理。此外,刚才也谈到了《民法典》物权编,虽然物权编的大量规定涉及的是担保物权,但是,由于担保物权很多情况下是通过合同关系即担保合同来取得的(这个后面我们也还要详细去讲),因此,担保合同实际上也要适用物权编尤其是担保物权部分的规定。《民法典》物权编通则以及担保物权分编的规定,实际上也有大量条文涉及担保合同。比如说,根据区分原则,交付或者登记仅仅影响的是担保物权的设定,不影响担保合同的效力,这里就落实到了担保合同的效力认定上。也就是说,即使标的物没有交付或者登记,影响的仅仅是担保物权的设立,不影响担保合同的效力。

除了前面我们讲到的这些法律依据,我们在认定担保合同的效力时,还要经常运用到一些特别法的规定,因为一些特别法对于担保行为也有明确的规定。比如在《公司法》中,就有大家非常熟悉的《公司法》第16条,它就公司对外提供担保所需要的决议进行了规定。此外,还有《合伙企业法》第31条也规定了合伙企业对外提供担保,必须经全体合伙人一致同意,实际上也是对于担保行为的一个特别规定。当然,除此之外,还有《海商法》涉及的一些特别规定,如关于船舶抵押的规定等。

总之,影响合同效力的一些法律规定,或者说是对担保合同效力进行认定的实体依据,分散在《民法典》以及一些特别法中。由于我们现在已经没有一个系统、完整的《担保法》对担保合同的效力专门进行规定,在对担保合同的效力进行认定时,就要到《民法典》以及特别法中去寻找相应的规定,这也在一定程度上增大了法律适用的难度。

从以上列举的这些内容,大家也可以看出,是从一般到特殊这样一个顺序来列举这些实体依据,但从实践的情况来看,我们在适用法律的过程中要反向而行之。什么叫反向而行之呢?就是我刚才是从一般到特殊进行列举的,但适用法律的话,就要从特殊到一般,有特别法规定的要优先适用特别法的规定,只有特别法没有规定时,我们才能适用《民法典》。这叫作"特别规定优先于一般规定",因此《民法典》也要按照从特殊到一般来适用,有特别规定的,要优先适用特别规定。比如说担保合同,如果物权编的担保物权部分有特别规定,我们优先适用特别规定,在没有特别规定的情况之下,我们再去看看《民法典》物权编通则部分有没有规定。如果物权编通则部分也没有规定,再看《民法典》合同编关于保证合同的规定,因为保证合同在一定程度上发挥着担保合同总则的功能。如果保证合同没有规定,还要看《民法典》合同编通则部分有无规定,最后再看《民法典》总则编的规定。这是整个法律适用的逻辑或者顺序,我们在认定担保合同效力的时候,要按照这个逻辑或者顺序来适用法律。

二、影响担保合同效力的因素

当然,我们讨论担保合同的效力往往是想看看哪些情况之下担保合同是无效的,因为在合同有效的情况下,一般不需要我们做特别的处理。当事人之间发生纠纷产生争议往往也是因为一方当事人主张担保合同无效。那么,我们就从担保合同无效的角度去看看,影响担保合同效力的因素到底有哪些?影响合同效力的因素虽然必然是影响担保合同效力的因素,但具体到担保合同这样一类特殊合同,总结实践中导致担保合同无效的因素主要有哪些,仍然有助于我们利用有限的时间和精力把这一个领域的基本情况做一个全面的了解和掌握。

整体上看,导致担保合同无效的原因主要是两个。**第一个原因是主合同无效,导致担保合同无效**。这个是我们第二篇重点讲的一个内容。这种情况在我们实践中是比较多的,当事人尤其是很多担保人,为了不承担担保责任,千方百计地想否认主合同的效力,其目的就是让法院认为担保合同也无效。担保合同无效,担保人就无须承担担保责任,这是担保的从属性决定的。当然,主合同无效导致担保合同也无效,担保人自然不承担担保责任,但担保人是否要承担其他的责任,我们稍后再说。此外,如果是独立性担保,即使主合同被认定无效,也不影响担保合同的效力,这是独立担保中担保人责任较重的一个重要原因。由于独立担保在我国被限制在"法律另有规定"的情形,而目前并没有法律作特别规定,故目前的担保都是从属性的担保,在从属性担保的情况之下,主合同无效,必然会导致担保合同也无效。[1] 这是影响担保合同效力的第一个大因素。

担保合同无效的第二个原因,是主合同有效,担保合同本身无效。导致担保合同本身无效的因素,我们认为主要涉及以下几个方面。

第一,民事主体的担保资格。担保资格也就是所谓担保能力,因为担保资格实际上是一个行为能力的问题。民事主体虽然都有权利能力,能够以自己的名义享有权利,但是当他以自己的行为取得某项具体权利时,还要符合法律规定的资格要求,如果行为主体不具备相应的资格、不具有相应的行为能力,就无法通过自己的行为取得某项具体权利。就担保资格而言,除了在一些特殊情况下,一些民事主体不具有担保的资格或者能力,在大部分情况下,一般的市场主体都具有担保的能力或者资格。这个我们一会儿再详细展开。

第二,代理权或者代表权的问题。虽然一般的市场主体都具有担保的资格和能力,但是如果他是一个组织体,就面临着代表他或者代理他订立担保合同的自然人是否有代表权或者代理权的问题。我们知道,我们的民事主体大致可以分为两类:第一类是自然人,第二类是组织。这个"组织",既有可能是法人组织,也有可能是非法人组织。无论是法人组织还是非法人组织,组织本身是不能够去订立合同的,因为他不像自然人一样,自己能签字、盖章或者按指印,而只能依靠代表人或者代理人去完成签订合同这样一个具体的行为。这就涉及代表权、代理权的问题。也就是说,虽然组织体本身能够对外提供担保,具有担保的能力或者资格,但是可能代表该组织或者代理该组织的自然人没有相应的权限,从而构成无权代表或者无权代理。无论是无权代表还是无权代理,《民法典》在总则编和合同编中都作了非常明确的规定。当然,在特殊情况之下,行为人虽然构成无权代理或者无权代表,但法律为保护相对人的交易安全,又规定了表见代表或者表见代理。例如,根据《民法典》第504条的规定,在无权代表的情况之下,行为人订立的合同原则上对

---

〔1〕　独立保函在性质上被认为是备用信用证的替代形式,不属于《民法典》上的担保。参见本书第六讲。

法人不发生法律效力,但是在构成表见代表的情况之下,就会对法人发生效力,这是需要注意的。同样的道理,《民法典》总则编对无权代理及其后果作了大量的规定,相对应地,还有一个表见代理制度来保护相对人的交易安全。在构成表见代理的情况下,合同要对被代理人发生效力。当然在担保合同的效力认定上,也会存在上面的问题,尤其会遇到我们后面将重点要讲到的公司对外提供担保,还有公司的分支机构对外提供担保,都涉及行为人到底是有权代表还是无权代表,是有权代理还是无权代理的问题。

前面讲的第一个方面是主体方面,第二个方面算是行为方面,**第三个方面就是客体方面,也就是我们经常说的标的**。标的违法在实践中也是导致担保合同无效的一个很重要的原因。我们经常可以看到,当事人常常以标的物本身是违章建筑或者标的物是禁止流通物、限制流通物等为由,请求人民法院确认担保合同无效。当然,如果当事人以标的违法为由主张合同无效,那么这里的担保合同往往是用来设定担保物权的担保合同,比如说抵押合同、质押合同等。

第四个因素是行为人构成无权处分。无权处分和标的违法,是两个概念,区别在于:标的违法是因为法律认为这个标的物不能够用来抵押、质押,它涉及的是社会的公共利益、公共秩序的问题。无权处分是指这个标的物本身是合法的,但担保人没有权利处分这个标的物。一旦行为人用该标的物为别人设定担保,这个时候就会损害到了真正权利人的利益。所以,法律为了保护真正的权利人,要对这个行为进行一定的规制。但是,行为人无权处分是否影响担保合同的效力,值得思考。此外,在行为人无权处分的情形下,法律也要保护相对人的交易安全,这是通过构建善意取得制度来实现。

第五个就涉及意思表示,因为担保合同的效力也可能会因当事人意思表示不真实而受到影响。意思表示不真实,既有意思表示错误的问题,也有意思表示瑕疵的问题,这个我们后面再详细讲。

总之,在实践中,导致担保合同无效的这些因素,要么是主体,要么是行为,要么是标的,要么是意思表示。实际上,整个《民法典》大概也是按照这个思路来设计合同效力的制度,具体到担保合同,更是如此。

我们之所以要对导致担保合同无效的原因或者是影响担保合同效力的因素做一个系统梳理,就是想告诉大家,在认定担保合同的效力时,一定要把思路捋清楚:首先看主合同,如果主合同有效,再考虑担保合同本身是否有效;而担保合同本身是否有效,则可以从主体、行为、客体、意思表示等方面考察。

三、担保合同无效的法律后果

在这里,我还想谈谈担保合同无效到底会带来什么后果。担保合同无效,第一个后果就是担保人不承担担保责任,这是一个结论性的观点。当然,在实践中,对此也有一些争议,问题发生在什么地方呢？主要是在不动产抵押权这一领域。有的同志说,抵押合同虽然无效,但是当事人已经办理了抵押登记,债权人已经被登记为抵押权人,且获得了登记机关颁发的他项权证书,因此,即使担保合同无效,也不影响债权人主张抵押权。言下之意,也就是说抵押合同虽然无效,但是抵押人还是要承担担保责任。

这样的一个观点对不对呢？我个人认为这个观点是不对的,这个后面我们要详细再说。**一旦抵押合同被认定无效,即使债权人已经在登记簿上登记为抵押权人,也不能认为他已经取得抵押权,因为登记只是一种公示方式**,这个公示方式既可能与实际权利是一致的,也可能是不一致的,如果担保合同无效,抵押权的设定也无效,就会出现登记状态与实际权利不一致的问题。也就是说,你没有这个权利,但被登记为有这个权利,那这个时候,抵押人就可以请求法院来涂销你的抵押权登记,这就是所谓的更正登记。当事人没有权利但被登记为有这个权利,属于不动产登记簿错误的一个很重要的表现,根据《民法典》第 220 条的规定,这个时候抵押人可以请求你协助他办理涂销登记。你要不配合,他就会起诉你,人民法院在确认你没有抵押权的基础上,就会作出涂销抵押登记这样的判决。

总之,担保合同一旦被认定无效,担保人是不承担担保责任的。问题是,担保人不承担担保责任,是否意味着没有任何责任呢？对于这个问题,《担保法解释》作了非常明确的规定。根据该解释第 7 条的规定,主合同有效而担保合同无效,债权人无过错的,担保人和债务人对主合同债权人的经济损失承担连带赔偿责任;债权人的担保人有过错的,担保人承担民事责任的部分不应超过债务人不能清偿部分的1/2。应该说,这个规定有一定的合理性,因为如果是主合同有效而担保合同无效,那就说明问题出在担保合同双方当事人,而如果债权人对此没有过错,那就说明都是担保人的原因,因此担保人和债务人对债权人的损失要连带承担赔偿责任,但如果说是债权人有过错,担保人也有过错,那么担保人承担责任的部分不能超过清偿部分的1/2。之所以规定1/2,主要是考虑到主合同有效而担保合同无效的情况下,仅涉及债权人和担保人的过错,而如果债权人也有过错,就要对自己的损失承担一半以上的责任,因此在这个地方"切了一刀",规定担保人承担的赔偿责任不超过1/2。

但这一刀切下去,也有很多学者提出批评,质疑这一刀切得是否科学。因为在实践中,担保人的过错可能更大,而债权人的过错可能比较小,让担保人只在债务人不能清偿部分的1/2以下承担赔偿责任,可能存在不公平。这个质疑是有道理的,因为担保合同是债权人和担保人双方签订的,过错也是发生在他们双方,但是这不足以认为担保人的过错就一定小于债权人。然而,在上述条文的规定下,就相当于认定为担保人的过错一定小于债权人,因为担保人是在1/2以下承担赔偿责任。

为什么司法解释要作出这样的规定呢?我想有两个理由。第一,就是给司法实践提供一个基本的标准。如果说不规定,当然也没问题,但实践中就有可能判得五花八门了。第二,限制法官的自由裁量权。法官之所以判得五花八门,就是因为他有自由裁量的权力,那我们现在做这么一个限定,在一定程度上就能够约束法官的自由裁量权。当然,有人就此提出批评的意见,我们认为这些意见也是合理的,只是他们担心的问题应该是在少数的情况下才存在。因为担保人本来就是为债权人的利益而签订的担保合同,且往往是无偿的,不应对其苛以过高的注意义务,相反,债权人应对自己的利益足够重视,也应负担更高的注意义务。所以从这个角度来说,如果主合同有效而只是担保合同无效,债权人有过错,则通常情况之下债权人的过错是要大于担保人的过错。也就是说,担保人的过错大于债权人的毕竟是极少数的情况,因此《担保法解释》第 7 条这个规定,还是有意义的。

《担保法解释》第 8 条规定的是主合同无效导致担保合同无效的情况。由于主合同的双方当事人是债权人和债务人,担保人并没有介入主合同,因此,这个过错往往是存在于债权人和债务人之间,担保人可能不存在过错,所以该条首先规定了没有过错的担保人不承担民事责任。大家注意不承担民事责任,不仅仅是不承担担保责任,包括赔偿责任都不承担,只要他没有过错。在担保人有过错的情况下,根据《担保法解释》第 8 条的规定,担保人承担民事责任的部分不应超过债务人不能清偿部分的 1/3。为什么是"三分之一"? 原因也很简单:是债务人和债权人的行为导致主合同无效,再加上担保人有过错,在此情况之下,担保人承担责任部分就不能超过债务人不能清偿部分的 1/3。对于这个 1/3,也有人批评说,说你这个 1/3,没有依据,因为有的情况下,担保人的过错可能更大,但如果只是承担不超过 1/3 的责任,就可能对债权人不公平。

此外,也有同志提出质疑:主合同无效导致担保合同无效时,有担保人存在过错的情形吗? 这个质疑显然没有考虑到实践的复杂性,实践中,当事人之所以签订主合同可能在一定程度上就是因为有担保人提供担保。比如说在大量的非法集资案件中,集资人也就是借款人往往会去找一个担保人,而且这个担保人应该是实力还可以的一个担保人,这样出借方才会把钱借给他,没有担保人,这个出借方,他就可能不会借钱给这个借款人。也就是说,主合同的订立,往往是因为有担保人提供担保。问题是,担保人是否可能有过错? 在不少案件中,担保人是知道或者应当知道借款人在非法集资的。因为如果借款人只是请求担保人为其提供一个担保,还能理解为担保不知情,但那么多的担保合同都让他做担保,那他就得怀疑,哪怕他不知道借款人非法集资,但他应不应当知道,不知道但应当知道的也属于重大过错。如果担保人一方有重大过错,那能说他的过错一定不大于主合同双方当事人的一方? 当然借款人的过错也很大,他当然知道自己是在非法集资,但是担保人的过错可能比出借方的过错要大。但是,考虑到债权人的过错更大,我们将担保人的赔偿责任限制在不超过债务人不能清偿部分的 1/3,也没有太大的问题。

从以往的司法实践来看,尽管《担保法解释》第 7 条和第 8 条规定的是不超过债务人不能清偿部分的 1/2 或者 1/3,但多数法院都是顶格在判。也就是说,尽管不超过的意思是法官可以在 1/2 以下或者 1/3 以下,按照担保人的过错大小具体认定担保人的赔偿责任,但是在司法实践中,很多法官因担心要承担责任,要么判 1/2,要么判 1/3,基本不考虑担保人的过错程度,这种做法是值得商榷的。尤其需要注意的是,担保合同无效的民事责任是一种缔约过失责任,不是担保责任。缔约过失责任本身就意味着,只有存在过错,才对对方的损失承担赔偿责任,这点需要大家注意。

《民法典担保解释》坚持了《担保法解释》第 7 条和第 8 条的基本思路,但把两个条文合并为了一个条文,且作了一些完善和补充。根据《民法典担保解释》第 17 条的规定,对于主合同有效而第三人提供的担保合同无效,人民法院应当区分不同情形,确定担保人的赔偿责任:第一,债权人与担保人均有过错的,担保人承担的赔偿责任,不应超过债务人不能清偿部分的 1/2;担保人有过错,而债权人无过错的,担保人对债务人不能清偿的部分承担赔偿责任;债权人有过错而担保人无过错的,担保人不承担赔偿责任。第二,主合同无效导致第三人提供的担保合同无效,担保人无过错的,不承担赔偿责任;担保人有过错的,其承担的赔偿责任不应超过债务人不能清偿部分的 1/3。在这里,我们同样可以看到 1/2 和 1/3 的表述,就是考虑到一个具体的标准对于当前的司法实践,仍然具有重要的意义。但是有以下两点需要大家注意。

第一,关于第 17 条第 1 款第 2 项。在主合同有效的情况下,如果担保合同无效而债权人无过错,那就是担保人的过错导致担保无效。正因为如此,《担保法解释》规定,担保人要与债务人对债权人的经济损失承担连带赔偿责任。也就是说,债务人要赔偿,担保人同样要承担全部的连带赔偿责任。在《民法典担保解释》中,我们删去了“连带赔偿责任”的表述,其原因有两个:其一,按照《民法典》第 178 条的规定,当事人承担连带责任必须要有法律明确规定,而在主合同有效但担保合同无效的情形下,现行法律并未规定担保人与债务人对债权人的损失承担连带责任;其二,对于当事人没有约定保证方式究竟是一般保证还是连带责任保证的情形,《民法典》改变了《担保法》的推定规则,即在当事人对于保证方式没有约定或者约定不明时,应推定为一般保证。大家想一想,主合同有效而担保合同无效,哪怕债权人没有过错,都是担保人的过错,担保人应当承担何种性质的责任?我们先假设在主合同有效且担保合同也有效的情况之下,担保人应承担的是什么责任?在《民法典》通过施行后,即使当事人对责任性质没有约定,保证人承担的也仅仅是一般保证责任。也就是说,在担保合同有效的情况下,债权人要先就主债务人的财产进行强制执行,只有对于不能够实现的部分,才能找担保人承担责任,这是主合同有效且担保合同有效的情况。

现在是主合同有效但担保合同无效。在此情况下,如果认为担保人与主债务人对债权人的损失承担连带赔偿责任,就有可能导致担保人的责任在比担保合同有效的情况下更大,这显然不太合适。本来就只是个担保人,即使再有过错,也不应该和债务人一起承担连带责任,尤其是本来约定的就是一般保证,现在反而要跟债务人承担连带责任,就很不公平。所以《民法典担保解释》做了一个调整:哪怕是担保人有过错,债权人无过错,担保人也仅仅是对债务人不能清偿的部分承担赔偿责任。这是因为毕竟担保合同是无效的,债务人能清偿的应先找债务人,对于债务人不能清偿的部分,担保人再承担全部的清偿责任,但是让担保人和债务人承担连带责任,就可能会带来价值判断上的冲突或矛盾——担保合同有效的情况下担保人可能承担的是一般保证责任,现在担保合同被认定无效,担保人却要与债务人一起承担连带责任,这显然说不过去。

第二,第17条第1款还增加了第3项。《担保法解释》第7条只是列举了债权人无过错、担保人有过错和债权人有过错、担保人也有过错两种情形,显然这个列举是不周延的,因为遗漏了债权人有过错而担保人无过错的情况。也正因如此,有的同志提出:这就类似于"有罪推定",即一旦担保合同被认定无效,首先推定担保人是有过错的,你既然推定他有过错,那就只剩下两种情况——要么债权人有过错,要么债权人无过错。这种"有罪推定",我们认为可能不太合适。所以,《民法典担保解释》把这个漏洞也补充了,即债权人有过错担保人无过错的,担保人不承担赔偿责任,这个是第17条的第1款。第17条第2款和《担保法解释》没有明显的不同。整个第 17 条还有一个细微的变化，就是明确了第三人提供担保，而《担保法解释》是没做区分的。在债务人自身提供担保的情况之下，显然不存在上面讲的 1/2、1/3 的问题。

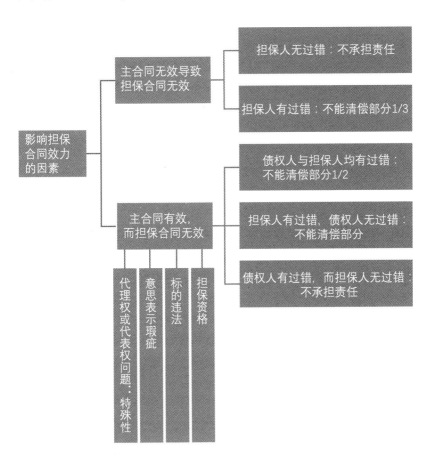

第十讲

担保能力与担保合同的效力

担保合同是否有效关系到担保人承担的是担保责任还是赔偿责任，所以实践中当事人经常就担保合同的效力发生争议；从担保人的角度来讲，只要能够否认担保合同的效力，他的责任就会减少很多；但作为债权人来说，一旦认定担保合同是有效的，他的保障也要大得多。就前文提到的几类影响担保合同效力的因素，我们接下来就逐一分析。先谈担保能力对担保合同效力的影响。在这一部分中也将谈一谈分支机构和职能部门的担保能力问题。

一、《民法典》第 683 条的理解

《民法典》并未就担保能力作一般性的规定，而仅规定了某些主体不能担任保证人。首先，《民法典》第 683 条第 1 款规定机关法人不得为保证人，但是经国务院批准，为使用外国政府或者国际经济组织贷款进行转贷的除外。机关法人为其他人提供保证，这在过去比较多，因为政府信用指数比较高，尤其是在招商引资的过程中，地方政府常常会给一些企业提供担保，政府如果提供担保，投资人就愿意来；没有担保，投资人就不敢来。所以，过去机关法人提供担保的情况比较多。但后来法律一直在严格限制，包括 1995 年施行的《担保法》，就已经对机关法人提供担保作了严格的限制。

根据《民法典》的规定，机关法人原则上不得为保证人，但有一个例外情况，即国务院批准使用外国政府或者国际经济组织的贷款进行转贷。这是因为有些国际经济组织还有外国政府提供的援助项目可能涉及无息贷款，但要求地方政府或者其他政府部门提供担保。为了能够使用这个资金，经国务院批准，地方政府或者其他政府部门是可以提供担保的。

《民法典》第 683 条第 2 款规定,以公益为目的的非营利法人、非法人组织不得为保证人。为什么要作这个规定? 原因很简单,我们知道《民法典》总则编继受《民法总则》的规定,把法人分为营利法人、非营利法人和特别法人。其中,营利法人作为一般意义上的市场主体,具有担保能力是没有问题的。但是,对于非营利法人,《民法典》关于保证合同的规定将其区分为两种:第一种是以公益为目的的非营利法人,比如某某基金会。需要说明的是,要将以公益为目的和非营利性区分开来:非营利性,不是说这个法人没有收入或者不挣钱,而是指挣的钱不分配给他的成员或者出资人、设立人。只要是不把挣的钱分配给成员或者出资人、设立人的,就叫非营利性。但是非营利性法人的情况也很复杂,有的是专门从事公益的,还有的不是从事公益,而是为特定群体提供服务,比如某些医院、俱乐部等,采取的是会员制,为特定会员提供服务,虽然它也有收入,比如说会员费,但是收来的钱在扣除成本后不是分配给其成员,而是用来更好地为会员提供服务。由于这些会员不能代表社会的公共利益,所以我们就认为他不是以公益为目的的非营利法人。当然,非营利法人大多数是公益性的,比如宋庆龄基金会这样的非营利性法人,就是为公共利益服务的。非法人组织同样也面临着这个问题,虽然原则上都是营利性的,例如合伙企业,但也可能存在非营利的非法人组织,其中有的是以公益为目的的,也有的是以非公益为目的的,这个就不详细说了。

此外,关于法人,除了刚才说到的营利法人和非营利法人,还有一个特别法人。关于特别法人,《民法典》仅仅明确了机关法人不能担任保证人,没有提到其他的特别法人是否有担保能力。现在就有人在问:特别法人中的基层群众组织,如村委会、居委会,能不能提供保证? 另外,村集体经济组织到底能不能提供保证? 关于这些问题,《民法典》都没有明确规定,但实践中已经有不少案件发生,需要在司法解释中予以明确。但在此之前,我们有必要先讨论《民法典》第 683 条规定的适用范围的问题。

二、《民法典》第 683 条的类推适用

《民法典》第 683 条第 2 款规定,机关法人或者以公益为目的的非营利法人、非法人组织不能担任保证人。那么,机关法人或者以公益为目的的非营利法人、非法人组织是否能够提供物的担保呢？也就是说,如果是这些主体签订了抵押合同或者质押合同,合同有没有效力？对于这个问题,我们的思路是:既然机关法人和以公益为目的的非营利法人、非法人组织不能为保证人,那也应进一步认为,这些主体不能提供物的担保。这个理由很简单:这些主体之所以不能担任保证人,是因为这些主体的收入或者办公经费是用来履行公共服务职能的,不能用于为他人债务提供担保。例如,机关法人的办公经费只能用于机关法人履行公共管理或者公共服务的职能,不能用于为他人债务提供担保,同样,以公益为目的的非营利法人或者非法人组织,只能从事公益活动,而担保行为显然不属于公益性的活动。因此,机关法人或者以公益为目的的非营利法人、非法人组织,不仅不能担任保证人,也不能为他人债务提供物的担保,包括签订抵押合同或者质押合同。当然,由于保证合同的签订必然是为他人的债务提供担保,所以,即使按照上面的逻辑认为机关法人或者以公益为目的的非营利法人、非法人组织不能提供物的担保,也只能限制在为他人债务提供物的担保,而不包括为自己的债务提供物的担保。问题是,这些主体为自己的债务提供物的担保是否就必然有效呢？显然,这些主体可以为自己的债务提供物的担保只是解决了担保能力的问题,至于担保合同是否有效,还要受到其他条件的限制,尤其是要受到标的物是否具有可流通性的限制,这个后面我们再讲。

此外,也有的同志提出,当事人提供保证和提供物的担保还是有区别的,因为保证人承担的是全部责任,属于无限责任,而抵押人、质押人承担的担保责任是以担保物的价值为限,是有限责任。因此,《民法典》虽然规定机关法人和以公益为目的的非营利法人、非法人组织不能作为保证人,但这些主体是否能够提供物的担保,应另当别论。对于这个观点,我们认为是没有道理的,理由很简单:保证也可以是有限的保证,比如说 100 万元的债务,保证合同可以约定保证人只对其中的 50 万元债

务承担保证责任。所以我们说保证责任也可以是全部债务的一部分,既然《民法典》规定这些主体不能作为保证人,那当然就可以推出来这些主体不能为他人的债务提供物的担保。

另外,关于前文提到的居委会、村委会作为特别法人能不能提供担保,我们认为,居委会、村委会,非常类似机关法人,它们虽然不是机关法人,但有类似性,所以根据类似问题类似处理,也应认为居委会、村委会不具有担保的资格。居委会、村委会为何与机关法人相类似呢?因为居委会、村委会作为一个群众性的基层自治组织,虽然也有办公经费,但就像机关法人的办公经费来自财政的拨款,只能用于履行法定职责一样,居委会、村委会的办公经费也只能用来履行其法定职责,而不能用来进行商事交易。考虑到担保毕竟是一个商事交易行为,我们认为,既然机关法人不能够担任保证人,也不能为他人的债务提供质押和抵押,那么同样的道理,居委会、村委会也不具有担保能力。

《民法典担保解释》第 5 条第 2 款在规定居委会、村委会不具有担保能力的同时,还规定了"但书":依法代行村集体经济组织职能的村民委员会,依照《村民委员会组织法》规定的讨论决定程序对外提供担保的除外。也就是说,根据现行法律的规定,目前农村的村委会存在两种情况:如果有村集体经济组织,村委会就是纯粹的基层自治组织;如果没有村集体经济组织,则村委会还要代行村集体经济组织的职能。在有村集体经济组织的情况下,由于村集体经济组织有自己的财产,而且在一定情况下,村集体经济组织还要对外进行民事交易,所以也有对外提供担保的需求,法律应赋予其相应的担保资格。但是从我国目前农村的情况来看,有村集体经济组织的自然村或者行政村比较少,尤其是中西部地区,可能一般都没有村集体经济组织这样的一个民事主体,只有村委会。尽管没有村集体经济组织,但无论是自然村还是行政村都有财产,例如土地。问题是,自然村或者行政村享有土地所有权,由谁代表村集体来行使所有权呢?显然只能由村委会代行。因此,在没有村集体经济组织的农村,村集体经济组织的职能是由村委会来代行的。而且,在村委会代行村集体经济组织职能的时候,如果有对外进行交易的需求,法律应允许村委会代行村集体经济组织的职能,包括对外提供担保。只不过要对外提供担保的话,一定要按照《村民委员会组织法》的规定由集体讨论决定。

根据《村民委员会组织法》第 24 条的规定,村集体的民主决策程序实际上有两个:第一个是村民会议讨论决定;第二个是村民会议授权村民代表会议讨论决定。也就是说,虽然村民会议没有对担保事项进行讨论决定,但是它授权村民代表会议来讨论决定,这也是可以的。也正因如此,《民法典担保解释》规定,当事人依照《村民委员会组织法》规定的讨论决定程序即可,因为只有经过了讨论决策程序,对外签订的担保合同才是合法有效的。需要注意的是,如果对外提供担保是经过讨论决定程序的结果,能够反映出集体的共同利益,这时村委会履行的是村集体经济组织的职能;但是,如果没有经过村民会议讨论决定,或者虽经村民代表会议讨论决定,但村民代表会议的讨论未经村民会议授权,也构成后面要讲的越权担保。

三、民办非企业单位能否提供担保

为更好地解决《民法典》第 683 条的适用问题,《民法典担保解释》第 5 条就机关法人以及与机关法人具有类似性的居委会、村委会提供担保问题进行了规定;第 6 条则就以公益为目的的非营利法人、非法人组织提供担保的效力以及例外情形作了规定。值得注意的是,《民法典担保解释》并没有就一般性地以公益为目的的非营利法人、非法人组织提供担保的效力问题进行规定,而是采取列举式的方法,重点突出学校、幼儿园、医院以及养老机构等提供担保的效力认定的问题。之所以如此,是因为在制定司法解释的过程中,大家对民办非企业的机构到底能不能提供担保仍然感到很困惑,认为《民法典担保解释》有必要就这个问题作一个明确规定。

整体上看,目前民办非企业的学校、幼儿园、医院和养老机构等的法律性质比较复杂。既有在工商部门登记为营利法人的学校、幼儿园、医院和养老机构等民办非企业机构,也有在民政局、教育行政主管部门登记的民办非企业机构。对于前者,《民法典担保解释》第 6 条第 2 款规定:登记为营利法人的学校、幼儿园、医疗机构或者养老机构等提供担保,当事人以其不具有担保资格为由,主张担保合同无效的,人民法院不予支持。也就是说,今后遇到学校、幼儿园、医疗机构或者养老机构等提供担保,我们首先要去查一下,它是在哪儿办理的登记,如果是在工商部门进行登记的,它就是营利法人,应具有担保能力。当然,在工商部门登记的学校、幼儿园、医疗机构或者养老机构是不是都是营利法人,是否也有学校、幼儿园、医疗机构或养老机构等登记为营利性的非法人组织,确实值得考虑。如果有,则《民法典担保解释》第6条第2款可能还有些不周延,在解释上也应包括在内。总之,凡是在工商部门办理登记的,都属于营利性的机构,属于市场主体,应当具有担保的能力或者资格。相反,凡是不在工商部门办理登记的学校、幼儿园、医疗机构或者养老机构等,都属于非营利性机构。此时,如果该机构又是以公益为目的,则根据《民法典》第683条的规定,它就没有担保能力或者资格。因此,《民法典担保解释》第6条第1款规定,除列举的情况外,以公益为目的的非营利性学校、幼儿园、医疗机构、养老机构等提供担保的,人民法院应当认定担保合同无效。值得注意的是,《民法典》第683条在否定上述机构具有担保能力的同时,又在《民法典》第399条第3项规定"学校、幼儿园、医疗机构等为公益目的成立的非营利法人的教育设施、医疗卫生设施和其他公益设施"不得抵押。如何理解这两条的关系?前面谈到,《民法典》第683条规定以公益为目的的非营利法人、非法人组织不得为保证人,根据这一规定,以公益为目的的非营利法人、非法人组织也不得为他人债务提供抵押,但不能得出不能为自己的债务提供抵押的结论,而结合《民法典》第399条的规定,则可以得出,即使是上述机构为自己的债务提供担保,也不能在公益设施上设定抵押权,而只能在非公益的设施或者其他财产权利上设定担保物权。

当然,上面是根据《民法典》的规定所作的推理,但在调研过程中,不少实务界的同志反映,即使是以公益为目的的非营利性学校、幼儿园、医疗机构、养老机构等也有融资的需求,尤其是在购入公益设施时,也可能需要以该公益设施为融资提供担保。因此,即使是公益设施,但如果这些机构为自己的债务提供担保,尤其是为购入该设施的融资提供担保,是否也一概不予准许?如果这些机构以公益设施抵押,那么在为自身债务提供担保时是否可以不严格限制？经反复研究，我们在《民法典担保解释》第 6 条第 1 款规定了以下两个例外情形。

第一个例外是，这些机构自身在购入或者以融资租赁方式承租教育设施、医疗卫生设施、养老服务设施和其他公益设施时，出卖人、出租人为担保价款或者租金实现而在该公益设施上保留所有权。为什么要设置这个例外呢？因为这些机构在添置新的公益设施的时候，可能没有足够的资金，这就存在两种可供选择的方案：一是分期付款，但出卖方为担保价款支付要求保留所有权；二是融资租赁，在全部租金付清之前出租人对标的物享有所有权。无论是所有权保留的买卖还是融资租赁，出卖人或者出租人享有的所有权都具有担保的功能，属于非典型担保，显然，如果这个时候认定担保是无效的，那谁还敢把这个公益设施卖给你或者租给你，除非是你能把这个价款或者租金一次性付清，但这样成本就有可能过高了。所以我们留下这个口子，目的也很简单，就是想这些机构无论是法人还是非法人组织，都可以发展壮大，都可以进行融资，虽然这些机构不能以公益设施对外提供担保，但是在购入或者以融资租赁的方式承租这个设备时，出卖方或者出租人可以保留所有权，这样就不会对公共利益或他人的合法权益产生不利影响，因为如果不采取这个措施，你也就无法取得这个财产。

另外，我们当时还有一个想法，即既然可以采取由出卖人保留所有权的方式为购入公益设施提供担保，那么，这些机构能不能从银行借一笔钱用于购买公益设施，再在该公益设施上为银行设定一个抵押权，用于担保所欠银行的款项？在《民法典》施行前，由于没有相应的登记制度，出卖人保留的所有权能够在多大程度上受到法律保护不是很明确，很多出卖人不愿接受分期付款，就只能通过银行融资来购买公益设施，再以该公益设施为银行提供担保。《民法典》施行之后，有了登记制度，估计出卖人接受分期付款的积极性要高出很多了。但即使这样，如果允许在购入公益设施时以该公益设施为银行融资提供担保，相当于增加了一个融资的途径。所以，我们最开始提出，不仅出卖人、出租人为担保价金或者租金的支付可以在公益设施上保留所有权，而且学校、幼儿园、医疗机构、养老机构等也可以在公益设施上为担保购入该公益设施的价款而设定抵押权。但有关部门的同志提出,《民法典》第 399 条明确规定,不得用公益设施设定抵押,自然也包括为购入该设施的价款设定抵押。根据这一意见,我们删去了为担保价金支付而设定抵押的情况,仅保留了出卖人或者出租人保留所有权的情况。

第二个例外是这些机构以教育设施、医疗卫生设施、养老服务设施或者其他公益设施之外的不动产、动产或者财产权利设立担保物权。前面谈到,学校、幼儿园、医疗机构或者养老机构等以公益设施之外的财产为自己的债务提供担保,从体系解释的角度看,是没有问题的。对此,《担保法解释》第 53 条也早已明确规定:"学校、幼儿园、医院等以公益为目的的事业单位、社会团体,以其教育设施、医疗卫生设施和其他社会公益设施以外的财产为自身债务设定抵押的,人民法院可以认定抵押有效。"在司法解释的制定过程中,有人提出:在这些机构以公益设施之外的财产设定担保物权的情形下,能否不限于自身债务?经研究,我们认为,《担保法解释》的思路虽然符合《民法典》的规定,但可能导致这些机构完全丧失为他人债务提供担保的能力。在不影响这些机构履行其公共服务职能的前提下,如果确有需要,这些机构以非公益设施为他人提供担保,也应予以认可。

关于非公益设施,大多数情况下是动产,不动产通常会被认定是公益设施。例如,在民政局登记为民办非企业单位的某学校,以该学校享有的建设用地使用权设定抵押,向银行贷款用于学校建设,该抵押合同是否有效?这就涉及建设用地使用权究竟是公益设施还是非公益设施的问题。显然,建设用地使用权虽然不是"设施",但如果大量公益设施建于其上,自然也应将其理解为公益设施,不能理解为非公益设施。那么,学校的宿舍楼是否能够理解为非公益设施呢?一种意见认为,学校的教学楼、办公楼、实验室等属于教育设施,但宿舍楼、餐厅等不属于教育设施,应允许其用于抵押。我个人认为,不能将教育设施作狭义的理解,凡属与教育相关的设施都应理解为教育设施,虽然学生宿舍楼、餐厅等不是直接用于教学活动,但如果没有这些设施,学校的教学活动同样无法开展,因此也应将其理解为教育设施。

当然,非公益设施除了动产,还有财产权利。在《民法典担保解释》

最初的草案以及向社会发布的征求意见稿中,我们是将非公益设施的动产和不动产作为第 2 款,将依法可以设定质押的财产权利单列作为第 3 项。但最后有领导提出,财产权利是不是都是非公益的?《民法典》第399 条规定的公益设施,按我们的通常理解应该是不动产,但也不排除一些机构,尤其是一些学校、医疗机构可能享有知识产权,而且某些知识产权的价值还很高。这个时候,你说它是公益性的还是非公益性的?显然很难做出判断,所以为了慎重起见,我们就把财产权利放到了第 2 项。这就意味着无论这些机构是以不动产、动产还是以财产权利来设立担保物权,都要求标的物不属于公益设施。例如学校的宿舍楼不能用于抵押,于是有人将宿舍楼的收费权用于质押,是否有效?我个人倾向于认为,此种所谓收费权是基于公益设施产生的权益,也是公益性的,因而不属于《民法典》第 440 条规定的可以用于质押的财产权利。

四、分支机构提供担保的效力认定

　　关于法人的分支机构,《民法典》第 74 条规定:"法人可以依法设立分支机构。法律、行政法规规定分支机构应当登记的,依照其规定。分支机构以自己的名义从事民事活动,产生的民事责任由法人承担;也可以先以该分支机构管理的财产承担,不足以承担的,由法人承担。"这一规定与《公司法》关于分公司的规定相比,有一些变化——《公司法》第14 条第 1 款规定:"公司可以设立分公司。设立分公司,应当向公司登记机关申请登记,领取营业执照。分公司不具有法人资格,其民事责任由公司承担。"

　　过去,我们认为法人的分支机构只能以法人的名义去从事民事活动,但是在我国,法人的分支机构情况非常复杂。例如,有一些金融机构在全国都有分支机构,从法律层面讲,只有其总公司可以作为一个民事主体,享有民事主体资格,但是它的业务是在全国范围内开展,所以不可能都以总公司的名义去从事商事行为。在这种情况下,我们可以看到很多金融机构的分支机构,都是以自己的名义在从事民事活动。另外,我国的《民事诉讼法》赋予了法人的分支机构以诉讼主体的资格:不仅是金融机构的分支机构有诉讼主体的资格,一般法人的分支机构也有诉讼主体的资格。这主要也是为了便于诉讼程序的进行,尤其是一些大的企业法人在全国都有很多的分支机构,如果都需要企业法人作为当事人去应诉或者提起诉讼,就会带来非常大的成本。同时,《民事诉讼法》对于法人的分支机构,区分为两种情况:一种是一般法人的分支机构即使有诉讼主体资格,也应当与法人一起作为当事人提起诉讼或者作为共同被告;另一种就是金融机构的分支机构,可以单独作为当事人提起诉讼或者单独作为被告。这个是法人分支机构的诉讼主体资格问题。

当然,诉讼主体资格和民事主体资格是不同的。从民事主体的角度来说,《民法典》实际上是把民事主体区分为三类:第一类是自然人;第二类是法人;第三类是非法人组织。问题是,虽然法人的分支机构在诉讼上具有主体资格,能够作为当事人,以自己的名义去参加诉讼,但是从民事主体的角度来讲,法人的分支机构是不具有民事主体资格的。因为《民法典》是把法人的分支机构规定在法人这一章中,既然法人是一个独立的民事主体,那它的分支机构就当然不是独立的民事主体。但是大家注意,《民法典》第74条第2款又规定法人的分支机构可以自己的名义从事民事活动,产生的民事责任可以先由该分支机构管理的财产承担,不足以承担的,由法人承担。这就导致实践中经常发生一个问题:是否可以将法人的分支机构理解为一种非法人组织呢?既然它能以自己的名义从事民事活动,是不是就可以以自己的名义去享有权利或者履行义务呢?对于这个问题,我认为还是要从体系的角度去理解和把握。首先,从《民法典》的规定来看,非法人组织并不包括法人的分支机构,因为法人的分支机构规定在法人这一章,并没有规定到非法人组织这一章;其次,作为民事主体的既然是法人,那么它的分支机构当然也就不能够作为一个独立的民事主体,如果法人的分支机构也可以作为一个独立的民事主体,就会出现一个法人有数个民事主体的问题,这在逻辑上也会出现矛盾。

在这样一个背景之下,我们通常的理解是法人的分支机构虽然能够以自己的名义从事民事活动,但是它并不是一个独立的民事主体,它只是代表法人在从事民事活动。所以从这个角度来讲,我个人的理解是,法人的分支机构也是法人的代表机构,其以自己的名义从事民事活动,实际上是代表法人从事民事活动,因此法律后果应归属于法人。有人会问,法人的代表机关不是法定代表人吗?怎么法人的分支机构也可以代表法人呢?我是这么看待这个问题的:代表法人去从事民事活动的,一般情况下是法定代表人,但是如果法人又设立了分支机构,则分支机构在其登记的经营范围之内,也可以代表法人。与法定代表人不同的是,**法人的分支机构在代表法人的时候,可以以自己的名义,但是效果归属于法人,当然最终的责任也应由法人来承担**。另外,从公司法的角度来看,我国似乎采取的是单一的法定代表人制度,但法定代表人制度确实存在很多的问题,值得检讨,但因为本书不是讲公司法,我们不能展开去讲太多公司法的问题。这里我想强调的是,单一的法定代表人制度肯定是不利于法人从事民事活动的。在此背景之下,允许法人的分支机构以自己的名义从事民事活动,就能在一定程度上缓解单一法定代表人制度所带来的问题。也就是说,将法人的分支机构理解为法人的代表机构,可能是克服单一法定代表人制度弊端的方法之一。

当然由此也带来一些问题,例如,在公司的分支机构以自己的名义对外提供担保的情况下,我们如何认定担保合同的效力?刚才谈到,公司的分支机构在其营业执照记载的经营范围内具有代表法人从事民事活动的资格或者能力。那么,如果说公司的分支机构在其营业执照记载的经营范围内记载有担保事项,是不是这个分支机构就可以从事担保行为。我们在前面谈到,担保是一种非常特殊的交易行为,因此,即使是对法定代表人的代表权,《公司法》也作了严格的限制,这就是《公司法》第16条的规范目的。从这个角度来讲,即使公司分支机构的营业执照中记载的经营范围包含对外提供担保,也仍然需要有公司决议的授权。也就是说,公司本身对外提供担保都要根据《公司法》第16条的规定进行决议,更何谈公司的分支机构对外提供担保?所以我们看到,《民法典担保解释》第11条对于公司的分支机构对外提供担保的问题作了全面的规定。这个规定里面实际上既要解决一般公司的分支机构对外提供担保的问题,同时又涉及金融机构的分支机构以及担保公司的分支机构对外提供担保的问题。

(一)一般公司的分支机构对外提供担保

首先看一般公司的分支机构对外提供担保的效力认定。刚才说了，**即使一般公司的分支机构在它的营业执照记载的经营范围内含有担保事项，也不能当然得出该分支机构可以在没有公司决议的情形下对外提供担保，因为公司本身对外提供担保尚且须经公司决议程序，更何况公司的分支机构。**一般情况下，一般公司的营业执照记载的经营范围通常是不会包含担保事项的，所以这种情形可以排除。不过，一般公司的营业执照记载的经营范围没有包括担保事项，是否意味着公司也不能以其分支机构从事担保业务呢？当然不能得出这一结论。**即使分支机构的营业执照没有记载担保事项，但如果公司作出决议并授权其分支机构对外提供担保，自然也并无不可。**

考虑到一般公司的分支机构虽然在其营业执照记载的经营范围内有代表公司从事民事活动的代表权，但在代表公司从事担保行为时，也应与法定代表人类似，其代表权将受到《公司法》第16条的限制，因此《民法典担保解释》第11条第1款规定：公司的分支机构未经公司股东(大)会或者董事会决议以自己的名义对外提供担保，相对人请求公司或者其分支机构承担担保责任的，人民法院不予支持，但是相对人不知道且不应当知道分支机构对外提供担保未经公司决议程序的除外。可见，这里实际上是认为《公司法》第16条也适用于分支机构代表公司订立担保合同的场合。也就是说，如果没有公司决议的授权，公司的分支机构代表公司订立担保合同的行为构成越权代表，相对人请求确认担保合同有效就只能依据表见代表规则。

(二)金融机构的分支机构对外提供担保

《民法典担保解释》第11条还规定了两种特殊情况：第一，金融机构的分支机构对外提供担保；第二，担保公司的分支机构对外提供担保。金融机构的分支机构对外提供担保为什么特殊，原因很简单，根据《民法典担保解释》第8条第1项的规定，**金融机构本身对外提供担保，是不需要公司决议的，这个和一般公司不一样。**另外，还有一个不同点是，一些金融机构确实太庞大了，甚至有遍布全国各地的分支机构，其经营活动大多是在总公司授权的基础上,通过在营业执照记载经营范围的方式来开展的,总公司很少从事具体的经营活动。也就是说,金融机构分支机构的营业执照记载的经营范围,通常可以理解为金融机构对该分支机构的概括授权。但需要注意的是,金融机构分支机构的营业执照记载的经营范围一般是标准化的业务,非标准化的业务通常无法通过概括授权来完成,而需要金融机构通过特别授权来实现。以金融机构从事担保行为为例,这个担保行为如果是保函业务,就是标准化的业务,它是一个营利性的业务,不是无偿的,而且数量很大,如果每笔业务都要总公司特别授权,显然不现实。所以,金融机构就会通过在分支机构营业执照中记载经营范围的方式来进行概括性授权,例如在营业执照的经营范围内记载保函业务。因此,就与一般公司的分支机构不一样,金融机构可以通过营业执照对其分支机构进行概括性授权,包括针对保函业务这种标准化的业务。但是,对于保函之外的其他担保活动,则因不属于标准化业务,因此金融机构不能通过在营业执照中记载经营范围来进行概括授权,而需总公司进行特别授权。也正因为如此,《民法典担保解释》第11条第2款区分了金融机构分支机构对外担保的两种情况。

　　第一种情况是开展保函业务。保函业务作为标准化业务可以根据营业执照的记载进行概括性授权,如果分支机构的营业执照中记载有保函业务或者担保业务,那么对这样的一个概括性授权,相对人是可以相信的,也是有理由相信的。这个时候,相对人一查你的营业执照经营范围内有保函业务,与你分支机构从事这样的一个交易,那它的交易安全应当得到保护。当然也有一些金融机构的分支机构在其营业执照的经营范围内没有记载担保业务或者保函业务,这个分支机构如果要对外去提供担保,就要获得能够从事担保业务的上级机构的授权。这个上级机构,不一定是总公司,比如说全国性商业银行的分行一般都有提供担保的能力,但支行就不一定都有,如果分行授权支行从事担保业务或者保函业务,那也是可以的。对于保函业务这种标准化的业务,金融机构既可以概括性授权,也可以由取得概括性授权的分支机构再特别授权给它的下级机构从事保函业务。

　　第二种情况就是保函之外的其他担保行为。很多人搞不清楚保函之外的担保,我稍微解释一下,这个保函之外的担保,实际上就是非标准化的个别担保。为什么我们要区别对待保函和保函之外的担保呢?因为我们在实践中发现,有一些金融机构的分支机构对外去提供担保没有采用保函的方式,因为保函业务是标准化业务,金融机构可以通过系统进行管理,而非标准化的其他担保,就有可能游离在金融机构的监管之外,从而可能给金融机构带来巨大的风险。前些年发生了一些影响很大的违规担保案件,金融机构分支机构的负责人私底下给人家提供了担保,签的显然不是标准化的保函,而是个别化的保证合同,涉案金额很高。尽管相关责任人员最终因构成犯罪被追究刑事责任,有的甚至被判处死刑,但金融机构也遭受到巨大的损失,因此对于这种非标准化的个别性担保,我们还是要通过加强控制来帮助金融机构来加强内部管理。怎么帮助?我们认为,如果不是标准化的业务,是保函之外的担保业务,就不属于营业执照记载的担保范围,是不能够概括性授权的。哪怕营业执照中记载了担保业务,这个担保业务也是标准化业务,就是指开立保函。保函之外的非标准化担保业务,一概要由总公司特别授权。需要说明的是,这里的授权和《民法典担保解释》第 11 条第 1 款的规定不一样,第 11 条第 1 款实际上是要求公司就其分支机构对外提供担保作出决议,但这里只是要求总公司授权,不要求总公司召开董事会或者股东(大)会就其分支机构对外提供担保作出决议。也就是说,对于保函之外的非标准化担保,《民法典担保解释》第 11 条第 2 款是要求总公司的授权,但是这个授权本身不需要再有董事会或股东(大)会的决议,这也是为了帮助总公司加强内部的管理。

(三)担保公司的分支机构对外提供担保

《民法典担保解释》第 11 条第 3 款规定的是担保公司分支机构对外提供担保的情况。担保公司属于类金融机构,我们开始的想法是参照金融机构的分支机构开立保函来处理担保公司的分支机构提供担保的问题,但是在做调研过程中,代表担保公司参会的同志提出意见,认为还是应该从严把关,帮助他们加强内部的风险控制。什么意思呢?他们担心,如果担保公司的分支机构以自己的名义对外提供担保只需要有营业执照记载即可,这个风险就会太大,因为担保公司的业务就是提供担保,所以它的分支机构的营业执照中必然记载有担保业务。他们认为,如果将营业执照的记载理解为担保公司的概括性授权,就等于担保公司的分支机构都能无须总公司的授权即可以自己的名义对外提供担保,这样就会加大整个公司的经营风险。所以,他们建议不能完全参照金融机构的分支机构开展保函业务的相关规定,而是希望参照金融机构的分支机构提供保函之外的担保的相关规定,即每一笔担保业务都需要有总公司的授权。当然总公司的这个授权不需要有公司决议,因为根据《民法典担保解释》第 8 条的规定,担保公司提供担保是属于不需要决议的一种情况。可见,第 11 条第 3 款针对担保公司的分支机构,又作出了与金融机构分支机构不一样的规定:只要是没有经过总公司授权,就不能对外提供担保。

当然,无论是一般公司的分支机构还是金融机构的分支机构或者担保公司的分支机构,在其越权代表公司对外提供担保的情况下,与法定代表人越权代表类似,也都涉及是否构成表见代表的问题,即如果构成表见代表,即使分支机构越权代表,担保合同也应认定有效;如果不构成表见代表,则担保合同应被认定无效。也就是说,公司的分支机构虽然也能以自己的名义代表公司对外去订立担保合同,提供担保,但若没有相应的权限,那就构成无权代表。在分支机构无权代表的情况下,相对人的交易安全就只能依靠表见代表制度来保护。当然,如果不构成表见代表,根据《民法典担保解释》第 11 条第 4 款的规定,非善意的相对人请求公司承担赔偿责任时,应参照该解释第 17 条的规定进行处理。可见,在不构成表见代表的情况下,分支机构的行为就不能约束到公司,这时就不能要求公司承担担保责任。当然,公司是否承担赔偿责任就要参照《民法典担保解释》第 17 条的规定。

五、公司职能部门提供担保的效力认定

接下来,我们来看公司职能部门提供担保的效力认定。对于法人职能部门提供担保的效力,《民法典担保解释》没有作出规定。当然这里也有一个过程,在最初的几次草稿中,一直是有关于法人职能部门提供担保的规定,但最终我们还是把这个条文给删掉了,这主要是考虑到实

践中职能部门对外提供担保的情况越来越少见。

(一)职能部门的法律地位

值得注意的是,《担保法解释》第 18 条对法人职能部门提供担保的效力认定,作了如下规定:企业法人的职能部门提供担保应该认定无效;如果债权人知道或者应当知道保证人是职能部门,担保无效的损失由债权人自行来承担;如果债权人不知道保证人是职能部门,给债权人造成的损失,可以参照《担保法》第 5 条第 2 款的规定以及第 29 条的规定处理。当时之所以作这么一个规定,也是基于一定的背景,当时很多人对企业法人的职能部门不太了解,实践中又存在不少企业法人的职能部门对外提供担保的情况,比如说公司的财务处、结算中心拿着盖有财务专用章等印章的文件就对外提供担保,而相对人也接受了。随着社会大众法律意识的不断增强,我们对很多法律问题的认识水平也在不断提高,现在大家基本上都知道职能部门不是一个独立的民事主体,不能够对外提供担保。无论是财务部、结算中心、办公室,还是董事会办公室,都属于公司内部的职能部门,均无权对外提供担保,这也是《民法典担保解释》制定过程中没有保留《担保法解释》这一条文的原因。也就是说,过去大家搞不太清楚,不知道职能部门是个什么东西,也不知道职能部门能否对外提供担保,现在这么多年过去了,大家都已经有了这些基本常识,是不是也就不会再就这个问题发生歧义了?

(二)项目部提供担保的效力认定

当然,一般情况下,法人的职能部门无权对外提供担保已经是个常识。但是有一种特殊的情况,一直困扰着司法实践,这也是我们纠结到底有没有必要就法人的职能部门提供担保再作规定的原因。什么特殊情况? 就是公司所设立的项目部以自己的名义对外提供担保。公司设立的项目部究竟是何种机构? 是否属于法人的职能部门? 对此存在不同的意见。从法律形式上来讲,公司设立的项目部应该不是分支机构,因为分支机构一般都会去办理登记,而且会领取营业执照,且大多是以分公司的形式出现。而项目部一般情况下不会去办理登记,也不会领取营业执照,且一般都是通过公司内部文件的方式设立。问题是,如果把项目部排除在分支机构之外,那它是否当然就属于职能部门呢?我们最开始认为是的。实践中确实有很多的项目部以自己的名义对外提供担保,例如,大量的项目部是在建设工程施工中设立的,但建设工程项目实际上又要通过分包或转包的形式将工程交给实际施工人具体实施,这个实际施工人可能要去买原材料、雇佣劳动者,在此过程中也可能需要融资,就会要求项目部以自己的名义为其提供担保。在此情况下,这个担保的效力如何?实践中对此争议非常大。

要回答这个问题,还是要先界定项目部的法律地位。经过反复研究,我们倾向于认为它是职能部门,所以一开始我们是想把这个问题明确规定下来。但是随着后来讨论的深入,心里又没底,项目部和职能部门,也还是有一些差异存在。一般的职能部门,比如公司财务部,只是负责财务方面的工作。但是项目部实际上是麻雀虽小,五脏俱全,它的存在主要是为了完成特定的项目,其内部还有其他各个机构,而且大多数项目部存续时间有限,特定项目完成,它也就被撤了。所以从这个角度来看,似乎又很难把它归入职能部门。在这样一个背景下,我们最终因为拿不准就没有规定。

虽然《民法典担保解释》没有规定,但是如果真的出现项目部对外提供担保的情况,应该如何解决?我个人倾向于还是把它理解为职能部门。显然,职能部门不是独立的民事主体,也不能独立承担民事责任,它对外提供担保产生的责任要由公司承担,因此必须获得公司的授权。问题是,在没有获得公司授权的情况下,职能部门对外提供担保的行为是否也可以理解为无权代理或者越权代表呢?这就涉及职能部门和分支机构的区别。我个人的意见是,公司的分支机构可以理解为公司的代表机构,除担保行为等特殊交易外,一般公司设立的分支机构在其营业执照记载的经营范围内均有权以自己的名义代表公司从事民事活动,金融机构的分支机构则有权在营业执照有记载时从事开立保函这样的标准化业务。但是,职能部门不能理解为公司的代表机构,它以自己名义从事民事活动时可以适用代理制度。这是因为,大家知道《民法典》第170条规定了职务代理,这个"职务"如何认定呢?"职务"必然和职能部门密切相关。在一个公司里面,大家都有一个所属的职能部门,你的职务怎么判断,就根据你所在的职能部门进行判断。比如说,项目部的负责人,他的职务范围就要看他所在的项目部的经营范围内,他在整个项目的经营范围内,就被授予了相应的代理权。这里需要说明一下,职务代理虽然规定在《民法典》第 170 条,而第 170 条是在委托代理中规定的,但是大家读这一条,似乎读出来的不是委托代理而是法定代理,好像只要你是在职务范围之内代理法人或者非法人组织从事民事活动,这个行为就是有权代理而非无权代理。当然,我们也可以这么理解,这实际上是一个概括授权的问题。也就是说,既然公司任命你为项目负责人,就意味着公司已经概括性地将有关该项目的事项授权给你代理。据此,在**项目部所涉及的经营范围内,项目部负责人对外签订合同,我们可以把它理解为受公司委托履行职责的行为,他是有职务代理权的。**

现在的问题是,**担保行为属于特殊的交易行为,显然不属于与项目有关的经营活动,超出了项目部负责人的职权范围,是一个无权代理行为。既然是无权代理行为,那么相对人要获得保护的话,那就只能通过表见代理制度。**所以,我个人的意见是,公司的分支机构对外提供担保应当按照无权代表和表见代表的思路去处理。**公司的职能部门,尤其是职能部门的负责人,无论是以职能部门的名义还是以法人的名义对外提供担保,我们都采用无权代理和表见代理的思路。**这个思路与我们目前处理的大量涉及项目部纠纷案件的处理思路也是一致的。

在大量涉及项目部对外经济活动发生纠纷的案件中,我们也基本上就是按照无权代理和表见代理这样的思路来处理。当然,这不是说项目部的任何交易行为都是无权代理,其中也有大量的交易行为属于有权代理,比如说项目部购买原材料或者雇佣工人,就是有权代理。我们说的无权代理,主要是针对担保这种特殊情况,此时相对人要想获得保护,就必须通过表见代理制度来实现。构成表见代理的要求比较高,要满足表见代理,不仅要求相对人是善意,不知道且不应当知道行为人无代理权,还要求相对人有理由相信行为人有代理权,这和表见代表的认定是不太一样的。我们在讲公司法定代表人越权对外提供担保的时候,讲到过要区分代表和代理。对于表见代表,在认定上相对比较宽松,根据《民法典》第 504 条的规定,只要是没有证据证明相对人知道或者应当知道行为人没有代表权,就构成表见代表。也就是说,只要相对人是善意的,就构成表见代表,越权代表行为的后果就能约束到公司,公司就要承担担保责任。这里确实存在很大区别。之所以如此,是因为法定代表人毕竟是公司法定的代表机关,因此相对人不是平白无故地就相信他能代表公司,而是因为他是法定代表人才相信:我的交易安全应该得到较高程度的保护,毕竟他是公司的法定代表人。但是代理人就不一样,一个公司的代理人可能有很多,作为相对人不能够随随便便地相信一个人,相信他有代理权,更不能说我不知道他没有代理权就行,你得有充分的理由相信他有代理权。

　　同样,对于分公司和职能部门来说,这个区分也是有意义的。虽然担保非常特殊,但毕竟分公司可以以自己的名义从事经营活动,所以我们用代表制度去解释,对相对人的保护会更加全面。但职能部门不同,大家都知道,在没有法人授权的情况下,职能部门不能以自己的名义或者法人的名义从事经营活动,既然一般的经营活动都不行,更何谈担保这种特殊的交易行为? 因此,对相对人交易安全的保护,也必然要提出更高的要求,即要满足表见代理的构成要件。这个也是在制定司法解释的过程中,我们通过反复权衡得出的一些基本认识,尽管没有全部反映在司法解释中,但还是要说一说。

第十一讲

越权担保的合同效力与责任归属

一、问题的提出及其背景

刚才谈到,作为民事主体的组织体无论是法人组织还是非法人组织,它虽然享有提供担保的资格或者能力,但是必然要依托自然人对外从事具体的民事行为。那么,通过自然人实施民事法律行为的机制,要么是代表,要么是代理。但是在实践中,我们也经常发现,代表组织体签订合同的自然人不一定有代表权。代理也一样,也可能出现代理人没有代理权的情况。在担保领域,上述情况更加常见。

我在第一篇的时候也反复讲了,担保是一种非常特殊的民事行为,它特殊在什么地方呢?

第一,它通常是无偿的。尽管很多担保,比如担保公司提供担保往往是收费的,银行出具保函都是收费的,但无论是担保公司还是银行的收费,与其最终承担的担保责任相比,都并非完全对等,因此在理论上,在我们假设的模式中,担保是无偿的。当然,实践中除了担保公司提供担保、银行出具保函,一个公司对外提供担保,往往也可能是基于其他商业合作的需要,或者是从其他方面可以得到好处,才会提供担保。但是,这属于商业上的一个判断,从法律上进行判断,我们是不考虑对价的。所以,从这个角度来说,尤其是从单笔的交易过程来看,担保是无偿的。

第二,高风险。既然是无偿的,担保的风险就非常高,而且这个高风险会带来一个问题,就是在提供担保的民事主体是组织体的情况下,可能会出现有些人利用担保作为工具来进行利益输送。在前面也提到过,无论是法人组织还是非法人组织,它都可以对外提供担保,但是由于担保的无偿性、高风险性,就可能会出现法定代表人或者代理人利用担保进行利益输送。因为我为你提供担保,最终承担了担保责任,从法律的角度来讲,好像是没问题,但法人也好,非法人组织也好,它就有损失。这样,组织体的利益就被"合理合法"地输送出去了。也正是在这样一个情况之下,我刚才讲到很多的特别法尤其是有关民事主体的特别法都对担保行为作了一些特别规定,其中主要就涉及这些民事主体实施担保行为所需要的条件。比如说《公司法》明确规定公司对外提供担保需要有公司的决议,《公司法》第16条第1款规定公司提供担保原则上要根据公司章程的规定,由董事会或者股东会来进行决议;第2款则特别规定对公司股东或者实际控制人提供担保的,必须经股东会或者股东大会来决议,且被担保的股东没有表决权。由此可见,在制度设计上法律已经做了一些预防,目的是防患于未然,尤其代表公司对外提供担保必须要有一些程序上的要求。

另外,《合伙企业法》第31条规定,除合伙协议另有约定外,合伙企业的下列事项应当经全体合伙人一致同意,其中第5项就是以合伙企业名义为他人提供担保。可见,合伙企业对外提供担保也有程序上的要求,且这个要求比公司法上的要求更加严格,因为公司决议采取的是多数决议,即少数服从多数,但是合伙企业法规定的是全体合伙人一致同意,当然"一致同意"不一定要以决议的方式进行,每个人签字同意即可,但它要求每个人都得同意。

还有,我在前面也提到,村集体经济组织可以对外提供担保。村集体经济组织对外提供担保需要通过什么程序呢?现在没有明确的法律规定,因为村集体经济组织的形态是非常复杂的,有的叫股份合作社,有的实际就是公司,有的是互助性的其他组织。目前,"集体经济组织法"正在制定过程中,将来应该是会对这个问题有一个明确的规定。总之,如果是集体经济组织对外提供担保,肯定也要有一个法律上的决议程序。还有一种情况,就是没有村集体经济组织的情况之下,如果由村民委员会代行村集体经济组织的职能对外提供担保,就要满足《村民委员会组织法》关于民主决策的相关规定。《村民委员会组织法》第24条列举的事项中,似乎没有明确担保事项,但是我个人认为,对外担保应该理解为包含在第8项"以借贷、租赁或者其他方式处分村集体财产"。担保比借贷的风险更高,举轻以明重,风险较低的借贷都要求民主决策,更何况风险较高的担保？

目前来看，有担保资格的组织体对外提供担保都会有相应的法定决策程序要求。在实践中，我们遇到得最多的就是公司对外提供担保。在这方面，尽管《公司法》第16条作了非常明确的规定，即需要公司决议，但实践中仍发生大量纠纷。从过去大量的案件来看，主要涉及三个问题。

第一个问题是法定代表人没有经过董事会或者股东会决议，就代表公司对外签订了担保合同，尤其在过去这是最常见的一种情况。过去大家都觉得法定代表人既然是法定的，就应当对所有事务都有代表权。当时还有一种说法是，法定代表人是法人的机关，法定代表人的行为就是法人的行为，法定代表人的意思就是公司的意思，二者是一体的。这也是代表和代理不一样的根本区别，代理是两个主体，即代理人和被代理人，代理人虽然是为了被代理人的利益从事民事活动，但他是基于自己的意思与别人签订（担保）合同，因此，代理人要有行为能力，被代理人却可以没有行为能力。基于上述观念，很多人认为法定代表人的行为就是法人的行为，所以法定代表人代表公司签的合同当然就能够约束到公司。也正是受这一理论的影响，很多人想当然地认为，既然是法定代表人代表公司签的合同，那法律首先要保护相对人的交易安全——只要是法定代表人代表公司签的合同，公司就要承担责任，至于说法定代表人是否越权，那属于内部管理问题，公司在承担责任后再去追责嘛，但不能因此影响公司外部行为的效力，这叫"内外有别"。

第二个问题与第一个问题有关，虽然目前涉及的案件数量可能没有第一种情况那么多，但今后可能会越来越多。我们刚才讲到《公司法》第16条规定，在公司一般性地对外提供担保而不是提供关联担保的情况下，要根据公司章程的规定，由董事会或者股东会决议。既然是由公司章程来选择，就会存在一个问题：如果公司章程选择的是股东会，我能不能拿一个董事会的决议，或者相反，公司章程选择的是董事会，我拿一个股东会的决议行不行？这里可能首先会涉及一个公司章程对外有没有约束力的问题。很多人认为，公司章程对外是没有约束力的，既然没有约束力，是不是任何公司决议都可以呢？这就涉及第三个问题。

在实践中,很多公司的章程没有规定公司对外提供担保是需要董事会决议还是股东(大)会决议,因为公司对外提供担保毕竟是一种异常交易行为,不是日常性的交易行为,很多公司没有就这种异常情况进行规定。因此第三个问题是:在公司章程没有就公司对外担保问题进行规定时,还要不要公司决议?如果要,是要股东(大)会决议还是董事会决议?当然有人会说,股东(大)会是公司的最高权力机构,在公司章程没有就公司对外担保作出规定时,必须要有股东(大)会决议;但也有人说,既然公司章程没有规定,那有董事会决议就可以了。

当然,后面两个问题的答案首先取决于第一个问题如何回答,因为如果法定代表人在没有董事会决议或者股东(大)会决议的情形下所订立的担保合同都有效,也就不会引出后面两个问题。相反,只有在没有董事会决议或者股东(大)会决议可能影响法定代表人代表公司签订的担保合同的效力时,才会出现后面两个问题。在以往的实践中,之所以后面两个问题没有引起足够的重视,就是因为在对第一个问题进行回答时,主流观点认为《公司法》第16条是管理性强制性规定,而非效力性强制性规定,即使法定代表人违反该条规定对外提供担保,也不应据此认定担保合同无效。

二、几个典型案例及其评析

先看第一种情况,就是法定代表人如果没有经过董事会、股东(大)会决议对外签订担保合同,该合同是否有效?在以往的实践中,一个基本观念是认为法定代表人的行为就是公司的行为,他的意思就是公司的意思,所以要保护相对人的交易安全。这种观念在大量实际发生的案件中都有不同程度的体现。

这里我举三个比较有影响的案件。第一个案件是"中国进出口银行与光彩事业投资集团有限公司、四通集团公司借款担保合同纠纷案"。严格来说,这个案件适用的不是2005年修订后的《公司法》,而是2005年修订之前的旧《公司法》。这个案件非常特殊,审理这个案件时,2005年修订的《公司法》已经施行,但由于作为法律事实的担保行为发生在2005年以前,也就只能适用旧《公司法》进行审理,但是在审理过程中,修订的新《公司法》已经施行,这也就在一定程度上影响到法官对旧《公司法》的理解。这个也可以理解,因为事情尽管是发生在过去,但是现在新的法律已经实施,新的法律自然具有一定的政策导向性,从而可能影响到法官对旧法的理解与适用。

旧《公司法》第 60 条第 3 款规定董事、经理不得以公司资产为本公司的股东或者其他个人债务提供担保。对于这个规定具体如何适用,实务界是存在争议的。在第一个案件中,一审法院认为,案涉担保合同虽然经过了董事会的决议,但是公司章程规定的是股东会决议,而修订前《公司法》第 60 条第 3 款的禁止性规定,既针对公司董事也针对公司董事会。什么意思呢? 也就是说,在一审法院看来,旧《公司法》第 60 条第 3 款规定董事、经理不得以公司资产为本公司的股东或者个人债务提供担保,既是对董事个人的限制,也是对由董事组成的董事会的限制。一言以蔽之,董事会无权就公司对外提供担保进行决议。加上案涉公司章程明确规定该公司对外提供担保须经股东会决议,因此一审法院判决担保合同无效。不过,这个案件后来被二审法院给改判了。

首先,二审法院认为本案虽然要适用旧《公司法》的规定,但旧《公司法》第 60 条第 3 款是针对董事、高管人员未经公司批准,擅自为公司股东及其他个人债务提供担保的禁止性规定,该规定并非一概禁止公司为股东提供担保,对有限责任公司而言,符合公司章程,经过公司的董事会、股东会批准,以公司名义进行关联担保,修订前《公司法》并未明确加以禁止。因为当时《公司法》已经修订完成,新《公司法》第 16 条并没有原则性地禁止公司对外提供担保。相反公司是具有担保能力的,只是说要经过公司表决程序,尤其是关联担保必须经股东会或者股东大会的决议,因而只是提出了一个程序上的要求而已,所以二审法院的认定,显然是受到了新《公司法》的影响,有了新《公司法》的规定,当然法官也有了自信。在这样一个前提之下,二审判决进一步说明旧《公司法》第 60 条第 3 款是为了防止大股东损害中小股东的利益等,当公司债权人和公司股东利益发生冲突的时候,应优先保护债权人。认为是否有决议是公司内部的事情,对外还是要优先保护债权人的利益。此外,二审判决还提到了公司章程也没有规定公司不得对股东提供担保等一系列问题,这个我们就不详细说了。总之，二审法院认为，董事会有决议，公司也盖了章，那么就说明这个行为是有效的，至于董事会本身有一些瑕疵，这属于公司的内部行为，不能对公司的对外担保行为的效力产生影响。

当然这个案子还有一个特殊性。在该案中，公司章程规定董事会不按人数来进行表决，而是按资本来进行表决。也就是说，几个股东分别按照自己的持股比例选派了一个董事会成员，董事在董事会上的表决是按照他所代表的股东的持股比例来进行表决的，而不是按人数。对此，一审法院认为，即使光彩集团的董事会与股东会的组成人员有重合性，亦不能推定出光彩集团为其股东提供担保系经股东会的同意，所以，对债权人进出口银行关于董事会决议及保证条款有效的主张不予支持。但二审法院认为，在本案中，董事会是按照董事所代表的股东所持份额行使表决权，所以董事会决议加上公司盖章的行为就能够体现这就是公司本身的意志，不违背绝大多数股东的意志，该保证行为亦不违反法律、行政法规的规定，应为有效。总之，这个案件最后是认定担保合同有效。需要注意的是，这个案件中是有公司决议，但公司章程要求股东会决议，而本案中则是董事会决议，但董事会的表决机制又有特殊的地方。这是第一个案件。尽管这个案情非常特殊，但其中大量的理念，影响到了我们后续大量纠纷案件的处理。比如说，这里面提到的内外要有区别的问题，即公司决议是内部的事情，对外担保要优先保护债权人的利益，这是当时就形成的一种思路。这种思路就影响到其他案件的处理，比如说第二个案件。

第二个案件是"中建材集团进出口公司诉北京大地恒通经贸有限公司、北京天元盛唐投资有限公司、天宝盛世科技发展（北京）有限公司、江苏银大科技有限公司、四川宜宾俄欧工程发展有限公司进出口代理合同纠纷案"（以下简称"中建材案"）。该案是适用新《公司法》（2005年修订后的《公司法》）的一个案件，并被刊登在最高人民法院的公报上。[1] 这个案件是法定代表人没有获得公司的相关决议，就直接以公

----

〔1〕　参见北京市高级人民法院（2009）高民终字第1730号，载《最高人民法院公报》2011年第2期。

司的名义对外提供担保,相对人也没有审查,一看是法定代表人,就相信他有代表权,双方就签订了担保合同,后来就发生了争议。这是北京市高级人民法院(以下简称北京高院)终审判决的案件,这个案件判完之后,他们认为具有代表性而且说理也很通透,就把这个案件作为典型案件报到最高人民法院,最高人民法院则将该案刊登在最高人民法院公报上。

在这个案件中,北京高院的二审判决也就是终审判决确实作了大量的论述,前面谈到的一些关键性的观点在判决书中都有所体现。比如说判决书写道:"公司的行为能力即意思表示,通过法定代表人以公司的名义所为的行为是公司法人的法律行为,也即是说法定代表人的意思就是公司的意思,法定代表人的行为就是公司的行为,由此产生的权利义务对公司法人具有约束力。"另外,判决书援引了《民法通则》第 38 条关于"按照法律或者法人组织章程规定,代表法人行使职权的负责人,是法人的法定代表人"的规定以及《民法通则》第 43 条关于"企业法人对它的法定代表人和其他工作人员的经营活动,承担民事责任"的规定,认为既然是法定代表人代表法人签订的担保合同,那当然可以约束到法人。除此之外,判决书还对 2005 年修订后的《公司法》第 16 条进行了分析,认为该条虽然规定公司对外提供担保需要公司决议,但是该条"第一,并未明确规定公司违反上述规定对外提供担保导致担保合同无效;第二,公司内部决议程序不得约束第三人;第三,该条并非效力性强制性规定(至于为什么不是效力性强制性规定,判决书没说,但我猜测是因为第二点,即该规定涉及的是公司内部决议程序,不能约束第三人,所以属于管理性的,这在第三个案例的判决书中有明确表述);第四,依据该条款认定担保合同无效,不利于维护合同的稳定和交易的安全"(第四点也是一个核心内容,在第一个案例中已经体现得很充分,第二个案例显然受到了第一个案例的影响)。总之,基于上述四点,北京高院认为案涉担保合同不能轻易地定为无效。

不能轻易认定担保合同无效,是不是说担保合同就是有效的呢?判决书并未就此得出担保合同一定有效,而是进一步说,根据《合同法》第 50 条的规定(即关于表见代表的规定),即使是法定代表人超越权限订立合同,除相对人知道或者应当知道其超越权限的外,该代表行为有效。言下之意是,如果说相对人知道或者应当知道法定代表人超越权限,因不构成表见代表,故该担保合同自然不能约束公司,但如果相对人不知道且不应当知道,那就构成表见代表,担保合同就能约束到公司。另外,判决书还提到了《担保法解释》第11条也有相同的表述。在此基础上,终审判决书根据案件涉及的事实认定本案中的相对人中建材公司应属于善意的第三人,即不知道且不应当知道法定代表人超越权限提供担保,因此所订立的担保合同有效。

这个判决刊登到公报后,对当时的司法实践产生了重大的影响。但值得注意的是,产生重大影响的不仅是该案的结论,更多的是该案的说理,尤其是终审判决书将《公司法》第16条理解为非效力性强制性规定,对此后的司法实践产生了重大影响。大家也知道,最高人民法院发布的《合同法解释(二)》明确将影响合同效力的强制性规定限定在效力性强制性规定,此后的司法政策性文件明确采取了效力性强制性规定和管理性强制性规定的区分。终审判决将《公司法》第16条界定为非效力性强制性规定,那么就只能将它理解为管理性强制性规定。这一推理在当时产生了非常大的影响。

第三个案例是"招商银行股份有限公司大连东港支行与大连振邦氟涂料股份有限公司、大连振邦集团有限公司借款合同纠纷案"(以下简称"招商银行案"),也是在上述背景下作出的,同样被刊登最高人民法院的公报上。[1] 这个案件跟第二个案件的不同之处在于:这个案子涉及的是关联担保,也就是为股东提供担保。公司为股东提供担保,严格来说,按照《公司法》第16条第2款的规定,必须由股东会或者股东大会进行决议,且被担保的股东是没有表决权的。这个案件是为股东提供担保,且法定代表人在代表公司提供担保时,确实提供了一个股东会决议,但是这个股东会决议也确实存在重大的瑕疵,就是被担保的股东也在决议上签字、盖章了。也正是在这种情况下,当时的一、二审法院也就是大连市中级人民法院和辽宁省高级人民法院均判决担保合同无效,理由是

---

〔1〕 参见最高人民法院(2012)民提字第156号,载《最高人民法院公报》2015年第2期。

法定代表人超越权限，相对人也不构成善意，因此本案不构成表见代表。也就是说，虽然有股东会决议，但是这个决议有明显瑕疵，而相对人没有审查出来，因此担保合同也应认定为无效。无效之后应该怎么处理呢？按照前面讲的《担保法解释》第 7 条的规定，由于债权人与担保人双方都有过错，最终判决担保人承担债务人不能履行部分的 1/2。

一、二审之后，当事人申请最高人民法院再审，最高人民法院提审这个案件后，再审就改判了，其中一个重要的理由就是，《公司法》第 16 条第 2 款虽然用了"必须"这样的表述，但是不宜将这个规定理解为效力性强制性规定，因而违反该规范的原则上不宜认定合同无效。这个思路和第二个案件的终审判决思路基本一样，但在表述上更加清楚，即明确指出《公司法》第 16 条规定的是公司内部决策程序，因此不属于效力性强制性规定，而是管理性强制性规定；就公司对外担保而言，对外要优先保护债权人的交易安全，只有在公司对外承担了担保责任或者赔偿责任之后，才能通过内部关系去解决不同主体之间的纠纷。此外，再审判决也提到，如果将其作为效力性强制性规范将会降低交易效率和损害交易安全。

在这个案件中，大家也可以看一看，再审判决认为《公司法》第 16 条是管理性强制性规定，不是效力性强制性规定，是不是就可以直接认定担保合同有效呢？也不是。再审判决书进一步写道："法定代表人超越权限订立的抵押合同和不可撤销的担保书是否构成表见代表，相对人是否善意，亦是本案担保主体责任认定的关键。"这就又回到了《合同法》第 50 条，即仅在相对人为善意的情况下，这个代表行为才是有效的。再审判决通过对本案涉及的人和事进行全面分析，最终认为相对人构成善意，从而构成了表见代表，担保人应当承担担保责任。

尽管后面两个案件涉及的条文分别为《公司法》第 16 条第 1 款和《公司法》第 16 条第 2 款，但这两个案件的逻辑非常类似，且代表了2005 年《公司法》施行后的主流观点，即认为《公司法》第 16 条是管理性强制性规定，而非效力性强制性规定，法定代表人违反《公司法》第 16 条的规定对外提供担保，不影响担保合同的效力。这个主流观点影响了当时很多纠纷案件的处理，当时大量的案件，很多都是按照这个思路来处理。不过,后来情况也发生了一些变化。变化发生在什么地方呢? 就体现在我下面要讲的第四个案件。

三、裁判思维的转变及其理由

第四个案件是"宁波绣丰彩印实业有限公司、浙江杭州湾汽配机电市场经营服务有限公司、慈溪逍新投资咨询有限公司、慈溪逍新汽配贸易有限公司、慈溪市一得工贸有限公司、孙跃生合同纠纷案"(以下简称"绣丰公司案")。这个案件是我本人参与审理的一起案件,也是一个很有意思的案件:它不是一起因公司对外提供担保而引发的纠纷,而是一个买卖合同纠纷案件,但是我们最后是参照公司对外提供担保的规定来审理的。为什么呢? 这就涉及我们谈到的债务加入问题。在这个案件中,法定代表人代表公司签订的是一个房屋买卖合同,就是把公司的房子卖给另一个公司,但是双方在买卖合同中约定不需要支付房屋的对价。为什么不需要支付呢? 因为这个对价用来抵销法定代表人个人欠对方的一笔债务。也就是说,法定代表人自己欠对方几千万,却代表公司将公司的房子卖给对方,抵偿他个人欠对方的钱。房屋买卖合同签完之后,公司并没有履行这个合同,即没有把这个房屋过户到对方名下,对方提起诉讼,请求法院判决公司继续履行买卖合同。

这个案件一开始是作为买卖合同纠纷案件来审理的,一、二审法院认为法定代表人的行为很蹊跷,损害了公司的利益,不应该得到保护,因此认定买卖合同无效,驳回了原告的诉讼请求。但是当事人不服,申请最高人民法院再审。这个案件提审之后,我也是合议庭成员,我看了这个案件之后,认为虽然这个案件的案由写的是买卖合同纠纷,但是显然不是那么简单,因为如果是买卖合同的话,你是要支付对价的。我把房子卖给你,你要是把合理的对价支付给我,公司也不至于有太大的损失,如果有太大的损失,就意味着显失公平,我就可以请求人民法院撤销这个合同。现在的问题是,不是对价合不合理的问题,而是买方压根不支付对价,那这个对价去哪儿了呢? 根据合同的约定,对价被用来抵销法定代表人个人所欠的债务。显然,如果这个债务是公司自己所负的债务还好说,但所抵销的债务并非公司所欠债务,而是法定代表人个人的债务,那我就在想,这个买卖合同是不是还包含法定代表人代表公司承担了他个人的债务呢?问题是,法定代表人能不能代表公司去承担他个人的债务呢?这就涉及我们在前面讲到的债务加入的问题。

大家想一想,我加入他人的债务和提供担保有区别吗?不仅没有区别,而且比担保人承担的责任还更严重。何况在这个案件中,法定代表人代表公司承担债务后,他自己就脱离了债务关系,因此是免责的债务承担。债务加入是并存的债务承担,加入人与债务人承担连带责任。免责的债务承担是加入人承担全部债务,而债务人不再承担债务。可见,免责的债务承担比债务加入更严厉。在本案中,不是说公司加入到人家的债务,而是人家走了,公司直接就把人家的债务全部承担下来,然后与对方应该支付的价款相抵销,这显然是比担保更为恶劣的一种行为。所以在这个案件中,我提出了一个观点,认为本案的案由虽然写的是买卖合同纠纷,但实际上,这个买卖合同包含两个行为:第一,以物抵债;第二,债务承担。在实践中,当事人往往通过签订买卖合同的形式实现以物抵债的目的,但所抵之债通常是出卖人自己对买受人所负的债务。而在本案中,所抵之债是法定代表人个人所负之债,所以这里面必然还有债务承担的行为。如果是简单的以物抵债,当然没有问题,但是现在的问题不是一个简单的以物抵债,它背后还有一个债务承担,这就需要考量买卖合同的效力了。在这个问题上,我提出,法定代表人代表公司承担他人债务的行为应该参照适用《公司法》第16条,因为债务承担实际上比提供担保更严重,举轻以明重,担保行为都必须要有公司决议,现在是直接承担别人的债务,就更应如此。合议庭最终接受了我的意见,认为案涉买卖合同因为涉及承担法定代表人的债务,应参照适用《公司法》第16条第2款。

当然,尽管合议庭在参照适用《公司法》第16条第2款问题上取得了一致意见,但在参照适用《公司法》第16条第2款后,在应当如何认定买卖合同效力的问题上,又发生了争议。有同志提出:即使参照适用《公司法》第16条第2款,由于该条被主流观点理解为是管理性强制性规定而不是效力性强制性规定,因此案涉买卖合同仍然应被认定为有效。不过,我提出,这个所谓主流观点也值得商榷。有的同志就说,最高人民法院公报上刊登了两个典型案件,一个涉及《公司法》第 16 条第 1 款,另一个涉及《公司法》第 16 条第 2 款,都认为该条是管理性强制性规定,不是效力性强制性规定。我认为,公报的这两个案例虽然都认为《公司法》第 16 条是管理性强制性规定,不是效力性强制性规定,但两个案件的最终判决认定担保合同有效的依据是什么呢? 是《合同法》第 50 条表见代表! 其中是不是存在逻辑上的矛盾呢? 因为,既然我们认为《公司法》第 16 条是管理性强制性规定,不是效力性强制性规定,当事人违反该条不影响合同效力,那么,对于违反该条规定订立的担保合同,是不是应该直接得出合同有效的结论? 怎么会又拐到《合同法》第 50 条关于表见代表的规定上去了呢? 表见代表是有构成要件的,是有条件的,这就说明违反《公司法》第 16 条必然影响到合同的效力,那又如何认为该条不是效力性强制性规定呢? 这两个案件都遇到一个问题:既然它是管理性强制性规定,违反它并不导致合同无效,那就应该直接认定合同有效,不需要再去审查是否构成表见代表,因为表见代表是有条件的,它需要相对人善意;既然说它是管理性强制性规定,又按照表见代表的构成要件进行审查,那就说明违反《公司法》第 16 条是会影响合同效力的,且正是因为影响到了合同效力,才会适用《合同法》第 50 条。可见,这两个案件都存在逻辑上的矛盾。

　　问题出在什么地方? 为什么很多人都没有意识到这两个案件存在逻辑上的矛盾? 那是因为,在审理这些案件的法官看来,也包括在我们很多人看来,要适用《合同法》第 50 条这个规定,首先就得认定《公司法》第 16 条是管理性强制性规定,不是效力性强制性规定,因为一旦认定是效力性强制性规定,那合同直接就被认定无效了,《合同法》第 50 条关于表见代表的规定还有适用的空间吗? 没有。所以,为了适用《合同法》第 50 条,就只能说它是管理性强制性规定,不是效力性强制性规定。但如此一来,又出现另一个矛盾:一旦说它是管理性强制性规定,不是效力性强制性规定,就根本不需要再适用《合同法》第 50 条。可见,这里在一个逻辑陷阱:为了适用《合同法》第 50 条,只能说它是管理性强制性规定;但你说它是管理性强制性规定,直接认定合同有效即可,又无须再适用《合同法》第 50 条。可见,左也不是,右也不是,必然陷入到逻辑矛盾之中。

所以,我们在审理"秀峰公司案"时,我就分析《公司法》第16条,得出的结论是:不能简单说它是管理性强制性规定还是效力性强制性规定。说它是效力性强制性规定,那就要直接认定合同无效,肯定不行;说它是管理性强制性规定,《合同法》第50条也就不需要再适用,那也不行。大家想一想,一个公司法定代表人拿着公司的公章到处去签担保合同,都应认定有效?就一点条件都不需要吗?如果不需要,公司本身运营的安全性何在?我们不能光考虑相对人交易安全的保护,公司本身运营的安全性是不是也要考虑?而这也恰恰是《公司法》第16条规范的目的。为什么《公司法》第16条第1款仅仅规定对外提供担保、对外投资需要按照公司章程的规定,由董事会或者股东(大)会的决议?第2款规定关联担保必须由股东会或者股东大会决议?法律作这个规定肯定是有目的的,其目的就是确保公司运营的安全性,因为如果法定代表人拿着公司的公章就到处对外提供担保,那么这个公司运营的安全性就没有任何保障。这是我们必须考虑的问题。

所以,把《公司法》第16条理解为管理性强制性规定,完全不影响合同的效力,显然是不对的。但你说它是效力性强制性规定,违反了就导致合同彻底无效了,似乎也不对。因此,我的结论是:无论是将《公司法》第16条理解为效力性强制性规定还是管理性强制性规定,都会陷入死胡同,因为这个分类不能适用于《公司法》第16条。还有一个值得反思的问题是:规范公司内部管理的规定是不是属于所谓管理性强制性规定呢?显然也不是。我们将强制性规定区分为效力性强制性规定和管理性强制性规定,其中的这个"管理",应该是指行政管理、公共管理,而不应该是公司内部的管理。也就是说,我们区分效力性和管理性的意义是什么呢?如果你违反的是管理性强制性规定,仅须承担公法上的责任,比如说行政处罚,但不影响合同的效力;但是如果你违反的是效力性强制性规定,则不仅有公法上的后果,如行政处罚,而且会导致所订立的合同无效。这才是我们区分效力性强制性规定和管理性强制性规定的意义。言下之意也就是,效力性强制性规定和管理性强制性规定的区分应该是针对公法上的强制性规定所作的分类,而不是针对私法规范的分类,而《公司法》在性质上属于私法,其中的绝大部分规定都是私法规范,包括公司法关于对外提供担保的规定。大家想一想,法定代表人违反《公司法》第16条对外提供担保,由哪个行政机关来"管理"?谁来处罚法定代表人?没有。既然没有,又如何将《公司法》第16条界定为管理性强制性规定呢?可见,管理性强制性规定和效力性强制性规定不是对私法规范作的分类,针对的仅仅是公法上的强制性规定。

那么,就会有人要问:民法上有没有强制性规定?违反民法上的强制性规定,后果到底怎么样?我们经过反复分析得出的结论是:民法上也有强制性规定,但是不区分为效力性强制性规定和管理性强制性规定。根据我个人的理解,民法上的强制性规定分为两种:一种是强行性规定;另一种是赋权性规定。什么叫强行性规定呢?强行性规定是与任意性规定相对的私法规定,二者区分的依据是看当事人的意思表示能不能排除这个规定的适用。如果当事人的意思表示能排除其适用,那它就是任意性规定(所谓任意性,就是说当事人有约定的先按约定,没有约定的才适用法律规定);强行性规定则是指不管当事人有没有约定,这一规定都是一定要施行的,当事人有约定也阻止不了它的施行,所以当事人的约定不能发生当事人所追求的效力。比如说诉讼时效,《民法典》第197条规定得非常清楚,当事人是不能通过约定排除诉讼时效的适用的,也不能约定比法定诉讼时效更长或者更短的诉讼时效,即使当事人有约定,这个约定也是不发生法律效力的,因为这是一个强行法。

需要注意的是,当事人的约定违反强行法的后果是比较复杂的,不只是当事人的约定不发生法律效力。例如,我们常常说物权法是强行法,因为物权法有个原则叫物权法定原则,即物权的种类和内容是由法律规定的,当事人不能自由约定。问题是,万一当事人的约定和法律的规定不一致怎么办呢?民法通说认为,如果当事人的约定和法律的规定不一致,由于物权法是强行法,所以当事人的约定不发生物权法上的效力。也就是说,从物权法的层面上看,只能按照法律的规定来确认物权,不能赋予当事人的约定以对世效力。但这是不是意味着当事人之间的约定就无效了呢?那也不是,违反物权法定原则,只是说当事人之间的约定不发生物权法上的效力。不具有对世的效力,但是在当事人之间,只要当事人的约定具备有效要件，就可以具有合同法上的效力的，如果一方违反约定，另一方就可以基于当事人的约定主张违约责任。

例如，过去很长一段时间都存在集资建房或者单位分房的现象，在此过程中，单位跟职工约定：房子所有权虽然归职工，但是职工不能转让，或者职工转让房屋时，单位有优先购买的权利。这些约定实际上限制了职工对房屋的处分自由。根据法律的规定，只要我是房屋的所有权人，我就有处分的自由，所以当事人之间的约定改变了法律的规定，那这个约定就不能发生物权法上的效力。言下之意，如果职工没遵守约定，把房子卖给了张三，张三照样能够取得房屋的所有权，单位也无权根据其与职工之间的约定否定张三取得的房屋所有权，因为当事人的约定违反物权法定原则，对张三不发生物权法上的效力。但是单位以职工违反约定为由向这个职工主张违约责任是可以的。可见，当事人违反强行法的后果是比较复杂的，并不是合同有效或者无效那么简单。

第二种强制性的规定，我们把它叫作赋权性规定。什么叫作赋权性规定？我们在民法上看到很多带有"不得""应当""必须"等字样的规定，其实就是一个赋权性的规定，因为民法上的"不得""应当""必须"想要表达的不是禁止或者命令行为人做什么事，而只是想表达行为人没有权利做什么事。"无权"既可能是指无权处分，也可能是指无权代理、无权代表。实践中，如果当事人做了无权做的事，其法律后果如何呢？是不是就是违反法律、行政法规的强制性规定了？显然不是，因为民法就无权处分、无权代理、无权代表所订立的合同效力进行了专门规定，自应适用这些具体规定，而不能再简单以当事人的行为违反法律、行政法规的强制性规定为由直接认定该行为无效。否则，就会完全架空民法关于无权处分、无权代理、无权代表的规定。

例如，《物权法》第191条规定，未经抵押权人同意，抵押人"不得"转让抵押物。这个"不得"，是不是想表达抵押人只要转让了抵押物，就是违反法律、行政法规强制性规定的行为，抵押人的这个行为就应当被认定无效呢？显然不是。大家想一想，这个房子不是我的，我拿去卖了，构成无权处分，根据2012年《最高人民法院关于审理买卖合同纠纷案件适用法律问题的解释》(以下简称2012年《买卖合同解释》)第3条的规定,这个买卖合同并不因出卖人没有处分权而无效[1];现在这个房子是我的,我只不过是抵押给了银行,但东西还是我的,我再拿去卖,而法院却以违反法律、行政法规强制性规定为由认定买卖合同无效,你认为这个处理合理吗?所以,当时《物权法》第191条规定的"不得",并非禁止抵押人转让抵押财产,充其量只是说如果抵押人转让抵押财产,可能会构成无权处分。现在《民法典》修改了原《物权法》第191条的规定,允许抵押人自由转让抵押物,此时不再构成无权处分。

又如,《城市房地产管理法》第38条第4项规定共有房屋未经其他共有人书面同意,"不得"转让。试想,如果我们仅仅因为条文表述中有"不得"字样,就认定这是法律、行政法规的强制性规定,进而认定当事人订立的合同无效,那么原《物权法》或者《民法典》关于共有财产的规定是不是会完全被架空?因为共有人未经其他共有人同意处分共有财产,原《物权法》或者《民法典》都已有明确规定,有时构成无权处分,有时则可能构成有权处分。即使是无权处分,根据2012年《买卖合同解释》第3条和《民法典》第597条的规定,也应认为合同不因出卖人无处分权而无效。但如果仅以违反法律、行政法规的强制性规定为由认定合同无效,将使得民法关于无权处分认定和处理的相关规定全部被架空。当然,也许有人会说,《城市房地产管理法》第38条属于管理性强制性规定,不属于效力性强制性规定,因此不影响合同效力。问题是,共有人未经其他共有人同意处分共有财产,哪个机构会去"管理"呢?既然没有哪个机构去"管理",又何谈管理性强制性规定呢?所以,我们不能一看到"不得",就认为是《合同法》第52条第5项或者《民法典》第153条第1款所称的"法律、行政法规的强制性规定",而是要具体问题具体分析。事实上,无论是《合同法》第52条第5项还是《民法典》第153条第1款,

---

[1] 2012年《买卖合同解释》(法释〔2012〕8号)第3条规定:"当事人一方以出卖人在缔约时对标的物没有所有权或者处分权为由主张合同无效的,人民法院不予支持。出卖人因未取得所有权或者处分权致使标的物所有权不能转移,买受人要求出卖人承担违约责任或者要求解除合同并主张损害赔偿的,人民法院应予支持。"值得注意的是,《民法典》编纂完成后,最高人民法院在清理司法解释时将该规定删除,主要原因是该规定已被《民法典》第597条吸收。

都只是衔接公法与私法的桥梁或者通道,其目的是要解决以下问题:当事人的行为违反公法的规定,但公法本身又未规定该行为在私法上的效力,因此只能通过这个"桥梁"或者"通道"来影响合同的效力。就此而言,上述条文中所称"法律、行政法规强制性规定",都应指公法上的强制性规定,不应包括私法上的强制性规定。民法上含有"不得""应当""必须"字样的规定,大多数属于赋权性规定,即当事人的行为如果不违反该规定,就是有权处分或者有权代理、有权代表;如果当事人的行为违反了该规定,就可能构成无权处分或者无权代理、无权代表。

《公司法》第16条第2款用了"必须"的表述,那能不能把它理解为法律、行政法规的强制性规定呢?显然不能,因为它是一个民法上的强制性规定。实际上,《公司法》第16条都是关于公司代表权的赋权性规定,其目的无非想表达,公司法定代表人虽然享有公司代表权,但在对外提供担保方面,法定代表人是没有代表权的。也就是说,只有在公司决议对法定代表人有授权的情况下,法定代表人才有权代表公司对外提供担保。因此,如果违反《公司法》第16条的规定,法定代表人的行为就构成无权代表。也正因为如此,我们在审理"秀峰公司案"时,虽然参照适用了《公司法》第16条,但并没有再说它是管理性强制性规定,而是直接认定法定代表人实施的未经公司决议授权的行为构成无权代表,相对人只有在构成表见代表的情况下,才能主张担保合同有效且对公司产生约束力。也就是说,只有把《公司法》第16条理解为是赋权性规定,将违反《公司法》第16条的行为界定为无权代表,才有适用《合同法》第50条保护相对人的必要。也只有如此处理,逻辑才是清楚的。

值得注意的是,公报所载的"中建材案"和"招商银行案"的终审判决也都是根据《合同法》第50条所作出的判决,虽然论证过程值得检讨,但最终结果却未必不正确。然而,在这两个案件中,法官为了适用《合同法》第50条而将《公司法》第16条理解为管理性强制性规定,不仅导致在逻辑上陷入矛盾,而且也在一定程度上误导了此后的司法实践,纯属画蛇添足之举。不可否认的是,在此后相当一段时间内,受上述两个案件的影响,不少法官在审理公司担保纠纷案件时将《公司法》第16条理解为管理性强制性规定,从而对表见代表的认定也显得极其宽松,甚至不要求相对人对公司决议进行审查。相反,我们在审理"秀峰公司案"时,由于没有将《公司法》第16条界定为管理性强制性规定,因此在对表见代表的认定上,采取了较为严格的标准。从该案的再审判决书可以看出,我们是严格按照《合同法》第50条进行判断,认为本案相对人没有对公司决议进行审查,不属于善意的相对人,对其提出的案涉买卖合同有效的主张不予支持。所以,这个案件经过再审之后,我们最终还是认为案涉买卖合同因为包含了承担他人债务的意思表示,而该意思表示的作出因无公司决议授权且不构成表见代表而应认定为无效。

也就是从这个时候开始,最高人民法院开始反思《公司法》第16条的适用问题。最高人民法院于2017年发布的《关于执行担保若干问题的规定》第5条规定,公司为被执行人提供资金担保,应当提交符合《公司法》第16条规定的公司章程、董事会或者股东(大)会决议。在这个司法解释中,最高人民法院虽然没有明确规定违反《公司法》第16条的后果,也未对该条的法律适用进行表态,但从公司提供执行担保要有相应决议的情况看,最高人民法院显然没有再将《公司法》第16条视为一个管理性强制性规定,这已经体现出裁判思路上的重大转变。

四、《九民纪要》的贡献与局限

全面转变或者说真正厘清这个问题的司法文件是《九民纪要》。首先,关于《公司法》第16条的规范性质和规范目的,《九民纪要》第17条规定得很清楚:"为防止法定代表人随意代表公司为他人提供担保给公司造成损失,损害中小股东利益,《公司法》第16条对法定代表人的代表权进行了限制。根据该条规定,担保行为不是法定代表人所能单独决定的事项,而必须以公司股东(大)会、董事会等公司机关的决议作为授权的基础和来源。法定代表人未经授权擅自为他人提供担保的,构成越权代表,人民法院应当根据《合同法》第50条关于法定代表人越权代表的规定,区分订立合同时债权人是否善意分别认定合同效力:债权人善意的,合同有效;反之,合同无效。"

可见,《九民纪要》第17条不仅指出《公司法》第16条在规范性质上应属赋权性规定,法定代表人未经公司决议授权的担保行为构成越权代表,而且指出在法定代表人越权代表时,保护相对人交易安全的法律基础是《合同法》第 50 条规定的表见代表。也就是说,虽然你是公司的法定代表人,但是在公司对外提供担保这个问题上,你没有代表权,你的代表权来自哪里呢?来自公司董事会或者股东(大)会的授权。如果没有授权,你就没有代表权,你所代表的行为就有可能被认定为无效。当然,至于代表行为最终是否被认定无效,则取决于相对人是否善意,是否构成表见代表。这就是拨乱反正,也是对以往做法的一次彻底澄清。

另外,《九民纪要》对相对人"善意"的认定进行了规定。根据《九民纪要》第 18 条的规定,"善意"是指相对人不知道或者不应当知道法定代表人超越权限订立担保合同。在此基础上,《九民纪要》还区分关联担保与非关联担保,就不同情形下善意的认定作了具体规定,并在最后一款作了一个总结:"债权人对公司决议内容的审查一般限于形式审查,只要求尽到必要的注意义务即可,标准不宜太过严苛。公司以机关决议系法定代表人伪造或者变造、决议程序违法、签章(名)不实,担保金额超过法定限额等事由抗辩债权人非善意的,人民法院一般不予支持。但是,公司有证据证明债权人明知决议系伪造或者变造的除外。"

总之,《九民纪要》既规定了处理的原则,对于具体的规则,也作了非常详细的规定,时间关系我们不详细介绍。尽管《九民纪要》没有再将《公司法》第 16 条作为管理性强制性规定对待,在相对人善意的认定上要求相对人审查公司决议,但我们也可以看到,《九民纪要》对相对人善意的认定在标准上也还是比较宽松的,因为它只要求相对人对公司决议进行形式审查,并规定只要相对人尽到必要的注意义务即可认定其为善意。这样的表述无非想表明,对相对人善意的认定应当采取比较宽松的标准。

《九民纪要》之所以把这个标准放得比较宽松,也是有原因的。如前所述,在《九民纪要》之前的司法实践中,虽然也有类似"秀峰公司案"的裁判思路,但主流观点仍然是认为《公司法》第 16 条是管理性强制性规定而非效力性强制性规定。因此,尽管不少案件是按照表见代表来认定担保合同的效力,但在认定表见代表时对相对人善意的认定极为宽松,甚至在相对人连公司决议都没有审查的情况下,不少法官也认定相对人构成善意。这个观念影响了很多人,导致实践中大量法定代表人越权担保的行为很轻松地就被认定构成表见代表,担保合同有效。比如说前面讲到的三个案件,实际上最终都认定担保合同是有效的。之所以如此,是因为强化对保护相对人交易安全的观念一直以来占据着主流地位。但现在的裁判思路发生重大转变,我们现在认为《公司法》第16条是赋权性规定。既然是赋权性规定,那相对人就要审查法定代表人有没有获得授权,有没有相应的决议。这样一来,就会导致大量的公司法定代表人越权代表签订的担保合同,在过去可能被认定有效,但是现在按照新的理解,可能就被认定无效。这就可能会给社会经济生活带来巨大的冲击或者影响。

这种司法政策的重大调整,从最高人民法院的立场来讲,属于拨乱反正,因为过去做不对的,现在要将其引到正确的轨道上来。但是,虽然是拨乱反正,但也要考虑到司法政策的转变对社会经济生活所可能产生的冲击。因为不少当事人是根据过去人民法院对《公司法》第16条的理解来进行交易的,很可能当时就没有要求法定代表人提交公司决议或者虽然要求法定代表人提交了公司决议,但相对人也没有认真审查。在这样的背景下,《九民纪要》规定对相对人善意的认定标准要从宽处理,确实是可以理解的。也就是说,为了缓和司法政策的转变对社会经济生活的冲击,《九民纪要》必须提供一些缓冲的措施。其中,明确规定对相对人善意采取从宽认定的标准,就是第一个举措。

第二个举措,就是《九民纪要》规定了大量的无须公司决议的情况。前文提到,有的债权人在与公司进行担保交易时没让公司的法定代表人提交公司决议,一旦发生纠纷,再让对方提交公司决议,已经来不及了。在这种情况下,是否一概就否定担保合同的效力呢?《九民纪要》第19条规定,在下列情形下,即使没有公司的决议,也应当认定担保符合公司的真实意思,只要符合公司的真实意思表示,那么合同就应当认定有效。该条列举了四项,其中第1项没有争议,因为担保人如果是担保公司,它的主营业务就是担保,为他人提供担保就是它的日常经营活动,不可能要求它天天开董事会或者股东(大)会讨论对外担保问题;另外,银行或者非银行金融机构开展保函业务,由于保函业务是一个标准化的业务,这种日常性的标准化业务也不能够要求银行专门为开立某个保函而单独召开一次董事会或者股东(大)会,这是行业特殊性决定的,这是第1项。

第2项,公司为其直接或者间接控制的公司开展经营活动向债权人提供担保。这里主要考虑的是,既然被担保的债务人是担保人直接或者间接控制的公司,说明就是一家人,既然是一家人,就是公司为自己提供担保,而《公司法》第16条规定的是公司为他人提供担保才需要有公司决议。在实践中,大量出现的也是这样一种情况,就是债务人是担保人的子公司,并且属于直接或者间接控制的关系,此时担保人为子公司提供担保,被认为是符合公司整体利益的。肥水也没流外人田嘛,是不是可以另眼相待?这是第二个不需要公司决议的情形。

第3项,公司与主债务人之间存在相互担保等商业合作关系。相互担保,是指你为我的债务提供担保,我为你的债务提供担保,双方互利互惠。此外,实践中还存在公司为自己上下游客户提供担保的情形,其目的是维护友好合作关系。例如,我的上游企业请求我为他的债务提供担保,我就要考虑,如果他出现财务危机导致断供不给我货了怎么办?我基于商业合作的需要,可能就要答应对方的要求。另外,下游企业替我销货,现在遇到财务困难,让我为他提供担保,我如果不提供,那么它就可能倒闭,它倒闭了,我也会受到很大的影响。从维护商业合作关系的角度出发,《九民纪要》规定了第3项。

第4项是担保合同系由单独或者共同持有公司 2/3 以上有表决权的股东签字同意。这个主要是考虑到我们在司法实践中,虽然没有股东会决议,但是有大股东在上面签字,而且他的持股比例很高,甚至在70%以上。当然,也有的持股比较分散,但是几个大股东合在一起,持股 2/3以上,他们都签字同意公司对外提供担保。这个时候,是不是必须要有一个股东会决议的形式,只有股东在担保合同上签字行不行?一般认为,股东会决议只是一个形式问题,就是让他们开个会,结果不也是一样吗?所以,《九民纪要》认为,只要是 2/3 有表决权的股东签字同意,就能体现公司的意思,无须公司决议。当然,也有同志提出来,开会与不开会,结果可能不一样:不开会,我可能就同意了;但开会,大家说开了,我可能就不同意了。不过,这个说法虽然有一定的道理,但是没有太充分的说服力。

总之,为避免司法政策的转变给社会经济生活带来过大冲击,《九民纪要》对无须公司机关决议的情形也作了规定,这就是第二个缓冲措施。此外,《九民纪要》还对越权担保的民事责任承担、上市公司提供担保等问题作了规定,这些我们稍后再讲。这里需要指出的是,尽管《九民纪要》从司法政策的角度对公司对外提供担保的问题进行了全面的规定,且大量规定具有拨乱反正的意义,但是,为防止司法政策的转变对社会经济生活产生过大冲击,《九民纪要》又规定了大量缓冲措施,因而带有时代的局限性。因为这些缓冲措施必然是临时性的、过渡性的,一旦条件成熟,尤其是当社会经济生活已经熟悉相关司法政策后,就没有必要保留过多缓冲措施。这也是《民法典担保解释》对《九民纪要》进行修改和完善的一个背景。

五、《民法典担保解释》的新变化

《九民纪要》是 2019 年 11 月份发布的,实际上当时《民法典》的编纂工作已经接近尾声,正在征求意见。在这样的背景下,《九民纪要》在制定时实际上已经参考了《民法典(草案)》的相关规定,体现了未来《民法典》的精神。

《民法典担保解释》是在《民法典》已经通过并即将施行的大背景下制定的,自然也是在全面领会、深入理解《民法典》相关规定的基础上制定的司法解释。对于公司对外提供担保问题,首先,我们认为《九民纪要》在基本思路上是正确的,而且经过了一年多的实践,也得到了社会的认可,因此《九民纪要》所体现的司法政策,能坚持的要继续坚持,能延续的要延续。由于《九民纪要》不是司法解释,法官在办案时不能将纪要的规定作为裁判的依据直接援引,所以,《民法典担保解释》的任务之一,就是要把《九民纪要》合理的规定上升为司法解释。例如,《民法典担保解释》第 7 条就完全继受了《九民纪要》第 17 条的思路,明确规定公司的法定代表人违反《公司法》规定的关于公司对外提供担保决议的程序,超越权限代表公司与相对人订立担保合同,人民法院应当依照《民法典》第 61 条和第 504 条等规定处理。相对人善意的，担保合同对公司发生效力，相对人请求公司承担担保责任的人民法院应予支持；相对人非善意的，担保合同对公司不发生效力，相对人请求公司承担赔偿责任的，参照适用本解释第 17 条的有关规定。

当然，在坚持《九民纪要》的基础上，《民法典担保解释》也就公司对外担保问题作了一些不同于《九民纪要》的新规定，值得大家注意的变化主要有三个方面。

第一个变化是，根据《民法典担保解释》的规定，在相对人善意的情况下"担保合同对公司发生效力"，而没有规定"合同有效"，而《九民纪要》则是明确规定"合同有效"；根据《民法典担保解释》的规定，在相对人非善意的情况下，"担保合同对公司不发生效力"，也没有说是"合同无效"，而《九民纪要》则直接规定"合同无效"。这是表述上的一个重大变化。为什么会有这个变化呢？原因很简单，即《民法典》在表述上有新的变化。我们首先看《民法典》第 504 条，规定在合同编的通则部分：法人的法定代表人或者非法人组织的负责人超越权限订立的合同，除相对人知道或者应当知道其超越权限外，该代表行为有效，订立的合同对法人或者非法人组织发生效力。这条规定与《合同法》第 50 条进行对比，就会发现有一些表述上的区别。最大的区别在什么地方呢？显然，原《合同法》第 50 条仅仅规定"该代表行为有效"，但是《民法典》第 504 条在后面增加了一句话："订立的合同对法人或者非法人组织发生效力。"为什么有这么一个变化呢？这是因为有学者提出，越权代表的问题是一个效果归属问题，而不是效力认定问题，不是说法定代表人越权代表订立的合同就无效，而是说法定代表人越权代表订立的合同对公司不发生效力。这个说法有道理没有？我个人觉得是有道理的，因为我们过去把合同无效的含义在范围上搞得太大。例如，我们认为合同违反法律、行政法规的强制性规定是无效，当事人之间的约定违反强行性规定如法律关于诉讼时效的规定也是无效，就会带来认识的误区。其实，当事人之间的约定违反强行性规定如法律关于诉讼时效的规定，其法律后果完全可以表述为"不发生效力"，而不是用"无效"表述。我们以前对很多问题，都是"眉毛胡子一把抓"，结果就导致区分不够清楚。

　　部分学者认为,法定代表人越权代表和无权代理具有类似性,由于《民法典》关于无权代理的规定是典型的效果归属规范,因此越权代表也属于效果归属规范。在行为人无权代理的情形下,由于行为人没有代理权,因此行为人与相对人订立的合同对被代理人不发生效力,效果不能归属于被代理人,但是不是这个合同就无效了呢? 这就另当别论了。根据《民法典》第 171 条的规定,在无权代理情况下,哪怕不构成表见代理,行为人所订立的合同也不能约束到被代理人,但只要相对人是善意的,这个合同也可能会约束到行为人,因为该条第 3 款规定,相对人可以要求行为人履行合同约定的义务或者承担赔偿责任,且这个赔偿责任类似违约责任。《民法典》第 504 条在《合同法》的基础上增加"订立的合同对法人或者非法人组织发生效力"的表述似乎也是想表达类似的想法。所以,在《民法典担保解释》的制定过程中,一开始我们是按照《九民纪要》的表述,试图规定"相对人善意的,担保合同有效;相对人非善意的,担保合同无效",但有关部门的同志还是提出最好修改一下,以便与《民法典》的表述相一致。这就是为什么《民法典担保解释》没有采用"有效"和"无效"的表述,而是采用了"对公司发生效力"和"对公司不发生效力"的一个原因。

　　在相对人非善意的情形下,正是因为我们采用的是"对公司不发生效力"的表述,而非"无效"的表述,因此在法律后果上,《民法典担保解释》第 11 条采用的是"参照适用"《民法典担保解释》第 17 条,而非"依照"。我们刚才讲到《民法典担保解释》第 17 条关于担保合同无效之法律后果的规定,用的虽然是"无效"的表述,其实也包括担保合同不成立、无效或者被撤销以及因条件确定不成就或者审批机关不予批准而确定不发生效力等情形,但不包括合同对某一特定当事人不发生效力的情形。所以,既然这里规定的是"对公司不发生效力",那就只能用"参照适用",而非"依照"。

　　当然也有人提出来,在相对人非善意的情况下,既然担保合同对公司不发生效力,那是否对作为行为人的法定代表人发生效力呢? 这确实是一个问题。事实上,我们最开始实际上也意识到《民法典》第 504 条在表述上有变化,本来也想写成担保合同"对公司不发生效力",但就是因为担心有人从担保合同"对公司不发生效力"的规定推测出担保合同对法定代表人发生效力,进而认为无权代表可参照无权代理的规定。刚才讲到无权代理,在相对人是善意的情况下,虽然对被代理人不发生效力,但有可能对相对行为人发生效力。在《民法典担保解释》的制定过程中,有的同志就曾提出是否可以类推适用无权代理的规定来处理法定代表人越权代表提供担保的问题。需要说明的是,这个建议我们没有采纳,因为根据《民法典》第171条的规定,在无权代理的情况下,行为人所订立的合同要对行为人发生效力的话,需要相对人是善意,而法定代表人越权代表的场合,如果相对人是善意,即直接构成表见代表,法定代表人代表公司所订立的合同就直接约束公司,而非约束法定代表人自己;而在相对人非善意的情况下,如果还让法定代表人代表公司订立的合同对法定代表人发生效力,似乎也不符合《民法典》第171条的思路。

我们认为,如果相对人是非善意的,则不构成表见代表,但此时如果公司也有过错,让公司对相对人的损失承担一定程度的赔偿责任,也是可以理解的。至于法定代表人的责任问题,我们后文再谈。这里先说明在相对人非善意的情况下,公司虽然不承担担保责任,但是有可能要承担一定的赔偿责任。

总之,虽然我们没有采用担保合同"无效"的表述,而是用担保合同"对公司不发生效力"的表述,但在后果处理上,却是类推适用担保合同无效的规定,而非类推适用关于无权代理的规定。在此背景下,无论相对人是否善意,法定代表人的越权代表行为都可能给公司造成损失。为此,《民法典担保解释》第7条第2款规定,法定代表人超越权限提供担保造成公司损失,公司请求法定代表人承担赔偿责任的,人民法院应予支持。关于这一款,需要注意两个方面:其一,如果相对人善意且法定代表人构成表见代表,公司就要承担担保责任,公司在承担担保责任之后,可以向法定代表人追偿,因为是你越权签了担保合同,而且又构成表见代表,让公司承担了巨额的担保责任,找你法定代表人追偿,当然是没问题的;其二,在相对人非善意的情况下,如果公司也有一定的过错,那么公司对相对人的损失也要承担赔偿责任,此时公司也仍然可以向法定代表人追偿。关于公司在承担担保责任或者赔偿责任后向法定代表人的追偿问题,《九民纪要》已经有了明确规定,后面我还要详细讲解,这里就不再展开。

第二个重大变化是,《民法典担保解释》第 7 条第 3 款规定,该条第 1 款所称的善意,是指相对人在订立担保合同时不知道且不应当知道法定代表人超越权限。相对人有证据证明已对公司决议进行了合理审查,人民法院应当认定其构成善意,但是公司有证据证明相对人知道或者应当知道决议系伪造、变造的除外。这是《民法典担保解释》关于认定相对人是否"善意"的规定。前文我们讲到,担保合同是否对公司发生效力,取决于相对人是善意还是恶意,这个思路和《九民纪要》的思路是一脉相承的。但是,在对相对人善意的认定标准上,二者有所不同。

《九民纪要》对于相对人善意的判断标准规定得非常清楚,不仅区分了关联担保和非关联担保,而且还明确了相对人对公司决议的审查一般限于形式审查,只要尽到必要的注意义务即可,标准不宜过于严苛。但是大家注意,在这个问题上,《民法典担保解释》没有完全按照《九民纪要》的表述,而是有一个变化:我们在这个地方用的是"合理审查",没有再用"形式审查"。为什么有这样的变化?原因很简单,"形式审查"太容易让人误解,认为只要法定代表人提供了公司决议就行,相对人似乎连决议的内容都可以不看。你读《九民纪要》是不是会读出这个感觉来?它反复在强调形式审查,且标准不宜严苛。但是如果是这样理解的话,我们认为《公司法》第 16 条的目的就很难实现。为什么?前面谈到,《公司法》第 16 条的规范目的是要平衡对外部债权人的保护和对公司运营安全性的保护。为什么《公司法》要规定公司对外提供担保一定要有决议?就是考虑到公司对外担保对公司运营安全性的影响太大。

也正是在这样的背景下,我们认为,**相对人仅仅完成对公司决议的形式审查,是不足以证明其为善意的。而所谓"合理审查",实际上可以称为"有限的实质审查"**。为什么叫"有限的实质审查"?显然,我们无法要求相对人做全面的实质审查,他也不具有全面实质审查的能力,因为全面实质审查公司决议合不合法、有没有效力,那是司法机关才能做到的事情,作为一个民商事主体,不可能承担全面实质审查的任务,且即使审查了,结论也不一定对。因此,《民法典担保解释》规定的合理审查,只能是有限的实质审查。尽管是有限的实质审查,但毕竟包含实质审查的因素,因此相对人就不仅仅要看有没有公司决议,而且要看公司决议的内容,看是否存在非常明显的瑕疵。作为一般的商事主体,比如说银行有一个团队专门用来审查合同,对于一些非常明显的瑕疵,就应该是能看出来。比如,说公司有 10 个董事,参加董事会的只有 3 个董事,还有 7 个董事没有参加会议,董事会决议上就只有三个董事的签字,这个瑕疵应该是能够审查出来的。如果没有审查出来,你就敢说尽到了合理审查的义务?显然不行。所以,我们用了一个"合理审查"的标准。这个标准实际上是要求法官站在一个理性商人的角度,判断相对人是否已经尽到注意义务。如果认为相对人尽到应尽的注意义务,就应当认定其构成善意。

　　第三个重大变化是,我们还对举证责任的分配进行了规定。相对人如果主张自己是善意的,就必须先拿出证据证明对公司决议进行了合理审查。如何证明?你手里得有对方提交的公司决议,否则就无法证明你尽到了审查义务。如果相对人已经拿出证据证明自己已经尽到了合理审查的义务,人民法院就应当认定相对人是善意,除非公司有证据证明相对人知道或者应当知道该公司决议系伪造、变造的。也就是说,如果相对人拿出了公司决议来证明他是善意的,但是公司又拿出证据来推翻,证明相对人知道或者应当知道公司决议是伪造或者变造,那么这个时候就不再认定相对人是善意的。可见,我们在这里对客观证明责任和主观证明责任的分配都作了规定:在相对人善意的认定上,首先将客观的证明责任分配给相对人——你得先拿证据来证明你对公司决议进行了合理审查;此外也对主观证明责任的移转作了规定——一旦相对人拿出证据证明尽到了合理审查义务,就可以形成相对人是善意的临时心证,此时主观的证明责任就移转到公司,也就是公司必须拿出证据来推翻法官已经形成的临时心证,如果推翻不了,那法官的临时心证就完成了最终的心证。可见,《民法典担保解释》在这里就证明责任分配以及证明标准问题都已经作了非常明确的规定。

　　值得注意的是,《民法典担保解释》第 7 条第 1 款还提到了《民法典》第 61 条,将《民法典》第 61 条作为认定法定代表人越权代表所订合同效力的一个重要依据。《民法典》第 61 条共有 3 款,规范目的是什么呢? 显然,这一条文旨在明确法定代表人的法律地位:首先,明确法定代表人是"依照法律或者法人章程的规定,代表法人从事民事活动的负责人"(第 1 款),即法定代表人享有代表权;其次,正是因为法定代表人有代表权,因此"法定代表人以法人名义从事的民事活动,其法律后果由法人承受"(第 2 款);最后,正是因为法定代表人的代表权是法律赋予的,因此法人章程或者法人权力机构对法定代表人代表权的限制,不得对抗善意相对人(第 3 款)。问题是,既然法定代表人的代表权是法律赋予的,是不是法定代表人的任何代表行为都会对公司发生效力呢? 显然也不是。因此,从《民法典》第 61 条的规定,可以推出存在两个例外情况。

其一,该条第 3 款规定"法人章程或者法人权力机构对法定代表人代表权的限制,不得对抗善意相对人",言下之意即是,如果相对人是恶意的,法人章程或者法人权力机构对法定代表人代表权的限制就对其具有对抗效力。为什么《民法典》要将不能对抗的范围限制在善意相对人? 这主要是考虑到相对人可能不知道且不应当知道法人章程或者法人权力机构对法定代表人的代表权进行了限制,但这并不意味着法人章程或者权力机构不能对法定代表人的代表权进行限制。

其二,除了公司章程或者权力机构可以对法定代表人的代表权进行限制,法律对法定代表人的代表权也可以进行限制。法定代表人的代表权既然是法律赋予的,当然法律也就可以限制法定代表人的代表权,否则,也就不存在无权代表的说法,而没有无权代表,自然也就无须表见代表。前面谈到,《公司法》第 16 条关于公司对外提供担保须经公司决议的规定,就是法律对公司法定代表人代表权所进行的限制。也就是说,尽管你是公司的法定代表人,但也并不是什么事情上都可以代表公司。实际上,作为一个理性的相对人,也都应该知道,不是说法定代表人代表公司给你什么东西,你都可以接受,尤其是担保这么高风险的事情,即使法定代表人同意给你提供担保,你也得想想能不能接受? 即使你接受了,法律是不是保护你? 当然,法律也不是说随随便便地去限制法定代表人的代表权,只有在公司对外提供担保这样重大的异常交易问题上,法律才会去限制法定代表人的代表权,其自然也是为了维护公司运营的安全性。

六、越权担保的民事责任之争

在讨论完越权担保的效力问题后,我们再来分析越权担保的民事责任。关于越权担保的民事责任,刚才说到《民法典担保解释》第7条第2款已经作了规定,即法定代表人超越权限提供担保造成公司损失,公司请求法定代表人承担赔偿责任的,人民法院应予支持。这是对法定代表人进行追责的规定,而追责的前提是公司已经承担了担保责任或者是赔偿责任。也就是说,公司因承担担保责任或者赔偿责任而有损失的,可以再向法定代表人去追偿。

在法定代表人越权担保的情形下,如果构成表见代表,公司自然应当承担担保责任,并在受到损失时向有过错的法定代表人追偿,这个没有问题;但问题是,如果不构成表见代表,公司是否应当承担赔偿责任?因为公司追责的前提是公司已经承担赔偿责任,如果公司本不应承担赔偿责任,也就不存在追责的问题。在《民法典担保解释》的制定过程中,对于这个问题也是有争议的。争议在什么地方呢?有同志提出,关于法定代表人越权代表的法律后果,可类推适用《民法典》关于无权代理的相关规定:在不构成表见代表的情况下,代表行为对公司不发生效力,但可以对行为人即法定代表人发生效力。此时,公司无须承担赔偿责任,自然也就谈不上向法定代表人追偿。经研究,我们认为无权代表与无权代理在法律后果上还是存在一些区别,不能简单类推适用《民法典》关于无权代理的规定。如前所述,根据《民法典》第171条的规定,在行为人无权代理的情况下,如果相对人善意但没有理由相信行为人有代理权,则不构成表见代理,但善意相对人有权请求行为人履行债务或者就其受到的损害请求行为人赔偿,只是赔偿的范围不得超过被代理人追认时相对人所能获得的利益。也就是说,此时行为人的行为不能约束到被代理人,但可以约束到行为人自己。这一规定是否可以类推于无权代表呢?根据《民法典》第504条的规定,只要相对人善意,即可构成表见代表,行为人的行为就可以约束到法人,由法人承担合同责任。可见,二者在法律效果上并不相同。那么,在无权代表的情形下,如果相对人不构成善意,能否类推适用相对人善意时无权代理的规则呢?显然也不能,因为在无权代表中,如果相对人不构成善意,就没有让法定代表人承担全部交易风险的道理。最后,在无权代表的情形下,如果相对人不构成善意,能否类推适用相对人非善意时无权代理的规则呢?我个人的意见是可以,即此时合同不仅对公司不发生效力,对行为人也不发生效力,但相对人有权请求有过错的法定代表人承担赔偿责任。

但是,目前的主流观点认为,代表与代理存在重大区别:法定代表人是法人的机关,法定代表人的意思就是法人的意思,法定代表人的过错就是法人自身的过错;与此不同,代理人与被代理人在法律上是两个不同的主体,代理人的意思就只是他自己的意思,代理人的过错也只能是他本人的过错,而不是被代理人的过错。因此,**在无权代理的情形下,除非构成表见代理,被代理人无须承担任何责任,但在表见代表的情形下,即使不构成表见代表,法人也要承担缔约过失责任**。正是在上述观念的影响下,《九民纪要》第 20 条规定,"担保合同无效,债权人请求公司承担担保责任的,人民法院不予支持,但可以按照担保法及有关司法解释关于担保无效的规定处理"。在《民法典担保解释》制定过程中,我对上述理论观点提出质疑,认为上述关于代表与代理的观点已经过时,尤其是将法定代表人的意思理解为是法人的意思、将法定代表人的过错理解为法人的过错,是导致实践中大量纠纷无法获得公平处理的根本原因,也是前述几个典型案例陷入逻辑矛盾的重要原因。以公司为例,根据《公司法》的规定,法定代表人对外享有代表权,但法定代表人的意思绝对不是公司的意思,因为公司的意思应当由公司的经营决策机构依据法定的表决程序以公司决议的形式来体现,法定代表人仅仅是在执行公司决议时代表公司,不能将法定代表人的意思理解为公司的意思。《民法典》第 85 条规定:"营利法人的权力机构、执行机构作出决议的会议召集程序、表决方式违反法律、行政法规、法人章程,或者决议内容违反法人章程的,营利法人的出资人可以请求人民法院撤销该决议。但是,营利法人依据该决议与善意相对人形成的民事法律关系不受影响。"该条是关于营利法人决议撤销之诉的规定,虽然明确规定在决议被撤销的情形下,"营利法人依据该决议与善意相对人形成的民事法律关系不受影响"，同时也说明营利法人是依据"决议"而非法定代表人的个人意思来形成民事法律关系的。

基于上述推理，我提出法定代表人的过错并非公司的过错，而是他个人的过错，因此，在相对人不构成善意的情形下，法定代表人越权代表签订的担保合同无法约束到公司，公司不承担担保责任，相对人有损失的，应首先请求同样有过错的法定代表人承担赔偿责任。至于公司，如果公司确实在选任法定代表人方面或者监督法定代表人方面存在过错，则应对相对人的损失承担补充赔偿责任。如此一来，不仅相对人的交易安全得到了全面的保障，而且公司的运营安全也得到了充分的保护，更加重要的是，作为"罪魁祸首"的法定代表人，也承担了应当承担的责任。相反，如果将法定代表人本人应当承担的过错交由公司承担，且只有在公司承担了赔偿责任后才能向法定代表人追偿，就将可能带来如下问题：其一，可能会"便宜"法定代表人，因为一旦公司无力承担担保责任或者赔偿责任，就可能没有损失，也就无法向法定代表人追偿，法定代表人可能因此逃避责任；其二，在法定代表人越权担保但又不构成表见代表的情形下，法定代表人的过错虽然很大，但是，如果公司仅仅基于自己的过错先向相对人承担赔偿责任，再向法定代表人追偿，就可能导致法定代表人因有公司为其先承担责任而被减轻责任，因为公司的过错往往较小。从实践中的情况看，公司的过错无非两项：第一，选任法定代表人上的过错，例如这个人不诚信，甚至有过犯罪经历，公司将其选任为法定代表人就是选任过错；第二，是监督上的过错，即公司要有一些规章制度去监督制约法定代表人，不是他想干什么就干什么。无论是选任过错还是监督过错，其实认定起来都比较麻烦。除极个别情形外，一般很难认定公司在选任和监督方面有太大的过错，被选任的法定代表人的一贯表现不错，且公司形式上也建立了全面的监督制度。在此情形下，让公司承担过重的赔偿责任，显然对其不公平，因为其承担责任后，是否能够实现对法定代表人的追责，还要取决于法定代表人是否有赔偿能力。但是，如果公司承担的责任太小就无法起到制裁法定代表人的作用，因为公司不可能超出其承担的赔偿责任向法定代表人追责。因此，在以往的司法实践中，不少法官都是按照司法解释确立的最高标准来判决公司承担赔偿责任。

总之,如果顶格判,对公司可能是不公平的,因为公司承担责任之后找法定代表人追偿,法定代表人可能没钱,追偿不了,最后责任还是留在了公司。如果不顶格判,又可能便宜了法定代表人,因为公司只承担一部分责任,而实际上法定代表人的过错是很大的。所以我个人的观点是,应该先由法定代表人承担赔偿责任,公司有过错的可以承担一个补充赔偿责任,这样似乎更合理。也就是说,因为你法定代表人自己的过错,你自己应该独立地去承担赔偿责任,而不是等到公司承担赔偿责任之后再来找你追偿,法定代表人本身自己要承担责任的,只是说公司在有过错的情况下,它需要承担补充赔偿责任。就像《侵权责任法》中安保义务的责任承担一样,受害人在宾馆里面被犯罪分子杀害,那罪魁祸首是犯罪分子,首先由他来承担赔偿责任,当然宾馆有没有过错呢?它也有可能有过错,比如说没有尽到安保义务,那么这个时候宾馆要承担补充赔偿责任。那么,能不能将这一规定类推适用于法定代表人越权代表的情形呢?

在我看来,如果认为法定代表人的过错与公司的过错不同,则先由法定代表人根据其过错程度向相对人承担赔偿责任,只有在法定代表人没有赔偿能力时,再由公司根据其过错向相对人承担补充赔偿责任,既维护了相对人的交易安全,也防止了法定代表人逃避责任,同时使公司在选任法定代表人方面更加谨慎、在加强内部管理方面更加积极。不过由于此种做法可能导致公司承担的责任较轻,在法定代表人普遍出现清偿能力不够的情况下,不少人担心相对人的交易安全无法获得有效的保障。更加重要的是,将法定代表人理解为公司的机关、法定代表人的意思就是公司的意思、法定代表人的过错就是公司过错的观念,至今未能从根本上改变,因此,我提到的上述建议未能获得普遍赞成,最终未能影响到司法解释的制定。

在上述主流观念的影响下,《民法典担保解释》延续了《九民纪要》所确立的规则,即**在不构成表见代表的情况下,先由公司根据其过错向相对人承担赔偿责任,再向有过错的法定代表人追偿**。当然,在明知无法改变主流观念的背景下,我们还是想尽可能解决一些实践中已经出现的问题。例如,在公司没有清偿能力但法定代表人有清偿能力的情况下,如何维护相对人的合法权益? 又如,如果公司在承担赔偿责任后不向有过错的法定代表人追责,如何维护公司股东的合法权益? 为此,我们在向有关部门征求意见的正式稿中,提出了解决上述两个问题的方案:一是当公司因没有清偿能力而无法承担赔偿责任时,相对人可以直接请求法定代表人承担赔偿责任;二是保留《九民纪要》中关于股东代表诉讼的规定,即在公司向相对人承担赔偿责任后未向法定代表人追责而损害到公司利益时,公司的股东可以提起股东代表诉讼。对此,有关部门的同志问道:第一个方案的法理基础是什么? 我们回复说是债权人的代位权。他们认为,债权人代位权的行使有其明确的条件,在公司因没有清偿能力而无力承担赔偿责任时,相对人是否符合代位权的行使条件,有必要作进一步的研究,建议我们删去这一规定。为尽量尊重立法机构的意见,同时考虑到股东代表诉讼在上述情形下是应有之义,最终通过的司法解释同时删去了以上两个方案。

　　不过,在《民法典合同编解释》的起草过程中,这个问题又被提出来。背景是近两年发生了一些房地产"烂尾"问题,从而导致部分购房人因可能无法获得房屋而采取"断供"措施,即不再按时向为其购房提供贷款的银行按期还款付息。这一问题引起中央的高度重视。经调研发现,房地产之所以出现"烂尾",主要原因是开发商挪用预售资金,造成资金链断裂。开发商挪用资金,必然有其法定代表人的参与。于是,有关部门提出要"追首恶",即不能使应当承担责任的法定代表人成为漏网之鱼。在此背景下,我们起草的《民法典合同编解释(征求意见稿)》拟明确规定:"生效法律文书确定法人、非法人组织向相对人承担民事责任,但是法人、非法人组织的财产不足以承担民事责任,又不起诉有过错的法定代表人、负责人,相对人起诉请求其向自己承担民事责任的,人民法院应予支持。"

七、关于无须公司决议的情形

　　关于无须公司决议的情形,在《民法典担保解释》中也有了重大的变化。大家可以看到,《九民纪要》第 19 条规定了四种无须公司决议的情形,而《民法典担保解释》只保留了三种,另外还有一种也作了重大修改。现在保留下来的第 1 项是金融机构开立保函或者担保公司提供担保。它的正当性是毫无疑问的,因为对金融机构来说,开立保函是日常经营活动,自然无须公司决议;对担保公司来说,为他人提供担保也是日常经营活动,也不应需要公司专门为此作出决议。

第 2 项是公司为其全资子公司开展经营活动提供担保,这个有重大变化。《九民纪要》规定的是公司为直接或者间接控制的公司提供担保,不需要公司决议,但《民法典担保解释》把此种情形限缩到了全资子公司。为什么要进一步限缩呢?原因很简单。《九民纪要》之所以规定公司为其直接或者间接控制的公司提供担保不需要公司决议,是因为我们当时认为这种情况可以理解为公司为自己提供担保,而《公司法》第 16 条针对的是公司对外为他人提供担保,所以无须适用《公司法》第 16 条的规定。在很多人看来,公司与其直接控制或者间接控制的公司是一家人,为同一家人提供担保,当然是为共同的利益,其正当性似乎毋庸置疑。但是,就算是一家人,也有一个亲疏远近的问题。父亲给儿子提供担保,一般没问题,可以看作为自己提供担保,因为儿子的也就是你的,你的将来也是儿子的,所以老子给儿子提供担保,这个没问题,但如果是其他亲属就不完全一样了。这个道理用在公司身上也是如此:如果是公司为其全资子公司提供担保,显然没有问题,但是如果被担保的公司不是全资子公司,这里面就可能存在利益输送问题。

什么叫利益输送呢?举一个例子:甲公司控股乙公司,但持股只有 51%,还有 49% 是张三的。现在张三是甲公司的法定代表人,他想让甲公司为乙公司提供担保,如果无须公司决议的话,他就可以通过让甲公司为乙公司承担担保责任将 1000 万元的利益输送给乙公司,因为甲公司对乙公司持股 51%,自然可以从甲公司为乙公司提供的担保责任中获得利益,但其所获的利益只有一部分,另一部分被张三获取了。尽管甲公司在承担担保责任后,也可以向乙公司追偿,但如果当甲公司向乙公司追偿时,乙公司已经没有清偿能力怎么办?显然,此时甲公司将受到损失,并最终导致甲公司的股东受到损失,而张三可能在甲公司没有持股,或者即使有持股,也可能仅持有一小部分股权。所以,通过甲公司对乙公司提供担保，张三就可以合理合法地将利益输送给乙公司，再从乙公司获得个人利益。这就是利益输送。但如果乙公司是甲公司的全资子公司，就不会出现上述问题，因为此时甲公司的利益即使输送到了乙公司，由于乙公司的股东只有甲公司，虽然甲公司因为承担担保责任受到损失，但乙公司却可能因此获益，而且这个利益并没有往外流出，还在自己人手里面。

再看《九民纪要》第19条第3项，即公司与主债务人之间存在相互担保等商业合作关系。这个在《民法典担保解释》中被删除了。对此，很多人不理解。当事人之间存在相互担保，我替你担保，你也替我担保，或者有其他的商业合作关系，包括前文说到为上、下游企业提供担保，过去我们认为这是为了维护良好的商业合作关系，有利于公司的发展。既然是有利于公司的事，为什么一定还要决议呢？我们的理解是，很多事情不能老往好的地方想，法定代表人说我是想为公司好才为他人提供担保，但问题是法定代表人这么想，别人同不同意？且不说法定代表人是不是真的为公司好，即使真为公司好，世界上的事情哪有百分之百地准确，你对外提供担保可能是要维护这个商业合作关系，但是你的回报呢？不一定能全部拿回来。所以，我们的意见是，即使是一个符合公司利益的商业判断，也不能由法定代表人个人来做，因为公司对外提供担保是个大事情，且不说可能因商业判断导致公司受损，更加重要的是担心法定代表人以担保为名来输送利益。实践中也大量发生此类情形。那怎么才能有效防止这个事情呢？只能是通过公司决议。因此，《民法典担保解释》不是说公司不能为有商业合作关系的其他公司提供担保，而只是说公司提供担保必须要有决议。如果真像法定代表人说的公司为他人提供担保是为了维护合作关系，是个双赢或者多赢的局面，就完全可以通过公司决议来解决这个问题。大家都是想挣钱，如果真的符合公司的利益，那其他人反对的可能性也比较小，或者即使有人反对，也可能阻碍不了，因为公司决议采取的是多数决，只要多数觉得公司有为他人提供担保的必要，就可以形成公司决议。所以我们说，公司对外提供担保需要决议，不是说不让公司对外提供担保，只是要求法定代表人在代表公司提供担保时要有公司决议，从而防止损害到其他主体的利益。尤其实践中经常有这样的情况发生,两个公司相互提供担保,我给你提供1000万元的担保,你给我提供的是10万元的担保,不能因为你给我提供了10万元的担保,我就说我给你提供1000万元的担保也不需要公司决议。再说除了相互担保,还有商业合作关系。商业合作关系就更没有边际了,什么叫商业合作关系?刚才说的上、下游企业之间有商业合作,但是大家想一想,一个公司对外提供担保,被担保的债务人和这个公司又有几个没有商业合作关系的?一种是关联关系,即直接控制或者间接控制关系,另一种就是商业合作关系,如果我们把这些都排除在需有公司决议之外,那等于《公司法》第16条将完全被架空,还有什么存在的意义和必要呢?正是在这样一个背景之下,我们坚决把"公司与主债务人之间有相互提供担保等商业合作关系"排除在无须公司决议的情形之外,也就能够理解了。

《九民纪要》第19条第4项将"担保合同系由单独或者共同持有公司三分之二以上有表决权的股东签字同意"也作为无须公司决议的情形。对此,在《九民纪要》制定的过程中就存在激烈的争议。当时征求意见稿规定的是"担保合同系由单独或者共同持有公司二分之一以上有表决权的股东签字同意",即可无须公司决议,后来才改成"三分之二"。为什么要修改呢?其中一个原因是公司对外提供的担保如果不是关联担保,就可以由公司章程选择股东(大)会或者董事会进行决议。如果公司章程选择的董事会,而持股1/2以上的股东签字同意,并不意味着董事会也同意。但是,改为2/3就不一样了,因为签字同意的股东的持股比例在2/3以上,就意味着这部分股东可以决定修改公司章程。这样一来,即使公司章程规定的是董事会,这部分股东也可以将公司章程修改为股东(大)会。当然,《九民纪要》施行后,实践中也有人提出质疑:该项规定中的"有表决权的股东"是否包括被担保的股东?也就是说,在关联担保的情形下,如何处理?显然,如果将"有表决的股东"理解为包括被担保的股东,那么在被担保股东的持股比例在2/3以上时,即随时让公司为自己提供担保,这显然不符合《公司法》第16条第2款和第3款的规范目的。因此根据这两款的规定,对于关联担保的要求应该比非关联担保更加严格。正是因为如此,《民法典担保解释》在保留这一项的同时，也对其进行了修改，明确必须是"对担保事项有表决权的股东"。也就是说，如果是关联担保，则被担保的股东不享有表决权，决议必须由 2/3 以上享有表决权的股东签字同意。

当然，在《民法典担保解释》的制定过程中，也有一些学者表达了对这一项的反对意见，认为这一项应该删掉，理由也很简单：即使规定持股比例 2/3 以上有表决权的股东签字同意，也不能防止大股东通过担保来侵害公司利益，更无法防止利益输送。例如，很多承担有限责任的大股东持有 70% 的股权，也是 2/3 以上，难道他就能一手遮天？那中小股东的利益怎么保护？我们在前面反复讲过，担保行为的特殊性导致它很有可能成为利益输送的工具，虽然持股比例在 70% 的大股东把公司利益输送出去了，对他也有损失，但是你想想，他输送出去的利益可能全被他自己"独吞"，而如果他将利益留在公司里，他只能得到 70%。我们不要想着这是 100 元的事，这有可能是 1 亿元、10 亿元甚至 100 亿元的事，这么大的利益如果留在公司里他只能得到 70%，但如果转移到他自己能够控制的公司，就是 100%，面对如此重大利益面前，又有多少人不会去做这个事？所以我也觉得这个规定是存在问题的。有问题那么为什么不去改正呢？因为我们觉得这个问题是《公司法》本身的问题，现在司法解释将标准提高到 2/3 以上，已经超出《公司法》已有的文义范围，属于填补制定法漏洞的性质，如果司法解释不赞同这一款的做法，则没有法律上的依据。也就是说，即使司法解释不作规定，实践中出现持股 70% 以上的大股东以公司决议的方式对外提供担保，如何认定合同效力？不还是得认定担保有效吗？难道仅仅没有召开股东会就否定合同的效力？即使你今天否定了，明天他不还是可以通过决议来实现对外提供担保吗？尤其是在公司章程本身就规定担保事项属于股东会决议的情形下，甚至无须持股比例在 2/3 以上的股东表决通过就可以作出对外提供担保的决议。

为什么说这个问题是《公司法》本身的问题呢？《公司法》第 16 条规定公司对外提供非关联担保可以由公司章程选择董事会或者股东（大）会决议，我个人认为这是有问题的。问题在什么地方呢？其实，公司对外提供担保，属于公司经营决策的范围，是不应由股东（大）会来决议的,而应该由董事会进行决议。因为如果由股东(大)会决议,那肯定就是大股东说了算,因为股东(大)会是资本多数决,并且股东在股东会上的投票行为,即使损害到公司的利益,也很难追究该股东的责任。但是董事会就不一样。首先,董事在董事会上的表决是根据人数确定而不是资本。有人就说大股东推荐的董事多,代表大股东利益的董事肯定也多,按人数表决和按资本表决又有什么区别呢? 当然有区别,因为每人一票,大家地位相同,这就为追究董事责任提供了基础。根据《公司法》的规定,董事在董事会上进行表决时必须对自己的表决行为负责,因为《公司法》规定了董事负有忠实义务和勤勉义务。一旦董事因违反忠实义务或者勤勉义务造成公司损失,就要对公司承担赔偿责任。例如,如果董事一屁股坐到大股东的利益上,则一旦大股东的利益与公司利益发生冲突,董事就可能因违反忠实义务而被追责。所以,董事虽然可能是大股东推荐的,但一旦被选任为董事,就要忠实于公司的利益,而不能只考虑大股东的利益。他必须清楚他是公司的受托人,而不是大股东的受托人。

当然也有人说,那董事能承担多大的责任呢? 尤其是很多董事没有清偿能力,即使让他承担责任,也无法保障相对人的交易安全。要知道,一旦我们认定董事有责任,就有相应的规则去制裁。在西方国家兴起的董事责任保险也有利于解决这个问题。什么是董事责任保险? 就是公司委任你担任董事时,就会向保险公司买一份保险,一旦董事的行为给公司造成损失而应承担赔偿责任时,就由保险公司来代替偿还。有人担心,既然是保险公司替董事承担责任,而保险费又是由其任职的公司承担,那是不是会带来道德风险? 也就是说,此时董事是不是可以毫无顾忌的违反忠实义务或勤勉义务呢? 这个担忧显然是多余的。因为董事一旦违反忠实义务或勤勉义务而导致保险公司替他承担了责任,那他以后在这个市场上是没法混下去的,因为没有公司愿意再聘用他。之所以会有这样的结果,是因为保险公司基于风险考虑,可能不再接受公司为这个人买保险,或者虽然接受,但保险费率会很高,公司也可能承担不起,所以很多公司会因为代价太大而不敢聘用他。

总之,《公司法》第16条第1款将公司对外提供非关联担保的问题交由公司章程进行选择,存在一定的弊端。也正因为这一弊端,在我们就公司对外提供担保问题进行司法政策的重大调整后,许多问题就会暴露。这就是我们在前面提到的问题。在这一节的开头,我就谈到,公司对外提供担保的问题实际上有三个层面的问题:一是法定代表人违反《公司法》第 16 条的规定对外提供担保的效力如何认定?责任由谁承担?二是公司章程如果选择的是董事会决议,那么当事人拿股东会决议是否有效?或者相反,公司章程如果选择的是股东会决议,当事人拿董事会决议是否有效?三是如果公司章程没有作出规定,是否还需要公司决议?如果需要,是要董事会决议还是要股东会决议?

以前,由于大家认为《公司法》第 16 条是管理性强制性规定,不要求相对人审查公司决议,所以上面提到的第二个、第三个问题很少发生,因此没有引起足够的注意。但现在司法解释要求相对人必须审查公司决议,今后就会遇到大量涉及第二个、第三个问题的案件。对于这些案件的审理,《民法典担保解释》没有作出应对。这同样是因为《公司法》第 16 条存在上述缺陷,司法解释很难作出有效的应对。因为从公司治理的角度看,公司对外提供非关联担保应由董事会进行决议,不能由股东会进行决议,但《公司法》规定公司章程可以选择。这就给司法解释的制定带来了障碍:如果司法解释不允许公司章程做出选择,明显与《公司法》的规定相冲突;但如果顺着《公司法》的思路去解释,又有推波助澜之嫌。与其这样,还不如不规定。所以这个问题,我们只能寄希望于通过《公司法》的修改来解决。

再回到刚才谈到的《民法典担保解释》第 8 条第 1 款第 3 项。这个规定是基于现行《公司法》所作的规定,由于《公司法》本身存在重大缺陷,所以司法解释也无法全面解决由此带来的问题,而只能适当的缓解问题。一旦《公司法》本身作出修改或者修订,则有必要配套修改这一项。

八、上市公司对外提供担保的效力

《民法典担保解释》第 8 条第 2 款规定:“上市公司对外提供担保,不适用前款第二项、第三项的规定。”为什么不适用?是因为上市公司有其特殊性。上市公司是公众公司,涉及众多投资者的利益,在一定程度上带有社会公益的色彩。所谓带有社会公益的色彩,不是说它本身是公共利益,而是指与社会公众的利益密切相关。正因为如此,《民法典担保解释》在《九民纪要》的基础上,就上市公司对外提供担保的问题作了更加详细的规定,其中第 8 条的意思是,除了金融机构出具保函或者担保公司提供担保,所有对外提供担保都需要公司决议。第 9 条则是说,在上市公司对外提供担保的场合,相对人不仅要审查公司决议,而且要审查上市公司的相关信息披露。

可见,《民法典担保解释》第 9 条第 1 款实际上来自《九民纪要》第 22 条。这一款的意思是说,无论上市公司是否就担保事项进行决议,只要相对人根据上市公司公开披露的关于担保事项的信息与上市公司签订担保合同,其交易安全就应当予以保护。为什么这么规定呢? 因为根据《公司法》第 145 条的规定,上市公司必须依照法律、行政法规的规定,公开其财务状况、经营情况及重大诉讼,在每会计年度内半年公布一次财务会计报告。此外,《证券法》第 47 条规定,申请证券上市交易,应当符合证券交易所上市规则规定的上市条件。证券交易所上市规则规定的上市条件,应当对发行人的经营年限、财务状况、最低公开发行比例和公司治理、诚信记录等提出要求;第 80 条规定,发生可能对上市公司、股票在国务院批准的其他全国性证券交易场所交易的公司的股票交易价格产生较大影响的重大事件,投资者尚未得知时,公司应当立即将有关该重大事件的情况向国务院证券监督管理机构和证券交易场所报送临时报告,并予公告,说明事件的起因、目前的状态和可能产生的法律后果。前款所称重大事件包括:(1)公司的经营方针和经营范围的重大变化;(2)公司的重大投资行为,公司在 1 年内购买、出售重大资产超过公司资产总额 30%,或者公司营业用主要资产的抵押、质押、出售或者报废一次超过该资产的 30%;(3)公司订立重要合同、提供重大担保或者从事关联交易,可能对公司的资产、负债、权益和经营成果产生重要影响……

可见,无论是《公司法》还是《证券法》,为保护广大投资者的利益,均要求上市公司对重大交易行为进行信息披露,其中提供重大担保就属于必须进行信息披露的事项。为落实《公司法》和《证券法》的要求,有关证券交易所也都制定了相关规则,对上市公司的信息披露提出了具体要求,进一步明确所有提供担保的交易事项都必须进行信息披露。例如,《上海证券交易所股票上市规则(2020 年 12 月修订)》第 9.11 条中规定,"上市公司发生'提供担保'交易事项,应当提交董事会或者股东大会进行审议,并及时披露"。《上海证券交易所科创板股票上市规则(2020 年 12 月修订)》第 7.1.16 条中规定,"上市公司提供担保的,应当提交董事会或者股东大会进行审议,并及时披露"。《深圳证券交易所股票上市规则(2020 年修订)》第 9.11 条中规定,"上市公司发生本规则第 9.1 条规定的'提供担保'事项时,应当经董事会审议后及时对外披露"。《深圳证券交易所创业板股票上市规则(2020 年修订)》第 7.1.14 条中规定,"上市公司提供担保的,应当经董事会审议后及时对外披露"。

　　阳光是最好的防腐剂。信息披露对于强化监管部门对上市公司监管、完善上市公司自身治理结构、加强对中小股东和投资者利益保护,均具有极其重要的意义。人民法院在处理上市公司对外提供担保的问题时,不仅要考虑到保护相对人的交易安全,也要考虑如何配合金融监管部门对上市公司进行监管、如何通过司法引导上市公司完善公司治理结构以及如何切实保护广大投资者的合法权益。为此,《民法典担保解释》在《九民纪要》的基础上,从正反两个方面对上市公司对外提供担保进行了特别规定。

　　一方面,如果相对人是根据上市公司披露的有关担保事项的信息订立担保合同,则无论上市公司是否就对外提供担保事项作出决议,也不论该决议效力如何,均应对上市公司发生效力,上市公司应该承担担保责任。这主要是保护相对人的合理信赖,既然上市公司的担保交易均须进行披露,自然可以相信经过披露的担保交易信息是可以信赖的,基于这种信赖发生的交易自然应当得到保护。当然,从实践中的情况来看,上市公司既然披露了担保交易的信息,通常是已经就担保交易作出了决议,已经进行了信息披露但未通过决议的情形在实践中极其少见。这也是《九民纪要》和《民法典担保解释》作出上述规定的重要原因之一。

另一方面,如果相对人未根据上市公司公开披露的关于担保事项的信息订立担保合同,即使上市公司已经就对外提供担保事项作出决议,甚至经审查该决议合法有效,上市公司也有权主张该担保合同对其不发生效力,且不承担担保责任或者赔偿责任。这主要是为了保护上市公司以及广大投资者的利益。也就是说,如果相对人只是审查了公司决议,没有进一步审查上市公司是否进行了信息披露,则相对人的交易安全就不值得保护,因为上市公司如果已经就担保事项作出决议但却不按照法律规定或者交易所的规则进行信息披露,里面就有一定"猫腻",相对人就不应该相信,且不能与其进行交易,否则就可能损害广大投资者的利益。

总之,为了落实上市公司的信息披露,《民法典担保解释》第9条进行了全面的规定:第1款规定只要上市公司进行了信息披露,哪怕没有决议或者是伪造、变造的决议,也应保护相对人的交易安全;第2款规定即使有决议,甚至该决议合法有效,但只要没披露,就不能信。这就是一正一反:披露的信息就是我可以相信的,法律也要保护我;如果没有披露,哪怕是有决议,上市公司仍然可以不承担担保责任,且连赔偿责任也不用承担。

刚才我们讲一般公司对外提供担保,即使是法定代表人越权担保导致担保合同对公司不发生效力,公司也要参照《民法典担保解释》第17条的规定承担缔约过失责任。但是对于上市公司,如果是相对人没有审查信息披露导致担保合同对上市公司不发生效力,则上市公司既不承担担保责任,也不承担缔约过失责任,其目的仍然是强化信息披露在上市公司治理中的意义。为什么一定要强化信息披露?就是因为上市公司对外提供担保是长期困扰上市公司的一个非常重大的问题,不少上市公司就是因为对外提供担保被掏空,损害的是广大投资者的利益。所谓"一个巴掌拍不响",实践中之所以出现这么多问题,与相对人"明知故犯"不无关系,即相对人明知上市公司违法违规提供担保,却仍然接受。《民法典担保解释》就是想强调,相对人在与上市公司进行担保交易的时候,要格外小心谨慎,只能以公开披露的信息为准,不能搞"暗箱操作",因为毕竟不仅交易的事项很特殊,是担保交易,而且参与交易主体也很特殊,是上市公司,这涉及广大投资者利益的保护。

此外,《民法典担保解释》第 9 条第 3 款还对上述第 1、2 款的适用范围作了明确规定:第一,相对人与上市公司已公开披露的控股子公司订立担保合同,应适用前两款规定;第二,相对人与股票在国务院批准的其他全国性证券交易场所的公司订立的担保合同,也要适用前两款规定。这一款是根据证监会的建议所作。

1. 上市公司控股子公司对外担保

之所以将上市公司已公开披露的控股子公司也纳入适用范围,是因为现在很多上市公司的资产都在其控制的子公司,如果对这些子公司对外提供担保也像一般公司对外提供担保一样对待,还是不能防止损害到广大投资者利益的事情发生。为此,证券交易所的上市规则明确要求上市公司对于其控股子公司的重大交易行为尤其是担保行为也要进行披露。例如《上海证券交易所股票上市规则(2020 年 12 月修订)》第 7.7 条中规定,"上市公司控股子公司发生的本规则第九章、第十章和第十一章所述重大事项,视同上市公司发生的重大事项,适用前述各章的规定"。《关于规范上市公司对外担保行为的通知》第 1 条中规定,"上市公司控股子公司的对外担保,比照上述规定执行。上市公司控股子公司应在其董事会或股东大会做出决议后及时通知上市公司履行有关信息披露义务"。

至于上市公司控股子公司的范围,各证券交易所大多有明确的界定。例如,《上海证券交易所股票上市规则(2020 年 12 月修订)》第十七章"释义"第 17.1 条规定:"本规则下列用语含义如下:……(九)上市公司控股子公司:指上市公司持有其 50% 以上的股份,或者能够决定其董事会半数以上成员的当选,或者通过协议或其他安排能够实际控制的公司……"《上海证券交易所科创板股票上市规则(2020 年 12 月修订)》第十五章"释义"第 15.1 条规定:"本规则下列用语含义如下:……(十三)上市公司控股子公司,指上市公司持有其 50% 以上的股份,或者能够决定其董事会半数以上成员的当选,或者通过协议或其他安排能够实际控制的公司……"《深圳证券交易所股票上市规则(2020 年修订)》第十七章"释义"第 17.1 条规定:"本规则下列用语具有如下含义:……(九)上市公司控股子公司：指上市公司持有其50%以上的股份，或者能够决定其董事会半数以上成员的当选，或者通过协议或其他安排能够实际控制的公司……"《深圳证券交易所创业板股票上市规则（2020年修订）》第十三章"释义"第13.1条规定："本规则下列用语具有以下含义：……（八）上市公司控股子公司：指上市公司持有其50%以上股份，或者能够决定其董事会半数以上成员组成，或者通过协议或者其他安排能够实际控制的公司……"

值得注意的是，为保护相对人的交易安全，《民法典担保解释》将"上市公司控股子公司"限制在"已公开披露"的范围。也就是说，如果是你作为相对人，不知道且不应当知道对方是上市公司的控股子公司，因而没有审查上市公司的信息披露，还是要按一般公司对外提供担保的规则处理。问题是，作为相对人，如何识别一个公司是否是上市公司的控股子公司呢？一般而言，相对人可以通过检索上市公司公告的途径来确认担保人是否属于上市公司公开披露的控股子公司，因为上市公司通常会在年度报告中披露其子公司的范围，此后还可能通过临时公告的形式披露其通过并购、新设方式新增的子公司。另一个途径是审查该公司的财务报表，如果该公司与上市公司合并报表，则意味着该公司是上市公司的控股子公司。

2. "上市公司"的范围及其认定

《公司法》第120条规定："本法所称上市公司，是指其股票在证券交易所上市交易的股份有限公司。"目前，境内证券交易所包括上海证券交易所、深圳证券交易所，股票在两证券交易所上市交易的股份有限公司包括两交易所主板上市公司、深交所中小板上市公司、深交所创业板上市公司、上交所科创板上市公司。《民法典担保解释》将"上市公司"的范围扩张至股票在国务院批准的其他全国性证券交易场所交易的公司。目前，国务院批准的其他全国性证券交易场所仅有全国中小企业股份转让系统（即"新三板"）。之所以将在新三板"上市"的公司也纳入适用范围，是因为相关的交易规则对这些公司也都有信息披露的要求，其中同样存在保护公众性投资者的问题。也就是说，在"新三板"挂牌"上市"的公司以及该公司已公开披露的控股子公司，都应适用上市公司对外担保的规则。

需要指出的是，从《民法典担保解释》第 9 条第 3 款关于"国务院批准的其他全国性证券交易场所"的表述，也可以倒推出该条前两款所称的上市公司是指股票在国务院批准的全国性证券交易场所交易的公司，即股票在沪、深两个交易所上市交易的公司，不包括在境内登记注册但股票在境外（包括港澳台地区）上市交易的公司。境内登记注册但股票在境外上市交易的公司在境内提供担保，应适用一般公司对外提供担保的规定，但如果其股票同时在境内外上市交易，则应适用上市公司对外提供担保的特别规定。

此外，《民法典担保解释》第 9 条款 2、3 款确立的规则，是通过目的性扩张解释《公司法》第 16 条的结果。也就是说，《公司法》第 16 条并未就上市公司对外提供担保的问题作特别规定，而司法解释从保护投资者利益的目的出发，认为《公司法》第 16 条存在"制定法的漏洞"，将《公司法》与《证券法》关于信息披露的规定扩张至上市公司对外提供担保，并据此将信息披露与合同效力、责任归属等问题联系起来，很显然具有规则创制的性质。因此仅能适用于《民法典担保解释》施行后发生的担保行为，不能适用于司法解释施行前的担保行为。当然，《民法典担保解释》第 9 条第 1 款采用的是狭义的法律解释方法，因为这一规定仅仅是明确相对人因信赖信息披露而应受到保护，显然是通过信息披露倒推上市公司已就对外担保作出决议，仍然属于《公司法》第 16 条如何具体适用的问题。此外，这一规定来自《九民纪要》，而最高人民法院就该纪要发布通知亦明确规定纪要可适用于法律事实发生于纪要施行前但仍处于一审或者二审的案件。

九、一人公司为股东提供担保的效力

最后，《民法典担保解释》还增加规定了一人公司为其股东提供担保的效力认定问题。一人公司能不能为其股东提供担保，是一个争议较大的问题。一人公司为他的股东提供担保，本身是关联担保，按照《公司法》第 16 条的规定，是必须要经股东会决议的。但由于他是一人公司，不存在股东会，且即使开会，由于被担保的股东没有表决权，股东会决议也无法作出,即使作出来也是无效的。那么,在这样一个背景下,是不是一人公司就无法为股东提供担保呢?似乎也不合理,因为独资企业、合伙企业都具有担保能力,能够为其出资人提供担保,作为法人的一人公司为什么就不能呢?

但是,一人公司为其股东提供担保确实存在无法适用《公司法》第16条的问题,这就需要变通。如何变通呢?显然不能要求股东会决议,更不能排除股东的表决权。既不需要股东会决议,也不能排除股东的表决权,那么如何控制此种关联交易给公司债权人带来的风险呢?其实,对于一人公司为其股东提供担保大可不必担心由此给公司债权人带来风险,因为《公司法》对于一人公司,采取的本来就是公司人格否认的推定规则,即除非股东能够证明公司财产独立于股东的个人财产,否则股东就要为公司债务承担连带责任。也就是说,《公司法》本来就推定一人公司的人格与股东的人格是混同的,股东就是公司,公司就是股东,公司为其股东提供担保,就是股东自己为自己的债务提供担保,或者一人公司为自己的债务提供担保,二者承担连带责任即可,自无限制的必要。所以,我们最初想法是,在一人公司为其股东提供担保的场合,股东无法再证明公司财产独立于股东个人财产,如果我们认为担保合同有效,则当公司因承担担保责任而导致无法清偿其他债务时,其他债权人就可以要求公司提供担保时的股东承担连带责任。

但是这个意见后来到了有关部门,他们提出这样的规定是不是与《公司法》的规定有冲突?在他们看来,一人公司在《公司法》上也还是有独立人格的。为了尊重立法机构的意见,我们又在这条加了一句话,即"提供担保时的股东不能证明公司财产独立于自己的财产"。这个实际上是《公司法》第63条所要表述的内容,写在这里其实是一句废话,为什么呢?因为既然是一人公司为其股东提供担保,本来就应该作为一个重要证据认定公司人格与股东个人人格高度混同。另外,第63条本身也采取了推定的人格混同,就是要让股东自己拿证据来证明公司的财产与自己的财产是独立的,所以在上述情形下,股东根本无法证明公司财产独立于其个人财产。之所以写这句话,只是表达《民法典担保解释》的这条规定在制定时是有依据的,依据就是《公司法》第63条。也就是说,在一人公司提供担保的情况下,我们应推定公司人格与股东人格高度混同,而且此时股东根本没有任何机会证明公司财产是独立于自己的财产的,因此,只要公司因承担担保责任导致无力清偿其他债务,其他债权人就可以要求股东承担连带责任。

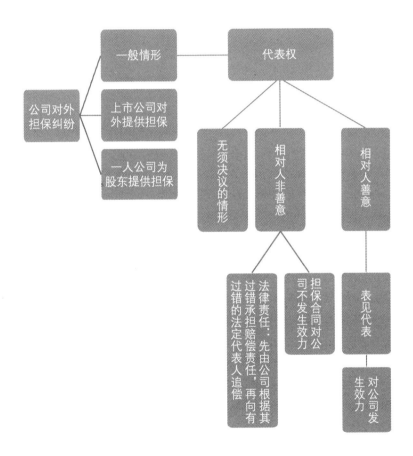

第十二讲

标的违法与担保合同的效力认定

接下来谈标的违法的认定与担保合同的效力问题。我们在讨论担保合同效力的时候，还有一个很重要的因素就是标的是否合法，主要涉及的是抵押合同、质押合同或者其他旨在设立担保物权的担保合同效力的认定。也就是说，如果担保合同的目的是设定担保物权，就可能会涉及担保合同因标的违法而无效的问题，因为担保物权的标的既可能是动产与不动产，也可能是权利，都存在一个是否违法的问题。一旦标的是违法的，就可能会导致担保合同也被认定无效。

前面已经讲过担保合同无效的法律后果涉及的是赔偿责任。担保合同无效则担保人不承担担保责任，仅承担缔约过失产生的赔偿责任。这在担保合同是保证合同的情形下没有问题，但是在担保物权领域，就可能有争议。比如有同志提出，虽然抵押合同被认定无效，但如果债权人已经被登记为抵押权人，且还取得了他项权证，此时债权人还能不能行使抵押权？在讨论司法解释的草案时，我记得在全国律协组织的一次座谈会上，有一位律师提出，说《公司法》第 16 条的范围太广，应该作限缩解释，因为公司对外提供的担保如果是抵押权，且已经办理抵押登记，则即使法定代表人未经公司决议对外提供担保，也不应影响债权人已经取得的抵押权。这个理解对不对呢？显然是不对的。关于这个问题，后面在讲担保物权的取得时还要讲，这里先说一下。

在设立担保物权的过程中，如果抵押合同、质押合同等原因行为被认定无效或者被撤销，究竟是否会影响已经登记的抵押权的效力，对此存在两种立法政策：一种被称为无因原则；另一种则被称为要因原则或者有因原则。所谓无因原则，是指在基于法律行为发生的物权变动中，即使原因行为被认定无效或者被撤销，也不影响物权变动的效力。相反，所谓要因原则，是指合法有效的物权变动必须要有合法有效的原因行为,如果原因行为被认定无效或者被撤销,即使当事人已经办理登记,物权变动也将被认定无效。大家注意,无因原则只有少数国家或者地区采用,来源于物权行为理论,所以也被称为物权行为无因性。我国民法不承认物权行为理论,自然也就不承认物权行为无因性,所以就基于法律行为发生的物权变动而言,我国采用的是要因原则。具体到担保物权的设立,如果抵押合同被认定无效或者被撤销,则即使已经办理抵押登记,抵押权也没有有效设立。当然这里会遇到一个问题,有人会说,不是登记簿上还登记债权人是抵押权人吗?他手里不是有他项权证吗?如何理解?大家注意了,无论是登记簿上的登记,还是权属证书,都不是认定权利的实体依据,当事人是否取得权利要按照法律关于物权变动的规则来认定,无论是权属证书,还是登记簿的登记,都只是公示的方式,它不是权利本身。如果经过法院审理,认定抵押合同无效,抵押权就没有设立,即使债权人被登记为抵押权人,手里也有他项权证,但这只能说明一个问题,那就是不动产登记簿出现了错误,他不是权利人却被登记为权利人,从而导致登记簿的登记与实际的权属不一致。此时抵押人就可以根据《民法典》第220条的规定要求登记机关办理更正登记,实际上就是把抵押权给注销。所以我们可以看到,如果抵押合同被认定无效或者被撤销,对担保物权的设立是会发生重大影响的。

由于担保合同的效力直接影响到担保物权的设立,所以在实践中,不少担保人为了不承担担保责任,需要否定债权人已经取得担保物权,担保人的其他债权人为了否定债权人对担保物享有优先受偿权,也可能会否定担保合同的效力,因为一旦把担保合同的效力否定,担保物权就会被推翻。这也是很多当事人采取的诉讼策略及思路。

一、违法建筑与担保合同的效力

关于标的违法导致担保合同无效的问题,首先涉及的是违法建筑问题。关于当事人以违法建筑设定抵押的效力,《民法典担保解释》第49条有明确规定。这一规定和《担保法解释》的规定在表述上不完全一致。《担保法解释》第48条规定,以法定程序确认为违法、违章的建筑物抵押的,抵押无效。可见,人民法院认定抵押无效,须以建筑物经法定程序确认违法、违章为前提。这当然是有背景的，在人民法院看来，对违法、违章建筑的认定是行政机关的职责范围，不属于人民法院的职责范围，《八民纪要》对此也作了规定。例如这个房子是否属于违法、违章建筑，不应由人民法院进行判断，而需要由行政主管机关来进行认定。

在《民法典担保解释》的制定过程中，我们觉得《担保法解释》的这一条在实践中用得很少，甚至给人民法院的民商事审判工作带来了很多麻烦。为什么会这样呢？原因很简单，就是在民商事审判过程中，不少案件虽然涉及违法、违章建筑，但行政机关并没有以正式文件去确认，所以法官不敢判，但案子又有审限，不能老是拖着等行政机关的确认。例如，在一些案件中，一审法官在行政机关没有确认的情况下认定担保合同无效，但案子到了二审，行政机关又进行了确认，导致一审被改判。在这样一个情况下，人民法院的工作也很被动。为此，《民法典担保解释》第 49 条对《担保法解释》做了修改和完善。

首先，明确规定凡是以违法的建筑物抵押的，抵押合同无效，但一审法庭辩论终结前已经办理合法手续的除外。也就是说，只要建筑物在一审法庭辩论终结前没有取得合法的批准手续，人民法院就应认定以其作为标的物订立的担保合同无效，而无须等待行政机关予以确认。有人会问，如果当事人在一审法庭辩论终结前没有取得合法手续，但在二审阶段取得了合法手续，二审是不是要改判？我们的意见是，如果在一审法庭辩论终结前没有取得合法手续，无论是一审还是二审，都应认定担保合同无效。这里不存在无效合同转化为有效合同的问题。

其次，《民法典担保解释》仅采用"违法建筑"的表述，未采用"违章建筑"的表述。这主要是因为"违章建筑"的范围过广，可能会导致形式违法与实质违法的混淆。从现行法的规定来看，认定建筑物是否违法的一个很重要的标准是有没有取得规划许可证，如果连规划许可证都没有，就将构成实质违章，但如果已经取得规划许可证，其他手续大多数情况下也能办下来。因此，并不是所有违章建筑都不能抵押，仅仅是没有取得建设工程规划许可证的建筑物不能抵押。当然，在当事人以没有规划许可证的建筑物为标的物设定抵押的情况下，虽然抵押合同无效，但这个无效是可以补救或者补正的。如何补正？就是看事后是否已经补办手续,取得建设工程规划许可证。如果在一审法庭辩论终结前已经补办手续,取得建设工程规划许可证,就应认定抵押合同有效;如果没有补办,那担保合同将被认定无效。至于担保合同无效的法律后果,应依照本解释第 17 条规定处理。可见,《民法典担保解释》第 49 条第 1 款所称"合法手续",也是指取得建设工程规划许可证。

最后,《民法典担保解释》在第 49 条增加了第 2 款,当事人以建设用地使用权依法设立抵押,抵押人以土地上存在违法的建筑物为由,主张抵押合同无效的,人民法院不予支持。为什么要增加这一规定呢? 因为实践中常常发生一种特殊情况,抵押人是以合法取得的建设用地使用权设定抵押,双方签订了抵押合同并办理了抵押登记,但是抵押人在土地上建了违法建筑,抵押人就提出如下主张:根据房地一体原则,以建设用地使用权抵押的,效力应及于土地上的建筑物,即建筑物也抵押给了债权人。问题是,既然建筑物也被作为抵押物,是否会导致整个抵押合同无效? 如果建筑物属于违法建筑,且在一审法庭辩论终结前也没有办理合法手续,没有使其合法化,此时,我们是否要认定这个抵押合同无效? 对此,我们的意见是,如果是以已合法取得的建设用地使用权设定抵押,则抵押合同不因土地上面存在违法建筑而无效;只有当事人是以违法建筑设定抵押,抵押合同才可能会因标的违法而无效。总之,这个问题要从两个角度分析:**以建设用地使用权抵押,只要建设用地使用权的取得是合法有效的,抵押合同就是有效的,土地上面的建筑物违法不能作为认定建设用地使用权抵押无效的依据;如果以违法的建筑物抵押,哪怕建设用地使用权的取得是合法有效的,也不足以认定违法建筑物的抵押是有效的。**

二、以禁止或限制流通物担保的效力

实践中,除了违法建筑涉及标的违法,还可能存在一些其他的情况可能也涉及标的违法。例如,《民法典》第 398 条规定,"乡镇、村企业的建设用地使用权不得单独抵押,以乡镇、村企业的厂房等建筑物抵押的,其占用范围内的建设用地使用权一并抵押",这实际上是限制了乡镇、村企业的建设用地使用权的单独抵押。据此,**如果是以乡镇、村的建设用**

地使用权单独抵押的,抵押合同应该被认定无效;但如果是以土地上的厂房抵押,抵押合同应被认定有效,因为建设用地使用权也一并抵押。由此可见,乡镇、村企业的建设用地使用权在法律性质上为限制流通物。也就是说,能够用来抵押的只能是厂房,如果用厂房抵押,则需要将土地使用权一并抵押,不能以建设用地使用权单独抵押。

与乡镇、村企业的建设用地使用权不得单独抵押类似,《民法典》第399条第1项规定土地所有权不得抵押;第2项规定宅基地、自留地、自留山等集体所有土地的使用权不得抵押,但是法律规定可以抵押的除外;第3项规定学校、幼儿园、医疗机构等为公益目的成立的非营利法人的教育设施、医疗卫生设施和其他公益设施不得抵押。不过,乡镇、村企业的建设用地使用权虽然不能单独抵押,但其上的厂房可以抵押,且厂房抵押的效力及于建设用地使用权,而《民法典》第399条第1—3项规定的财产是"不得抵押"。因此,我们可以将前者称为限制流通物,将后者称为禁止流通物。如果当事人以乡镇、村企业的建设用地使用权单独抵押签订的抵押合同将被认定无效,那么,当事人以禁止流通物抵押签订的抵押合同也当然应被认定无效。

值得注意的是,无论当事人以违法建筑抵押还是以限制或者禁止流通物抵押,都属于标的违法,因此,人民法院在认定抵押合同无效时,除了需要援引被违反的法律、行政法规的强制性规定,还需要援引《民法典》第153条第1款的规定。《民法典》第153条第1款规定:"违反法律、行政法规的强制性规定的民事法律行为无效。但是,该强制性规定不导致该民事法律行为无效的除外。"与原《合同法》第52条第5项一样,《民法典》第153条第1款是衔接公法与私法的"桥梁"。也就是说,当事人之间订立的合同违反了公法上的强制性规定,如果应当认定合同无效,就应该依据这一条款。也许有人会质疑:上述《民法典》第398条、第399条第1—3项都是《民法典》本身的规定,如果当事人违反这些规定也要援引《民法典》第153条第1款,是不是说明《民法典》第153条第1款并非仅仅是衔接公法与私法的"桥梁"?在当事人违反私法上的强制性规定时,人民法院是否也可以依据该条作出判决?我的意见是,尽管《民法典》第398条、第399条就限制流通物的抵押问题和禁止流通物的抵押问题作了规定,但对标的物的流通性作出限制或者禁止的,并非《民法典》本身,而是《土地管理法》等公法。也就是说,《民法典》之所以就限制流通物或者禁止流通物的抵押作出规定,是因为公法已经对该标的物的流通性进行了限制或者禁止。《民法典》仅仅是对此作进一步的强调而已。问题是,为什么公法会对某些标的物的流通性进行限制甚至禁止呢?原因很简单,这是基于社会公共利益的需要。也就是说,公法并非无缘无故限制甚至禁止某类财产的流通性,而是基于社会公共利益的需要对某些特定财产的流通性作出限制甚至禁止。例如,根据《土地管理法》第 2 条的规定,我国"实行土地的社会主义公有制,即全民所有制和劳动群众集体所有制",因此"任何单位和个人不得侵占、买卖或者以其他形式非法转让土地",既然土地所有权不能转让,自然也就不得抵押。又如,《土地管理法》第 59 条规定:"乡镇企业、乡(镇)村公共设施、公益事业、农村村民住宅等乡(镇)村建设,应当按照村庄和集镇规划,合理布局,综合开发,配套建设;建设用地,应当符合乡(镇)土地利用总体规划和土地利用年度计划,并依照本法第四十四条、第六十条、第六十一条、第六十二条的规定办理审批手续。"该法第 60 条第 1 款对兴办企业的审批程序进行了规定,第 2 款则规定:"按照前款规定兴办企业的建设用地,必须严格控制。省、自治区、直辖市可以按照乡镇企业的不同行业和经营规模,分别规定用地标准。"此外,该法第 82 条还规定:"擅自将农民集体所有的土地通过出让、转让使用权或者出租等方式用于非农业建设,或者违反本法规定,将集体经营性建设用地通过出让、出租等方式交由单位或者个人使用的,由县级以上人民政府自然资源主管部门责令限期改正,没收违法所得,并处罚款。"总之,《民法典》之所以限制或者禁止某些财产用于抵押,根本原因在于公法对特定财产的流通性进行了严格限制甚至禁止。

三、标的违法与无权处分的区分

需要与标的违法区分的是法律关于处分权的限制以及无权处分的规定。之所以要强调这一区分,是因为实践中很多人对《民法典》第 399 条的规范性质认识不够。《民法典》第 399 条前 3 项规定的是禁止流通物不得抵押,第 4、5 项规定的则既不是禁止流通物,也不是限制流通物,但由于同样在《民法典》第 399 条中被规定为"不得抵押"的标的物,因此,在不少人看来,只要是当事人以这些财产做抵押,抵押合同也应当被认定无效。

我们先来看《民法典》第 399 条第 4 项:所有权、使用权不明或者有争议的财产不得抵押。如果当事人以所有权、使用权不明或者有争议的财产设定抵押,是不是抵押合同就无效呢?我们过去就遇到过这样一个案件:抵押人把一栋楼所占范围的建设用地使用权抵押给了银行,但事后抵押人起诉到法院,请求确认担保合同无效,因为他不想承担担保责任。理由是什么呢?他说,首先,我虽然是用建设用地使用权做抵押,但在设定抵押时上面已经有一栋楼,而这栋楼在我办理建设用地使用权的抵押登记时已经建成,但是没有办理权属证书,也没有办理登记手续,因此这个楼在当时就属于所有权不明的财产。其次,这栋楼不仅所有权不明,它还是有争议的财产。怎么有争议的呢?他说,这栋楼是我跟另外一个公司合作开发的,不是我单独开发的,我虽然有建设用地使用权,但是资金是另外一个公司出的,并且当时我们双方约定的是对于开发后的房屋各占 50%。现在楼盘已经开发出来,但公司并未实际取得应得的房屋,而是被我一并抵押给了银行,现在该公司已经起诉到法院,请求确认其对于 50% 的房屋享有所有权,受理通知书已经到达,是不是有争议的财产?基于这些理由,他请求人民法院认定担保合同无效。

经过审理之后我们认为,如果支持了抵押人的这种主张,银行的交易安全还怎么保障?银行本来是想取得对建设用地使用权的抵押权,因为建设用地使用权是合法的,手续都有,结果上面要是没建筑物还好,现在有了建筑物反倒导致整个担保无效了?显然,这种处理是不公平的。我们再一细细琢磨,就会发现一个问题:直到我们审理这个案件的时候,抵押人都没去办理房产的相关产权证明。是不是没办证,就属于所有权就不明呢?显然也不是。根据原《物权法》第 142 条和《民法典》第 352 条的规定,建筑物的所有权应该归属于对土地享有权利的当事人。也就是说,除非法律另有规定或者有相反证据可以证明的以外,谁有地权谁就取得建筑物的所有权,这里不存在所有权、使用权不明的情形。

而且我们知道,当事人建造房子的行为,在法律上叫事实行为,盖好的房子什么时候取得物权?《民法典》第 231 条的规定:"因合法建造、拆除房屋等事实行为设立或者消灭物权的,自事实行为成就时发生效力。"也就是说,只要事实行为完成(房屋竣工之时),当事人就能自动取得房屋的所有权。由谁取得呢?当然是建设用地使用权人。需不需要去办理登记?所有权的取得是不需要登记的。登记在这里只起到一个宣示的作用,而不是取得标的物所有权的要件。总之,本案中不存在所有权不明的情形。

第二个问题在于,这个房子是你和别人合作开发的,是不是就属于有争议的财产?当然可能是有争议,因为人家已经向法院起诉了,请求分割这栋楼的房屋,当然可以说它是一个有争议的财产。问题是,抵押财产有争议是不是就会导致担保合同无效呢?我们认为这显然不行。如果只要存在争议,就导致担保合同无效,那债权人的交易安全将丧失殆尽,因为抵押人完全可以在抵押合同订立后随便找一个人来起诉债权人,主张这个房子所有权有争议,请求法院认定抵押合同无效。比如我把房子抵押给银行之后,我想赖账怎么办?我找一个张三来起诉我,说我们之间存在权属争议。那你想想,这还有秩序可言吗?也许法院的门都要被挤破,因为抵押人都会找人来起诉自己。所以,基于这样一个情况,我们认为不能说只要存在权属争议,抵押合同就无效。抵押财产权属有争议,人民法院不就是解决争议的吗?抵押人主张抵押财产有权属争议,人民法院就应该确定一下抵押财产究竟是不是抵押人享有处分权的财产,结果有可能是两个:第一,抵押财产是抵押人所有的财产或者抵押人对抵押财产有处分权,当然就不会影响抵押合同的效力;第二,抵押财产不是抵押人所有的财产或者抵押人对抵押财产不享有处分权,充其量构成无权处分。无权处分是不是会影响抵押合同的效力呢?《民法典》没有明确规定,但是我们可以类比买卖合同。不是我的东西,我卖给了张三,这个买卖合同是有效还是无效?这个大家都知道,2012 年《买卖合同解释》第 3 条规定得非常清楚,有没有处分权不影响买卖合同的效力,只会影响合同能不能履行,买受人最后能不能够取得所有权。如果出卖人因没有处分权而无法履行买卖合同,导致买受人无法取得所有权,出卖人就应当承担违约责任。《民法典》通过后,最高人民法院对《买卖合同解释》进行了修改,把这一条删掉了。当然,删掉这一条并不意味着最高人民法院改变立场了,而是因为《民法典》第597条已经对此作了明确规定,即出卖人没有所有权或者处分权,导致不能履行买卖合同,买受人可以要求解除合同,并要求出卖人承担违约责任。买受人请求出卖人承担违约责任的前提是什么?当然是买卖合同合法有效。

正是因为《民法典》第597条已经就无权处分所订立的买卖合同的效力问题作了规定,《民法典》将原《合同法》第51条关于无权处分的规定也废除了,所以《买卖合同解释》也就没有必要再保留原来的第3条了。买卖如此,那抵押就更应如此了,因为买卖是出卖人直接通过合同把所有权转让给买受人,而抵押虽然也涉及对标的物的处分,但毕竟还有一个最后变现即实现抵押权的问题,所以抵押合同更不会因为抵押人没有处分权而无效。

既然抵押人无权处分不影响抵押合同的效力,那么抵押人能否以抵押财产存在权属争议为由主张抵押合同无效呢?显然不能。且不说在抵押财产存在权属争议时抵押人仍可能对抵押物享有所有权或者处分权,即使抵押人对抵押财产不享有所有权或者处分权,抵押合同也不应因此被认定无效。

再来看《民法典》第399条第5项:依法被查封、扣押、监管的财产不得抵押。这里的监管主要是指海关监管,查封、扣押则主要是人民法院进行查封、扣押。因此,一个是人民法院的强制执行措施或者保全措施;另一个是行政机关的监管措施。是不是这些财产一旦用于抵押就都无效呢?这个也是值得我们反思的问题。我们认为财产依法被查封、扣押、监管的,这些措施都是临时性的措施。例如,财产被查封,也可能有解封的时候,财产被扣押,也可能最后又返还给了权利人,尤其是在财产保全时,解除保全或者保全错误的可能性还是比较高的,因此往往要求申请保全的当事人提供担保,以防止给权利人造成损失。此外,海关很可能是因为税收问题才监管货物,一旦当事人缴纳完税,海关就会解除监管措施。所以,如果仅仅以财产被查封、扣押或者被监管为由,否定抵押合同的效力,显然说不过去。

首先,这些措施都是临时性限制权利人对标的物的处分,其目的是保护某个特定主体的利益而不是社会公共利益。以财产被查封、扣押为例,修正后的《最高人民法院关于人民法院民事执行中查封、扣押、冻结财产的规定》(法释〔2020〕21号)第24条第1款规定:"被执行人就已经查封、扣押、冻结的财产所作的移转、设定权利负担或者其他有碍执行的行为,不得对抗申请执行人。"可见,根据上述司法解释,财产权利人在人民法院对财产采取查封、扣押、冻结之后,如果违反处分限制就财产作出转让、设定权利负担或者其他有碍执行的行为,则该行为并非绝对无效,而仅仅是"不得对抗申请执行人"。言下之意,即使在人民法院对财产采取查封、扣押、冻结之后,财产权利人就标的物所作的处分仍属有效,且可以对抗除申请执行人之外的其他所有人,如被执行人或者财产的受让人等,只是不能对抗申请执行人而已。

其次,在当事人以被查封、扣押或者监管的财产抵押时,认定抵押合同无效不利于物尽其用原则的实现。例如,在实践中,常常存在超标的额查封的问题。这个问题有时是执行法院违法违规执行导致的,有时是客观原因导致的,因为被查封的不动产在登记机构只办理了一个不动产登记,执行法院就只能查封整个标的物。例如一栋楼,只办理了一个产权证,现在开发商因欠债被法院查封,法院就只能查封整栋楼,尽管开发商所欠债务在额度上可能远低于该栋房子的价值。在超标的查封的情形下,如果权利人以被查封的财产抵押,只要有人愿意接受,从物尽其用原则的角度出发,也应当是允许的。

最后,认定当事人以被查封、扣押或者被监管的财产设定担保的合同无效,可能导致体系性的矛盾。因为前面谈到,即使当事人对标的物不享有处分权,其签订的抵押合同也不因抵押人没有处分权而受到影响。在当事人对标的物享有处分权的情况下,只是为保护特定主体的利益而限制其对标的物处分,认为抵押合同无效,必然会给人带来轻重失衡的感觉。

四、《民法典》第399条的规范性质

如此说来,《民法典》第399条就显得非常特殊,特殊在什么地方呢?

这个条文与《城市房地产管理法》第 38 条的规定很类似。《城市房地产管理法》第 38 条就"不得转让"的房地产列举了七种情况。很多人一看"不得",以为是法律、行政法规的强制性规定。后来我们分析来分析去发现,这一条不应该理解为法律、行政法规的强制性规定。为什么呢?因为它所列举的情况非常复杂,法律性质各异,根本无法用统一的规则去分析违反某一项规定的行为的性质。先看该条第 3 项,"依法收回土地使用权的"房地产。试想,土地使用权都已经被收回了,你再去转让,那不就是无权处分吗?再看第 4 项,"共有房地产,未经其他共有人书面同意"。这不也是个无权处分的问题吗?当然,并不都构成无权处分,因为在按份共有的情形下,虽然不是所有共有人同意,但只要占份额 2/3 以上的共有人同意,即可构成有权处分。第 5 项,"权属有争议的"。前文谈到,权属有争议既有可能是有权处分,也有可能是无权处分。还有第 6 项,"未依法登记领取权属证书的",也是既有可能是有权处分,也有可能是无权处分,因为哪怕没有领取权属证书,也不意味着当事人没有取得所有权,例如刚才说的盖房子,房子盖好但没去登记,也就还没有取得权属证书,但只要事实行为成就了,当事人就可以自动取得房屋的所有权。

可见,《城市房地产管理法》第 38 条规定的情况很复杂,有些是明确构成无权处分,而有的只是涉嫌构成无权处分。再加上第 1、2 项,问题就更复杂了。暂且不说当事人违反第 1、2 项的规定转让房地产的效力问题,即使是第 3、4、5、6 项,是不是只要违反了,就会导致转让合同无效呢?显然不是。前文谈到,根据《民法典》第 597 条的规定,没有处分权是不影响买卖合同效力的。但是,如果你以违反法律、行政法规的强制性规定为由认定买卖合同无效,那就会与《民法典》的规定直接发生冲突,从而导致《民法典》的相关规定全部被架空。要知道《民法典》第 597 条的规定是总结多年司法实践经验的产物。所以我们不能把这些规定理解为法律、行政法规的强制性规定。

当然也有的同志提出,能不能把《城市房地产管理法》第 38 条理解为是管理性强制性规定而非效力性强制性规定,因为既然是《城市房地产管理法》,那就是管理性强制性规定,不是效力性的,自然不应影响合同的效力。这个观点显然也不对。为什么呢？因为即使是管理性强制性规定，当事人违反后也会有一个公法上的责任，例如行政处罚吧？但是，上述情形大多属于无权处分或者涉嫌无权处分，你说它是管理性的强制性规定，问题是当事人违反后谁来"管理"？比如说共有房地产，其中一个共有人未经其他共有人书面同意将房屋转让了，哪个行政机关来管这个事？没人管！既然没人管，那你说它是管理性的强制性规定，显然也说不过去。从现在最高人民法院的相关司法政策来看，只有《城市房地产管理法》第39条第1款第2项关于"按照出让合同约定进行投资开发，属于房屋建设工程的，完成开发投资总额的百分之二十五以上，属于成片开发土地的，形成工业用地或者其他建设用地条件"的规定是管理性的强制性规定，而该法第38条第1项又指向了第39条，因此，在涉及第39条第1款第1项的情况下，人民法院可以以违反的是管理性强制性规定为由，不认定转让合同无效。但是，对于第38条所列举的其他情形，则不宜认定为管理性强制性规定。

所以，分析来分析去，我们认为，《城市房地产管理法》第38条在规范性质上仅仅是个警示性规范。什么是警示性规范？就是提醒行为人注意的规范。在我看来，《城市房地产管理法》第38条的目的是想告诉行为人，存在下列情形的，最好不要转让房地产，因为你一旦转让，就有可能要承担某种对你不利的法律后果。至于究竟是什么样的法律后果，该条并没有给出答案。到哪里去找答案呢？那就要看各项"不得转让"是来自哪个具体的法律，属于什么性质？比如刚才列举的第3、4、5、6项，有可能最后构成无权处分。无权处分虽然不影响合同效力，但是可能会影响合同的履行，到时候你履行不了，就要对别人的损失承担赔偿责任，这个违约责任也是个很严厉的法律责任。所以立法者提醒你注意的是，最好不要转让，而不是说，你转让了就违法，合同就无效。

大家注意，这个警示性规范是写给行为人看的，而不是写给法官看的。写给法官看的叫作裁判规范，是可以用来作为裁判依据的规范，而警示性的规范是写给老百姓看的，是行为规范。民法上的大量规定，既是裁判规范也是行为规范，因为大量规范是通过裁判来引导行为人的行为，但是恰恰警示性规范和倡导性规范，都只是行为规范，而不能作为裁判规范。例如"不得"就是警示你不要做什么,而倡导性规范就是告诉你最好怎么做,比如说在《民法典》合同编,很多的有名合同中都规定:该类合同一般应当包括下列条款。这就是想告诉老百姓,去签合同的时候最好是要详细一点、全面一点,防止事后发生纠纷。但是不是说少了这一项,就会导致合同不成立或者无效?当然不是。合同成立的要素是很少的,很多内容是可以不需要写的,那为什么《民法典》说最好是包括这些条款呢,就是为了防止纠纷发生。这就是倡导性的规范,它是写给老百姓看的,不是写给法官看的,法官不能依据这一条就直接认定合同不成立或者无效。关于这个问题,由于篇幅所限我们就不详细说了。

《民法典》第 399 条实际上也是这种情况。它是把其他法律规定的一些可能会影响到当事人交易安全的因素列在这个地方,告诉行为人最好不要拿着这个标的物去抵押,因为一旦抵押的话,就有可能需要承担不利的法律后果。问题是,不利的法律后果是什么呢?有的是导致抵押合同无效,你可能要承担赔偿责任。例如,《民法典》第 399 条第 4 项就有可能构成无权处分,出卖人因此履行不了合同,就需要承担违约责任;第 5 项则是想提醒当事人,如果以查封、扣押的财产设定抵押,则抵押权人不能对抗申请查封或者扣押的债权人,如果是以被海关监管的财产设定抵押,抵押权人也不能够对抗海关相应的监管措施,这就是提醒当事人这里面存在重大的风险,最好不要抵押,抵押了就会承担不利的后果,但不能根据这一条直接就认定抵押无效。但是,在有些情形下,还是要直接认定抵押合同无效,比如说对于《民法典》第 399 条第 1、2、3 项,实际上《土地管理法》也已经作了非常明确的规定,例如土地所有权不允许转让,自然也就不允许抵押,还有属于限制流通物或者禁止流通物的财产也不能用于抵押。对于上述情形,必须结合具体行为的性质,再根据相应的法律来认定行为的后果,而不能简单地"眉毛胡子一把抓",直接以违反法律、行政法规的强制性规定为由认定抵押合同无效。

因此,《民法典担保解释》第 37 条就违反《民法典》第 399 条第 4、5 项的法律后果作了明确规定。《民法典担保解释》第 37 条第 1 款规定,当事人以所有权、使用权不明或者有争议的财产抵押的,经审查构成无权处分的,人民法院应当依照《民法典》第 311 条的规定处理,而《民法典》第311条规定的是善意取得。也就是说，即使是以所有权、使用权不明或者有争议的财产抵押，那也只是可能构成无权处分，并非必然构成无权处分；经审查认为，如果构成无权处分，则抵押合同的效力不受影响，但是抵押权能否设立，则取决于是否满足善意取得的条件。也就是说，如果抵押人构成无权处分，即使已经办理抵押登记，债权人也不能基于当事人之间的法律行为取得抵押权，而只能通过善意取得制度取得抵押权。

《民法典担保解释》第37条第2款规定：当事人以依法被查封或者扣押的财产抵押，抵押权人请求行使抵押权，经审查查封或者扣押措施已经解除的，人民法院应予支持。抵押人以抵押权设立时财产被查封或者扣押为由主张抵押合同无效的，人民法院不予支持。这一款表达了两层意思：一是当事人以被查封、扣押的财产进行抵押的，不影响抵押合同的效力；二是抵押权的行使不得影响申请查封或者扣押的债权人的利益。也就是说，抵押合同不因抵押财产被查封、扣押而无效，因此，如果符合抵押权设立的条件，债权人即可取得抵押权，但是由于抵押财产被查封、扣押，抵押权的行使也就受到了相应的限制。在查封、扣押措施被解除的情况下，债权人行使抵押权当然是没问题；但如果查封、扣押措施没有解除，抵押合同虽然有效，抵押权也可能已经设定，但是抵押权的行使不能对抗申请查封或者扣押的债权人。

需要说明的是，上述情形也不同于先办理抵押，后抵押财产被查封、扣押的情况。我先申请查封了这个房子，后来这个房子又被拿去抵押，是一种情形；另一种情形是，我先设定了抵押权，后来这个财产又被查封或者扣押。关于后一种情形，涉及抵押权的实现问题，我们将在抵押权的实现中讨论。这里需要说明的是，《民法典担保解释》第37条第3款规定：以依法被监管的财产抵押的，适用前款规定。也就是说，**以依法被监管的财产抵押，与以被查封、扣押的财产抵押一样，如果监管措施被解除或者过了监管期限，则不仅抵押合同不受影响，而且抵押权人可以行使抵押权；但是，如果监管措施没有解除，也没有过监管期限，那么抵押权的行使可能会受到一定的限制，但这并不意味着债权人没有取得抵押权。**

第十三讲

意思表示瑕疵与担保合同的效力

一、担保人不承担民事责任的情形

接下来讨论的问题是：意思表示瑕疵与担保合同的效力。从整个《民法典》的体例上讲，意思表示瑕疵对合同效力的影响规定在《民法典》总则编。《民法典》总则编的规定原则上可以适用于任何一个具体制度，因此，担保合同的效力也要受到《民法典》总则编的规制。在本篇的开始，我们就讲担保合同效力认定的法律适用问题：首先应当适用特别法，特别法有规定的优先适用特别法（比如说《公司法》第16条），特别法没有规定的，我们就进入到《民法典》了。整个《民法典》相对特别法来说都是一般性的规定，但是《民法典》内部又是采用从特殊到一般的适用顺序，首先看担保物权分编，这一部分中涉及合同效力的特别规定，要优先适用；在担保物权分编没有规定时，要适用物权编通则分编部分的规定；物权编通则部分没有规定时，就找合同编的保证合同部分，因为保证合同担负着担保合同一般规定的功能；保证合同部分没有规定的，就找合同编通则部分的规定；最后，再找《民法典》总则编，其中一个很重要的内容就是意思表示。由于意思表示被纳入《民法典》总则编，因此，物权编中的担保物权部分以及合同编中的保证合同部分都把意思表示对合同效力的影响几乎全部删除了，这是因为适用总则部分的规定即可，无须再特别规定。例如，《担保法解释》规定，有下列情形之一的，保证人不承担民事责任（大家注意，这个不承担民事责任，是指既不承担担保责任，也不承担赔偿责任）：第一，主合同当事人双方串通骗取保证人提供保证；第二，主合同债权人采取欺诈、胁迫等手段，使保证人在违背真实意思的情况下提供保证。显然，这两种情况是《民法通则》第58条第1款第3项和第4项在担保合同中的具体适用。《民法通则》第58

条第 1 款第 3 项规定"一方以欺诈、胁迫的手段或者乘人之危,使对方在违背真实意思的情况下所为的"民事法律行为无效;《民法通则》第 58 条第 1 款第 4 项规定"恶意串通,损害国家、集体或者第三人利益的"民事法律行为无效。可见,《民法通则》当时没有区分法律行为的无效和可撤销,因此无论是在主合同当事人恶意串通损害担保人利益,还是债权人以欺诈、胁迫等手段使担保人提供担保,都将导致担保合同无效。且由于上述情形下担保人对于担保合同的无效并无过错,因此担保人无须承担任何赔偿责任。

不仅这样,《担保法解释》实际上还对一些特殊问题作了进一步的规定,比如说前面谈到的借新还旧中的担保责任。借新还旧在性质上是旧贷消灭、新贷发生,因此旧贷上的担保亦随之消灭。问题是,新贷的担保人要不要承担担保责任或者赔偿责任呢?一般认为,新贷本来是新的借贷关系,且往往写的是流动资金贷款或者其他专项贷款,目的应该是要增强借款人的清偿能力,结果倒好,借款人却拿新贷的钱去还了旧贷。因此,新贷的担保人要不要承担责任,就取决于他有没有被骗。大家注意,《担保法解释》第 39 条第 1 款规定,在主合同当事人约定借新还旧的情形下,除保证人知道或者应当知道的以外,保证人不承担民事责任。这里的保证人仅指新贷的保证人。也就是说,新贷的保证人如果不知道且不应当知道新贷用于偿还旧贷,那保证人就不承担民事责任,因为他被骗了。

此外,《担保法解释》第 40 条规定:"主合同债务人采取欺诈、胁迫的手段使保证人违背真实意思的情况下提供保证的,债权人知道或者应当知道欺诈、胁迫事实的,按照担保法第三十条的规定处理。"这是因为,在实践中不仅存在债权人欺诈或者胁迫保证人,也存在债务人欺诈、胁迫保证人且债权人对此知道或者应当知道,这虽然与恶意串通不完全相同,但保证人也是违背自己的真实意思提供的担保,且没有需要保护的债权人信赖利益,因此不能让保证人承担民事责任。

值得注意的,《担保法》及其司法解释就意思表示瑕疵对担保合同效力的影响以及由此产生的民事责任的问题作了大量的规定,但现在是只有关于借新还旧的规定在修改完善后保留到了《民法典担保解释》

中,而其他相关规定,包括刚才讲到的《担保法》第30条以及《担保法解释》第40条的规定,都被废除了。既没有保留到《民法典》的保证合同或者担保物权中,也没有保留到我们的《民法典担保解释》中。有的同志就会问,这些规定到底还能不能发挥作用?实践中我们怎么处理相应的问题?我们的意见是,这些规定虽然都没有保留,但根据《民法典》与《民法典担保解释》的相关规定,在处理上仍应采取与原《担保法》及其司法解释一致的思路。《民法典》之所以没有保留原《担保法》及其司法解释的规定,是因为《民法典》总则编民事法律行为的部分对于意思表示瑕疵的影响作了统一的规定,因而没有在保证合同或者担保物权的部分再作出特别规定。

由于《民法典》总则编关于法律行为的规定原则上可以适用于任何一种具体的法律行为,因此,在《民法典》物权编与合同编没有特别规定的情形下,就应当适用《民法典》总则编的相关规定。这也是法典化带来的体系效应。不过,虽然《民法典》关于法律行为的规定可以适用于担保行为,但与《民法通则》相比,《民法典》在继受《合同法》的同时,又对《合同法》进行了完善和发展,因而在法律行为方面作出了与《民法通则》不同的规定。例如,《民法典》严格区分了法律行为的无效和可撤销,尽管保留了当事人恶意串通损害他人利益的法律行为无效的规定,但将因欺诈、胁迫发生的法律行为规定为可撤销,而不是无效;此外,《民法典》还增加了第三人欺诈、胁迫亦可导致法律行为被撤销的规定。据此,主合同当事人恶意串通骗取担保人提供担保,仍应认定担保合同无效;不仅债权人欺诈、胁迫担保人可能影响担保合同的效力,而且债务人欺诈、胁迫担保人提供担保也会影响到担保合同的效力,也应视为第三人欺诈、胁迫。也就是说,《担保法》及其司法解释规定的上述情形,在《民法典》中都可以找到相应的解决方案。唯一需要说明的是,《担保法》及其司法解释仅将债权人欺诈、胁迫与债务人欺诈、胁迫规定为保证合同无效,保证人不承担保证责任的情形,在适用范围上过窄,应该适用于所有担保合同,此其一;其二,《担保法》根据《民法通则》所作的规定,将欺诈、胁迫规定为担保合同无效的事由,但《民法典》则将欺诈、胁迫作为认定法律行为可撤销的事由,所以有的同志提出,还是《担保法》及其司法解释更为全面,更有利于对担保人的保护。因为根据《担保法》及其司法解释,担保人主张合同无效不存在除斥期间的限制,而根据《民法典》的规定,担保人请求撤销合同还要受到除斥期间的限制。这个说法虽然有道理,但需要注意的是,除斥期间是从权利人知道或者应当知道有可撤销事由时才开始起算,这是一个很主观的因素,法官完全可以运用这个起算点的规定来充分保护担保人的利益。此外如果确实有证据证明担保人已经知道或者应当知道债权人或者债务人实施了欺诈、胁迫,又不在法定的除斥期间请求撤销担保合同,也不能过分保护担保人。担保人知道有撤销事由,却不去撤销,而是躺在权利上睡觉,那对债权人也可能产生不利的影响。如果担保人及时主张撤销了,债权人就可能再找债务人要求债务人提供其他担保,他就能控制交易安全和风险,但担保人现在都知道有撤销事由或者应当知道有撤销的事由,而不去撤销,债权人就会对担保人产生一种合理的信赖,即认为担保人不会再去撤销担保合同,也就没有动力要求债务人提供其他担保。所以从这个角度上看,《民法典》总则编的规定应该更加科学。

此外,在上述情形下,如果担保合同被认定无效或者被撤销,应适用《民法典担保解释》第17条的规定。在主合同当事人恶意串通以及债务人或者债权人欺诈、胁迫的情形下,担保人通常是没有过错的,因此,无论是适用《民法典担保解释》第17条第1款第3项还是适用该条第2款的规定,都应认定担保人无须承担民事责任,包括赔偿责任。也就是说,在处理结果上,与《担保法》及其司法解释并无重大差异。这也是《民法典担保解释》第17条第1款明确规定债权人有过错但担保人没有过错时,担保人不承担责任的一个重要背景。

二、"名为买卖实为担保"的处理

另一个涉及意思表示瑕疵对担保合同效力影响的问题是"名为买卖实为担保"。我在这个地方先简单地提一下,后面在讨论让与担保时再详细展开。实践中常常发生当事人通过订立买卖合同的方式为债权债务提供担保。这被很多人认为属于《民法典》规定的名实不符的问题。关于名实不符的问题,《民法典》总则编第146条作了规定:行为人与相对人以虚假的意思表示实施的民事法律行为无效。以虚假的意思表示隐藏的民事法律行为的效力,依照有关法律规定处理。这个规定确实为解决名实不符的问题提供了法律依据,例如,过去我们经常遇到所谓"名为联营实为借贷",即名义上是联营、合作,但实际上是民间借贷,当时的司法解释就要求我们不能看"名",要看"实",因为名义上的法律行为是虚假意思表示,当事人真实的意思表示是借贷。又如,后来的国有土地使用权司法解释就房地产合作开发也规定了所谓的"名为合作开发,实为土地使用权转让""名为合作开发,实为房屋买卖"等,这种名实不符的问题,在《民法典》通过施行后,都可以根据《民法典》第146条作出判决。

在担保领域中,也经常出现当事人名义上签的是买卖合同,如房屋买卖合同、股权转让合同等,但实际上当事人是想通过买卖合同为特定的债务如民间借贷提供担保。因此有人称之为"名为买卖,实为担保"。问题是,"名为买卖,实为担保"的结果是什么呢?是不是说买卖合同应当被认定无效?如果买卖合同被认定无效,那担保合同的效力呢?这就涉及让与担保的问题,因为当事人把房屋所有权或者股权转让给对方,既然实际上是为了提供担保,就可能构成让与担保。这是个大问题,也是《民法典担保解释》规定的一个关于非典型担保的重要问题。对于这个问题,我们将在非典型担保中详细展开,这个地方只是埋下一个伏笔。

担保人的追偿

我们下面开始第四篇：担保人的追偿权及其实现。　担保人的追偿权涉及担保人权利的保护，而担保人权利的保护又是担保制度的一项非常重要的内容。　我们在第一篇谈到担保制度一般规则的构建时，就提到应将担保人的权利保护规则作为担保制度一般规则的重要内容，在第二篇谈到担保的从属性时，也提到担保的从属性涉及担保人权利的保护，可见这一问题的重要性。也正因如此，在讨论担保人的追偿权及其实现之前，有必要先就担保人的权利保护体系做一个宏观上的讲解。

第十四讲

担保人的权利保护体系

一、担保人权利保护的基本思路

关于担保人的权利保护，《民法典担保解释》的大致思路是：先确定担保人是否应当承担担保责任，即担保是否有效设立；再确定担保人应当承担的担保责任的范围，即担保人应承担多大的担保责任；最后是确定担保人在承担担保责任后可以向谁追偿以及追偿多少。

关于担保的有效设立问题，既涉及担保的从属性，因为担保的有效设立须以主合同有效为前提，也涉及担保合同本身是否有效成立，而关于这一问题，我们在前面已经详细进行了讲解。在担保没有有效设立的情形下，根据《民法典担保解释》第 17 条的规定，担保人承担的仅仅是缔约过失责任，而非担保责任。因此，只有在担保人有过错的情形下，才依据其过错程度对债权人的损失承担赔偿责任。

在担保有效设立的情形下，还存在一个担保责任范围的认定问题。这里也涉及担保的从属性，即担保责任的范围不能超过主债务的范围。但还应当看到的是，担保责任的范围不能超过主债务的范围仅仅是对担保人的保护措施之一。我们在前面也谈到，对担保人权利的保护还涉及担保责任在范围上的"缩小"，即担保人可能仅须对主债务的一部分承担担保责任，这就并非担保从属性要解决的问题。

最后，在确定担保人所应承担的担保责任或者赔偿责任后，就要解决担保人的追偿权及其实现问题。这里涉及三个方面的问题：一是担保人向债务人的追偿权及其实现；二是承担了担保责任的担保人向其他担保人追偿的问题；三是反担保的法律适用问题。

再次强调，无论担保人向谁追偿，都只能在其应当承担担保责任或赔偿责任范围内按照其实际已经承担的金额依据相关规则进行追偿。

因此,**确定担保责任或者赔偿责任的范围,是确定担保人追偿权的逻辑前提,也是首先必须解决的问题**。而恰恰是在这个问题上,很多人没有给予应有的关注。大家习惯于从担保的从属性来界定担保责任的范围,而未意识到担保责任的范围还可能小于主债务的范围。

二、担保人的抗辩与抗辩权体系

讨论担保的从属性,目的就是让担保人能够享有债务人的抗辩,即通过赋予担保人可以主张债务人所享有的抗辩,从而达到保护担保人合法权益的目的。但值得注意的是,担保人享有的抗辩显然不限于因担保从属性而带来的抗辩。担保人既享有因担保从属性而带来的债务人的抗辩,也应享有担保合同本身给担保人带来的抗辩,因为担保合同是债权人与担保人签订的合同,虽然是从合同,但它也是一个独立的合同。实践中,我们可能会遇到如下情况:主合同的当事人(也就是债权人和债务人)约定了只有债务人满足一定条件时债权人才有义务发放贷款,或者债务人必须将贷款用于特定用途,且债权人有权监督债务人的行为,如果债务人未将贷款用于特定用途,债权人就有权解除合同或者停止发放后续贷款。可见,债权人为保障自己的交易安全在主合同中设计了一些条款,从而使自己享有一定的履行抗辩权或者其他权利,当债务人陷入债务危机或者清偿能力明显降低时,可以通过这些权利的行使防止损失的发生或者扩大。但是,当债务人找到一个很有履行能力或者清偿能力的担保人为其债务提供担保后,即使债权人发现债务人陷入财务危机或者清偿能力明显下降,但由于担保人的信用状况非常良好,债权人也就不再行使主合同约定的权利,因为在债权人看来,即使债务人不能履行债务,也还可以找担保人。也就是说,虽然主合同约定了债权人在什么情况之下可以解除合同,或者是在什么情况之下可以终止或者停止向债务人发放贷款,或者约定了债务人只有在符合一定的条件之下,债权人才有义务提供借款,但是债权人一看担保人的资信状况良好,那又何必再要去管债务人是否有清偿能力呢? 所以,债权人就放弃了他在主合同中享有的抗辩。当然,债权人放弃抗辩的结果就是担保人的风险增大。那么这个时候,担保人能不能主张对因债权人放弃抗辩导致风险增大而发生或者扩大的损失,自己不再承担担保责任呢? 这是一个值得思考的问题。

我在反思这个问题的过程中,就发现一个现象:担保人享有主合同项下债务人的抗辩,《民法典》已经作了明确规定,但是对于担保合同本身产生的抗辩,则关注较少,可担保合同是担保人跟债权人签订的,债权人是不是也有一定的义务? 与此相对应,担保人是否也会有一定的权利? 我当时提供担保就是因为主合同项下债权人有很多的抗辩或者抗辩权,比如说债务人只有符合一定的条件,债权人才有义务发放贷款,债务人不具备条件,债权人就有先履行抗辩权,或者同时履行抗辩权等。从债权人的角度看,他可能认为这是他的权利,自然可以放弃,但对担保人而言,债权人放弃这些权利,就增大了他的风险。因此,在《民法典担保解释》制定过程中,我们曾试图设计一个条文,明确规定:如果主合同约定债务人只有在满足一定条件时债权人才能发放贷款,或者约定了债务人将贷款用于特定用途债权人才发放后续贷款,则债权人因放弃合同约定的权利或者未尽监督义务导致损失发生或者扩大时,担保人不应对因此发生或者扩大的损失承担担保责任。也就是说,当债权人发现债务人有债务危机或者经审查发现债务人不符合放款条件时,尽管是否放款对债权人来说,有可能是债权人的权利,他可以放弃这个权利;但是对于担保人来说,基于担保合同,债权人也有一个减损的义务。如果债权人怠于履行减损的义务,导致损失增加,进而导致担保的范围扩大,那么担保人可以主张对因此发生或者扩大的损失不承担担保责任。

不过这个条文最后被删除了,因为很多同志尤其是实务界的同志提出来,这个条文的出发点是好的,而且实践中也确实存在类似问题,即一旦债务人提供了一个资信非常好的担保人,债权人就可以就完全不顾债务人的情况,即使债务人陷入财务危机,也会履行主合同,从而将风险全部转移给了担保人,但是如果按照上面的规定,也会带来一个问题,即担保人可能会动辄以债权人未尽减损义务为由,主张不承担担保责任。也就是说,虽然这一规定的动机是好的,但是很多法官一看到这个条文,可能就不知所措,不知道这背后到底是什么意思,从而导致这个规定被滥用。如果法官最后都判决担保人不承担责任,就会适得其反。当然,我个人的意见是有这一规定可能比没有规定要好,至于说有些规则可能被滥用的问题,可以通过进一步细化规则来解决。但遗憾的是,最后还是删除了这一规定。

三、格式条款与担保人的权利保护

在讨论这一规定的过程中,也有一种意见提到,即使司法解释作出上述规定,债权人尤其是很多银行也都有对策。例如,现在就有不少银行在担保合同中跟担保人约定,债权人与债务人在主合同中设置的放款条件,都只是针对债务人发生效力,对担保人不发生任何效力,因此担保人不得主张。也就是说,在债权人看来,担保人既然提供了担保,那就应该清醒地认识到自己应该承担的风险,不能借口债权人没有控制风险而不承担担保责任。问题是,这个约定是否有效呢?我个人认为,如果这个约定是格式条款,就要满足《民法典》对于格式条款的规制。根据《民法典》第 496 条第 2 款的规定,提供格式条款的一方应当遵循公平原则确定当事人之间的权利和义务,并采取合理的方式提示对方注意免除或者减轻其责任等与对方有重大利害关系的条款,按照对方的要求,对该条款予以说明;提供格式条款的一方未履行提示或者说明义务,致使对方没有注意或者理解与其有重大利害关系的条款的,对方可以主张该条款不成为合同的内容。此外,《民法典》第 497 条规定,提供格式条款一方不合理地免除或者减轻其责任、加重对方责任、限制对方主要权利以及提供格式条款一方排除对方主要权利,都将导致该格式条款被认定无效。我认为,如果当事人采取格式条款订立合同,且格式条款包含上述内容,那么这个约定确实是有问题的,因为它实际上限制了担保人的主要权利,属于免责条款,应被认定无效。

总之,我们之所以最后没有将债权人的减损义务作为免除或者减轻担保责任的一个重要事由作出规定,不是因为大家觉得这个规定有问题,而主要是很多人担心会出现不可控局面,尤其是导致法官的裁量权过大,将债权人未履行减损义务作为担保人免责的借口。也正因为如此,我的意见是,尽管《民法典担保解释》最终没有就这个问题作出规定,但担保人仍然可以依据《民法典》合同编通则部分的相关规定去主张,因为担保合同也是一种有名合同,且在《民法典》对于担保合同没有特别规定时,自应适用合同编通则部分的规定。《民法典》第591条规定:"当事人一方违约后,对方应当采取适当措施防止损失的扩大;没有采取适当措施致使损失扩大的,不得就扩大的损失请求赔偿。当事人因防止损失扩大而支出的合理费用,由违约方负担。"这个规定同样应当适用于担保合同。也就是说,如果债权人根据主合同的约定享有履行抗辩权或者合同解除权,这些权利在主合同中自然属于债权人的权利;但是,在担保合同中,如果债权人不行使这些权利,则可能构成没有尽到减损义务的证明,因为从担保合同的角度来讲,担保人之所以愿意提供担保,也许正是因为债权人根据主合同的约定享有这些权利,否则,担保人可能就不提供担保。可见,债权人行使主合同约定的权利,对担保人而言可能刚好是债权人履行减损义务的表现。就此而言,即使司法解释没有明确规定,担保人直接依据《民法典》第591条主张救济,也未尝不可。

这是我要讲的第一个问题,即担保人权利保护体系的问题,也是想说明担保人的追偿权仅仅是担保人权利保护的三道制度屏障之一,在运用担保人追偿权保护担保人合法利益之前,应该看到前面还有两道屏障:一道涉及担保合同的效力,主要解决担保人是否应当承担担保责任的问题;另一道涉及担保范围的确定,即担保人在多大范围内承担担保责任。前面两道屏障我们在前两讲都已经讨论过,接下来我们重点讲担保人的追偿权问题。如前所述,担保人的追偿权主要涉及三个方面:一是对债务人的追偿权;二是共同担保人之间是不是有追偿权的问题;三是反担保的问题。

第十五讲

担保人对债务人的追偿权及其实现

首先,我们看担保人对债务人的追偿权。担保人对债务人的追偿权规定在《民法典》第700条。显然,这个条文不仅适用于保证人,也适用于其他的担保人。《民法典》第700条规定:"保证人承担保证责任后,除当事人另有约定外,有权在其承担保证责任的范围内向债务人追偿,享有债权人对债务人的权利,但不得损害债权人的利益。"这一条是非常重要的一个规定,也是争议非常大的一条规定。关于这一点,后面我们还会讲到。

一、担保人追偿权的成立与范围

在讨论担保人对债务人的追偿权时,首先涉及追偿权的成立问题。根据《民法典》第700条的规定,保证人只有在承担保证责任后,才能在承担保证责任的范围内向债务人追偿。但问题是,我们在前面谈到,一旦担保合同无效,担保人虽然无须承担担保责任,但是有可能要承担缔约过失责任,也就是赔偿责任。那么,如果承担的是赔偿责任,能不能够行使追偿权?对此,《民法典》本身没有规定,但是司法解释填补了这个漏洞。《民法典担保解释》第18条第1款规定:承担了担保责任或者赔偿责任的担保人,在责任的范围内向债务人追偿的,人民法院应予支持。也就是说,无论担保人承担的是担保责任还是赔偿责任,只要担保人承担了责任,就可以向债务人追偿。原因很简单,保证人是为了债务人的利益而签订的担保合同,哪怕担保合同无效,他承担赔偿责任不也是因为债务人的利益才承担赔偿责任吗?所以,**即使是担保人承担的是赔偿责任,也应可以向债务人追偿**。

当然,在《民法典担保解释》的制定过程中,对于上面的结论也有争议。有人提出:担保人是因为自己有过错才承担赔偿责任,并不是为了债务人的利益。我们认为,从原因方面讲,担保人确实是为了债务人的利益才签订的担保合同,从而也是因为担保合同无效才产生赔偿责任。另外,这个结论也并不是《民法典担保解释》的一个创造,实际上《担保法解释》就已经明确担保人的追偿权在范围上不限于担保责任,也包括赔偿责任——《担保法解释》第9条规定:担保人因无效担保合同向债权人承担赔偿责任后,可以向债务人追偿,或者在承担赔偿责任的范围内要求有过错的反担保人承担赔偿责任。担保人可以根据承担赔偿责任的事实,对债务人或者反担保人另行提起诉讼。《民法典担保解释》第18条仅仅是对《担保法解释》这一规定的延续。

接下来看追偿权的范围。依据《民法典》第700条的规定,担保人如果承担的是担保责任,自然可以在承担的担保责任的范围内来进行追偿。但是在实践中,有的担保人尤其是担保公司,为了维护好与债权人(往往是银行)的关系,在债权人要求其承担担保责任时,担保人可能会根据债权人的主张承担担保责任,而不管债务人到底还欠多少钱,因为如果等到债务人欠债权人的钱都算清楚了,再根据这个范围承担担保责任,债权人可能就着急了,就会影响到双方的合作关系。在这样一个背景下,不仅会出现担保人主动承担担保责任的情形,还可能出现担保人承担的担保责任在范围上或者数额上高于债务人所应当承担的责任。比如说债务人可能只欠对方100万元,但是担保人由于是主动承担担保责任的,就可能承担的是120万元,因为债权人也可能是按照120万元要求担保人承担担保责任。如果担保人在承担担保责任后向主债务人追偿,那到底是追偿100万元还是120万元? 对此,《民法典担保解释》第3条第2款规定得非常清楚:如果是担保人承担的担保责任的范围超出了主债务人应当承担的责任范围,担保人向主债务人追偿时,只能在债务人应当承担的责任范围内追偿,多的部分是不能追偿的。也就是说,你只能追100万元,因为债务人只欠100万元。那剩下20万元没法追怎么办呢? 没法追着的情况之下,担保人还可以找债权人要求返还,因为这个时候债权人实际上就构成不当得利——债务人只欠债权人100万元,而债权人找担保人要了120万元,那么多要的20万元就应该退给担保人。

　　大家注意,《民法典担保解释》第3条第2款中规定:担保人请求债权人返还超出部分的,人民法院依法予以支持。《民法典担保解释》有的采用的是"应予支持",有的写的是"依法予以支持",这个表述的含义是不一样的:"应予支持"是说,原告提出的诉讼请求符合条文规定的条件,法院必须判决支持;"依法予以支持"则是说,即使原告提出的诉讼请求符合条文规定的条件,也不一定能够得到支持,是否能够得到支持,还要看符不符合其他法律的规定。其他法律的什么规定呢? 例如,既然担保人要求债权人返还不当得利,而不当得利请求权是一个债权,那就要考虑这个债权有没有过诉讼时效。如果诉讼时效期间已经届满,即使担保人享有不当得利请求权,也无法获得人民法院的保护。如此一来,《民法典担保解释》第3条实际上就修改了《担保法解释》第43条规定。《担保法解释》第43条没有规定担保人对于超出部分找债权人要求返还,而只是规定:如果担保人承担的担保责任超出了债务人应当承担的责任,担保人只能在债务人应负的责任范围内向债务人追偿。至于多给的那部分怎么办,虽然《担保法解释》没有明确规定,但《民法典担保解释》予以明确了。

　　接下来是关于利息的问题。关于担保人在承担担保责任后向债务人追偿时,能否根据主合同约定的利率主张利息,是一个争议较大的问题。例如,债权人和债务人在主合同中间约定了一个期内利率,也约定了一个逾期利率,现在的情况是债务人逾期没有还钱,这就要按照逾期利率来计算逾期利息,但这个时候债权人就找到保证人,保证人就替债务人偿还了债务。保证人在承担担保责任后,当然可以找债务人进行追偿。问题是,保证人找债务人追偿,按照哪个标准来计算利息呢? 保证人能不能主张按照主合同约定的逾期利率请求债务人向自己支付利息?

　　刚才我们谈到《民法典》第700条,它的表述是:保证人承担保证责任后,除当事人另有约定外,有权在其承担保证责任的范围内向债务人追偿,享有债权人对债务人的权利,但不得损害债权人的利益。这一规定就可能带来一个争议:保证人可能会提出主张,请求债务人按照主合同约定的逾期利率支付利息,理由是他根据《民法典》第700条取得了债权人对债务人的权利,自然也包括根据主合同请求支付逾期利息的权利;但是,债务人也可能会提出抗辩,认为担保人提供担保是无偿的,不是为了挣钱,如果担保人可以依据主合同约定的逾期利率主张逾期利息,就变相成了盈利行为。当然,债务人的这个理由到底站不站得住脚,实际上争议还是很大的。

我这里有一个案例,大家可以看一看。2021 年 1 月 1 日,因业务急需,A 向 B 借款 100 万元,约定 1 月 10 日还款,借款期限内按 LPR 计息,逾期则按 4 倍 LPR 计算逾期利息。C 为 A 的债务提供连带责任保证。1 月 10 日,C 提醒 A 还款,A 表示没钱。C 不得已挺身而出,当日向 B 履行了保证责任。认真学习了 10 多天《民法典》及相关司法解释后,1 月 23 日,C 信心满满向 A 追偿。对借款期限内本息双方无分歧。对 1 月 11 日开始的利息计算标准,双方各执一词:

A:按 LPR 计算。理由:C 还款是承担他自己保证责任,不是放贷,A 与 C 之间并无逾期利息的协议,应按 LPR 计算资金占用费。

C:按 4 倍 LPR 计算。理由:根据《民法典》700 条的规定,C 还款后享有债权人 B 对 A 的权利,而 A 与 B 对逾期利息有约定,则按其约定。此外,保证人守约还款,却让失约的债务人受益,不符合《民法典》倾向保护保证人的立场。

这个案例实际上就反映了上面提到的争议问题。对此,我们原来曾计划在司法解释中对此予以明确,但是后来因为争议太大,也就放弃了。最初我们提出的方案是支持 A 的主张,即保证人承担保证责任之后,不能按照主合同所约定的利率主张利息,只能按照资金占用费来主张利息。也就是说,保证人在替债务人还钱后,在向债务人追偿时,虽然可以算利息,但是只能按资金占用费计算利息,不能要求按照主合同所约定的利率来计算利息。这个方案来源于实践中发生的一个案例:当事人在主合同约定的逾期利率是 24%,担保人承担担保责任之后,在向债务人追偿时,向债务人也主张按照 24% 计算利息。在这个案子中,因为本金比较高,所以算出来的利息也就非常高。所以我们当时的意见是说,不能按照 24% 来算,只能收取资金占用费,过去是 6%,现在就应该按照 LPR 来计算利息。但是,这个方案后来没通过。在讨论的时候,有人就提出,这个方案虽然有利于保护债务人,认为保证人不应该从担保行为中谋利,但问题是债务人值得保护吗？这个方案不就是便宜债务人吗？本来债务人自己在主合同中做了约定,是有逾期利息的,债务人自己还不了钱,就应该支付逾期利息,现在保证人替你还了之后,按照《民法典》第700条的规定就应享有债权人对债务人的这样一个权利,当然也包括逾期利息。所以最后大家更多的是倾向于这么一个观点:现在的问题不是说保证人赚不赚钱,而是说债务人需不需要特别保护？多数人认为,不能因为保证人替债务人还钱了,债务人还占了一个大便宜。这个大家觉得难以接受,所以最后这个方案就拿掉了。现在看来,多数人可能是支持上面这个案例中C的观点,就是担保人可以请求按照主合同的约定主张逾期利息,这也是符合《民法典》第700条的规定。这个是我们讲到的第一个问题,就是追偿权的性质与范围问题。

二、追偿权在诉讼程序中的实现

第二个问题,关于追偿权在诉讼程序中间的实现,涉及《担保法解释》第42条。该条规定:"人民法院判决保证人承担保证责任或者赔偿责任的,应当在判决书主文中明确保证人享有担保法第三十一条规定的权利。判决书中未予明确追偿权的,保证人只能按照承担责任的事实,另行提起诉讼。保证人对债务人行使追偿权的诉讼时效,自保证人向债权人承担责任之日起开始计算。"值得注意的是,《担保法解释》的这条规定没有保留到《民法典担保解释》中。因此,最近有不少法官来电咨询:《担保法解释》第42条在2021年1月1日之后还能不能用？当然,如果待决案件的法律事实发生在2021年1月1日之前,用这个规定肯定是没问题的,因为本来就要适用法律事实发生时的法律,当然也包括当时的司法解释。问题是,对于2021年1月1日之后发生的法律事实,《担保法解释》的这个规定还能不能用？我的意见是可以继续用,但是不能作为裁判的依据,而只能作为说理的依据,因为《民法典担保解释》之所以没有保留这一条,并非因为这一条与《民法典》相冲突,而是因为我们要控制司法解释的篇幅,如果凡是《担保法解释》与《民法典》不冲突的条文都保留下来,原有的条文就大概有六七十条,这个数量就比较大,很多新的内容就没法再规定了。所以《民法典担保解释》实际上主要解决的是实践中仍然存在的重大疑难问题,我们一再强调问题导向,而不是事事面面俱到。这就导致了很多规定,尽管与民法典并不冲突,而且还能继续用,但没有保留到《民法典担保解释》,其中就包括《担保法解释》第42条。

《担保法解释》第42条实际上明确了担保人对债务人的追偿权在诉讼程序中怎么实现。该条第1款规定:法院在判决保证人承担保证责任或者赔偿责任的,应当在判决书主文中明确保证人享有《担保法》第31条规定的权利。原《担保法》第31条规定的就是担保人对债务人的追偿权。有意思的是,《担保法解释》第42条一方面要求法官"应当"怎么判决,另一方面又规定判决书中未明确追偿权的,保证人只能按照承担责任的事实,另行提起诉讼。因此在实践中,有的法院按照这个规定直接在判决书中明确了担保人对债务人的追偿权,也有的法院没有在判决书中明确担保人对债务人的追偿权。对于没有明确的,担保人就只能另行提起诉讼了。

在清理《担保法解释》的过程中,我的意见是保留《担保法解释》第42条,但还是要进一步修改一下,因为这条规定一方面要求法官应当在判决书主文中明确担保人对债务人的追偿,另一方面又规定如果法官没有这么做,保证人自己还要另行提起诉讼,这等于说法官应该做而没有做的事,后果却由保证人去承担。那不就是说,这个"应当"就变成了"可以"了吗?那还叫什么"应当"呢?所以我提出意见:将"应当"改为"可以",或者如果要保留"应当"的表述,就要删除"另行提起诉讼"的规定,因为一旦法官没有在判决书中明确担保人对债务人的追偿权,担保人就应该有权请求法院以裁定的方式补正,而无须保证人另行提起诉讼。这本来就是顺理成章的事情,但对于我提出的这个方案,大家争议很大。大家主要担心的是:实践中人民法院用裁定补正判决书通常限于纠正一些错别字和一些表述上的错误,而担保人对债务人的追偿权是一个实体性的权利,用裁定补正判决的方式来解决这个问题不合适。当然,这个理由我也同意,但问题是有没有别的方案?至于说,用裁定补正判决的适用范围是否应严格限制在纠正一些错别字或者表述错误,也是值得研究的大问题。据我所知,有些仲裁机构的仲裁裁决在判项上存在遗漏,从而导致当事人依据该仲裁裁决申请人民法院强制执行时遇到障碍,人民法院也可能会给仲裁机构发函,要求仲裁机构补正仲裁裁决在判项上的遗漏。

我最后之所以没有坚持法官应当在判决书中明确担保人对债务人的追偿权,也没有明确规定法官应当通过裁定补正,是因为在调研过程中,很多法官反映:尽管《担保法解释》第42条要求法官应当在判决书中明确担保人对债务人的追偿权,但实际中确实不太好在判决书中明确担保人对债务人的追偿权,且不说债务人并不一定是本案的当事人,即使债务人是本案的当事人,判决书也不好写,因为这个时候担保人承担担保责任的数额并不确定,即使判决书明确担保人对债务人的追偿权,执行机关也不好执行,最后还是得打官司。所以有人提议说,如果要保留《担保法解释》第42条,就维持原样:如果法官认为在判决书中可以明确担保人对债务人的追偿权,最好是明确一下,省得担保人另行提起诉讼;但如果法官认为在判决书不宜明确担保人对债务人的追偿权,也可以不写,就让担保人另行提起诉讼。尽管这一意见不一定有道理,因为担保人承担担保责任数额的不确定性并不影响判决书就其对债务人的追偿权予以明确,但我们最后还是尊重了这种观点。也正因如此,这一条也就没有保留下来,因为在我们看来,如果这一条需要修改,那就有必要规定到《民法典担保解释》中,但是既然多数人认为不需要改,那就没有必要保留到《民法典担保解释》中。按照这个逻辑,我个人的意见是,即使待决案件的法律事实发生在2021年1月1日之后,也还是可以按照《担保法解释》第42条的思路处理担保人对债务人的追偿权,即法官在判决中直接明确追偿权当然更好,但如果觉得有难度,或认为不宜在判决中明确,也可以让担保人另行提起诉讼。这是《担保法解释》第42条第1款,下面看第2款。

《担保法解释》第42条第2款规定:保证人对债务人行使追偿权的诉讼时效自保证人向债权人承担责任之日起开始计算。这一款也没有保留到《民法典担保解释》中,因此也有法官提出这一条到底还能不能用?我们的基本观点是还可以继续用,因为这是符合诉讼时效一般原理的规定,《民法典担保解释》没规定,并不意味着不能用。

三、追偿权在破产程序中的实现

第三个问题,我们简单地讲一下:担保人追偿权在破产程序中的实现。这里讲的破产是指债务人发生破产。也就是说,担保人承担担保责任后,在向债务人追偿时,债务人已经陷入破产,这个时候担保人的追偿权应该怎么处理? 对此,《担保法解释》第 44 条规定:保证期间人民法院受理债务人破产案件的,债权人既可以向人民法院申报债权,也可以向保证人主张权利。债权人申报债权后,在破产程序中未受清偿部分的保证人仍应当承担保证责任。债权人要求保证人承担保证责任的,应当在破产程序终结后 6 个月内提出。可见,在债务人破产时,债权人可以申报债权,也可以向保证人主张权利。当然,如果债权人先申报债权,从破产程序实现部分债权,能拿多少拿多少,拿不到的再找保证人,那就得在破产程序终结后 6 个月内向保证人提出。此时,保证人在承担保证责任后,显然无法通过向破产管理人申报债权实现追偿权,因为破产程序已经终结。这当然也是保证人应当承担的风险。问题是,如果债权人先找保证人承担保证责任,则保证人在承担保证责任后,是否有权通过代位债权人申报债权进行追偿呢? 又或者,债权人一方面申报了债权,另一方面又向保证人主张权利,即一边找债务人一边找保证人,在破产程序终结前,如果保证人承担了保证责任后,他能否通过代位债权人申报债权进行追偿呢?

《担保法解释》第 44 条实际上没涉及保证人承担保证责任后的追偿问题。最高人民法院于 2018 年发布的《全国法院破产审判工作会议纪要》(以下简称《破产审判纪要》)第 31 条就保证人的追偿权作了一个规定:破产程序终结前,已向债权人承担了保证责任的保证人,可以要求债务人向其转付已申报债权的债权人在破产程序中应得清偿部分。也就是说,债权人既可以申报债权,也可以要求保证人承担保证责任,但保证人在承担保证责任之后,就取代了债权人的位置,有权请求债务人转付已申报债权的债权人在破产程序中应得清偿部分。对此,《民法典》第700 条也规定了保证人的清偿代位权,即保证人在承担保证责任后,在承担保证责任的范围内取得债权人对债务人的权利,自然包括要求债务人在破产分配时将债权人应得的部分转付给保证人。另外，《破产审判纪要》第31条还规定：破产程序终结后，债权人就破产程序中未受清偿部分要求保证人承担保证责任的，应当在破产程序终结后6个月内提出；保证人承担保证责任后，不得再向和解或重整后的债务人行使求偿权。也就是说，破产程序终结之后，如果债权人已经在破产程序中受偿了一部分，那么对于没有受偿的部分，债权人也要在破产程序终结之后6个月内向保证人主张保证责任。这个关于6个月的规定，显然是延续《担保法解释》第44条的规定。而之所以规定6个月，是因为这个规定都是针对保证的，而保证期间被推定为6个月，只不过正常情形下是主债务履行期届满6个月，在债务人破产时被改成了破产程序终结6个月。

这里值得注意的是，《破产审判纪要》第31条还规定：保证人承担保证责任后，不得再向和解或重整后的债务人行使求偿权。这主要是考虑到在和解或者重整程序中，债权人已经作出了让步。既然债权人已经作出让步，那保证人再代债权人的位去主张债权人对债务人的权利，就不能再向和解或者重整后的债务人进行追偿。如果保证人再向和解或者重组后的债务人主张行使追偿权，不仅违背了债权人在和解或者重整中作出的承诺，同时也给其他当事人造成了无法预测的风险，因为其他当事人之所以同意参与重整，是因为债权人已经作出让步，结果保证人承担保证责任后来又要求行使债权人的权利，必然就会影响到其他当事人的利益，所以必须限制保证人的追偿权。这是《破产审判纪要》的相关内容。

《民法典担保解释》也有大量内容涉及担保人追偿权在破产程序中的实现。首先，需要注意的是，《民法典担保解释》并未限于就保证人追偿权的实现作出规定，而是针对所有承担了担保责任的担保人，因此没有规定在保证合同部分，而是将相关规则提升到一般规定予以规定，因为不仅保证人要行使追偿权，其他担保人也要行使追偿权。其次，《民法典担保解释》第23条第1款明确规定：人民法院受理债务人破产案件的，债权人在破产程序中申报债权后又向人民法院提起诉讼，请求担保人承担担保责任的，人民法院依法予以支持。这个与《担保法解释》第

44条的思路是一脉相承的,即债权人既可以申报债权,也可以找担保人承担担保责任。最后,《民法典担保解释》第23条第2款中规定:担保人清偿债权人的全部债权后,可以代替债权人在破产程序中受偿。这里需要说明的是,《民法典担保解释》一方面明确担保人可以代替债权人在破产程序中受偿,但同时又对担保人的追偿权作出了限制:在债权人的债权未获全部清偿前,担保人不得代替债权人在破产程序中受偿,但是有权就债权人通过破产分配或者实现担保债权等方式获得清偿总额中超出债权的部分,在其承担担保责任的范围内请求债权人返还。也就是说,担保人要是想代替债权人在破产程序中受偿,那就必须要使债权人的债权全部实现,只要债权人的债权还有没有实现的部分,担保人就不能够代替债权人在破产程序中受偿。这句话可能很多人不太理解。为什么在债权人的债权完全实现之前,即使保证人承担了担保责任,也不能去申报债权呢? 这就涉及《民法典》第700条的规定:保证人承担保证责任之后,有权向债务人追偿,享有债权人对债务人的权利,但不得损害债权人的利益。

《民法典》第700条有一个"但书",即不得损害债权人利益。这是什么意思呢? 在债务人破产的情形下,就有这个"但书"适用的问题。比如说债权人的债权是100万元,保证人现在还了50万元,还有50万元没还(至于为什么保证人只还了50万元,既可能是保证人仅同意承担50万元的保证责任,也可能是保证人也已经没有清偿能力)。此时,债权人还有50万元的债权没有实现,他还可以在债务人破产程序中受偿,但如果担保人也因为还了50万元而向债务人进行追偿,也去申报50万元,是不是就会损害到债权人的利益? 这是肯定的,因为如果担保人不去申报债权,那么破产债权的基数就不包括这50万元,债权人的受偿比例可能就要高一点,但是如果担保人承担担保责任之后,又以申报债权的方式进行追偿,就有可能导致债权人的利益受到损害。《民法典担保解释》的这一条规定,实际上就是为了避免上述情况的发生。

值得注意的是,**担保人代位债权人申报债权,是以债权人的债权全部实现为前提的,而非以担保人承担了全部担保责任为前提,二者是有**区别的。刚才是以保证人为例进行的说明,因为保证人可能承担的是有限的担保责任,即只对整个债权承担一部分保证责任,并不对全部债权承担保证责任,比如说债权人的债权是 100 万元,保证人只答应担保 50 万元。因此,即使保证人承担的是全部保证责任,债权人的债权也没有全部实现。在第三人提供物的担保时,同样也会发生担保人虽然承担了全部担保责任,但债权人的债权并未完全实现。例如,债权人的债权是 100 万元,第三人提供物的担保,而担保物的价值只有 50 万元,从担保人的角度看,他以担保物的价值为限承担了 50 万元的担保责任就是承担了全部担保责任,但此时主债权并没有完全消灭,自然还要继续在债务人的破产程序中去实现债权,如果此时担保人也申报债权,就会导致债权人的利益受到损害。

接下来的问题是:如果债权人向担保人主张担保权利但未获得全部清偿,债权人继续在债务人破产程序中受偿时,是否要扣减已经通过担保人实现的债权? 也就是说,债权人本来是 100 万元,现在债权人找保证人承担保证责任实现了 50 万元,那么,债权人在破产程序中到底是应该按照 50 万元申报债权,还是可以继续按 100 万元申报债权? 这是个很有意思的问题。从《民法典担保解释》的规定看,好像没有规定,但是实际上,《民法典担保解释》已经作了了交代。大家看第 23 条第 2 款的"但书":但是有权就债权人通过破产分配和实现担保物权等方式获得清偿总额超出债权的部分,在其承担担保责任的范围内请求债权人返还。也就是说,在债权人的债权全部实现前,虽然担保人不能申报债权,但如果债权人通过债务人破产程序也拿到了一笔钱,而且这笔钱加上担保人承担的担保责任,超过了债权总额,比如说债权人从破产程序中又获得 60 万元,加上担保人承担的 50 万元,那就是 110 万元。根据《民法典担保解释》的规定,担保人可以请求债权人返还超出的部分,即 10 万元。从这个规定,可以看出,即使债权人从担保人处获得部分清偿,在债务人破产程序中,也应该按照原来的债权总额参与破产财产的分配,而不应该扣减担保人承担的部分。也就是说,债权人原来申报的 100 万元债权,仍然按照 100 万元来算,因为只有按 100 万元算,他才可能拿到 60 万元,也才有可能出现债权人通过破产分配和实现担保物权等方式获得清偿总额超出债权总额的现象,因为如果进行扣减,债权人申报的债权数额已经扣掉担保人承担的部分,就不可能出现二者相加超出债权总额的现象。所以,从这个"但书",我们反推过去,即使债权人的债权已经部分实现,在债务人破产程序中也无须进行扣减。另外,在不扣减的情况下,也可以产生一个推论:**只要债权人的债权没有实现,担保人就不能申报债权**。因为债权人是按债权总额申报的,如果担保人在承担担保责任后也去申报,那对债务人的其他债权人就不公平了,这等于债权人的债权被部分重复进行了计算。这也是为什么我们刚才说到,只要债权人债权没有全部实现,担保人哪怕承担了担保责任,也不能向破产中的债务人行使追偿权,而只能就债权人通过破产分配和实现担保物权等方式获得清偿总额超出债权的部分,在其承担担保责任的范围内请求债权人返还。

当然,如果债权人在债务人破产程序中未获全部清偿,再请求担保人继续承担担保责任,人民法院应予支持。也就是说,债权人不是先找担保人再在债务人破产程序中受偿,而是先在债务人破产程序中受偿,能要多少要多少,回过头再来找担保人。过去,对于债权人的这个选择,很多人认为是有利于担保人,因为看起来担保人承担的担保责任变了,只需对债权人未获清偿的部分承担担保责任。现在看来,其实无论债权人如何选择,结果都是一样,因为债权人即使先要求担保人承担担保责任,但如果他是以全部债权参与破产分配,就可能出现通过实现担保获得的清偿数额与通过破产分配获得清偿数额相加超过债权总额,而担保人仍可要求债权人返还超过的部分。

值得注意的是,《民法典担保解释》延续《破产审判纪要》第 31 条,规定担保人承担担保责任后,向和解协议或者重整计划执行完毕后的债务人追偿的,人民法院不予支持。理由和前面谈到一样,这个时候债权人已经在重整程序中作出了让步,或者在和解协议中作出了让步了,已经行使了他对债权的处分权,而担保人也不过是代位行使债权人的权利,自然不能再向和解或者重整后的债务人追偿,否则就会导致其他当事人的利益受到严重的影响,这个是不合理的。

此外,这里还有一个需要注意的问题,与《担保法解释》以及《破产审判纪要》不同,《民法典担保解释》没有再规定破产程序终结后,债权人就破产程序中未受清偿部分要求保证人承担保证责任的,应当在破产程序终结后 6 个月内提出。《民法典担保解释》通过后,一些法官提出:《民法典担保解释》施行后,这 6 个月还要不要适用? 我个人的意见是不要再适用,有以下几个理由:第一,大家可以注意到,《民法典担保解释》第 23 条规定在"一般规定"中,适用的范围并不限于保证,也包括物的担保人,在第三人提供物的担保的情况下,也要按照这个思路来处理,而 6 个月的规定是按照保证期间来处理的,只能适用于保证,不能适用其他担保,这个是第一个理由;第二个理由,在《民法典担保解释》制定过程中,不少同志提出,无论是《担保法解释》还是《破产审判纪要》,关于"6个月"的规定没有道理,没有正当性,是按照保证期间吗? 但保证期间是可以约定的,而且是从债务履行期届满开始计算,而现在是破产程序终结之日,这两者不可同日而语;第三个也是最重要的一个理由,就是实践中破产程序终结不太好判断,哪一个时点算是破产程序终结,有时候会存在重大争议。也正是在这样一个背景下,我们没有再规定"6 个月",没有再规定,那就不能再适用。这是我个人的意见,不一定完全符合法理,仅供大家参考。

另外,《民法典担保解释》第 24 条还有一个规定,实际上是从《担保法解释》抄过来的,但适当进行了修改:债权人知道或者应当知道债务人破产,既未申报债权也未通知担保人,致使担保人不能预先行使追偿权的,担保人就该债权在破产程序中可能受偿的范围内免除担保责任,但是担保人因自身过错未行使追偿权的除外。也就是说,债权人知道或者应当知道债务人已经破产了,既不去申报债权,也不告诉担保人预先行使追偿权,导致最后担保人在承担担保责任之后再去追偿已经来不及了。这个时候,担保人可以要求在债权人能够通过破产程序受偿的范围内免除承担担保责任。当然,如果是债权人已经告知担保人,而担保人因自己的过错没有申报债权,导致其追偿权无法实现,板子就不能再打在债权人身上,担保人就不能要求免除部分担保责任。

四、担保人追偿权与清偿代位权的关系

第四个问题,追偿权与清偿代位权的关系。通过刚才的阐释,大家

应该也可以看出来,《民法典》第 700 条虽然字数不多,但内容很丰富。我们看到《民法典》第 700 条一方面确立了担保人对债务人的追偿权,即担保人在承担担保责任后,有权在承担担保责任的范围内向债务人追偿,但后面还有一句话,这是与《担保法》及其司法解释有所不同的一点,即明确规定担保人享有债权人对债务人的权利。也就是说,担保人在追偿时,可以享有债权人对债务人的权利,只不过不得损害债权人的利益。担保人享有债权人对债务人的权利,这个制度也被称为清偿代位。

问题是,担保人的清偿代位权和追偿权之间到底是个什么关系呢? 有两种说法:第一种说法可以称为并行说,它认为两者是并行不悖、相互独立并行的关系,清偿代位权是清偿代位权,追偿权是追偿权,这是两种不同的权利,所要解决的问题也不一样;第二种说法可以称为辅助说,认为《民法典》规定清偿代位权只是为追偿权提供一个基础。也就是说,担保人之所以有权向债务人追偿,是因为担保人有清偿代位权,即在承担担保责任后,就在承担担保责任的范围内获得了债权人对债务人的权利。

这两种观点的区别在实践中是否有意义呢? 这关系到《民法典》第 700 条的适用范围。如果按照第一种说法,《民法典》之所以规定清偿代位权,就是要在追偿权之外,赋予担保人一个更大的权利,根据这个更大的权利,担保人不仅可以向债务人进行追偿,还可以向其他共同担保人追偿。持这种观点的学者认为,这才是《民法典》规定清偿代位权的意义所在。但是按照辅助说的意思,《民法典》规定清偿代位权是为了给担保人向债务人追偿提供理论基础。也就是说,虽然《民法典》就担保人对债务人的追偿权已有明确规定,但是也需要为追偿权提供一个法理基础,因此清偿代位权只是辅助实现担保人对债务人的追偿,而不能够作为向已承担担保责任的担保人向其他担保人进行追偿的一个依据,这就是两种学说本质上的区别。

第十六讲

共同担保人之间的追偿问题

在共同担保中,共同担保人之间究竟是否有相互追偿的权利?是不是因为有《民法典》第 700 条,我们就可以认为,在对同一债权有数个担保的情形下,已经承担了担保责任的担保人可以取代债权人的位置,向其他担保人进行追偿?带着这个问题,我们来讨论共同担保中的追偿问题,究竟如何理解《民法典》第 700 条规定的清偿代位权,还是应当把它放到整个担保制度的体系中去思考,而不能简单就事论事。

关于共同担保人之间是否存在相互追偿权的问题,一直以来就是争议非常大的一个问题。关于这个问题的争议,我们可以分为两个层面:在《民法典》编纂完成之前,大家可能更多的是站在立法论的角度进行讨论,就是说从立法政策的角度看,要不要赋予共同担保的担保人相互追偿的权利,是给予他们有追偿权更好,还是不给予他们相互追偿权更好,这是一个层面;第二个层面是站在解释论的角度,就是在《民法典》已经出台的背景下,我们在对《民法典》进行解读的时候,到底是否能够解读出共同担保人之间有相互追偿权?刚才已经谈到,很多人认为通过解释《民法典》第 700 条,共同担保人之间有相互追偿权,这就是解释论的角度。所以,我们在讨论共同担保人之间追偿权的时候,还是要在法律思维上进行区分:到底是站在解释论的立场,还是站在立法论的立场?这就是我们常说的要区分应然与实然:是法律应不应该赋予追偿权的问题,还是说《民法典》本身有没有赋予的问题?当然,从实际情况看,两种思维也可能是相互影响的,我们在解读法律规定时,不可避免地会带有主观倾向,从而在一定程度上也受到立法论的影响,尤其是在法律规则不十分明确的情形下,解释者的立场有时候就决定着解释方法的选择,并最终决定着解释的结论。这在共同担保人之间的追偿问题上体现得就很充分。

一、《民法典》之前的规则变迁及其解释

关于共同担保人之间的追偿问题,法律规则有一个发展过程或者是一个变化过程。《担保法》及其司法解释的态度还是非常明确的:按照《担保法》及其司法解释,不论是什么类型的共同担保——是共同保证还是混合共同担保,抑或是同一债务上面有数个担保人的物权——都是允许担保人之间相互追偿的。例如,《担保法》第 12 条就共同保证明确规定保证人之间是可以相互追偿的;另外,《担保法解释》也规定两个以上的保证人,不管是同时还是分别提供保证,他们之间都构成连带共同保证,而在连带共同保证的情况下,担保人之间是有追偿权的(《担保法解释》第 20 条第 2 款规定,连带共同保证的保证人承担保证责任后,向债务人不能追偿部分,由各连带保证人按其内部约定的比例分担。没有约定的,平均分担)。又如,对于混合共同担保,《担保法》第 28 条虽然没有明确规定担保人之间的相互追偿权,但是《担保法解释》第 38 条第 1 款中对此作了非常明确的规定:承担了担保责任的担保人可以向债务人追偿,也可以要求其他担保人承担其应当分担的份额。另外,《担保法解释》第 75 条第 3 款也规定:抵押人承担担保责任后,可以向债务人追偿,也可以要求其他抵押人清偿其应当承担的份额。

可见,从《担保法》及其司法解释的相关规定来看,不仅立场是非常明确的,而且逻辑是统一的:只要是同一债务上有两个以上的担保,不管该担保是人的担保还是第三人提供的物保,担保人之间都是可以相互追偿的。

这种统一的局面后来发生了变化,变化来自《物权法》。《物权法》在立法政策上发生了重大的变化,但是由于《物权法》只能就担保物权作出规定,无法规定人的担保即保证,因此也只能就人保和物保同时存在的混合共同担保作出规定。这就是有名的《物权法》第 176 条。将《物权法》第 176 条与《担保法》及其司法解释(尤其是与同样处理混合共同担保问题的《担保法解释》第 38 条)进行比较,大家可以看得很清楚二者之间的不同:《物权法》第 176 条仅规定提供担保的第三人承担担保责任后,有权向债务人追偿,压根就没提能不能向其他的担保人追偿。

既然没有提到担保人之间能否追偿,那么争议就来了:一种观点认为,既然《物权法》没有规定,就仍可以继续适用《担保法解释》第38条,这被称为"肯定说";另一种意见则认为,从立法者的角度来看,如果认为《担保法解释》第38条的规定可以继续适用,就会明确作出规定,现在既然《物权法》第176条没有规定,那就表示立法者不赞同混合共同担保中的担保人相互之间能够追偿,这被称为"否定说"。由于《物权法》的起草者确实是有意不再规定混合共同担保中担保人之间的追偿权,因此否定说成为主流观点。

但是,对于否定说,很多学者不仅从解释论的角度进行了批判,也从立法政策的角度进行了批判。他们认为,如果不允许混合共同担保中担保人之间相互追偿,至少会带来以下两个方面的问题:

第一,从解释论的角度看,违反物保和人保平等的原则,造成法律体系内在的不和谐。刚才谈到,《担保法》及其司法解释没有区分共同担保的类型,而是一律规定共同担保人之间可以相互追偿。这就意味着人保和物保是平等的。如果认为《物权法》不承认混合共同担保中担保人之间可以相互追偿,那么问题就来了:由于《物权法》调整范围有限,共同保证仍需要继续适用《担保法》及其司法解释,因此就会出现共同保证中保证人可以相互追偿,而混合共同担保中担保人之间不能相互追偿的局面,这显然不利于法律体系的统一,也有违人保和物保平等的原则。

第二,从立法政策的角度看,可能造成担保人之间的不公平,且容易诱发道德风险。为什么会担心出现道德风险呢?因为一旦不允许共同担保人之间相互追偿,就肯定会有"冤大头":几个人同时提供担保,最后债权人找到其中一个担保人,他承担了全部担保责任,却不能向其他担保人追偿,而债务人这个时候可能又没有清偿能力,他向债务人的追偿权也就可能无法实现。在很多人看来,这对承担了担保责任的这个担保人来说是不公平的,因为他一人承担了担保责任,而其他担保人却因此免责。大家就思考,这个不公平是什么原因造成的呢?因为债权人可以选择任何一个担保人承担担保责任。也就是说,相对债权人而言,担保人是平等的。在这个背景下,担保人就会趋利避害,会想尽办法不被债权人选中成为承担担保责任的那个担保人。如何才能不被债权人选中呢？有两个办法：一是"买通"债权人，就是给债权人一定的好处，让债权人别找自己，这就可能产生"贿赂"债权人的问题；二是担保人直接从债权人那里把这个债权给"买"回来，将自己变成债权人，或者通过与自己有关联关系的企业或亲朋好友将债权"买"回来，再以债权人的身份向自己之外的其他担保人主张担保权利。此外，实践中还可能发生案子判完进入执行程序后，有的担保人为了不承担担保责任而贿赂执行法官的现象。这就是所谓的"道德风险"。

当然，也有人指出，尽管不允许混合共同担保的担保人之间相互追偿会带来一些问题，但如果允许混合共同担保的担保人之间相互追偿，从立法政策的角度看，也会带来很多其他的问题。例如，如果允许担保人之间相互追偿，就可能带来循环追偿的问题，即承担了担保责任的担保人在向其他担保人追偿时，如果某个被追偿的担保人没有清偿能力，则还要进一步就该损失要求有清偿能力的担保人分担。如此一来，就会因追偿问题形成诉累。尤其应看到，由于人民法院在审理已经承担担保责任的担保人向其他担保人追偿的案件时，可能并不知道究竟有多少个共同担保人，因此，在计算每个担保人应当分担的份额时，就会无所适从，而如果仅仅根据已知的担保人来分配份额，一旦事后再发现另有其他担保人，就会出现重复追偿的问题，这在程序上就很不经济。

对于肯定说谈到的不公平和道德风险问题，否定说则认为，担保人既然在提供担保时并未就担保的范围进行特别约定，也未明确要求与其他担保人分担责任，那就应该意识到自己有可能要承担全部的担保责任。也就是说，在没有特别约定的情形下，由担保人承担全部担保责任且不能相互追偿，是符合担保人的预期的。相反，在主债权已因其他担保人承担担保责任而消灭的情形下，突然冒出来一个人进行追偿，反倒是超出了担保人的意料，对未承担担保责任的担保人可能是不公平的。

此外，还有学者提到另外一个公平问题：在共同担保的情形下，债权人是选择其中一个担保人主张权利还是同时选择其中几个担保人同时主张权利，常常是有商业考量在里面的。例如，债权人选择 A 承担担保责任，没有选择 B 和 C，很有可能是因为债权人跟 B 和 C 已经达成了其他协议，在商业上有其他安排，但现在 A 承担了担保责任又去找 B 和 C

追偿,就等于破坏了债权人跟 B 和 C 之间的整体安排,因为 B 和 C 之所以答应与债权人进行其他交易,很可能是因为债权人答应不选择他们承担担保责任。

总之,对于《物权法》第 176 条的理解与适用,在《物权法》通过之后,就是一个争议极大的问题。关于这个问题的讨论很多,相关的文章也是汗牛充栋。当然,影响最大的仍然是立法机关的意见。《九民纪要》第 56 条规定:"被担保的债权既有保证又有第三人提供的物的担保的,担保法司法解释第 38 条明确规定,承担了担保责任的担保人可以要求其他担保人清偿其应当分担的份额。但《物权法》第 176 条并未作出类似规定,根据《物权法》第 178 条关于'担保法与本法的规定不一致的,适用本法'的规定,承担了担保责任的担保人向其他担保人追偿的,人民法院不予支持,但担保人在担保合同中约定可以相互追偿的除外。"这显然是在充分尊重立法机关意见的基础上所作的规定。[1] 当然,《九民纪要》在否定混合共同担保人之间相互追偿的同时,还有一个"但书",即"担保人在担保合同中约定可以相互追偿的除外"。大家一定要注意,这里规定的是担保人在担保合同中进行约定,而担保合同是担保人跟债权人签订的,如果是担保人在与债权人签订担保合同时约定可以向其他担保人追偿,能不能对其他的担保人发生效力?显然不行,因为根据合同的相对性,这个约定是不能约束到其他担保人的。因此,《九民纪要》规定的这个约定,实际上是指担保人之间的约定,而不是说担保人与债权人的约定。至于是不是一定要在担保合同中约定,则不是重点。

二、《民法典》的新变化及其引起的争议

当然,无论是《物权法》第 176 条,还是《九民纪要》第 56 条,涉及的

[1] 参见最高人民法院民事审判第二庭编著:《〈全国法院民商事审判工作会议纪要〉理解与适用》,人民法院出版社 2019 年版,第 352 页。关于《物权法》第 176 条的立法原意,可参见胡康生主编:《中华人民共和国物权法释义》,法律出版社 2007 年版,第 381—382 页。需要说明的是,由于《民法典》第 392 条未对《物权法》第 176 条进行任何修改,说明有关部门至今仍然坚持这一观点,参见黄薇主编:《中华人民共和国民法典释义(上)》,法律出版社 2020 年版,第 755 页。

都只是混合共同担保,而未涉及其他共同担保。在《民法典》施行前,对于其他共同担保,则仍按照《担保法》及其司法解释处理。这确实会造成体系上的不统一和不协调。对于此种局面,持否定说的学者给予了回应,认为规则的不统一源于人保和物保存在一定的差异。例如,有学者认为保证人与债权人之间发生债权债务关系,而物上担保人则与债权人之间不存在债权债务关系。此外,也有学者认为,之所以将混合共同担保区别于其他共同担保,可能是因为立法者要给予保证人以优待,其理由是:与物上担保人仅以标的物的价值为限承担担保责任不同,保证人是以其全部责任财产承担担保责任。尽管这些观点在当时法律规则出现不统一的情形为"自圆其说"提供了理论基础,但如果不是放在这一背景下去分析,这些观点也是值得商榷的。例如,通常情形下,担保物权的设立须物上担保人与债权人订立担保合同,此担保合同虽然系为设定担保物权而订立,但在担保物权未设立时,在物上担保人和债权人之间是否也会发生债权债务关系? 对此,《九民纪要》第 60 条已给予明确回应,认为此时物上担保人亦应在担保物价值范围内承担担保责任。可见,在担保物权未设立时,物上担保人与保证人仅在担保范围上存在区别(物上担保人是否受保证期间的保护,有争议),但在性质上都是担保责任,二者并不存在本质性的差异。进而言之,在担保物权已经设立的情形下,债权人虽然取得物权性质的担保权,可以就标的物的价值优先受偿,但这是否意味着物上担保人与债权人之间没有债权债务关系呢? 答案显然是否定的,因为债权人就标的物优先受偿是针对物上担保人的其他债权人而言的,就物上担保人与债权人的关系而言,仍应解释为债权债务关系,即债权人对物上担保人享有就标的物的价值优先受偿的权利,而物上担保人亦负有配合债权人就标的物的价值优先受偿的义务。

至于保证人是否承担了较之物上担保人更重的担保责任而需法律给予特别保护,也值得检讨。《担保法》第 28 条规定:"同一债权既有保证又有物的担保的,保证人对物的担保以外的债权承担保证责任。债权人放弃物的担保的,保证人在债权人放弃权利的范围内免除保证责任。"据此,有人认为《担保法》采取的是保证人绝对优待主义的立法体例。但是,《担保法解释》对《担保法》第 28 条进行了目的性限缩解释,认为应区分物保的提供者是债务人还是第三人而异其效力。根据《担保法解释》第 38 条的规定,只有在物保由债务人提供的情形下,才能适用《担保法》第 28 条的规定;在物保由第三人提供的情形下,债权人可以选择保证人或者提供物保的第三人主张担保责任。此外,《担保法解释》第 75 条和第 123 条就同一债务有两个以上的抵押或者担保物权采取的也是相同的思路,即提供物保的第三人可以在债务人提供的物保范围内免除担保责任,但如果物保的提供者都是第三人,则债权人可以选择担保人主张担保责任。《物权法》第 176 条虽然仅仅针对人保与物保并存作出规定,但亦区分物的担保是债务人提供还是第三人提供,明确规定"第三人提供物的担保的,债权人可以就物的担保实现债权,也可以请求保证人承担保证责任"。可见,在物保由第三人提供的情形下,保证人与物上担保人之间的地位是完全平等的。在我看来,此种平等性正是共同担保具有同质性的表现,也是我们就共同担保的追偿问题构建统一规则的基础。

当然,《民法典》的编纂也为法律规则的统一奠定了基础。《民法典》第 392 条关于混合共同担保的规定完全延续了《物权法》第 176 条,不仅明确规定债权人可以选择人保或者第三人提供的物保,而且没有就担保人之间的追偿问题作出规定;更加重要的是,为了避免法律规则之间的冲突,《民法典》第 699 条也未再规定共同保证中保证人之间有追偿权。在此背景下,再认为因人保和物权之间存在差异而无须就共同担保的追偿问题构建统一规则,显然就没有任何必要了。

不过,由于《民法典》没有再继续规定共同保证的保证人之间可以相互追偿,因此《民法典》的编纂,也导致一些学者以共同保证中保证人之间享有追偿权来论证混合共同担保中担保人之间亦有追偿权,已不再具有说服力。在《民法典》的背景下,即使要就共同担保的追偿问题构建统一的规则,其结果也可能有两个:一是同时承认共同保证、共同抵押、共同质押以及混合共同担保等共同担保中担保人之间有追偿权;二是在共同保证、共同抵押、共同质押以及混合共同担保等共同担保中,都不承认共同担保人之间有追偿权。

《民法典》编纂完成后,尽管也有学者从立法政策的选择上对是否应赋予共同担保人之间相互追偿的权利进行讨论,但大多还是将立法政策的考量融入到对民法典相关规则的解释中。也就是说,在进行政策考量时,会选择一个条文或者几个条文进行解释论的操作,再在进行解释论的过程中,融入立法政策的考量。例如,如前所述,《民法典》通过后,一种较为流行的观点认为,《民法典》第700条可以作为共同保证中保证人之间追偿以及混合共同担保中保证人向物上担保人进行追偿的依据,理由是该条规定既规定了保证人的追偿权,也规定了保证人的清偿代位权,保证人在承担保证责任后,即取得了债权人对债务人的地位,自然也就取得了债权人所享有的从权利,故既可向其他保证人追偿,也可向提供物上担保的第三人追偿。[1] 我们认为,从肯定说的立场出发,上述推论自然可以理解,但站在否定说的立场看,这一观点就值得商榷。首先,《民法典》第700条规定保证人在承担保证责任后"享有债权人对债务人的权利",是否可据此解释为保证人在承担保证责任后即取得债权人对债务人的地位,并进而享有债权人对其他担保人的权利,至少从文义上看,尚有疑问;其次,如果这一观点成立,将导致保证人可向提供物上担保的第三人追偿,但提供物上担保的第三人在承担担保责任后,却因《民法典》担保物权部分没有类似规定而无法向保证人追偿,也有违证人与物上担保人地位平等的共识[2];最后,即使在共同保证的情况下,承担保证责任的保证人如果取得了债权人对债务人的地位,就可以向其他保证人主张全部保证责任,其结果是自己的损失都可以通过向其他保证人主张保证责任来弥补,不仅会带来保证人之间地位的不平等,而且可能诱发保证人竞相承担保证责任,再通过向其他保证人追偿来转嫁风险。

此外,实践中也有人认为,在第三人代债务人履行债务的情况下,依

---

[1] 参见邹海林:《我国〈民法典〉上的"混合担保规则"解释论》,载《比较法研究》2020年第4期;贺剑:《担保人内部追偿权之向死而生:一个法律和经济分析》,载《中外法学》2021年第1期。

[2] 也有人认为物上担保人可类推适用《民法典》第700条的规定,从而实现担保人之间的相互追偿。参见贺剑:《担保人内部追偿权之向死而生:一个法律和经济分析》,载《中外法学》2021年第1期。

据《民法典》第 524 条第 2 款关于"债权人接受第三人履行后,其对债务人的债权转让给第三人"的规定,担保人作为第三人代债务人履行债务后,即取得债权人对债务人的债权,也就一并取得了包括担保权利在内的从权利,并可据此向其他担保人进行追偿。我们认为,如果从立法政策的选择上采取肯定说,《民法典》第 524 条也可以作为承认共同担保人之间相互追偿的依据,但如果在立法政策上采取的是否定说,则也可能会得出相反的结论。首先,该款虽然明确规定第三人代为清偿后取得债权人对债务人的债权,但若将担保人理解为《民法典》第 524 条规定的第三人,则必将导致在数人共同提供担保的情形下,先承担担保责任的担保人在取得债权人地位后可向其他担保人主张担保责任,但被请求承担担保责任的担保人则因主债权已经消灭而无法再向其他担保人追偿,因此无法实现数个担保人共同分担损失的目的。其次,担保人承担担保责任究竟是清偿自己的担保债务,还是代债务人履行债务人的债务?对此,我的个人意见是,在债权人与担保人达成担保合同的情况下,担保人承担担保责任,属履行自己的担保债务,而非作为第三人代债务人清偿债务。也就是说,不应当将担保人理解为《民法典》第 524 条规定的第三人代为履行债务。

总之,如果立法政策未采肯定说,则从体系解释的角度看,我们不仅要将担保人排除在《民法典》第 524 条的适用范围之外,还要对《民法典》第 700 条进行限缩解释,**不能认为承担了保证责任的保证人即完全取得债权人的地位,而应理解为仅取得了债权人对债务人的权利,包括债务人提供的物保,但不包括债权人对其他担保人享有的权利**。[1] 这是因为任何法律解释都要以探求立法者的真意为目标,如果立法者的意图已经表达无疑,则在对法律条文进行解释论的操作时,也要从尽可能尊重立法者意图的角度进行理解,除非立法者的意图并不清楚或者相互之间存在矛盾和冲突。就共同担保而言,既然《民法典》不仅明确了保证人和物上担保人的平等地位,而且为消除体系之间的矛盾和冲突,有

---

〔1〕　更为详细的讨论,参见崔建远:《补论混合共同担保人相互间不享有追偿权》,载《清华法学》2021 年第 1 期。

意不再规定共同保证人之间有追偿权,而非在保留共同保证人之间有追偿权的同时,在混合共同担保中增设担保人之间的追偿权,立法意图已经非常明显,也就很难简单从解释论上得出共同担保人之间存在相互追偿权的结论。

三、共同担保与《民法典》规定的连带债务

当然,也有学者认为,虽然通过《民法典》第 524 条第 2 款和第 700 条,无法认定共同担保的担保人之间有相互追偿的权利,但结合《民法典》第 519 条,则不难得出不仅共同保证的保证人之间有相互追偿的权利,在混合共同担保、共同抵押等其他共同担保的情形下,担保人之间也都有相互追偿的权利。理由是:根据《民法典》第 519 条,无论是共同保证、共同抵押、共同质押,还是混合共同担保,只要当事人对于担保范围和担保份额没有明确约定,就构成连带债务,不仅债权人可以任意选择担保人承担担保责任,承担了担保责任的担保人也可以向其他担保人追偿。我们认为,这一观点虽然有其道理,但却面临一个前提性的问题:是否数人为同一债务提供担保就当然构成《民法典》第 518、519 条规定的连带债务?

《民法典》第 518 条第 1 款第 2 分句规定:"债务人为二人以上,债权人可以请求部分或者全部债务人履行全部债务的,为连带债务。"在共同担保的情形下,如果当事人对于担保范围和担保份额没有明确约定,是否符合该条所称的连带债务呢? 对此,《民法典》第 699 条规定:"同一债务有两个以上保证人的,保证人应当按照保证合同约定的保证份额,承担保证责任;没有约定保证份额的,债权人可以请求任何一个保证人在其保证范围内承担保证责任。"可见,在共同保证的情形下,如果当事人对于保证份额没有约定且保证范围相同,则债权人可以请求任一保证人对全部保证债务承担责任,符合《民法典》关于连带债务的界定。但是,如果当事人对于保证份额没有约定,但各自的保证范围不同,是否构成连带债务,则不无疑问。例如,张三和李四共同为王五对赵六的 100 万元金钱债权提供担保,其中张三担保的是 50 万元,李四担保的是全部 100 万元。此时是否发生连带债务呢? 从字面上看,根据前述《民法典》

第518条的规定,只有在债权人可以请求任一债务人履行全部债务的情形下,才构成连带债务,而上述情形中,王五只能请求张三履行50万元的保证责任,而无权请求张三履行全部100万元的债务。就此而言,在共同保证的情形下,似乎只有保证范围完全相同,才能形成《民法典》第518条规定的连带债务,而如果保证范围不同,则无法形成《民法典》第518条规定的连带债务。同理,在混合共同担保的情形下,如果当事人对于担保份额没有约定,尽管《民法典》第392条规定"第三人提供物的担保的,债权人可以就物的担保实现债权,也可以请求保证人承担保证责任",但由于保证人和物上担保人所担保的范围可能并不相同(物上担保人仅以担保物的价值为限承担担保责任),因此也可能无法完全满足《民法典》第518条所规定的连带债务的构成要件。

当然,上述推论完全是从字面上理解《民法典》第518条所得到的结果。实际上,即使从字面上理解为《民法典》第518条,也不能完全排除共同保证中连带债务的存在。此外,尽管各个保证人的保证范围可能并不完全相同,但只要有重合,就会在重合范围内形成连带债务。例如在上面所举案例中,尽管张三和李四的保证范围不同,但有重合,因此张三和李四都应在50万元的保证范围内承担保证责任,从而在50万元的保证范围内形成连带债务。同理,在混合共同担保的情形下,即使各个担保人的担保范围不同,但只要有重合,就有可能在重合的范围内形成连带债务。更为重要的是,如果我们仔细分析,就会发现《民法典》第518条对于连带债务的规定与《民法典》第178条第1款关于连带责任的规定在表述上存在一定的差异。《民法典》第178条第1款规定:"二人以上依法承担连带责任的,权利人有权请求部分或者全部连带责任人承担责任。"该条款没有要求连带责任人对全部债务承担责任。可见,仅仅以担保范围可能存在不一致为由否定共同担保构成连带债务的可能性,显然不能成立。

在我看来,共同担保是否构成连带债务,真正的障碍来自《民法典》第518条第2款,即"连带债权或者连带债务,由法律规定或者当事人约定"的规定。尽管在《民法典》上述关于共同保证和混合共同保证的规定中,都明确债权人可以选择担保人在其担保范围内承担担保责任,从而在对外关系上确实与连带债务极为相似,但是否必然将其理解为《民法典》第518条规定的连带债务,值得探讨。从《民法典》关于连带债务或者连带责任的规定来看,似乎意在解释何为连带债务或者连带责任。也就是说,《民法典》之所以对连带债务或者连带责任进行规定,是因为《民法典》本身大量采用了连带债务或者连带责任的表述(前者如《民法典》第67、75、307条;后者如《民法典》第1170、1171条),立法者为了避免由此产生疑惑,自然有必要对这些专业名词进行解释或者说明。就此而言,也就只有法律明确规定或者当事人明确约定为连带债务或者连带责任的,才构成《民法典》第178条规定的连带责任或者第518条规定的连带债务。而《民法典》关于共同保证和混合共同担保的规定,虽然从形式上看十分类似连带债务或者连带责任,但并未采用连带债务或者连带责任的表述,**因此除当事人另有约定外,我们不能想当然地认定共同担保构成《民法典》第178条规定的连带责任或者《民法典》第518条规定的连带债务**。[1]

事实上,《民法典》不采用连带债务或者连带责任的表述但又赋予债权人选择任一债务人履行债务的情形也并不限于共同担保。例如,《民法典》第1203条第1款规定:"因产品存在缺陷造成他人损害的,被侵权人可以向产品的生产者请求赔偿,也可以向产品的销售者请求赔偿。"又如,《民法典》第766条中规定,"当事人约定有追索权保理的,保理人可以向应收账款债权人主张返还保理融资款本息或者回购应收账款债权,也可以向应收账款债务人主张应收账款债权"。上述情形是否都构成《民法典》第178条规定的连带责任或者第518条所称的连带债务呢? 显然不能,因为一旦认定为《民法典》第178条规定的连带责任或者第518条规定的连带债务,就要适用《民法典》第178条关于连带责任人之间相互追偿的规定或者第519条关于连带债务人之间相互追偿的规定,而恰恰在上述情形下,法律已经就追偿问题另作特别规定或者根本不允许追偿。例如对于产品责任问题,《民法典》第1203条第2款规

---

〔1〕 更为详细的讨论,参见崔建远:《补论混合共同担保人相互间不享有追偿权》,载《清华法学》2021年第1期。

定:"产品缺陷由生产者造成的,销售者赔偿后,有权向生产者追偿。因销售者的过错使产品存在缺陷的,生产者赔偿后,有权向销售者追偿。"可见,在产品责任中,虽然在对外关系上表现为债权人可选择销售者或者生产者承担赔偿责任,但在生产者和销售者的内部关系上,并没有按照《民法典》第178条规定的连带责任或者第519条规定的连带债务进行设计,而是规定了最终的责任承担者。也正因如此,理论界也把此种情形称为不真正连带责任或者不真正连带债务。

尽管不真正连带债务这一概念本身在学理上存在争议,且各国民法对此概念的运用也不尽一致[1],但一般认为,连带责任或连带债务与不真正连带责任或不真正连带债务的区别在于,前者系因同一原因而发生,而后者则是因不同原因而发生。以共同侵权为例,行为人之所以承担连带责任,是因为他们共同实施了侵权行为,而在产品责任中,销售者和生产者并未共同实施侵权行为,而是由于不同的原因分别与受害人发生法律关系,受害人自可择一主张,以填补自己的损失,至于销售者或者生产者在承担责任后是否有追偿权,则取决于其是否为最终责任人。又如,在连带责任保证中,债权人虽然可以选择债务人或者保证人履行债务,但债权人的请求权系因不同的原因而发生:债权人对债务人的请求权系基于主合同而发生;债权人对保证人的请求权系基于保证合同而发生。考虑到债务人才是最终责任人,法律规定保证人在承担责任后可以向债务人追偿,而债务人在承担责任后,则无权向保证人追偿。就此而言,连带责任保证中债务人与保证人之间并非真正连带责任关系,而是不真正连带责任关系,而法律之所以称其为连带责任保证,主要目的是将其与一般保证区别开来。

总而言之,从学理上看,连带责任或者连带债务可以分为真正的连带责任或连带债务与不真正的连带责任或连带债务,前者不仅指对外连带(即债权人可以选择任一债务人承担债务),也包括对内连带(债务人之间也存在连带关系),而后者则仅指对外连带。在共同担保的情形下,

---

〔1〕 参见李中原:《不真正连带债务理论的反思与更新》,载《法学研究》2011年第5期。

尽管债权人可以任意选择某一担保人承担担保责任,但承担了担保责任的担保人是否有权向其他担保人进行追偿,《民法典》却无明确规定。在此背景下,一般认为,各担保人之间若形成《民法典》规定的连带责任或者连带债务,即构成真正连带责任或者真正连带债务,自可基于《民法典》第178条或者第519条进行相互追偿,而如果仅仅构成不真正连带责任或者不真正连带债务,则担保人之间的相互追偿,至少在《民法典》上无法找到依据。也就是说,共同担保人之间的追偿权问题,在《民法典》的背景下实际上演变成共同担保是否构成民法典规定的连带责任或者连带债务的问题。

四、共同担保的再类型化及其基础

前面谈到,《民法典》不仅继受了《物权法》第176条的规定,未规定混合担保的情形下担保人之间的追偿权,而且有意删除了《担保法》及其司法解释关于共同保证人之间可以相互追偿的规定,立法意图应该说已经很明显,即不允许担保人之间相互追偿。[1] 但是,由于担保人之间的相互追偿问题属于私法自治的范畴,如果担保人之间明确约定可以相互追偿,法律自无干预的必要。[2] 此时,担保人之间依据约定形成真正的连带债务关系,已承担担保责任的担保人依据相互之间的约定向其他担保人追偿其应当承担的份额,人民法院自应予以支持。问题是,在担保人没有约定的情形下,担保人之间是否也能发生真正的连带债务关系呢? 在《民法典担保解释》的制定过程中,有两种意见:第一种意见是,继续坚持《九民纪要》的思路,除非担保人之间另有约定,否则不允许担保人之间相互追偿;第二种意见是,在充分尊重立法原意的基础上适当放宽担保人相互追偿的条件,例如担保人之间虽然没有明确的约定,但相互之间存在意思联络的,也应认定担保人之间可以相互追偿,以维护担保人的交易安全。考虑到有的担保人为某一债务提供担保的确是因

---

〔1〕　参见黄薇主编:《中华人民共和国民法典释义(中)》,法律出版社2020年版,第1325页。

〔2〕　参见贺剑:《担保人内部追偿权之向死而生:一个法律和经济分析》,载《中外法学》2021年第1期。

为还有其他担保人为同一债务提供担保,如果在担保人另有约定之外完全否定担保人之间的相互追偿,确实可能会带来极不公平的后果,我们最开始采纳的是第二种意见。但经过反思,发现第二种意见在实践中将遇到大量操作难题:什么叫意思联络? 如何认定当事人之间存在意思联络? 某一担保人仅仅有证据证明其在签订担保合同时知道还存在其他担保人,构不构成意思联络? 如果担保人之间仅存在单向意思联络(担保人甲在签订担保合同时知道还存在担保人乙,但乙在签订担保合同时却不知道还存在甲),是否允许担保人之间相互追偿? 还是只允许单向追偿,不允许双向追偿(即甲可以向乙追偿,而乙不能向甲追偿)?

制定司法解释的目的是防止或者解决实践中的混乱,而不是要制造更多的混乱。正因为第二种意见存在上述操作难题,如果采纳第二种意见,则不仅不能解决实践中的混乱,而且会进一步加剧实践中的混乱,无法起到制定司法解释的作用。在此背景下,我提议将共同担保人没有约定时的相互追偿权限制在数个担保人在同一份合同书上签字、盖章或按指印的情形。也就是说,如果数个担保人在同一份合同书(既可以是主合同,也可以是担保合同)上签字、盖章或者按指印,即应认定各担保人构成连带共同担保,各担保人在承担担保责任后,可基于相互之间的连带债务关系依据《民法典》第519条进行追偿。相反,如果数个担保人未在同一份合同书上签字、盖章或者按指印,而是分别与债权人签订担保合同,则不构成连带共同担保,各担保人在承担担保责任后,不能依据《民法典》第519条向其他担保人进行追偿。

上述思路的优点是简单明了,便于在实践中进行掌握和操作。但也有人提出,数个担保人在同一份合同书上签字、盖章或者按指印尽管是认定担保人之间存在意思联络的重要证据,但如果仅限于此种情形下才能认定担保人之间存在意思联络,则难免失之过窄,因为不能排除现实生活中还存在其他认定担保人之间存在意思联络的证据,例如当事人提交的录音录像资料显示各担保人是在同一时间、同一地点分别与债权人签订的担保合同。对此,我的意见是,既然决定共同担保人之间是否享有相互追偿权的依据在于担保人之间是否构成连带债务关系,则有必要将共同担保区分为连带共同担保和非连带共同担保,前者是指担保人之间存在连带债务关系,后者则是指担保人之间不构成连带债务关系。在此背景下,我们认定连带共同担保的依据不应是担保人之间的意思联络,而是相互之间因特定法律行为形成的共同关系。[1] 也就是说,能够在担保人之间形成连带债务关系的,要么是各担保人之间的约定,要么是各担保人的其他法律行为。问题是,除担保人之间另有约定外,还有何种法律行为能够在担保人之间形成连带债务关系呢? 我认为,从《民法典》的规定看,还有债务加入这一法律行为。

《民法典》第 552 条规定:"第三人与债务人约定加入债务并通知债权人,或者第三人向债权人表示愿意加入债务,债权人未在合理期限内明确拒绝的,债权人可以请求第三人在其愿意承担的债务范围内和债务人承担连带债务。"可见,债务加入将导致第三人在其愿意承担的债务范围内与债务人形成连带债务。实践中,认定某一行为究竟是债务加入还是保证抑或是其他性质的行为,有时会遇到较大的困难,这就涉及意思表示的解释问题。依据《民法典担保解释》第 36 条第 3 款的规定,虽然第三人没有明确约定加入债务或者表示愿意加入债务,但如果行为人有共同承担债务的意思表示,亦应解释为债务加入。例如,行为人在借条上作为共同借款人签字或者在欠条上作为共同还款人签字,就应理解为行为人有加入债务的意思表示,其与债务人之间即可形成连带债务关系。同理,行为人在同一份合同书上作为共同担保人签字、盖章或者捺指印,也应理解为行为人有加入担保债务的意思表示,行为人与其他担保人之间自应形成连带债务关系。

值得注意的是,尽管《民法典》第 552 条规定第三人加入债务后就与债务人之间形成连带债务关系,但一般认为,除保证期间和保证人的法定追偿权不适用于债务加入外,债务加入与连带责任保证并无本质区别,因此,仅就加入债务的第三人与债务人而言,《民法典》第 552 条规定的连带债务实际上也是不真正连带债务。不过,在共同担保构成债务加入的情形下,由于第一个担保人签订担保合同后,其他在担保合同签字、

---

[1] 关于能够形成连带债务的共同关系,参见崔建远:《混合共同担保人相互间无追偿权论》,载《法学研究》2020 年第 1 期。

盖章或者按指印的担保人并非加入原债权债务关系,而是加入担保债务关系,因此,尽管各担保人与债务人之间发生的是不真正连带债务关系,但各担保人之间则因债务加入发生真正连带债务关系。就此而言,连带责任保证的"连带"与连带共同担保的"连带"在词义存在重大区别:前者仅指外部连带,即对债权人的连带责任;后者则是指内部连带,即担保人之间的连带债务关系。[1]

　　总之,在将共同担保区分为连带共同担保和非连带共同担保后,认定连带共同担保的基础就不应是担保人之间是否存在简单的意思联络,而是担保人之间形成连带债务的意思表示。此种形成连带债务的意思表示,既可以通过明确的约定来实现,也可以通过债务加入来实现。这就与《担保法解释》的思路不一致。《担保法解释》对于共同担保没有区分为连带共同担保和非连带共同担保,而是一概认定为连带共同担保。正因如此,虽然《担保法解释》第 19 条在签约形式上区分了数个保证人分别提供保证和同时提供保证,但在法律后果上并未区分同时提供保证和分别提供保证,而是认为二者都构成连带共同保证。依据《担保法解释》起草人的论述,各保证人同时提供保证,当然构成连带共同保证;各保证人分别提供保证,也应"推定"为构成连带共同保证。[2] 可见,即使是在《担保法解释》的起草人看来,各保证人分别提供保证形成连带共同保证,也并非当然之理,而只是"推定"的结果。在我看来,在《担保法》已明确共同保证人之间可相互追偿的背景下,《担保法解释》将分别提供担保的情形"推定"为连带共同担保,具有正当性。但是,在《民法典》未明确规定共同担保人可相互追偿且立法机构明确表示反对相互追

――――――――――

　　[1]　加入债务的第三人与原债务人之间能否追偿的问题,是一个值得研究的问题。个人的意见是,尽管《民法典》第 552 条规定债务加入构成连带债务,但该连带债务究竟是真正连带债务还是不真正连带债务,须具体情况具体分析,不能一概而论。当然,在《民法典担保解释》对共同担保人之间的追偿问题作出规定后,应理解为第三人加入到担保债务后,担保人之间即构成真正的连带债务。《民法典担保解释》之所以将加入担保债务认定为构成真正连带债务,主要原因在于担保债务本身的特殊性,即担保人都是为债务人的债务承担担保责任。

　　[2]　参见曹士兵:《中国担保制度与担保方法――根据物权法修订》,中国法制出版社2008 年版,第 47 页。

偿的背景下,再将分别订立担保合同的情形"推定"为连带共同担保,就没有任何理由了。

问题是,何为分别提供担保,何为同时提供担保? 我们认为,所谓同时提供保证,就是各保证人在同一份合同书上签字、盖章或者捺指印,而分别提供保证,则是各保证人分别签订保证合同。无论是同时提供保证还是分别提供保证,债权人均可请求各保证人在其保证范围内承担保证责任,因此,就各保证人与债权人之间的关系而言,二者确实没有区别,这也是《担保法解释》作出上述推定的基础,但是,虽然债权人与各保证人之间的外部法律关系不因各保证人是同时提供担保还是分别提供担保而有所不同,但在各保证人之间的内部法律关系是否可能因各保证人是同时提供担保还是分别提供担保而有所差异呢?《担保法解释》的推定是否在一定程度上模糊了各保证人同时提供保证或者分别提供保证所应有的区分呢?

在本人参加审理的"上海工业投资(集团)有限公司与超普国际(香港)有限公司、东莞康特尔电子有限公司、王成群进出口代理合同纠纷案"中[1],两位保证人分别与债权人签订了保证合同,但两份保证合同均被认定无效,一审法院依据《担保法解释》第 7 条的规定,判决两位保证人各自向债权人承担债务人不能清偿部分 1/3 的赔偿责任。两位保证人同时提起上诉,认为一审适用法律错误,因为两位保证人各自承担的赔偿责任相加,达到债务人不能清偿部分的 2/3,超过了《担保法解释》第 7 条规定的上限(即债务人不能清偿部分的 1/2)。在该案的二审中,我们认为,如果两位保证人是同时提供保证(即在同一份合同书上签字、盖章或者按指印),则两位保证人仅须共同向债权人承担不超过债务人不能清偿部分 1/2 的赔偿责任,因为此时只有一份保证合同,即使保证人对于该保证合同无效有过错,保证人作为共同体,其过错也是共同的;但是,如果两位保证人是分别提供保证,则存在两份保证合同,保证人对于保证合同无效的过错也要分别进行认定,保证人应分别根据其过错承担赔偿责任,其责任相加自不应适用《担保法解释》第 7 条关于赔偿

---

〔1〕　参见最高人民法院(2011)民四终字第 22 号。

范围上限的规定,否则债权人要求债务人提供多个保证人并分别与保证人签订保证合同以维护交易安全的计划就可能被架空。也就是说,在我们看来,各保证人是同时还是分别提供保证,在法律结构上还是存在差异的,不能一概而论。

回到共同担保人之间的追偿问题。在各担保人分别提供担保的情形下,每个担保人都应合理预测到自己有可能在约定的担保范围内承担全部担保责任,即使该担保人在签订担保合同时知道对于同一债务还存在其他担保人,但只要担保人之间没有约定可以追偿,就应理解为该担保人愿意承受自己最终独立承担担保责任的风险。也就是说,将各担保人分别提供担保推定为连带共同担保,仅仅是一种人为的拟制,并不一定符合担保人的真实意思,且即使符合担保人的真实意思,由于此种意思仅仅存在于担保人的内心而未明确表达出来,自不应赋予其法律上的效力。[1] 根据意思表示理论,一个意思表示应由法效意思、表示意思和表示行为三要素构成,如果担保人确有与其他担保人分担损失的意思且欲使该意思具有法律上的意义,就不仅要有法效意思,而且要有将该法效意思表示出来的意思以及表示行为,否则,就不能发生法律上的效力。也就是说,担保人如果想与其他担保人分担损失,就必须明确予以表示,即要么与其他担保人约定相互追偿,要么与其他担保人约定相互之间构成连带共同担保,要么与其他担保人在同一份合同书上签字、盖章或者按指印。《民法典担保解释》采纳了上述方案,将共同担保区分为各担保人同时提供担保与分别提供担保,认为在各担保人同时提供担保的情形下,各担保人构成连带共同担保,担保人之间形成连带债务关系,因而可以相互追偿,但不再将各担保人分别提供担保的情形推定为连带共同担保,认为此时担保人之间要形成连带债务关系,必须要有担保人之间的合意,即要么担保人之间明确约定可以相互追偿,要么明确约定彼此构成连带共同担保关系。

---

〔1〕 与此相关的讨论,还可参见崔建远:《混合共同担保人相互间无追偿权论》,载《法学研究》2020年第1期。

五、共同担保人无追偿权时的风险防范

从立法政策的角度看,在数个担保人分别提供担保的情形下,如果不允许担保人在承担担保责任后就无法向债务人追偿的损失向其他担保人请求分担,则可能导致部分担保人承担了担保责任或者承担了较大的担保责任,而部分担保人没有承担担保责任或者仅承担较小的担保责任。虽然此种结果并未超出各担保人在提供担保时的合理预期,但是从客观结果的角度看,在数个担保人都有相同合理预期的情形下,最终却可能仅由部分担保人承担担保责任或者承担了较大的担保责任,而其他担保人则没有承担担保责任或者仅承担了较小的担保责任,难免不被认为不够公平。[1] 此外,如前所述,在上述立法政策之下,一些担保人为了避免最终由自己承担担保责任或者承担较大的担保责任,可能会"买通"债权人不向自己主张担保责任或者从债权人处受让债权后再向其他担保人主张担保责任。这被认为是共同担保人之间没有相互追偿必然带来的道德风险。[2]

正是考虑到数个担保人分别提供担保时相互之间不能追偿可能会带来上述问题,在《民法典担保解释》的制定过程中,一种意见认为担保制度司法解释不仅应规定担保人自己从债权人处受让债权后,无权向其他担保人主张担保责任,而且应规定担保人的近亲属或者与担保人有关联关系的其他当事人从债权人处受让债权后,也不能再向其他担保人主张担保责任。[3] 在将这一意见向社会公开征求意见后,有人提出,一旦排除共同担保人之间可以相互追偿,上述问题就不可避免,难以完全克服,因为担保人的近亲属虽然有明确的判断标准,但范围失之过窄,无法起到防范担保人通过亲朋好友采用债权转让方式转嫁风险的作用,而与

---

〔1〕 参见黄忠:《混合共同担保之内部追偿权的证立及其展开——〈物权法〉第 176 条的解释论》,载《中外法学》2015 年第 4 期。

〔2〕 参见高圣平:《担保物权司法解释起草中的重大争议问题》,载《中国法学》2016 年第 1 期。

〔3〕 参见《最高人民法院关于适用〈中华人民共和国民法典〉担保部分的解释》(征求意见稿)第 14 条第 3 款。

担保人有关联关系的其他当事人虽然在范围上更为广泛,但却难以确立明确的判断标准,将会给实践带来更大的混乱。此外,也有人提出,规定担保人自己从债权人处受让债权后不能向其他担保人主张担保责任,可以理解为担保人实际承担的是担保责任而无法向其他担保人追偿,或者因债权人与担保债务人成为同一人而发生混同导致债权消灭,但规定担保人的近亲属或者与担保人有关联关系的其他当事人受让债权后无法向其他担保人主张担保责任的法理基础何在,则不无疑问。

经过反复研究,我们认为,如果司法解释明确否定分别提供担保的共同担保人在没有约定的情形下可以相互追偿,则实践中的所谓上述"道德风险"便客观存在,这也是担保人在提供担保时应当预测到的交易风险。对于此种风险,法律或者司法解释仅需提供防范的途径,但具体如何防范,应由当事人以意思自治的方式予以进行,不宜由法律或者司法解释作出选择。例如,如果担保人认为由自己独立承担担保责任的风险太大,完全可以对担保范围或者担保份额作出明确约定,或者要求与其他担保人明确约定构成连带担保关系或相互之间可以追偿,或者要求与其他担保人在同一份合同书上签字、盖章或捺指印。此外,担保人为保障交易安全,还可以要求债务人提供反担保来解决无法向债务人追偿的风险。总之,司法解释既然已经提供了大量可供选择的降低交易风险的机制,如果当事人自己不选择,则只能理解为当事人不仅合理预测到自己可能要独立承担担保责任,甚至独立承担担保责任也符合其真实意思。

退一步说,即使认为此处存在所谓"道德风险",也无法通过上述方式予以防范,因为当事人轻易即可"绕开"司法解释所设置的障碍,只是手段可能更加隐秘而已,例如担保人完全可以通过"买通"债权人不向自己主张担保责任或者通过从外观上无法判断有关联关系的其他当事人受让债权来达到最终不承担担保责任的目的。当然,法律和司法解释也应提供一些助力来帮助当事人进行风险控制。为此,《民法典担保解释》确立了如下两个规则。

第一个规则是,如果某个担保人为避免承担担保责任而与债权人达成债权转让协议,此时就应当将该行为理解为担保人承担担保责任的行为,而不应该理解为债权转让行为。因为担保人有担保债务,担保人本身就是债务人,如果此时买下债权人的债权,我们就可以理解为发生了混同,债权与担保债务同时消灭。至于担保人在承担担保责任后是否能够向其他担保人追偿,则取决于担保人之间是否存在相互追偿权。

第二个规则是赋予担保人清偿代位权。刚才谈到《民法典》第700条规定担保人在承担担保责任后,不仅享有向债务人追偿的权利,而且"享有债权人对债务人的权利",这就是所谓担保人的清偿代位权。如前所述,《民法典》赋予担保人清偿代位权并不意味担保人在承担担保责任后可以向其他担保人追偿,因为承担担保责任的担保人仅仅享有"债权人对债务人的权利",而不是对其他担保人的权利。如此一来,就有很多同志提出这样的质疑:既然担保人之间没有相互追偿权,担保人在承担担保责任后"享有债权人对债务人的权利"又有什么意义呢?我们认为,即使在不承认担保人之间相互追偿的情况下,担保人的清偿代位权也有意义。例如,如果债务人也提供了物的担保,第三人承担担保责任后,即可以在向债务人追偿时主张对债务人提供的担保物主张担保物权,从而使其追偿权能够就该担保物优先受偿。这一点也非常重要,因为债务人的债权人可能很多,如果承担担保责任的担保人对债务人提供的担保物没有优先受偿权,则只能与其他债权人平等受偿,其追偿权就可能无法得到全部实现。也因如此,《民法典担保解释》第18条第2款明确规定:"同一债权既有债务人自己提供的物的担保,又有第三人提供的担保,承担了担保责任或者赔偿责任的第三人,主张行使债权人对债务人享有的担保物权的,人民法院应予支持。"不过,也有人认为这里出现了逻辑错误:根据《民法典》的规定,如果债务人也提供物的担保,那债权人应当先行使债务人提供的担保物权,而不能要求担保人承担担保责任,且如果债权人不先行使债务人提供的担保物权,那么担保人可在担保物的价值范围内免除承担担保责任,这又如何会出现担保人在承担担保责任后再代位行使债务人提供的担保物权的情形呢?我们认为,这一规定没有逻辑错误,因为这里有个背景——在实践中,不少债权人尤其是银行会要求在担保合同上写这么一个条款:无论被担保的债权是否还存在其他担保(包括债务人提供的担保),债权人都可以要求担保人承担全部担保责任。这一条款是否有效,过去存在激烈的争议。有的法院认为无效,理由是该条款排除了对方的主要权利;但也有相当一部分法院认为有效,理由是根据合同自由原则,担保人可以放弃自己的抗辩。我们认为,即使这一条款是格式条款,也应理解为担保人有放弃抗辩和抗辩权的自由,应当认定有效,但在认定该约定有效的同时,还是要考虑到担保人的追偿权能否得到实现,尤其是在债务人也提供物的担保时,担保人在承担全部担保责任后应可以根据《民法典》第700条规定的清偿代位权,主张行使债务人的担保物权,从而使自己的追偿权能够优先得到实现。这样,在不允许相互追偿的情况下,也可以最大化保障担保人的利益得到实现。

此外,在共同担保人不能相互追偿的情况下,还有一个需要关注的问题是:如果有的担保人是与债务人有直接或者间接控制关系的公司,是否应由该担保人最终承担担保责任,才符合实质公平的要求?实践中,既存在债务人直接或者间接控制的子公司为其提供担保的情形,也存在对债务人有直接或者间接控制关系的母公司为其提供担保的情形。在《民法典担保解释》的制定过程中,有人提出,如果既有债务人的关联公司为债务人提供担保,也有其他第三人提供担保,尽管债权人可以任意选择担保人主张担保责任,但只有最终承担担保责任的是债务人的关联公司,才能获得实质上的公平,因为债务人的关联公司是债务人的"自己人",在共同担保人无法相互追偿的情形下,如果由其他第三人最终承担了责任,而债务人的关联公司却因其他第三人承担了担保责任而不再承担担保责任,则无异于债权人放弃了债务人自己提供的担保而仅由第三人承担了担保责任。笔者认为,如果是债务人控制的子公司为其提供担保,构成《公司法》第16条第2款规定的关联担保(即公司为股东提供担保),不仅该子公司须经股东会或者股东大会决议,而且被担保的股东不享有表决权。对此,法律已经设置较好的机制防范道德风险的发生,且其他担保人在承担担保责任后对债务人享有追偿权,如果债务人无力清偿债务,则其他担保人自可请求法院执行债务人对其子公司享有的股权。就此而言,即使不规定其他担保人在承担担保责任后,可以向债务人控制的子公司追偿,一般也不会影响其他担保人利益的实现。但是,如果情况相反,不是债务人控制的子公司为债务人提供担保,而是控制债务人的母公司为其提供担保,能否理解为债务人自己提供的担保,进而认定其他担保人在承担担保责任后,有权请求同样作为担保人的债务人的母公司最终承担担保责任？对此,我们最初的想法是,《九民纪要》将公司为直接或者间接控制的公司提供担保作为无须公司决议的情形,主要是因为此种情形可以视为公司为自己提供担保,而非对外提供担保,故无须适用《公司法》第16条之规定。既然如此,就应将此种思路贯彻到底,即在对同一债权有多个担保时,如果其中有母公司为子公司提供的担保,则其他担保人在承担担保责任后,就向债务人不能追偿的部分,自然有权向其母公司追偿,因为母公司提供的担保实际上是债务人自己提供的担保。

但在《民法典担保解释》的制定过程中,《九民纪要》关于公司为直接或者间接控制的公司提供担保无须公司决议的规定引起很大的争议。我也力陈这一规定可能导致公司对外提供担保成为法定代表人进行利益输送的工具,因为作为担保人的母公司与作为债务人的子公司在股权结构上并非完全一致,在子公司并非全资子公司的情形下,母公司的法定代表人通过对子公司的债务提供担保,可能很轻易就将母公司的利益输送到子公司,进而损害母公司其他股东的利益。在此背景下,担保制度司法解释没有继续规定公司为其直接或者间接控制的公司提供担保可以无须公司决议,而仅仅规定公司为其全资子公司提供担保无须公司决议。与此相对应,在有关担保人向债务人追偿的规定中,也就不能再规定承担了担保责任的担保人有权向与债务人具有直接或者间接控制的母公司追偿,而只能只有当规定债务人是担保人的全资子公司时,其他担保人在承担担保责任后,才能向债务人的母公司请求承担担保责任。

共同担保中无论是存在子公司为母公司提供担保,还是存在母公司对子公司提供担保,最终通过的《民法典担保解释》都没有就其他担保人在承担担保责任后是否有权向债务人的子公司或者母公司主张担保责任的问题进行规定。这主要是考虑到:其一,在共同担保存在子公司为母公司提供担保的情形下,虽然其他担保人在承担担保责任后可以向债务人追偿，并在债务人没有其他财产可供执行时请求人民法院执行债务人对子公司的股权，但这与其他担保人在承担担保责任后直接请求子公司承担担保责任毕竟不是一回事；其二，在共同担保存在债务人的母公司为其提供担保的情形下，即使债务人是该母公司的全资子公司，但如果允许其他担保人在承担担保责任后向母公司主张担保责任，将可能导致混淆母公司的担保行为和投资行为，因为只有在将母公司的担保行为理解为投资行为时，母公司的担保行为才能完全理解为是债务人为自己的债务提供担保。

六、共同担保人有追偿权时的份额计算

如前所述，在共同担保中，只有在担保人之间约定可以相互追偿或者相互之间构成连带共同担保关系以及各担保人在同一份合同书上签字、盖章或者捺指印时才能相互追偿。问题是，担保人相互追偿的范围究竟如何确定？对此，《民法典担保解释》第13条区分不同情形予以对待：其一，如果担保人之间相互追偿的请求权基础是担保人之间有约定，则追偿的范围也应依据当事人之间的约定来确定；其二，如果担保人之间仅约定可以相互追偿，但未约定追偿的范围，或者担保人仅约定担保人之间构成连带共同担保，此时各担保人应按照比例分担不能向债务人追偿的部分；其三，如果担保人之间相互追偿的请求权基础并非担保人之间的约定，而是因为担保人在同一份合同书上签字、盖章或者按指印，承担了担保责任的担保人也只能按照比例请求其他担保人分担不能向债务人追偿的部分。

这里值得注意的是，在《民法典担保解释》的制定过程中，是否应将担保人没有约定时的相互追偿的范围限定在不能向债务人追偿的部分，有不同的意见：一种观点认为，既然法律并未要求担保人在对债务人追偿后才能向其他担保人追偿，就应理解为已经承担担保责任的担保人可直接要求其他担保人分担损失，而无须先向债务人追偿；另一种意见认为，虽然法律没有规定已经承担担保责任的担保人向其他担保人追偿时其他担保人享有先诉抗辩权，但为了避免循环追偿，也便于人民法院在担保纠纷案件中直接在判项中作出裁判，应规定担保人在向其他担保

追偿时,须先向主债务人追偿。我们认为,**在担保人对相互追偿的范围有明确约定时,自应根据当事人的约定来确定相互追偿的范围,但如果担保人对此并无明确约定,则宜采纳上述第二种观点,即已经承担担保责任的担保人只有在向债务人追偿后,才能就债务人不能清偿的部分向其他担保人追偿。**

　　此外,需要讨论的是,在担保人之间虽然约定可以相互追偿但未约定追偿份额或者担保人之间虽然约定构成连带共同担保,但未约定相互追偿的份额,或者各担保人在同一份合同上签字、盖章或者捺指印但未约定相互追偿的份额时,如何按照比例来确定具体的追偿份额呢?笔者认为,按照比例计算具体的追偿份额应采取以下方法:首先将全部担保人可能承担的全部担保责任相加作为分母,再将每位担保人可能承担的全部担保责任作为分子,即可得出每个担保人应承担的比例,再以已经承担担保责任的担保人实际承担的担保责任乘以每个担保人应承担的比例,即可得出追偿的具体份额。例如甲、乙、丙三人为 A 公司对 B 公司的 100 万元的债权提供担保,其中甲提供的是连带责任保证,乙、丙提供的是物的担保,标的物价值分别为 120 万元和 80 万元。甲在承担全部保证责任后,根据约定可以向乙、丙追偿,但由于没有约定追偿的范围,因此只能按照比例追偿:甲向乙追偿的比例是 100×(100÷(100+100+80)),而甲向丙追偿的比例是 100×(80÷(100+100+80))。

　　此外,实践中还可能存在对同一债权有数个担保人,部分担保人之间可以追偿,部分担保人之间不能相互追偿的情形,因此在确定追偿份额时,应首先确定相互之间有追偿权的担保人以及被追偿的对象。例如实践中有人提出如下案型:A 公司拟向 B 银行借款 100 万元,A 公司股东 C 找了好友 D,与他一起对 A 公司债务承担连带责任保证,二人在同一份保证书上签了字。B 银行觉得没有抵押物不放心,让 A 公司还要提供抵押物,A 公司的股东 C 又找到了好友 E,让他以他的房屋抵押,为了让 E 放心,C 跟 E 普及了一下《民法典》及《民法典担保解释》,E 活学活用,要求 C 跟他在同一份担保协议上签名,其中 C 提供连带保证,E 提供抵押。随后款项发放,抵押物登记一切办妥。债务到期后,A 公司未履行,若 B 银行向 C、D 或 E(抵押物)其中之一或多人行使权利后,如何确定追偿的对象及份额？笔者认为,依据《民法典担保解释》第 13 条的规定,如果是 D 承担了全部担保责任,则只能向 C 追偿,而不能向 E 追偿,因此在计算追偿份额时,不能将 E 应当承担的份额计算进去;如果是 E 承担了担保责任,也只能向 C 追偿,不能向 D 追偿,因此在计算追偿份额时,不能将 E 应当承担的份额计算进去;如果是 C 承担了担保责任,则既可向 D 追偿,也可以向 E 追偿,但在计算追偿份额时,因 D 和 E 之间不构成连带债务关系,故 C 在向 D 追偿后,实际承担的责任超出其与 E 之间应当承担的份额,才能向 E 追偿;同理,C 在向 E 追偿后,只有实际承担的责任超出其与 D 之间应当承担的份额,才能向 D 追偿。

第十七讲

反担保的法律性质及其适用

下面谈本篇最后一个问题:关于反担保的性质、效力以及适用问题。反担保也是一种担保,也应该适用《民法典》有关担保的规定,但反担保也有其特殊之处,需要认真对待。《民法典》有两个条文涉及反担保:一个是在保证合同中,规定保证人可以要求债务人提供反担保(第689条);另一个是在担保物权部分规定,第三人为债务人提供担保的,可以要求债务人提供反担保(第387条第2款)。大家注意,《民法典》规定担保人可以要求债务人提供反担保,并不意味着反担保人一定是债务人本人,担保人要求债务人提供反担保,反担保人既可能是债务人,也可能是第三人。因此,《担保法解释》第2条规定:反担保人可以是债务人,也可以是债务人之外的其他人。尽管这个规定没有保留到《民法典担保解释》中,但这是因为大家都觉得没有必要再规定,属当然之理。

一、反担保的性质与效力

关于反担保,《担保法解释》有一个很重要的条文,就是该解释第9条规定:担保人因无效担保合同向债权人承担赔偿责任后,可以向债务人追偿,或者在承担赔偿责任范围内,要求有过错的反担保人承担赔偿责任。这个条文不仅明确了担保人在承担了担保责任后可以向债务人的追偿,而且明确了担保人在承担了赔偿责任后可以向债务人追偿,这个前面已经讲过。此外,这个条文还明确了担保人在赔偿责任后,可以要求有过错的反担保人承担赔偿责任。所以,这个条文具有一定的意义。

不过,这个条文在实践中也面临一些争议。第一个问题是:在有反担保的情形下,因担保合同无效而承担了赔偿责任的担保人,在选择债务人或者反担保人进行追偿时,有没有顺序上的要求?从文字表述上看,似乎是没有顺序要求的。但在《民法典担保解释》的制定过程中,有人提出最好还是要明确一下。我个人的观点是,担保人在向反担保人主张权利之前,还是应该先向债务人追偿,只有债务人不能偿还的部分,才能要求反担保人承担责任。我的主要的理由是避免重复追偿,因为担保人如果直接向反担保人主张权利,则反担保人在承担责任后还得向债务人追偿。

第二个问题是:反担保人承担的是何种性质的责任? 担保合同无效是否必然导致反担保合同也无效? 大家可能已经注意到,根据《担保法解释》第9条的规定,如果担保合同无效导致担保人承担了赔偿责任,就可以要求有过错的反担保人承担赔偿责任。也就是说,反担保人承担赔偿责任的前提是其有过错,即承担缔约过失责任。既然如此,这是不是就意味着担保合同无效也必然导致反担保合同无效呢? 因为只有在反担保合同也无效的情况下,有过错的反担保人承担的才是赔偿责任,而非担保责任。所以,我们从《担保法解释》第9条的这个规定,读出来的结论似乎是:反担保合同是担保合同的担保合同,或者说担保合同是反担保合同的主合同,因此,担保合同无效,必然导致反担保合同也无效。但是,对于这样一个结论,我是不大赞同的。在我看来,**反担保合同并不是担保合同的从合同,担保合同也不是反担保合同的主合同**。那么,反担保合同的主合同是哪个合同呢? 我认为,反担保合同是担保合同没问题,但它担保的是担保人对债务人的追偿权,而非担保合同本身。也就是说,当事人之间之所以签订反担保合同,就是要确保担保人对债务人的追偿权能够实现。从这个意义上,**反担保合同虽然是担保合同,但它没有主合同,只要担保人承担了担保责任或赔偿责任,就可以根据有效的反担保合同请求反担保人承担担保责任,而只有在反担保合同无效时,才可要求有过错的反担保人承担赔偿责任。这就是反担保的特殊性。**

也正是在这样一个基础之上,《民法典担保解释》第19条规定:担保合同无效,承担了赔偿责任的担保人按照反担保合同的约定,在其承担赔偿责任的范围内请求反担保人承担担保责任的,人民法院应予支持。大家注意,这个地方没有采用赔偿责任的表述,也没有要求反担保人有过错,而是直接规定承担赔偿责任的担保人,按照反担保合同的约定请求反担保人承担担保责任的,人民法院应当支持。当然,担保人请求反担保人承担担保责任,必须以反担保合同有效为前提。如果反担保合同本身无效,就应该依照《民法典担保解释》第 17 条的规定,只有在反担保人有过错的情况下,才能请求反担保人对担保人的损失承担相应的赔偿责任。此外,《民法典担保解释》第 19 条第 2 款中明确规定:当事人仅以担保合同无效为由主张反担保合同无效的,人民法院不予支持。这就进一步明确担保合同并非反担保合同的主合同,担保合同无效并不必然导致反担保合同无效,反担保合同是否无效要看它本身有没有无效的因素。

二、反担保(保证)的保证期间

反担保也是一个独立的担保,如果反担保合同是保证合同的话,也应有保证期间的问题。我们这里有一个例子:甲公司与乙银行签订借款合同,约定借款期限为 1 年,丙担保公司作为保证人签字,保证合同签订后,丙担保公司与甲、丁、戊等签订反担保合同,约定保证期间内为主借款合同履行期届满后 2 年,后甲公司未按时偿还到期借款,乙银行将债权转让给某资产公司,某资产公司后来又将该债权转让给新债权人。新债权人向法院起诉甲与丙,丙担保公司偿还借款后,依据反担保合同起诉到法院,向甲、丁、戊追偿,但此时已经超过了反担保合同约定的保证期间。关于这个问题,有两种观点:第一种观点认为,应从担保人实际承担担保责任之日起开始计算保证期间,因为反担保是为了保障保证人在承担担保责任后实现向债务人的追偿权而设定的担保,反担保责任的承担应以保证人已经承担担保责任为前提;第二种观点认为,反担保亦属于担保的一种,应适用有关担保的规定,当事人在合同中约定的保证期间应尊重当事人意思自治,如果担保人未在反担保的保证期间内主张权利,则作为反担保人的保证人免责,且按担保人的实际承担担保责任来计算反担保的保证期间,也与《民法典》减轻担保人责任的立法意图不符。

上述两种观点,我估计都有人支持,因为这两种观点都是有代表性的观点。我个人认为,在这个案例中,双方约定的保证期间是以主债务履行期届满作为起算点,但主债务是担保合同计算保证期间的起算点,由于反担保是对担保人追偿权的担保,所以用主债务履行期限作为计算反担保的担保期间,应属于约定不清楚或者没有约定。至于当事人对保证期间没有约定或者约定不清楚的情形下如何计算保证人的保证期间,《民法典》已经作了非常明确的规定。至于《民法典》的相关规定如何理解,我们在后文再进行讨论。

保证合同

下面开始第五篇，即有关保证合同纠纷案件的法律适用。从内容上看，前四篇可以称为总论。从第五篇开始，我们进入担保法的分论或者说是分则部分。前四篇所涉及的担保制度一般规则当然可以适用，第五篇开始涉及的是一些特殊规则。保证合同纠纷案件审理中的特别规则首先涉及的是关于保证合同的类型及识别。这是实践中经常会遇到的问题：我们把保证合同区分为一般保证和连带责任保证，实践中就会遇到究竟这个保证是一般保证还是连带责任保证？这里还涉及关于增信措施的性质认定。实践中当事人为了规避法律关于保证的规定，采用所谓的增信措施，问题是这些增信措施在性质上究竟是什么？它们与保证之间到底是什么关系？在一般保证中，保证人享有一种权利叫作先诉抗辩权，这种权利在实践中到底怎么样去行使或者实现，也是经常会遇到的一个疑难问题。接下来是关于保证期间。保证期间是保证合同独有的一种期间，在涉及保证合同的纠纷案件中，都或多或少地会遇到保证期间的问题，所以对保证期间的准确理解直接关系到保证合同纠纷案件的正确处理。最后是关于保证债务的诉讼时效。诉讼时效和保证期间到底怎么衔接，尤其是诉讼时效怎么起算，都是在保证合同纠纷案件审理中会经常遇到的问题。这就是本篇我们将要讨论的几个问题。

第十八讲

保证方式的类型及其识别

一、保证方式的基本类型

我们首先看第一个问题:关于保证方式的类型以及识别。前文已经提到保证可以分为一般保证和连带责任保证,二者之间的区别是保证人有没有先诉抗辩权:如果保证人有先诉抗辩权那就是一般保证;如果没有先诉抗辩权那就是连带责任保证。当然,这个区分是根据当事人的约定来进行的。换言之,**保证人有没有先诉抗辩权,要根据意思自治的原则由当事人在合同中进行约定。**

但是,实践中我们也经常会遇到当事人在担保合同没有就保证方式的类型进行约定或者约定不清楚的情况。对此,《民法典》第686条第2款规定:**当事人在保证合同中对保证方式没有约定或者是约定不明确,按照一般保证承担保证责任。**我们在上文也谈到,这个规定和过去《担保法》的规定是完全不一样的。过去《担保法》规定:当事人约定不明或者没有约定,推定为连带责任保证。《民法典》把这个推定规则改成了一般保证。这样的变化也被很多人理解为《民法典》从过去主要对债权人进行倾斜保护转向为平衡保护的重要表现:既要考虑到债权人的权利保护,又要重视保证人的权利或者利益。这是一个立法政策上的变化。当然这个变化也是有社会背景的:《担保法》的制定主要是为了解决三角债的问题,那个阶段确保债权实现成为《担保法》所要实现的目标,但社会经济发展到现在,法律当然一方面要确保债权得到实现,维护债权人的交易安全,但另一个方面,我们也发现了实践中存在大量隐形担保、过度担保等问题,债权人的地位越来越高,担保人的利益则没有受到应有的关注。这显然是不合适的:毕竟保证人是为了债务人的利益而给债权人提供担保,且常常还是无偿的。在此背景下,我们认为,债权人如果希望保证人承担连带责任保证,就应该在合同中明确作出约定,让保证人知道将来承担保证责任的风险到底有多大。如果当事人没说清楚甚至完全没有提到保证方式的类型,法律就推定为连带责任保证,对保证人来说就不太公平。这次立法政策的变化,有两个细节需要大家注意。

其一,《民法典》第688条第2款规定:"连带责任保证的债务人不履行到期债务或者发生当事人约定的情形时,债权人可以请求债务人履行债务,也可以请求保证人在保证范围内承担保证责任。"也就是说,如果当事人约定的是连带责任保证,只要债务人不履行到期债务或者发生当事人约定的情形,债权人就可以做出一个选择:既可以要求债务人履行债务,也可以要求保证人履行债务。因此,在连带责任保证中,保证人没有先诉抗辩权。这个先诉抗辩权是《民法典》第687条规定的一种权利。《民法典》第687条第1款规定:当事人在保证合同中约定,债务人"不能履行"债务时,由保证人承担保证责任的,为一般保证。大家注意,《民法典》第688条是说只要债务人"不履行",债权人就可以要求保证人承担保证责任。债务人"不能履行"表述的是一种客观的没有清偿能力的状态。也就是说,债权人去找债务人,债务人不是说主观上不履行,而是客观上不能履行债务,此时债权人才能要求保证人承担保证责任。那么,这里面保证人就有一个权利,叫作先诉抗辩权,也有人把它叫作保证人的检索抗辩权:债权人必须得先要求债务人以自己的财产清偿债务,只有在债务人没有财产清偿债务的情况下,保证人才承担保证责任。也正因如此,《民法典》第687条第2款中规定:一般保证的保证人在主合同纠纷未经审判或者仲裁,并就债务人财产依法强制执行仍不能履行债务前,有权拒绝债权人承担保证责任。尽管这一规定没有采用学术化的语言将保证人的这种权利称为先诉抗辩权或者保证人检索抗辩权,但是这一款所要表达的就是这个意思。

其二,在一般保证中,尽管保证人享有先诉抗辩权或者保证人检索抗辩权,但也存在一些例外情形。这些例外情形说明一般保证也可能会转化为连带责任保证。这些例外情况规定在《民法典》第687条第2款。具体内容我们后面再讲。

总之,先诉抗辩权仅存在于一般保证,连带责任保证人不享有先诉抗辩权,这是二者的主要区别,因此,**在一般保证人丧失先诉抗辩权的情形下,一般保证也就转变为连带责任保证。**

二、保证方式类型的识别

既然我们把保证区分为一般保证和连带责任保证,那么实践中必然就会发生案涉保证合同到底是一般保证还是连带责任保证的问题。当然,也有的同志提出来说,《民法典》第 686 条不是清楚地规定当事人有约定的按照约定,没有约定或者约定不清楚的就推定为一般保证吗,怎么还可能就保证的类型发生争议呢?《民法典》确实就保证的类型识别以及推定规则作了明确规定,但问题是,如何认定当事人之间的没有约定或者约定不明呢?是不是只要当事人在保证合同没有用"一般保证"和"连带责任保证"的字样,就应该理解为没有约定或者约定不明?从实践的情况看,不少当事人在保证合同中没有采用一般保证或者连带责任保证的表述,而只是说当债务人"不履行债务"时由保证人承担保证责任,或者说当债务人"不能履行债务"时由保证人承担保证责任。是不是说当事人没有明确约定一般保证还是连带责任保证就推定为一般保证呢?

在当事人约定当债务人"不履行债务"时由保证人承担保证责任的情形下,如何认定保证的类型,在《民法典》施行前存在较大的争议。一种观点认为,如果当事人在保证合同中约定当债务人"不能履行债务"时由保证人承担保证责任,通常已包含债权人应先就债务人的财产强制执行,保证人仅对不足部分承担保证责任,因此应当解释为一般保证;但也有人认为,债务人"不能履行债务"既可能是债务人主观上不履行债务,也可能是债务人客观上不能履行债务,因此上述情形应理解为约定不清,根据《担保法》的规定,应推定为连带责任保证。不过,这个问题在《民法典》施行后,就不再是一个问题,因为《民法典》对于当事人没有约定或者约定不清的推定规则作了新的规定,这样一来,无论是采取何种观点,都应认定担保人仅承担一般保证责任。

尽管两种观点的结果并无不同,但是,从法理的角度看,还是有区分的必要:如果采取的是第一种观点,就是根据解释规则获得的结论,即通过对当事人的意思表示进行解释,从而获得当事人的真实意思,不再将此种情形看作是当事人没有约定或者约定不明;如果采取的是第二种观点,则是根据推定规则获得的结论,即认为当事人对保证方式并无约定或者约定不明,再根据《民法典》关于保证类型的推定规则来确定保证的类型。我们认为,解释规则应当优先于推定规则。也就是说,在能够解释出当事人之间的真实意思时,就要先根据当事人的真实意思来确定保证的类型,而不能直接根据推定规则来确定保证的类型。只有在无法根据解释规则确定当事人的真实意思时,才能根据推定规则确定保证的类型。在我们看来,如果当事人约定债务人"不履行债务"时即由保证人承担保证责任,则这一表述并没有表达债权人应先就债务人的财产强制执行才能向保证人主张权利的意思,因此,应当依据解释规则,将该意思表示理解为连带责任保证,而非一般保证。同理,如果当事人约定债务人"未偿还债务"即由保证人承担保证责任,或者约定保证人无条件承担保证责任,也应理解为保证人不享有先诉抗辩权,从而将其认定为连带责任保证。但是,如果当事人约定的是债务人"不能履行债务"或"无力偿还债务"时保证人承担保证责任,当事人真实的意思应该是债权人应先就债务人的财产强制执行后才能向保证人主张担保责任,因此应理解为一般保证。

总之,《民法典》关于一般保证的推定是有前提条件的,即当事人对于保证类型没有约定或者约定不明,在适用推定规则之前,先要采取解释规则,尽可能探求当事人的真实意思。如果通过探求当事人的真实意思,能够确定当事人订立的是一般保证合同,就应认定为一般保证;如果当事人的真实意思是连带责任保证,则保证人就应承担连带保证责任。这就是《民法典担保解释》第25条的基本内容。

三、《民法典担保解释》第25条

《民法典担保解释》第25条第1款规定:当事人在保证合同约定了的保证人在债务人不能履行债务或者无力偿还债务时才承担保证责任等类似内容,具有债务人应当先承担责任的意思表示的,人民法院应当将其认定为一般保证。也就是说,虽然当事人没有采用"一般保证"这样的表述,但是约定当债务人不能履行债务或者无力清偿债务保证人才承担保证责任,这里就有一个履行的先后顺序:债权人得先找债务人,只有在债务人不能够履行或者无力偿还债务时,保证人才承担保证责任。这个时候,保证人承担的就是一般保证的保证责任。

《民法典担保解释》第25条第2款规定:当事人在保证合同中约定保证人在债务人不履行债务或者未偿还债务时即承担保证责任、无条件承担保证责任等类似内容,不具有债务人应当先承担责任的意思表示的,人民法院应当将其认定为连带责任保证。有的同志提出,是不是保证合同不具有债务人先承担债务的意思表示都应理解为是连带责任保证呢?当然不是,因为如果保证合同没有约定先后顺序,实际上有两种情况:一是能解读出来就是一个连带责任保证;二是属于约定不明。司法解释指的是第一种情况,也就是说,保证合同不仅不具有债务人先承担债务的意思表示,而且还要能读出保证人有提供连带责任保证的意思表示。问题是,如何才能读出当事人有承担连带责任保证的意思表示呢?司法解释举了两种情形:一是保证合同约定债务人不履行债务或者未偿还债务时即承担保证责任,这就表达保证人承担连带保证的意思表示;二是保证合同约定保证人无条件承担保证责任。关于第二种情形,我在第二篇中也提到过,大家可以回顾一下:我们在担保的从属性中讲到了担保在效力上的从属性,提到当事人在担保合同中约定担保合同效力独立于主合同或者在担保合同中约定主合同无效后担保人仍然应当对合同无效的后果承担担保责任,该约定无效,因为这一约定排除了担保的从属性。当然,排除担保从属性的约定无效并不必然导致整个担保合同无效。问题是,当事人关于担保独立性的约定被认定无效后,保证人承担的是一般保证责任还是连带保证责任呢?我们认为,如果当事人关于担保独立性的约定构成独立保函,只是因为开立保函的主体没有开立独立保函的资格或者能力导致保函的独立性被认定无效,我们认为保函的开立人应承担连带责任保证,因为担保人实际上已经放弃了全部的抗辩,自然也包括放弃了先诉抗辩权。担保人放弃全部抗辩是无效的,但先诉抗辩权能不能放弃呢?当然可以放弃。所以我们说非金融机构开立独立性保函,这个独立性本身是无效,但是不影响债权人请求开立人承担连带责任保证。不过,在《民法典担保解释》的制定过程中,虽然向社会公布的征求意见稿表达了这个意思,但最终通过的《民法典担保解释》第2条并没有对上述情形进行规定。大家注意,虽然司法解释的第2条没写,但第25条已经表达对了这个意思,甚至在适用范围上还有所扩张,因为当事人在保证合同中约定无条件承担担保责任,即有可能构成独立保函,也可能不构成独立保函,但司法解释第25条规定,只要保证合同有无条件承担担保责任的意思表示,即使担保的独立性被认定无效,债权人也可据此请求保证人承担连带责任保证的保证责任。

这就是《民法典担保解释》第25条的基本思路,即如果通过合同解释能够得出当事人约定的保证合同的类型,就不能够适用推定规则;只有通过合同解释,无法得出当事人真实意思表示,才能适用推理规则。至于哪些表述能够作为我们认定当事人有真实的意思表示,司法解释也作了一些列举,以帮助法官进行具体判断。

四、增信措施的法律性质

在实践中,当事人出具承诺文件作为增信措施的情况经常遇到。这些承诺文件的名称也是五花八门:有的叫作差额补足,即债务人差多少钱就补足多少钱;有的叫作流动性支持,就是当债务人出现现金短缺时,提供现金支持。这也还只是常见的两种情况,实践中间还有一些不常见的情况,比如说安慰函、维好协议(即维持友好关系的协议)等。这些所谓的增信措施的法律性质到底是什么呢?它们是不是都有法律效力?如果有,究竟有什么法律效力?只有在法律上给增信措施一个恰当的定位,我们才能准确地适用法律,也才能给当事人一个合理的交代。

(一)基本思路

从实践的情况看,当事人之所以不是通过提供担保或者债务加入来进行增信,而是出具上述承诺文件作为增信措施,主要是为了规避法律关于担保的一些规定。例如,由于《公司法》第16条规定公司对外提供担保须有公司决议,有些公司为了规避这一要求,就采取出具上述承诺文件的方式进行增信。又如,对于上市公司对外提供担保,证券交易所有明确的披露要求,因此,一些上市公司为规避信息披露的要求,就通过出具上述承诺文件进行增信。考虑到多数增信措施都是为了规避法律关于担保的规定,因此在《民法典担保解释》的制定过程中,我最初的想法是通过对出具承诺文件的当事人施加严格的法律责任对其进行制裁,以维护正常的交易秩序,防止法律制度被架空。

根据这一想法,我将作为增信措施的上述承诺文件区分两种情形:一种是有财产责任内容的增信措施,如差额补足、流动性支持;另一种是没有财产责任内容的增信措施,如安慰函。至于维好协议,须根据其内容判断究竟是属于第一种情形还是第二种情形。对于第一种情形,我的意见是一概将其认定为保证或者债务加入;对于第二种情形,则应认定其不具有法律上的效力。如此处理的好处是,凡是有财产责任内容的承诺文件,一旦出具,当事人就至少要承担担保责任,有的时候甚至要承担债务加入的责任,这样一来,就能引起当事人足够的重视,也避免了法律关于担保的规定被架空,从而进一步规范市场主体的行为。

在后续的讨论过程中,也有人提出,在当事人出具上述承诺文件作为增信措施后,相对人的合理期待当然在法律上应给予保护,不能够便宜了作出承诺的当事人,但是也不能对接受承诺的相对人给予过分的保护,因为相对人不是正儿八经地接受对方提供的担保或者债务加入,而是接受上述各种名目、似是而非的所谓增信文件,自然也要承担一定的风险。如果给予相对人超出其合理预期的法律保护,也可能产生不公平的结果。

正是基于上述考量,最终通过的《民法典担保解释》没有将所有具有财产责任内容的增信措施都界定为担保或者债务加入,而是根据承诺文件的内容作了进一步的区分:**如果承诺文件既没有表达提供担保的意思,也没有表达加入债务的意思,则即使承诺文件具有财产责任内容,也不应当认定为担保或者债务加入,而应根据承诺文件的内容判决由出具承诺文件的当事人承担相应的责任。**例如,实践中有的当事人出具的承诺文件载明当债务人出现债务危机时,当事人会给予"一定程度的支持"。显然,这个"一定程度的支持"不是要为债务人的债务承担担保责任,也不是要加入债务人的债务,但也不能一点义务都不承担,因此,法官应根据案件的具体情况,判决由承诺人履行一定的给付义务。当然,我们对于增信措施,还是要从法律上进行明确的界定,这样也是给大家一个合理的预期。

(二)保证与债务加入的区分

这里首先涉及作为增信措施的承诺文件究竟是不是构成保证?是不是构成债务加入?我们先来看保证和债务加入之间的区别在什么地方,因为只有把二者区分开来,才能准确对增信措施进行定性。

前面有两个地方提到债务加入:一个是在"具有担保功能的制度"中,我们不仅提到债务加入具有担保功能,而且还提到《民法典担保解释》也涉及债务加入的问题;另一个就是在公司对外提供担保的情况下,尽管当事人没有采取传统意义上的担保,但如果当事人采取的债务加入,也要参照提供担保的规定来认定债务加入的效力。所以,我们可以看到,保证和债务加入的联系非常紧密。

我们说债务加入具有担保功能,甚至其产生的责任可能还要高于保证人所应承担的责任,包括连带责任人承担的保证责任。为什么呢?第一,因为债务人加入也会产生一种连带债务。根据《民法典》第552条的规定,当事人加入他人的债务之后,债权人既可以找原来的债务人承担全部责任,也可以找新加入的债务人承担全部债务。第二,从目前学界的分析来看,债务加入与连带责任保证只有三点区别:一是债务加入不适用保证期间的规定,而连带责任保证对保证人还有保证期间的一个保护;二是在债务加入的情形下,《民法典》没有明确规定新加入的债务人承担债务后对原债务人享有法定的追偿权,而连带责任保证的保证人在承担保证责任之后享有一个法定的追偿权(当然,虽然《民法典》关于债务加入的规定没有规定追偿权,但新加入的债务人在承担债务后,也可以根据当事人之间的约定或者法律的其他规定来进行追偿,比如说《民法典》关于不当得利的规定或者《民法典》第524条关于第三人代为清偿的规定,前提是必须满足这些规定所要求的条件);三是关于从属性的问题,无论是一般保证还是连带责任保证都是从属于被担保的主债权债务关系,主合同无效必然导致担保也无效,担保人仅仅根据自己过错来承担相应的缔约过失责任,但债务加入不一样,被加入的债务哪怕是无效的,新加入的债务人也应该对无效的后果承担相应的责任。

正是因为债务加入比连带责任保证的责任还要重,我们最初的想法是打算专门把债务加入作为一条进行规定。既然《民法典》明确规定了债务加入,自然就要有一套明确的规则,否则就可能带来实践问题,但遗憾的是,《民法典》本身并没有提供关于债务加入的一套规则,这就造成不少当事人通过债务加入来规避法律关于担保的规定,例如前面谈到的公司法定代表人未经公司决议加入他人的债务,就是为了规避《公司法》第16条关于公司对外提供担保的规定。当然,从实践的角度看,不仅仅是公司法定代表人加入他人的债务要类推适用公司对外提供担保的规定,在我看来,除了前述提到的三个区别,法律关于连带责任保证的规定,都应类推适用于债务加入。例如,法律关于担保资格的规定,也应类推适用于债务加入,因为当事人如果没有担保资格,也就没有加入他人债务的资格,否则,就会导致当事人通过债务加入来规避法律关于担保资格的规定。基于这一考虑,我们最初设计的条文是:"人民法院处理因债务加入引起的纠纷,应当参照民法典及本规定关于连带责任保证的规定,但民法典及本规定关于保证期间和保证人追偿权的规定,不适用于债务加入。第三人加入因合同关系发生的债务后,该合同被认定无效或者被撤销,债权人请求第三人与债务人对合同无效或者被撤销的后果承担连带责任的,人民法院应予支持。"

遗憾的是,在后来在讨论中,有的同志提出,既然《民法典担保解释》在适用范围上限于担保制度,而债务加入虽然具有担保功能,但并不属于担保制度,如果规定仅在例外情形下,债务加入不能类推适用法律关于连带责任保证的规定,其他情况都要适用连带责任保证的规定,就可能让人产生债务加入等同于连带责任保证的感觉,这可能与《民法典》的精神相违背,因为《民法典》是将债务加入作为单独的一项制度予以设计的。尽管这一观点不无值得商榷的地方,也经不起推敲,但在这种观点的影响下,最终通过的司法解释还是仅保留了公司法定代表人加入他人债务应类推适用公司对外提供担保的规定,至于其他问题,则仍然没有规定明确的规则。

此外,值得注意的是,《民法典》是将债务加入作为债务承担的一种情形规定在合同编总则分编关于债务承担的部分,因为债务加入在本质上属于并存的债务承担,即新的债务人加入债务后,原债务人并不脱离债权债务关系,二者对债权人承担连带债务。与此相对应的是免责的债务承担,即新的债务人承担债务后,原债务人就不再承担债务。可见,免责的债务承担较之债务加入对承担债务的当事人更加不利,因为免责的债务承担意味着承担债务的当事人须独立承担全部债务。在此背景下,根据"举轻以明重"的法律解释规则,既然债务加入都要类推适用法律关于担保的规定,免责的债务承担自然也应适用法律关于担保的规定。例如,既然公司法定代表人代表公司加入他人债务要参照适用公司对外提供担保的规定,那么公司法定代表人代表公司免责的承担他人债务也应参照适用公司对外提供担保的规定。又如,法律关于担保资格的规定可类推适用于债务加入,自然也应类推适用于免责的债务承担,因为当事人如果没有担保资格,就不能承担他人的债务,既包括并存的债务承担,也包括免责的债务承担。

(三)增信措施的性质认定

当然,尽管我们认为债务加入应类推适用法律关于连带责任保证的规定,但并不意味着债务加入就是连带责任保证,二者存在前面谈到的区别。正是因为二者存在前面谈到的区别,我们认定某项增信措施究竟是保证还是债务加入,在法律后果上还是存在重大差异的。就此而言,如何认定增信措施的性质就成为实践中一个极为重要的问题。

根据前面谈到的基本思路,我们认为,对于实践中存在的各种名目的增信措施,首先要判断的是提供增信的当事人是否有担保的意思表示,再在此基础上判断其是否有债务加入的意思表示,因为债务加入也具有担保功能,且债务加入的责任较之连带责任保证更严格,当事人不仅要有担保的意思表示,而且要有直接加入他人债务的意思表示,才能认定为债务加入。考虑到《民法典》对保证类型的推定采取的是有利于保证人的规则,即当事人意思表示不明确时推定为一般保证,我们认为,如果当事人虽然有提供担保的意思表示,但难以认定构成债务加入,就应认定为保证;至于该保证究竟是一般保证还是连带责任保证,前面已经谈到,必须先进行合同解释,如果确实无法通过解释来认定保证的类型,就应推定为一般保证。

从这个意义上看,当事人是否具有担保的意思表示,也必须通过合同解释来进行认定。从实践的情况看,作为增信措施的承诺文件往往是为了规避法律关于担保的规定而出现的,因此承诺文件很少采用担保或者保证的表述,而是采用的较为模糊的表述,如流动性支持、差额补足等。我们认为,尽管承诺文件没有采用担保或者保证的表述,但通过前后文的表述,如果能够认定当事人约定当债务人不能履行债务或者无力履行债务时,第三人就有义务履行债务,就应认定第三人有提供一般保证的意思表示;如果能够认定当事人约定当债务人不履行债务,第三人就有义务履行债务,就应认为第三人有提供连带责任保证的意思表示。如果第三人虽有债务人不能履行债务或者无力履行债务即由自己承担债务的意思表示,但很难认定第三人是否有债务人不履行债务即由自己承担债务的意思表示,则应根据推定规则,认定第三人为一般保证人。相反,如果第三人不仅有债务人不履行债务即由自己履行债务的意思表示,且第三人明确表示自己是与债务人共同承担债务或者明确表示自己加入到债务人的债务,则应认定为债务加入。

总之,对于增信措施的性质认定,我们必须坚持解释规则先行的思路,只有在依据解释规则无法获得结论时,才能采取推定规则。《民法典担保解释》第36条表达的就是这个思路。这一条比较长,总共四款:第1款明确了第三人向债权人提供差额补足、流动性支持等类似承诺文件作为增信措施,如果这些文件含有提供担保的意思表示,而债权人也要求第三人承担担保责任,那么人民法院应当依照保证的有关规定来处理。这里所谓担保的意思表示,涉及的就是合同解释的问题。如果第三人发出的就是担保函,自然就有提供担保的意思表示,但如果没有采用担保或者保证的意思表示,且通过整体解释、目的解释等合同解释的方法仍然无法得出当事人有提供担保的意思表示,则不能认定当事人之间存在保证合同关系。从这个意义上说,《民法典担保解释》第25条关于保证类型认定的规定也应运用于这里对当事人是否有提供担保的意思表示的认定,因为只有当事人有提供保证的意思表示,才能进一步区分为一般保证和连带责任保证。同理,如果当事人有提供一般保证或者连带责任保证的意思表示,自然也就有提供担保的意思表示。

第 2 款规定的是债务加入的认定。前面谈到,债务加入具有担保功能,本质上是一种非典型担保,因此,当事人也必然有担保的意思表示。但是,债务加入较之连带责任保证更有利于债权人,不利于提供担保的当事人,因此,对债务加入的认定要从严掌握。根据《民法典担保解释》第 36 条第 2 款的规定,**只有在当事人有共同承担债务或者加入他人债务的明确意思表示时,才能认定为债务加入。**例如,当事人在他人的借条上以共同借款人的身份签字、盖章或者按指印,即可认为当事人有共同承担还款付息的意思表示。

当然,从实践的情况看,有时候当事人究竟是加入他人的债务还是为他人的债务提供连带责任保证,很难进行认定。例如,张三向李四借钱,李四与王五约定,只要张三不履行还本付息的义务,王五就应承担还本付息的义务。对此,一种意见认为,王五有加入债务的意思表示,因为王五承担的是还本付息的义务,而非保证责任;另一种意见则认为,王五真实的意思应该是提供连带责任保证,而非债务加入,因为王五承担还本付息义务的前提,仍然是张三不履行还本付息的义务,而非自己直接成为共同债务人。根据《民法典担保解释》第 36 条第 3 款的规定,**在当事人的意思表示难以认定究竟是保证还是债务加入时,应认定为保证。**之所以如此规定,主要理由有两个。

其一,《民法典》强化了对担保人合法权利的保护,明确规定保证合同对于保证人承担的究竟是一般保证还是连带责任保证约定不明或者没有约定时,应推定为一般保证。同理,在当事人提供的究竟是保证还是债务加入存在争议的情形下,也应作有利于担保人的推定。

其二,如果债权人希望当事人作为共同债务人加入他人的债务,就应采用明确的意思表示,而不能含糊其辞。如果含糊其辞,就应作对债权人不利的解释。

总之,对于当事人意思表示的解释,要结合《民法典担保解释》第 36 条和第 25 条进行综合判断。在无法通过合同解释获得当事人的真实意思时,应推定为当事人仅有提供保证的意思表示。至于该保证是连带责任保证还是一般保证,则仍须进一步依据《民法典》与《民法典担保解释》的相关规定进行认定。不过,**如果当事人对于究竟是保证还是债务**

加入存在争议,则即使认定为保证,一般而言,该保证也是连带责任保证。原因很简单,一般保证的情形下,保证人有先诉抗辩权,而连带责任保证和债务加入都不存在先诉抗辩权,这个区分还是明显的。既然当事人就其意思表示究竟是保证还是债务加入发生争议,也就意味着当事人没有约定担保人有先诉抗辩权。

(四)增信措施与金融创新

《民法典担保解释》第 36 条第 4 款是后来增加的。之所以增加这个规定,是因为我们在与有关行业协会进行沟通的过程中,他们提出,增信措施的名目繁多,情形也很复杂,如果一概将其认定为担保或者债务加入,可能会严重影响到金融的创新。我们认为,实践中大量出现的增信措施,其目的并非金融创新,而是规避法律关于担保的规定。因此,即使将增信措施定性为担保或者债务加入,其目的也并非打击增信措施,进而妨碍金融创新,而是更好地引导当事人进行交易,维护交易的安全。相反,如果不将增信措施进行准确的定性,就将导致大量担保无法获得法律的规制,从而可能引发金融危机。不过,如果一概将增信措施界定为担保或者债务加入,也可能对提供增信措施的当事人不公平,因为提供增信措施的当事人确实没有提供担保的意思,也没有加入他人债务的意思。当然,如果不让其承担一定的责任,对债权人可能也不够公平,因为债权人可能就是因为有增信措施,才从事相关的交易。也正因为如此,根据《民法典担保解释》第 36 条第 4 款的规定,如果当事人提供的增信措施既不包含担保的意思表示,也没有债务加入的意思表示,但又有一定的财产内容,人民法院还是应当依据承诺文件约定的具体内容以及案件的具体情形,判决由提供增信措施的当事人承担相应的责任。例如,实践中有的当事人出具的承诺文件载明在债务人不能履行债务时,第三人应给予一定的流动性支持或者给予一定程度的支持。如果我们将这个承诺文件理解为担保或者债务加入,显然对提供增信措施的第三人不够公平,也"便宜"了接受该承诺文件的债权人,因为如果债权人需要对方提供担保或者加入债务,就应该要求明确承诺的性质,不应该接受这种似是而非的承诺文件。但是,如果第三人一点儿责任都不承担,既不利于债权人合理信赖的保护,也"便宜"了第三人。因此,法官应根据案件的具体情形,判决由第三人承担适当的责任即可,但这个责任不是担保责任,也不是加入债务后应承担的全部债务。

当然,如果增信措施既没有担保的意思表示,也没有债务加入的意思表示,且没有具体的财产责任内容,就应理解为不具有法律效力的法律文件。例如,大多数情形下当事人签订的安慰函、友好协议或者维好协议等,除特殊情形外,通常不具有提供担保的意思表示,也不具有加入他人债务的意思表示,从内容上看,也没有具体的财产责任内容,此时让提供增信措施的第三人承担责任,对第三人来说就不公平。所以,《民法典担保解释》第36条第4款规定:"第三人向债权人提供的承诺文件不符合前三款规定的情形,债权人请求第三人承担保证责任或者连带责任的,人民法院不予支持,但是不影响其依据承诺文件请求第三人履行约定的义务或者承担相应的民事责任。"也就是说,**如果承诺文件约定第三人在特定情形要履行一定的义务,当条件成就时,债权人就有权要求第三人履行该义务**。例如,实践中,有的当事人约定在一定情形下由第三人履行回购义务。如果回购的标的是非常具体的,那第三人就要履行回购义务。至于回购多少,也应按照第三人当时做出的承诺来认定。如果第三人不履行回购义务,就应承担违约责任。可见,《民法典担保解释》第36条第4款实际上规定的一个普通的合同责任,既不是担保责任,也不是债务加入,这样理解的话可能就更加全面。也就是说,增信文件不是说开就开的,第三人出具增信文件之后,就有可能构成担保,也有可能构成债务加入;即使构不成担保或债务加入,出具增信文件的第三人也可能要承担合同约定的义务。另外,通过司法解释,我们也是想表达一个态度,债权人在接受增信文件的时候,如果是希望第三人提供担保或者作为共同的债务人,就应该主动提出来,让第三人明确约定担保,不要抱有侥幸心理。尤其是,如果是担保或者债务加入,就要符合担保或者债务加入的条件,例如公司对外提供担保或者加入债务,就要审查相应的公司决议。如果债权人一方面想通过所谓增信措施来规避审查义务,另一方面又希望获得担保的保护,显然是不行的。更为重要的是,当事人不能打着金融创新的旗号来正当化自己的行为。在我们看来,金融创新也要在法律规定的限度内进行创新,离开法律规定的限度,就谈不上创新;否则,带来的可能是金融风险,对此,我们不可不察。我们把增信措施规定在《民法典担保解释》中,实际上也带有规范或者引导当事人如何行为的目的在里面。

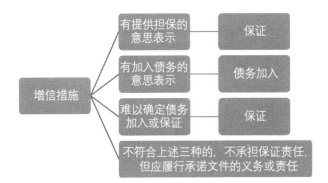

第十九讲

先诉抗辩权的性质与行使

一、先诉抗辩权的意义

先诉抗辩权是学理上的术语，《民法典》本身没有用这样的一个术语。所谓先诉抗辩权，根据《民法典》第687条的规定，是指一般保证的保证人在主合同纠纷未经审判或者仲裁，并就债务人财产依法强制执行仍不能履行债务前，有权拒绝承担保证责任的权利。当然，《担保法》第17条也已经对一般保证人的先诉抗辩权作了规定。不过，先诉抗辩权这个术语容易让人产生误解，以为是说债权人必须先起诉债务人或者对债务人申请仲裁，否则不能起诉保证人。但先诉抗辩权的真实意思其实主要想表达在对债务人的财产强制执行之前，保证人可以拒绝承担保证责任。当然，要先对债务人的财产进行强制执行，就必须要有执行依据，这也是为什么《民法典》和《担保法》均规定"审判或者仲裁"的原因。但是，对债务人提起诉讼或者申请仲裁，只是为了获得执行依据。如果债权人已经取得其他执行依据，显然没有必要必须对债务人提起诉讼或者申请仲裁，例如债权人持有赋予强制执行效力的公证债权文书，就可以直接申请对债务人进行强制执行，而无须对债务人提起诉讼或者申请仲裁。也正因为如此，《民法典担保解释》第27条规定："一般保证的债权人取得对债务人赋予强制执行效力的公证债权文书后，在保证期间内向人民法院申请强制执行，保证人以债权人未在保证期间内对债务人提起诉讼或者申请仲裁为由主张不承担保证责任的，人民法院不予支持。"

值得注意的是，如果没有赋予强制执行效力的公证债权文书，债权人要申请先对债务人强制执行，就必须先对债务人提起诉讼或者申请仲裁。问题是，债权人能否一并对债务人或者一般保证人提起诉讼或者申请仲裁呢？对此，《担保法解释》第125条规定："一般保证的债权人向债务人和保证人一并提起诉讼的,人民法院可以将债务人和保证人列为共同被告参加诉讼。但是,应当在判决书中明确在对债务人财产依法强制执行后仍不能履行债务时,由保证人承担保证责任。"可见,尽管一般保证人享有先诉抗辩权,但并非债权人不能将债务人与保证人作为共同被告一并提起诉讼,只不过因为一般保证人享有先诉抗辩权,判决书应当写明保证人只有在对债务人财产依法强制执行后仍不能履行债务时才须承担保证责任。应该说,这一规定既避免了债权人先起诉债务人并经强制执行后再对保证人提起诉讼所带来的诉累,有利于债权人权利的实现,也保障了保证人的合法利益,因此,在制定《民法典担保解释》时,我们的建议是继续沿用这一做法。

但是,《民法典》编纂完成后,实务界有一种非常流行的说法,认为《民法典》对于一般保证作了非常重大的修改或者修正,明确了一般保证人因享有先诉抗辩权,所以债权人在对债务人提起诉讼或者申请仲裁,并就债务人财产强制执行前,不得起诉保证人或者对保证人申请仲裁。根据这一意见,在一般保证的情形下,债权人就只能先起诉债务人或者对债务人申请仲裁,既不能单独先起诉保证人或者对保证人申请仲裁,也不能将债务人或者保证人一并提起诉讼或者申请仲裁。此外,还有一些同志提出如下担心:如果允许债权人将债务人或者保证人一并提起诉讼或者申请仲裁,则债权人就可能会在对债务人财产强制执行前,也申请人民法院对保证人的财产进行保全,一并查封、扣押或者冻结一般保证人的财产,这就可能严重影响到保证人的正常生产经营。

经过反复研究,我们认为,先诉抗辩权的意义仅在于债权人不能先单独起诉保证人,至于能否同时起诉,则取决于一般保证人的利益是否会因此受到损害。如果采取《担保法解释》第125条的思路,要求法官在判决书主文明确保证人仅在对债务人财产依法强制执行后仍不能履行债务时才承担保证责任,同时再在《民法典担保解释》明确规定债权人未对债务人的财产申请保全或者保全的债务人的财产足以清偿债务,债权人无权申请对一般保证人的财产进行保全,则一般保证人的利益就不会因债权人一并对债务人或者保证人提起诉讼而受到任何不利的影响。相反,如果不允许债权人一并对债务人和保证人提起诉讼或者申请仲裁,则不仅会给债权人带来诉累,而且也无法完全保证债权人的利益,因为如果债权人只有在通过诉讼或者仲裁并对债务人的财产进行强制执行后才能对保证人提起诉讼或者仲裁,在这漫长的过程中,保证人的清偿能力也许会发生重大变化,此其一;其二,要求债权人只能在通过诉讼或者仲裁并对债务人的财产进行强制执行后才能对保证人提起诉讼或者仲裁,在实践中也很难操作,因为当事人之间的保证合同究竟是一般保证还是连带责任保证,只有通过实体审理后才能作出判断,在立案阶段无法作出判断,而到了审判阶段,显然也不能因为案涉保证合同被认定为一般保证就要求原告撤回对一般保证人的起诉;其三,一般保证人承担的实际上是一种补充责任,除此种情形外,《民法典》还规定了其他承担补充责任的情况,例如说有人在住宾馆时遭到犯罪分子的袭击受伤了,而宾馆如果违反了安保义务,按照《民法典》侵权责任编的规定,就要承担补充赔偿责任,我们在实践中也是允许受害人一并提起诉讼,只不过要求法官在判决书中明确承担责任的先后顺序。

总之,一般保证人的先诉抗辩权仅仅意味着债权人在对债务人提起诉讼或者申请仲裁并强制执行前,可以拒绝承担担保责任,因而债权人不能未经对债务人提起诉讼或者申请仲裁,先单独对保证人提起诉讼或者申请仲裁。至于债权人一并将债务人和保证人提起诉讼或者申请仲裁,完全可以通过其他方式来解决一般保证人的利益保护:一是要求法官在裁判文书中明确执行的先后顺序;二是在债权人未对债务人的财产申请保全或者申请保全的债务人的财产足以清偿债务,则不能对保证人的财产申请保全。也正因为如此,《民法典担保解释》第26条规定:"一般保证中,债权人以债务人为被告提起诉讼的,人民法院应予受理。债权人未就主合同纠纷提起诉讼或者申请仲裁,仅起诉一般保证人的,人民法院应当驳回起诉。一般保证中,债权人一并起诉债务人和保证人的,人民法院可以受理,但是在作出判决时,除有民法典第六百八十七条第二款但书规定的情形外,应当在判决书主文中明确,保证人仅对债务人财产依法强制执行后仍不能履行的部分承担保证责任。"

二、司法解释之间的协调

《民法典担保解释》第26条第1款旨在明确先诉抗辩权在程序上的意义,即在一般保证中,债权人可先就债务人提起诉讼,再起诉保证人,但不能在未对债务人提起诉讼或者仲裁前,单独起诉保证人。值得注意的是,根据这一规定,如果债权人未经对债务人提起诉讼或者申请仲裁前,单独起诉保证人,人民法院就应驳回起诉。这一规定既与《最高人民法院关于审理民间借贷案件适用法律若干问题的规定》(以下简称《民间借贷解释》)第4条第2款的规定不一致,也与《最高人民法院关于适用〈中华人民共和国民事诉讼法〉的解释》(以下简称《民事诉讼法解释》)第66条的规定不一致。

《民间借贷解释》第4条第2款规定:"保证人为借款人提供一般保证,出借人仅起诉保证人的,人民法院应当追加借款人为共同被告;出借人仅起诉借款人的,人民法院可以不追加保证人为共同被告。"《民事诉讼法解释》第66条规定:"因保证合同纠纷提起的诉讼,债权人向保证人和被保证人一并主张权利的,人民法院应当将保证人和被保证人列为共同被告。保证合同约定为一般保证,债权人仅起诉保证人的,人民法院应当通知被保证人作为共同被告参加诉讼;债权人仅起诉被保证人的,可以只列被保证人为被告。"可见,《民间借贷解释》采用的是依职权追加的方式,即在债权人仅起诉一般保证人时,法院应依职权追加债务人为共同被告;而在《民事诉讼法解释》中,则是由法院通知债务人作为共同被告参加诉讼。从表述上看,《民事诉讼法解释》不仅将债务人称为被保证人,极易与债权人发生混淆,而且规定法院"通知"债务人作为共同被告参加诉讼,虽然表达的是追加债务人为共同被告的意思,但却没有采用追加的用语,让人捉摸不透。所以,我个人认为,尽管这两部司法解释的立场并无明显区别,但相较于《民事诉讼法解释》第66条的表述,《民间借贷解释》第4条的表述显得更为可取。

《民间借贷解释》经修订后,是自《民法典》施行之日开始实施,《民法典担保解释》也是自《民法典》施行之日开始实施。问题是,根据《民间借贷解释》第4条的规定,在债权人仅起诉一般保证人时,人民法院应依职权追加债务人为共同被告,而根据《民法典担保解释》第 26 条第 1 款的规定,则是驳回起诉,如何处理二者之间的冲突呢? 一种观点认为应采用特别规范优于一般规范的思路处理二者之间的冲突,理由是《民间借贷解释》第 4 条仅适用于因民间借贷发生的担保,而《民法典担保解释》则适用于所有担保,因此,在当事人因民间借贷发生的担保纠纷中,应适用《民间借贷解释》的规定,而在其他担保纠纷中,则适用《民法典担保解释》的规定。我个人不太赞同这一思路,因为在处理司法解释与司法解释之间的规范冲突时,要谨慎选择特别法优于一般法这一解决规范冲突的方式,因为大量司法解释虽然是就特定问题所作的规定,但被解释的法律却可能是一般性的法律,而非仅适用于该特定问题的特别规则,例如《民间借贷解释》虽然是就民间借贷问题所作的规定,但该解释第 4 条则是对保证纠纷案件中的当事人所作的一般规定,并非仅适用于因民间借贷发生的保证纠纷。

既然都是就保证纠纷案件的当事人所作的一般规定,那么《民间借贷解释》与《民法典担保解释》之间的规范冲突就不能用特别规范优于一般规范的思路来解决,而只能用新规范优于旧规范的思路来解决。但是,两部司法解释都是自 2021 年 1 月 1 日起施行,似乎看不出何者为新,何者为旧。我的意见是,相对于《民间借贷解释》第 4 条的规定,《民法典担保解释》属于新的规范,更能代表最高人民法院最新的司法政策,理由如下:《民法典担保解释》是《民法典》编纂完成后新制定的司法解释,而《民间借贷解释》制定于《民法典》编纂前,在《民法典》编纂完成后,仅仅是进行了清理。二者有什么区别呢? 司法解释的清理,是最高人民法院自己根据《民法典》的规定进行的自我审查,主要审查司法解释的规定是否与《民法典》存在冲突或者矛盾,如果没有发现冲突或者矛盾,就会将该规定保留下来。虽然在司法解释的清理过程中,也须听取立法机构的意见,但因涉及的内容太多,立法机构无法一一审查保留下来的司法解释是否与《民法典》的规定存在冲突或者矛盾。而《民法典担保解释》尽管也是在清理《担保法解释》的基础上制定的,但属于新制定的司法解释,因此在征求立法机构的意见时,立法机构是逐条进行审查。例如,关于一般保证合同纠纷的当事人,我们最初的想法是保留

《担保法解释》第 125 条，但立法机构提出最好不要规定债权人在将债务人和保证人一并提起诉讼时，人民法院应将其作为共同被告。在立法机构看来，无论是"连带责任"还是"共同被告"，均应由法律明确规定，司法解释不能在没有法律规定的情况下创设"连带责任"或者"共同被告"。后经反复沟通，立法机构才保留如果债权人一并提起诉讼，人民法院"可以"受理，且不再明确规定将二者列为"共同被告"。既然如此，在债权人单独起诉一般保证人时，自然也就无法再规定由人民法院依职权追加债务人为"共同被告"了，而只能规定驳回起诉。

可见，《担保法解释》第 125 条与《民间借贷解释》并无冲突，现在之所以发生冲突，就是因为《民法典担保解释》对《担保法解释》进行了修改。既然如此，《民法典担保解释》就可以看作是最高人民法院对于这一问题的最新理解，而《民间借贷解释》则只能代表过去的理解。需要注意的是，由于《民法典担保解释》第 26 条第 2 款明确规定债权人可一并起诉债务人和一般保证人，因此，法官在根据《民法典担保解释》第 26 条第 1 款的规定驳回债权人的起诉时，也应先向债权人进行释明，由债权人选择一并起诉债务人，如果债务人坚持不一并起诉，则驳回起诉。当然，债权人仅起诉一般保证人被驳回后，仍可以另行提起诉讼，要么先起诉债务人，要么将二者一并提起诉讼。就此而言，尽管《民法典担保解释》与《民间借贷解释》存在表述上的不一致，但对实践的影响却并不大。

三、先诉抗辩权的行使

这里还要强调的是，先诉抗辩权在性质上是一种实体性的权利，不是一种程序性的权利。换言之，一般保证人享有先诉抗辩权，不是说债权人必须要先诉债务人，不能对债务人与保证人一并提起诉讼，而只是意味着在未对债务人的财产进行强制执行前，保证人有权拒绝承担保证责任。因此，即使在债权人将债务人与保证人一并提起诉讼时，先诉抗辩权也仍有实现的途径。

当然，尽管先诉抗辩权是一种实体权利，但并不意味着其在程序上没有意义。通过上面的分析，我们认为先诉抗辩权在以下三个阶段都具有意义：第一，在诉讼阶段，先诉抗辩权的意义在于债权人必须要先对债务人提起诉讼或申请仲裁，而不能单独的先起诉保证人，但并不意味着不能同时起诉债务人和保证人；第二，在执行阶段，债权人必须要先申请人民法院执行债务人的财产，否则，即使债权人一并起诉债务人和保证人，也无权申请人民法院对保证人的财产强制执行；第三，在财产保全阶段，债权人必须先申请对债务人的财产进行保全，如果不申请对债务人的财产进行保全或者保全的债务人的财产足以清偿其全部债权，则不能申请对保证人的财产进行保全。这就是《民法典担保解释》第26条的基本思路。

尽管先诉抗辩权具有上述程序法的意义，但其核心还是要对债务人的财产进行强制执行。前文提到《民法典》第687条第2款中规定：一般保证的保证人的主合同纠纷未经审判或者仲裁，并就债务人财产依法强制执行而仍不能实现债权前，保证人有权拒绝承担保证责任。我们认为，这里之所以规定要对债务人提起诉讼或者申请仲裁，也只是为了取得执行依据而已。问题是，除了通过诉讼或者仲裁取得执行依据，是不是就不存在其他取得执行依据的途径呢？显然不是。根据《民法典担保解释》第27条的规定，虽然债权人没有对债务人提起诉讼或者申请仲裁，但如果债权人持有赋强公证债权文书，也可以直接申请人民法院对债务人的财产强制执行，人民法院也可以将其作为强制执行的依据。也就是说，在债权人持有赋强公证债权文书时，一般保证人就不能再要求债权人必须对债务人提起诉讼或者仲裁，但在人民法院对债务人的财产进行强制执行前，仍有权拒绝承担保证责任。也正因为如此，有的学者提议说先诉抗辩权的意义其实就在于应先执行债务人的财产，所以把它叫作先执行抗辩权可能更合适。

也正是因为先诉抗辩权的意义在于债权人只有在申请人民法院对债务人的财产强制执行后，才能要求保证人承担保证责任，因此，在债权人有证据证明债务人确实没有财产可供执行时，自然也就不能再行使先诉抗辩权。为此，《民法典》第687条第2款规定了在下列四种情形下，一般保证人不能再行使先诉抗辩权。

其一，债务人下落不明，且无财产可供执行。《担保法》第17条第3

款第1项规定"债务人住所变更,致使债权人要求其履行债务发生重大困难的",保证人不得行使先诉抗辩权。考虑到债务人住所发生变更并不当然导致债务人没有财产可供执行,且如果仅仅导致债权人要求债务人履行债务发生重大困难就会使先诉抗辩权无法行使,对一般保证人的保护就会大打折扣。《民法典》将"债务人下落不明,且无财产可供执行"作为一般保证人不能行使先诉抗辩权的条件,更有利于保护一般保证人的合法权利。

其二,人民法院已经受理债务人破产案件。人民法院受理债务人破产案件意味着债务人已经无力偿还债务,此时再要求债权人起诉债务人或者对债务人申请仲裁并对债务人的财产强制执行,不仅在程序上存在障碍,对债权人的保护也不够有力,因此,《民法典》将此种情形作为一般保证人不能行使先诉抗辩权的情形之一。

其三,债权人有证据证明债务人的财产不足以履行全部债务或者丧失履行债务能力。尽管债务人没有进入破产程序,但如果债权人有其他证据足以证明债务人没有清偿能力,则保证人也将丧失先诉抗辩权。例如,张三是债务人,李四是债权人,王五是一般保证人,李四虽然没有对张三提起诉讼或者申请仲裁,也未据此申请人民法院对张三的财产进行强制执行,但李四了解到张三还欠赵六的钱,且赵六通过诉讼或者仲裁取得执行依据后申请法院对张三的财产进行了强制执行,因张三没有可供执行的财产,人民法院作出了终结本次执行的裁定,李四以该裁定为证据,证明债务人没有清偿能力,并要求王五承担保证责任,王五就不能再以自己享有先诉抗辩权为由拒绝承担保证责任。这里需要指出的是,《民法典》第687条第2款将"债权人有证据证明债务人的财产不足以履行全部债务"作为一般保证人不能行使先诉抗辩权的情形,似有不当,因为债务人的财产不足以履行全部债务,但如果能够履行部分债务,也应先由债务人的财产履行部分债务,保证人仅对不足部分承担保证责任。

其四,保证人书面表示放弃本款规定的权利。先诉抗辩权作为一种实体权利,一般保证人可以选择行使,也可以选择不行使。也就是说,保证人选择放弃先诉抗辩权,是对自己权利的处分,自无不可。需要注意的是,当事人放弃一种民事权利,必须要有明确的意思表示。考虑到《民法典》规定保证合同须采用书面形式,保证人对先诉抗辩权的放弃,自然也必须以书面的形式。如果当事人没有采用书面形式,除非当事人通过事后的履行行为进行补救,否则即使有其他证据证明当事人有放弃先诉抗辩权的意思表示,也不应承认放弃先诉抗辩权的效力。

第二十讲

保证期间的法律适用

一、保证期间的法律性质

前文已经谈到了保证期间在整个保证合同纠纷案件审理中的重要性。保证期间是一个很有意思的期间制度,至今学理上或者实务界都对保证期间的性质有重大的争议。我们很难把保证期间归入到现行法上的某个类别的期间中去。《民法典》总则编规定了两类期间:一个是诉讼时效,另一个是除斥期间。保证期间与这两类期间都有一些不同。比如说与诉讼时效比较,保证期间是确定保证人承担保证责任的期间,不发生中止、中断和延长这样的一个后果。这是保证期间与诉讼时效最大的一个区别。大家都清楚诉讼时效有中止、中断和延长的情况。另外,诉讼时效都是法定的,但保证期间是可以由当事人约定的,只有在当事人没有约定或者约定不明的情况之下,才根据法律的规定来确定保证期间。对此,《民法典》第 692 条规定得非常清楚:当事人有约定的按照约定,没有约定或者约定不清楚的,保证期间是 6 个月。从什么时候开始算 6 个月呢? 是从主债务履行期届满之日起 6 个月。这里需要大家注意的一个问题:《担保法》及其司法解释对于保证期间的推定是区分没有约定和约定不明的,如果是没有约定的情况,从主债务履行期届满之日起 6 个月;但是如果是约定不明的情况,则是主债务履行期届满 2 年。《民法典》第 692 条第 2 款没有再区分约定不明和没有约定,一律把保证期间规定为主债务履行期届满 6 个月,这是一个重大的变化,值得大家注意。问题是,什么叫作没有约定或者约定不明? 我们过去认为,当事人约定的保证期间早于主债务履行期期限或者与主债务履行期限同时届满,就视为没有约定;而保证合同约定由保证人承担保证责任直至主债务本息还清为止等类似内容,则视为约定不明。这个区分在《担保法》及其司法解释中具有重大意义,例如《担保法解释》规定保证合同约定由保证人承担保证责任直至主债务本息还清为止等类似内容,则视为约定不明,保证期间是 2 年。现在根据《民法典》的规定,不管是当事人对保证期间没有约定还是约定不明,保证期间都是 6 个月。为了进一步落实《民法典》的规定,《民法典担保解释》第 32 条明确规定当事人在保证合同约定保证人承担保证责任直至主债务本息还清为止等类似内容的,视为约定不明,保证期间为主债务履行期间届满之日起 6 个月。

另外,《民法典》第 692 条还规定了主债务履行期届满的计算。关于履行期届满的计算,有约定的按照约定,没有约定怎么办?保证期间自债权人请求债务人履行债务的宽限期届满之日起计算。也就是说,主债务没有约定履行期限的,债权人可以随时要求债务人履行债务。按照《民法典》合同编的规定,可以随时要求债务人履行债务,但是要给予对方合理的准备期间,这个叫作宽限期。《民法典》第 692 条明确规定宽限期届满之日起保证期间才开始计算。刚才谈到保证期间与诉讼时效有很多的不同,另外保证期间与除斥期间也有不一样的地方。除斥期间一般适用于形成权,基本上所有的形成权都有一个除斥期间的问题,因为形成权是以单方的意思表示改变整个法律关系,对法律关系的影响非常大,所以一般都会要求在一定的期间内行使,从而使法律关系能够尽早地确定下来。除斥期间虽然也不能中止、中断或者延长,但是除斥期间都是由法律规定的,当事人不能约定。这是二者最大的不同。

当然,二者也有相类似的地方。除斥期间会导致实体权利的消灭,保证期间实际上也涉及实体权利消灭。诉讼时效经过之后的实体权利并没有消灭,只是不能得到司法的保护,而保证期间直接导致实体权利消灭。关于保证期间的性质,理论界有不同的看法。一般认为保证期间与除斥期间更加类似,是一种特殊的除斥期间。但也有学者认为,保证期间与买卖合同中的质量异议期间一样,是一个"或有期间",即确定保证人是否需要承担保证责任的期间。我个人认为,保证期间虽然与除斥期间类似,但二者还是有本质的不同,但将保证期间称为"或有期间",似乎也不太准确,因为"或有期间"给人的感觉是这个期间本身可有可无,但保证期间最核心的要义是确定保证人是否应承担保证责任的期间,目的是将不确定的保证责任变成一般的保证债务,因此将其称为"或有责任期间",可能更加合适。

大家知道,保证期间一旦经过,保证人就可以不再承担保证责任。问题是,为什么要确定一个保证责任期间呢? 这是因为担保责任都是或有责任。以保证合同为例,保证人最终是不是承担担保责任,本身是不确定的。保证期间的意义就在于使得这种不确定的保证责任在一定的期间内尽快确定,从而维护保证人的合理预期。也正因为如此,保证人在保证期间依法行使权利,保证责任就变成一般的保证债务,此时保证期间就"功成身退",因为它存在的目的就是要使这个不确定的责任变成确定的一般债务。而一旦保证责任变成一般的保证债务,就要开始起算保证债务的诉讼时效,这就是保证期间和诉讼时效衔接的关键。考虑到保证期间实际上是一个将不确定的保证责任变成一个确定的保证债务的期间,所以我们把它叫作"或有责任期间"更加科学,也更能反映保证期间的法律意义。

二、保证期间的司法审查

关于保证期间的法律意义,《民法典》第693条已经作了非常明确的规定:一般保证的债权人未在保证期间对债务人提起诉讼或者仲裁的,保证人不再承担保证责任。连带责任保证的债权人未在保证期间请求保证人承担保证责任的,保证人不再承担保证责任。可见,对于一般保证而言,债权人应该在保证期间向主债务人主张权利,而且主张权利的方式是提起诉讼或者仲裁,如果债权人没在保证期间对主债务人提起诉讼或者仲裁,就会导致保证责任消灭,保证人不再承担保证责任。就连带责任保证而言,既然债权人可以找债务人,也可以找保证人,因此如果债权人在保证期间内没有找保证人行使权利,则保证人也就不需要再承担保证责任。可见,保证期间具有强大的法律效力,可能直接导致保证人不再承担保证责任,因此被视为对保证人进行特殊保护的一项重要措施或者制度。

也正是因为保证期间具有非常强大的法律效力,《民法典担保解释》第34条对保证期间的司法审查作了一个规定。很多人可能不太能理解这个规定,我在这里解释一下。

首先,根据该条第 1 款的规定,人民法院在审理保证合同纠纷案件时,应当将保证期间是否届满、债权人是否在保证期间内依法行使权利等事实作为案件基本事实予以查明。这一款想表达什么意思呢? 前面已经谈到保证期间在性质上不同于诉讼时效,也不同于除斥期间,是一个非常特殊的期间,具有非常强大的法律效力。也正因为如此,一种观点认为,人民法院审理保证合同纠纷案件时,应依职权主动审查保证期间是否已经经过;如果保证期间已经经过,则直接驳回债权人对保证人的诉讼请求;只有保证期间没有经过,才能判决保证人承担保证责任。如果一审没有查明保证期间是否已经经过,保证人在二审中又提出保证期间已经经过,就会导致案件因此被改判,同时也会导致当事人在保证期间是否经过的问题上丧失上诉权。但是,也有一种意见认为,尽管保证期间的效力非常强大,其经过会导致实体权利的消灭,但如果保证人没有主张保证期间已经经过的抗辩,而人民法院依职权审查保证期间是否已经经过,也可能会影响法院的中立地位。此外,还有一种观点认为,考虑到保证期间的经过会导致实体权利的消灭,不同于诉讼时效,人民法院在审理保证合同纠纷案件时,应当向保证人进行释明,再由保证人主张。如果经释明后,保证人仍不主张,则人民法院无须再审查保证期间是否经过。

《民法典担保解释》没有明确规定人民法院应依职权审查保证期间,而是规定:人民法院在审理保证合同纠纷案件时,应当将保证期间是否届满、债权人是否在保证期间内依法行使权利等事实作为案件基本事实予以查明。尽管司法解释没有规定人民法院应依职权主动审查,但从条文的表述看,还是有这个意思在里面的,因为这一规定并未将保证人主张保证期间经过的抗辩作为人民法院查明案件基本事实的前提。不过,司法解释也没有规定人民法院在查明保证期间已经届满的情形下,可以直接驳回债权人对保证人的诉讼请求。我的意见是,即使人民法院依职权查明了保证期间已经届满,也应再进行释明,由保证人选择是否主张保证期间已经届满的抗辩,如果保证人不主张,则不应驳回债权人对保证人的诉讼请求,只有保证人在人民法院的释明后选择主张保证期间已经届满的抗辩,才能驳回债权人对保证人的诉讼请求,因为在保证人放弃保证期间已经届满的抗辩时,我们完全有理由认为保证人与债权人之间重新达成了新的保证合同。

实践中,还存在保证期间已经届满,但债权人仍向保证人发出一个催款通知书,而保证人也在上面签了字或者盖了章,之后债权人提起诉讼,要求保证人承担保证责任。这里就涉及一个问题:到底保证人在催款通知书上的签字或者盖章的行为能不能认定保证人又重新提供一个担保?这是一个争议极大的问题。争议自何而来?河北省高级人民法院曾就信用社在超过诉讼时效期间后向借款人发出的"催收到期贷款通知单"是否受法律保护的问题向最高人民法院请示,最高人民法院于1999 年作出《关于超过诉讼时效期间借款人在催款通知单上签字或者盖章的法律效力问题的批复》,认为,"根据《中华人民共和国民法通则》第四条、第九十条规定的精神,对于超过诉讼时效期间,信用社向借款人发出催收到期贷款通知单,债务人在该通知单上签字或者盖章的,应当视为对原债务的重新确认,该债权债务关系应受法律保护"。基于这一批复,不少人认为保证期间经过后,如果保证人在催款通知书上签字或者盖章,也应认定保证人应当对债权人承担保证责任;但也有人认为,保证期间不同于诉讼时效,诉讼时效经过仅导致债务成为自然债务,但保证期间经过导致实体权利消灭,保证人不再承担保证责任,二者不可同日而语,因此保证期间经过,即使保证人在催款通知书上签字或者盖章,也不能认为保证人仍须对债权人承担保证责任。

云南省、河北省、四川省的高级人民法院均曾就这一问题向最高人民法院进行请示,最高人民法院就此发布《最高人民法院关于人民法院应当如何认定保证人在保证期间届满后又在催款通知书上签字问题的批复》,指出,"根据《中华人民共和国担保法》的规定,保证期间届满债权人未依法向保证人主张保证责任的,保证责任消灭。保证责任消灭后,债权人书面通知保证人要求承担保证责任或者清偿债务,保证人在催款通知书上签字的,人民法院不得认定保证人继续承担保证责任。但是,该催款通知书内容符合合同法和担保法有关担保合同成立的规定,并经保证人签字认可,能够认定成立新的保证合同的,人民法院应当认定保证人按照新保证合同承担责任"。可见,最高人民法院的态度是非常明确的,即区别保证期间与诉讼时效:在诉讼时效经过后,如果债权人向债务人发出催款通知书,债务人又在催款通知书上签字、盖章或者按指印,我们就可以理解为债务人已经放弃了诉讼时效的抗辩;但是,保证期间经过后,如果债权人向保证人发出催款通知书,则即使保证人在催款通知书上签字、盖章或者按指印,也不能认为保证人同意再次对债务提供担保,除非当事人有证据证明债权人与保证人又重新签订了一份保证合同。《民法典担保解释》第 34 条第 2 款继受了上述批复的思路,明确规定:"债权人在保证期间内未依法行使权利的,保证责任消灭。保证责任消灭后,债权人书面通知保证人要求承担保证责任,保证人在通知书上签字、盖章或者按指印,债权人请求保证人继续承担保证责任的,人民法院不予支持,但是债权人有证据证明成立了新的保证合同的除外。"

　　保证期间与诉讼时效的不同还表现在债权人提起诉讼或者申请仲裁后又撤回起诉或者撤回仲裁申请的情形。在一般保证的情况下,如果债权人在保证期间内对主债务人提起诉讼或者申请仲裁后,又撤回起诉或者仲裁申请,导致保证期间经过,保证人能否以债权人未在保证期间届满前提起诉讼或者申请仲裁为由主张不承担保证责任,人民法院是否应当予以支持?大家知道,债权人提起诉讼或者申请仲裁将导致诉讼时效中断,因此,即使债权人撤回起诉或者仲裁申请,但只要债权人再次向债务人主张债权的时间在诉讼时效范围内,人民法院也应该予以支持。但是,保证期间不一样,保证期间不存在中断的问题。那么,债权人的起诉行为或者申请仲裁的行为是否导致保证期间功成身退、失去效力呢?有的同志提出,对此也应按照诉讼时效进行处理,即起诉或者申请仲裁导致保证期间功成身退、失去效力,之后再按照保证债务的诉讼时效进行计算即可。但是,刚才我们谈到一般保证中保证人有先诉抗辩权,其目的在于要先就债务人的财产强制执行,而债权人对债务人提起诉讼或者申请仲裁的目的就是要取得执行依据,如果债权人提起诉讼或者申请仲裁后又撤回起诉或者撤回仲裁申请,就无法实现对债务人的财产进行强制执行的目的。所以在这个情况下,我们认为如果债权人提起诉讼或者申请仲裁后又撤回起诉或者仲裁申请,就相当于没有提起诉讼或者申请仲裁,因为债权人取得执行依据的目的没有实现。此时,如果债权人没有在保证期间内对债务人再次提起诉讼或者申请仲裁,保证人自然可以保证期间届满为由主张不再承担保证责任。

在连带责任保证的情况下,《民法典》要求债权人在保证期间内向保证人主张过权利,保证期间即功成身退、不再发生效力,如果债权人在对保证人提起诉讼或者申请仲裁又撤回诉讼或者仲裁申请,是否会发生向保证人主张权利的效果呢?在司法解释的制定过程中,有人提出根据《民法典》第693条关于"未在保证期间请求保证人承担保证责任的,保证人不再承担保证责任"的规定,既然债权人已经提起诉讼或者申请仲裁,即已表明其向保证人主张了权利,即使后来又撤诉或者撤回仲裁申请,但也已经表达了要求保证人承担保证责任的意思,因此撤不撤诉不影响保证期间失去法律效力。经过反复研究,我们认为同样要将诉讼时效和保证期间区别开来。如果是诉讼时效,债权人起诉又撤回起诉,诉讼时效仍可发生中断,但保证期间的意义在于使不确定的保证责任成为确定的保证债务,因此一定得让保证人知道债权人已经行使权利。基于这一考虑,我们认为,如果债权人在撤诉或者撤回仲裁申请之前,人民法院或者仲裁机构已经把起诉状副本或者仲裁申请书的副本送达给了保证人,保证人就知道或者应当知道债权人已经向他主张了保证责任,此时保证期间当然功成身退、不再发生效力。但是,如果在债权人撤回起诉或者仲裁申请之前,人民法院或仲裁机构还没来得及去把起诉状副本或者仲裁申请书副本送达给保证人,保证人也就不知道债权人已经向他主张了保证责任,此时就不能认为保证期间已经功成身退、不再发生效力。可见,我们在这个地方也将保证期间与诉讼时效作了一个区分。

三、共同保证的保证期间

共同保证属于共同担保的一种具体情况。共同保证有自己的一些特殊问题,比如说共同保证会涉及保证期间的问题。前面谈到有关共同担保人之间追偿权时,我们提出共同担保可以分为两种:第一种是担保人相互之间有追偿权;第二种是担保人相互之间没有追偿权。其中,共同担保人之间有追偿权的有三种情况:首先是担保人之间相互有约定;

其次是虽然担保人对于追偿问题没有约定,但担保人之间约定相互构成连带共同担保;最后是担保人在同一份合同书上签字、盖章或者按指印。除了上述三种情形,共同担保人之间就没有相互追偿的权利。

在共同担保人之间没有相互追偿权的情况下,由于各担保人之间的担保责任都是彼此独立的,担保人要对债权人在约定的担保范围之内承担全部责任且承担全部责任后不能去找其他担保人追偿,因此,各担保人与债权人之间的关系属于不真正连带债务关系。所谓不真正连带债务,就是担保人内部不是连带债务,但对债权人而言是连带关系,即债权人可以选择任一担保人承担担保责任。在共同保证的情形下,如果保证人之间没有相互追偿权,则各保证人与债权人之间形成的也是不真正连带关系。在此情形下,即使债权人向其中一个保证人依法主张保证责任,其效力原则上不应及于其他保证人。当然,所谓依法主张保证责任,要区分一般保证和连带责任保证。在保证人提供的是一般保证的情形下,债权人就要对债务人提起诉讼或者仲裁,此时,如果其他保证人也是一般保证人,自然也会对其他保证人发生效力。但是,如果其他保证人并非一般保证人,而是连带责任保证人,则债权人在一般保证的保证期间对债务人提起诉讼或者申请仲裁,仅仅对一般保证人发生效力,而不会对连带责任保证人发生效力。同理,如果债权人仅在连带保证的保证期间向连带保证人主张权利,未在一般保证的保证期间对债务人提起诉讼或者申请仲裁,则一般保证人将因保证期间届满而不再承担保证责任。在共同保证人都是连带责任保证的情形下,如果债权人仅在某个保证人的保证期间对该保证人主张权利,效力也仅及于该保证人,不应及于其他保证人。

问题是,在共同保证人之间有相互追偿权的情形下,债权人对某一个保证人在其保证期间主张权利,效力是否会及于其他保证人呢?这就涉及《民法典》第520条的适用,因为在保证人有相互追偿权时,即构成《民法典》规定的连带债务关系。《民法典》第520条规定:"部分连带债务人履行、抵销债务或者提存标的物的,其他债务人对债权人的债务在相应范围内消灭;该债务人可以依据前条规定向其他债务人追偿。部分连带债务人的债务被债权人免除的,在该连带债务人应当承担的份额范围内,其他债务人对债权人的债务消灭。部分连带债务人的债务与债权人的债权同归于一人的,在扣除该债务人应当承担的份额后,债权人对其他债务人的债权继续存在。债权人对部分连带债务人的给付受领迟延的,对其他连带债务人发生效力。"可见,《民法典》仅规定债务消灭的情形下,连带债务中部分债务人的行为对其他债务人会发生效力,而未规定其他情形下,部分债务人的行为是否也对其他部分债务人发生效力。对此,一种观点认为,《民法典》第520条的规定是排他性的规定,即只有在《民法典》第520条所列的情形下,部分债务人的行为才具有绝对效力,否则,就只有相对效力,即仅对行为人自己发生效力,不能及于其他债务人。但是,《诉讼时效解释》第15条规定:"对于连带债权人中的一人发生诉讼时效中断效力的事由,应当认定对其他连带债权人也发生诉讼时效中断的效力。对于连带债务人中的一人发生诉讼时效中断效力的事由,应当认定对其他连带债务人也发生诉讼时效中断的效力。"显然,就诉讼时效的中断而言,部分债务人的行为也被赋予绝对效力,即只要连带债务中的一人有引起诉讼时效中断的事由,就会对其他连带债务人发生诉讼时效中断的效力。

　　在《民法典担保解释》的制定过程中,有人提出,应当参照《诉讼时效解释》第15条的规定,即只要连带共同保证中有一个保证人的保证期间因债权人依法主张权利而功成身退、不再发生效力,则其他保证人也不能再主张保证期间已经届满的抗辩。我们认为,保证期间不同于诉讼时效,其目的是使不确定的保证责任变成确定的保证债务,因此,即使在共同保证人构成连带债务的情形下,各保证人也都应分别受到保证期间的保护,而不能因为债权人依法向部分保证人行使权利,就导致其他保证人也因此丧失保证期间的保护,尤其是在《民法典》对债权人向一般保证人或者连带责任保证人行使权利的方式分别作了明确规定的情况下,债权人对部分保证人主张权利并不意味着对其他保证人也发生主张权利的效力。与保证期间不同,诉讼时效的中断仅须有证据证明债权人在行使权利,没有"躺在权利上睡觉",因此,只要债务人向连带债务人的一人主张权利,也应理解为对其他债务人也发生诉讼时效中断的效力。

需要注意的是,这里我们没有区分一般保证和连带责任保证,用的是"依法向部分保证人行使权利"的表述。也就是说,如果是一般保证,债权人就要向债务人提起诉讼或者仲裁,而如果是连带责任保证,债权人就要向保证人主张保证责任,才符合本条所称的"依法向部分保证人主张权利"。可见,在保证人都是一般保证人的情况下,因向部分保证人主张权利就必须起诉债务人或者对债务人申请仲裁,效力自然也就及于其他一般保证人。但如果有的保证人是一般保证人,有的保证人是连带责任保证人,则即使债权人对债务人提起诉讼或者申请仲裁,效力也仅及于其他一般保证人,而不及于其他连带责任保证人。所以,采用"依法向部分保证人主张权利"的表述,就是为了避免针对实践中的不同情况再作更加细致的规定。

从上面的分析,我们也可以得出一个基本的结论,即**无论共同担保人之间相互有无追偿权,就保证期间的经过而言,原则上债权人对一个保证人的行为在效力上不及于其他保证人**。问题是,基于这一结论,如果因债权人没有向某一保证人依法主张权利而导致保证期间经过,在保证人之间有相互追偿权的情形下,其他保证人的利益是否会受到损害?例如张三、李四和王五都是我的连带责任保证人,我只找张三主张了权利,没有找李四和王五主张权利,导致李四和王五的保证期间已经经过,那现在就只能找张三承担全部保证责任,但张三承担保证责任之后,本来可以找李四、王五追偿,而现在却追偿不了,因为保证期间已经届满,李四和王五都不需要承担保证责任,如果还让张三追偿,实际上就是让他们承担部分保证责任,这显然对他们两人是不公平的。但是,如果让张三承担全部保证责任又不让张三追偿,这对张三显然也不公平。因此,《民法典担保解释》第29条第2款规定:"同一债务有两个以上保证人,保证人之间相互有追偿权,债权人未在保证期间内依法向部分保证人行使权利,导致其他保证人在承担保证责任后丧失追偿权,其他保证人主张在其不能追偿的范围内免除保证责任的,人民法院应予支持。"

大家注意,这一款在表述上可能会引起不必要的误会。例如,有人在读这一款时,认为《民法典担保解释》的这一规定似乎是承认在共同保证的情形下保证人都有相互追偿的权利,理由是这一款明确表述"同一债务有两个以上保证人,保证人之间相互有追偿权";还有人据此认为《民法典担保解释》第13条与本条第2款的规定相冲突,因为前者并不认为共同保证人之间必然有相互追偿权,后者则规定共同保证人之间都有相互追偿的权利。这显然是一种误解。《民法典担保解释》第29条规定的是共同保证的保证期间问题,而不是相互追偿的问题,因此该条第2款想表达的是:在共同保证的情形下,如果保证人之间相互有追偿权,而债权人未在保证期间内依法向部分保证人行使权利,进而导致其他保证人在承担保证责任后丧失追偿权,则其他保证人可在不能追偿的范围内免除保证责任。只是由于司法解释很少采用"如果"的表述,故将"如果"二字省略了。

四、最高额保证的保证期间

最高额保证的保证期间如何计算也是一个争议特别大的问题。在《民法典担保解释》的制定过程中,我们就最高额保证的保证期间如何计算提出过很多方案,反反复复,直到最后才敲定下来。《民法典》第690条规定,最高额保证可参照适用《民法典》有关最高额抵押的规定。但是,最高额抵押并没有保证期间这样的制度,所以也就不存在参照适用了。

关于最高额保证的保证期间到底怎么计算,《担保法解释》基于《担保法》的规定,设计了一个方案,但是我们认为这个方案是在《担保法》没有把保证期间规定得特别清楚的背景下提出的,现在看来就很不科学。例如,《担保法解释》第37条规定:"最高额保证合同对保证期间没有约定或者约定不明的,如最高额保证合同约定有保证人清偿债务期限的,保证期间为清偿期限届满之日起六个月。没有约定债务清偿期限的,保证期间自最高额保证终止之日或自债权人收到保证人终止保证合同的书面通知到达之日起六个月。"该条提到的"保证人清偿债务期限"与保证期间在实践中就很容易发生混淆,不易区分。此外,对于最高额担保,在当事人没有就债权确定期限(即决算期)进行约定的情形下,《担保法》没有规定法定的债权确定期,因此该条采用的是"最高额保证终止之日或自债权人收到保证人终止保证合同的书面通知到达之日"的表述,而《民法典》已就最高额抵押规定了法定的债权确定期,根据《民法典》第 690 条的规定,该债权确定期也应参照适用于最高额保证,故不再有"保证人终止保证合同的书面通知"的说法。

在《民法典》已就最高额担保的债权确定期作出明确规定的情形下,如何计算最高额保证的保证期间,在《民法典担保解释》的制定过程中,主要有两种思路:一是统一计算;二是单独计算。所谓统一计算,就是一个最高额保证只有一个保证期间;所谓个别计算,则是指一个最高额保证担保了几个债务,就有几个保证期间,每个保证期间的计算应根据各个债务的履行期限分别进行确定。主张单独计算的同志认为,最高额抵押有一个最后行权的问题,在债权人行使担保物权之前,必然要对被担保的债务进行决算,但最高额保证不存在一个最后行权的问题。最高额保证的意义在于为一定期间内连续发生的债务提供一个总括性的担保,只要不超过当事人约定的最高担保数额即可,其是为了避免每一次签主合同都要同时签订保证合同。既然最高额保证没有一个最后行权的问题,那么只要保证人最终承担的保证责任不超过约定的最高限额,就应分别按每笔债务来计算各自的保证期间。他们认为,这正是最高额保证区别于最高额抵押的不同之处,且这个做法得到了我国台湾地区一些判决的支持。此外,还有同志提出,最高额保证所担保的各个债务的诉讼时效是分别计算的,保证期间也应作相同处理,否则就会出现法律制度上的不和谐。

持统一计算观点的同志认为,最高额担保的共同特征是为一定期限内连续发生的债务提供担保,如果按照每笔实际发生的债权单独计算保证期间,既无法体现最高额保证的特殊性,也会过于烦琐,不利于债权人对债权进行管理;此外,无论是从《担保法解释》第 37 条的规定还是从实践的情况看,对于最高额保证的保证期间,都是采取统一计算的方式计算。

我们认为,统一计算和单独计算都有一定的道理,也都有一定的局限,因此很难说哪个是对、哪个是错。但是,司法解释必须明确具体的计算方式和起算点,否则就可能造成司法实践的混乱。尽管囿于《担保法》对最高额担保的规定过于简单,《担保法解释》关于最高额保证的保证期间的规定也存在一定的问题,但《担保法解释》采取的统一计算方式既体现了最高额担保的特殊性,也已经为实务界所熟悉,因此,采取统一计算的方式较为可取。不过,即使采用统一计算的方式,也要有科学的规则,否则就可能带来不当的结果。例如有人主张以当事人约定的债权确定期为起算时间统一计算保证期间,就可能造成被担保的债务的履行期限尚未届满但保证期间已经届满的后果,因为当事人就某笔债务约定的债务履行期限很可能晚于按照债权确定期计算的保证期间。

基于上述认识,《民法典担保解释》第 30 条将最高额保证的保证期间的计算方式和起算时间确定区分为三种具体情形。

第一种情形也就是《民法典担保解释》第 30 条第 1 款规定的,最高额保证合同对保证期间的计算方式、起算时间等有约定的,按照其约定。《民法典》第 692 条第 2 款允许当事人就保证期间进行约定,这同样适用于最高额保证。也就是说,**如果当事人对最高额保证的保证期间有约定,自然应尊重当事人表达的意思表示。**

第二种情形是最高额保证合同对保证期间的计算方式、起算时间等没有约定或者约定不明,但被担保债权的履行期限均已届满。《民法典》第 692 条第 2 款规定:"债权人与保证人可以约定保证期间,但是约定的保证期间早于主债务履行期限或者与主债务履行期限同时届满的,视为没有约定;没有约定或者约定不明确的,保证期间为主债务履行期限届满之日起六个月。"尽管最高额保证合同对保证期间的计算方式、起算时间等没有约定或者约定不明,但如果在当事人约定的债权确定期或者法定的债权确定期届满前,被担保债权的履行期限均已经届满,则**保证期间为当事人约定的债权确定期或者法定的债权确定期届满后 6 个月。**

第三种情形是最高额保证合同对保证期间的计算方式、起算时间等没有约定或者约定不明,但在债权确定之日被担保债权的履行期限尚未届满的,保证期间自最后到期债权的履行期限届满之日起开始计算。之所以如此规定,就是为了避免出现刚才谈到的情况:主债权的履行期限尚未届满,但保证期间已经届满。也就是说,**如果存在被担保的债权的履行期限在约定或者法定的债权确定之日前尚未届满,就应自履行期最**

后届满的债权的履行期限届满才能计算保证期间。

大家注意,这里采用了"债权确定之日"的提法。这个提法不是《民法典担保解释》的创造,而是来自《民法典》第 423 条的规定。《民法典》第 423 条规定的实际上是最高额担保中经常说的"决算期"。也就是说,在最高额担保的情形下,什么时候计算被担保的债权呢?《民法典》第 423 条分六种情况:第一,当事人有约定的,按照约定,比如说当事人约定担保人就 2 年内连续发生的债权提供担保,那么 2 年届满之日就是债权确定之日;第二,当事人对债权确定日期没有约定或者约定不明确,此时担保人有权自最高额担保设立之日起 2 年后请求确定债权;第三,新的债权不可能发生,例如债务人已经死亡,新的债务就不可能再发生了;第四,抵押权人知道或者应当知道抵押财产被查封、扣押,这仅适用于最高额抵押和最高额质押,不能适用于最高额保证;第五,债务人、抵押人被宣告破产或者解散;第六,法律规定债权实现的其他情形,这是个兜底条款。总之,在最高额保证也有一个最后算账的问题,从而确定到底是哪一些债权是被担保的债权。从实践的情况看,主要适用的是第 1 项和第 2 项,即对债权确定之日有约定的,按照约定,没有约定或者约定不明的,自最高额担保设立之日起的 2 年。只有在债权确定之日明确后,我们才可以计算最高额保证的保证期间,因此债权确定之日的计算也很重要。

五、保证合同无效与保证期间

保证合同无效时保证期间能否继续适用的问题也是一个争议很大的问题。《民法典担保解释》第 33 条回答的就是这个问题:保证合同无效,债权人未在约定或者法定的保证期间内依法行使权利,保证人主张不承担赔偿责任的,人民法院应予支持。

这一条想表达什么意思呢?保证合同被认定无效之后,保证人可能要承担赔偿责任(缔约过失责任)。这个前面我们已经说过。问题是,当债权人找保证人要求承担赔偿责任的时候,可能已经经过了保证合同所约定的保证期间或者法律规定的保证期间。如果此时法院判决保证人仍须承担赔偿责任,保证人就会觉得很冤屈。他在想,如果保证合同有效,我可能什么责任都不用承担,因为保证期间已经届满;现在倒好,债权人在保证期间没有依法主张权利,我虽然不需要承担保证责任,但却要承担赔偿责任。也就是说,站在保证人的角度看,如果保证合同无效,保证人无法获得保证期间的保护,则保证合同无效时保证人承担的责任就可能比保证合同有效时还要重,因为在保证期间已经经过的情形下,保证合同有效时保证人可以不再承担任何责任,而保证合同无效时反倒要承担赔偿责任。也正因为如此,一种观点认为,即使保证合同无效,保证合同约定的保证期间或者法律规定的保证期间仍要发挥作用,如果债权人未在保证期间内向保证人主张赔偿责任,则保证人不仅不承担担保责任,也不承担赔偿责任。另一种观点则认为,保证期间是为限制保证人承担保证责任而规定的期间,仅仅针对的是保证人承担的保证责任,如果保证合同无效,则当事人约定的保证期间也无效,且如果保证人对于保证合同的无效有过错,自应承担赔偿责任,而无须再给保证人以保证期间的保护。

　　我们认为,债权人在与保证人签订保证合同时,主观上自然是认为保证合同是有效的,如果债权人主观上认为保证合同无效,他就不会签订这个保证合同,或者要求对保证合同进行修改后再签订保证合同。既然债权人主观上认为保证合同是有效的,而债权人在保证期间却没有向保证人主张保证责任,那就意味着债权人放弃了要求保证人承担包括保证责任在内的一切责任,因为请求保证人承担保证责任的权利都被放弃了,举重以明轻,债权人主张其他责任的权利也应理解为被放弃了。如果在保证期间已经经过的情形下,债权人仍向保证人主张赔偿责任,反倒是不诚信的表现。也就是说,债权人没有在保证期间内依法主张权利,就意味着他不想让保证人承担任何责任,如果后来又回过头来要求保证人承担赔偿责任,就是自食其言。对此,英美法系有个术语叫作"禁反言"。你原来没有想让我承担责任的意思,现在又要让我承担赔偿责任,这不是出尔反尔吗?所以《民法典担保解释》在这里作了这个规定,明确**债权人如果在保证期间内未依法行使权利,则保证人的赔偿责任同样也要受到保证期间的保护**。

第二十一讲

保证与诉讼时效

一、保证期间与诉讼时效的衔接

前文谈到保证期间的法律适用时,也已经涉及保证债务的诉讼时效问题。我们前文谈到保证期间和诉讼时效都是对保证人进行保护的期间制度,因此涉及保证期间与诉讼时效相互衔接。保证期间就是让不确定的保证责任变成确定的保证债务的期间,因此**债权人一旦在保证期间内依法行使权利,保证期间就功成身退、不再发生效力,此时保证期间就让位给诉讼时效,开始计算保证债务这种确定债务的诉讼时效**。这就是二者之间的衔接关系。

在连带责任保证的情形下,保证期间与诉讼时效之间的衔接是无缝衔接,即债权人在保证期间内向保证人主张权利,就开始计算诉讼时效。但在一般保证的情况下,情况要复杂一些。对此,《民法典》第694条第1款规定:一般保证的债权人在保证期间届满前对债务人提起诉讼或者申请仲裁的,从保证人拒绝承担保证责任的权利消灭之日起,开始计算保证债务的诉讼时效。所谓"保证人拒绝承担保证责任的权利消灭",也就是指先诉抗辩权消灭。因此,**在一般保证中,先诉抗辩权消灭之日就是保证债务的诉讼时效起算之日**。这个规定虽然也把两者衔接了,但大家看到一般保证具有一定的特殊性:在保证期间失效与诉讼时效起算之间好像出现了一个空当。本来,债权人在保证期间内只要向主债务人提起诉讼或者申请仲裁,保证期间就已经功成身退、不再发生效力,变成一个确定的保证债务,但在一般保证的情形下,诉讼时效并没有开始计算,而是要等到先诉抗辩权消灭之日开始起算。也就是说,仅债权人起诉或者申请仲裁还不行,还要等到审判完进入执行程序,执行之后发现债务人确实没有财产时,才起算保证债务的诉讼时效。

从这个角度来看,我们发现一个很有意思的现象:在诉讼时效起算方面,连带责任保证比一般保证更有利于保证人。为什么呢?因为连带责任保证的诉讼时效是无缝衔接保证期间,如果债权人向保证人主张权利就直接开始算诉讼时效,那么保证债务的诉讼时效有可能很快就过了。但是,一般保证中保证债务的诉讼时效却迟迟不起算。什么时候才开始起算呢?要等到债权人起诉主债务人或者申请仲裁完毕并强制执行,直到先诉抗辩权消灭之日才起算诉讼时效。这个时间是很长的,因为诉讼或者仲裁过程本身需要时间,然后执行程序又要花时间。

通过这个规定,我们也可以看到,在一般保证中,虽然诉讼时效可能还没有计算,但并不意味着债权人不能起诉保证人。什么意思呢?前面我们谈到,在一般保证的情况下,债权人可以一并起诉债务人和保证人。虽然债权人可以一并起诉债务人,但诉讼时效却是从先诉抗辩权消灭才开始起算。所以,从这个意义上讲,在一般保证的情况下,即使诉讼时效没有起算,也不影响债权人对保证人提起诉讼。那么,《民法典》第694条适用的场景是什么呢?我认为,《民法典》第694条所假想的场景,应该是债权人仅仅起诉主债务人,而未起诉保证人的情形。在债权人仅起诉债务人或者对债务人申请仲裁的情形下,债权人获得胜诉判决或裁决后再进入执行程序,从先诉抗辩权消灭之日就开始计算诉讼时效,如果此时债权人仍然还没有起诉保证人或者向保证人主张权利,那么诉讼时效届满后,债权人对保证人的权利就不再受人民法院保护了。所以,我认为《民法典》第694条仅仅适用于债权人仅对债务人提起诉讼或者申请仲裁的情形,在债权人一并起诉债务人和保证人或者对债务人和保证人一并申请仲裁的情形下,诉讼时效何时起算就没有意义了,因为债权人已经对保证人提起诉讼或者申请仲裁。

二、一般保证的诉讼时效及其起算

如果债权人仅对主债务人提起诉讼或者申请仲裁,没有对保证人提起诉讼或者申请仲裁的情况,就涉及保证债务的诉讼时效何时起算的问题。根据《民法典》第694条的规定,保证债务的诉讼时效自先诉抗辩权消灭之日开始起算。问题是,如何确定先诉抗辩权的消灭之日呢?所谓先诉抗辩权消灭之日,就是指对债务人财产进行强制执行仍不能清偿债务之日。如何判断对债务人的财产进行强制执行仍不能清偿债务呢?《民法典担保解释》第 28 条就是想解决这个问题。根据该条第 1 款的规定,一般保证中,债权人依据生效法律文书对债务人的财产依法申请强制执行,保证债务诉讼时效的起算时间按照下列规则确定:(1)人民法院作出终结本次执行程序裁定,或者依照《民事诉讼法》第 257 条第 3 项、第 5 项的规定作出终结执行裁定的,自裁定送达债权人之日起开始计算;(2)人民法院自收到申请执行书之日起 1 年内未作出前项裁定的,自人民法院收到申请执行书满 1 年之日起开始计算,但是保证人有证据证明债务人仍有财产可供执行的除外。

　　先来看本条第 1 款第 1 项。为什么要作这一规定呢? 这是因为,如果债权人拿着生效法律文书去申请执行债务人的财产,按照《民事诉讼法》的相关规定,执行法院应该 6 个月之内完成执行。在此期间,如果债务人没有可供执行的财产,执行法院应作出终结本次执行裁定;而如果作为被执行人的公民死亡,无遗产可供执行,又无义务承担人或者作为被执行人的公民因生活困难无力偿还借款,无收入来源,又丧失劳动能力,则根据《民事诉讼法》第 257 条第 3、5 项的规定,执行法院应当直接作出终结执行的裁定。我们认为,上述情形都应理解为对债务人进行强制执行仍不能清偿债务,因此,人民法院因债务人无财产可供执行作出终结本次执行裁定或者因《民事诉讼法》第 257 条第 3、5 项作出终结执行裁定,并将上述裁定送达债权人之日,就应理解为一般保证人先诉抗辩权消灭之日。自该日起,就应开始计算保证债务的诉讼时效。

　　不过,从实践的情况看,也有一些法院在受理当事人的执行申请后,既未在法定的期间内完成强制执行,也未作出终结本次执行裁定或者终结执行裁定。究其原因,一是个别案件的执行标的需要评估、拍卖,而评估、拍卖所需的时间超过了法律规定的 6 个月;二是个别法院在明知被执行人(主债务人)没有可供执行的财产时,为应付法院系统的考核而不愿作出终结本次执行裁定或者终结执行裁定。为了解决这个问题,《民法典担保解释》第 28 条第 1 款第 2 项规定:人民法院自收到申请执行书之日起 1 年内未作出前项裁定的,自人民法院收到申请执行书满 1

年之日起开始计算,但是保证人有证据证明债务人仍有财产可供执行的除外。之所以规定"1年",就是考虑到个别情形下,人民法院没有作出终结本次执行裁定或者终结执行裁定,是因为执行标的尚在评估或者拍卖之中。但是,如果人民法院收到申请执行书满1年还未完成执行,也未作出终结本次执行裁定或终结执行裁定,为保护债权人的权利,就应允许债权人对一般保证人主张权利,保证债务的诉讼时效也应自此开始起算,除非保证人有证据证明债务人仍有财产可供执行。

有人对该款第2项的"但书"提出质疑,认为保证债务的诉讼时效越早起算,对保证人越有利,因此在人民法院自收到申请执行书之日起1年内未作出执行本次执行裁定或者终结执行裁定的情况下,保证人应该没有任何积极性拿证据去证明债务人仍有财产可供执行。司法解释之所以如此规定,是考虑到保证债务的诉讼时效不起算虽然对保证人不利,但保证人在人民法院对债务人的财产强制执行之前,可以拒绝承担保证责任,而这对他是有利的。因此,保证人为尽可能不承担保证责任,自然有足够的积极性取得证据去证明债务人仍有财产可供执行。

值得注意的是,《民法典》第687条第2款规定了在下列四种情形下,一般保证的保证人即不再享有先诉抗辩权:(1)债务人下落不明,且无财产可供执行;(2)人民法院已经受理债务人破产案件;(3)债权人有证据证明债务人的财产不足以履行全部债务或者丧失履行债务能力;(4)保证人书面表示放弃本款规定的权利。据此,《民法典担保解释》第28条第2款规定:"一般保证的债权人在保证期间届满前对债务人提起诉讼或者申请仲裁,债权人举证证明存在民法典第六百八十七条第二款但书规定情形的,保证债务的诉讼时效自债权人知道或者应当知道该情形之日起开始计算。"这是因为,如果一般保证人已经被证明不享有先诉抗辩权,则债权人即可直接向保证人主张权利,此时保证债务的诉讼时效必然也已开始计算。当然,一般保证人丧失先诉抗辩权的情形是客观存在的,如果债权人以存在该情形为由直接向保证人主张权利,则保证债务的诉讼时效应自债权人知道或者应当知道保证人丧失先诉抗辩权之日开始计算。也就是说,如果债权人不对债务人提起诉讼或者申请仲裁,并在对债务人强制执行仍不能清偿债务后再向保证人主张权利,而是在举证证明一般保证人已经丧失先诉抗辩权的基础上直接向一般保证人主张权利,保证债务的诉讼时效就应该自债权人知道或者应当知道保证人存在丧失先诉抗辩权的情形发生之日起开始计算。

在《民法典担保解释》的制定过程中,一种观点认为,从《民法典》本身的规定看,只要存在导致一般保证人丧失先诉抗辩权的情形,债权人就可以直接向保证人主张权利,且既然可以直接向保证人主张权利,那就应当开始计算诉讼时效。也就是说,只要存在一般保证人丧失先诉抗辩权的情形,则不管债权人知不知道一般保证人是否已经丧失先诉抗辩权,保证债务的诉讼时效都应该起算。但是,如果只要出现上述情形,就可以开始计算诉讼时效的话,也会遇到如下障碍:债权人可能根本不知道也不应当知道发生了这些情形,例如债务人下落不明且没有财产执行,债务人陷入破产或者在别的案件中成为被执行人且没有可供执行的财产,债权人可能都不知道,如果这个时候已经开始计算诉讼时效,对债权人似乎也不公平。所以,我们认为还是要回归到诉讼时效起算的本来意义:知道或者应当知道。也就是说,只有在债权人知道或者应当知道一般保证人存在丧失先诉抗辩权的情形时,保证债务的诉讼时效才开始起算,否则,对债权人不公平。

总之,在一般保证的情形下,保证债务的诉讼时效起算较为复杂。但是,具体到实践中,这个问题也可能不会太大,因为如前所述,债权人通常会将债务人和保证人一并起诉到法院或者一并对债务人和保证人申请仲裁,此时也就不存在诉讼时效的起算问题。只有在单独起诉债务人或者单独对债务人申请仲裁的情形下,才可能涉及保证债务的诉讼时效起算。

三、连带责任保证中的诉讼时效

在连带责任保证中,因保证债务与主债务各自独立,因此应各自起算诉讼时效。根据《民法典》第 694 条的规定,连带责任保证的债权人在保证期间届满前请求保证人承担保证责任的,从债权人请求保证人承担保证责任之日起,开始计算保证债务的诉讼时效。也就是说,当保证期间功成身退,保证债务的诉讼时效就开始起算,从而实现保证期间和诉讼时效的无缝衔接。

值得注意的是,无论是过去的《担保法》还是现在的《民法典》,都仅就保证债务诉讼时效的起算作了明确,未就主债务的中止和中断是否影响保证债务的中止和中断问题作出明确规定。为此,原《担保法解释》第36条规定:"一般保证中,主债务诉讼时效中断,保证债务诉讼时效中断;连带责任保证中,主债务诉讼时效中断,保证债务诉讼时效不中断。一般保证和连带责任保证中,主债务诉讼时效中止的,保证债务的诉讼时效同时中止。"应该说,这一规定解决了当事人实践中的大量问题。不过,这一规定并未被《民法典担保解释》保留。这就带来一个问题:在《民法典》施行后,上述是否还能继续适用?

实践中一种较为流行的观点认为:既然上述《担保法解释》已被废止,且上述规定没有保留到《民法典担保解释》中,故对于《民法典》施行后订立的保证合同引起的纠纷,不能再适用这一规定。至于连带责任保证中主债务诉讼时效的中断是否引起保证债务诉讼时效的中断,应依据《诉讼时效解释》的规定处理。对此,《诉讼时效解释》第15条规定:"对于连带债权人中的一人发生诉讼时效中断效力的事由,应当认定对其他连带债权人也发生诉讼时效中断的效力。对于连带债务人中的一人发生诉讼时效中断效力的事由,应当认定对其他连带债务人也发生诉讼时效中断的效力。"可见,《诉讼时效解释》认为连带债务中诉讼时效的中断具有绝对效力,即对部分债权人发生中断的事由也对其他债权人发生效力。因此,主债务诉讼时效中断,连带责任保证的诉讼时效也应认定中断。

笔者认为,上述观点值得商榷。首先,在前面第四讲关于新旧担保制度的衔接适用中,笔者谈到《担保法解释》没有保留到《民法典担保解释》中,并非都是由于与《民法典》冲突,有些规定没有保留下来,仅仅是因为虽然这一规定是正确的,但随着理论研究水平和司法审判水平的提高,其实践意义已经不是很大。《担保法解释》第36条就属于这种情况。在连带责任保证的情况下,尽管主债务人与保证人对债权人承担连带偿还责任,但是,保证人在承担保证责任后可以向主债务人追偿,因此连带责任保证与《民法典》第519条规定的连带债务并不完全相同,后者不仅是连带对债权人承担责任,而且内部也是连带关系,所以被称为真正连带债务,而连带责任保证则属于不真正连带责任的一种。在连带责任保证中,保证债务仍然具有相对的独立性,如果主债务诉讼时效中断也导致保证债务诉讼时效中断,对保证人显然是不公平的。顺便说一句,《民法典》第520条对连带债务中具有绝对效力事项作了规定,其中并不包括诉讼时效的中断。因此,一种观点认为,即使是真正的连带债务,对部分债务人而言引起诉讼时效中断的事由,对其他连带债务人也不应发生诉讼时效中断的后果。在《民法典合同编解释》制定的过程中,有人就建议最高人民法院对《诉讼时效解释》第15条作出修改,理由是这一规定可能会引发道德风险:债权人与个别债务人串通,让个别债务人承认自己曾向其主张过权利,从而引起诉讼时效的中断,其目的是要向其他债务人发生诉讼时效中断的效力。当然,这个问题很复杂,我将另作详细讨论。但是,由此也可以看出,即使对于真正的连带债务,对部分债务诉讼时效的中断是否在效力上及于其他债务人,也会存在重大争议,更何况连带责任保证这种不真正连带债务。

担保物权总论

从第六篇开始，我们讨论担保物权制度的新发展及其适用。这部分内容比较多，因为担保物权作为《民法典》物权编的重要组成部分，本身的内容就非常多，实践中遇到的疑难问题也相对较多，加上《民法典》对于担保物权这一制度进行了重大的修改和完善，必然会带来大量解释适用的难题。本篇是关于担保物权的总论，内容包括担保物权的一般问题，即担保物权的取得、效力、实现等方面；至于各种担保物权的特殊问题，将分不动产抵押、动产抵押、动产质押、权利质押、留置权等专题分别讨论，作为担保物权的各论，即第七篇的内容。至于一些非典型担保物权，我们将在后面进行讨论。在讨论担保物权一般问题之前，我想还是先简单介绍一下《民法典》对担保物权的新发展以及相关的背景，以帮助大家对整个担保物权制度有一个宏观上的把握。

关于《民法典》对担保物权制度的发展情况，我作了一个简单的梳理，大体上涉及六个方面：一是改变了抵押财产转让的规则。这个我们后面要详细说，修改的目的很简单，就是说要实现物尽其用。二是缓和了流质和流押的禁止规定。原《担保法》和《物权法》采用的是当事人"不得"进行流质或者流押的表述，但《民法典》并没有采用这样的表述，而是采用了一种更加缓和的语气就当事人违反流质和流押的后果进行了规定，其目的在于为我们处理让与担保提供法律依据，后面也会详细谈到。三是简化了担保合同一般包含的条款。《物权法》为指导当事人签订担保合同，对抵押合同和质押合同一般包含的条款作了规定，在世界银行的营商环境评估中常常被误认为是担保合同成立的条件，为此《民法典》简化了担保合同一般包含的条款。四是重构了动产和权利担保的制度。动产和权利担保，在现代社会越来越重要，因此《民法典》对动产和权利担保作了重大的变革，目的很简单，就是要帮助中小企业解决融资难融资贵的困境。大家知道，中小企业往往没有不动产，但是它有动产或者有一些可以用于担保的权利，包括知识产权，那么如何能够灵活运用动产和权利为融资提供担保，是帮助中小企业解决融资难融资贵的一个非常重要的方面。五是统一了担保物权的清偿顺序。这个也是一个很重要的方面，我们后文还要讲到。六是完善了担保物权的实现方式，主要就是增加了法庭外的实现担保物权的可能性，过去担保物权的实现，尤其是抵押权，常常是要通过法院或者仲裁机构作出裁决之后，再通过法院的执行程序来实现担保物权，《物权法》新增了非讼执行的方式来实现担保物权，而《民法典》则为法庭外来实现担保物权提供了可能。

不难看出，《民法典》对担保制度进行修改和完善的一个重要原因是优化营商环境。大家知道，世界银行每年会进行一次营商环境评估，其中一项重要的指标就是获得信贷的指标，而获得信贷指标最核心的或者是最主要的内容就是担保制度。《民法典》针对营商环境的优化确实下了很多功夫，刚才谈到的担保物权制度的新发展在很大程度上就是为了解决这个问题。当然，囿于法典本身的局限，有些地方说得还不是特别清楚，需要通过司法解释进一步把优化营商环境这样一个目标或者目的更加清楚地表达出来。也正因如此，《民法典担保解释》的很多条文，也把《民法典》为优化营商环境所作的努力用更加清楚的语言表述清楚，目的之一就是在营商环境评估时，避免引起不必要的误会——在营商环境评估过程中，确实存在这样一个问题，就是被访者可能对担保制度没有全面而深入的掌握，如果立法不表达清楚，司法解释也不表达清楚，就可能引起被访者不必要的误解，例如前面谈到的担保合同一般包含的条款，就存在这样的问题，不少受访者以为《物权法》关于担保合同一般包含的条款是担保合同的成立要件或者生效要件，尽管《民法典》简化了担保合同一般包含的条款，但如果被访者仍将其理解为担保合同成立的条件，也仍可能导致我们在营商环境评估时"失分"，因为营商环境评估要求法律制度允许当事人对标的物进行概括性或者一般性的描述，而这一点，至少从《民法典》本身的条文是很难解读出来的。

除了通过更加清晰的表述来落实《民法典》的修法目的，《民法典担保解释》还通过文义解释、体系解释、目的解释和历史解释等法律解释方法，对《民法典》的相关规定作出解释，以实现其提升营商环境的修法目的。例如，《民法典》对流质和流押之禁止的规定进行了修改，从表面上看，似乎只是一个表述上的变化，即从过去禁止当事人约定流押条款或者流质条款，修改为从法律效果的层面规定如果当事人约定了流押条款或者流质条款，则如何处理，好像没有区别，因此很多人没有注意到《民法典》这次修改的目的和意义。但是，了解《民法典》编纂过程的同志可能知道，《民法典》之所以作出上述修改，是因为一开始包括最高人民法院在内的有关机构以及不少学者都呼吁《民法典》应承认让与担保，这不仅是因为让与担保是营商环境评估的一项重要内容，而且也是解决实践中大量疑难问题的迫切需要。但是，立法机构考虑到让与担保的承认可能会带来担保物权制度乃至整个物权法律制度较大的变动，于是试图通过修改流质或者流押之禁止的规定，为我们处理让与担保提供法律依据。当然，如果仅从字面上看，似乎并不能获得这一结论，这就必须通过司法解释来明确。还应看到，《民法典》关于流质和流押的规定，也为担保物权的实现方式提供了新的思路，即当事人可以私下通过折价的方式实现担保物权，而非必须经过法院的强制执行，这也与优化营商环境的目标是一致的，因为营商环境评估的一项重要指标，就是要最大限度地降低实现担保物权的成本，而允许当事人通过约定来实现担保物权，被认为是降低担保物权实现成本的重要途径。当然，如何在允许当事人自由实现担保物权的同时，防止当事人滥用私力救济的权利，也是我们制定《民法典担保解释》必须要解决的问题。

此外，为了进一步优化营商环境，《民法典》通过"其他具有担保功能的合同"这一概念，将担保制度扩张到所有权保留、融资租赁、保理等非典型担保，其无非是想通过公示制度来消除隐形担保，从而保障当事人的交易安全，因为无论是出卖人对标的物保留的所有权，还是出租人对融资租赁标的物享有的所有权以及保理人对应收账款享有的权利，如果不以法定的方式予以公示，就会对债务人的其他债权人的交易安全构成严重威胁。为此，《民法典》不仅规定了出卖人、出租人享有的所有权"非经登记，不得对抗善意第三人"，而且规定了多重保理的情形下保理人之间的权利冲突解决方案以及所有以登记为公示方式的担保物权之间权利冲突的解决方案，这就为消除隐形担保物权提供了坚实的基础。为了进一步落实《民法典》的规定，《民法典担保解释》不仅对动产抵押中的"善意第三人"进行了解释，而且还将其参照适用于所有权保留买卖、融资租赁中的"善意第三人"的认定。

总之，《民法典担保解释》的一项重要的使命，就是落实《民法典》对担保物权制度所作的新发展，避免这些新发展在实践中遭到忽视甚至被误解，从而更好地提升我国的营商环境。当然，《民法典担保解释》的另一项使命，就是针对《担保法》以及《物权法》实施以来实践中存在的大量疑难问题作出回应。这些疑难问题虽然不是《民法典》施行带来的问题，但如果处理不好，也会对我国的营商环境造成严重影响。编纂《民法典》并不是制定新的法律，而是采取一定的编纂技术将过去九部民商事法律编纂成一部法典，因此绝大多数内容并未发生变化。对于没有变化的部分，也存在一个解释适用的问题。例如，在建工程抵押时抵押权所及的标的物范围问题、不动产抵押预告的效力问题、未办理抵押登记时不动产抵押合同的效力问题等，都是长期困扰司法实践的疑难问题。对于这些疑难问题，《九民纪要》已经作了一些探索，积累了丰富的经验，但纪要毕竟不是司法解释，不能作为裁判依据加以援引，且《九民纪要》涉及的担保问题有限，无法全面回应实践的需求，因此，我们也想趁《民法典》的施行，通过《民法典担保解释》系统性地解决这些问题。

正是由于新旧问题交织在一起，导致《民法典担保解释》关于担保物权的规定极为丰富。下面，我们就从担保物权的一般性问题谈起，再来讨论各种担保物权的特殊问题。就担保物权的一般性问题或者共同性问题而言，我想从担保物权的发生到担保物权的消灭、实现进行讨论，共分为五个方面：一是担保物权的取得；二是担保物权的效力；三是担保物权的竞合；四是担保物权的消灭；五是担保物权的实现。从权利的发生到消灭、实现的过程，我们归纳出哪些是属于共同性的一些东西，宏观上需要把握，可能对大家理解担保物权更有帮助，这是我们讨论担保物权的一个基本思路。在实践中，大家也基本上是围绕这些问题来展开：首先，看当事人有没有取得担保物权，取得的担保物权具有什么样的效力。其次，当数个担保物权并存于一个标的物时，它们之间的清偿顺序如何确定？最后，什么情况会导致担保物权消灭？消灭的原因之一就是担保物权的实现，那么实现的程序有哪些？这些都是属于担保物权制度一些共性的问题。

第二十二讲

担保物权的取得

我们知道,担保物权可以分为两类:第一类叫作意定担保物权,第二类叫作法定担保物权。法定的担保物权,顾名思义,就是根据法律的规定产生的担保物权,不需要当事人通过意思表示来设立,例如留置权的成立,就是根据法律的规定,无须当事人达成合意;又如建设工程合同中承包人的优先受偿权,也是根据法律的直接规定即可取得,无须当事人达成合意,也无须办理登记。相反,如果是当事人以意思表示设立的担保物权,就是意定的担保物权。意定担保物权的取得,首先是指基于法律行为取得的担保物权,因此涉及《民法典》所采取的物权变动模式。按照《民法典》的规定,我国民法对于物权变动原则上采取的是形式主义物权变动模式,但例外情形下也采取了意思主义物权变动模式。所谓形式主义物权变动模式,就是当事人之间不仅要签订担保合同,还要完成法定的形式要件,即动产交付、不动产要登记,在以权利作为担保标的物时,也有可能是交付权利凭证或者办理权利质押登记。总之,根据形式主义物权变动模式,当事人设立担保物权,不仅要就设立担保物权要达成意思表示的一致,还要完成法定的形式要件。与之相对应的物权变动模式就是意思主义物权变动模式。顾名思义,意思主义就是只要当事人意思表示一致,债权人就可以取得担保物权,无须要完成法定的公示方式。

需要指出的是,除通过法律行为取得意定担保物权外,意定担保物权有时也可以不通过法律行为取得,而通过其他法律事实取得。例如抵押权、质权都是意定担保物权,但并非只能通过法律行为取得。例如我们在谈到担保的从属性时,就讲到担保在移转上的从属性。根据《民法典》第407条的规定,在债权发生转让的情况下,担保该债权的抵押权也一并发生转让,但法律另有规定或者当事人另有约定的除外。可见,原则上主债权发生转让,抵押权也一并发生转让。也就是说,即使当事人约定的是主债权的转让,未约定抵押权转让,但根据法律的规定,一旦出现主债权转让的事实,抵押权就一并发生转让。显然,债权的受让人取得抵押权,并非基于当事人之间的合意,而是基于法律的规定。对此,《民法典》第547条亦明确规定:"债权人转让债权的,受让人取得与债权有关的从权利,但是该从权利专属于债权人自身的除外。受让人取得从权利不因该从权利未办理转移登记手续或者未转移占有而受到影响。"此外,在发生法定继承的情形下,继承人也可以基于法律的直接规定取得担保物权;在发生企业合并的情形下,合并后的企业也可以基于法律的规定取得担保物权。这些都是通过非依法律行为取得意定担保物权的情形。

考虑到实践中广泛存在的是意定担保物权,且意定担保物权大多是通过法律行为取得,下面我们就仅仅讨论通过法律行为取得担保物权的相关问题。刚才也谈到通过法律行为取得担保物权,有形式主义物权变动模式与意思主义物权变动模式之分,且我国民法原则上采取的是形式主义物权变动模式,意思主义物权变动模式仅在例外情形下适用,因此我们先讨论形式主义物权变动模式在担保物权取得中的适用问题。

一、形式主义物权变动模式的理解

依据《民法典》的规定以及民法通说,在形式主义物权变动模式之下,有两个基本的原则:一是区分原则,二是要因原则。

(一)区分原则

区分原则是《物权法》的一项重要原则,它想表达的意思主要是:物权的变动与其原因行为是区分的。为什么要区分原因行为和物权的变动呢?当然也是有背景的。过去,我们常常把不动产登记理解为抵押合同、买卖合同的生效要件,就是没有严格区分原因行为和物权的变动,导致"眉毛胡子一把抓"。比如说张三把房子卖给了李四,没过户,后来李四要求张三过户,张三就会提一个抗辩,说《城市房地产管理法》规定房屋买卖应当办理过户手续,但现在没有过户,实在是太不应当了,因此所订立的买卖合同违反法律、行政法规的强制性规定,应当认定无效。这样的逻辑在改革开放之后的很长一段时期还都很流行,甚至最高人民法院到 20 世纪 90 年代时还出台过相关的司法政策,认为私房买卖如果没有办理过户手续,则任何一方均可反悔。为什么可以反悔?就是认为过户是买卖合同的生效要件,如果当事人签订合同后未办理过户手续,合同因违反法律、行政法规的强制性规定而应被认定无效。现在看来,这显然是错误的,因为买卖合同仅仅在当事人之间发生债权债务关系,并不直接引起物权变动,而只有物权发生变动才能对抗第三人,才需要办理登记过户的手续。也就是说,不动产登记只是物权变动的生效要件,而不是作为原因行为的买卖合同的生效要件。但是,我们过去没有区分原因行为和物权变动,错误地将登记理解为买卖合同的生效要件。

这个错误一直延续到《合同法》施行之后。《合同法》施行后,大家开始意识到,法律、行政法规虽然规定应当办理登记,但不能说当事人没登记,就违反了法律、行政法规的强制性规定,因为《合同法》第 44 条规定:"依法成立的合同,自成立时生效。法律、行政法规规定应当办理批准、登记手续的,依照其规定。"根据这个规定,登记仅仅是合同的特别生效要件,而不是一般生效要件。既然登记只是特别生效要件,就应优先适用特别规定,不能适用一般规定。也就是说,当事人没有办理登记,并不导致合同无效,而是合同已依法成立但尚未生效而已。问题是,就不动产登记而言,登记是否是作为原因行为的买卖合同的特别生效要件呢?是不是当事人没有办理登记,房屋买卖合同也还没有生效呢?所以,后来又出现另一种说法,就是房屋买卖合同订立后,买受人请求出卖人协助办理过户手续,出卖人说对不起,因为合同还未生效,还没有发生效力,我没有协助办理过户手续的义务。

显然,这种理解也是错误的。原因很简单,不动产登记不应该是买卖合同的成立要件或者生效要件,登记是一种公示方式,其无非就是为了保护第三人的交易安全,这就意味着只有物权发生变动,才需要去登记,因为只有物权具有对世的效力,才能影响到第三人的交易安全,买卖合同只是在当事人之间发生一种债权债务关系,不能直接引起物权发生变动,自然不需要登记。所以《合同法解释(一)》第 9 条区分了两种不同性质的登记:一种是作为行政审批的登记,另一种是作为权利公示方式的登记。只有是审批意义上的登记，才能影响作为原因行为的买卖合同的效力，而作为权利公示方式的登记，则不能理解为《合同法》第44条第2款规定的登记，它只能作为物权变动的生效要件，而不能作为合同的生效要件。这是区分原则最初的规定，到起草《物权法》的时候，大家觉得有必要在立法上明确这一原则，于是就有了《物权法》第15条的规定："当事人之间订立有关设立、变更、转让和消灭不动产物权的合同，除法律另有规定或者合同另有约定外，自合同成立时生效；未办理物权登记的，不影响合同效力。"

《民法典》在继受《物权法》第15条的同时，为防止人们继续将登记作为合同的特别生效要件，在合同编也对《合同法》第44条第2款的规定进行了修改，其中一个值得注意的变化就是删除了登记作为合同的特别生效要件，仅在第502条规定"依照法律、行政法规的规定，合同应当办理批准等手续的，依照其规定"。之所以删除登记的表述，就是因为《合同法》第44条仅指作为行政审批的登记，不包括其他性质的登记，而行政审批意义上的登记在现行法上已经基本不存在，再将登记与批准列在一起，作为合同的特别生效要件，就不合适了，也容易引起误解。

具体到担保制度中，我们也犯过同样的错误。1995年施行的《担保法》也是"眉毛胡子一把抓"，把原因行为和物权变动混为一谈。例如《担保法》第41条明确规定：抵押合同自登记时生效。这显然是有问题的：登记只是抵押权设立的要件，是物权变动的要件，怎么会没有登记，抵押合同就不生效呢？抵押合同还没生效，那债权人怎么要求抵押人协助办理抵押登记呢？债权人又如何能够取得抵押权呢？当事人签订抵押合同的意义又在什么地方呢？所以，这个规定给我们的实践带来了很多问题。为了解决实践中的问题，《担保法解释》第56条第2款规定：法律规定登记生效的抵押合同签订后，抵押人违背诚实信用原则，拒绝办理抵押登记，致使债权人受到损失的，抵押人应当对债权人的损失承担赔偿责任。大家注意，这里的赔偿责任究竟是什么性质的责任？显然是缔约过失责任。为什么说是缔约过失责任？因为这个责任是以抵押合同没有生效为前提的，抵押合同自登记时才生效，现在当事人没有办理抵押登记，所以抵押合同不生效，抵押人只需承担缔约过失责任。但是，根据区分原则,抵押合同不以登记为生效要件,即使当事人没有办理抵押登记,也不应影响抵押合同的效力,如果抵押人拒绝办理抵押登记,则债权人有权请求抵押人承担违约责任,即在能够继续履行的情形下,债权人有权请求抵押人继续履行抵押合同,协助办理抵押登记,从而取得抵押权,只有抵押合同不能继续履行的情况下,债权人才能请求损害赔偿,但赔偿的范围也与缔约过失的赔偿范围不同,且原则上不以抵押人有过错为要件。关于这一点,我们还将在下一讲重点阐释。

反观《担保法解释》第56条,不仅在抵押人能够继续履行情况下,债权人无权请求抵押人协助办理抵押登记,而只能请求抵押人承担赔偿责任,且赔偿责任成立的前提是抵押人违背诚实信用原则拒绝办理抵押登记。将违背诚信原则拒绝办理登记作为债权人要求抵押人承担赔偿责任的前提,实际上就是要求抵押人对于没有办理抵押登记有过错,且该过错非常重大。另外,根据这一条,债权人只有在发生损失的情形下,才能请求抵押人承担赔偿责任。如何才能证明自己有损失呢?显然,债权人只能先起诉债务人并经强制执行,只有其债权仍未实现时,才能证明自己有损失。可见,《担保法解释》第56条完全是为了克服《担保法》第41条存在的问题而作的规定,因此只能放在当时的背景之下去理解。但即使如此,对债权人的保障也还是远远不够的,因为从债权人的角度来说,他最希望的还是能够取得抵押权。也就是说,在能够办理抵押登记的情况之下,他还是希望抵押人能够协助办理抵押登记,从而取得抵押权,因为只有取得抵押权,债权人才能就标的物优先抵押人的其他债权人受偿,也才算是实现签订抵押合同的目的,如果仅仅是让抵押人承担赔偿责任,且不说赔偿责任的大小,赔偿责任在性质上是一般的债权,万一抵押人的清偿能力不够,甚至还有其他的债权人,这个债权就有可能无法得到实现。由此可见区分原则的重要性。

当然,区分原则虽然是针对不动产登记的法律地位而确立的,但经过《买卖合同解释》的发展,也被用来解释无权处分所订立买卖合同的效力问题。关于这一点,我们将在"担保物权的善意取得"中予以讨论。

(二)要因原则

关于形式主义物权变动模式的第二个原则是要因原则。我们在前文谈到担保合同效力认定时,也提到过要因原则。实践中,不少担保人为了不承担担保责任,就提起诉讼请求人民法院或者仲裁机构确认担保合同无效或者请求撤销担保合同。问题是,如果担保合同虽然被认定无效或者被撤销,但如果当事人已经办理了抵押登记,登记机构也向债权人制作颁发了他项权利证书,那么,抵押合同被认定无效或者被撤销,是否影响抵押权的效力呢? 我们在前文讨论过这个问题,提到我国民法采取的是要因原则,即一旦我们否定了担保合同的效力,实际上就等于否定了担保物权的设立。即使债权人在不动产登记簿上登记为担保物权人,担保物权的设立也是无效的。当然,从现行法律规定来看,要因原则并不是非常清晰,因此可能很多人都不知道有这么一个原则,但是这个原则又非常重要。

要因原则是与无因原则相对应,它要求一个有效的物权变动必须要有一个合法有效的原因行为,如果原因行为无效或者被撤销,则即使当事人已经完成公示方式,物权的变动也是无效的。相反,在无因原则之下,物权的变动并不要求原因行为合法有效。大家知道,德国有个重要的民法理论,叫作物权行为理论。物权行为理论也分为两个原则:第一个原则也叫作区分原则,但与我们刚才讲到的区分原则不同,他们是区分债权行为和物权行为,认为买卖合同、抵押合同、质押合同等仅在当事人之间引起债权债务关系,不能直接引起物权变动,因此被称为债权行为,也叫负担行为,而物权的变动需要当事人另行通过物权行为来完成,这个物权行为以动产交付或者不动产登记为表现形式,其中包含当事人引起物权发生变动的意思表示,是对标的物的处分,因此也被称为处分行为;第二个原则叫作无因原则或者抽象原则,认为物权的变动既然是由物权行为单独引起,自然也就与前面的债权行为是否有效没有关系,即使债权行为无效或者被撤销,只要物权行为本身合法有效,物权的变动也就是有效的。在德国区分原则也被称为物权行为的独立性,无因原则也被称为物权行为的无因性,前者是为后者服务的。

与德国不同,我国民法通说自始不承认所谓物权行为理论,因此也就不承认所谓物权行为无因性。之所以如此,一方面是因为我们认为物权行为理论过于抽象,将一个交易行为人为地区分为两个法律行为即债权行为和物权行为,不仅导致整个法律关系极为复杂,而且被认为严重脱离生活;另一方面则是因为物权行为无因性被认为对出卖人不够公平,因为一旦债权行为被认定无效而物权行为被认定有效,物权变动也将被认定有效,出卖人只能依据不当得利制度请求买受人返还,而不当得利产生的是债权债务关系,既要适用诉讼时效的规定,在买受人破产的情形下,出卖人也只能作为普通债权人参与破产财产的分配。在我们看来,如果当事人之间签订的买卖合同被认定无效,则即使已经办理了过户手续,物权的变动也是无效的,此时出卖人就可以行使物权请求权,要求买受人返还标的物,只有在原物确实无法返还的情形下,才能转化为损害赔偿的责任。

具体到担保制度中,根据要因原则,如果抵押合同被认定无效,则即使当事人已经办理了抵押登记,也取得了抵押权证书,但该抵押权的设定仍将被认定无效。刚才也谈到一个很重要的问题,就是一旦抵押合同被认定无效,但是如果债权人已经被登记为抵押权人,那怎么办?现在的解决方案是:抵押人可以请求债权人协助办理抵押登记的注销。也就是说,如果债权人确实没有取得抵押权,但又被登记为抵押权人,抵押人就可以要求债权人协助涂销或者注销这个抵押登记。如果债权人不予协助,抵押人就可以起诉债权人,提出两项诉讼请求:一是请求确认抵押合同无效;二是请求协助办理注销抵押登记。如果人民法院判决出卖人协助办理抵押登记的注销,但债权人不配合,人民法院就应该直接给登记机构发出协助执行通知,抵押人可以拿着这个通知自己去办理抵押登记的注销。这么处理的法律依据是什么呢?法律依据就是《民法典》第220条所规定的更正登记制度。

《民法典》第220条规定了两种情况下登记机构应当办理更正登记:第一种情形是记载的权利人书面同意更正登记。在不动产抵押中,如果记载的权利人也就是债权人书面同意更正登记,就意味着双方对债权人没有取得抵押权不存在争议,在没有争议的情况之下,当然登记机构就应该办理抵押登记的注销。第二种情形是当事人有证据证明登记确有错误。为什么要有这个情形呢?这是因为在很多情况下,登记为抵押权人的债权人认为自己已经取得抵押权,于是并不愿意书面同意更正登记。也就是说,如果当事人之间对于债权人是否取得抵押权存在争议,就要先解决权属争议。如果法院最终认定抵押合同无效,而债权人又被登记为抵押权人,就属于有证据证明登记确有错误,这个时候登记机构也应当办理更正登记。当然,更正登记的结果就是抵押登记被注销。所以,不能因为债权人被登记为抵押权人,就认为债权人当然享有抵押权。抵押登记仅仅是一个公示方式,它既可能与实体权利一致,也可能与实体权利不一致。

要因原则对当事人具有重要意义,因为它为当事人请求人民法院进行权属确认提供了一个思路。在不少案件中,当事人提起诉讼的目的虽然是确权,但却是以否定合同效力为理由,因为根据要因原则,一旦否定了原因行为的效力,即使当事人已经办理了登记,物权变动也无效。另外,要因原则也为人民法院进行权属确认提出了更高的要求,因为根据要因原则,人民法院在进行权属确认时,应进行全面实质审查。什么是全面实质审查?"全面",是指审查的范围不仅包括交付、登记等公示方式,也包括引起物权发生变动的原因行为,如买卖合同、抵押合同等;"实质",是指审查方式,即要对原因行为的合法性和有效性进行审查。经过审查,如果发现当事人取得权利的原因行为无效或者被撤销,则即使当事人已经办理登记,也应认定物权变动无效。

以上就是关于形式主义物权变动模式的适用。

二、意思主义物权变动模式的理解

前文谈到,我国民法对于基于法律行为的物权变动,原则上采取的形式主义物权变动模式,只有在例外情形下,才采取意思主义物权变动模式。具体到担保物权的设立,绝大多数情形下,担保物权的设立采取的是形式主义物权变动模式,例如不动产抵押、动产质押以及权利质押等,都采取的是形式主义物权变动模式,意思主义的物权变动模式仅适用于动产抵押。根据《民法典》第403条的规定,以动产抵押的,抵押权自抵押合同生效时就已经设立,登记与否,并不影响抵押权的设立,但抵押权如果没有办理登记,则不得对抗善意的第三人。

为什么我国民法对基于法律行为发生的物权变动要坚持形式主义

物权变动模式作为原则,意思主义物权变动模式仅在例外情况下才存在呢？这当然也是有背景的。我国民法之所以坚持形式主义物权变动模式为原则,是因为我国民法在理论上是区分物权和债权的,认为物权是对世性的一种权利,具有对抗所有人的效力,而债权则是相对性的权利,仅在当事人之间发生效力。既然物权是对世性的权利,其变动自然须以一定的方式予以公示,否则,第三人的交易安全将面临严重威胁。也就是说,如果我们从观念上认为物权是具有对抗第三人效力的权利,则必须采用形式主义物权变动模式来贯彻。相反,意思主义物权变动模式是不利于严格区分物权和债权的,因为在意思主义物权变动模式之下,只要当事人意思表示一致,物权就可以发生变动,是否登记,不影响物权的变动,仅影响该物权是否具有对抗第三人的效力。大家想想,一个没有登记的物权不具有对抗第三人的效力,那它与债权之间的区分是不是清晰的？所以,一般来说,凡是严格区分物权和债权的国家或者地区,都会采用形式主义物权变动模式来贯彻;相反,凡是采用意思主义物权变动模式的国家或者地区,都不严格区分债权和物权。

《民法典》第114条第2款中规定,"物权是权利人依法对特定的物享有直接支配和排他的权利"。可见,我国民法不仅在理论上严格区分债权和物权,民事立法也贯彻了这一区分。从这个意义上来讲,我国民法在物权变动模式上也必须采用形式主义物权变动模式。但是,就担保物权的设立而言,动产抵押是个例外情形。为什么呢？因为动产抵押制度并非大陆法系本身的产物,而是借鉴英美法系国家相关制度的结果。在大陆法系的很多国家,至今都不承认动产抵押,例如德国。为什么呢？因为抵押制度要求不移转标的物的占有,而是以登记作为公示方式,但是动产不仅数量众多,而且很多价值较低,如果采用登记制度作为公示方式,就可能带来大量的登记成本和查询成本。也就是说,一旦允许动产抵押,则不仅债权人为办理抵押登记要花费时间成本,更为重要的是,与抵押人进行交易的第三人为确保交易安全,也要花费时间成本去查询标的物是否已经设定抵押权。所以,登记制度虽然是一种非常科学的公示方式,有人甚至将其誉为人类法律文明的伟大创造,但在很多人看来,登记制度仅能运用标的数量有限且价值较大的不动产或者准不动产,如果运用于数量大价值较低的一般动产,就可能因带来巨大的交易成本而得不偿失。

动产抵押是以美国为代表的英美法系发展起来的一种担保制度,但也影响到不少大陆法系国家或者地区,例如日本和我国台湾地区都规定了动产抵押。为了降低动产抵押所带来的交易成本,凡是承认动产抵押制度的国家或者地区,大多会运用两个手段:一是在动产抵押权的设立上采取意思主义物权变动模式,即当事人是否要办理抵押登记,取决于当事人自己意愿,如果当事人认为标的物本身价值较小,不愿花时间和精力去办理登记,也不影响抵押权的设立,仅仅影响抵押权是否具有全面的对抗第三人的效力;二是对正常经营买受人进行特别保护,即使动产抵押权已经办理登记,也不能对抗正常经营活动中已经支付合理对价并取得抵押财产的买受人,从而降低其查询成本,维护其交易安全。

我国民法虽然受大陆法系国家尤其是德国民法的影响较大,但在担保制度方面,也在一定程度上受到英美法系的影响。在此背景下,《担保法》不仅承认动产可以抵押,还规定了动产浮动抵押制度。这一立场也被后来的《物权法》所继受。《民法典》在继受动产抵押制度的同时,对大量动产抵押的具体规则进行了修改和完善,例如删除了《物权法》关于抵押登记机构的规定,从而为实现动产抵押统一登记留出空间;又如统一了动产抵押和动产浮动抵押的效力,规定无论是动产抵押还是动产浮动抵押,都不得对抗正常经营活动中的买受人。

此外,无论是《担保法》《物权法》还是《民法典》,对于动产抵押和动产浮动抵押,采取的也是意思主义物权变动模式,并明确规定"未经登记,不得对抗善意第三人"(《民法典》第 403 条)。值得注意的是,很多人在理解"善意第三人"时,认为对"善意第三人"应进行严格限制,理由是未经登记的动产抵押权也是物权,而物权优先于债权,所以这里的第三人,应理解为物权人而非债权人,如果是债权人,动产抵押权就都可以对抗。我们认为,这个理解可能有问题,因为动产抵押采取的是意思主义物权变动模式,而意思主义物权变动模式是以不严格区分物权和债权作为理论基础的,自然也就谈不上物权优于债权的说法。相反,如果赋予未经登记的动产抵押权过于强大的效力,则必然带来隐形担保的问题,从而给第三人的交易安全造成隐患,这显然与《民法典》刻意消除隐形担保的立法目的相冲突。正是基于上述考虑,我们在《民法典担保解释》中,对"善意第三人"进行了界定,目的是要说明,即使对于债权人,未经登记的抵押权有时也无法对抗,从而确保第三人交易安全的实现。关于这一点,我们将在后文讨论动产抵押时详细分析。

这里需要指出的是,虽然通过"未经登记,不得对抗善意第三人"对第三人的交易安全进行保护,在后果上可能与动产善意取得制度是一致的,但在原理上,二者却有很大的差异。动产善意取得建立在动产占有具有一定公信力的基础上,即第三人是因为相信动产的占有人是权利人而与动产的占有人进行交易,但在意思主义物权变动模式下,占有却并不具有公信力。从这个意义上讲,"善意第三人"的"善意",也不能简单地理解为是对占有产生的信赖,而是对于该动产已经设定抵押不知情也不应当知情。

三、关于担保物权的善意取得

前面谈到的形式主义物权变动模式和意思主义物权变动模式,都是针对基于法律行为发生的物权变动而言的。当然,即使是意定的担保物权,除了通过法律行为取得,还可能通过非法律行为的法律事实来取得。担保物权的善意取得到底是基于法律行为发生的物权变动还是非依法律行为发生的物权变动,目前争议还很大。从形式上看,善意取得的前提也要求当事人签订抵押合同、质押合同等,但是由于抵押人、质押人对标的物没有处分权,因此债权人无法根据抵押合同以及抵押登记的事实或者质押合同与标的物交付、权利登记的事实来取得担保物权,而只能依据法律关于善意取得的特别规定来取得担保物权,道理很简单:我们每个人只能够把他享有的权利转让给对方,或者是在自己享有处分权的标的物上为他人设定担保物权,对于自己没有处分权的标的物,无法为他人设定担保物权。也就是说,在抵押人或者质押人无权处分的情形下,从债权人最终取得抵押权或者质权的角度看,债权人并不是根据法律行为来取得的担保物权,而是依据法律的特别规定,所以目前通说还是认为善意取得是非依法律行为发生的物权变动。

　　问题是,为什么法律要规定善意取得? 原因也很简单:为了保护交易安全。也就是说,尽管行为人没有处分权,但是当相对人有理由相信其有处分权时,相对人的合理信赖也要得到保护,否则相对人的交易安全就会面临严重的威胁。当然,法律保护的是相对人"合理"的信赖和正常交易中的交易安全,对于不合理的信赖或者非正常交易中的交易安全,法律也就没有保护的必要。因此,相对人要通过善意取得制度获得保护,就要满足一定的条件。《民法典》第 311 条一方面规定了相对人可以根据善意取得制度取得物权,另一方面也规定了善意取得的条件。根据这一条第 1、2 款的规定,相对人善意取得标的物的所有权,不仅要主观上为善意,即不知道也不应当知道行为人是无权处分,而且还要求支付合理的对价,并已经交付标的物或者已经办理登记手续。该条第 3 款则规定善意取得其他物权,参照适用前两款规定。由此可见,担保物权也是可以善意取得的。

　　关于担保物权的善意取得,一个重要的问题是,如何判断相对人是否支付合理对价? 通常情形下,担保合同都是无偿的,债权人无须向担保人支付对价。所以,严格按照《民法典》第 311 条规定的条件来判断相对人是否能够善意取得担保物权,显然是不行的。也就是说,虽然《民法典》第 311 条第 3 款规定其他物权的善意取得要参照适用《民法典》第311 条第 1、2 款的规定,但在支付合理对价这一问题上,无法完全适用《民法典》第 311 条第 1、2 款的规定。我们认为,**虽然担保人为债务人的债务提供担保,往往是因为担保人与债务人之间还存在其他交易关系,但即使如此,也不能将相对人支付合理对价作为善意取得的要件。**这是担保物权的善意取得不同于其他物权的善意取得的一个重要方面。

　　另外,值得注意的是,无论是担保物权的善意取得还是其他物权的善意取得,根据《民法典》第 311 条的规定,善意取得的适用前提是行为人的行为构成无权处分。也就是说,善意取得制度仅适用于行为人无权处分的场合。这就带来两个问题:其一,什么情形下行为人的行为构成无权处分? 其二,在相对人不符合善意取得的条件时,行为人与相对人订立的合同究竟是有效还是无效,抑或效力待定?

　　关于无权处分的认定,看似是个简单问题,但实际上也可能存在争议。例如夫妻共有的房屋,一方未经另一方同意擅自抵押给银行,该行为究竟是不是无权处分？根据《民法典》关于共有财产处分的规定,在共同共有的情形下,对共有物的处分必须经全体共有人一致同意,因此,夫或者妻未经另一方同意将房屋抵押给银行,似应认定为无权处分。但是,实践中的情形较为复杂,夫或者妻未经另一方同意将共有房屋抵押的情形也可能存在不同的操作手法。例如,如果房屋虽然是夫妻共有的房屋,但登记在夫或者妻一方的名下,此时被登记为权利人的一方以自己的名义擅自将房屋抵押给银行,我们应当认定构成无权处分,银行的交易安全应当通过善意取得制度来保护；但是,如果房屋是夫妻共同财产,也登记在双方名下,夫或者妻一方擅自将房屋抵押给银行,就只能以双方的名义而不能以一方的名义,此时就不能认定为无权处分,而是无权代理,银行的交易安全也就只能通过表见代理制度来保护。可见,行为人究竟是无权处分还是无权代理,会影响到相对人能否获得法律的保护。

当然,在行为人构成无权处分时,如果相对人不满足善意取得的条件,自然无法取得物权。问题是,行为人与相对人订立的合同是否有效呢？例如,夫妻共有的房子登记在一方名下,该方将房屋擅自抵押给银行,但仅签订了抵押合同,还未办理抵押登记,银行请求抵押人协助办理抵押登记,抵押人则以自己系无权处分为由主张该抵押合同无效,人民法院能否支持？这是争议很大的一个问题。

为什么争议大？原因很简单,原《合同法》第51条规定无权处分所订立的合同系效力待定的合同。这一规定在实践中被运用到无权处分订立的买卖合同,导致很多买卖合同被认定无效。例如,夫妻共同房屋登记在一方名下,该方未经另一方同意,擅自就把这个房子卖给了受让人,但未完成过户手续。由于受让人没办理登记,即使他不知道也不应当知道该房屋是夫妻共同财产,也支付了合理对价,甚至住进去了,但也不满足善意取得的条件。问题是受让人能否找出卖人追究其违约责任呢？既然房屋是夫妻共同财产,作为出卖人应该事先是知道的,而他又把这个房子卖给受让人,那是不是应该对自己的行为负责？但是不少法院根据《合同法》第51条的规定,认定买卖合同无效,因为根据该条的规定,只有出卖人事后取得处分权或者得到另一方的追认,合同才有效,否则,合同就应认定无效。也就是说,所谓效力待定,只是中间状态,到了法院,无权处分订立的合同要么有效,要么无效,因此,在发生纠纷的情形下,大量买卖合同被认定是无效。买卖合同被认定无效,买受人主张出卖人承担违约责任,就没有依据。所以买受人叫苦连天,他一方面不满足善意取得的条件,无法取得房屋的所有权;另一方面也无法追究出卖人的违约责任,只能追究出卖人的缔约过失责任。

这种情况引起了最高人民法院的高度重视,经过反复论证,最高人民法院在 2012 年《买卖合同解释》第 3 条第 1 款作了一个规定,明确了买卖合同的效力不受出卖人是否享有处分权的影响,即使出卖人没有处分权,买受人也可以请求出卖人承担违约责任。为什么如此规定?还是区分原则的适用问题。刚才已经讲到了区分原则,主要是为了解决不动产登记不影响买卖合同、抵押合同的效力,仅影响物权变动的效力。也就是说,要区分原因行为与物权的变动。现在为了解决无权处分问题,我们也要讲区分原则,也要区分原因行为和物权的变动。为什么呢?因为我们签订的买卖合同只是在当事人之间产生一种债权债务关系,不能直接引起物权发生变动,哪怕我卖的是张三的东西,甚至这个东西还没有生产出来,我签订的买卖合同无非就是给自己施加了一个负担:合同签订后,我就有义务取得合同约定的标的物并把标的物的所有权转让给你。无权处分规则是为了保护谁呢?根据《合同法》第 51 条的规定,显然是为了保护真正权利人。问题是,即使出卖人出卖的是他人的东西,但在出卖人签订买卖合同的时候,法律是否有必要去保护真正的权利人?没必要,因为买卖合同只约束出卖人和买受人双方,不能直接引起物权发生变动,既然物权不发生变动,标的物的所有权就还是真正权利人的,自然没有必要保护真正的权利人。什么时候需要保护真正权利人呢?物权变动的时候,因为物权发生变动,就意味着标的物不再归真正权利人所有了,而归买受人所有。也就是说,只有物权要发生变动,才有保护真正权利人的必要。

所以,这里也要区分原因行为与物权的变动,买卖合同只在当事人之间产生债权债务关系,自然不能将出卖人对标的物享有处分权作为生效要件,但出卖人对标的物是否享有处分权会影响物权的变动。我把张三的手表卖你,哪怕交付给了你,但是如果我没有处分权,没有得到张三的追认,也没有事后取得处分权,物权能不能发生变动?我们认为,物权能不能发生变动,取决于你是否满足善意取得的条件。也就是说,即使买卖合同有效,标的物也已经交付,并不等于物权就必然发生变动。可见,买卖合同加上交付,只是物权变动的必要条件,而非充分条件,在出卖人无权处分的情形下,买受人就只能依据善意取得制度取得物权,无法根据当事人之间的买卖合同和交付来取得物权。这就是无权处分与善意取得之间的衔接关系。

既然处分权的有无不影响买卖合同的效力,在出卖人无权处分的情形下,如果出卖人因无处分权而无法履行合同,自然就要承担违约责任。所以,2012 年《买卖合同解释》第 3 条第 2 款规定:"出卖人因未取得所有权或者处分权致使标的物所有权不能转移,买受人要求出卖人承担违约责任或者要求解除合同并主张损害赔偿的,人民法院应予支持。"实际上,在出卖人无权处分的情形下,如果买受人没有善意取得,则即使买卖合同有效,通常也无法得到履行,所以,买受人一般只能要求解除合同并赔偿损失,很难要求出卖人继续履行合同。

值得注意的是,《民法典》编纂完成后,最高人民法院对原《买卖合同解释》进行了清理,删除了 2012 年《买卖合同解释》第 3 条的规定。为什么删除呢?因为《民法典》没有再规定原《合同法》第 51 条,同时在《民法典》合同编典型合同分编的买卖合同中增加了一个条文,即《民法典》第 597 条:"因出卖人未取得处分权致使标的物所有权不能转移的,买受人可以解除合同并请求出卖人承担违约责任。法律、行政法规禁止或者限制转让的标的物,依照其规定。"该条区分了出卖人对标的物不享有处分权和标的物属于禁止流通物或者限制流通物两种情形:在前一种情形,处分权的欠缺不影响买卖合同的效力,仅影响买卖合同的履行,如果出卖人因没有处分权导致买卖合同无法履行,买受人可解除合同并请求赔偿损失;后一种情形,则可能会影响到买卖合同的效力。我们在前文谈到担保合同效力认定时,也谈到要区分抵押人对标的物不享有处分权和标的物本身属于禁止或者限制流通物,在前者的情形下,抵押合同的效力不受影响;但在后者的情形下,抵押合同就可能被认定无效。

正是因为《民法典》已经就无权处分问题作出了规定,自然无须司法解释再作规定。但是,需要注意的是,无论是 2012 年《买卖合同解释》,还是《民法典》,都是只涉及无权处分所订立的买卖合同,而未涉及抵押合同、质押合同等。当然,虽然《民法典》没有规定无权处分所订的抵押合同、质押合同的效力,但根据类似事物类似处理的类推适用解释方法,《民法典》第597条也应适用于抵押合同、质押合同。也就是说,无论是抵押还是质押,如果担保人对标的物没有处分权,在债权人没有善意取得担保物权的情形下,抵押合同、质押合同并不因为抵押人、质押人没有处分权而无效,道理跟无权处分订立的买卖合同是一样的:抵押合同、质押合同仅仅是在当事人之间产生一种债权债务关系,并不直接引起物权发生变动,自然不需要担保人对标的物有处分权,如果担保人因没有处分权而无法履行担保合同,则担保人应该承担违约责任。

问题是,在担保人无权处分而债权人未能满足善意取得的条件时,担保人究竟应承担何种违约责任呢? 与出卖人无权处分订立的买卖合同相似,在债权人不满足善意取得的条件时,担保人无权处分订立的担保合同往往也无法得到履行,债权人自然只能请求解除合同并请求赔偿损失。也就是说,债权人对于因债务人无法清偿债务而发生的损失,有权要求担保人承担赔偿责任。可见,如果担保人本身就是债务人,则此种赔偿责任没有任何实际意义。只有在担保人是第三人的情形下,由担保人对债权人的损失承担赔偿责任才有实际意义。此时,应当参照《民法典担保解释》第46条第3款的规定处理。关于这一条的理解与适用,我们将在后文详细分析。

这里我再强调一下善意取得的适用前提是无权处分,而无权处分是有严格限定的,不是一般意义上的无权处分,仅指公示的权利人与真实的权利人不一致时,公示的权利人处分标的物的情形。最近看到一个很有意思的案件,发生在广州:有个当事人为了借钱而把夫妻共有的一套房子抵押给债权人,但房本写的是夫妻二人的名字,而他又不想让妻子知道,怎么办呢? 他背着妻子,首先把户口簿、身份证、结婚证、房本都拿了出去,拿的都是原件,然后他又花钱雇了一个女人冒充他的老婆,先到公证处办了一个公证,公证的内容是妻子授权他将房屋抵押并办理抵押手续。公证处在办理公证时,未审查出有人冒充他的妻子,所以他很轻易就取得了公证书,然后也很顺利地把房子抵押给了债权人,并办理了抵押登记。后来男方还不了款,债权人就要求行使担保物权。这里第一个涉及的问题是,债权人有没有取得这个抵押权? 很多人一看是夫妻共有财产,一方未经另一方同意处分共同共有的财产,当然构成无权处分,所以只要银行满足了善意取得的条件,它就取得了这个抵押权。这个理解对不对? 在这个案件中,大家想一想,如果这个房子登记在男方一方的名下,他有必要费这么大劲吗? 当然是没必要的,因为房子登记在他一个人名下,他完全可以以自己的名义对外签订抵押合同,再以自己的名义办理抵押登记。现在是因为房子登记在双方的名下,所以他才费这么大的劲,又是偷偷摸摸地把户口簿、身份证、结婚证都拿出去,又是去找人冒充自己的妻子。显然,如果他不搞这一套,就无法将房屋抵押给债权人,也就无法获得借款。问题是,债权人能不能取得抵押权呢? 刚才谈到,不是说债权人被登记为抵押权人,他就一定是抵押权人,登记仅仅是权利的一个公示方式,不是权利本身。在本案中,我们判断债权人是否取得抵押权的依据是什么呢? 有人认为是抵押权的善意取得,因为男方未经妻子同意擅自处分房屋,当然构成无权处分,而在抵押人无权处分时,债权人要想取得抵押权,就只能通过善意取得制度。问题是,善意取得制度保护的是因信赖权利外观而与名义的权利人进行的交易,但在本案中间,债权人是因为信赖不动产登记簿的记载而与男方进行交易吗? 不是,因为不动产登记簿的记载并没有错误,债权人一查登记簿就知道抵押财产是夫妻共同财产。所以,在这类案件中,不能用善意取得制度来保护债权人的交易安全,而只能适用表见代理制度来保护债权人的交易安全,因为男方行为的性质其实是无权代理,而非无权处分。也就是说,他之所以到公证处去做公证,实际上就是想让债权人误以为其妻子已经授权他将房屋抵押并办理抵押登记手续,因此,债权人能否获得保护,取决于债权人是否满足表见代理的条件。

《民法典》第172条规定了表见代理的构成要件:有理由相信行为人有代理权。也就是说,要构成表见代理,不仅要求相对人是善意,即不知道也不应当知道行为人没有代理权,而且相对人要有证据证明自己有理由相信行为人有代理权。如何才能有理由相信行为人有代理权呢?在上述案件中,不能说男方随便找个人冒充其妻子签字,债权人就有理由相信他有代理权,所以男方为了让债权人相信其有代理权,就请人冒充自己的妻子去做了一份公证。可见,表见代理的认定在标准上还是比较高的。这也符合逻辑的一致性,大家想想,如果夫妻共有的房子登记在一方名下,他将房屋抵押给债权人,债权人是不是应该获得更大程度的保护,而将由此带来的风险分配给没有被登记的权利人。道理很简单:谁叫你将共有财产登记在一方名下呢?但是,如果登记没有错误,登记在双方名下,交易的风险就应更多地让债权人来承担:你怎么就能随随便便相信男方有代理权呢?

有意思的是,在上面这个案件中,因为男方持有公证书,法院认为债权人满足表见代理的条件,从而取得了抵押权。这样一来,妻子一方的利益就受到了损害。于是妻子就将公证处告到法院。在审理过程中,公证处将公证书撤了。于是,一审法院判决驳回原告的诉讼请求,但是二审还是判决公证处要承担一定的赔偿责任:两套房子,一套是承担损失的10%,另一套是承担损失的5%。但是我觉得比例太低了,10%、5%都不足以对公证处的行为进行制裁,因为当事人办理公证的目的就是想取得一个更值得信赖的文件,如果没有公证书,债权人就可能无法满足表见代理的条件,抵押权就不成立,妻子一方也就没有损失。所以,公证机关在办理公证时必须核实到底是不是本人前来办理公证,如果没有核实,就要对其过错承担赔偿责任。

其次,还要将无权处分与权利瑕疵担保区分开来。与出卖人无权处分相同的是,出卖人违反权利瑕疵担保义务,也不影响合同效力的,仅需承担违约责任;但与出卖人无权处分不同,出卖人违反权利瑕疵担保义务,也不影响物权的变动。同理,在担保物权的设定时,如果担保人违反权利瑕疵担保的义务,将已经设定权利负担的标的物抵押或者质押给权人,虽然不影响抵押合同或者质押合同的效力,也不影响抵押权或者质权的设定,但担保人仍应对债权人的损失承担赔偿责任。比如说我把房子租给了张三,后来我又抵押给李四,租赁权的存在既不会影响抵押合同的效力,也不会影响到抵押权的设立。但是,在抵押权实现时,如果租赁权仍然存在,就可能会影响抵押权人利益的最大化,因为在拍卖、变卖房屋时,必须"带租"拍卖、变卖。所以,如果抵押人在将房屋抵押给债权人时,如果没有告知债权人标的物上已经存在租赁权,导致债权人因此受到损失,则抵押人对因此给债权人造成的损失,应承担赔偿责任。但是,在重复抵押的情形下,即使标的物上已经存在其他抵押权,抵押人也没有告知后续的抵押权人前面还有抵押权,后续的抵押权人也不得以抵押人违反权利瑕疵担保义务为由请求抵押人承担违约责任,因为《民法典》已经就担保物权的清偿顺序作了明确规定,后续抵押权人在接受抵押时,自应审查标的物上是否存在其他抵押权。如果在先设定的抵押权已经办理抵押登记,则后续抵押权人应自行承担由此带来的风险。

最后,要区分无权处分与行政审批。行政审批是否会影响到合同的效力,首先涉及区分原则的适用:如果审批的对象是权利变动而非原因行为,则行政审批不应影响合同的效力,而仅影响权利的变动;但是,如果行政审批的对象是原因行为而非权利的变动,则行政审批就会影响到合同的效力。因此,如果审批的对象是权利变动而非原因行为,行政审批与无权处分就极为类似。但是,在无权处分的情形下,合同虽然有效,但在未获得追认时,往往不能实际履行,而不能获得实际履行的原因是行为人自己的原因,因此,他要承担违约责任。在行政审批针对权利变动而非原因行为时,合同虽然有效,但在未获得批准时,也无法获得实际履行,而不能实际履行的原因往往不是行为人自己的原因,因此,应由双方承担由此发生的损失。

此外,在审批针对的是原因行为而非权利变动的情形下,审批也仅仅是合同的特别生效要件而非一般生效要件,因此未经审批的合同并非无效合同,而是未生效或不生效的合同。合同未生效和合同效力待定,本质上没有区别,都是合同效力的中间状态,到了法院,要么认定合同有效且已经生效,要么认为合同无效。但是,对善意取得的适用而言,二者还是有区别的,因为在无权处分的情况之下,即使合同最终被认定无效,受让人还有可能构成善意取得。也就是说,即使合同无效,受让方仍然可能取得物权。但是,在行政审批的情况下,如果合同没有被批准而确定无效,受让人就无法取得物权,不存在善意取得的问题。

当然,在无权处分的情形下,受让人要善意取得担保物权,必须满足善意取得的构成要件。关于善意取得制度中"善意"的认定问题,《最高人民法院关于适用〈中华人民共和国民法典〉物权编的解释(一)》[以下简称《民法典物权编解释(一)》],也就是《物权法解释(一)》在经过简单修改之后重新发布的司法解释,已经就此作出了明确的规定。需要说明的是,根据《民法典物权编解释(一)》第17条的规定,要构成善意取得,受让人不仅要主观上为善意,而且必须要完成不动产移转登记或者动产交付。过去,实践中争议的一个问题是:当事人已经向登记机构申请办理登记,但尚未办理完成,是否可以理解为善意取得制度所要求的"已经登记"? 对此,《民法典物权编解释(一)》第17条规定很清楚:一定要完成登记,而不能只是登记机构已经受理登记申请。

四、法定担保物权的取得

法定担保物权是相对于意定担保物权而言的,《民法典》中最典型的法定担保物权就是留置权。《民法典》在担保物权分编中就留置权作了一般性的规定,在《民法典》的其他编(如合同编)中就一些典型合同涉及的留置问题还有一些特别的规定,比如说《民法典》第783条就承揽合同可能发生的留置权作了特别规定。当然,这是特别规范与一般规范的关系:有特别规定的适用特别规定,没有特别规定适用一般的规定。

关于留置权在实践中的适用问题,我们将在后文重点讲解。这里,我想多说一句,除了留置权,是否还有其他的法定担保物权? 答案显然是肯定的,例如《民法典》合同编第807条规定:"发包人未按照约定支付价款的,承包人可以催告发包人在合理期限内支付价款。发包人逾期不支付的,除根据建设工程的性质不宜折价、拍卖外,承包人可以与发包人协议将该工程折价,也可以请求人民法院将该工程依法拍卖。建设工程的价款就该工程折价或者拍卖的价款优先受偿。"承包人的优先受偿权到底是什么性质的权利? 理论界和实务界有争议,有人说是不动产留置权,也有人说是法定抵押权。我个人更倾向于将它界定为不动产留置权,理由有两个:一是因为这个权利是为了担保工程款债权的实现,并且也是法定的,不需要当事人达成合意;二是在法律适用上与动产留置权极为类似。为什么法律要赋予承包人对所建造的工程享有优先受偿权?道理很简单:建筑物是承包人投入人力、物力甚至垫资建起来的,如果没有承包人的投入,就不会有建筑物,因此,承包人就发包方拖欠的工程款对建筑物的价值享有优先受偿权,其正当性不言自明。这与承揽合同中承揽人享有的动产留置权在理由是一样的,因为承揽人的行为使得标的物的价值得到恢复或者增加,自然也应在该价值恢复或者增加的范围内就标的物优先受偿。比如说你的车坏了到我这里修,我帮你修好了,车的价值得到一定程度的恢复(没有我的行为,车的价值就恢复不到这个程度),我又只是在修理费的范围内优先受偿,而这个价值本来就是我创造的,我要求就这个价值优先受偿,正当性自然没有任何疑问。这也是为什么法律不仅赋予了承揽人留置权,而且还规定留置权在所有担保物权中效力最高的重要原因。

同理,承包人的优先受偿权也是如此。承包人投入人力、物力建造了建筑物,仅在工程款的范围内要求优先受偿,当然具有正当性,这是我将承包人的优先受偿权理解为不动产留置权的一个重要原因。当然,由于《民法典》明确规定留置权的客体是动产,加上留置权需要"留置"他人的财产,即以占有标的物作为权利发生或者存续的前提,因此有人反对将这种权利界定为不动产留置权,而将这种权利界定为法定抵押权,也是可以理解的。一般的抵押权都是意定的,通过抵押合同来设定,但这个抵押权是一种特殊的法定的抵押权,这也是第二种观点。不过,这只是一个名称之争,对这种权利本身的行使来说,没有太大的影响,你说它是不动产留置权或者法定的抵押权,抑或认为它是一种特殊的优先受偿权或者特殊的担保物权,都是可以的,但核心意思是,这种权利所担保的对象是工程款。

值得注意的是,关于《合同法》第286条规定的承包人优先受偿权的适用问题,最高人民法院曾就上海市高级人民法院的请示作出《最高人民法院关于建设工程价款优先受偿权问题的批复》(法释〔2002〕16号);此外,原《最高人民法院关于审理建设工程施工合同纠纷案件适用法律问题的解释》[以下简称《建设工程解释(一)》]《最高人民法院关于审理建设工程施工合同纠纷案件适用法律问题的解释(二)》[以下简称《建设工程解释(二)》]也有所涉及。[1]

在《民法典》编纂过程中,立法机构对《合同法》第 286 条的规定作了简单修改,最高人民法院也根据《民法典》的规定对原来的司法解释进行了全面清理,废止了《最高人民法院关于建设工程价款优先受偿权问题的批复》和原《建设工程解释(一)》《建设工程解释(二)》,同时发布了《建设工程解释(一)》司法解释。这个司法解释对承包人优先受偿权的范围、行使期限等问题进行了规定,但未涉及承包人优先受偿权与其他权利的竞合问题。关于承包人优先受偿权与其他权利如一般抵押权、作为消费者的购房人权利等冲突问题,则将留待制定中的执行异议之诉司法解释来解决。在《民法典》担保制度司法解释的制定过程中,我们也曾一度想就承包人的优先受偿权问题作一些规定,尤其是想保留《最高人民法院关于建设工程价款优先受偿权问题的批复》所体现的对消费者权利保护的规定,但由于有的同志提出这个问题应通过执行异议之诉的司法解释来解决,因此《民法典担保解释》几乎没有涉及承包人的优先受偿权,这是要向大家说明的一个问题。

---

〔1〕《民法典》编纂完成后,最高人民法院在清理相关司法解释时,废止了这两部司法解释,但在此基础上制定了新的《最高人民法院关于审理建设工程施工合同纠纷案件适用法律问题的解释(一)》(法释〔2020〕25 号)。

第二十三讲

担保物权的效力

担保物权的效力,我们分为五个方面来讨论:第一,所担保债权的范围,也就是担保物权在担保范围上的效力;第二,所涉及的标的物的范围,也就是担保物权效力所及于的标的物范围;第三,关于物上代位效力,也就是当标的物发生毁损灭失或者被征收后,担保物权继续存在于担保人所取得的赔偿金、补偿金或者保险金等;第四,关于担保物权的追及效力,涉及担保财产的转让问题;第五,保全效力。这五个方面都非常重要,也是我们《民法典》以及《民法典担保解释》的一个重要内容,我们逐一来进行分析。

一、被担保的债权范围

关于担保物权所担保的债权范围,《民法典》第389条中已经有了非常明确的规定,即"担保物权所担保的范围包括主债权及其利息、违约金、损害赔偿金、保管担保财产和实现担保物权的费用"。可见,担保物权所担保的债权的范围是比较广的,因主债权而发生的附属债权都属于被担保的对象。但是大家注意,这个规定是一个任意性的规定,即当事人有约定的,按照当事人的约定,没有约定的情况下才按照这个规定处理。当然,即使当事人可以约定被担保债权的范围,但也不能超过《民法典》规定的范围,只能在这个范围内约定,因为《民法典》规定的担保范围已经很广泛了,如果当事人约定的担保范围更大,就涉及我们谈到的从属性问题,例如当事人就担保责任的承担单独再约定违约金,就会因违反担保的从属性而被认定无效。

《民法典担保解释》对被担保的债权范围也有两个条文涉及:第15条和第47条。虽然这两个条文都涉及不动产登记簿的公信力问题,但要解决的问题却并不相同,因此分别规定在一般规定和担保物权部分。

（一）最高额担保的"最高额"

首先看《民法典担保解释》第 15 条。该条涉及的是最高额担保，而最高额担保的问题，我们在前面已经有所涉及，这里仅讨论与被担保的债权范围有关的问题。最高额担保虽然是特殊的担保形式，但也要适用《民法典》关于担保的一般规定，因此最高额担保所担保的债权范围也是可以由当事人自己约定的。根据《民法典》第 389 条的规定，当事人可以在法律规定的范围之内进行选择，如果没有选择，法律就推定为《民法典》所列举的债权都包括在被担保的债权范围之内。

就最高额担保而言，实践中最大的问题不是被担保的债权范围问题，而是最高额担保中的"最高额"到底怎么理解？最高额担保必须约定一个最高限额，比如说 1 亿元。也就是说，担保人在 1 亿元的范围内对连续发生的债权债务承担担保责任。问题是，这个"1 亿元"，究竟是指本金 1 亿元，还是被担保的债权加在一起是 1 亿元？有两种不同的理解：一种理解是"1 亿元"仅指本金不超过 1 亿元，至于被担保的债权加在一起，即使超过 1 亿元，也都属于优先受偿的范围；另一种理解是，被担保的债权加在一起不超过 1 亿元。显然，第一种理解对债权人是有利的，因为如果仅指本金 1 亿元，那么即使还有利息、违约金、损害赔偿金、实现担保物权的费用等，加起来可能会远远超过 1 亿元，债权人也都可以主张优先受偿。尤其对银行来说，如果把 1 亿元理解为本金，那银行在发放贷款的时候就非常简单，只要把贷款本金控制在 1 亿元以内即可，至于附属债权到底多少，银行无须考虑太多。

但这种理解对"两个人"不利：第一，对担保人不利，因为站在担保人的角度看，所谓最高额担保，就是担保人在最高限额的范围内承担的全部担保责任，最高限额就是担保人承担担保责任的最大限度；第二，对担保人的其他债权人不利，因为他之所以与担保人进行交易，很可能是觉得担保人最高才承担 1 亿元的担保责任，尤其是担保物权的情况之下，如果担保财产本身值 2 亿元，即使担保人为第一个债权人提供了最高 1 亿元的担保，其他债权人也可能接受了担保人再次以该标的物设定担保物权，而现在说只是本金 1 亿元，其他的附属债权加起来可能已经接近 2 亿元甚至更多，都属于担保的范围，其他债权人的交易安全就无法获得应有的保障。正是基于这一考量,《民法典担保解释》规定,最高额担保中的最高额,是指包括主债权及利息等全部债权。也就是说,这1亿元不能够理解为仅指本金,而是包括本金在内的全部被担保的债权。这么规定的目的,就是要明确规则,避免当事人就此问题再发生争议,从而给让大家一个合理的期待。当然,这个规则也将控制风险的责任交给了债权人,因为根据这个规则,既然当事人约定的最高额是指包括本金、利息等在内的全部被担保的债权,那么,债权人在发放贷款时,就要密切关注债权数额的变化,当合同约定的全部被担保债权的数额接近最高限额时,就要意识到风险的存在,并控制好信贷的规模。实践中,很可能出现如下情形:债权人发放贷款的本金虽然没有超过约定的最高额,但本金加上利息、违约金等被担保的全部债权,则可能远远超过约定的最高额,而根据上面讲到的规则,超过部分就不再属于被担保的范围。

　　值得注意的是,上面谈到的规则仅仅是一个任意性的规则。也就是说,这个规则仅在当事人之间对最高额的含义没有约定时才需要适用的规则,在当事人对最高额的含义另有约定的情形下,还是要看当事人的约定。例如,银行作为债权人在最高额担保合同中与担保人约定:"本合同所称最高额,是指本金,不包括本金外的其他被担保债权。"当事人的这一约定排除了上述规则的适用,根据意思自治的原则,自应得到适用。不过,在最高额抵押的情形下,由于不动产登记簿被赋予公信力,因此,如果当事人约定的最高额含义与不动产登记簿记载的最高额含义不一致时,还是要优先保护因信赖不动产登记簿记载的善意第三人的交易安全。也就是说,如果当事人约定的最高额仅指本金,但不动产登记簿记载的最高额含义不仅包括本金,还包括其他被担保的债权,则人民法院应当依据登记的最高债权额确定债权人优先受偿的范围。例如,当事人约定的担保范围很广泛,包括本金、利息、违约金以及实现担保物权的费用等,但在对最高额的含义进行界定时,约定最高额仅指本金,而在办理不动产抵押登记时,登记的最高额则是包括本金在内的全部被担保债权。这样一来,对后续与抵押人进行交易的第三人而言,他可能就认为抵押人仅在登记的最高额限度内承担担保责任,并据此可能与抵押人在抵押物的剩余价值范围内再次设定抵押权。为了维护第三人的交易安全,就不能再认为可以根据当事人的约定来确定最高额抵押权的优先受偿范围了。

当然,如果当事人约定的最高额是指包括本金在内的全部被担保债权,但不动产登记簿记载的则仅指本金,如何处理?虽然此种情形极少发生,但如果出现,我个人的意见是,还是应当根据当事人的约定来确定优先受偿的范围,而不能根据不动产登记簿的记载,理由就是刚才谈到的要因原则。也就是说,当事人之间的权利义务关系还是要根据当事人之间的约定来确认,不动产登记仅仅是一个公示方式,只有在因不动产登记簿的公信力而危及第三人的交易安全时,才能根据不动产登记簿的记载来确认优先受偿的范围。如果当事人约定的最高额含义指包括本金在内的全部被担保债权,而不动产登记簿则记载仅指本金,则按照当事人约定的最高额含义确认优先受偿的范围,并不会对因相信不动产登记簿而与抵押人进行交易的第三人发生不利影响,自然应根据当事人之间约定的最高额含义来确定优先受偿的范围。

需要说明的是,如果当事人约定的最高额仅指本金,而不动产登记簿记载的最高额不仅包括本金,还包括其他被担保的债权,根据《民法典担保解释》第15条第2款的规定,人民法院只能根据不动产登记簿的记载来确认优先受偿的范围。这一规定的适用是以当事人能够在不动产登记簿上就最高额的含义进行登记为前提的。也就是说,不动产登记簿不仅要允许当事人登记一个最高额,还要允许当事人就最高额所指的债权范围进行登记。如果不动产登记簿本身不允许当事人就最高额的含义进行登记,而仅仅允许当事人登记一个具体的数字作为最高额,则应依据《九民纪要》第58条的规定来确定最高额抵押权优先受偿的范围。

（二）最高额抵押的担保范围

《九民纪要》第58条规定:"以登记作为公示方式的不动产担保物权的担保范围,一般应当以登记的范围为准。但是,我国目前不动产担保物权登记,不同地区的系统设置及登记规则并不一致,人民法院在审理案件时应当充分注意制度设计上的差别,作出符合实际的判断:一是多数省区市的登记系统未设置'担保范围'栏目,仅有'被担保主债权数额(最高债权数额)'的表述,且只能填写固定数字。而当事人在合同中又往往约定担保物权的担保范围包括主债权及其利息、违约金等附属债权,致使合同约定的担保范围与登记不一致。显然,这种不一致是由于该地区登记系统设置及登记规则造成的该地区的普遍现象。人民法院以合同约定认定担保物权的担保范围,是符合实际的妥当选择。二是一些省区市不动产登记系统设置与登记规则比较规范,担保物权登记范围与合同约定一致在该地区是常态或者普遍现象,人民法院在审理案件时,应当以登记的担保范围为准。"显然,这一条文是针对《民法典》施行前全国各地不动产登记的实践不一致而作的规定,有其特殊的时代背景。根据这一规定,如果不动产登记簿允许当事人就担保范围进行登记,则应依据不动产登记簿的记载来认定被担保的债权范围。这是不动产登记簿具有公信力的典型表现,因为如果不根据不动产登记簿的记载认定被担保的债权范围,就可能导致因信赖不动产登记簿的记载而与抵押人继续交易的第三人的交易安全面临严重威胁。也正因为如此,《担保法解释》第 61 条规定:"抵押物登记记载的内容与抵押合同约定的内容不一致的,以登记记载的内容为准。"

尽管不动产登记簿被赋予公信力,但在《民法典》施行前,我国不动产登记的实践比较混乱,有的地方允许当事人就担保范围进行登记,也有的地方不允许当事人就担保范围进行登记,而仅允许登记一个具体数字。如果此时仍赋予不动产登记簿的此项记载具有公信力,则显然不利于当事人交易安全的保护,因为尽管当事人约定的担保范围较为宽泛,但登记机构却只允许登记本金,其他债权因尚不确定往往无法办理登记。在此情形下,被担保的债权范围就要根据担保合同的约定来确定,不能再根据不动产登记簿的记载来确定,因为不动产登记簿的此项记载不再具有公信力。只有在不动产登记簿允许当事人就担保范围进行登记时,才能适用《担保法解释》第 61 条的规定。当然,如此一来,也就加大了第三人的尽职调查成本。也就是说,与抵押人进行交易的第三人不仅要审查登记机构的登记规则,以确定不动产登记簿是否允许当事人就担保范围进行登记,而在确认登记簿不允许就担保范围进行登记时,还要再依据担保合同来确定被担保的债权范围。

《民法典》施行后,自然资源部不动产登记中心对不动产登记簿的样式进行了统一,明确要求各地不动产登记机构应允许当事人就被担保债权范围进行登记。如此一来,再要求与抵押人进行交易的第三人继续审查担保合同的约定就没有依据了,因为此时不动产登记簿的此项记载具有公信力,自然可以作为第三人信赖的基础。也正因为如此,《民法典担保解释》第 47 条规定:"不动产登记簿就抵押财产、被担保的债权范围等所作的记载与抵押合同约定不一致的,人民法院应当根据登记簿的记载确定抵押财产、被担保的债权范围等事项。"可见,在《民法典》施行后,因不动产登记更加规范,《九民纪要》第 58 条也就没有继续适用的必要,而应根据《民法典担保解释》第 47 条来认定被担保债权的范围。当然,对于《民法典》施行前的担保行为,因当时的不动产登记实践并不统一,还是应当适用《九民纪要》第 58 条的规定,而不能简单适用《民法典担保解释》第 47 条。也就是说,《民法典担保解释》第 47 条不具有溯及既往的效力,仅适用于 2021 年 1 月 1 日之后的担保行为。

(三)"最高额"与担保范围的关系

此外,需要注意的是,被担保债权的确定与最高额担保中最高额含义的确定,二者既有联系,也有区别。最高额担保中的最高额,根据当事人的约定,既可能是仅指本金,也可能是指包括本金在内的全部被担保债权。当然,在最高额抵押的情形下,如果当事人约定的是本金,但不动产登记簿记载的是全部被担保的债权,则人民法院只能根据不动产登记簿的记载来确定优先受偿的范围。这就涉及被担保债权的确定问题。同理,根据不动产登记簿的公信力,如果当事人约定的担保范围大于不动产登记簿记载的担保范围,也应以不动产登记簿记载的担保范围为准。不过,即使被担保的债权已经得到确认,也不意味着最高额担保中的最高额含义已经得到确定。例如,当事人签订了一份最高额为 1 亿元的最高额抵押合同,合同约定该 1 亿元仅指本金,但合同约定的担保范围为本金、利息、违约金以及实现抵押权的费用。在办理抵押登记时,如果当事人明确将 1 亿元登记为仅指本金,而担保范围则填写本金、利息、违约金以及实现抵押权的费用,则意味着只要本金不超过 1 亿元,则包括本金在内的全部债权都将是被担保的债权,具体担保数额可能超过 1 亿元。但是,如果当事人未明确将 1 亿元登记为仅指本金,但担保范围则填写为本金、利息、违约金以及实现抵押权的费用,则意味着最高额是指全部被担保债权的最高限额,即担保人仅在1亿元的范围内承担全部担保责任。

可见,最高额的确定与担保范围的确定是两回事。这也是《民法典担保解释》将二者规定在不同地方的重要原因。在我们看来,最高额担保中最高额含义确定是最高额担保法律适用中的一般性问题,所有最高额担保都会面临这个问题,所以规定在一般规定中,而当事人因担保范围的确定发生争议,则仅在不动产抵押权的法律适用中才会发生,在其他担保纠纷中,极少发生此类争议。另外,从自然资源部不动产登记中心发布的最新登记簿样式来看,虽然登记机构已经意识到最高额与担保范围的不同,并设置了不同的项目进行登记,但却并未将最高额含义的确定作为一个单独的登记事项。这就可能造成一种误解,即当事人登记的最高额就是指被担保的全部债权。例如当事人登记的最高额是1亿元,登记的担保范围是本金、利息、违约金以及实现抵押权的费用。很多人会认为这1亿元就是指全部被担保的债权余额。但是,也有可能当事人实际上想表达的是,这1亿元仅指本金,但被担保的债权则不仅包括本金,也包括利息、违约金以及实现抵押权的费用。从现有登记簿的设置看,当事人的这一想法就无法实现。所以,建议不动产登记机构在登记簿的设置上,应在最高额抵押登记中增设最高额含义的登记,以避免出现上述情形。在登记机构未来得及完成登记簿样式的修改前,当事人如果要实现上述想法,就只能在最高额一栏填写完具体数额后,加一个括号标明该最高额仅指本金,尽管被担保的债权是包括本金在内的全部被担保债权。

二、用于担保的标的物范围

(一)《民法典》与担保物权的效力范围

接下来讲用于担保的标的物范围。对于担保物权效力所及的标的物的范围,《民法典》已经有一些规定涉及,但这些规定没有直接规定在物权编的担保物权分编,而是规定在物权编的通则部分。在物权编的通则部分,《民法典》第320条规定:"主物转让的,从物随主物转让,但是当事人另有约定的除外。"另外,《民法典》第 321 条还就天然孳息和法定孳息的取得也作了非常明确的规定:"天然孳息,由所有权人取得;既有所有权人又有用益物权人的,由用益物权人取得。当事人另有约定的,按照其约定。法定孳息,当事人有约定的,按照约定取得;没有约定或者约定不明确的,按照交易习惯取得。"还有《民法典》第 322 条规定了添附制度:"因加工、附合、混合而产生的物的归属,有约定的,按照约定;没有约定或者约定不明确的,依照法律规定;法律没有规定的,按照充分发挥物的效用以及保护无过错当事人的原则确定。因一方当事人的过错或者确定物的归属造成另一方当事人损害的,应当给予赔偿或者补偿。"

　　需要指出的是,上述制度都是规定于物权编通则部分,因此可以适用于整个物权编,当然也就包括担保物权。此外,担保物权部分也有一些专门针对担保物权的规定。例如《民法典》第 412 条规定:"债务人不履行到期债务或者发生当事人约定的实现抵押权的情形,致使抵押财产被人民法院依法扣押的,自扣押之日起,抵押权人有权收取该抵押财产的天然孳息或者法定孳息,但是抵押权人未通知应当清偿法定孳息义务人的除外。前款规定的孳息应当先充抵收取孳息的费用。"需要注意的是,这里仅规定了扣押,不包括查封。实践中,如果不动产被查封,抵押人仍可以收取天然孳息或者法定孳息。只有财产被人民法院扣押,抵押权人才有权收取天然孳息或者法定孳息,但天然孳息、法定孳息要先充当收取孳息的费用。此外,这里还有一个但书:"但是抵押权人未通知应当清偿法定孳息的义务人除外。"这句话的意思是:如果抵押权人未通知清偿法定孳息的义务人,则清偿法定孳息的义务人一旦将法定孳息支付给抵押人,即构成债的清偿,抵押权人无权再以对标的物享有担保物权为由向清偿法定孳息的义务人主张履行给付义务。质权的情况也是一样,《民法典》第 430 条规定:质权人有权收取质押财产的孳息,但合同另有约定的除外;收取的孳息也是要先抵充收取孳息的费用。

（二）主从关系与担保物权的效力范围

　　考虑到《民法典》已经就担保物权对孳息的效力作出了规定,《民法典担保解释》仅补充规定了从物与主物的关系在担保物权领域的适用以及添附制度在担保物权领域的适用。关于主物与从物的关系,《担保法解释》也有规定的,《民法典担保解释》基本上沿用《担保法解释》的相应规定:第一,区分为从物产生于抵押权设立前还是设立后,如果从物产生于抵押权依法设立前,那么抵押权人主张抵押权的效力及于从物,人民法院应予支持,但当事人另有约定的除外;第二,从物产生于抵押权设立后,即如果是抵押权已经设立之后又新出现的从物,那么抵押权的效力不及于从物,但在抵押权实现时,可以一并处分从物。为什么有这么一个区别?这也很好理解:主物和从物是两个不同的标的物,但是它们之间的关系非常紧密,尤其是从物离开主物之后,不仅它自身的价值会受到严重的损害,而且主物的价值也会受到一定程度的影响,所以为了实现标的物价值的最大化,即使从物在抵押权设定后再出现,也应在处分的时候一并处分,但如果从物是抵押权设定后才出现,则抵押权的效力不应及于从物,因为抵押人的其他债权人可能会基于从物的出现而再次在标的物上设定抵押权,法律必须保护该交易的安全。

事实上,关于主物与从物的关系及其处理,我们可以参考房地关系(我们在后文还要专门讲房地关系)。按照《民法典》的规定,在房子上设定的抵押在效力上及于土地使用权,以土地使用权抵押,抵押权的效力也会及于已经建好的房屋,但是新增建筑物不属于抵押权效力所及的范围。尽管在我国民法上,房屋和土地的关系并非从物与主物的关系,但也具有一定的类似性,因为房屋与土地在我国民法上虽然也是两个不同的标的物,但二者不仅在自然状态上不可分离,且在价值形态上也是相辅相成。也正是因为如此,《民法典》第397条规定:"以建筑物抵押的,该建筑物占用范围内的建设用地使用权一并抵押。以建设用地使用权抵押的,该土地上的建筑物一并抵押。抵押人未依据前款规定一并抵押的,未抵押的财产视为一并抵押。"值得注意的是,《民法典》第397条规定的以建设用地使用权设定的抵押权在效力上及于土地上的建筑物,应仅限于抵押权设定时已经存在的建筑物,不包括抵押权设定后才形成的建筑物,因为《民法典》第417条规定:"建设用地使用权抵押后,该土地上新增的建筑物不属于抵押财产。该建设用地使用权实现抵押权时,应当将该土地上新增的建筑物与建设用地使用权一并处分。但是,新增建筑物所得的价款,抵押权人无权优先受偿。"

虽然《民法典》就房地关系问题作了非常明确的规定,但并未就主物和从物的关系在担保物权中的适用作出明确规定,《民法典担保解释》第 40 条一方面继受《担保法解释》第 63 条的规定,就这一问题作出明确规定,以便司法实践的统一把握;另一方面,也是想纠正《担保法解释》第 63 条的一个错误。《担保法解释》第 63 条规定:"抵押权设定前为抵押物的从物的,抵押权的效力及于抵押物的从物。但是,抵押物与其从物为两个以上的人分别所有时,抵押权的效力不及于抵押物的从物。"我们认为,该条第 2 句将"抵押物与其从物为两个以上的人分别所有"作为抵押权的效力不及于从物的一种例外,但事实上,从主物和从物的关系看,主物和从物为两个以上的人分别所有的情形是不存在的。

当然,《民法典担保解释》将主物与从物的关系及其在担保物权中的适用予以明确规定,还有一个考虑,就是为了优化营商环境。在世界银行组织的营商环境评估中,有一个指标是就是要求担保物权的效力可以延伸到从物和添附物。所以,《民法典担保解释》第 41 条紧接着就抵押权的效力是否及于添附物也作了明确规定。

(三)添附制度与担保物权的效力范围

根据《民法典》第 322 条的规定,在抵押物发生添附的情形下,物的归属可能会出现三种情形:一是添附物归抵押人所有;二是添附物归第三人所有;三是添附物归抵押人与第三人共同所有。我们认为,如果添附物归抵押人所有,抵押权的效力当然及于添附物,但添附导致抵押财产价值增加的,抵押权的效力不及于增加的价值部分。这有点类似于前面谈到的抵押权设立后新出现从物的情形。也就是说,尽管抵押权的效力及于添附物,但如果添附行为导致抵押财产的价值增加,则虽然抵押权人可以要求拍卖、变卖添附优先受偿,但在价值上,抵押权的效力不及于新增加的价值,以保护与抵押人或者第三人进行交易的其他当事人的交易安全。例如,张三将李四的油漆涂于自己的家具上,对家具享有抵押权的债权人王五如果对添附后的家具都享有优先受偿权,则必然会影响到在李四所有的油漆上设定抵押权的赵六的交易安全。

同理,在添附物归第三人与抵押人共有的情形下,抵押权的效力自应及于抵押人对共有物享有的份额,以平衡对抵押权人的保护与对第三人的保护。但是,如果根据《民法典》第 322 条的规定,添附物归第三人所有,则抵押权的效力自然不能及于添附物,以保护第三人的交易安全。当然,既然添附物归第三人所有,则第三人通常对抵押人有补偿的义务。此时,应认为抵押权继续存在于第三人应当给付的补偿金之上。也就是说,此时应发生物上代位。既然发生了物上代位,就要适用物上代位的一般规则,即应适用《民法典担保解释》第 42 条的规定。所以,最初我们计划将添附物为第三人所有的情形规定到《民法典担保解释》第 42 条,将其作为物上代位的一种情形。但是,后来经过分析,我们认为还是规定在第 41 条更加直观,也更加全面。否则,就会有人质疑:《民法典担保解释》第 41 条怎么仅规定了添附物归抵押人所有和抵押人与第三人共有两种情形,没有规定添附物归第三人所有的情形?

下面,我们就来讲担保物权的物上代位效力。在讲担保物权的物上代位效力之前,我想说明一下,《民法典担保解释》不仅规定了抵押权的效力及于设立前已经存在的从物,也规定了抵押权的效力及于添附后的财产(添附物归抵押人所有或者归抵押人与第三人共有),但未就质权的效力作出规定,而《担保法解释》第 91 条明确规定:"动产质权的效力及于质物的从物。但是,从物未随同质物移交质权人占有的,质权的效力不及于从物。"这是不是意味着《担保法解释》的这一规定在《民法典担保解释》施行后不再适用了?我们认为,尽管《民法典担保解释》未就质权的效力作出明确规定,但由于《民法典担保解释》关于抵押权相关效力的规定被置于"担保合同与担保物权的效力"之下,自应理解为不仅适用于抵押权,也包括质权。也就是说,《担保法解释》第 91 条并非因为与《民法典》冲突而未保留,而是因为实践中的争议问题较少而未得到保留。在《民法典担保解释》施行后,上述规定仍可以适用,但最好是将其作为裁判说理的依据,不要将其作为裁判依据予以援引。

三、担保物权的物上代位性

(一)物上代位的意义与性质

物上代位,是指标的物本身遭到了毁损、灭失或者被征收等情形,发生了价值形态上的变化,则担保物权继续存在于变化后的价值上。也就是说,担保人如果因标的物毁损、灭失或者被征收而得到一笔保险金、赔偿金或者补偿金(以下简称"三金")等,则担保物权继续存在于这"三金"之上,可以就"三金"主张优先受偿。

关于担保物权的物上代位性,《民法典》第 390 条有明确规定:"担保期间,担保财产毁损、灭失或者被征收等,担保权人可以就获得的保险金、赔偿金或者补偿金等优先受偿。被担保债权的履行期限未届满的,也可以提存该保险金、补偿金或者赔偿金等。"显然,担保物权的物上代位性毫无疑问是为了更好地保护担保物权人的交易安全,因为在实践中,担保财产一旦发生毁损、灭失或者被征收,担保物权人就无法再就标的物本身的价值优先受偿,但既然担保人因标的物毁损、灭失或者被征收而获得"三金",自然也应以获得的"三金"为限承担担保责任。

在《物权法》颁行前,《担保法》第 58 条与第 73、81 条分别对抵押权和质权的物上代位性作了规定,但这些规定仅涉及抵押物或质物"因灭失所得的赔偿金"。《担保法解释》不仅扩大了代位物的范围,将《担保法》规定的"因灭失所得的赔偿金"扩展为担保财产在"灭失、毁损或者被征用的情况下"担保人所得的"保险金、赔偿金或者补偿金",而且扩大了物上代位性的适用范围,规定留置权也具有物上代位性。《物权法》在吸收《担保法解释》相关内容的基础上,就担保物权的物上代位性作出一般性的规定。此即《物权法》第 174 条的规定:"担保期间,担保财产毁损、灭失或者被征收等,担保物权人可以就获得的保险金、赔偿金或者补偿金等优先受偿。被担保债权的履行期未届满的,也可以提存该保险金、赔偿金或者补偿金等。"《民法典》第 390 条继受了这一规定。

担保物权的物上代位性有时也被称为物上代位权。关于此种权利究竟是原担保物权效力的延伸还是一种新的权利,存在不同的观点:一种观点认为,物权的存续以标的物的存在为前提,若标的物灭失,物权也随之消灭,虽然担保物权是对担保财产交换价值的支配,但其本质上仍是物权,当抵押物灭失时,即使存在抵押物的变形物或替代物,原抵押物也失去了其特定性,原抵押权当然归于消灭,因此,担保物权的物上代位并非原抵押权效力的延续,而是一种新的担保权利;另一种观点认为,担保物权是一种价值权,当抵押财产发生毁损、灭失等变化时,相应的变形物和替代物都是抵押财产交换价值的延续,与原抵押物具有经济上和法律上的"同一性",因此担保物权的物上代位仅仅是原担保物权追及效力的体现,而并非一种新的担保物权。

我们认为,尽管担保物权的物上代位与担保物权的追及效力密切相关,但二者仍有重大区别。考虑到物权的客体具有特定性,在标的物毁损、灭失或者被征收等情形下,标的物在形态上发生了重大变化,由原来的动产或者不动产转化成金钱债权,必然导致原担保物权消灭,自然也就不存在担保物权的追及效力,因此,应认为担保物权的物上代位是一种新的担保权利。至于这一权利的性质,一般认为是法定的债权质权,即以担保人所享有的代位物请求权为标的物并依据法律直接产生的债权质权。

尽管担保物权的物上代位产生的是一种新的担保物权,但为保障原担保物权人的交易安全,该债权质权的顺位仍应按照原担保物权的顺位确定。例如,我国台湾地区"民法"在修订后于第881条第1、2项明确规定:"抵押权除法律另有规定外,因抵押物灭失而消灭。但抵押人因灭失得受赔偿或其他利益者不在此限。抵押权人对于前项抵押人所得行使之赔偿或其他请求权有权利质权,其次序与原抵押权同。"

(二)物上代位权的实现程序

《民法典》继受《物权法》的规定,就担保物权的物上代位性进行了规定,但未就担保物权物上代位的实现程序进行规定,从而导致实践中担保物权的利益无法获得有效的保障。这一点在抵押权的情况下尤其明显。与动产质权不同,抵押权不以移转标的物的占有为成立要件,因此抵押财产是否发生毁损、灭失或者被征收,抵押权人可能并不知情,从而可能导致相应的给付义务人将保险金、赔偿金或者补偿金交付给抵押人。此时,尽管原抵押权人对该金钱债权享有质权,但由于金钱的特殊性,保险金、赔偿金或者补偿金一旦交付抵押人,就有可能被抵押人处分,从而导致原抵押权人的优先受偿权无法得到实现。为保障原抵押权人的交易安全,《担保法解释》第80条第2款规定:"抵押物灭失、毁损或者被征用的情况下,抵押权所担保的债权未届清偿期的,抵押权人可以请求人民法院对保险金、赔偿金或补偿金等采取保全措施。"但是,仅有这一规定并不足以保障原抵押权人的交易安全,因为该条仅适用于所担保的债权未届清偿期的情形,且抵押权人请求人民法院对保险金、赔偿金或补偿金等采取保全措施的前提有二:一是抵押权人知道抵押财产已经毁损、灭失或者被征收;二是保险金、赔偿金或者补偿金的给付义务人尚未对抵押人进行给付,或者虽然已经给付,但尚未被抵押人处分。原《物权法》未采取上述思路,于第174条中规定,"被担保债权的履行期未届满的,也可以提存该保险金、赔偿金或者补偿金等"。这一规定仍将适用范围限制在被担保债权的履行期尚未届满的情形,且"也可以提存"的主体究竟是谁,指代也不清楚。如果认为是担保人,则在担保人未进行提存的情况下,其应当承担何种法律责任,也欠缺相应的规定;如果认为提存的主体是抵押权人,又如何操作,也欠缺应有的程序保障。《民法典》继受上述规定,亦未就担保物权物上代位的程序作进一步的规定。

反观域外立法,则普遍对担保物权物上代位的实现程序进行了规定。[1] 例如在德国,为确保抵押权的物上代位能够得到实现,立法采取了以下举措:首先是明确规定保险人和被保险人在发生物上代位的情形下有通知抵押权人的义务,且通知到达抵押权人1个月后才能向被保险人支付保险金并对抵押权人发生效力;其次是规定抵押权人的异议权,即有权就保险人支付保险金提出异议,且一旦提出异议,保险人就必须向被保险人和抵押权人为共同给付;最后是抵押权人可以向保险人进行登记,且一旦登记,则保险人只能在取得抵押权人的书面同意后,其向被保险人进行的给付才能对抵押权人发生效力。又如在瑞士,保险人负有查阅不动产登记簿的义务,一旦发现存在抵押权人,则只有经全体抵押权人同意,才能将保险赔偿金支付给被保险人;如果抵押权人不同意,则只能依法向法院提存该保险金。

在《民法典》编纂完成前,有学者建议未来《民法典》在将物上代位理解为法定债权质权的基础上,增设以下规则保障担保物权人的交易安

---

〔1〕 参见程啸:《担保物权人物上代位权实现程序的建构》,载《比较法研究》2015年第2期。

全:一是明确规定担保人在发生物上代位的情形下有通知担保物权人的义务;二是明确给付义务人在给付保险金、赔偿金或者补偿金前,有查询不动产登记簿的义务,并将产生保险金、赔偿金或者补偿金请求权的事实通知担保物权人。[1]

在《民法典》未就担保物权物上代位的实现程序进行明确规定的情况下,如何保障担保物权人的交易安全,成为《民法典担保解释》制定中的一个难点问题。经反复研究,我们认为,鉴于担保物权的物上代位在性质上是法定的债权质押,自可适用债权质押的一般规则。但遗憾的是,《民法典》对于债权质押的实现程序也没有提供相应的规则。在此情形下,我们只能类推适用有关债权转让的有关规则。

《民法典》第546条第1款规定:"债权人转让债权,未通知债务人的,该转让对债务人不发生效力。"可见,在债权转让中,如果债务人接到通知后仍向原债权人履行债务,则不构成有效的债务清偿行为,债务人仍负有向受让债权的新债权人为给付的义务。尽管该条未明确通知的主体,但无论是原债权人通知还是受让该债权的新债权人通知,只要能够证明债务人知悉债权转让的事实,则债务人就不能再向原债权人进行履行。同理,在债权质押中,如果质权人将债权质押的事实已经通知了次债务人,则次债务人也应向质权人清偿债务而不能再向债权人清偿债务。关于这一点,我们在解读《民法典担保解释》第61条关于应收账款质押的规定还将详细予以讨论。

既然担保物权的物上代位构成法定的债权质押,也应采取上述规则,即如果担保物权人通知了给付义务人,则给付义务人在接到通知后仍向抵押人给付保险金、赔偿金或者补偿金的,不产生债权消灭的后果,给付义务人仍应对担保物权人进行给付,但在担保物权人通知给付义务人之前,如果给付义务人已经向抵押人给付了保险金、赔偿金或者补偿金,则构成有效的债务清偿,担保物权人无权再请求给付义务人向其给付保险金、赔偿金或者补偿金。此外,我国台湾地区"民法"第881条第

---

〔1〕　参见程啸:《担保物权人物上代位权实现程序的建构》,载《比较法研究》2015年第2期。

3 项规定:"给付义务人因故意或重大过失向抵押人为给付者,对于抵押权人不生效力。"在《民法典担保解释》的制定过程中,有学者建议参考这一立法例,对给付义务人因故意或者重大过失向抵押人履行债务的法律后果进行明确规定;还有学者提出,只要给付义务人知道标的物上存在担保物权,就不应再向担保人履行债务,否则对担保物权人不发生效力。我们认为,无论是给付义务人的故意或者重大过失,还是给付义务人知道标的物上存在担保物权,都有一个证明的问题。如果有证据证明给付义务人已经接到担保物权人向其履行的通知,则足以证明给付义务人知道担保物权的存在,从而也为判断给付义务人是否存在故意或者过错提供的条件。但在没有证据证明给付义务人已经接到担保物权人通知的情况下,无论是交由法官认定给付义务人是否存在故意或重大过失,还是交由法官认定给付义务人知道担保物权的存在,都可能导致法官的裁量权过大而危机给付义务人的交易安全。也正因如此,从诉讼程序的角度看,在担保物权人通过诉讼向给付义务人主张保险金、赔偿金或者补偿金的情形下,为了查明相关事实,人民法院可以通知抵押人作为第三人参加诉讼。

(三)"代位物"的范围及其认定

从《民法典》第 390 条关于担保物权物上代位的规定看,代位物的范围包括担保人因担保财产发生毁损、灭失或者被征收等而取得的保险金、赔偿金和补偿金等。问题是,除了担保人因财产发生毁损、灭失或者被征收而取得的保险金、赔偿金或者补偿金,是否还存在其他发生物上代位的情形? 答案显然是肯定的。在上一条讨论到添附对担保物权的影响时,就已经提到,如果添附后的财产归第三人所有,则抵押权的效力应及于抵押人所取得的补偿金,这也是抵押权物上代位性的表现。

值得探讨的是,在担保财产被转让的情形下,担保物权是否及于担保人所取得的价金呢? 这就涉及担保物权物上代位效力与追及效力的关系。一般认为,在承认担保物权追及效力的情形下,担保人转让担保财产所取得的价金就不再属于物上代位的范围,但在不承认担保物权追及效力的情形下,则需要通过确立在价金上成立物上代位来确保担保物权人的交易安全。例如,由于《物权法》第 191 条不承认抵押权的追及效力,因此,该条一方面规定未经抵押权人同意,不得转让抵押物,另一方面则规定在抵押权人同意转让抵押物的情形下,抵押人所取得的价款也应用于提前清偿债务或者提存。可见,即使抵押权人同意转让抵押物,也并不意味着抵押权人放弃了抵押权,而仅仅意味着该抵押权继续存在抵押人所取得的价金上,从而形成物上代位。需要注意的是,《民法典》第406条关于抵押物转让规定没有采取原《物权法》第191条的思路,在承认抵押权具有追及效力的基础上允许抵押人自由转让抵押物。也就是说,即使抵押人转让抵押物,抵押权也将继续存在于抵押物上,自然就不存在物上代位的问题。关于这一问题,我们将在后文予以详细讨论。

这里需要说明的是,尽管《民法典》第390条关于代位物的规定仅列举了保险金、赔偿金或者补偿金,但这并不意味代位物仅限于金钱债权。在实践中,也存在实物补偿的现象,尤其是在房屋征收拆迁补偿中,不少地方采取的是房屋产权调换的方式,即由征收人提供与被征收的房屋价值相等的其他房屋作为征收的补偿。此时,存在于被征收房屋上的抵押权应继续存在于被征收人因房屋产权调换而取得房屋上,且不以再次办理抵押登记为要件。

四、担保物权的追及效力

前面我们也提到《民法典》明确规定了担保物权的追及效力,尤其是抵押权的追及效力。当然,我们在谈到《民法典》明确规定抵押权的追及效力时,主要是想说明《民法典》在对待抵押财产的转让问题上发生了重大转变。所以,这里我也想以抵押物的转让为线索来讨论担保物权的追及效力。

(一)抵押物转让规则的变迁及其背景

关于抵押人能否自由转让抵押财产,我国民法经历了一个较为复杂的发展过程。虽然《民法通则》未就抵押物的转让问题进行规定,但《民通意见》第115条第1款规定:"抵押物如由抵押人自己占有并负责保管,在抵押期间,非经债权人同意,抵押人将同一抵押物转让他人,或者就抵押物价值已设置抵押部分再作抵押的,其行为无效。"可见,根据该款规定,未经抵押权人同意的抵押物转让行为应被认定为无效。《担保法》没有继续要求抵押人转让抵押物必须经抵押权人同意,但为保障抵押权人的利益和受让人的交易安全,该法第49条第1款规定:"抵押期间,抵押人转让已办理登记的抵押物的,应当通知抵押权人并告知受让人转让物已经抵押的情况;抵押人未通知抵押权人或者未告知受让人的,转让行为无效。"对于这一规定,《担保法解释》没有从文义上进行理解,而是通过体系解释、目的解释,于该解释第67条明确规定:"抵押权存续期间,抵押人转让抵押物未通知抵押权人或者未告知受让人的,如果抵押物已经登记的,抵押权人仍可以行使抵押权;取得抵押物所有权的受让人,可以代替债务人清偿其全部债务,使抵押权消灭。受让人清偿债务后可以向抵押人追偿。如果抵押物未经登记的,抵押权不得对抗受让人,因此给抵押权人造成损失的,由抵押人承担赔偿责任。"可见,在最高人民法院看来,在抵押权已办理登记的情况下,受让人的交易安全自可通过物权公示制度予以解决,而一旦赋予抵押权以追及效力,也就足以保障抵押权人的交易安全,因此,即使抵押人转让抵押物未通知抵押权人或者告知受让人,也不应当影响抵押物转让行为的效力。

在《物权法》的制定过程中,不少学者建议仍然按照最高人民法院在《担保法解释》中的思路来设计抵押物转让的规则,但是立法机构考虑到在商品房预售或者销售过程中,房地产开发商是将土地使用权或者建筑物抵押给银行后再将房屋销售给买受人,而作为消费者的购房人往往仅审查房地产开发商是否已经取得预售许可证,而很少查阅不动产登记簿了解所购房屋的土地使用权或者建筑物本身是否已经抵押给银行或者其他债权人,如果在赋予抵押权以追及效力的基础上允许抵押人自由转让抵押物,则可能导致购房人的交易安全无法获得应有的保护。为此,《物权法》第191条规定:"抵押期间,抵押人经抵押权人同意转让抵押财产的,应当将转让所得的价款向抵押权人提前清偿债务或者提存。转让的价款超过债权数额的部分归抵押人所有,不足部分由债务人清偿。抵押期间,抵押人未经抵押权人同意,不得转让抵押财产,但受让人代为清偿债务消灭抵押权的除外。"可见,关于抵押物的转让,《物权法》似乎又回到了《民通意见》的立场上。

《物权法》通过并实施后,该法第191条所体现的立法政策遭到理论界与实务界的广泛批评。首先,这一规定不利于最大限度发挥物的效用,有违物尽其用原则,理由是担保责任是一种或有责任,抵押人最终是否承担担保责任并不确定,即使在标的物设定抵押权后,如果不允许抵押人自由转让抵押物,就可能导致标的物无法充分得到有效利用。尤其是,在抵押人闲置抵押物而买受人急需利用抵押物的场合,如果买受人知道标的物已经设定抵押仍愿意接受抵押物的场合,则意味着买受人自愿承担相应的风险,法律并无干预的必要。其次,《物权法》第191条虽然要求抵押人转让抵押物须经抵押权人同意,但并未就同意的后果作出明确的规定,以致在实践中引起广泛的争议;从抵押人的角度看,既然抵押权人同意抵押人转让抵押物,就意味着抵押权人放弃了抵押权,但抵押权人则主张其同意抵押人转让抵押物并不意味着其放弃抵押权。这种理解的不一致导致即使在抵押权人同意抵押人转让抵押物的情形下,买受人仍面临着无法获得抵押物的风险。最后,在抵押人未经抵押权人同意转让抵押物的情形下,人民法院也面临法律适用上的难题,不少法院依据《物权法》第191条认定抵押人与买受人之间的抵押物转让合同无效,但这又与无权处分规则有冲突,因为即使在出卖人无权处分的情形下,所订立的买卖合同也并不因出卖人无权处分而无效,仅在出卖人因无处分权而不能履行债务时由出卖人承担违约责任,而抵押人对抵押物享有所有权,却要认定其转让抵押物的合同无效,其正当性难免会遭到质疑。

(二)《物权法》第191条的理解与适用

当然,上述对《物权法》第191条的质疑,也可能是质疑者自己对这一条文存在一定的误解,因而并非都有充分的道理。事实上,从解释论的角度看,该条并未完全否定抵押人对抵押物的转让自由,仅仅是以担保物权的物上代位效力来取代担保物权的追及效力而已。例如,在抵押权人同意的情形下,抵押人可以转让抵押物。此时,如果再认为抵押权有追及效力,自然抵押物的受让人不公平,因为抵押物的转让毕竟是抵押权人自己同意的。但是,同意是否意味着抵押权人放弃抵押权呢? 也不能如此认为,因为如果将抵押权人的同意理解为其放弃抵押权,既与抵押权人的真实意思不符,也可能导致实践中抵押权人因担心抵押权消灭而不愿作出同意的意思表示,进而导致这一规定成为一纸空文。根据《物权法》第 191 条的规定,应理解为:尽管抵押权人不能再对抵押物行使抵押权,但却对抵押人取得的价金享有优先受偿权。也就是说,尽管此时抵押权没有追及效力,但却获得了物上代位效力。前面谈到担保物权的物上代位仅仅是对"三金"而言的,没有谈到价金之上能否成立物上代位的问题。我们认为,在承认抵押权具有追及效力的情形下,即使抵押物被转让,但因抵押权继续存在于标的物之上,所以不会发生物上代位的问题。不过,如果不承认抵押权的追及效力,就应赋予抵押权人对抵押人所取得的价金有优先受偿的效力,即物上代位的效力。《物权法》第 191 条关于"抵押期间,抵押人经抵押权人同意转让抵押财产的,应当将转让所得的价款向抵押权人提前清偿债务或者提存"的规定,表达的应该就是这个思路。这也就意味着抵押权人一旦同意转让抵押财产,虽然抵押权并不因此消灭,但其只能就抵押人转让抵押财产所得价款优先受偿,而不能再就已经转让的抵押财产优先受偿,否则,受让人的交易安全就无法获得应有的保障。所以,抵押权人在作出同意的意思表示时,就要主要采取措施防范风险,尤其是要对抵押人转让抵押财产的价金进行监管,否则,就可能会承担因抵押人转移价金导致其抵押权无法实现的风险。这也符合风险分配的常识:既然是你同意抵押人转让抵押财产,你就要有能力对抵押人转让抵押财产所获得的价金进行控制,如果没有这个能力,你最好就不要作出同意的意思表示,否则,你就要承担由此带来的风险。

另外,在未经抵押权人同意的情形下,抵押人转让抵押物的行为是否就无效?很多人一看《物权法》第 191 条用的是"不得"二字,就认为当事人签订的转让合同违反法律、行政法规的强制性规定,应被认定无效。对此,《第八次全国法院民事商事审判工作会议(民事部分)纪要》(以下简称《八民纪要》)第 14 条规定:"物权法第一百九十一条第二款并非针对抵押财产转让合同的效力性强制性规定,当事人仅以转让房地产未经抵押权人同意为由,请求确认转让合同无效的,不予支持。受让人在抵押登记未涂销时要求办理过户登记的,不予支持。"可见,《八民纪要》看来,即使抵押人未经抵押权人同意转让抵押物,人民法院也不能以违反法律、行政法规的强制性规定为由认定转让合同无效,但该合同能否获得实际履行,则取决于抵押登记是否注销,因为根据当时的不动产登记规则,如果抵押登记未被注销,则只有获得抵押权人的书面同意,登记机构才能办理过户登记。我个人对于《八民纪要》的思路持保留态度。在我看来,《物权法》第191条虽然用的是"不得"的表述,但并不当然得出这一条文是法律、行政法规的强制性规定,自然也就无须再进一步区分为管理性强制性规定和效力性强制性规定。实际上,与《公司法》第16条类似,《物权法》第191条也应理解为赋权性规定,即所谓未经抵押权人同意,抵押人"不得"转让抵押财产,实际上是指未经抵押权人同意,抵押人"无权"转让抵押财产。也就是说,抵押人构成无权处分。根据区分原则,出卖人有无处分权并不影响买卖合同的效力已经是一个基本共识。同理,即使认为抵押人未经抵押权人同意转让抵押财产的行为构成无权处分,也不应认为当事人签订的转让合同无效,而只能认为抵押财产的权利变动可能会因抵押人欠缺处分权而受到影响(事实上,根据当时的不动产登记规则,未经抵押权人书面同意,登记机构也不会办理过户登记手续)。可见,只有将《物权法》第191条理解为赋权性的规定,才能既消除与无权处分规则之间的冲突和矛盾,也不至于引起新的矛盾和冲突。但是,如果采用《八民纪要》的思路,就会面临如下质疑:既然《物权法》第191条不是效力性强制性规定,那是不是管理性强制性规定? 如果是,抵押人违反该条应承担何种管理责任? 相反,将《物权法》第191条理解为赋权性规定,既可避免由此带来的质疑,也可以在认定转让合同有效的基础上,通过合同履行来解决各方当事人利益的保护,因为无权处分订立的合同虽然有效,但大多数合同是无法获得实际履行的。在这一背景下,抵押物转让合同被认定有效,就可以保护转让方和受让人的交易安全,同时,因合同无法获得履行,也不至于对抵押权人的利益构成威胁。

总之,《物权法》第191条是在没有承认抵押权追及效力的情况下,为保障各方当事人的交易安全而进行的制度设计。尽管这一制度设计在实践中容易引起误解,但经过分析,也并非不能解决实践中的问题。当然,实践中的问题虽然可以通过解释论的操作来解决,但是就物尽其用原则的实现而言,《物权法》第 191 条还是存在一些问题的,因为抵押物的转让仍须取得抵押权人的同意,这就造成很大程度的不确定性。

也正是由于《物权法》第 191 条存在这一问题,《民法典》第 406 条重新回到《担保法解释》第 67 条的思路上,明确规定:"抵押期间,抵押人可以转让抵押财产。当事人另有约定的,按照其约定。抵押财产转让的,抵押权不受影响。抵押人转让抵押财产的,应当及时通知抵押权人。抵押权人能够证明抵押财产转让可能损害抵押权的,可以请求抵押人将转让所得的价款向抵押权人提前清偿债务或者提存。转让的价款超过债权数额的部分归抵押人所有,不足部分由债务人清偿。"可见,《民法典》是在承认抵押权具有追及效力的基础上,允许抵押人自由转让抵押物,但同时设置了三个具体规则:一是**当事人可以约定限制或者禁止抵押物的转让**;二是**抵押人转让抵押财产的,应当及时通知抵押权人**;三是**抵押权人能够证明抵押财产转让可能损害抵押权的,可以请求抵押人将转让所得的价款向抵押权人提前清偿债务或者提存**。

(三)违反抵押物转让禁止之约定的后果

在当事人约定限制或者禁止抵押物转让的情形下,如果抵押人违反约定转让抵押物,买卖合同的效力如何认定?物权变动是否有效?在《民法典担保解释》的制定过程中,基本的共识是:如果当事人之间关于限制或者禁止转让的约定已经在不动产登记簿上予以记载,则应赋予该约定类似预告登记的效力,即根据区分原则,虽然抵押人与买受人签订的买卖合同并不因抵押人违反该约定而无效,但即使当事人已经就抵押物所有权的变动办理了变更登记,相对于抵押权人,抵押物所有权的变动也是无效的。

问题是,当事人之间关于禁止或者限制抵押物转让的约定能否办理登记呢?对此,存在不同的意见:一种意见认为,考虑到《民法典》允许抵押人自由转让抵押物可能给抵押权人行使抵押权带来不便和一定的风险,有必要赋予当事人关于禁止或者限制抵押物转让的约定以一定的物权效力,这就必须要求将当事人之间的约定在不动产登记簿上予以记载,因此应当赋予当事人之间的约定以登记的资格或者能力;另一种意见则认为,并非当事人之间的任何约定都应赋予登记资格或者能力,尤其是针对抵押物转让的限制或者禁止的约定,如果允许其登记且赋予其一定的物权效力,将可能导致《民法典》第406条通过允许抵押物自由流转实现物尽其用的目的落空,因为在抵押权人处于优势地位的市场环境下,将有大量抵押权人会要求将其与抵押人之间的约定记载在登记簿上。

考虑到当事人之间关于限制或者禁止抵押物转让的约定能否办理登记,与不动产登记机构的态度密切相关,在制定《民法典担保解释》的过程中,我们与自然资源部下属不动产登记中心进行了沟通,了解到自然资源部为配合《民法典》的实施,已决定对不动产登记簿的记载事项进行修订,内容之一就是允许当事人可就限制或者禁止抵押物转让的约定办理登记。至此,上述争议问题也就迎刃而解:既然登记机构允许当事人就关于限制或者禁止抵押物转让的约定办理登记,司法解释也就有必要区分该约定是否已经办理登记而异其效果。也就是说,如果当事人已将该约定记载于不动产登记簿,由于不动产登记具有公信力,该约定对买受人亦应具有约束力,因此,根据区分原则,虽然抵押人与买受人之间买卖合同的效力不因此而受到影响,但相对于抵押权人,抵押物所有权的变动将被认定无效。相反,如果当事人未将该约定予以登记,则不仅买卖合同的效力不受影响,抵押物所有权的变动也不应受到影响。此时,抵押权人只能以抵押人违反约定为由向抵押人主张违约责任。

(四)《民法典》第406条的适用范围及其限制

如前所述,《民法典》允许抵押人自由转让抵押物,是以承认抵押权具有追及效力为前提的。但值得注意的是,《民法典》第406条关于抵押物转让的规定并未区分动产和不动产,在标的物为动产的情形下,也未区分抵押权是否已办理登记。在标的物为不动产的情形下,由于抵押权的设立以办理抵押登记为生效要件,因此不动产抵押权均具有对抗第三人的效力。不过,在标的物为动产的情形下,抵押权的设立不以办理抵押登记为生效要件,即使未办理抵押登记,也不影响抵押权的设立,但根据《民法典》第403条的规定,该抵押权不具有对抗善意第三人的效力。关于善意第三人的认定,《民法典担保解释》第54条第1项规定:"抵押人转让抵押财产,受让人占有抵押财产后,抵押权人向受让人请求行使抵押权的,人民法院不予支持,但是抵押权人能够举证证明受让人知道或者应当知道已经订立抵押合同的除外。"可见,在动产抵押的情况下,如果当事人没有办理抵押登记,则抵押权不能对抗自抵押人处取得占有的善意买受人。就此而言,未办理抵押登记的动产抵押权不具有全面的追及效力,仅在买受人是恶意的情形下,动产抵押权才具有追及效力。

在动产抵押已经办理登记的情形下,抵押权是否具有全面的追及效力呢? 也不一定。《民法典》第 404 条规定:"以动产抵押的,不得对抗正常经营活动中已经支付合理价款并取得抵押财产的买受人。"之所以有如此规定,是因为与动产质押须移转标的物的占有不同,动产抵押无须移转标的物的占有,且登记仅仅是抵押权设立的对抗要件,而非生效要件。更为重要的是,即使是在动产抵押已经办理登记的情形下,由于动产数量庞大,且有些价值较低,在抵押人转让抵押物的情形下,如果一概要求买受人查询抵押登记,就可能带来巨大的交易费用。为了避免动产抵押给人们的正常社会生活带来重大影响,《民法典》第 404 条针对正常经营活动中的买受人,切断了抵押权的追及效力。也就是说,在抵押人转让抵押物的情形下,针对正常经营活动中的买受人,动产抵押权人无权再主张优先受偿。

总之,尽管《民法典》第 406 条对抵押人自由转让抵押物没有限制,但在动产抵押的情形下,由于《民法典》第 403 条已明确规定未办理登记的抵押权不具有对抗善意第三人的效力,因此,在买受人为善意的情形下,不再适用《民法典》第 406 条的规定;此外,针对正常经营活动中的买受人,由于《民法典》第 404 条已就动产抵押权追及效力的切断作出明确规定,也就没有《民法典》第 406 条适用的余地。

(五) 商品房预售或者销售中消费者的特别保护问题

尽管《民法典》第 406 条在承认抵押权追及效力的基础上允许抵押人自由转让抵押财产,有利于贯彻物尽其用的原则。但在商品房销售或者预售过程中,如果开发商在将土地使用权或者建筑物予以抵押后再出售房屋,作为购房人的消费者因信赖开发商取得的预售许可证而没有查阅不动产登记簿,一旦开发商的债权人因债权没有实现而行使抵押权,则消费者的交易安全必将受到极大威胁。值得注意的是,在《民法典》

编纂完成前,无论是立法还是司法解释,均存在对消费者进行特殊保护的相关政策。例如《最高人民法院关于建设工程价款优先受偿权问题的批复》中规定,"消费者交付购买商品房的全部或者大部分款项后,承包人就该商品房享有的工程价款优先受偿权不得对抗买受人"。结合该批复第 1 条的规定,可以推导出作为消费者的买受人在符合一定条件的情形下,其权利应优先于抵押权。此外,《最高人民法院关于人民法院办理执行异议和复议案件若干问题的规定》(以下简称《执行异议与复议解释》)第 29 条规定:"金钱债权执行中,买受人对登记在被执行的房地产开发企业名下的商品房提出异议,符合下列情形且其权利能够排除执行的,人民法院应予支持:(一)在人民法院查封之前已签订合法有效的书面买卖合同;(二)所购商品房系用于居住且买受人名下无其他用于居住的房屋;(三)已支付的价款超过合同约定总价款的百分之五十。"可见,在购房人符合一定条件的情形下,其权利能够排除人民法院对房屋的强制执行。

在《民法典担保解释》的制定过程中,我们曾根据最高人民法院在《民法典》编纂完成前已经发布的司法解释,规定在商品房预售或者销售中,符合一定条件的消费者所享有的权利应优先于抵押权人的权利,即在抵押人转让抵押物的情形下,只要购房人是消费者,抵押权人就不能向购房人主张相应的权利。当然,为了防止抵押权人的利益受到损害,此时抵押权人应有权依据《民法典》第 406 条第 2 款的规定,请求开发商将销售房屋所取得价款用于提前清偿债务或者提存。也就是说,在切断抵押权追及效力的同时,赋予抵押权以物上代位的效力。也就是说,法律一方面要保护作为消费者的购房人的交易安全,另一方面也要保护抵押权人的交易安全。然而不无遗憾的是,最终通过的解释并未就此作出规定。这是因为,在《民法典担保解释》的制定过程中,有同志提出,《民法典》施行后,《最高人民法院关于建设工程价款优先受偿权的批复》将被废止,而该司法解释的相关精神和内容将被纳入执行异议之诉司法解释,因此,对商品房预售或者销售中的消费者进行特别保护,也应通过正在制定中的执行异议之诉司法解释予以解决,没有必要在《民法典担保解释》另作规定。我个人的意见是,通过执行异议之诉司法解释来保护作为消费者的购房人当然是一个途径,但这并不意味着通过《民法典担保解释》来保护作为消费者的购房人就没有意义。购房人能够排除强制执行,就意味着房屋要么现在属于购房人,要么将来必定属于购房人,因此,如果购房人是消费者且满足排除强制执行的要求,其利益自然能够获得保护。但问题是,如果购房人虽然是消费者但不满足排除强制执行的条件,是不是购房人就不应受到优先于抵押权人的保护呢? 在我看来,即使购房人不满足排除强制执行的条件,但只要是消费者,也应获得优先于抵押权人的清偿顺序。也就是说,购房人虽然不能排除强制执行,但却可以在执行中优先于抵押权人受偿,请求人民法院将拍卖、变卖房屋的价款优先清偿自己已经支付给开发商的房款及利息,剩余部分才能清偿抵押权人享有的债权。

(六)抵押人转让抵押物未及时通知抵押权人的后果

最后,值得注意的是,根据《民法典》第406条第2款的规定,抵押人虽有转让抵押物的自由,但应及时通知抵押权人。问题是,如果抵押人转让抵押物未及时通知抵押权人,其法律后果是什么? 我们认为,《民法典》之所以规定抵押人要及时通知抵押权人抵押物已经转让的事实,是为了便于抵押权人实现权利的方便,以降低实现抵押权的成本。尤其是在动产抵押的情形下,抵押物几经转手,抵押权人可能连抵押物在何人之手都不知道,更谈不上行使抵押权。就此而言,不仅抵押人在转让抵押物时应及时通知抵押权人,受让抵押物的买受人再次转让抵押物,也应及时通知抵押权人。**如果抵押人或者抵押物的受让人未将抵押物转让的事实及时告知抵押权人,导致抵押权人无法行使抵押权或者增加了实现抵押权的实现费用,抵押人或者抵押物的受让人应对抵押权人的损失承担赔偿责任。**

当然,在动产抵押的情形下,即使已经办理抵押登记,抵押权也不能对抗正常经营中的买受人。此时,抵押权的追及效力被切断。也就是说,如果债权人接受动产抵押,就意味着他要承担由此带来的风险。所以,**在动产抵押时,并非所有情形下抵押人转让抵押物都有通知的义务,只有当买受人不构成正常经营活动中买受人的认定条件,抵押权仍具有追及效力时,才能认为抵押人在转让抵押物时有通知的义务。**

五、担保物权的保全效力

担保物权的保全效力主要是为了解决什么问题呢？大家知道,财产本身的价值可能会有变化,但有些变化是正常的变化,比如说股票的价格因股市变化而上下波动,这就属于正常的变化。在担保财产的价值正常变化的情况下,担保物权人就要承担由此带来的风险,因为担保财产一旦出现正常贬值,担保物权人就可能面临无法实现全部债权的风险。也正因如此,债权人在设定担保物权时,往往会要求担保财产的价值适当超过被担保的全部债权。但即使如此,担保财产还可能因担保人的行为而人为地发生贬值,从而会影响到担保物权人的利益和交易的安全。为防止担保人通过人为的手段降低担保财产的价值,从而威胁到债权的全面实现,《民法典》规定了担保物权的保全效力。

根据《民法典》408 条的规定,抵押人的行为足以使抵押财产价值减少的,抵押权人有权请求抵押人停止其行为。当抵押人的行为可能导致抵押财产价值贬损时,抵押权人为维护自己的利益,可以要求抵押人停止其行为,从而防止抵押财产价值减少。问题是,如果抵押人的行为已经导致抵押财产的价值减少要怎么办？《民法典》第 408 条中规定,"抵押权人有权请求恢复抵押财产的价值,或者提供与减少的价值相应的担保。抵押人不恢复抵押财产的价值,也不提供担保的,抵押权人有权请求债务人提前清偿债务"。这就是担保物权的保全效力。所谓保全,就是保全标的物,维护它的价值。抵押权人既可以要求抵押人停止可能侵害抵押物价值的行为,也可以在抵押财产价值被人为贬损后,要求抵押人恢复抵押财产的价值。所以,从这一意义上讲,担保物权的保全效力其实是物权请求权在担保领域的一个表现。物权请求权是物权效力的一个表现,包含三种具体的权利:一是返还原物请求权;二是排除妨碍请求权;三是消除危险请求权。其中,排除妨碍请求权和消除危险请求权也被称为保全请求权,即无论是物权的行使面临现实的妨碍还是存在可能发生的危险,物权人都可以要求排除妨碍或者消除危险。具体到抵押权,在抵押人的行为危及到担保物的价值时,抵押权人自然有权要求抵押人停止侵害,在抵押财产的价值已经发生贬损时,抵押权人自然应有权要求恢复标的物的价值或者另行提供担保,否则就可以要求抵押人提前清偿债务。

当然,不仅抵押权有保全的效力,质权也有保全效力。根据《民法典》第 433 条的规定,因不可归责于质权人的事由,可能使质押财产毁损或者价值明显减少,足以危害质权人权利的,质权人有权请求出质人提供相应的担保。这里为什么限制在"不可归责于质权人的事由"?因为质物是交给质权人保管的,如果是质权人自己的过错导致的质押财产贬损,当然应由他自己承担相应的后果,但如果不是可归责于质权人的事由导致质物的价值贬损,就涉及质权的保全效力。根据《民法典》第 433 条的规定,因不可归责于质权人的事由可能使质押财产毁损或者价值明显减少,足以危害质权人权利的,质权人有权请求出质人提供相应的担保;出质人不提供的,质权人可以拍卖、变卖质押财产,并与出质人协议将拍卖、变卖所得的价款提前清偿债务或者提存。也就是说,只要质物不是因为质权人自己的原因出现毁损灭失或者是价值明显减少,质权人就可以要求出质人另行提供担保,如果出质人不另行提供担保,那质权人就可以拍卖、变卖质物优先受偿,以避免因质物价值贬损带来损失,这就是担保物权保全效力的表现。

第二十四讲

担保物权的竞合

担保物权的竞合,是指在同一标的物并存数个担保物权时,如何确定担保物权的清偿顺序。在担保物的价值不足以清偿全部担保物权的情形下,担保物权的清偿顺序就显得非常重要。大家都有权利,在发生权利冲突的情形下,就必须要有一个规则来解决权利之间的冲突。《民法典》是如何解决担保物权的清偿顺序的呢?首先,《民法典》第414条作了一个原则性的规定,然后再通过《民法典》第415、416条进行补偿,从而构建起担保物权的一般清偿顺序。当然,除此之外,还有一些其他条文也对担保物权的清偿顺序作了特别规定,例如《民法典》第456条就留置权与其他担保物权的竞合作了特别规定。我们首先来看《民法典》第414条。

一、担保物权的清偿顺序及其适用范围

《民法典》第414条规定:"同一财产向两个以上债权人抵押的,拍卖、变卖抵押财产所得的价款依照下列规定清偿:(一)抵押权已经登记的,按照登记的时间先后确定清偿顺序;(二)抵押权已经登记的先于未登记的受偿;(三)抵押权未登记的,按照债权比例清偿。其他可以登记的担保物权,清偿顺序参照适用前款规定。"这是对以登记作为公示方式的担保物权的清偿顺序所作的统一规定,其中第1款来自《物权法》第199条,第2款是新增加的条文,其目的是将非典型担保如所有权保留、融资租赁等纳入担保制度。也就是说,**凡是以登记作为公示方式的担保物权,无论是不动产抵押权还是动产抵押权、权利质权等,担保物权的清偿顺序都要根据这一条确立的规则来认定,其中也包括所有权保留买卖、融资租赁中出卖人或者出租人所享有的所有权。**

值得注意的是,《民法典》第414条第1款在继受原《物权法》第199

条时,没有保留原《物权法》第 199 条第 1 项规定的"顺序相同的,按照债权比例清偿"。之所以如此,是因为不动产施行统一登记后,已经不存在这一条适用的空间。过去,在房和地分别办理登记的情形下,因为不同部门分别办理登记,就可能出现某一当事人在房屋管理部门办理了房屋抵押登记,另一当事人在同一天在土地管理部门办理了土地使用权抵押登记。此时,如何认定登记的先后顺序就成为一个问题。由于当时的登记尚未实现电子化,如果当事人在同一天办理登记,实践中确实很难认定谁先谁后,因此《担保法解释》第 58 条第 1 款规定:"当事人同一天在不同的法定登记部门办理抵押物登记的,视为顺序相同。"但是,不动产登记施行统一登记后,即使当事人在同一天以房子和土地使用权分别抵押并办理了登记,在登记簿上的顺序也是可以很容易查明的,因此不应视为同一顺序,以维护当事人的交易安全。

此外,值得注意的是,因不动产抵押以登记作为生效要件,在当事人未办理登记时,抵押权并未设立,因此也就不存在未登记的抵押权,自然没有《民法典》第 414 条第 1 款第 2、3 项适用的余地。也就是说,《民法典》第 414 条第 1 款第 2、3 项主要是针对动产抵押而言的。在不动产抵押中,已登记的自然优于未登记的,因为已登记的享有抵押权,而未登记的只是普通债权人;都没有登记的,也应根据债权平等原则来解决当事人之间的权利冲突,但由于抵押人应在抵押物的价值范围内承担担保责任,自然也谈不上都没有登记的债权人按债权比例受偿的问题。但就动产抵押而言,因登记并非抵押权设立的要件,而仅仅是对抗要件,因此会出现已经抵押权与未登记抵押权之间的竞合,也才可能出现都没有登记的问题。这里需要说明的是,《民法典》第 403 条规定动产抵押未经登记不得对抗善意第三人,《民法典担保解释》第 54 条进一步对善意第三人的认定进行了规定。值得注意的是,如果第三人是该动产的抵押权人,就要适用《民法典》第 414 条第 1 款来解决权利冲突问题。也就是说,无论第三人是善意还是恶意,都要根据已登记优于未登记、都已登记按登记先后顺序、都未登记则按债权比例清偿的规则来解决权利冲突问题,而不能适用《民法典》第 403 条的规定来解决权利冲突问题。此外,由于所有权保留买卖、融资租赁中出卖人和出租人享有的所有权也是"非经登记,不得对抗善意第三人",因此也应根据《民法典》第414条第1款规定的清偿顺序来确定担保物权的竞合问题。也就是说,《民法典》第414条第2款规定的以登记作为公示方式的其他担保物权,应包括我们前面已经讲到的所有权保留、融资租赁等。

《民法典》第415条处理的是动产抵押与动产质押之间的竞合问题。由于动产既可以抵押又可以质押,因此实践中可能会出现二者竞合的情形。对此,《担保法解释》第79条第1款规定:"同一财产法定登记的抵押权与质权并存时,抵押权人优先于质权人受偿。"这一规定显然过于偏袒抵押权人而不利于质权人,因为如果质权设定在前,质权人根本不知道标的物上将来还可能设定抵押权,其交易安全就无法获得应有的保障;相反,在标的物上已经存在质权时,抵押权人自然知道或者应当知道,如果还赋予抵押权优于质权的效力,无疑会导致当事人通过设立抵押权来架空质权,从而会出现大量有违社会诚信的行为。也正因为如此,《九民纪要》第65条规定:"同一动产上同时设立质权和抵押权的,应当参照适用《物权法》第199条的规定,根据是否完成公示以及公示先后情况来确定清偿顺序:质权有效设立、抵押权办理了抵押登记的,按照公示先后确定清偿顺序;顺序相同的,按照债权比例清偿;质权有效设立,抵押权未办理抵押登记的,质权优先于抵押权;质权未有效设立,抵押权未办理抵押登记的,因此时抵押权已经有效设立,故抵押权优先受偿。根据《物权法》第178条规定的精神,担保法司法解释第79条第1款不再适用。"

尽管《九民纪要》的规定为解决动产抵押权与动产质权之间的竞合问题提供了更加合理的规则,但也存在以下问题:其一,动产抵押登记与动产质押交付在顺序上相同的情形是否存在? 其二,如果质权未有效设立,抵押权未办理抵押登记,自然不存在担保物权的竞合,是否仍须规定? 其三,动产抵押登记的时间容易认定,但动产质押中标的物交付的时间如何认定?《民法典》第415条简化了动产抵押权与动产质权的竞合规则,仅规定"同一财产既设立抵押权又设立质权的,拍卖、变卖该财产所得的价款按照登记、交付的时间先后确定清偿顺序",较之《九民纪要》显得更加科学,因为不再存在上述第一个和第二个问题。但是,第三个问题依然会困扰司法实践。也就是说,尽管《民法典》确立了动产抵押与动产质押的竞合规则,但仍然无法防止当事人通过恶意串通倒签质押合同并以在动产抵押权登记前已经交付标的物为由主张动产质权优先于动产抵押权,从而损害动产抵押权的利益。这就为动产抵押权人在设定动产抵押权时提出了更高的尽职调查义务。也就是说,动产抵押权人在设定动产抵押时,虽然不要求移转标的物的占有,但还要看看标的物是否由抵押人占有,并通过拍照、签字确认等方式来固定证据,以防止抵押人与第三人恶意串通,损害抵押权人的利益。

《民法典》第416条是针对动产担保所作的一个特别规定,目的是保障价金的优先受偿。这是非常特殊的一个规定,后面再具体分析。这里需要指出的是,《民法典》第416条规定的价款超级优先权与《民法典》规定的留置权具有一定程度的相似性。前面谈到,法律赋予留置权强大法律效力的正当性在于:是债权人的行为导致标的物价值得以恢复或者增加,因该行为发生的债权自然应优先于其他担保物权。与此类似,法律赋予价款超级优先权的效力优先于其他担保物权的重要原因在于:如果没有出卖人或者第三人的融资行为,买受人就不可能取得标的物,买受人不能取得标的物,自然也就无法在该标的物上设定其他担保物权。当然,尽管留置权与价款超级优先权都被赋予优先其他担保物权的效力,但二者在发生冲突的情形,根据《民法典》第416条的规定,留置权的效力更加强大。

这是《民法典》构建的担保物权的顺位规则。当然,《民法典》除了规定担保物权的顺位规则,还规定了顺位的变更和放弃问题。

二、担保物权顺位及其变更与放弃

《民法典》第409条就抵押权的顺位放弃和变更作了明确规定。根据《民法典》第409条第1款的规定,抵押权人不仅可以放弃抵押权或者抵押权的顺位,也可以与抵押人协议变更抵押权顺位以及被担保的债权数额等内容,但是抵押权的变更未经其他抵押权人书面同意时,不得对其他抵押权人产生不利影响。担保物权的顺位涉及担保物权人的利益甚巨,无论是担保物权顺位的放弃,还是担保物权顺位的变更,都涉及担保物权人对自己利益的处分,因此首先要遵循意思自治的原则。当然,担保物权顺位的放弃与担保物权顺位的变更也有区别:一般情形下,顺位的放弃不会影响其他担保物权人的利益,自然无须得到其他担保物权人的同意;但顺位的变更则须一分为二对待。如果顺位的变更有利于其他担保物权人,也无须其他担保物权人的同意,但是,如果顺位的变更不利于其他担保物权人,则须其他担保物权人的书面同意。例如,张三在其所有的房屋上先后为李四、王五、赵六设定抵押权,李四、王五、赵六的债权额分别为 100 万元、200 万元、300 万元,房屋的价值为 500 万元,如果张三与李四协议变更顺位,将李四从第一顺位调整为第三顺位,因对王五、赵六不会产生不利影响,自然只需张三和李四协商一致即可。但是,如果张三与赵六协议变更顺位,将赵六从第三顺位调整到第一顺位,则可能会影响都李四和王五的利益,就必须经过李四和王五的书面同意。有的同志可能会提出,张三与赵六协议调整顺位,似乎只影响王五的利益,并不影响李四的利益,因为房屋价值 500 万元,即使赵六被调整为第一顺位,李四也可以在赵六的债权获得清偿后仍然获得足额清偿。我认为,这种说法虽然有一定道理,但由于标的物的价值并非一成不变,如果标的物的价值发生贬损,就可能会影响到李四的利益,因此,在抵押物价值减少到 400 万元以下时,张三与赵六协议对顺位的变更仍应获得李四的书面同意,才能对李四发生效力。

由此可见,抵押权人与抵押人协议变更抵押权的顺位,如果是将顺序在前的顺位调整为顺序在后的顺位,通常不会对其他担保物权人发生不利影响。但是,如果将顺序在后的顺位调整为顺序在前的顺位,则可能对其他担保物权人产生不利影响。

值得注意的是,在由债务人提供担保的情形下,由于《民法典》要求债权人必须先就债务人提供的担保物优先受偿,其他担保人仅在债务人提供的担保之外承担担保责任,因此,《民法典》第 409 条第 2 款规定:"债务人以自己的财产设定抵押,抵押权人放弃该抵押权、抵押权顺位或者变更抵押权的,其他担保人在抵押权人丧失优先受偿权益的范围内免除担保责任,但是其他担保人承诺仍然提供担保的除外。"

无论是抵押权顺位的放弃,还是变更涉及债务人以自己的财产设定抵押,抵押权人放弃该抵押权,抵押权顺位或者变更抵押权的,其他担保人在抵押权人丧失优先受偿权的范围内免除担保责任,但是其他担保人承诺仍然提供担保的除外。

此外,这里还有一个值得我们去反思的问题,就是顺位固定或者顺位递进。这是两种不同的立法政策,有的国家采用顺位固定,如德国;有的国家采用顺位递进,如日本。所谓顺位固定,是指担保物权一旦设定,担保物权的顺位也就固定不变,即使顺序在前的担保物权消灭,顺序在后的担保物权也并不随之递进。相反,所谓顺位递进,就是当顺序在前的担保物权消灭,顺序在后的担保物权随之递进。二者究竟有何区别呢?我们可以举一个例子:张三以自己的房屋先后为李四、王五、赵六的债权提供抵押担保,房屋的价值为 500 万元,李四的债权额是 100 万元,王五的债权额是 200 万元,王五的债权是 300 万元。现在李四放弃了他的抵押权或者抵押权顺位,那么王五、赵六是否因此成为第一顺位和第二顺位的抵押权人呢?如果采用顺位固定主义,则王五、赵六仍然是第二顺位和第三顺位的抵押权人。也就是说,即使李四放弃了抵押权或者抵押权顺位,王五和赵六也只能在 400 万元内优先受偿,这就意味着赵六仍有 100 万元无法获得优先受偿。但是,如果采用顺位递进主义,则结果就有所不同。当李四放弃抵押权或者抵押权顺位时,王五和赵六便依次递进为第一顺位和第二顺位的抵押权人。此时,即使拍卖房屋的价款为 500 万元,也足以担保王五和赵六的全部债权。也就是说,此时赵六的 300 万元债权都可以优先受偿。同理,如果李四的抵押权因清偿而消灭,王五和赵六依次递进为第一顺位和第二顺位,就是顺位递进主义;反之,即使李四的债权因清偿而消灭,王五和赵六爷仍然是第二顺位和第三顺位,则是顺位固定主义。可见,顺位固定和顺位递进的区别在于:后顺位的抵押权人能否享受前顺位的抵押权消灭或者顺位变化所带来的好处。

我国民法到底采用的是顺位固定还是顺位递进,《民法典》并无明确规定,但也有学者通过解读《民法典》第 414 条,认为我国民法采取的是顺位递进主义,理由是该条规定先登记的担保物权优于后登记的担保物权,即意味着先登记的担保物权消灭后,后顺位的担保物权就会依次递进。在《民法典担保解释》的制定过程中,有学者指出,顺位固定和顺位递进各有各的利弊,无论选择哪一个都有一定的道理,但如果不作出选择,就可能导致司法实践的混乱,因此建议最高人民法院在《民法典担保解释》中明确一下我国到底采取的是顺位固定还是顺位递进的立场,以便于实践中统一把握。我们认为,无论采用顺位递进还是顺位固定,都有一定的道理:顺位固定意味着后顺位的担保物权人不能享有前顺位担保物权消灭带来的好处,但这也符合其预期,因为他在接受后顺位的担保物权时,已经预料到只有在前顺位的债权优先受偿后,自己才能就标的物优先受偿,即自己仅对标的物价值超过前顺位债权额的余额有优先受偿的权利;顺位递进有利于后顺位的担保物权人,但也符合担保责任的特点,因为担保责任是或有责任,即使存在前顺位的担保物权,但该担保物权也可能因债权获得实现而消灭,还可能发生前顺位担保物权人放弃顺位或者变更顺位的情形,后顺位担保物权人对此也可能心存期待,认为自己虽然是后顺位,但也并非必然不能获得足额担保。所以,无论采用顺位固定还是顺位递进,都有一定的道理。但是,在规则不确定的情形下,就可能影响到当事人的合理预期。

遗憾的是,《民法典担保解释》也没有就我国民法究竟应采顺位固定还是顺位递进进行明确规定。不过,《民法典担保解释》第16条第2款规定:"主合同当事人协议以新贷偿还旧贷,旧贷的物的担保人在登记尚未注销的情形下同意继续为新贷提供担保,在订立新的贷款合同前又以该担保财产为其他债权人设立担保物权,其他债权人主张其担保物权顺位优先于新贷债权人的,人民法院不予支持。"对此,可能会有人解读说,是不是司法解释采用的是顺位固定主义?实际上,关于借新还旧的这个规定与我国民法究竟是采取顺位固定和顺位递进没有关系,因为通过这一款,司法解释并不是想确立顺位固定主义,只是想解决借新还旧这一特殊情况下担保物权的顺位问题。在主合同当事人借新还旧的情况下,由于旧贷已经消灭,根据担保的从属性,旧贷上的担保物权也就随之消灭,因此,从逻辑的角度看,即使旧贷的担保人在抵押登记尚未注销的情形下同意继续为新贷提供担保,该担保也是一个新的担保,债权人也应重新办理抵押登记,并自登记时取得抵押权。但在实践中,债权人通常不会在达成借新还旧的协议后先注销旧贷上的抵押登记再重新办理新贷的抵押登记,而是想沿用旧贷上的抵押登记。当然,如果旧贷的担保人统一继续为新贷提供担保,继续沿用旧贷的抵押登记似乎也没有问题,但是,假如在旧贷设定担保物权之后,在当事人达成借新还旧的协议之前,抵押人又将同一财产抵押给第三人,并办理了抵押登记,就会面临担保物权的顺位问题:究竟是第三人的抵押权优先于新贷上存在的抵押权,还是新贷上存在的抵押权优先于第三人的抵押权。显然,严格按照上面谈到的逻辑,自然是第三人享有的抵押权优先于新贷上的抵押权。但是,这一结论必然导致大量借新还旧业务无法开展,因为一旦标的物上还存在第三人的抵押权,谁也不想冒这么大的风险办理借新还旧。大家想想,本来债权人在旧贷上有担保物权,且担保物权的顺位是靠前的,但如果搞一个借新还旧,导致原来的顺位没了,要重新计算顺位,就没办法保障债权得到实现,所以谁也不会去冒这个风险。当然,也有人会说,监管部门本来就对借新还旧持打击的态度,让债权人承担因此带来的风险,自然是打击借新还旧的一种政策安排。我们认为,让债权人承担由此带来的风险,虽然与监管政策的目标是一致的,但司法解释不仅要关注监管部门的态度,尽可能配合监管政策的实施,也要关注当事人之间的纠纷获得公平公正的处理。对已经从事借新还旧业务的当事人来说,如果严格按照逻辑推理,认为借新还旧就是旧债消灭新债发生,旧债上的担保也随之消灭,即使担保人同意继续为新贷提供担保,也不能享有旧贷上担保物权的顺位,则债权人的合理预期将无法获得应有的保护,且极易诱发道德风险,因为在很多人看来,借新还旧只是一种变相的展期行为,一些当事人可能会利用对方在认识上的误区,以借新还旧的方式实施欺诈,并最终获得不当利益。

为了防止发生欺诈,同时也为了更加公平地解决当事人之间的纠纷,《民法典担保解释》没有严格按照逻辑来确认借新还旧中担保物权的顺位,而是从尊重多数人观念的角度,认为在借新还旧这种特殊交易中,如果旧贷的担保人愿意继续为新贷提供担保,则债权人仍能取得旧贷上担保物权的顺位。从另一个方面来看,即使认为债权人仍能取得旧贷上担保物权的顺位,也不至于对第三人的交易安全造成不利影响,因为第三人即使在标的物上设定了抵押权,但该抵押权设定在旧贷上的抵押权之后,自然已经预料到自己只能在旧贷抵押权消灭后才能行使自己的抵押权。由于借新还旧中旧贷抵押权的消灭并非一种正常的消灭,且债权人本来就可以通过正常行使抵押权来实现债权,如果因为借新还旧而导致担保物权的顺位发生变化,对债权人则极不公平。

总之,《民法典担保解释》仅就借新还旧时担保物权的顺位是否发生变化进行了规定,并不意味着《民法典担保解释》明确了我国民法对于担保物权的顺位采取的是顺位固定主义。

三、担保物权与租赁权、居住权的竞合

另外,在谈到担保物权的竞合时,我们最初还有一个想法,就是《民法典担保解释》是不是应该对担保物权与用益物权之间的竞合或者冲突也作一个规定,因为在同一个标的物上,既可能会出现担保物权之间的竞合或冲突者,也可能会出现担保物权与用益物权之间的竞合或者冲突。《民法典》本身并没有对担保物权与用益物权之间的竞合或者冲突提供解决方案,但也对一些类似的权利竞合与冲突问题作出了规定。例如,抵押权与租赁权就可能发生竞合或者冲突。对此,原《物权法》第190条规定:"订立抵押合同前抵押财产已出租的,原租赁关系不受该抵押权的影响。抵押权设立后抵押财产出租的,该租赁关系不得对抗已登记的抵押权。"这一条显然是区分了抵押权与租赁权设定的先后:如果租赁权设立在前,抵押权设立在后,则租赁权不受抵押权的影响,也就意味着抵押权在实现时,须带租拍卖、变卖标的物,标的物的受让人须受租赁合同的约束;但是,如果抵押权设立在前,租赁权设立在后,抵押权的实现不应受到租赁权的影响,也就是说,在抵押权实现时,抵押权人有权解除租赁合同,收回租赁物。

《民法典》第405条规定:"抵押权设立前,抵押财产已经出租并转移占有的,原租赁关系不受该抵押权的影响。"通过对该条进行反对解释,不难得出,如果抵押权设立后才出租的,则原租赁关系应受该抵押权的影响。从这个意义上讲,《民法典》第405条在思路上与原《物权法》的基本思路是一致的。不过,尽管基本思路是一致的,但还是有发展,有变化。最大的变化是**《民法典》不仅将抵押财产已经出租作为租赁关系**

不受抵押权影响的要件,而且将已经转移占有作为租赁关系不受抵押权影响的要件。为什么要将转移占有作为一个要件呢?原因是在原《物权法》的实施过程中,经常会出现一个操作上困难:如何查明抵押权设定在前还是租赁权设定在前?实践中,当抵押权人行使抵押权时,突然冒出一个承租人主张自己在抵押权设定前已经承租标的物,并拿出了一份租赁合同,合同记载的日期确实在抵押登记之前。不仅如此,租赁合同记载租赁期限为20年,且承租人主张租金已经全部支付。大家想想,如果这份租赁合同是真实的,且确实标的物在设定抵押权之前已经交付承租人占有使用,那么抵押权人自然应当承担由此带来的风险,因为抵押权人有尽职调查的义务。但是,如果租赁合同虽然是真的,但标的物并未移转给承租人占有使用,抵押权人如何知道标的物上已经设定了租赁权?更大的问题是,如果承租人依据一份租赁合同即可主张其租赁权优先于抵押权,是不是可能会带来倒签合同的问题?

总之,在过去的司法实践中,尽管法律规则是明确的,但是实践是复杂的,一些当事人恶意串通倒签长期租赁合同,伪造租金已全部支付的证据,从而严重损害抵押权人的利益。《民法典》也正是考虑到这一点,明确规定只有在抵押权设定前已经订立租赁合同且已经将租赁物交付给承租人占有使用作为租赁关系不受抵押权影响的要件。这样一来,债权人在设定抵押权时,就可以通过尽职调查判断标的物上是否存在租赁权,进而也防止了当事人通过倒签合同的方式损害抵押权人的利益。

当然,也有人质疑,在标的物为不动产的情形下,占有不具有公示功能,抵押权人如何才能确定标的物上没有租赁权呢?实际上,在《民法典》的编纂过程中,确实也有一种观点认为,租赁权要对抗抵押权,必须办理登记,从而降低抵押权人的风险。但是,立法机构考虑到租赁权的登记涉及的问题太多,现阶段条件还不成熟,就没有采纳这一观点,而是将占有标的物作为租赁权对抗抵押权的要件。这显然赋予了占有一定的公示功能。所以,抵押权人在进行尽职调查时,不仅要确定标的物是否仍由抵押人占有,而且还要通过拍照、录像等方式保留相关证据。

《民法典》施行后,人民法院不仅会继续面对担保物权与租赁权的冲突,而且还将面对担保物权与居住权的冲突。例如,当事人在不动产设定居住权后又以该不动产设定抵押权,或者相反,在以不动产设定抵押权后又以其设定居住权,如何处理?在《民法典担保解释》的制定过程中,我们曾一度设计了一个条文,专门用来处理抵押权与租赁权、居住权之间的冲突问题,目的是将上述解决抵押权与租赁权的思路用于解决抵押权与居住权之间的冲突。当时这一条是这么设计的:

"抵押人将已出租并实际交付的财产抵押并办理登记的,抵押权实现后,承租人主张租赁合同对受让人具有法律约束力的,人民法院应予支持。

"抵押人将已办理抵押登记的财产出租并实际交付的,抵押权实现后,承租人主张租赁合同对受让人具有法律约束力的,人民法院不予支持。

"抵押人将已抵押的财产出租时,抵押人未书面告知承租人该财产已抵押的,因抵押权实现造成承租人的损失,由抵押人承担赔偿责任;抵押人已书面告知承租人该财产已抵押的,因抵押权实现造成承租人的损失,由承租人自己承担。

"抵押权设立前,抵押财产上已存在居住权的,参照本条第一款的规定处理;抵押权设立后,抵押人在抵押财产上设立居住权的,参照本条第二、三款规定处理。"

这一条文的前两款实际上是对《民法典》第405条所作的文义解释,这里就不说了。第3款需要说明一下。之所以区分抵押人在将已经设定抵押权的标的物出租时是否书面告知承租人标的物已经设定抵押的情况而作出不同的规定,是因为实践中很少有承租人去查标的物是否已经设定抵押权,且如果让承租人承担由此带来的风险,将给其造成额外的交易成本。相反,抵押人在将抵押财产出租给他人时,自应知道标的物已被设定抵押权的事实,由抵押人告知承租人标的物已被设定抵押权,不仅是诚实信用原则的基本要求,也不会给抵押人带来额外的成本。也就是说,该款旨在将告知义务明确为抵押人应承担的先合同义务,如果抵押人没有履行告知义务,导致租赁合同最终因抵押权人行使抵押权而被解除,则承租人的损失应由抵押人承担;如果抵押人告知标的物已经设定抵押权,但承租人仍愿意冒险租赁该物,则属于自冒风险的行为,应由承租人自己承担由此带来的风险。

值得注意的是,这一条文的重点是第 4 款:该款旨在将《民法典》处理抵押权与租赁权之间冲突的规则类推适用于解决抵押权与居住权之间的冲突。当然,居住权由于以登记作为公示方式,抵押权人在取得抵押权时,自然应当知道标的物上是否存在抵押权,居住权人在取得居住权时,因设定居住权是对标的物的重大处分,居住权人自应知道标的物上是否存在抵押权,故抵押人并无告知居住权人标的物是否已被设定抵押权的必要。也就是说,不仅居住权人在取得居住权时,应查阅不动产登记簿,以确定标的物上是否存在抵押权,而且抵押权人在设定抵押权时,也有义务查阅不动产登记簿,看标的物上是否存在其他担保物权和用益物权,以确保其交易安全。如果抵押权设定前已有居住权,则抵押权的行使不得影响居住权人对标的物的利用;相反,如果居住权设定在抵押权之后,则居住权人应承担抵押权实现的风险,即居住权人不得以自己享有居住权为由对抗抵押权的行使,标的物的受让人可以要求解除居住权合同、返还标的物,进而涂销居住权登记。

很遗憾的是,上面谈到的这个条文在起草过程中被删除,删除的原因并非条文本身在司法政策上存在问题,而是有些同志认为,居住权是《民法典》新规定的一种用益物权,在《民法典》尚未施行的情形,实践中还不存在抵押权与居住权相冲突的问题,如果超前就二者的冲突问题进行规定,可能会遭到一些学者的批评;相反,在《民法典》施行一段时间后,如果发现存在理解上的困扰,就可以再以指导案例、会议纪要甚至司法解释的方式予以澄清。可见,上面条文体现的方案并非与《民法典》的规定相冲突而没有得到认可,而是考虑到司法解释的定位,暂时不宜作出规定。从这个意义上讲,司法解释虽然没有就抵押权与居住权的冲突作出规定,但法官在遇到此类纠纷时,也应按照上述思路来处理相关问题,因为上面的思路也是通过法律解释方法的运用获得的结论,不一定必须要由司法解释来确定。

第二十五讲

担保物权的消灭

关于担保物权的消灭,我们就不详细说了。《民法典》第 393 条规定了担保物权消灭的四种原因:第一种是主债权消灭,这个前面已经讲过了,这是主从关系的必然要求,而且这是导致担保物权消灭最主要的一种理由,因为大部分的担保物权都是因为主债权消灭而消灭;第二种就是担保物权的实现,这是第二大导致担保物权消灭的原因;第三种是放弃担保物权,前面也已经谈到了,无论是放弃担保物权还是放弃它的顺位,如果是债务人自己提供的担保,那债权人必须得考虑放弃会使得其他担保人担保责任被免除,因此担保物权以及担保顺位的放弃一定要有明确的意思表示;第四种是法律关于担保物权消灭的其他情形。

一、对《民法典》第 419 条的理解

关于担保物权的消灭,首先涉及对《民法典》第 419 条的理解。《民法典》第 419 条规定:"抵押权人应当在主债权诉讼时效期间内行使抵押权;未行使的,人民法院不予保护。"我们在前面讲到担保从属性的时候,也反复讲过这个条文。这个条文的意思不是说抵押权本身有行使期间或者有诉讼时效,而是说抵押权从属于主债权,如果主债权过了诉讼时效,当然担保物权也不能够通过司法程序保护了。也就是说,因为主债务成为自然债务,不能通过司法程序保护,为担保该债务履行的担保物权也就不再受人民法院保护。

担保物权不受人民法院的保护并不等于担保物权应消灭,所以在这个地方,《民法典》采用了司法解释的语言,即"人民法院不予保护",强调的就是担保人承担的责任已成为一种自然债务。问题是,虽然担保人应承担的担保责任成为一种自然债务,那么抵押人能否请求"抵押权人"协助办理注销抵押登记呢?这是个争议非常大的问题。一种观点认

为,既然抵押权并未消灭,而仅仅是不受人民法院的保护,抵押人就不能要求办理注销登记。还有人认为,申请注销登记的对象是登记机构,应属于行政诉讼,不宜在民事法律或者司法解释中予以规定。关于不动产登记的性质以及登记错误的司法救济问题,我将在"不动产登记与不动产权属确认"系列中进行详细解读。这里需要说明的是,如果抵押权已经消灭,例如主债权已经实现导致抵押权已经消灭,但不动产登记簿上尚未注销抵押登记,抵押人自然可以请求抵押权人协助办理注销登记,这在民法上称为更正登记请求权,因为登记仅仅是公示方式,当实体权利消灭而登记未被注销,就构成《民法典》第 220 条第 1 款规定的登记错误,抵押人自然有权请求办理更正登记。也就是说,《民法典》第 220 条第 1 款规定的登记错误,就是指登记的状态与实际权利状态不一致,从而给真正权利人行使权利造成妨碍,并进而导致真实权利有灭失的风险,真正权利人为排除妨碍或者消除危险,自然可以通过行使物权请求权要求对方协助办理更正登记。可见,更正登记请求权是物权请求权在不动产领域的一种特殊表现,它的对象是抵押权人,而非登记机构。

二、关于抵押登记的涂销问题

在抵押权已经消灭而尚未被注销时,可能影响到抵押人对标的物进行处分,因为受让人可能会担心标的物上还存在担保物权而不愿与抵押人进行交易。所以,在此情形下,抵押人自然有权请求抵押权人协助办理注销登记。问题是,在主债权因时效届满而成为自然债务,担保该债权的抵押权也因此无法得到法院保护时,抵押人能否请求抵押权人协助办理注销抵押登记呢?我的意见是可以。理由很简单:物尽其用原则。既然债权人不能再请求抵押人承担担保责任,而只能靠抵押人主动承担担保责任,则抵押人请求注销抵押登记,就意味着抵押人明确表示自己不愿承担担保责任。此时,如果不允许抵押人注销抵押登记,就会导致抵押人无法处分抵押物。这显然是与物尽其用的原则格格不入的。

值得注意的是,针对上述情形,虽然《九民纪要》已经作出了明确规定,但《民法典担保解释》却未明确表态。之所以《民法典担保解释》没有表态,是因为注销登记以何种形式进入法院,究竟是民事诉讼还是行政诉讼,实践中还存在不同的观点。显然,认为注销登记必须通过行政诉讼来实现的观点是不对的,是对更正登记制度的误解,因为只要债权人书面同意注销抵押登记,登记机构就应该办理注销登记,而如果债权人不同意注销抵押登记,抵押人就可以对债权人提起民事诉讼,请求人民法院判决债权人协助办理注销登记。人民法院作出判决后,如果债权人不履行判决内容,抵押人就可以申请法院向登记机构发出协助执行通知书,让登记机构直接办理注销登记。这里不存在行政诉讼的问题。

此外,也有的同志提出,即使注销登记可以通过民事诉讼来实现,但主债权诉讼时效届满并不意味着抵押权消灭,此时注销抵押登记也不妥当。我们认为,登记仅仅是一种公示方式,因此注销抵押登记并不意味着抵押权消灭,但尽管抵押权没有消灭,但由于抵押权无法获得人民法院保护,基于物尽其用的要求,允许抵押人请求抵押权人协助办理注销抵押登记也不失为一种方案。就此而言,尽管《民法典担保解释》没有对注销登记作出明确规定,但由于《九民纪要》已有规定,有条件的法院仍可依据《九民纪要》的相关规定予以处理。

三、担保物权的实现及其程序

导致担保物权消灭的另一个重要原因是担保物权的实现。关于担保物权的实现,《民法典》允许当事人通过自由约定来实现担保物权,包括通过法庭外来实现担保物权。例如《民法典》第410条第1款规定:当事人约定不履行到期债务或者发生当事人约定的实现抵押权的情形,抵押权人可以与抵押人协议,以抵押财产折价或者以拍卖变卖该抵押财产所得的价款优先受偿。《民法典》第436条第2款也规定:债务人不履行到期债务或者发生当事人约定的实现质权的情形,质权人可以与出质人协议以质押财产折价,也可以就拍卖、变卖质押财产所得的价款优先受偿。可见,《民法典》允许当事人以协议的方式来实现担保物权。当然,协议损害其他债权人利益的,其他债权人可以请求人民法院撤销该协议。

这些规定与《物权法》的规定大体上也是一致的,但《民法典》在一定程度上更加宽松,例如《民法典》第401、428条对流质和流押契约所作的规定,实际上是允许当事人就担保物权的实现事前达成折价的协议,从而进一步降低担保物权的实现成本。当然,如果抵押人或者出质人认为事前达成的折价协议对自己不公平,也可以要求拍卖、变卖标的物,债权人只能就拍卖、变卖所得价款优先受偿。此外,无论是当事人通过约定折价来实现担保物权,还是通过拍卖、变卖标的物来实现担保物权,如果当事人达成的协议损害到其他债权人的利益,其他债权人就有权行使债权人撤销权,请求人民法院撤销该协议。

世界银行营商环境评估也很重视担保物权的实现,认为应当尽可能允许当事人通过法庭之外的方式来实现担保物权,从而降低担保物权的实现成本。尤其是动产和权利担保,标的物的价值本身就可能不高,如果都要通过法庭来实现担保物权,就可能导致"得不偿失"。为了回应营商环境评估的需要,《民法典担保解释》首先明确了当事人关于担保物权实现方式的约定应当认定有效。但是,这并不意味着担保物权的实现完全是自由的。实践中,有的当事人约定在债务人不履行债务时债权人可以自行对标的物进行拍卖、变卖。这在标的物由债权人控制的场合(如动产质权)自然不存在问题,但在债权人没有对标的物占有的情形下(如动产抵押),担保人自然也有义务将标的物交付给债权人,以便债权人对标的物进行拍卖、变卖,但这是否意味着当担保人没有依据协议将标的物交付给债权人时,债权人可以通过私力救济的途径从担保人处直接取得对标的物的占有呢? 我们的意见是,如果允许债权人通过私力救济的途径从担保人处直接取得对标的物的占有,就可能导致暴力,从而影响到社会的和平秩序。事实上,《民法典》对于私力救济,也规定了较为严格的适用条件。因此,在上述情形下,我们认为,如果担保人拒绝将标的物交付给债权人进行拍卖、变卖,债权人只能通过非讼执行的方式来实现担保物权,或者通过诉讼的方式来实现担保物权。当然,因担保人违反当事人之间约定,导致债权人无法自行对标的物进行拍卖、变卖,而只能通过法院以诉讼或者非讼的方式来实现担保物权,无疑会增加实现担保物权的费用。对于由此增加的费用,应由担保人自己承担。

此外,在《民法典担保解释》的制定过程中,有人提出如下问题:如果当事人在担保合同中约定了仲裁条款,债权人还能否以非讼执行的方式直接申请法院拍卖、变卖标的物优先受偿？经过研究，我们认为，《物权法》规定担保物权的非讼执行，其目的在于降低担保物权的实现成本，而不在于解决当事人之间的纠纷。也正因如此，《民事诉讼法解释》就非讼执行程序与诉讼程序之间的衔接问题作了规定。根据《民事诉讼法解释》第 372 条的规定，在人民法院受理当事人申请实现担保物权的案件后，如果担保人提出异议，经人民法院审查后，按下列情形分别处理：（1）当事人对实现担保物权无实质性争议且实现担保物权条件成就的，裁定准许拍卖、变卖担保财产；（2）当事人对实现担保物权有部分实质性争议的，可以就无争议部分裁定准许拍卖、变卖担保财产；（3）当事人对实现担保物权有实质性争议的，裁定驳回申请，并告知申请人向人民法院提起诉讼。可见，法律设置非讼执行程序的目的并不是要解决当事人之间就担保物权发生的实质性争议，因此，即使当事人在担保合同中约定了仲裁条款，也不影响当事人通过非讼执行程序申请法院实现担保物权。当然，人民法院受理债权人的申请后，如果担保人提出了实质性异议，则人民法院也应当按照上面谈到的原则来处理，即如果当事人对实现担保物权有实质争议时，就应转换到纠纷解决模式：有仲裁条款且该条款有效时，应当告知当事人向仲裁机构申请仲裁。为此，《民法典担保解释》第 45 条第 2 款规定如下："当事人依照民事诉讼法有关'实现担保物权案件'的规定，申请拍卖、变卖担保财产，被申请人以担保合同约定仲裁条款为由主张驳回申请的，人民法院经审查后，应当按照以下情形分别处理：（一）当事人对担保物权无实质性争议且实现担保物权条件已经成就的，应当裁定准许拍卖、变卖担保财产；（二）当事人对实现担保物权有部分实质性争议的，可以就无争议的部分裁定准许拍卖、变卖担保财产，并告知可以就有争议的部分申请仲裁；（三）当事人对实现担保物权有实质性争议的，裁定驳回申请，并告知可以向仲裁机构申请仲裁。"

　　此外，值得注意的是，如果当事人通过诉讼来实现担保物权，根据《民法典担保解释》第 45 条第 3 款的规定，应当将债务人与担保人作为共同被告。这是因为，既然通过诉讼程序来实现担保物权，法院就要查明主债权债务关系，并据此确定被担保的债权范围，而如果不将债务人作为共同被告,就会影响到案件事实的查明。可见,诉讼程序实现担保物权的成本还是很高的。考虑到担保物权的非讼执行就是要降低实现担保物权的成本,也就在实践中引发一个争议:担保物权人通过非讼执行程序实现担保物权是否为担保物权人通过诉讼程序实现担保物权的前置程序? 也就是说,担保物权人能否不经非讼执行程序而直接通过诉讼程序来实现担保物权? 我们认为,尽管《物权法》规定了担保物权的非讼执行,但并未将其作为通过诉讼程序实现担保物权的法定前置程序,因此,担保物权人可以选择非讼程序或者诉讼程序来实现担保物权。当然,在非讼程序中,如果当事人对于实现担保物权存在实质性争议,就只能通过诉讼程序或者仲裁程序来解决争议,再实现担保物权。不过,尽管担保物权人可以选择非讼程序或者诉讼程序,但如果担保物权人直接选择诉讼程序,而担保人在诉讼中也未提出实质性争议,此时应由担保物权人承担诉讼费用。道理很简单,担保物权人本来就可以直接通过非讼程序来实现担保物权,但他偏偏要选择诉讼程序,应由他自己承担由此增加的费用。

担保物权各论

本编拟就各种担保物权的特殊问题进行讨论。《民法典担保解释》以问题为导向，就各种担保物权在实践中常见的疑难问题作了明确规定。有些规定改变了过去的司法政策，例如划拨用地使用权抵押的效力；有些规定旨在明确对相关制度的正确理解，例如抵押预告登记的效力；更多的，则是针对司法实践就法院对某个法律问题作出具体认定而作的规定，例如动产抵押不得对抗的"善意第三人"范围问题、超级优先受偿权适用的具体情形及其范围、应收账款质押的认定与行使等。

第二十六讲

不动产抵押的疑难问题解析

　　不动产抵押权是实践中常见的一种担保物权,这是因为不动产本身价值比较大,而且还有非常健全的登记制度,能够保障各方当事人的交易安全。当然,也正是因为不动产抵押权涉及不动产登记制度,所以也会带来很多特殊的疑难问题。例如,我们在前文就谈到,不动产抵押权的设立采取的是形式主义物权变动模式,而形式主义物权变动模式必然要求坚持区分原则,即区分原因行为和物权变动。具体到抵押权的设立中,区分原则要求将登记作为抵押权设立的要件,而非抵押合同的生效要件,即使当事人在订立抵押合同后没有办理抵押登记,影响的也仅仅是抵押权的设立,而不是抵押合同的效力。那么第一个问题就来了:当事人虽然订立了不动产抵押合同,但未办理抵押登记,应如何对债权人进行救济? 第二个问题是,当事人订立了不动产抵押合同,但由于标的物尚未建好,还办不了抵押登记,于是先办理了抵押预告登记,那么这个抵押预告登记到底具有何种效力? 第三个问题是,划拨用地使用权能否用于抵押? 当事人就划拨用地使用权抵押订立的抵押合同是否有效? 登记机构办理的抵押登记,能否理解为政府对划拨用地使用权抵押进行了审批? 第四个问题是,房地关系对于不动产抵押权的设立有何影响? 在建工程抵押中,如何确定用于担保的标的物范围? 我们先看第一个问题。

一、未办理抵押登记时抵押人的责任

(一)问题的提出与实践探索

　　由于不动产抵押合同的效力不因没有办理抵押登记而受到影响,因此,抵押合同一经签订且如果不存在法定无效的情形,抵押合同就是有效的。从理论上说,既然抵押合同有效,债权人自然有权基于抵押合同要求抵押人协助办理抵押登记,从而取得抵押权。这当然是抵押合同有效的最直接的法律后果,也是对债权人最有效的保护,因为对债权人来说,签订抵押合同的目的就是要取得抵押权,也只有取得抵押权,债权人才能对抵押人的特定财产优先受偿。《民法典》第577条规定:"当事人一方不履行合同义务或者履行合同义务不符合约定的,应当承担继续履行、采取补救措施或者赔偿损失等违约责任。"在抵押人没有履行抵押合同或者履行抵押合同不符合当事人的约定时,债权人首先可以请求抵押人继续履行抵押合同,即协助办理抵押登记,从而取得抵押权。

如果抵押合同能够实际履行,从抵押人的角度来看,最好的救济方式自然是请求抵押人继续履行合同。问题是,尽管当事人订立抵押合同的目的是取得抵押权,但实践中也可能出现签订抵押合同时合同具有履行的可能,而当债权人请求抵押人履行抵押合同、协助办理抵押登记时,抵押合同可能在法律上或者事实上不能实际履行。例如,抵押人在签订抵押合同后将抵押物转让,导致无法继续履行合同;还有一种情况,即并非因抵押人的原因导致不能够继续履行,例如标的物因天灾人祸灭失或者标的物被征收。无论是何种原因导致抵押合同不能继续履行,问题是抵押人是否应承担民事责任? 承担何种性质的民事责任? 这在实践中争议非常大。这里有个案例,可供大家讨论。

在"中国建设银行股份有限公司满洲里分行与满洲里中欧化工有限公司、北京伊尔库科贸有限公司信用证纠纷案"中,一审法院经审理认为,关于伊尔库公司的担保责任,因满洲里建行与伊尔库公司订立抵押合同后对抵押物房产及土地没有办理抵押物登记,根据《担保法》第41条关于"当事人以本法第四十二条规定的财产抵押的,应当办理抵押物登记,抵押合同自登记之日起生效"的规定,抵押合同未生效。因满洲里建行主张的抵押权尚未设定,伊尔库公司不应承担担保责任。

二审法院经审理认为,伊尔库公司于2008年10月6日与满洲里建行签署的《最高额抵押合同》,系在《物权法》2007年10月1日施行之后,根据《物权法》第178条关于"担保法与本法的规定不一致的,适用本法"之规定,本案应适用《物权法》的规定,由于《担保法》第41条"当事人以本法第四十二条规定的财产抵押的,应当办理抵押物登记,抵押合同自登记之日起生效"的规定与《物权法》第 15 条"当事人之间订立有关设立、变更、转让和消灭不动产物权的合同,除法律另有规定或者合同另有约定外,自合同成立时生效;未办理物权登记的,不影响合同效力"的规定相冲突,原审法院适用《担保法》第 41 条处理本案不当,应予纠正。

在此基础上,二审法院认为,从双方在《最高额抵押合同》第 3 条的约定可见,办理抵押登记手续的主要义务应由抵押人伊尔库公司承担,由于伊尔库公司未办理抵押登记手续,导致抵押权未有效设立,按照案涉合同第 10 条关于违约责任的约定,并根据《合同法》第 107 条关于"当事人一方不履行合同义务或者履行合同义务不符合约定的,应当承担继续履行、采取补救措施或者赔偿损失等违约责任"的规定,伊尔库公司应承担违约责任,即在按合同约定的担保范围内对担保的债务与债务人承担连带责任。

通过这个案例,我想可以澄清如下问题。

第一,这个案件涉及当事人签了抵押合同但没去办理抵押登记。由于《担保法》没有采用区分原则,规定抵押合同自登记时生效(第 41 条),因此,如果按照《担保法》来处理这个案件,其结果就是认为案涉抵押合同尚未生效。这也是一审法院的裁判思路。二审法院意识到了本案发生在 2007 年《物权法》实施以后,根据《物权法》第 178 条的规定,应适用《物权法》第 15 条的规定,认定抵押合同已经生效,而不能再适用《担保法》,因此纠正了一审法院的错误。有人说,万一担保行为发生在 2007 年《物权法》施行之前,是不是还要适用《担保法》而不能适用《物权法》。事实上,即使担保行为发生在《物权法》施行前,人民法院处理此类纠纷案件,也不能再适用《担保法》第 41 条的规定,认定抵押合同未生效,而应根据《物权法》第 15 条的规定,认定抵押合同已经生效。为什么呢?这就涉及《物权法》的溯及力问题。类推适用原《合同法解释(一)》第 3 条的规定,在涉及合同效力的认定问题上,即使法律事实发生在新法实施前,依据旧的法律,人民法院应认定合同无效,但如果依据新的法律,人民法院应当认定合同有效,就应适用新的法律认定合同有效。这是根据《立法法》第 93 条有关"有利溯及"原则所作的规定。也就是说,虽然法律原则上没有溯及力,但如果新的法律更有利于保护当事人的合法权益,则《立法法》例外地赋予新的法律具有溯及既往的效力。据此,在依据《担保法》认定合同未生效,但依据《物权法》应当认定抵押合同有效时,即使担保行为发生在《物权法》施行前,也应适用《物权法》的规定。就此而言,本案的二审判决的说理也不够全面,因为即使担保行为发生在《物权法》实施前,也应认为担保合同应适用《物权法》的规定而被认定有效。这是首先要说明的。

第二,本案中当事人在签订抵押合同后没有办理抵押登记,但债权人未起诉请求办理抵押登记,二审判决认定抵押人应当在按合同约定的担保范围内对担保的债务与债务人承担连带责任。关于这个连带责任的法律基础是什么?二审判决没有明确。但是,在该案二审判决后的"法官释法"中,法官认为本案中抵押人也就是伊尔库公司的责任性质是违约责任,即违反抵押合同的约定未办理抵押登记,致使抵押权未能设立。另外,法官也谈到在通常情况下,尽管违约的担保人在承担责任的形式上可以是继续履行合同,也可以是赔偿损失,但因本案债权已到期,并且当事人对违约责任的承担方式已另有约定,故判决伊尔库公司继续办理抵押登记已无必要。这里的意思是说,由于本案中双方对于没去办理抵押登记所应当承担的责任有明确约定,因此法院是根据该约定判决抵押人与债务人承担连带责任。

此外,在"法官释法"中,法官也谈到,如果当事人对抵押人没有协助办理抵押登记的责任没有约定,抵押人究竟应承担何种责任?他指出,关于违反抵押合同的约定,未办理抵押登记,违约担保人应承担的赔偿责任的范围,法律无明确规定,在实践中看法不一,且各种看法都有一定的问题。例如,有观点认为,违约抵押人应直接赔偿损失,但在实务中,抵押人承担赔偿责任的情形较为复杂,赔偿金额的确定没有统一的标准,往往需依靠法官的自由裁量权,通过考量违约原因和违约方过错程度等,综合权衡各方面因素来确定赔偿金额;另有观点认为,人民法院应直接判决抵押人对所担保的债务与债务人一起承担连带责任,但这样处理易造成法律逻辑上的混乱,即混淆了合同责任和物权设立之后的担保责任,因为既然是违约责任,就包括了违约行为造成的实际损失和预期利益损失，在仅签订抵押合同时，债权人的预期利益仅为设立抵押权，并不能获得实现抵押权的预期利益，因此，如果判决抵押人承担连带责任，即直接判决抵押人承担担保责任，那么赔偿的范围就包括了实现抵押权时相对人所能获得的利益。可见，在"法官释法"中，法官倾向于认为抵押人承担的是违约责任，而非担保责任。但抵押合同是担保合同的一种，既然抵押合同有效，那么判决抵押人承担担保责任是否也有一定的道理呢？对此，我的意见是，既然担保合同（这里是抵押合同）已经合法有效成立，只是没去办理抵押登记，因而债权人没有取得抵押权，但债权人没取得抵押权，仅仅意味着债权人不能就标的物优先受偿，但由于抵押合同本身合法有效，也就表明抵押人不仅有提供担保的意思表示，且该意思表示应约束当事人双方，即抵押人愿意以标的物的价值为限来承担担保责任。如此一来，我们是不是可以认为抵押人实际上签订的是一个保证合同，只不过这个保证责任是有限额的，而这个限额就是标的物的价值。所以，在抵押合同签订但没有办理抵押登记的情况下，一部分学者包括我自己提出，能不能够把这种情形下的抵押合同理解为是一个最高额保证合同？

当然，这个思路也受到了一些质疑。质疑主要针对的是保证期间：由于当事人订立抵押合同是为了设定抵押权，自然不会约定保证期间，但如果我们按照最高额保证来理解没有办理抵押登记时的抵押合同，在当事人对保证期间没有约定的情况下，就要适用法定的保证期间。这就意味着如果债权人没有在 6 个月之内主张保证责任，抵押人就可以免责。这显然对债权人很不公平，因为他可能根本没有想到这是一个最高额保证。所以，即使按照最高额保证来理解未办理抵押登记时的抵押合同，但也必须同时指出保证期间不能适用于该抵押合同。此外，上述观点在《民法典》通过之后还可能会遇到第二个质疑：如果把未办理抵押登记时的抵押合同理解为最高额保证，那么这个保证到底是一般保证还是连带责任保证？在《民法典》施行前，根据《担保法》的规定，当事人对保证方式没有约定或者约定不明确的，推定为连带责任保证，但是《民法典》修改了推定规则，改为当事人对保证方式约定不明或者没有约定的，推定为一般保证。在此背景下，如果我们将未办理抵押登记时的抵押合同理解为最高额保证,就只能够推定为一般保证,不能推定为连带责任保证。也就是说,债权人只能先找债务人履行债务,只有在债务人无力清偿债务的情况下,才能请求抵押人承担担保责任。在上面谈到的案件中,法官也分析了如果把未办理抵押登记时的抵押合同理解为最高额保证,抵押人承担的实际上是担保责任,而不是违约损害赔偿责任,这在理论上可能存在一些障碍。当然,考虑到这个案件比较特殊——当事人在合同中间已经就违反抵押合同的后果进行了约定——法官最终选择按照当事人的约定来处理。也就是说,在审理这个案件的法官看来,如果当事人没有特别约定违反合同的法律后果,则应认为抵押人承担的是赔偿责任而不是担保责任。既然不是担保责任,就不宜认定是连带责任。因此,债权人只有在有损失的情况下才能找抵押人要求赔偿。什么情况下债权人才有损失呢? 也就是说,债权人必须先找债务人承担清偿责任,不足部分才能去找担保人(抵押人)在抵押物的价值范围内承担赔偿责任。

(二)《九民纪要》的贡献与局限

《九民纪要》第 60 条规定:"不动产抵押合同依法成立,但未办理抵押登记手续,债权人请求抵押人办理抵押登记手续的,人民法院依法予以支持。因抵押物灭失以及抵押物转让他人等原因不能办理抵押登记,债权人请求抵押人以抵押物的价值为限承担责任的,人民法院依法予以支持,但其范围不得超过抵押权有效设立时抵押人所应当承担的责任。"可见,《九民纪要》严格贯彻了区分原则,不仅明确规定抵押合同不受当事人是否办理抵押登记的影响,而且明确债权人有权请求抵押人继续履行抵押合同,协助办理抵押登记手续。此外,在不能办理抵押登记的情形下,《九民纪要》也明确规定应当给予债权人全面的法律保护,即债权人有权请求抵押人以抵押物的价值为限承担责任,但其范围不得超过抵押权有效设立时抵押人所应当承担的责任。

应该说,《九民纪要》虽然全面确立了对债权人进行保护的规则,但也存在一些不足。其一,没有对未办理抵押登记的原因进行类型化思考,可能导致抵押人在任何情形下都会面临想让债权人承担责任的结果,不利于抵押人交易安全的保护。也就是说,法律虽然要保护债权人的交易安全,但也要维护抵押人的交易安全,在抵押人对于未办理抵押登记没有过错的情形下,如果一概都让抵押人承担责任,是否公平,值得反思。例如,标的物因不可以归责于抵押人的原因毁损灭失,即使在抵押权已经设定的情形下,也是应由债权人承担的法律风险。但是,根据上述纪要规定,则可能导致本应由债权人承担的风险,最终被抵押人所承担。

其二,在债权人不能请求抵押人继续履行合同的情形下,没有明确区分未能办理抵押登记是否是可归责于抵押人的原因。如果不是可归责于抵押人的原因导致不能办理抵押登记,例如抵押物因天灾人祸灭失,且抵押人也未因此获得赔偿金、补偿金或者保险金,此时仍让抵押人在抵押物价值范围内承担责任,对抵押人是不公平的,因为这意味着抵押人将面临失去标的物和承担责任两种风险。

其三,没有明确不能办理抵押登记时,抵押人所承担责任究竟是何种性质的责任,进而导致抵押人承担的责任范围不太确定。例如,债权人是否须先找债务人清偿,债务人不能清偿的部分才由抵押人承担责任,还是债权人在抵押人承担责任的范围内可以选择债务人或者抵押人承担责任? 此外,抵押人承担责任后,是否可以向债务人追偿? 这些问题,《九民纪要》均未给予明确的答复。

(三)《民法典担保解释》第46条的理解

在《民法典担保解释》的制定过程中,虽然我们一开始也在两种责任形式中进行选择,但最后还是觉得无论将抵押人的责任界定为违约责任还是担保责任,都说得过去,至于抵押人最终承担何种责任,既取决于债权人的选择,也要取决于能否办理抵押登记。例如,如果抵押物能够办理抵押登记,且债权人希望取得抵押权,就可以主张违约责任,请求抵押人继续履行抵押合同,从而取得抵押权,这是对债权人最为有效的保护。但是,如果标的物不能办理抵押登记,或者虽然可以办理抵押登记,但债权人不请求抵押人办理抵押登记,则债权人可以向抵押人主张在抵押物价值范围内承担担保责任。不过,必须明确此时的担保责任不是保证责任,不应适用保证期间,进而保护债权人的合理预期,因为债权人在订立抵押合同时,从来没有想到其权利会受到保证期间的限制。也正是基于这一思考,《民法典担保解释》第 46 条就未办理抵押登记时抵押人的责任问题进行了更加全面的规定。

1.《民法典担保解释》第 46 条第 1 款的理解

尽管最终通过的《民法典担保解释》并没有完全明确规定抵押人承担的究竟是担保责任还是赔偿责任,但从表述上看,首先是按照违约责任的思路进行处理的。所以,《民法典担保解释》第 46 条第 1 款首先明确规定,当抵押合同能够继续履行时,且债权人也请求继续履行抵押合同,还是首先要判决继续履行抵押合同。需要说明的是,虽然抵押合同能够继续履行,但是债权人没有要求继续履行,那么法官就不能判决继续履行抵押合同。问题是,当事人订立抵押合同是为了取得抵押权,为什么有的债权人不要求继续履行抵押合同呢? 这是因为,担保物权旨在使债权人能够优先受偿,但如果债务人只有一个债权人,即被担保的债权人,没有其他债权人向债务人主张权利,设立担保物权就没有必要了。例如抵押人以房子做抵押,双方仅签订了抵押合同,未办理抵押登记,债权人找债务人清偿,债务人无力清偿,于是找到抵押人,但发现除了债权人自己,抵押人没有其他债权人,于是请求拍卖、变卖该房屋受偿,行不行? 不少人认为不行,理由是当事人必须办理完抵押登记取得抵押权,才能请求拍卖、变卖抵押物。我个人认为,这个理解显然过于僵化:债权人只是要求拍卖、变卖抵押物受偿,没有要求优先其他债权人受偿,凭什么一定要求债权人办理抵押登记取得抵押权呢? 有抵押合同不就可以嘛! 也就是说,**根据有效的抵押合同,债权人在债权未受清偿的情形下即可要求拍卖、变卖标的物来实现其担保功能,至于债权人是否能优先其他债权人受偿,那是担保物权的效力,不是抵押合同的效力。**

2.《民法典担保解释》第 46 条第 2 款的理解

《民法典担保解释》第 46 条第 2 款规定的是因不可归责于抵押人自身的原因导致标的物灭失或者是被征收,进而导致当事人无法办理抵押登记的情形。在标的物因毁损灭失或者被征收导致抵押人不能履行抵押合同时,抵押人要不要承担责任? 承担多大责任? 刚才谈到,抵押合同签订后未办理抵押登记,抵押人应当承担违约责任。尽管通说认为我国民法对于违约责任采取的是无过错责任,但是这个说法并不十分精准,因为任何法律责任的承担都要有一个可归责性。如果行为人没有任何可归责性,法律又要求行为人对他人的损失承担赔偿责任,这样的法律是不具有正当性的。因此,我更倾向于我国民法对于违约责任采取的是严格责任。严格责任和无过错责任有什么区别呢?严格责任还是要求违约方有过错,只不过不需要守约方举证违约方有过错而已,而是由法律推定违约方存在过错,但是,如果违约方自己举证推翻了法律的推定,就应当认为违约方因没有过错而无须承担违约责任。

在不可归责于抵押人自身原因导致抵押合同无法得到履行的情况下,我们的意见是要区分两种具体情形:第一种情形是抵押财产毁损灭失后,抵押人未取得赔偿金、补偿金或者保险金;第二种情形是抵押财产毁损灭失或者被征收后,抵押人取得了"三金",即赔偿金、补偿金或者保险金。为什么要区分上述两种情形呢?因为在抵押权已经设立的情况下,法律也是区分这两种具体情形分别处理的。无论是根据《担保法》《物权法》,还是根据《民法典》,在抵押财产毁损灭失或者被征收时,即使抵押权已经设立,抵押权人也要面临一定的风险,即在标的物毁损灭失而抵押人又没有获得"三金"时,抵押权将不发生物上代位,而是永久性地消灭了。只有在标的物因毁损灭失或者被征收而使抵押人获得"三金"时,抵押权才继续存在于"三金"之上,发生物上代位的效力。抵押权已经设立的情况下如此,双方仅签订抵押合同但抵押权尚未设立的情况下,就更应如此。也正因如此,《民法典担保解释》第46条第2款第1分句规定:"抵押财产因不可归责于抵押人自身的原因灭失或者被征收等导致不能办理抵押登记,债权人请求抵押人在约定的担保范围内承担责任的,人民法院不予支持。"

当然,虽然债权人要面对标的物毁损灭失或者被征收的风险,但如果抵押人因标的物的毁损灭失或者被征收而取得"三金",抵押人还是应当在"三金"的范围内承担责任。道理很简单:抵押登记仅仅是抵押权设立的要件,抵押权未设立,也仅仅意味着债权人无法就特定标的物优先于抵押人的其他债权人受偿,但抵押合同的存在就意味着抵押人有以抵押财产的价值为限承担担保责任的意思表示,现在抵押财产虽然毁损灭失或者被征收,但抵押人如果取得了"三金",抵押人就应当在"三金"的范围内承担担保责任。需要说明的是,因此时抵押权尚未设立,即使债权人可以主张抵押人在"三金"范围内承担担保责任,但债权人对于"三金"并没有优先受偿的权利。为了防止发生误解,《民法典担保解释》第 46 条第 2 款第 2 分句规定:"但是抵押人已经获得保险金、赔偿金或者补偿金等,债权人请求抵押人在其所获金额范围内承担赔偿责任的,人民法院依法予以支持。"这里我们没有用"担保责任"的表述,采用的是"赔偿责任"的表述,主要是考虑到如果用"担保责任",很多人就会认为债权人对"三金"也有优先受偿权。

当然,这也会带来另一个问题,即在第三人提供物的担保的情形下,债权人是否必须先向债务人主张权利,只有在债务人无法清偿债务的情况下,债权人才能向抵押人主张赔偿责任呢? 我个人认为,抵押合同毕竟不同于保证合同,抵押人也不应享有一般保证人的先诉抗辩权。就此而言,即使因不可归责于抵押人的原因导致无法办理抵押登记,抵押人也应在取得的"三金"范围内承担担保责任,且债权人要求抵押人承担担保责任也无须以先向债务人主张权利为前提。

3.《民法典担保解释》第 46 条第 3 款的理解

第 3 款的规定是因抵押人自身的原因导致抵押物毁损灭失,其中最为典型的情形当属抵押人转让抵押物。根据《民法典担保解释》第 46 条第 3 款的规定,当事人签订抵押合同之后,抵押人在办理抵押登记之前再把标的物转让给第三人或者有其他可归责于抵押人自身的原因导致最后不能办理抵押登记,此时债权人请求抵押人在约定的担保范围内承担担保责任,人民法院应予支持。需要注意的是,这里我们没有明确抵押人承担的担保责任是保证责任,主要是考虑这个担保责任不能适用保证期间,也不存在一般保证中的先诉抗辩权。当然,司法解释对抵押人承担的担保责任的范围进行了限制,即"不得超过抵押权能够设立时抵押人应当承担的责任范围"。为什么要有这个限制? 主要是考虑到抵押权已经设立的情形下,担保人的责任范围也是以标的物为限,如果在抵押权没有设立的情况下抵押人承担的责任超出抵押物的价值范围,就很不合理了。

（四）指导案例第 168 号及其评析

值得注意的是，除了上述限制，抵押人是否要对债权人的全部损失承担担保责任呢？如果债权人对于没有办理抵押登记也有过错，是否也要承担一部分责任？在指导案例 168 号"中信银行股份有限公司东莞分行诉陈志华等金融借款合同纠纷案"中，生效判决指出："本案抵押权因未办理登记而未设立，中信银行东莞分行无法实现抵押权，损失客观存在，其损失范围相当于在抵押财产价值范围内华丰盛公司未清偿债务数额部分，并可依约直接请求陈志华等三人进行赔偿。同时，根据本案查明的事实，中信银行东莞分行对《最高额抵押合同》无法履行亦存在过错。东莞市房产管理局已于 2011 年明确函告辖区各金融机构，房地权属不一致的房屋不能再办理抵押登记。据此可以认定，中信银行东莞分行在 2013 年签订《最高额抵押合同》时对于案涉房屋无法办理抵押登记的情况应当知情或者应当能够预见。中信银行东莞分行作为以信贷业务为主营业务的专业金融机构，应比一般债权人具备更高的审核能力。相对于此前曾就案涉抵押物办理过抵押登记的陈志华等三人来说，中信银行东莞分行具有更高的判断能力，负有更高的审查义务。中信银行东莞分行未尽到合理的审查和注意义务，对抵押权不能设立亦存在过错。同时，根据《中华人民共和国合同法》第一百一十九条'当事人一方违约后，对方应当采取适当措施防止损失的扩大；没有采取适当措施致使损失扩大的，不得就扩大的损失要求赔偿'的规定，中信银行东莞分行在知晓案涉房屋无法办理抵押登记后，没有采取降低授信额度、要求提供补充担保等措施防止损失扩大，可以适当减轻陈志华等三人的赔偿责任。综合考虑双方当事人的过错程度以及本案具体情况，酌情认定陈志华等三人以抵押财产价值为限，在华丰盛公司尚未清偿债务的二分之一范围内，向中信银行东莞分行承担连带赔偿责任。"据此，该案的裁判要点被表述为："以不动产提供抵押担保，抵押人未依抵押合同约定办理抵押登记的，不影响抵押合同的效力。债权人依据抵押合同主张抵押人在抵押物的价值范围内承担违约赔偿责任的，人民法院应予支持。抵押权人对未能办理抵押登记有过错的，相应减轻抵押人的赔偿责任。"值得注意的是，既然抵押合同有效，抵押人在抵押物价值范围内承担担保责任就是符合当事人意思表示的,不应将债权人对于未办理抵押登记是否有过错作为减轻抵押人担保责任的因素。当然,由于抵押权没有设立,债权人无法就抵押物优先受偿,如果债权人因此受到损失,进而请求抵押人承担所谓"赔偿责任",则必须考虑债权人对于未办理抵押登记是否也存在过错。如果债权人对于未办理抵押登记也有过错,就应减轻抵押人的"赔偿责任"。可见,这里的"赔偿责任",应仅指因抵押权未能设立而导致债权人受到的损失,而非抵押人根据抵押合同而应承担的担保责任。指导案例第 168 号似乎没有严格区分这两种不同性质的责任。

问题是,如果人民法院已经判决抵押人根据抵押合同承担担保责任,是否还存在因未能办理抵押登记而存在的其他损失呢?从理论上说,未能办理抵押登记导致债权人无法就标的物优先受偿,此时即使债权人能够请求抵押人承担担保责任,也不意味着其权利能够得到实现,尤其是在抵押人有多个债权人的情形下。但是,如果抵押人因存在多个债权人而导致被担保的债权人因无法优先受偿而有损失,则意味着抵押人的清偿能力不够,即使让抵押人在担保责任之外再承担赔偿责任,实践意义也可能不大。

总之,在抵押合同有效的情形下,抵押人应在抵押物的价值范围内承担担保责任,除非标的物因不可归责于抵押人的原因灭失且没有代位物。至于债权人对于未办理抵押登记是否存在过错,不应成为影响抵押人承担担保责任的因素。但是,如果债权人因未取得抵押权而受到其他损失,则可以向抵押人主张赔偿责任,但该赔偿责任和抵押人承担的担保责任一起,不能超过抵押物的价值范围。此外,在债权人对于未办理抵押登记也有过错时,应减轻该赔偿责任。

二、抵押预告登记权利人的法律地位

(一)抵押预告登记的实践与问题

抵押预告登记权利人的法律地位是司法实践中亟待解决的问题之一。为什么会提出这个问题?因为自从《物权法》确立了预告登记制度,办理抵押预告登记的增多了,甚至比买受人办理预告登记的还多,但《物权法》并未就抵押预告登记的效力作出规定,而是仅针对不动产买卖的预告登记作了规定。《物权法》第 20 条所规定的预告登记,是"当事人签订买卖房屋或者其他不动产物权的协议,为保障将来实现物权,按照约定可以向登记机构申请办理预告登记",这句话本身就有局限性,让人觉得好像只有房屋买卖或者是买卖其他的不动产才能办理预告登记。不过,从实践的情况看,《物权法》施行后,当事人办理抵押预告登记的情形甚至超过因买卖不动产办理预告登记的情形,这是因为买卖房屋或者其他不动产还有一个"网签"制度。"网签"是从过去的备案制度演化来的,是指在预售或者销售商品房的过程中,房地产开发企业应当到房屋行政主管部门去办理备案手续。"网签"在法律性质上是对房地产市场的一个行政管理,但这种行政管理行为在一定程度上能够起到防止出卖人"一物多卖"的功能,因为一旦办理了"网签",则在该"网签"被撤销前,出卖人就无法再就同一套房屋办理"网签"。例如开发商将房屋卖给张三,并办理了"网签",如果开发商再想把同一套房屋卖给李四,李四一查"网签"即可知道该房屋已经卖给张三,且李四无法再次就这套房屋办理"网签"。可见,"网签"也具有一定的公示作用,具有防止"一物多卖"的作用。也正因如此,尽管 2007 年施行的《物权法》确立了预告登记制度,但由于"网签"制度的存在,很多不动产的买受人也并没有想到去办理预告登记,因为大家对预告登记这个新制度不熟悉,熟悉的反倒是"网签"制度,且"网签"也能在一定程度上起到防止"一物多卖"的功能。也正是在这种背景下,有一些地方甚至把预告登记和"网签"混为一谈,认为"网签"就是预告登记。这显然是一个误解,因为"网签"和预告登记是有区别的,"网签"只是一个行政管理的手段,并没有赋予其私法上的效力。尤其是,过去房屋买卖的预告登记是在房管部门办理,"网签"也在房管部门办理,将二者混为一谈还有一些理由,但在统一不动产登记之后,这两个制度就是泾渭分明的,因为办理预告登记的机构和办理"网签"的机构不一样:"网签"仍然还在房管部门办理,而预告登记则是由不动产登记机构办理。既然办理预告登记部门与办理"网签"的部门不一样了,就不能再继续将两者混淆。实践中,也有一些学者主张赋予"网签"以私法上的效力,从而使其发挥更大的功能,但我们认为,既然《物权法》规定了预告登记,如果再赋予"网签"在私法上的效力,就必然会影响到预告登记制度在实践中的运用,甚至会架空预告登记制度。实践中因买卖不动产办理预告登记较少就是明证。与买卖不动产能够办理"网签"不同,由于现行法律并没有要求当事人以将来取得房屋办理抵押预告登记也可以办理"网签",因此预告登记被大量运用于抵押预告登记。例如我们经常说的房屋"按揭",实际上就是通过预告登记来实现的:房屋买受人从银行借一笔款用于支付房款,银行为了保证其债权的实现,就会要求在房屋上设立一个抵押权,但此时房屋还没建好,办不了抵押登记,只能先办理一个抵押预告登记。

当事人办理抵押预告登记后又产生了什么样的效力?《物权法》并没有作出一个非常明确的规定。根据《物权法》第 20 条的规定,当事人办理预告登记后,未经预告登记权利人同意,出卖人处分该不动产的,不发生物权效力。据此,当事人在办理预告登记后,出卖人虽然还可以再与其他人签订房屋买卖合同或者其他不动产买卖的合同,且只要不存在其他无效情形,该合同就是有效的,但是如果没有经过预告登记的权利人同意,不发生物权变动的效力。对此,《物权法解释(一)》有明确规定。也就是说,不发生物权效力并不意味出卖人不能再签订房屋买卖合同或其他买卖不动产的协议,而是即使当事人再次签订了这些合同,物权也不会发生变动。当然,按照理论界和实务界的主流观点,"不发生物权效力"也仅指相对预告登记的权利人不发生物权变动的效力,即物权变动相对于预告登记权利人无效,并非绝对无效。

问题是,《物权法》第 20 条的规定能否用于抵押预告登记呢?显然不行。大家想一想,抵押人将不动产抵押给银行且已经办理了抵押登记后还能不能再次将该不动产出卖给第三人或者抵押给第三人?我们在讨论担保物权的追及效力时,讲得很清楚,根据《民法典》第 406 条的规定,即使抵押人把标的物抵押给银行办理的是抵押登记,他还可以将标的物卖给张三或者卖给李四。此外,只要债权人愿意接受,抵押人就同一标的物也可以多次抵押或者重复抵押。可见,在当事人已经办理抵押预告登记的情况下,抵押人不仅可以再次与他人签订买卖合同或者抵押合同,而且可以办理过户手续或者抵押登记手续,从而使第三人取得不动产所有权或者抵押权,更何况办理的是抵押预告登记。也就是说,即使当事人签订了抵押合同且办理了抵押预告登记,也无法阻止抵押人处分该房屋,因此《物权法》第 20 条的规定无法适用于抵押预告登记。

(二)一则公报案例及其评析

《民法典》第 221 条对《物权法》第 20 条规定的预告登记制度稍微进行了修改,将"当事人签订买卖房屋或者其他不动产物权的协议,为保障将来实现物权,按照约定可以向登记机构申请预告登记"修改为"当事人签订买卖房屋的协议或者签订其他不动产物权的协议,为保障将来实现物权,按照约定可以向登记机构申请预告登记",从而将预告登记的适用范围扩张到不动产买卖之外的其他不动产协议,从而为抵押预告登记提供了法律依据。但是,《民法典》对预告登记的效力未作修改,仍然规定"预告登记后,未经预告登记的权利人同意,处分该不动产的,不发生物权效力"。由于这一规定是针对不动产买卖的预告登记作的规定,无法适用于抵押预告登记,因此《民法典担保解释》的一个重要任务,就是要解决抵押预告登记效力问题。而这个问题,也是《物权法》施行后,人民法院经常面临的一个问题。

例如,在《最高人民法院公报》2014 年第 9 期刊登的"中国光大银行股份有限公司上海青浦支行诉上海东鹤房地产有限公司、陈思绮保证合同纠纷案"中,当事人在房屋按揭贷款时办理了抵押预告登记,据此,作为债权人的银行在购房人未依据合同约定还款时,就要求行使抵押权,就房屋优先受偿。生效判决最后是驳回了债权人的这一诉讼请求,理由是债权人办理的只是一个预告登记,而不是抵押登记,因此并不享有现实的抵押权,自然无法直接行使抵押权。在裁判理由中,生效判决指出,"预售商品房抵押贷款中,房屋上设定的抵押预告登记,与抵押权设立登记具有不同的法律性质和法律效力。根据《中华人民共和国物权法》等相关法律法规的规定,预告登记后,未经预告登记的权利人同意,处分该不动产的,不发生物权效力。预告登记后,债权消灭或者自能够进行不动产登记之日起 3 个月内未申请登记的,预告登记失效。即抵押权预告登记所登记的并非现实的抵押权,而是将来发生抵押权变动的请求权,该请求权具有排他效力"。可见,在该案中,法官认为,抵押预告登记并不能产生抵押权,而只能产生一个请求协助办理抵押登记的请求权,且该请求权具有排他的效力。因此,作为系争房屋抵押权预告登记的权利人,在未办理房屋抵押权设立登记之前,其享有的是当抵押登记条件成就或约定期限届满对系争房屋办理抵押权登记的请求权,并可排他性地对抗他人针对系争房屋的处分,但并非对系争房屋享有现实抵押权,而是待房屋建成交付购房人后就该房屋设立抵押权的一种预先的排他性保全。如果房屋建成后的产权未登记至购房人名下,则抵押权设立登记无法完成,其不能对该预售商品房行使抵押权。

总之,在上述案件中,生效判决认为既然当事人办理的是预告登记,那么现在就不能行使抵押权。从理论上看,这一结论有一定的道理:从预告登记到本登记是有条件的,且不说预告登记本身有没有失效(债权消灭或者自能办理本登记之日起三个月没去办理本登记,则预告登记就失效),另外还有一种可能性,即万一到时候所购房屋没有登记到购房人名下,那设立抵押权的本登记也就办不了,又怎样要求行使抵押权?所以,生效判决的结果看似是符合《物权法》的逻辑,但是仔细琢磨也会有问题,例如债权人办理抵押预告登记后既然无法行使抵押权,那预告登记权利人究竟享有何种救济?另外当事人起诉的时候可能不符合抵押登记的条件,但是审判的时候也许已经符合了本登记的条件,这时法院如果仅仅以当事人办理的是抵押预告登记为由驳回债权人的诉讼请求,是不是造成诉累,浪费司法资源?当事人符不符合本登记的条件,法院在审判的时候能不能审查一下?如果发现当事人已经符合本登记的条件,是否非得让当事人先去办理抵押权本登记,才能行使抵押权?可见,这个案件虽然是根据《物权法》的逻辑进行判决的,且被刊登在《最高人民法院公报》上,但是也还是引起理论界与实务界的诸多争议。尤其是,《民法典》将预告登记制度的适用范围作了扩张后,司法解释应当对抵押预告登记的效力作一个更为明确的规定,以填补制定法留下的漏洞,进而解决实践中大量因抵押预告登记带来的纠纷。

(三)本登记的条件及其审查

从《民法典》以及相关司法解释关于预告登记的规定看,虽然预告登记是在本登记没法办理的情况之下办理的一种临时性登记,但预告登记被赋予强大的法律效力。例如,无论是《物权法》还是《民法典》,都提到预告登记具有"保障将来实现物权"的功能。问题是,如何保障将来实现物权?对此,不仅《民法典》与《民法典物权编解释(一)》第4条(《物权法解释(一)》第4条)就不动产买卖的预告登记作了规定,而且《执行异议与复议解释》第30条明确规定:"金钱债权执行中,对被查封的办理了受让物权预告登记的不动产,受让人提出停止处分异议的,人民法院应予支持;符合物权登记条件,受让人提出排除执行异议的,应予支持。"什么意思?就是说预告登记的权利是具有排除强制执行的效力。司法解释在这个地方区分了两种情形:分号前是说,只要办理了预告登记,预告登记权利人就可以请求停止处分标的物;分号后是说,一旦经过审查,发现预告登记权利人符合本登记的条件,该权利人就可以要求排除强制执行。

那么为什么赋予预告登记这么强大的法律效力呢?原因很简单:如果买受人在办理预告登记后不能排除其他当事人对标的物的强制执行,又如何"保障将来实现物权"?可见,为了"保障将来实现物权",自然要赋予预告登记排除强制执行的效力。这里需要指出的是,上述司法解释并未要求预告登记权利人在符合本登记的条件下先去办理本登记,再要求排除强制执行,而是在强制执行过程中,由执行法院直接审查预告登记权利人是否具备本登记的条件。那么,在抵押预告登记的情况下,如果预告登记权利人主张就标的物优先受偿,是否一定要先办理抵押登记呢?人民法院在审理过程中,能否直接审查预告登记权利人是否具备本登记的条件呢?为此,我们专门到自然资源部下设的不动产登记中心进行调研,达成一个基本的共识,就是说预告登记后,预告登记权利人是否具备本登记的条件,不动产登记机构和人民法院都可以进行审查,因为是否具备本登记的条件,已由法律作出明确规定,登记机构对此并无裁量权。

当然,这里有一个观念转变的问题。过去,不少人认为当事人只能到登记机构去办理完本登记才能赋予其物权效力,因为长期以来我们把不动产登记理解为一个具体的行政行为。一些登记机构也认为判断标的物能不能办理本登记,应当由登记机构进行审查,人民法院不能进行审查。现在的观念应该要转变过来,不动产登记不是一个具体行政行为,它是国家为配合民商事法律的实施规定而从事的非讼程序行为。是不是具备办理本登记的条件,法律已经规定得清清楚楚,登记机构并没有裁量权,且是否符合办理本登记的条件,也是一个民商事法律的适用问题,人民法院当然更有资格确定到底预告登记权利人符不符合办理本登记的条件。也正因为如此,经过与自然资源部不动产登记局进行反复沟通,《民法典担保解释》第52条第1款规定:"当事人办理抵押预告登记后,预告登记权利人请求就抵押财产优先受偿,经审查存在尚未办理建筑物所有权首次登记、预告登记的财产与办理建筑物所有权首次登记时的财产不一致、抵押预告登记已经失效等情形,导致不具备办理抵押登记条件的,人民法院不予支持;经审查已经办理建筑物所有权首次登记,且不存在预告登记失效等情形的,人民法院应予支持,并应当认定抵押权自预告登记之日起设立。"

根据上述规定,在当事人办理抵押预告登记后,如果债权人主张行使抵押权,请求就抵押财产优先受偿,则取决于办理本登记的条件是否具备。办理本登记的条件可以分为积极条件和消极条件。什么是办理本登记的积极条件?第一个就是要已经办理了建筑物的首次登记,也就是俗称的"大产证"。从房地产开发与销售的情况来看,通常情形下开发商是先将所开发的建筑物登记在自己的名下,即先办理"大产证",再在分户的基础上将房屋过户至购房人名下,从而让购房人取得"小产证"。实践中,抵押预告登记的抵押人是购房人,预告登记权利人是银行,即购房人以将来取得的房屋按揭给银行,为银行的债权提供担保。从理论上将,购房人只有取得房屋所有权后,才能办理抵押的本登记。也就是说,从理论上讲,只有在购房人取得所购房屋的房产证即所谓"小产证"后,才能办理抵押的本登记。但司法解释并不要求一定要办理完"小产证"才算是符合办理本登记的条件,而是说只要开发商已经把整栋建筑物的"大产证"办下来了,也就是首次登记完成了,就已经可以满足办理本登记的条件。理由很简单:既然开发商已经办理了"大产证",就说明办理"小产证"的条件已经具备,而办理"小产证"的条件已经具备,就说明办理抵押本登记的条件也已经具备。当然,实践中也存在开发商没有办理"大产证",而是直接将房屋所有权登记到购房人名下,即直接办理"小产证"的情况。对于此种情形,我们的意见是,如果开发商办理完"大产证"即可满足办理本登记的条件,购房人已经取得"小产证"自然更应理解为满足办理本登记的条件。就此而言,所谓"建筑物所有权首次登记",既可以指开发商就建筑物办理的"大产证",也可以指在没有办理"大产证"的情况下,为购房人办理的"小产证"。

除了建筑物所有权的首次登记,司法解释还将预告登记的财产与办理建筑物所有权首次登记时的财产一并作为办理抵押本登记的积极条件,这主要是不动产登记局的同志提出,如果预告登记的财产与办理建筑物所有权首次登记时的财产不一致,而司法解释又赋予预告登记权利人可以就标的物优先受偿,将可能会给第三人的交易安全带来威胁。司法解释采纳了这一意见。不过,从实践的情况看,由于当事人办理预告登记时,所建房屋虽然可能还不存在,但房屋的具体位置和具体编号已经确定,且事后发生变动的可能性极小,因此发生预告登记的财产与办理建筑物所有权首次登记时的财产不一致这种情况的可能性微乎其微。也就是说,当事人办理抵押预告登记也不是说想办就可以办理的,必须是符合房地产开发的条件且房屋编号都已经确定的情况之下才允许当事人办理抵押预告登记,且后面变更规划或者编号发生变化的可能性几乎为零,但为了解决有关部门的顾虑,我们还是将预告登记的财产与建筑物首次登记的财产是否一致作为判断本登记的条件是否具备的一个依据。

此外,办理本登记还有一个消极条件,即不存在预告登记失效的情形。根据《民法典》第221条第2款的规定,预告登记后,债权消灭或者自能够进行不动产登记之日起90日内未申请登记的,预告登记失效。债权消灭比较好理解,也比较好判断,但问题是,将"自能够进行不动产登记之日起九十日内未申请登记"作为预告登记失效的情形,就难以理解了,在实践中也难以掌握,因为预告登记权利人可能并不知道什么时候能够办理不动产登记(本登记)。对此,我们的意见是,对于能够办理不动产登记的时间,在认定时要考虑预告登记权利人的主观因素。也就是说,只有预告登记权利人知道或者应当知道能够办理本登记,才能起算《民法典》第221条第2款规定的"九十日"。如果预告登记权利人不知道且不应当知道能够办理本登记,则即使客观上已经具备办理本登记的条件,也不能起算该"九十日",否则,预告登记权利人的交易安全就无法获得应有的保护。

(四)抵押预告登记的效力

既然在符合抵押本登记的条件时,预告登记权利人可以直接主张行使抵押权,就抵押财产优先受偿,那么该抵押权的顺位如何确定呢?对此,《民法典担保解释》第 52 条第 1 款中明确规定,"抵押权自预告登记之日起设立"。我们认为,这就是抵押预告登记的特殊效力所在。也就是说,当事人办理抵押预告登记的目的,并非要限制抵押人对标的物的处分,因为如前所述,已经办理本登记的抵押权都无法限制抵押人对标的物的处分,更何况当事人办理的仅仅是抵押预告登记。既然如此,那么当事人办理抵押预告登记的目的是什么呢?我们的意见是,当事人办理抵押预告登记是为了获得一个顺位,即一旦能够办理抵押本登记,则预告登记权利人可以主张抵押权的设立时间为预告登记之日,而非可以办理抵押本登记之日或者实际办理抵押本登记之日。实际上,刚才也谈到,预告登记通常是在尚不能办理本登记的情况下办理的临时性登记,其是为了保障将来获得物权。为了落实预告登记制度的规范目的,就有必要将抵押预告登记的时间作为预告登记权利人取得抵押权的时间,否则,当事人办理抵押预告的目的就无法实现。也就是说,既然预告登记权利人阻止不了抵押人处分抵押物,就要确保预告登记权利人的顺位,而将预告登记权利人可主张抵押权的时间溯及至抵押预告登记之时,也不会影响到第三人的交易安全。

不仅如此,《民法典担保解释》第 52 条第 2 款还进一步赋予抵押预告登记在破产法上的效力。实践中,当事人办理完抵押预告登记后,抵押人被宣告破产,此时债权人主张抵押权,能否获得支持?当然,如果按照《民法典担保解释》第 52 条第 1 款的规定,抵押人破产时,抵押预告登记的权利人已经具备办理本登记的条件,自然可以主张抵押权,就标的物优先受偿。但是,既然抵押人已经破产,则绝大多数情形下不具备本登记的条件,且今后也不大可能会具备本登记的条件。比如说抵押人破产,则可能导致所开发的楼盘成为"烂尾楼",而一旦烂尾,就意味着不具备抵押登记的条件。显然,此时如果再要求人民法院审查预告登记权利人是否具备本登记的条件,将导致绝大多数情形下债权人无法取得抵押权,无法就标的物优先受偿。但是,本登记的条件不具备且今后不大可能会具备,一般不能归责于债权人,如果凡是不具备本登记条件,就否定债权人对抵押物享有优先受偿权,将可能导致抵押预告登记变得毫无意义。所以,此时是不是可以参照《企业破产法》第46条第1款关于"未到期的债权,在破产申请受理时视为到期"的规定,认为抵押预告登记的权利也"加速到期",进而认定抵押权已经成立,债权人可以就标的物主张优先受偿?对此,我们认为有必要作肯定的回答,以保护债权人的交易安全。

不过,对于这一政策选择,也有人提出如下顾虑:其一,既然抵押人破产时尚不具备抵押登记的条件,则意味着标的物可能还没有完全建好,还不是民法上的一个独立的标的物,也就谈不上债权人就该标的物优先受偿;其二,即使该标的物已经成为民法上一个独立的标的物,但也可能不属于抵押人所有,此时认定债权人对该标的物享有优先受偿权,就可能侵害到真正权利人的利益;其三,如果通过重整程序,标的物成为民法上独立的标的物且抵押人对其享有所有权,但此时认定债权人对整个标的物都有优先受偿权,则可能打击重整投资人的积极性。例如,抵押人破产时确实不具备办理抵押登记的条件,所建房屋成为"烂尾楼",但有人愿意继续投资,愿意出资把开发的楼盘建设起来,从而使其具备抵押登记的条件,但是重整投资人将钱投进去把楼都建好后,在行使权利时发现前面还有一个抵押预告登记权利人,且该抵押预告登记权利人主张就整个建好的楼盘享有优先受偿权,那就会导致谁也不敢再去投资。

为了消除上述顾虑,《民法典担保解释》第52条第2款在认定债权人对标的物享有优先受偿权的基础上,也规定了债权人主张优先受偿权的条件,并对优先受偿的范围进行了限制,具体表述如下:"当事人办理了抵押预告登记,抵押人破产,经审查抵押财产属于破产财产,预告登记权利人主张就抵押财产优先受偿的,人民法院应当在受理破产申请时抵押财产的价值范围内予以支持,但是在人民法院受理破产申请前一年内,债务人对没有财产担保的债务设立抵押预告登记的除外。"可见,我们对债权人的优先受偿权进行了如下几个方面的限制。

其一,抵押财产必须属于破产财产,债权人才能主张优先受偿权。如果抵押人破产时,抵押财产还不是独立存在的物,或者虽然是独立存在的物,但并不属于抵押人所有,不属于破产财产,债权人则不能主张优先受偿权。

其二,预告登记权利人只能在受理破产申请时抵押财产的价值范围内主张优先受偿。这主要是为了维护破产重整人的利益而作的规定,因为如前所述,在破产重整的情况下,重整投资人也可能对标的物进行了投资,如果让预告登记权利人就整个建筑物行使优先受偿权,就可能损害到重整投资人的利益。另外,抵押人破产也是债权人必须面对的风险,如果对债权人进行过度保护,也会严重影响到破产重整程序的顺利开展。因此,将预告登记权利人可以主张优先受偿的范围限制在受理破产申请时抵押财产的价值范围,可以较好地平衡对预告登记权利人的保护和对破产重整投资人的保护。

其三,将"人民法院受理破产申请前一年内,债务人对没有财产担保的债务设立抵押预告登记"排除在预告登记权利人可以主张优先受偿权之外。这个"除外"来自《企业破产法》,其目的是要排除以提供担保的方式进行个别清偿。大家知道,《企业破产法》追求债权人的平等受偿,因而必须严格禁止债务人对个别债权人进行个别清偿。根据《企业破产法》第31条的规定,人民法院受理破产申请前一年内,涉及债务人财产的下列行为,管理人有权请求人民法院予以撤销,其中第3项就是"对没有财产担保的债务提供财产担保的"。由于《民法典担保解释》赋予抵押预告登记权利人在满足特定条件下可以主张就抵押财产优先受偿,实质上是赋予债权人享有抵押权,因而也应适用《企业破产法》第31条的规定,严格禁止债务人通过提供担保来达到实现个别清偿的目的。

最后总结一下,结合《民法典担保解释》第52条的规定,抵押预告登记实际上具有三个方面的效力。第一,顺位效力。尽管当事人办理的抵押预告登记,但人民法院在审理案件时,如果经过审查发现预告登记权利人具备抵押登记的条件,就不仅应确认抵押权已经成立,而且抵押权设立的时间是预告登记之日。第二，保全效力。尽管《民法典担保解释》并未就抵押预告登记的保全效力作出明确规定，但结合《民法典物权编解释（一）》以及《执行异议与复议解释》的相关规定，不难看出抵押预告登记具有保全效力，即一旦标的物被抵押人的其他债权人申请查封，抵押预告登记权利人虽然也不能请求排除强制执行，但在满足一定条件的情况下，可以主张标的物优先受偿。为什么要赋予抵押预告登记以保全的效力，原因也很简单：大多数情况下，是因为有其他债权人申请人民法院执行抵押财产。由于抵押权本身不能排除强制执行，因此抵押预告登记权利人自然也无法要求排除强制执行，但只要符合抵押登记条件，就应参照《执行异议与复议解释》第30条的规定，赋予抵押预告登记权利人优先受偿的权利。第三，抵押人破产时的优先受偿权，已如前述。总之，抵押权预告登记问题是一个很重要的问题，也是《民法典担保解释》的一大亮点。尽管在制定《民法典担保解释》的过程中，对于这一规定存在很多争议，但我们最终还是把它规定了下来。

三、以划拨用地使用权设定抵押的效力

接下来我们讲以划拨用地使用权设定抵押的问题。以划拨用地使用权设定抵押的效力认定规定在《民法典担保解释》第50条，这里实际上涉及两个问题：第一个问题是，以划拨建设用地使用权上的建筑物设定抵押的效力认定；第二个问题是，划拨用地上没有建筑物，当事人直接约定以划拨用地使用权设定抵押。这个问题与前一个问题需不需要区别对待？从我们到自然资源部不动产登记局进行调研的情况来看，似乎有区别对待的必要，因为在他们看来，如果是当事人仅以划拨用地使用权设定抵押，登记机构将不会办理抵押登记，但如果是以划拨用地使用权上的建筑物设定抵押，则可以办理抵押登记，因为抵押人对划拨土地上的建筑物享有所有权，自然也就有处分的权能，但抵押人对划拨土地使用权没有处分的权能，故不能单独以划拨土地使用权进行抵押。我个人认为，虽然这个思路并非不无道理，但未注意到土地与建筑之间的关系。大家知道，与欧洲大陆法系国家采取房地一体的立法体例不同（土地吸收房屋，故土地和房屋在法律上为一个标的物），我国实行房地分离

的立法体例,即房屋和土地在民法上是两个不同的标的物,可以分别成立房屋所有权和土地所有权,这就为我国在坚持土地公有制的同时,通过建立土地使用权制度解决市场经济的用地问题提供了法律基础,因为单位或者个人虽然不能取得土地所有权,但却可以通过取得土地使用权进而对房屋享有所有权。不过,我们虽然将房屋和土地在法律上看作不同的标的物,但从自然状态看,房屋是离不开土地的,所以我国长期以来就坚持"房随地走,地随房走"的立法政策,例如根据《民法典》的相关规定,转让房屋所有权的,土地使用权一并转让,而转让土地使用权的,房屋所有权也一并转让;以房屋所有权抵押的,土地使用权一并抵押,而以土地使用权抵押的,房屋所有权也一并抵押。基于这一立法政策,以划拨用地使用权上的建筑物设定抵押,划拨用地使用权也必然一并抵押。也就是说,即使是以建筑物设定抵押权,因"地随房走",也会涉及划拨用地使用权能否抵押的问题。

(一)划拨土地使用权的转让及其性质

既然无论以划拨用地使用权直接抵押还是以划拨土地上面的建筑物抵押,都涉及划拨用地使用权能否抵押的问题,那我们就先来分析这个问题。大家知道,抵押本身也是对标的物的一种处分,因为抵押权的实现会涉及标的物的转让。所以,划拨土地使用权能否抵押,先要从划拨土地使用权的转让谈起。

问题是,划拨土地使用权能否转让呢? 从《土地管理法》的规定看,应作否定回答,因为根据《土地管理法》第 54 条的规定,仅在下列情形下,经县级以上人民政府依法批准,当事人才可以取得划拨土地使用权:(1)国家机关用地和军事用地;(2)城市基础设施用地和公益事业用地;(3)国家重点扶持的能源、交通、水利等基础设施用地;(4)法律、行政法规规定的其他用地。既然划拨土地使用权只能通过行政审批的方式自国家那里取得,自然就不能通过转让的方式从他人处取得。就此而言,划拨土地使用权不具有可转让性,自然也就不能用来抵押。但从实践的情况看,不仅存在划拨土地使用权的转让,当事人还可能会以划拨土地使用权进行抵押。如何看待实践中发生的划拨土地使用权转让呢?《最高人民法院关于审理涉及国有土地使用权合同纠纷案件适用法律问题的解释》(2020 年修正,以下简称《土地使用权解释》)实际上是将当事人达成的土地使用权转让合同理解为补偿性质的合同。例如该解释第 10 条规定:"土地使用权人与受让方订立合同转让划拨土地使用权,起诉前经有批准权的人民政府同意转让,并由受让方办理土地使用权出让手续的,土地使用权人与受让方订立的合同可以按照补偿性质的合同处理。"该解释第 11 条规定:"土地使用权人与受让方订立合同转让划拨土地使用权,起诉前经有批准权的人民政府决定不办理土地使用权出让手续,并将该划拨土地使用权直接划拨给受让方使用的,土地使用权人与受让方订立的合同可以按照补偿性质的合同处理。"

根据上述规定,**受让人取得划拨土地使用权并非是因为转让方将其享有的划拨土地使用权转让给了自己,而是通过政府的批准行为从国家取得的划拨土地使用权,因此,受让人与转让人之间的合同被界定为补偿性质的合同。**为什么是补偿性质的合同?因为转让方如果不放弃划拨土地使用权,则受让方也就无法通过行政审批从国家那里取得划拨土地使用权或者通过出让方式从国家那里取得出让土地使用权,所以受让方应当对转让方的损失进行补偿,此其一;其二,转让方在签订划拨土地使用权转让合同时,很可能土地上已有建筑物,而根据"房随地走"的立法政策,在受让方取得土地使用权后,也当然取得建筑物的所有权,因此受让方应当对转让方进行补偿。

既然划拨土地使用权转让合同在法律性质上是补偿性的合同,那么受让人取得划拨土地使用权实际上是通过行政审批行为从国家那里取得的,而不是从转让方那里取得的。也就是说,即使当事人达成了划拨土地使用权转让协议,受让人取得划拨土地使用权也须经过人民政府的批准。也正因如此,2005 年发布的《土地使用权解释》第 11 条规定:"土地使用权人未经有批准权的人民政府批准,与受让方订立合同转让划拨土地使用权的,应当认定合同无效。但起诉前经有批准权的人民政府批准办理土地使用权出让手续的,应当认定合同有效。"可见,虽然当事人之间订立的划拨土地使用权转让合同是补偿性质的合同,但双方履行该合同的结果,是转让方丧失了土地使用权,而受让人则取得了土地使用权,故必须经过人民政府的批准。

(二)划拨土地使用权转让或抵押的效力

值得注意的是,对于未经人民政府批准的划拨土地使用权转让合同的效力,根据 2005 年发布的《土地使用权解释》第 11 条的规定,除非起诉前经有批准权的人民政府批准办理土地使用权出让手续,否则该合同应被认定无效。与此相呼应,2002 年发布的《最高人民法院关于破产企业国有划拨土地使用权应否列入破产财产等问题的批复》(以下简称《破产财产批复》)中亦明确规定,破产企业以划拨方式取得的国有土地使用权不属于破产财产。企业对其以划拨方式取得国有土地使用权无处分权。以该土地使用权为标的物设定抵押,除依法办理抵押登记手续外,还应具有审批权限的人民政府或土地行政管理部门批准,否则应认定抵押无效。如果企业对以划拨方式取得的国有土地使用权设定抵押时,履行了法定的审批手续并依法办理了抵押登记,应当认定抵押是有效的。可见,在当时看来,划拨土地使用权是政府无偿给用地单位的,所以在企业破产时不属于破产财产,且也没有处分权,只能由有关人民政府依法予以收回并依法处置。也正因如此,企业以划拨土地使用权抵押,也必须经人民政府批准,否则抵押无效。

需要指出的是,关于国有企业以关键设备、成套设备、厂房设定抵押的效力问题,2002 年《破产财产批复》一方面指出应依据《关于国有工业企业以机器设备等财产为抵押物与债权人签订的抵押合同的法律效力问题的批复》(法释〔2002〕14 号)办理的同时,还规定国有企业以建筑物设定抵押的效力问题,应区分两种情况处理:如果建筑物附着于以划拨方式取得的国有土地使用权之上,将该建筑物与土地使用权一并设定抵押的,对土地使用权的抵押需履行法定的审批手续,否则,应认定抵押无效;如果建筑物附着于以出让、转让方式取得的国有土地使用权之上,将该建筑物与土地使用权一并设定抵押的,即使未经有关主管部门批准,亦应认定抵押有效。可见,根据这一规定,即使当事人以划拨土地上的建筑物进行抵押,由于"地随房走",必然涉及划拨土地使用权抵押,因此也应办理审批手续,否则抵押无效。

不过,2005 年《土地使用权解释》将人民政府的批准作为划拨土地使用权转让合同有效的要件,明确规定未经审批,则合同无效。2002 年

《破产财产批复》虽然也规定以划拨土地使用权抵押,如果未经审批,则抵押无效,但究竟是抵押合同无效还是物权变动无效,2002 年《破产财产批复》并没有明确。此外,无论是《合同法解释(一)》还是《合同法解释(二)》以及《外商投资企业解释(一)》《矿业权解释》等,都将未经审批的合同界定为未生效合同,而非无效合同。这就引发一个问题,尽管划拨土地使用权的转让和抵押都需要经过人民政府的批准,但批准究竟是影响合同的效力还是影响物权的变动呢?如果是影响合同的效力,那么未经批准的合同究竟是未生效合同还是无效合同呢? 这些问题,都是值得我们思考的问题。

当然,关于划拨用地使用权的抵押,后来的司法政策也发生了一些变化。国土资源部于 2004 年 1 月 15 日发布了《关于国有划拨土地使用权抵押登记有关问题的通知》(国土资发〔2004〕9 号) ,明确指出:"以国有划拨土地使用权为标的物设定抵押,土地行政管理部门依法办理抵押登记手续,即视同已经具有审批权限的土地行政管理部门批准,不必再另行办理土地使用权抵押的审批手续。"这个规定非常重要,意思也非常明确,就是说当事人以划拨用地使用权抵押时,只要登记机构办理了抵押登记,就视同已经办理了审批手续。应该说,这个规定在当时具有一定的合理性,因为当时的登记机构与审批机关是相同的,都是国土资源部门。既然登记机构与审批机关是同一机构,那么当事人办理了抵押登记手续自然可以视为已经获得审批机关的批准。也正因如此,2004 年最高人民法院发布《关于转发国土资源部〈关于国有划拨土地使用权抵押登记有关问题的通知〉的通知》,明确要求"在《通知》发布之日起,人民法院尚未审结的涉及国有划拨土地使用权抵押经有审批权限的土地行政管理部门依法办理抵押登记手续的案件,不以国有划拨土地使用权抵押未经批准而认定抵押无效"。也就是说,抵押登记包含行政审批的性质,只要当事人已经办理了抵押登记,就意味着划拨土地使用权的抵押已经有审批权限的土地行政管理部门批准,自然不能再以没有经过批准否定抵押的效力。

需要说明的是,无论是国土资源部的通知,还是最高人民法院的通知,认定抵押登记包含行政审批的性质都是有历史背景的。2007 年《物权法》施行后,不动产登记被理解为不动产物权的公示方式,本身并不包含行政管理的性质,更谈不上具有行政审批的性质。此外,随着《不动产登记暂行条例》以及《不动产登记暂行条例实施细则》的施行,不动产登记机构也从自然资源部门分离出来,虽然在行政上归属自然资源部门管理,但在法律地位上成为相对独立的机构。在此背景下,还能否将不动产登记机构的抵押登记行为理解为包含行政主管部门的审批行为,就值得作进一步的思考。我个人的意见是,不动产登记机构在办理不动产登记时,仅仅对当事人提交的材料进行形式审查(或称有限的实质审查),自然不能将不动产登记理解为具有行政审批的性质,而仅仅是一种不动产物权的公示行为。既然如此,由于《土地管理法》明确规定划拨用地使用权只能通过行政审批取得,因此划拨土地使用权的抵押也应另行获得行政主管部门的审批。

问题是,如果当事人没有办理审批,究竟是影响抵押合同的效力,还是影响抵押权的设立呢? 从《民法典》第 502 条(《合同法》第 44 条)的表述来看,似乎应理解为影响合同的效力。但是,如果将《民法典》第502 条(《合同法》第 44 条)关于行政审批对合同效力的影响严格限制在法律、行政法规明确规定未经审批则合同未生效的情形,则在当事人以划拨土地使用权抵押时,即使当事人未办理审批,也可以理解为仅影响抵押权的设立,而不影响抵押合同的效力。考虑到有关部门的同志在解读《民法典》第 502 条时,也表达了这个意思,即应将《民法典》第 502 条(《合同法》第 44 条)关于行政审批对合同效力的影响严格限制在法律、行政法规明确规定未经审批则合同未生效的情形,基于这一思路,《民法典担保解释》第 50 条也就不再将行政审批作为影响合同效力的因素,而是将其作为影响抵押权设立的因素。不仅如此,《民法典》编纂完成后,最高人民法院在对 2005 年《土地使用权解释》进行清理时,也删除了该解释第 11 条的规定。据此,无论是划拨土地使用权的转让还是抵押,即使当事人未办理审批,也都不影响转让合同或者抵押合同的效力。

(三)行政审批对抵押权设立的影响

尽管行政审批不影响抵押合同的效力,但还是会影响到抵押权的设立。在《民法典》施行后,法律关于行政审批的要求又如何落实呢? 是不是只要当事人办理了抵押登记,就应理解为包含了行政审批呢? 我个人的意见是,既然抵押登记由登记机构办理,而登记机构并不是审批机关,因此就不能将抵押登记理解为包含行政审批。但是,登记机构可以在办理抵押登记时,要求当事人必须先到审批机关进行批准,如果未办理审批手续,则可以拒绝办理抵押登记。也就是说,登记机构可以将办理审批手续作为当事人申请办理抵押登记手续的条件。这样一来,就不仅落实了法律关于行政审批的要求,也能在一定程度保护当事人的交易安全,因为即使没有办理审批手续,抵押合同仍然有效,债权人即可请求抵押人履行报批义务,并最终取得抵押权。可见,如果将行政审批理解为仅仅影响抵押权的设立,而不影响抵押合同的效力,就应将行政审批作为登记机构办理抵押登记的条件或者前提,否则,就可能导致行政审批被架空。也就是说,登记机构在办理涉及划拨用地使用权抵押的登记时,应将当事人已经取得审批机关的批准作为办理抵押登记的前提或者条件。

此外,还有一个问题值得注意:如果抵押人向审批机关提交了审批申请,但审批机关没有同意该申请,此时抵押人应承担何种责任? 在行政审批影响合同效力的情形下,如果审批机关作出不同意的决定,则当事人即可要求解除合同,但不能要求对方承担违约责任,因为审批机关是否作出同意的决定,这是双方当事人都无法控制的,也是双方在订立合同时能够预见到的。但是,在将行政审批理解为不影响合同效力,而仅影响抵押权设定的情形下,就可能导致抵押人在审批机关不予批准的情况下还要承担违约责任的结果,因为此时合同有效,且我国民法对违约责任采无过错责任原则,以致不少人认为,审批机关不予批准属于合同当事人一方因第三人的原因不能履行合同,根据《民法典》第593条(《合同法》第121条)的规定,应先向对方承担违约责任,至于当事人一方和第三人之间的纠纷,再依照法律规定或者按照约定处理。我的意见是,如果认为行政审批不影响合同效力而仅影响物权的变动,就要在违约责任问题上将可归责性作为追究当事人违约责任的要件,而不能动辄以第三人原因为由追究违约责任,否则,就导致抵押人将承担审批机关不予批准带来的全部风险,这对他来说显然是不公平的。

总之，**目前的司法政策越来越强调行政审批并非对合同效力发生影响，而仅仅影响到合同的履行，进而影响物权的变动。**也正是在此种政策的指导下，《土地使用权解释》不再将未经审批的划拨土地使用权转让合同规定为无效合同，《民法典担保解释》第50条也不再将批准作为划拨土地使用权抵押合同的有效要件。与此相呼应，《民法典》编纂完成后，最高人民法院在清理《破产财产批复》时，对该批复进行了修改，将"企业对其以划拨方式取得的国有土地使用权无处分权，以该土地使用权为标的物设定抵押，除依法办理抵押登记手续外，还应经具有审批权限的人民政府或土地行政管理部门批准。否则，应认定抵押无效。如果企业对以划拨方式取得的国有土地使用权设定抵押时，履行了法定的审批手续，并依法办理了抵押登记，应认定抵押有效"修改为"企业对其以划拨方式取得的国有土地使用权无处分权，以该土地使用权设定抵押，未经有审批权限的人民政府或土地行政管理部门批准的，不影响抵押合同效力；履行了法定的审批手续，并依法办理抵押登记的，抵押权自登记时设立"，并删除了"国有企业以建筑物设定抵押的效力问题，应区分两种情况处理：如果建筑物附着于以划拨方式取得的国有土地使用权之上，将该建筑物与土地使用权一并设定抵押的，对土地使用权的抵押需履行法定的审批手续，否则，应认定抵押无效；如果建筑物附着于以出让、转让方式取得的国有土地使用权之上，将该建筑物与土地使用权一并设定抵押的，即使未经有关主管部门批准，亦应认定抵押有效"这一表述。

(四)《民法典担保解释》第50条的理解

在当事人以划拨土地使用权抵押的情况下，尽管抵押合同不因没有办理批准手续而无效或者不生效，但《民法典担保解释》第50条仍然区分两种情形规定行政审批对合同履行以及抵押权设立的影响：《民法典担保解释》第50条第1款规定："抵押人以划拨建设用地上的建筑物抵押，当事人以该建设用地使用权不能抵押或者未办理批准手续为由主张抵押合同无效或者不生效的，人民法院不予支持。抵押权依法实现时，拍卖、变卖建筑物所得的价款，应当优先用于补缴建设用地使用权出让金。"第2款规定："当事人以划拨方式取得的建设用地使用权抵押，抵押人以未办理批准手续为由主张抵押合同无效或者不生效的,人民法院不予支持。已经依法办理抵押登记,抵押权人主张行使抵押权的,人民法院应予支持。抵押权依法实现时所得的价款,参照前款有关规定处理。"为什么要区分两种情况分别作规定? 这主要是受不动产登记机构的影响所致。前面谈到,自然资源部不动产登记局的同志认为,抵押人以划拨建设用地上的建筑物抵押,因抵押人对建筑物享有所有权,故无须审查当事人是否获得行政审批,即可办理抵押登记,但如果是直接以划拨取得的建设用地使用权抵押,则仍需要先审查当事人是否获得行政审批,才能办理抵押登记。如果按照这一意见,则应当区分当事人究竟是以划拨建设用地上的建筑物抵押,还是直接以划拨取得的建设用地使用权进行抵押,因为在前一种情形下,不仅抵押合同的效力不受是否行政审批的影响,合同的履行也不受行政审批的影响,在抵押合同签订后,如果双方没有办理抵押登记,则即使没有获得行政审批,债权人也可依据《民法典担保解释》第46条第1款的规定,请求抵押人协助办理抵押登记,从而取得抵押权,只不过根据第50条的规定"抵押权依法实现时,拍卖、变卖建筑物所得的价款,应当优先用于补缴建设用地使用权出让金"。

但是,在后一种情形下,虽然行政审批不影响抵押合同的效力,但却会影响抵押合同的履行,进而影响抵押权的设立。也就是说,在抵押合同签订后,虽然抵押合同不因没有取得审批机关的批准而无效或者未生效,但在办理抵押登记时,登记机构还是要审查是否取得审批机关的批准,如果没有取得审批机关的批准,则登记机构将拒绝办理抵押登记,此时抵押权就不能设立,债权人也无法仅仅根据抵押合同请求抵押人协助办理抵押登记,从而取得抵押权,而只能请求抵押人承担其应当承担的违约损害责任。只有在当事人已经取得审批机关的批准,并办理完抵押登记的情况下,债权人才能主张实现抵押权。

当然,对于上述思路,我个人觉得还是要慎重。如前所述,即使是以划拨土地使用权上的建筑物抵押,因"地随房走",也会涉及划拨用地使用权的抵押,所以也要尊重现行法所要求的审批程序。从前述《土地管理法》关于划拨土地使用权之取得的规定来看,无论是直接取得划拨土地使用权,还是通过买卖建筑物间接取得划拨土地使用权,都应该办理审批手续。《土地管理法》并未区分二者予以不同处理。此外,《国务院办公厅关于完善建设用地使用权转让、出租、抵押二级市场的指导意见》(国办发〔2019〕34 号,以下简称《指导意见》)在谈到"明晰不同权能建设用地使用权转让的必要条件"时指出,"以划拨方式取得的建设用地使用权转让,需经依法批准,土地用途符合《划拨用地目录》的,可不补缴土地出让价款,按转移登记办理;不符合《划拨用地目录》的,在符合规划的前提下,由受让方依法依规补缴土地出让价款";在谈到"明确不同权能建设用地使用权抵押的条件"时也指出,"以划拨方式取得的建设用地使用权可以依法依规设定抵押权,划拨土地抵押权实现时应优先缴纳土地出让收入"。可见,尽管《指导意见》没有明确划拨土地使用权抵押是否需要办理审批手续,但也强调了要"依法依规"。在我看来,这个"依法依规"就是要符合划拨土地使用权转让的条件,且无论是划拨土地使用权转让还是抵押,《指导意见》并未区分转让或者抵押的是划拨土地使用权上的建筑物,还是划拨土地使用权本身。所以,从尊重法律以及相关政策的角度看,即使当事人以划拨土地使用权的建筑物进行抵押,登记机构在办理抵押登记时,也应审查当事人是否已经获得审批机关的批准。就此而言,《民法典担保解释》第 50 条区分两种情况予以规定,实际意义并不大。

四、房地关系与在建工程抵押的效力

(一)房地关系的立法体例

前面谈到划拨用地使用权抵押时,已经涉及房地关系对划拨用地使用权抵押的影响。事实上,房地关系除了影响划拨用地使用权抵押,还会对不动产抵押制度产生其他方面的影响,所以,我想就房地关系再作一个进一步的梳理。前面谈到,与欧洲的大陆法系国家采取"房地一体"的立法体例不同,我国在对待土地和房屋的关系问题上,与日本、韩国等东亚国家是一致的,即采取的是"房地分离"的立法体例。在欧洲大陆法系国家,在民法上采取"土地吸收房屋"的做法,认为只有土地才是一个独立的不动产,而房屋是土地的成分。这种"房地一体"的立法体例有其优势，因为它尊重了房屋和土地不可分离的自然属性，不会发生房屋和土地的所有者相互分离的问题，从而尽可能保持所有者的一致性。但是这种立法体例也有它的弊端，即无法适应社会经济生活的需要，因为如果严格贯彻这一立法体例，就会导致民事主体要取得房屋的所有权，就必须先取得土地的所有权，而土地数量有限且价值高昂，很多人无法获得土地所有权，也就无法获得房屋所有权。也正因如此，在采取"房地一体"立法体例的国家或者地区，大多会在民法上确立一个叫作地上权的制度。这个地上权旨在阻止土地对房屋的吸收，并为民事主体享有房屋所有权提供一个地权基础。也就是说，有些民事主体虽然无法取得土地所有权，但是如果能够取得一个作为用益物权的地上权，则可以阻止土地吸收房屋，为其对房屋享有所有权提供地权基础。这是欧洲国家的普遍做法，目的在于一方面坚守"房地一体"的立法体例，另一方面也可以解决社会的需求，尤其是可以满足老百姓在不享有土地所有权的情况下，对房屋所有权的拥有。

　　我国与东亚多数国家或者地区做法相似，采取的是"房地分离"的立法体例：房子是房子，土地是土地，在民法上它们是不同的两个标的物，因而会产生两个所有权，即土地所有权和房屋所有权。这样的立法体例有很大的好处，尤其是我国采取社会主义公有制，土地归国家所有或者集体所有，单位、个人对土地不能享有所有权，但我们又要搞社会主义市场经济，这就要满足单位、个人对房屋享有所有权，并使房屋的所有权能够自由转让。"房地分离"的立法体例正好可以解决这个问题，即土地所有权归国家或者集体，单位或者个人对房屋可以享有所有权。但"房地分离"的立法体例也会带来一些问题，因为房屋和土地虽然在法律上是两个不同的不动产，但大家知道，从自然属性的角度看，房屋是不可能离开土地存在的。所以，在采取"房地分离"立法体例的国家或者地区，大多在立法政策和司法政策上强调"房随地走、地随房走"，从而尽可能使土地的权利人与房屋的权利人保持一致，避免权利发生冲突。我国民法也不例外，例如《民法典》第356条规定："建设用地使用权转让、互换、出资或者赠与的，附着于该土地上的建筑物、构筑物及其附属设施一并处分。"《民法典》第357条规定："建筑物、构筑物及其附属设施转让、互换、出资或者赠与的,该建筑物、构筑物及其附属设施占用范围内的建设用地使用权一并处分。"显然,之所以如此规定,就是为了避免建设用地使用权与房屋所有权发生分离,分别归属不同民事主体享有,从而出现权利冲突,不利于物尽其用原则的实现。

总之,"房地一体"和"房地分离"各有利弊,如果采取"房地一体"的立法体例,就要通过创设地上权制度适当将房屋和土地分离开来,以满足社会经济生活对房屋所有权的需求;相反,如果采取"房地分离"的立法体例,则在立法政策和司法政策上就要采取"房随地走、地随房走"的规则,尽可能使土地权利的主体和房屋权利的主体保持一致,避免发生权利冲突。

(二)房地分别抵押的法律适用

在"房地分离"的立法体例下,由于房屋和土地是相互独立的两个不动产,因此权利人就可以分别以房屋或者土地使用权进行抵押。为了贯彻"地随房走、房随地走"的立法政策,《民法典》第397条第1款(《物权法》第182条第1款)规定:"以建筑物抵押的,该建筑物占用范围内的建设用地使用权一并抵押。以建设用地使用权抵押的,该土地上的建筑物一并抵押。"这个"一并抵押",是一种法定的物权变动,既不需要当事人约定,也不需要当事人办理抵押登记。也就是说,即使在过去房地分别办理登记的年代,如果当事人仅仅约定以建设用地使用权抵押,且仅就建设用地使用权办理抵押登记,根据上述条文的规定,建设用地使用权上的建筑物也应当一并抵押;相反,如果当事人仅仅约定以建筑物抵押,且仅就建筑物办理抵押登记,但根据上述条文的规定,对应的建设用地使用权也应一并抵押。

问题是,在过去实行房地分别登记的情况下,如果当事人分别以建设用地使用权和建筑物抵押,如何判断抵押权的效力范围呢?例如我将房子作为抵押物抵押给张三,又将建设用地使用权抵押给李四,并分别办理了抵押登记,但张三登记在前,李四登记在后,如何确定张三和李四所享有的抵押权的效力范围?实践中,一种观点认为,张三虽然办理的是房屋抵押登记,但是根据《物权法》第182条的规定,该抵押权的效力应及于相对应的建设用地使用权,所以他应有权就拍卖、变卖房屋和建设用地使用权的价款优先受偿。另一种观点则认为,既然张三是以房屋抵押,就只能就拍卖、变卖房屋的价款优先受偿,不能对拍卖、变卖建设用使用权的价款优先受偿,因为《物权法》第182条仅仅意味着在拍卖、变卖房屋时,应将房屋与建设用地使用权一并处理,即一并拍卖、变卖,才能最大限度实现标的物的价值,也可以避免房屋和建设用地使用权分别归属不同的民事主体,从而造成权利冲突,但在一并拍卖、变卖房屋和建设用地使用权后,仍然应区分房屋的价值和建设用地使用权的价值,张三仅在房屋价值范围内优先受偿,李四则可在建设用地使用权价值范围内优先受偿。

　　以上两种观点哪个正确? 首先涉及《民法典》第397条(《物权法》第182条)的立法目的,即这一规定究竟是将房屋抵押的效力范围扩张到建设用地使用权或者将建设用地使用权抵押的效力范围扩张到房屋,还是说这一规定仅仅是为了最大限度实现标的物的价值并避免权利发生冲突而要求人民法院在实现抵押权时,应将房屋和建设用地使用权一并拍卖、变卖。有人认为,从保护当事人交易安全的情况下,应采取第二种观点,即张三仅在房屋的价值范围内优先受偿、李四仅在建设用地使用权的价值范围优先受偿,更能保护当事人的合理预期,因为李四在接受建设用地使用权抵押时,可能只查阅了土地登记簿,而未查阅房屋登记簿,因而不知道也不应知道房屋上已经存在抵押权,如果认为房屋抵押权的效力及于建设用地使用权,就可能导致其承担过高的交易风险,例如张三被担保的债权额是1000万元,李四被担保的债权额是1000万元,但房屋和建设用地使用权一并拍卖所得价款只有1500万元,如果认为张三享有的房屋抵押权在效力上及于建设用地使用权,就可能会导致李四只能在500万元的范围内优先受偿。但是,如果房屋和建设用地使用权一并拍卖所得1500万元,经过评估,房屋价值600万元,建设用地使用权的价值为900万元,则张三在600万元的范围内优先受偿,李四在900万元的范围内优先受偿,就可以保护当事人的合理预期,因为张三在接受房屋作为抵押物时,自应知道只能以房屋的价值优先受偿,而不能以建设用地使用权的价值优先受偿。

　　我个人的意见是,虽然上述观点有一定道理,但从体系解释的角度看,上述观点则值得商榷。例如,《民法典》第 417 条规定:"建设用地使用权抵押后,该土地上新增的建筑物不属于抵押财产。该建设用地使用权实现抵押权时,应当将该土地上新增的建筑物与建设用地使用权一并处分。但是,新增建筑物所得的价款,抵押权人无权优先受偿。"该条自《物权法》第 200 条修改而来,但内容和精神并未发生变化。从这一规定进行反对解释,既然新增的建筑物不属于抵押财产,就意味着抵押权设定时已有的建筑物属于抵押财产。另外,如果《民法典》第 397 条仅仅是要求人民法院在实现抵押权时,将建筑物和建设用地使用权一并拍卖,那么,无论是《物权法》还是《民法典》,区分新增建筑物和已有建筑物又有何意义呢?显然,从《物权法》和《民法典》强调区分新增建筑物和已有建筑物的角度来看,也应理解为建筑物抵押的效力及于建设用地使用权,而建设用地使用权抵押的效力也应及于已有的建筑物。至于是否因此影响当事人的交易安全,我的意见是,一旦明确了规则,就不存在对严重影响当事人交易安全的隐患,因为在上述规则下,无论是接受房屋抵押的张三,还是接受建设用地使用权抵押的李四,在签订抵押合同时,都不仅要查阅房屋登记簿,也要查阅对应的土地登记簿。也就是说,即使在房地分别办理登记的背景下,当事人通过全面查阅土地登记簿和房屋登记簿,其交易安全也是可以得到保护的。当然,在目前实行统一的不动产登记制度后,这个问题就更加不再重要,因为无论是以建筑物抵押还是以建设用地使用权抵押,都要求在统一的不动产登记簿上进行公示。也正因如此,《九民纪要》第 61 条明确规定:"根据《物权法》第 182 条之规定,仅以建筑物设定抵押的,抵押权的效力及于占用范围内的土地;仅以建设用地使用权抵押的,抵押权的效力亦及于其上的建筑物。在房地分别抵押,即建设用地使用权抵押给一个债权人,而其上的建筑物又抵押给另一个人的情况下,可能产生两个抵押权的冲突问题。基于'房地一体'规则,此时应当将建筑物和建设用地使用权视为同一财产,从而依照《物权法》第 199 条的规定确定清偿顺序:登记在先的先清偿;同时登记的,按照债权比例清偿。同一天登记的,视为同时登记。应予注意的是,根据《物权法》第 200 条的规定,建设用地使用权抵押后,该土地上新增的建筑物不属于抵押财产。"

（三）"地随房走"在范围上的限制

当然,尽管《九民纪要》对于房地关系在担保制度中的运用作出了明确规定,为我们处理相关问题提供了裁判依据,但是,实践是丰富的,还是有一些问题可能会引发争议。例如,我们在制定《民法典担保解释》的过程中,最高人民法院第三巡回法庭就遇到一个疑难案件,并就其中的法律问题向其他审判部门征求意见。这是个什么问题呢?案情很简单,当事人对于事实的争议也不大:一个企业向银行融资,便将自己享有所有权的某个建筑物抵押给银行,办理了建筑物抵押登记。但是,这个建筑物所对应的建设用地比较大,建筑物仅占建设用地不到一半的面积。银行主张依据《物权法》以及《九民纪要》的上述规定,一并拍卖建筑物和建设用地使用权,并就获得的价款优先受偿。但是,债务人的其他债权人提出执行异议,认为银行虽然可以请求法院一并拍卖建筑物和建设用地使用权,但只能就建筑物以及建筑物占有范围的建设用地使用权的价值优先受偿,而不能就建筑物占有范围外的建设用地使用权的价值优先受偿。也就是说,债务人的其他债权人认为,虽然法院在拍卖建筑物时,应一并拍卖整个建设用地使用权,但应将建设用地使用权的价值一分为二,银行只能对建筑物占有的建设用地使用权的价值优先受偿,无权对建筑物占有范围之外的建设用地使用权的价值优先受偿,至于如何确定建筑物所占建设用地的范围,则可以采取投影法,即建筑物投影所占建设用地,就是建筑物所占建设用地的范围。

对于当事人之间的上述争议,也存在两种不同的意见:一种意见认为,由于建设用地使用权是一个整体,既不能从物理上进行分割,也不能从价值上进行分割,因此,根据《物权法》以及《九民纪要》的规定,应认为银行对建筑物以及全部建设用地使用权的价值有优先受偿权;另一种意见认为,《物权法》与《九民纪要》关于房地分别抵押的规定,主要是考虑到建筑物与土地之间的自然关系,即建筑物不能离开土地而单独存在,而建设用地使用权虽然不能在物理上进行分割,但是在价值上,则完全可以分割,如果认为银行因接受建筑物抵押就取得对整个建设用地使用权的优先受偿权,就会对抵押人的其他债权人不公平。我的意见是,上面两种观点虽然都有一定的道理,但都过于绝对,因为实践中的情形可能不完全相同,采取一个观点,就会过于极端。例如,在有些案件中,虽然建设用地的面积大于建筑物占有的面积,但大于部分不具有单独使用的价值,且规划上就只有这一个建筑物,此时如果按照上述第二种观点,在价值上区分建筑物占有的部分和建筑物没有占有的部分,就没有意义,也不符合《物权法》以及《九民纪要》的精神;相反,如果建设用地的面积远大于建筑物占有的面积,且大于部分具有单独使用的价值,而规划部门也表示同意增建其他建筑物,此时如果按照上述第一种观点,对抵押人的其他债权人就不公平,因为毕竟当事人是以建筑物进行抵押,只不过其效力及于建设用地使用权,如果将全部建设用地使用权都理解为抵押权效力所及的范围,就可能会诱发当事人以建筑物抵押为名,而实际是为了获得建设用地使用权抵押的效力。这就有点类似赵本山在某个小品中的表演:一个人正在卖猫,但买者看中的是猫吃东西时用的碗,为了得到猫碗,便将猫买下。在此类案件中,也要防止当事人本来看中的是建设用地使用权的价值,但却以建筑物抵押为手段,来实现对建设用地使用权的优先受偿。

基于上述思考,我曾建议《民法典担保解释》就此作出明确规定:当事人以建筑物抵押,抵押权的效力原则上应及于对应的建设用地使用权,但如果建设用地的面积远大于建筑物占有的面积,且剩余部分具有独立使用价值,则抵押权的效力范围仅及于建筑物占有部分的面积。问题是,如何判断剩余部分是否"远大于"且具有独立使用价值呢?我的意见是,首先要判断建设用地的面积是否明显较大,具有使用功能上的独立性,其次要征询规划部门的意见,看看规划部门对剩余地块的态度。所以,在上面的案件中,我的意见是如果说建筑物占有之外剩余的地块有独立使用价值,而这一点可以和当地的规划部门进行沟通进行判断,则银行只能就建筑物和建筑物投影部分所占面积的建设用地的价值享有优先受偿权。

尽管上述思路我个人是比较认可的,但在表述上面确实有点费劲,且容易引起误解,例如"建筑物所占用的土地使用权的面积远大于建筑物所占用的面积""且具有独立使用的价值",都带有很大模糊性,往往取决于法官就具体案件进行认定,所以最后还是把这一规定给删掉了。

当然,尽管没有司法解释的明确规定,上面的意见仍然可以供审理此类案件的法官参考。

(四)《民法典担保解释》第 51 条解读

刚才谈到,当事人以建设用地使用权抵押,则抵押权效力及于已有建筑物,但不及于新增建筑物。但在实践中,已有建筑物与新增建筑物的区分有时并非泾渭分明,而是有一个模糊的地带。例如,当事人在建设用地使用权抵押登记时,房屋已经开始建设,但又还没有竣工。此时,建筑物究竟是新增建筑还是已有建筑呢?对此,我们的意见是,按现状处理,即将建筑物区分为已完成部分和续建部分,认定建设用地使用权抵押的效力及于已完成部分,但不及于续建部分。据此,《民法典担保解释》第 51 条第 1 款规定:"当事人仅以建设用地使用权抵押,债权人主张抵押权的效力及于土地上已有的建筑物以及正在建造的建筑物已完成部分的,人民法院应予支持。债权人主张抵押权的效力及于正在建造的建筑物的续建部分以及新增建筑物的,人民法院不予支持。"

此外,在当事人以在建工程进行抵押的情况下,也常常会面临如下争议:抵押权的效力范围究竟是仅包括已完成的建设工程,还是也包括规划中将要建设的部分或者担保合同中约定的续建部分或者新增建筑物?一种意见认为,《担保法解释》第 47 条规定,"以依法获准尚未建造的或者正在建造中的房屋或者其他建筑物抵押的,当事人办理了抵押物登记,人民法院可以认定抵押有效",据此可以认定在建工程抵押的效力范围不仅包括正在建造中的建筑物,也包括依法获准尚未建造的建筑物。另一种则观点,《民法典》第 395 条第 1 款中仅规定"正在建造的建筑物、船舶、航空器"可以抵押,并未明确规定依法获准尚未建造的建筑物可以抵押,因此,在建工程抵押的效力范围应仅限于办理抵押登记时已完成的建筑物,而不包括规划中尚未建造的建筑物,也不包括担保合同中约定的续建部分或者新增建筑物。《民法典担保解释》第 51 条第 2 款采取的是后一种观点,明确规定:"当事人以正在建造的建筑物抵押,抵押权的效力范围限于已办理抵押登记的部分。当事人按照担保合同的约定,主张抵押权的效力及于续建部分、新增建筑物以及规划中尚未建造的建筑物的,人民法院不予支持。"之所以如此,除《民法典》第 395

条就在建工程抵押的范围进行了明确规定外,从实践的角度看,主要还考虑到目前不动产登记机构对在建工程抵押采取的是现状登记,即仅登记已完成工程,不登记尚未完成的工程,因此,为保护第三人的交易安全,就必须将在建工程抵押的效力范围限制在已经办理抵押登记的部分。

根据我们从自然资源部不动产登记中心的同志那里了解到的情况来看,在办理在建工程抵押时,登记机构必须进行现场查验,建筑物建造到几层就登记为几层,例如现在建造到三层就登记三层,以后建造到四层,就要换证,重新办理在建工程抵押登记。虽然此种程序比较烦琐,但他们认为能够保障交易的安全,因为其他权利人一查登记簿,就知道建筑物的哪几层被抵押了。例如,我们在实践中就遇到一些建筑物因烂尾而急需新的投资人注资的情况,新的投资人在注资前就需要调查在建工程到底有多少层已经办理了抵押登记,进而再决定是否注资。如果只要是在建工程抵押,就认为担保合同约定的续建部分或者新增建筑物以及规划中的整个建筑物都抵押了,新的投资人就不敢再注资进来。此外,从物权客体特定主义的角度看,也只有在标的物已经客观存在且特定化的情况下,担保物权人才能要就该标的物优先受偿,如果让抵押权的效力及于未来的财产,确实不利于保障其他主体的交易安全。

《民法典担保解释》第 51 条第 3 款规定:"抵押人将建设用地使用权、土地上的建筑物或者正在建造的建筑物分别抵押给不同债权人的,人民法院应当根据抵押登记的时间先后确定清偿顺序。"之所以作这个规定,是因为《民法典》第 414 条第 1 款仅就"同一财产"向两个以上债权人抵押时的清偿顺序进行了规定,但如前所述,建筑物与土地在我国民法上是两个不同的不动产,可以分别抵押,这就带来一个问题:如果当事人以建设用地使用权与建筑物或者在建工程分别抵押,清偿顺序如何确定? 显然,由于建设用地使用权抵押的效力及于建筑物、在建工程,建筑物或者在建工程抵押的效力也及于建设用地使用权,因此在房地分别抵押时,仍应根据《民法典》第 414 条第 1 款规定的清偿顺序确定各抵押权的优先顺位。

第二十七讲

动产抵押权与质押权

一、动产抵押的利弊

大家知道，动产抵押并非各国民法都承认的一个制度，不少大陆法系国家或者地区都不承认动产抵押制度。为什么呢？因为与不动产抵押制度一样，动产抵押制度也是以登记作为公示方式。尽管相对于占有作为公示方式，登记作为公示方式更加科学，因为它可以公示非常复杂的法律关系，而占有只能公示相对简单的法律关系，但是登记作为公示方式的成本很高，不仅需要国家建立一套登记的制度，还需要设立登记机关、配备登记人员等。更为重要的是，以登记作为公示方式，会带来大量的交易成本，因为当事人去登记需要花费时间和精力，查询登记簿也需要花费大量时间和精力。大家想一想，如果是不动产抵押，因不动产数量有限，且价值较大，无论是国家设立登记机构、配备登记人员，还是当事人办理登记、查询登记信息，虽然都要付出一定的交易成本，但与进行的交易进行比较，还是比较划算的。甚至在有些交易中，上述成本完全可以忽略不计。但动产不同，不仅数量巨大，有些动产的价值也不高，如果采取登记作为公示方式，交易成本就会很高。一方面，动产数量大，登记规模也必然很大，登记成本也就更高；另一方面，一些动产的价值较低，如果要求办理登记，就可能会出现得不偿失的局面。例如我的一个手机，本身就值几千元，现在抵押给你，如果要办理登记，我就会觉得很麻烦。更为重要的是，如果承认动产可以抵押，则我从张三那里买一个手机，就会担心上面有其他人的抵押权，就必须去查阅登记簿，看这部手机是不是抵押给了他人。显然，由于动产数量太大，我要查到这部手机的登记信息就会很难，加上手机价值不高，大家就会觉得成本实在太高。也正是因为登记作为公示方式的成本太高，不少国家或者地区认为抵押制度只能适用于不动产或者特殊动产(如航空器、船舶),不能适用于动产,动产要用于担保,就只能采取质押的方式,即将标的物交付给债权人占有来实现担保的目的。但是,动产质押也有动产质押的问题,因为质押要求出质人将标的物现实交付给债权人占有,这就会严重影响标的物的利用,因为质权人无权使用质物,出质人也无法使用质物。也正是在此情况下,一些国家(如德国)就通过学说和判例承认了让与担保制度。让与担保是标的物的所有权人为担保债务履行将标的物的所有权转让给债权人,它不要求标的物的现实交付,所以当事人往往采取占有改定这种观念交付作为交付方式来移转标的物的所有权,这就能够克服动产质押要求现实交付带来的弊端。

也正是由于让与担保大量采取占有改定等观念交付移转标的物所有权,因此让与担保也有其弊端,最主要是欠缺外在的公示,从而可能给第三人的交易安全造成隐患。大家想一想,债务人采取占有改定的方式将标的物所有权移转给债权人用于担保债务履行,从外观上是看不出来所有权移转的。此时如果债务人再将标的物出卖或者质押给第三人,而债权人在债权没有实现的情况下向第三人主张对标的物的所有权,第三人的交易安全又如何获得保障呢?所以,让与担保虽然克服了动产质押带来的问题,但本身也面临着正当化的危机。不过,从德国的实践来看,让与担保虽然欠缺公示,但并未严重影响到第三人的交易安全。这主要得益于德国较为成熟的交易模式。在德国,所有权保留与让与担保都是广泛运用的担保方式,但都欠缺公示,而之所以无须公示,就是因为原材料的提供者大多会采取所有权保留的方式来保障债权的实现,而产品的生产者也往往会将产品让与担保给与自己有合作关系的金融机构用于担保债务的履行。既然此种做法具有普遍性,当事人在与产品的生产者进行交易时,就会要求生产者提供原材料提供者的信息并到原材料提供者处调查其在哪些材料上保留了所有权,再去与生产者有合作关系的银行调查生产者的哪些产品已经让与担保给银行。也就是说,即使没有公示,第三人也可以通过"尽职调查"获知哪些财产上设立了担保物权。

在我国,所有权保留买卖虽然被《合同法》所承认,但在实践中的运用并不如德国那么普遍。此外,实践中虽然有不少当事人采取让与担保的方式担保债权的实现,但也未达到普遍的程度,在此背景下,是否应当承认让与担保制度,就是一个争议较大的问题。尤其是,自《担保法》施行以来,我国民法就已确立了动产抵押制度,而动产抵押制度也能有效克服动产质押带来的上述问题,因此,在已有动产抵押制度的背景下,是否还有必要承认让与担保确实值得商榷。

相较于让与担保,动产抵押以登记作为公示方式,因而第三人的交易安全更能够获得有效保护,但如前所述,动产抵押的成本较高,这是动产抵押制度最大的弊端。也正因如此,凡是承认动产抵押制度的国家或者地区,大多会采取两个措施来降低动产抵押的交易成本:一是在动产抵押设立上,采取意思主义物权变动模式,将登记作为动产抵押权的对抗要件而非生效要件,以降低动产抵押的设立成本;二是明确规定动产抵押权不得对抗"正常经营买受人",保护正常经营活动中已经支付合理对价的第三人的交易安全,从而降低第三人的查询成本。我国民法也不例外,《民法典》不仅延续《担保法》《物权法》关于动产抵押采意思主义物权变动模式的立法例,明确规定"以动产抵押的,抵押权自抵押合同生效时设立;未经登记,不得对抗善意第三人"(《民法典》第 403 条),而且将动产抵押权不得对抗正常经营买受人的范围从《物权法》规定的动产浮动抵押扩张到所有动产抵押,明确规定"以动产抵押的,不得对抗正常经营活动中已经支付合理价款并取得抵押财产的买受人"(《民法典》第 404 条)。《民法典担保解释》亦就动产抵押中不得对抗的"善意第三人"以及不得对抗的"正常经营买受人"的认定进行了具体规定,以帮助法官正确适用《民法典》的相关规定。

二、不得对抗的"善意第三人"

与不动产抵押将登记作为抵押权设立的生效要件不同,根据《民法典》第 403 条的规定,动产抵押权的设立不以登记为生效要件,而是将登记作为动产抵押权是否能够对抗善意第三人的对抗要件。这体现了形式主义物权变动模式与意思主义变动模式的区别:在形式主义物权变动模式下,登记是物权变动的生效要件;在意思主义物权变动模式下,登记只是物权是否可以对抗善意第三人的对抗要件。我们在前面谈到担保物权的取得时,已经对形式主义物权变动模式与意思主义物权变动模式的法律适用问题进行了详细讨论,这里就不再重复。这里需要指出的是,一个国家或者地区的民法对于物权变动模式究竟采形式主义物权变动模式还是意思主义物权变动模式,并非随心所欲的,而是受到体系强制的。也就是说,如果一个国家或者地区的民法在观念上强调物权和债权的区分,认为物权是绝对权,能够对抗第三人,那么在物权变动模式的选择上,就必须选择形式主义物权变动模式予以贯彻,明确规定基于法律行为发生的物权变动必须以法定公示方式的完成为生效要件,因为物权能够对抗第三人,就会影响第三人的交易安全,物权的变动就要通过法定的公示方式让第三人知晓。相反,如果一个国家或者地区的民法在观念上不强调物权和债权的区分,那么在物权变动模式的选择上,就可以选择意思主义物权变动模式,将法定公示方式的完成作为物权变动的对抗要件,而非生效要件,因为在意思主义物权变动下,当事人没有完成公示方式并不能影响物权的变动,这就意味着会出现一种不具有对抗第三人效力的物权,而此种不具有对抗第三人效力的物权,与债权之间的区分显然是模糊的。从这一个意义上说,意思主义物权变动模式与我国民法是不兼容的,因为无论是《物权法》还是《民法典》,都明确规定物权是"权利人依法对特定的物享有直接支配和排他的权利",这就意味着物权是绝对权,具有对抗第三人的效力,因而与债权之间的区分是明确的。不过,我国民法虽然在动产抵押问题上采取的是意思主义物权变动模式,但还将未经登记的抵押权不能对抗的第三人限制在"善意第三人",而非所有的第三人,这就意味着未经登记的抵押权仍然有部分对抗效力,因而与债权也是有所不同的。就此而言,我们可以说,在意思主义物权变动模式下,物权与债权虽有区分,但区分是不严格的。

也正是因为意思主义物权变动模式不以严格区分物权和债权为理论基础,因此,我们在分析动产抵押的对抗效力时,不能将以物权和债权的严格区分为理论基础的一些观点运用于界定《民法典》第 403 条规定的"善意第三人"。例如,在谈到《民法典》第 403 条规定的"善意第三人"时,就有人提出,这里的"善意第三人"应仅指善意的物权人,而不包括善意的债权人,因为"物权优于债权",即使抵押权未登记,在法律性质上也是物权,自然要优于债权。这一观点显然有问题,道理很简单,只有在严格区分物权和债权的理论背景下,我们才能得出"物权优于债权"的结论,在不严格区分物权和债权的理论背景下,再简单说"物权优于债权",就会犯错误,因为未经登记的抵押权与债权之间的区分本来就是模糊的。

正是由于未经登记的抵押权与债权之间的界限是模糊的,因此,当第三人已经取得具有对抗效力的物权时,未经登记的抵押权自然不能对抗该第三人,除非该第三人不是善意的第三人。也就是说,如果善意第三人已经取得具有对抗效力的物权,则未经登记的抵押权不能对抗该善意第三人。或者说,如果善意第三人取得了具有对抗效力的物权,则他应属于《民法典》第403条所称"善意第三人"。问题是,如果善意第三人没有取得具有对抗效力的物权,是不是他就一定不是《民法典》第403条规定的"善意第三人"呢?我们认为,即使善意第三人没有取得具有对抗效力的物权,也并不意味着他就一定不是《民法典》第403条规定的"善意第三人"。在特殊情形下,即使善意第三人没有取得具有对抗效力的物权,但已经取得一些特殊的债权,动产抵押权也不能对抗该第三人;此外,在强制执行程序和破产清算程序中,基于特殊的法政策考量,不再区分第三人是否为善意,且即使第三人是普通债权人,动产抵押权也不能对抗该第三人。

根据《民法典担保解释》第54条第1、2项的规定,在满足一定条件的情况下,动产的善意买受人和承租人也应理解为动产抵押不能对抗的"善意第三人"。《民法典担保解释》第54条第1项规定:"抵押人转让抵押财产,受让人占有抵押财产后,抵押权人向受让人请求行使抵押权的,人民法院不予支持,但是抵押权人能够举证证明受让人知道或者应当知道已经订立抵押合同的除外。"值得注意的是,这个地方没有说受让人取得抵押财产的所有权,而只是要求受让人取得抵押财产的占有。当然,也有的同志可能会提出,动产所有权的转让以交付为生效要件,既然受让人取得了抵押财产的占有,不就是已经取得抵押财产的所有权吗?我们认为,通常情形下,受让人取得抵押财产的占有,就等于取得了抵押财产的所有权,但是也存在例外,例如出卖人保留了所有权,则受让人虽然取得抵押财产的占有,但并未取得抵押财产的所有权。

问题是,为什么善意受让人取得对抵押财产的占有,动产抵押权就不能对抗他呢?我个人的意见是,即使取得占有的善意受让人尚未取得标的物的所有权,其也不同于一般的受让人,因为受让人取得占有后,其债权就会以一定的方式公示出来,从而进一步强化债权的效力。例如,已经取得占有的债权,就可能会受到侵权责任法的保护,而未取得占有的债权,则原则上无法获得侵权责任法的保护。这里,实际上也是通过司法解释进一步强化已经取得占有的受让人的法律地位。当然,司法解释强化了已经取得占有的受让人的法律地位,就必然要弱化动产抵押权的效力。一般而言,根据《民法典》第406条的规定,具有完全效力的抵押权具有追及效力,即不管标的物辗转轮流至何处,抵押权人都可以追及至物之所在主张权利,但是,根据《民法典担保解释》第54条第1项的规定,对于已经取得占有的善意受让人,未经登记的动产抵押权不再具有追及效力。可见,未经登记的抵押权在效力上已经被大大的弱化。

再来看已经取得占有的承租人。根据《民法典担保解释》第54条第2项的规定,在动产抵押权未办理登记的情况下,"抵押人将抵押财产出租给他人并移转占有,抵押权人行使抵押权的,租赁关系不受影响,但是抵押权人能够举证证明承租人知道或者应当知道已经订立抵押合同的除外"。大家知道,在先抵押后出租的情况下,《民法典》未作明确规定。但对于先出租后抵押的情形,《民法典》第405条规定:"抵押权设立前,抵押财产已经出租并转移占有的,原租赁关系不受该抵押权的影响。"对这一规定作反对解释,可以得出,如果是先抵押后出租,则抵押权实现时,抵押权人应可以要求解除租赁关系。这一观点,也得到了《担保法解释》第66条的支持:"抵押人将已抵押的财产出租的,抵押权实现后,租赁合同对受让人不具有约束力。抵押人将已抵押的财产出租时,如果抵押人未书面告知承租人该财产已抵押的,抵押人对出租抵押物造成承租人的损失承担赔偿责任;如果抵押人已书面告知承租人该财产已抵押的,抵押权实现造成承租人的损失,由承租人自己承担。"尽管《担保法解释》的这一规定既未被吸收到《民法典》中,也未保留到《民法典担保解释》中,但这一规定与《民法典》并不冲突,仍应可以用于指导当前的司法实践。不过,值得注意的是,《担保法解释》第66条针对的应是已经办理抵押登记的抵押权,对于未办理抵押登记的抵押权,则不能适用这一规定,因为在抵押权未登记的情况下,承租人无法通过查阅登记簿获知标的物已经被抵押,自然无法防范由此带来的风险,此时认定"租赁合同对受让人不具有约束力",就会危及承租人的交易安全。当然,结合《民法典》第405条和第725条,无论是"买卖不破租赁"还是"抵押不破租赁",均应被限制在承租人已经取得标的物占有的情形。同理,如果设立在前的未经登记动产抵押权不能对抗善意承租人,该承租人也必须以占有该标的物为要件。

总之,尽管没有取得动产所有权的受让人以及动产承租人,在法律地位上是债权人,但因已取得标的物的占有,而占有又进一步强化了其债权人地位,为保障其交易安全,有必要限制未办理抵押登记的动产抵押权的效力,使其不能对抗善意的受让人或者承租人。

值得注意的是,动产抵押权不能对抗已经取得标的物占有的受让人和承租人,须以受让人和承租人善意为前提,即受让人或者承租人不知道也不应当知道标的物已被抵押。但在动产被人民法院采取保全或者执行措施、抵押人陷入破产的情况下,根据《民法典担保解释》第54条第3、4项的规定,如果动产抵押权没有办理登记,则不得对抗所有的第三人。也就是说,此时不再区分第三人是善意第三人还是恶意第三人。为什么要如此规定呢?我想主要有以下几个方面的原因。

其一,为了防止造假。大家试想,如果不限制未登记动产抵押权的效力,则某一动产被人民法院采取保全措施或者强制执行措施后,当事人就可以伪造标的物在被采取保全或者执行措施前已经被抵押给他人的证据(如倒签一份抵押合同),来实现规避执行的目的。在抵押人破产的情况下,也会发生类似问题,即抵押人的某一个债权人通过伪造证据(倒签一份抵押合同),即可实现就某个特定的动产优先受偿。

其二,无法区分恶意第三人与善意第三人而作出不同处理。无论是动产被人民法院采取保全或者执行措施,还是抵押人陷入破产,如果动产抵押权没有办理登记,则无法区分善意第三人和恶意第三人而作不同处理,因为有的第三人是善意的,有的第三人是恶意的。以抵押人陷入破产为例,既然有的第三人是善意的,也有的第三人是恶意的,那么动产抵押权人对抵押财产究竟有没有优先受偿权(即破产别除权)呢? 显然,动产抵押权人要么有优先受偿权,要么没有优先受偿权,但不能说对张三有优先受偿权,对李四又没有优先受偿权。为了防止当事人造假,就只能作统一的回答,即未经登记的动产抵押权不能对抗所有第三人。

三、"正常经营买受人"的认定

《民法典》第404条规定:"以动产抵押的,不得对抗正常经营活动中已经支付合理价款并取得抵押财产的买受人。"也就是说,**尽管动产可以设立抵押权,但是动产抵押权的设立不能影响正常的交易**。例如,我去超市买东西,是不是要查一下要买的东西是否被抵押给他人了呢? 大家想想,如果要求我们去查登记,成本就太高了,就会严重影响到正常的交易。"正常经营活动中已经支付合理价款并取得抵押财产的买受人",简称为"正常经营买受人",这个概念不是《民法典》首创,早在《物权法》就有规定,但《物权法》仅规定动产浮动抵押权不得对抗"正常经营买受人"。当时为什么要规定动产浮动抵押权不能对抗"正常经营买受人"呢? 是因为动产浮动抵押的标的物本来就是浮动的,进进出出,只有到"结晶"的时候才能确定哪些标的物才是抵押财产。既然动产浮动抵押本身就允许抵押人买进卖出标的物,动产浮动抵押权自然也就不能对抗"正常经营买受人"。

《民法典》第404条不再区分动产浮动抵押和一般的动产抵押,也不区分动产抵押是否办理登记,而是规定所有动产抵押都不得对抗"正常经营买受人"。为什么要将对"正常经营买受人"的保护扩张到所有动产抵押呢? 这主要是考虑到动产抵押制度会带来巨额的查询成本。如前所述,只要允许动产可以抵押,与抵押人进行交易的第三人就面临巨额的查询成本。为了降低查询成本,就必须限制动产抵押权的效力,使其不得对抗"正常经营买受人"。动产浮动抵押如此,一般动产抵押也应如此,因为对于与抵押人进行交易的第三人而言,他并不知道抵押人设立的是动产浮动抵押还是一般的动产抵押,如果法律仅限制动产浮动抵押的效力,而不限制一般动产抵押权的效力,他就还是要去查询登记簿(万一标的物上设立的是一般动产抵押权呢),从而无法起到降低查询成本的作用。例如张三去商场买电脑,该电脑上存在的是一般的动产抵押权还是存在动产浮动抵押权,对张三来说其实是没有意义的,因为只有查阅登记簿后才能知晓。在此背景下,如果只是针对动产浮动抵押下正常经营活动中的买受人进行保护,则张三因担心该电脑上存在一般的动产抵押权,就不得不去查阅登记簿,那么动产浮动抵押下豁免买受人查询义务的目的自然也就无法实现。

此外,从《民法典》第 404 条的规范目的来看,应认为该条适用的对象是已经办理登记的动产抵押权,而非未经登记的动产抵押权,因为该条旨在降低"正常经营买受人"的查询成本。至于未经登记的动产抵押权,《民法典》第 403 条就其对抗效力已经作了规定,自应适用该规定。当然,从逻辑上看,既然已经登记抵押权都无法对抗"正常经营买受人",未经登记的动产抵押权就更不能对抗"正常经营买受人",因此,在动产抵押权未办理登记的情况下,如果第三人援引《民法典》第 404 条进行救济,只要第三人符合"正常经营买受人"的认定标准,人民法院也应予以支持。

问题是,"正常经营买受人"究竟应该如何认定呢?也就是说,究竟应如何理解《民法典》第 404 条规定的"正常经营活动"?我们认为,"正常经营活动"显然是相对于"异常经营活动"而言的,因此,排除了"异常经营活动",剩下的就是"正常经营活动"。那么,哪些经营活动属于"异常经营活动"呢?这就要回到《民法典》第 404 条的规范目的,即该条旨在降低当事人的查询成本。如何降低查询成本?就是要豁免正常经营活动中当事人的查询义务。因此,《民法典担保解释》第 56 条以豁免查询义务的为出发点,分别从卖方和买方两个角度就"正常经营活动"的认定以及"异常经营活动"的认定作了明确规定,用来指导法官正确适用法律。

首先,从出卖人的角度来看,所谓"正常经营活动",是指出卖人的经营活动属于其营业执照明确记载的经营范围,且出卖人持续销售同类商品(《民法典担保解释》第 56 条第 2 款)。之所以强调营业执照明确记载的经营范围,是因为目前很多企业的营业执照所记载的经营范围都有一个兜底性的概括描述,经询问税务部门,凡是纳入概括描述的经营范围,企业不能将其作为纳税事项开具发票的,因此不属于出卖人正常经营活动;之所以强调出卖人必须持续销售同类商品,是因为很多企业的营业执照记载的经营范围都很多,但企业真正开展持续性经营的经营范围却不多,如果买受人在企业没有持续经营的事项与出卖人进行交易,就应将其视为异常交易,买受人也就不能被豁免查询登记。

其次,从买受人的角度看,即使出卖人的经营行为属于正常经营活动,但如果交易本身具有异常性,买受人也不能被豁免查询登记。为了便于法官判断即使是在出卖人正常经营活动中,买受人也应有查询登记的义务,《民法典担保解释》第 56 条第 1 款参考域外经验,将下列情形认定为异常交易活动,并将其排除在正常经营活动之外:(1)购买商品的数量明显超过一般买受人;(2)购买出卖人的生产设备;(3)订立买卖合同的目的在于担保出卖人或者第三人履行债务;(4)买受人与出卖人存在直接或者间接的控制关系;(5)买受人应当查询抵押登记而未查询的其他情形。

总之,《民法典》第 404 条所称的正常经营活动,既指出卖人的经营活动是在其营业执照明确记载的经营范围内且持续销售同类商品,也要求从买受人的角度看,交易本身没有异常性。此外,值得注意的是,由于《民法典》已将所有权保留买卖和融资租赁中的所有权规定为非典型担保物权,而所有权保留和融资租赁的标的物也是动产,且以登记作为公示方式,因此也存在类似动产抵押制度的局限性。在所有权保留、融资租赁中,为了保护正常经营活动中买受人的交易安全,《民法典担保解释》第 56 条第 2 款也将正常经营活动中买受人的认定规则扩张到已经办理登记的所有权保留、融资租赁。

四、动产价款超级优先权

《民法典》第 416 条规定:"动产抵押担保的主债权是抵押物的价款,标的物交付后十日内办理抵押登记的,该抵押权人优先于抵押物买受人的其他担保物权人受偿,但是留置权人除外。"这一规定通常被称为动产价款超级优先权。关于动产价款超级优先权的适用范围,存在不同的意见：一种意见认为，动产价款超级优先权主要是为解决动产浮动抵押设定后抵押人因新购入动产需再融资而设计的制度，因此仅适用于动产浮动抵押设定后抵押人以新购入动产为价款支付提供担保的情形；另一种观点认为，动产价款超级优先权不仅适用于动产浮动抵押设定后抵押人以新购入动产为价款支付提供担保的情形，也适用于一般的动产抵押权设定后，抵押人为担保价款支付而又在标的物上设立的其他担保物权。通过考察价款超级优先权在域外的发展过程以及立法机构对这一制度的说明，我们将**这一规定在实践中的运用区分为两种情形：一是债务人在设定动产浮动抵押后又购入新的动产时，为担保价款的支付而在该动产上为出卖人设定抵押权；二是在动产买卖中，买受人通过赊销取得动产后立即为他人设定担保物权，出卖人为担保价款支付而在该动产上设定抵押权。**

（一）动产浮动抵押权设定后的价款超级优先权

动产浮动抵押是为了解决中小企业融资难而设计的制度，因为大量中小企业没有可供提供担保的不动产，但通常有产品、半成品、原材料等动产。这些动产个别价值可能不高，但如果作为一个整体，则具有融资担保的价值。为了在不影响企业正常经营的前提下充分发挥动产的融资担保功能，《物权法》第181条规定："经当事人书面协议，企业、个体工商户、农业生产经营者可以将现有的以及将有的生产设备、原材料、半成品、产品抵押，债务人不履行到期债务或者发生当事人约定的实现抵押权的情形，债权人有权就实现抵押权时的动产优先受偿。"《民法典》第396条继受了这一规定。

从《民法典》第396条关于动产浮动抵押的规定看，动产浮动抵押权一旦设定，抵押人新购入的动产也将自动成为动产浮动抵押权的客体，只要债权人在实现抵押权时该动产仍归抵押人所有，债权人即对该动产享有优先受偿权。这样一来，企业、个体工商户、农业生产经营者在将现有的和将有的动产设定浮动抵押后，就会面临再融资困难的问题，因为如果动产浮动抵押设定在前且已经办理登记，则抵押人新购入的动产也将自动成为浮动抵押权的客体，即使买受人在新购入的动产上为担保价款债权实现而为出卖人设定了抵押权并办理了登记，但由于该抵押权登记在后,根据《民法典》第 414 条关于担保物权清偿顺序的规定,出卖人的交易安全也无法获得有效保障,从而影响到出卖人与抵押人进行交易的积极性。可见,《民法典》第 416 条规定的价款超级优先权旨在打破《民法典》第 414 条的清偿顺序,明确规定后设立的抵押权优先于先设立的浮动抵押权,从而增强了抵押人的再融资能力。

抵押人在设定动产浮动抵押后,出卖人为担保价款支付而在抵押人新购入动产上设定的抵押权优先于先设立的动产浮动抵押权是否具有正当性呢? 答案是肯定的。通过对比价款超级优先权与留置权,会发现二者具有一定的类似性:以承揽合同中承揽人的留置权为例,法律之所以赋予留置权高于抵押权和质权的效力,是因为债权人的行为导致留置财产的价值得到恢复或者增加,且债权人仅就因恢复或者增加留置财产价值而发生的债权对留置财产享有优先受偿权;同理,法律之所以赋予出卖人的价款请求权以超级优先的效力,也是因为抵押人财产的增加是出卖人将标的物出卖给抵押人的结果,且出卖人仅就因增加担保财产价值而发生的债权对该动产享有优先受偿权。试想,如果在抵押人未付全款的情形下,出卖人不同意将标的物出卖给抵押人,则抵押人自然也就无法获得该动产,也就更谈不上动产浮动抵押权人就该动产优先受偿。也就是说,即使赋予出卖人以价款超级优先权,也不会损害到动产浮动抵押权人的利益,因为如果法律不赋予出卖人价款超级优先权,出卖人就会因担心自己的债权无法实现而不愿将标的物出卖给抵押人,抵押人也就无法取得该动产。当然,尽管价款超级优先权与留置权具有类似性,但在同一动产之上同时存在价款超级优先权和留置权时,根据《民法典》第 416 条的规定,留置权更优先。

此外,值得注意的是,《民法典》第 416 条将价款超级优先权限定出卖人为担保价款支付而在动产上设定抵押权的情形,从而导致不少人对该条存在理解上的障碍,因为实践中出卖人为担保价款支付,通常采取的是所有权保留,只有在少数情形下由买受人在被出售的动产上为出卖人设定抵押权。另外,实践中常见的还有出卖人在出售商品时不愿提供融资服务,而要求付清全款,此时买受人就只能另寻融资途径并以新购入的动产为融资方提供担保。我们认为,在动产浮动抵押权设定后抵押人又购入新的动产时,无论是在该动产上设立抵押权或者保留所有权的出卖人,还是为价款支付提供融资而在该动产上设立抵押权的债权人,都可主张适用《民法典》第416条的规定,就该动产享有价款超级优先权。

此外,《民法典》第416条仅仅规定了价款超级优先权,但实践中还可能存在动产浮动抵押设定后,抵押人又通过融资租赁方式承租新动产的情形。在此情形下,出租人为担保租金债权的实现而对租赁物享有的所有权是否也应优先于此前设立的动产浮动抵押权?我们认为,融资租赁中出租人享有的所有权与所有权保留买卖中出卖人享有的所有权不仅性质相同,且效力也相似,自应将《民法典》第416条类推适用于以融资租赁方式出租该动产的出租人。据此,《民法典担保解释》第57条第1款规定:"担保人在设立动产浮动抵押并办理抵押登记后又购入或者以融资租赁方式承租新的动产,下列权利人为担保价款债权或者租金的实现而订立担保合同,并在该动产交付后十日内办理登记,主张其权利优先于在先设立的浮动抵押权的,人民法院应予支持:(一)在该动产上设立抵押权或者保留所有权的出卖人;(二)为价款支付提供融资而在该动产上设立抵押权的债权人;(三)以融资租赁方式出租该动产的出租人。"

可见《民法典担保解释》根据《民法典》第416条的规范目的,突破文义的限制,就动产价款超级优先权的适用范围作了更加明确的规定。

(二)一般动产抵押权设定后的价款超级优先权

买受人以赊购方式买入动产但尚未"捂热"即又在该动产上为第三人设定担保物权并办理登记,就可能会导致出卖人的价款请求权无法实现。出卖人为担保价款支付,与买受人约定以该动产为抵押物设定抵押权,并在标的物交付后10天内办理了登记,此时出卖人能否主张其享有的抵押权优先于设定在前的担保物权呢?一种意见认为,此种情形下的赋予出卖人就价款支付享有的抵押权优先于此前设立的担保物权不具有正当性,主要理由是:其一,出卖人在出卖标的物时,完全有机会通过保留所有权、在该动产上设定抵押权等方式担保价款支付,而不必等到买受人在为第三人设定担保物权后才与买受人约定以标的物设定抵押权并办理抵押登记;其二,在上述情形下,如果认为出卖人的抵押权优先于此前设立的担保物权,就可能危及此前取得担保物权的第三人的交易安全,因为该第三人在接受该动产作为抵押物时,该动产上并存在已经登记的抵押权,现在突然出现一种效力更为强大的权利,自然会损害到交易安全。

我们认为,至少从文义上看,《民法典》第416条应包括此种情形,因此本解释从尽量尊重立法原意的角度,对此种情形下的价款超级优先权亦予以承认,至于由此带来的第三人交易安全的问题,则可由第三人通过尽职调查等方式予以克服。也就是说,第三人在接受他人以动产作为抵押物时,须审查该标的物是否属于抵押人10天内新购入的标的物。

此外,实践中对价款支付进行担保的手段除了以标的物设定抵押权,还存在所有权保留、融资租赁等方式,用于设定担保的标的物也可能不是购入的动产,而是以融资租赁方式承租的动产,因此所担保的债权也可能不是价款,而是租金。正因如此,与动产浮动抵押设定后的价款超级优先权类似,《民法典担保解释》第57条第2款将《民法典》第416条扩张适用于融资租赁方式承租动产的情形,并主张价款超级优先权的主体规定为如下三类当事人:一是在该动产上设立抵押权或者保留所有权的出卖人;二是为价款支付提供融资而在该动产上设立抵押权的债权人;三是以融资租赁方式出租该动产的出租人。需要说明的是,《民法典担保解释》第57条第2款虽然指出了"买受人取得动产但未付清价款或者承租人以融资租赁方式占有租赁物但是未付清全部租金,又以标的物为他人设立担保物权"两种情形,但仅规定上述主体有权"主张其权利优先于买受人为他人设立的担保物权",遗漏了承租人为他人设立担保物权的情形,因此,正确的表述方式应该是:"买受人取得动产但未付清价款或者承租人以融资租赁方式占有租赁物但是未付清全部租金,又以标的物为他人设立担保物权,前款所列权利人为担保价款债权或者租金的实现而订立担保合同,并在该动产交付后十日内办理登记,主张其权利优先于买受人或者承租人为他人设立的担保物权的,人民法院应予支持。"

（三）多个价款超级优先权并存的处理

实践中还可能发生多个价款超级优先权并存的问题。例如，出卖人在标的物上保留了所有权，而买受人用于支付首笔价款的资金则是通过向第三人借款并以该动产作为抵押物而获得的，此时就存在出卖人的价款超级优先权与第三人的价款超级优先权并存的情形。又如，在融资租赁中，承租人用于向出租人支付租金的资金系向两个以上的银行借款并以租赁物作为抵押，此时就存在出租人的租金超级优先权与其他两个租金超级优先权并存的情形。

在发生多个价款或者租金超级优先权的情形下，如何确定各个优先权人的清偿顺序？对此，有不同的立法体例：有的国家或者地区采取的是按照登记时间的先后确定清偿顺序，即先办理登记的优先于后办理登记的；有的国家或者地区则采取的是平等原则，即不管登记时间的先后，均按债权比例平等受偿。为督促当事人及时办理登记，《民法典担保解释》第 57 条第 3 款采取的是第一种方案，明确规定："同一动产上存在多个价款优先权的，人民法院应当按照登记的时间先后确定清偿顺序。"

五、动产流动质押与保兑仓交易

（一）动产流动质押的存废之争

流动质押也被称为动态质押、存货动态质押等，是指债务人或第三人为担保债务的履行，以其有处分权的原材料、半成品、产品等库存货物为标的物向银行等债权人设定质权，双方委托第三方物流企业占有并监管质押财产，质押财产被控制在一定数量或价值范围内进行动态更换，出旧补新的一种担保方式。流动质押在实践中的具体操作流程如下。[1]

首先，银行等债权人与出质人签订商品融资协议，由债权人根据融资债权额确定质物的最低价值。其次，出质人、质权人双方与第三方监管人签订《商品融资质押监管协议》（或称"存货质押监管协议""货物质

---

[1]　参见陈本寒：《企业存货动态质押的裁判分歧与规范建构》，载《政治与法律》2019年第 9 期。

押仓储监管协议"），由质权人委托第三方监管人占有、监管和监控质物。担保期间，质押财产的实际价值高于双方约定的最低限额时，出质人可申请就超出部分提货，第三方监管人可凭质权人出具的《放货通知书》办理放货手续；如提取后质物实际价值低于最低限额，在提货之前，出质人应补交相应保证金，或归还相应的融资款项，或补充同类质物。债权到期后，如债务人不能按时还清本息，银行有权拍卖、变卖质物以优先受偿。最后，监管协议签订后，出质人与质权人向第三方监管人出具《质物种类、价格、最低要求通知书（代出质通知书）》，监管人按照通知书所列明的内容核查乙方交付的货物及现有库存，经核对，若出质人交予的货物及实际库存与《质物种类、价格、最低要求通知书（代出质通知书）》记载相符，则监管人接收出质人交付货物，并向质权人签发《质物清单（代动产质押专用仓单）》，质物完成转移占有，质权成立。实际交付占有的质物以《质物清单》列明的为准。

流动质押是实践中发展起来的一种担保方式，其主要特征是质物的流动性，即在质权设定后，债权人行使质权前，作为质押财产的动产处于变动之中，因而与动产浮动抵押在功能上有相似之处。但与动产流动质押不同的是，动产浮动抵押采取登记作为公示的方式，债权人往往不能控制担保财产，从而也无法将担保财产控制在一定的价值范围。动产流动质押克服了动产浮动抵押的这一缺点，通过委托第三方监管来实现对质物的控制。因此，尽管质物处于流动之中，但仍可维持在质押合同约定的最低价值内，更加有利于债权人交易安全的保障。不过，由于实践中第三方取得对质物的监管存在不同的方式，既有现实交付型（出质人将质物交付第三方直接占有），也有指示交付型（出质前质物已由第三方替出质人占有、保管，通过质权人与第三方签订委托监管协议，改为第三人替质权人占有、保管质物），还有共同占有型（质物仍留在出质人处，但由质权人委托第三方派员驻厂履行监管义务），从而当事人对于质物是否完成交付、第三人究竟是为出质人占有质物还是为质权人占有质物等问题常常发生争议。更为重要的是，实践中常常发生第三方违反监管协议的约定导致出质人交付的质物与监管协议约定的不一致，或者因为没有提供适当的保管场所和保管条件导致质物发生毁损、灭失，或者因为未履行监管义务导致质物的价值没有达到监管协议约定的最低价值,从而不仅可能给债权人造成损失,而且可能危及自出质人或者监管人处取得质物的第三人的交易安全。

总之,尽管流动质押在一定程度上克服了动产浮动抵押的缺点,但在实践中也极易引发纠纷。为此,《九民纪要》第63条规定:"在流动质押中,经常由债权人、出质人与监管人订立三方监管协议,此时应当查明监管人究竟是受债权人的委托还是受出质人的委托监管质物,确定质物是否已经交付债权人,从而判断质权是否有效设立。如果监管人系受债权人的委托监管质物,则其是债权人的直接占有人,应当认定完成了质物交付,质权有效设立。监管人违反监管协议约定,违规向出质人放货、因保管不善导致质物毁损灭失,债权人请求监管人承担违约责任的,人民法院依法予以支持。如果监管人系受出质人委托监管质物,表明质物并未交付债权人,应当认定质权未有效设立。尽管监管协议约定监管人系受债权人的委托监管质物,但有证据证明其并未履行监管职责,质物实际上仍由出质人管领控制的,也应当认定质物并未实际交付,质权未有效设立。此时,债权人可以基于质押合同的约定请求质押人承担违约责任,但其范围不得超过质权有效设立时质押人所应当承担的责任。监管人未履行监管职责的,债权人也可以请求监管人承担违约责任。"

尽管《九民纪要》不仅明确承认了动产流动质押作为一种担保方式,且明确了动产流动质押的设立规则以及当事人的民事责任,但在《民法典担保解释》的制定过程中,对于是否承认动产流动质押仍有不同的意见。不少学者认为,尽管动产浮动抵押有其缺陷,但并非不可补救,例如当事人可以通过约定,以债权人或其委托的第三方派员监管的方式来解决动产浮动抵押中债权人对质物完全失控的局面,从而达到维护债权人交易安全的目的,同时动产浮动抵押以登记作为公示方式,也可避免纠纷的发生并维护自担保人处取得担保财产的第三人的交易安全,自然没有再承认流动质押的必要。我们认为,上述意见虽然不无道理,但流动质押作为实践中自发形成的担保方式,必然有其优势和生命力。例如,流动质押的设立可以以存于第三方的一定数量的某种货物作为担保财产,但动产浮动抵押往往是以一个企业的全部现有和将有的动产作为担保财产,因此动产浮动抵押一旦设立,担保人的再融资能力就会受到严重影响,而流动质押则更加灵活,对担保人再融资能力的影响也较小。至于流动质押在实践中容易引发纠纷的问题,则可以通过进一步明确流动质押设立的条件以及强化监管人的责任来解决。基于这一考虑,《民法典担保解释》保留了动产流动质押这一担保方式。

(二)动产流动质押的设立及其条件

值得注意的是,理论界与实务界之所以就动产流动质押发生争议,也与动产流动质押是否符合质权设立的法定要件有关:一种意见认为,在流动质押中,当事人往往以一定数量、品种等概括描述来确定担保财产的范围,不符合质权标的物特定的要求,且由于债权人并不直接占有质押财产,因此可能给第三人造成交易风险,故不应承认其为一种担保物权,债权人不能因此获得优先受偿的权利;另一种意见认为,质物特定化的目的在于明确质押物及其担保价值,从而明确动产质权的支配范围,尽管流动质押的标的物大多为原材料、半成品、产品等种类物,但如果出质人和质权人通过仓库的独立性、货物的区隔化以及最低价值或数量控制等兼有实体特定与价值特定的方式实现存货的明确化、可识别性,从而有效划定质押物的"客观范围",使其不与非质物混同,就可实现质物特定化。《民法典担保解释》采第二种观点,认为债权人、出质人与监管人订立三方协议,出质人以通过一定数量、品种等概括描述能够确定范围的货物为债务的履行提供担保,如果当事人有证据证明监管人系受债权人的委托监管并实际控制该货物,人民法院就应当认定质权于监管人实际控制货物之日起设立。可见,《民法典担保解释》不仅延续了《九民纪要》关于流动质押的规定,而且对于质权设立的时间作了更加明确的规定。

根据《民法典》第429条的规定,动产质权的设立以标的物交付为生效要件。此外,《担保法解释》第87条规定:"出质人代质权人占有质物的,质押合同不生效;质权人将质物返还于出质人后,以其质权对抗第三人的,人民法院不予支持。因不可归责于质权人的事由而丧失对质物的占有,质权人可以向不当占有人请求停止侵害、恢复原状、返还质物。"可见,质权人占有质物既是质权成立的要件(《担保法》未区分质押合同与质权的设立,误将质权人占有质物作为质押合同的生效要件),也是质权存续的前提。尽管《民法典担保解释》未保留这一规定,但并不意味着这一规定与《民法典》相冲突,仅仅是这一规定已是理论界与实务界的共识,没有必要在《民法典担保解释》中进行规定。问题是,在流动质押中,质物系由第三方进行监管,是否满足质权的成立要件呢? 这就涉及作为质权设立要件的交付是否包括指示交付。对此,《担保法解释》第88条中规定,"出质人以间接占有的财产出质的,质押合同自书面通知送达占有人时视为移交"。同理,尽管《民法典担保解释》未保留这一规定,但这一规定与《民法典担保解释》并不冲突,仅仅意味着理论界与实务界已就此达成共识。也就是说,我国民法认可指示交付亦可构成质权成立要件的交付,即允许在第三人对标的物直接占有的情形下,由质权人取得间接占有。在流动质押的设立中,只要第三人系接受质权人的委托对标的物进行占有,质权就可以得到有效设立。相反,如果第三人虽然直接占有标的物,但其是受出质人的委托占有标的物,则无法使质权得到有效设立。

值得探讨的是,占有改定能否构成质权设立要件的交付? 对此,民法通说予以否认,理由是占有改定无法实现公示的目的,从而可能危及自出质人处取得标的物的第三人的交易安全。此外,尽管《担保法解释》没有明确规定,但通过该解释第87条的上述规定,亦可解读出占有改定不能构成质权设立所需要的交付。此外,在出质人和监管人共同占有质物的场合,质权是否有效设立呢? 在一些案件中,出于质物的特点以及进行监管方便等方面的考虑,当事人有时将质物存放在出质人的仓库中,但由监管人派员驻厂监管。一种观点认为,此时由于质物仍处于出质人的控制下,占有并未发生实际移转,属于以占有改定方式设立动产质权,因此流动质押未有效设立。我们认为,只要监管人系受债权人的委托监管质物,且已经进行了实质监管,如质物出库时应征得监管人同意,则意味着质物并非完全处于出质人控制下,应认为流动质押已经设立。但是,如果当事人仅订立监管协议,监管人并未实际履行监管职责,质物仍由出质人完全控制,则流动质权未有效设立。

(三)动产流动质押中的民事责任

在流动质押的委托监管关系中,监管人受质权人的委托实际占有质物并对质物负妥善保管的义务。根据流动质押的实践,监管人的义务一般包括以下几个方面。第一,审查、核验义务。实践中,监管人根据质权人的指示,在接受出质人交付时,对其实际交付的质物品名、数量、质量等进行具体的查验,确保与质物清单以及监管协议上记载的质物相符。第二,保存、保管义务。对于由监管人实际占有的质物,监管人应当尽到一般善良管理人的注意程度,如选择合适的保管场所,提供适当的保管条件等。第三,监管义务。监管义务是监管人最重要的义务,要求监管人在监管期间监控质物的数量和质量,防止质物随意出库或脱离其实际占有。监管人在质物入库后,即应当严密监控,防止质物出库,并定期进行查验,当质物有毁损灭失风险时,应及时采取必要的措施等。

监管协议是债权人与监管人签订的协议,监管人违反约定向出质人或者其他人放货、因保管不善导致货物毁损灭失,债权人请求监管人承担违约责任的,人民法院依法予以支持。在一些案件中,出质人故意违反监管协议导致质权无法实现,例如故意谎报质物的数量或质量、盗取质物甚至强行取走质物,此时监管人是否应当承担违约责任呢?我们认为,监管人承担责任的基础是委托监管协议,而委托监管协议在性质上属于委托合同。根据《民法典》第929条的规定,只有在监管人有过错时才承担赔偿责任。因此,如果委托人不能证明监管人有过错,即不能请求其承担赔偿责任。例如,如果出质人谎报质物的数量或者质量,而监管人未履行必要的核验义务,此时就应认定监管人存在过错,但在出质人强行取走质物时,如果监管人已经采取必要的应急措施,例如及时拦阻、报警并通知质权人,则应认为监管人已尽到必要的监管义务,自无须承担责任。

此外,在监管人接受出质人委托对质物进行监管的情形下,由于质权未有效设立,且监管人与债权人之间并无合同关系,因此监管人对于债权人的损失,不应承担赔偿责任。对于因质权未有效设立而给债权人造成的损失,应由出质人向债权人承担违约责任。但是,如果是监管人接受债权人的委托对质物进行监管,由于监管人未履行监管义务导致质物仍由出质人控制,进而导致质权未有效设立,并因此给债权人造成损失,则监管人对债权人应承担全部违约责任。

(四)保兑仓交易的法律适用

根据《九民纪要》的表述,保兑仓交易是一种新类型融资担保方式,其基本交易模式是:以银行信用为载体、以银行承兑汇票为结算工具、由银行控制货权、卖方(或者仓储方)受托保管货物并以承兑汇票与保证金之间的差额作为担保。其基本的交易流程是:卖方、买方和银行订立三方合作协议,其中买方向银行缴存一定比例的承兑保证金,银行向买方签发以卖方为收款人的银行承兑汇票,买方将银行承兑汇票交付卖方作为货款,银行根据买方缴纳的保证金的一定比例向卖方签发提货单,卖方根据提货单向买方交付对应金额的货物,买方销售货物后,将货款再缴存为保证金。

这里举一个简单的例子,以便大家更好地了解保兑仓交易。汽车生产厂生产了汽车,为了销售汽车,就与一些汽车经销商合作,由经销商将汽车买进后再销售出去。这样经销商就有融资的需求,但因经销商资信有限,银行可能不愿意提供大额资金支持,这时保兑仓交易就出现了:首先是经销商向银行交纳一定数额的保证金,申请银行开具承兑汇票,用承兑汇票做结算工具。由于经销商交付的保证金无法完全担保整个承兑汇票的金额,银行就会在经销商所购买的汽车上设定流动质押,并请求生产厂家提供信用担保,即由生产厂家受托保管货物并为承兑汇票与保证金之间的差额提供担保。当然,在此过程中,银行也可能会委托一个监管方对车辆进行监管,即仓储方(四方保兑仓交易)。此外,银行为了确保经销商能够按时还款,也可能没有在汽车上设定流动质押,而是采取一些其他的措施,比如说前面谈到的,要求经销商将汽车合格证交付给银行,约定经销商销售完一批汽车就应偿还一部分欠款,从而获得另一批汽车的合格证。这就是保兑仓交易。

关于保兑仓交易中当事人的义务和责任,《九民纪要》第68条第1款规定得很清楚:"在三方协议中,一般来说,银行的主要义务是及时签发承兑汇票并按约定方式将其交给卖方,卖方的主要义务是根据银行签发的提货单发货,并在买方未及时销售或者回赎货物时,就保证金与承兑汇票之间的差额部分承担责任。银行为保障自身利益,往往还会约定卖方要将货物交给由其指定的当事人监管,并设定质押,从而涉及监管协议以及流动质押等问题。实践中,当事人还可能在前述基本交易模式基础上另行作出其他约定,只要不违反法律、行政法规的效力性强制性规定,这些约定应当认定有效。"

关于保兑仓交易涉及的流动质押,前面已经谈到。至于银行要求汽车经销商把汽车的合格证交给银行保管,在经销商销售完一批汽车后,应按照约定清偿银行的部分欠款,才取得另一批车辆的合格证,有人认为构成汽车合格证质押,我个人不太同意这种意见。理由很简单:汽车合格证本身并没有价值,有价值的是汽车本身,而在汽车本身未被设定质权的情况下,不能因为银行控制了汽车合格证就认为其对汽车本身有优先受偿权,否则就可能影响到第三人的交易安全,因为第三人无法通过尽职调查获知汽车本身被质押。所以,我个人更倾向于认为,当事人约定的实际上是一个先履行抗辩权,即只有在经销商先按约履行了还款义务,银行才有返还下一批汽车合格证的义务。当然,前面也谈到,履行抗辩权也具有担保功能,但它不属于担保制度。这里也就不再展开细说。

这里想简单阐述一下无真实贸易背景的保兑仓交易。保兑仓交易以买卖双方有真实买卖关系为前提,如果双方无真实的买卖关系,该交易属于名为保兑仓交易实为借款合同的情形。例如经销商为了向银行融资,虚构了一个保兑仓交易说是要买车,实际上只是为了从银行借一笔钱,那么虚构的汽车交易就成为融资担保的手段。根据《九民纪要》第 69 条的规定,保兑仓交易因构成虚伪意思表示而无效,被隐藏的借款合同才是当事人的真实意思表示,如不存在其他合同无效情形,应当认定有效;保兑仓交易认定为借款合同关系的,不影响卖方和银行之间担保关系的效力,卖方仍应当承担担保责任。也就是说,由于汽车生产厂家(卖方)也参与了这个虚假交易,所以,如果汽车生产厂家以当事人之间并无真实的保税仓交易为由抗辩不承担保证责任,是不成立的。即使当事人之间是一个借款关系,卖方也对借款本身承担担保责任。

第二十八讲

权利质押的法律适用

一、可质押的权利及其范围

《民法典》第440条规定："债务人或者第三人有权处分的下列权利可以出质：（一）汇票、本票、支票；（二）债券、存款单；（三）仓单、提单；（四）可以转让的基金份额、股权；（五）可以转让的注册商标专用权、专利权、著作权等知识产权中的财产权；（六）现有的以及将有的应收账款；（七）法律、行政法规规定可以出质的其他财产权利。"与《物权法》第223条进行比较，《民法典》第440条有一个比较明显的变化，就是将《物权法》第223条第6项规定的"应收账款"修改为"现有的以及将有的应收账款"。显然，这一修改是有深意的，因为过去一般将《物权法》规定的"应收账款"理解为现有的应收账款，《民法典》则将应收账款扩展到"将有的"应收账款。

《民法典》为什么将应收账款扩张至"将有的"应收账款？一个很重要的背景是我国民法对于权利质押的客体采取的是封闭式的列举方式，根据《民法典》第440条的规定，要求只有法律、行政法规明确规定可以出质的财产权利，才能成为权利质押的客体。这一点与抵押制度有所不同。根据《民法典》第395条的规定，主要是法律、行政法规未禁止抵押的财产，就可以成为抵押的客体。可见，《民法典》在抵押权的客体，采取的是开放式的列举方式。这个区别是非常重要的，因为采取封闭式的列举方式，就可能导致大量具有财产价值的财产权利因法律、行政法规没有明确规定其可以出质而无法成为权利质押的客体。例如，实践中大量存在的收费权，无论是高速公路收费权还是类似公园门票的收费权，都具有财产价值，但由于没有法律、行政法规的明确规定，就很可能无法成为权利质押的客体。

问题是,为什么《物权法》或者《民法典》对于权利质押要采取封闭式的列举呢?根本原因还在于要防范金融风险。大家想一想,如果不对权利质押作封闭式的列举,当事人就会创设出大量稀奇古怪的权利,将其作为质押的标的,进而为自己的融资行为提供担保。实际上,这些权利可能是相互重叠的,只是换了个"马甲",换了个名称,一旦发生纠纷,就会发生权利冲突。然而,很多当事人可能不明就里,以为自己的债权是有保障的,但实际上用于担保自己债权的权利已经被用来担保其他债权了,所以就会出现多米诺骨牌现象,只要债务人无法清偿一个债权人的债务,就会引发大面积的违约现象,从而引发金融危机。具体简单的例子:当事人以股权作为质押的标的,又创设出一个叫作分红权的权利作为质押的标的,行不行?显然,分红权仅仅是股权的一个权能,将这个权能从股权分离出来,使其成为质押的标的,就像是"羊毛出在羊身上",因此,接受分红权质押的债权人就会面临很大的风险,因为只有在接受股权质押的债权人的权利完全实现了,这个分红权质押才有意义,否则,就没有意义。又如,当事人以应收账款进行质押后,又从应收账款债权创设出所谓利息债权进行质押,也会带来相同的问题,因为利息属于应收账款的孳息,应被应收账款质押的效力所包含,不具有独立的担保价值。

当然,《民法典》为防范金融风险,对权利质押采取封闭式的列举方式,也会带来一定的负面影响。刚才谈到,这种方式可能导致一部分具有独立担保价值的财产权利因没有法律、行政法规的明确规定而无法成为权利质押的客体,进而影响到当事人的融资能力,也制约了财产价值的充分利用,显然与"物尽其用"的原则相违背。为了解决这个问题,《民法典》采取了一种较为隐蔽但又很有智慧的解决方案,就是将应收账款扩张至"将有的"应收账款。也就是说,如果确实存在一些具有独立担保价值的权利因没有法律、行政法规的明确规定而无法成为权利质押的客体,就可以考虑通过"将有的"应收账款来实现质押。例如刚才讲到的收费权,因高速公路或者公园本身可能无法用于提供担保,但高速公路或者公园的收费权具有财产价值,如果仅仅因没有法律、行政法规的明确规定而无法成为质押的客体,就会严重影响到相关民事主体的融资能力,也不利于充分发挥其财产价值。此时,我们就要换个角度思考问题,在高速公路或者公园本身不能用于担保的情况下,能不能将收费权理解为"将有的"应收账款,从而使其成为质押的客体?答案显然是肯定的。理由很简单:一方面,这种做法不会带来刚才谈到的权利冲突问题,因为高速公路或者公园本身不能用于担保,用于担保的仅仅是收费权;另一方面,这种收费权虽然是未来的,具有一定的不确定性,但也是很稳定的,完全可以将其理解为"将有的"应收账款,只是债务人是不确定的第三人而已。

总之,在《民法典》对于权利质押的客体采取封闭式列举的情况下,通过"将有的"应收账款质押,就可以解决一些具有独立担保价值的财产权利的质押问题,从而实现既防范金融风险,又不至于影响当事人融资能力的目的。也正是基于这一点,《民法典担保解释》第61条在规定完现有的应收账款质押后(第1—3款),明确规定"以基础设施和公用事业项目收益权、提供服务或者劳务产生的债权以及其他将有的应收账款出质"(第4款),应如何处理。可见,司法解释也是将基础设施和公用事业项目收益权作为"将有的"应收账款来对待的,从而为发挥其担保价值提供了一个有效的渠道。

当然,所谓"基础设施和公用事业项目收益权"也有一个解释的问题,是不是只要是某种财产权利本身不能够用于担保,就能在此基础上创设出所谓收费权的概念,并将其作为质押的标的,例如学校、幼儿园、医院、养老机构的大量设施属于公用设施或者公益设施,根据《民法典》的规定,这些设施是不能用于抵押的,于是当事人就创设出一些所谓收费权的概念,并将其用于质押。实践中,就有一些学校将学生宿舍楼的收费权用于质押,从而引发广泛的争议。对此,我个人的意见是,尽管这些收费权也可以理解为"将有的"应收账款,但由于现行法律未将此种收费权独立出来使其成为交易的标的,从而与"基础设施和公用事业项目收益权"有别:在后者的情形下,收费权已经被独立作为交易的对象,并由一些商事主体所单独享有,所收费用并不限于用于公益事业,但在前者的情形下,所谓的收费权仍由学校享有,而学校负有发展教育的重任,故所收费用应仅限于用于公益事业本身。就此而言,我认为,除非学校为发展教育事业所需资金提供担保,否则该收费权不能用于担保。

二、汇票质押的设立条件

除了对权利质押的客体进行扩张,《民法典》对于权利质押还作了一些重要的修改,最为典型者当属《民法典》删除了《物权法》关于权利质押登记机构的规定,从而为实行动产与权利的统一登记提供了基础。当然,从《民法典》关于权利质押设立的规定看,权利质押有两类具体情况:一类是以交付权利凭证为生效要件的权利质押;另一类是以登记作为生效要件的权利质押。前者主要适用于以权利凭证作为表征的财产权利,如汇票、本票、支票、债券、存款单、仓单、提单;后者则适用于其他不以权利凭证作为表征的财产权利,如可以转让的基金份额、股权,可以转让的注册商标专用权、专利权、著作权等知识产权中的财产权,现有的以及将有的应收账款等。不过值得注意的是,随着权利凭证的电子化,过去大量以权利凭证作为表征的财产权利,现在也有很多不再出具的权利凭证。为此,无论是《物权法》还是《民法典》,都明确规定,凡是没有权利凭证的财产权利,都应以登记作为权利质押的生效要件。除了扩张应收账款质押的范围并为动产与权利担保的统一登记提供基础,《民法典》对于权利质押没有其他重要修改。正因如此,《民法典担保解释》也没有就权利质押进行全面而广泛的规定,而是针对实践中存在的问题作了一些规定。

首先涉及的是汇票质押。为什么司法解释要就汇票质押进行规定呢?原因是法律关于票据质押的规定存在规范冲突,从而导致实践中对于汇票质押的设立条件产生了争议。无论是《物权法》还是《民法典》,对于以交付权利凭证为生效要件的权利质权,都规定质权自权利凭证交付质权人时设立,汇票质押自然也不例外。问题是,《票据法》对于汇票质押,除了要求交付权利凭证,还有其他条件。其一,《票据法》第4条第1—3款规定:"票据出票人制作票据,应当按照法定条件在票据上签章,并按照所记载的事项承担票据责任。持票人行使票据权利,应当按照法定程序在票据上签章,并出示票据。其他票据债务人在票据上签章的,按照票据所记载的事项承担票据责任"。其二,《票据法》第27条规定:

"持票人可以将汇票权利转让给他人或者将一定的汇票权利授予他人行使。出票人在汇票上记载'不得转让'字样的,汇票不得转让。持票人行使第一款规定的权利时,应当背书并交付汇票。背书是指在票据背面或者粘单上记载有关事项并签章的票据行为"。其三,《票据法》第35条第2款规定:"汇票可以设定质押;质押时应当以背书记载'质押'字样。被背书人依法实现其质权时,可以行使汇票权利。"可见,根据《票据法》的规定,汇票质押不仅需要交付权利凭证(以有权利凭证为前提),而且还要进行背书和签章。其中,背书必须记载"质押"字样;签章则为签名、盖章或者签名加盖章。根据《票据法》第7条的规定,法人和其他使用票据的单位在票据上的签章,应当为该法人或者该单位的盖章加其法定代表人或者其授权的代理人的签章;在票据上的签名,应当为该当事人的本名。

我们认为,《票据法》作为《民法典》的特别法,应优先得到适用。也就是说,在《民法典》与《票据法》规定不一致时,应适用《票据法》的规定。就汇票质权的设立而言,《民法典》关于"质权自权利凭证交付时设立"的规定,应理解为质权设立的必要条件,即在有权利凭证的情况下,交付权利凭证是质权设立的必要条件,不交付权利凭证,不能认为权利质权已经设立。但是必要条件不等于充分条件,除了交付权利凭证,还要满足作为特别法的《票据法》规定的条件。为了明确汇票质押设立的全部要件,《民法典担保解释》第58条规定:"以汇票出质,当事人以背书记载'质押'字样并在汇票上签章,汇票已经交付质权人的,人民法院应当认定质权自汇票交付质权人时设立。"据此,只有在同时满足背书、签章和交付权利凭证的情况下,质权才自汇票交付质权人时设立。言下之意是,《民法典》第441条关于"质权自权利凭证交付质权人时设立"的规定,是将交付权利凭证作为权利质押的生效条件之一,但更主要的目的是明确质权设立的时间是权利凭证交付时,因为交付权利凭证仅仅是必要条件,而非充分条件,这就可能引起当事人之间对质权何时设立产生争议。

三、信用证项下的提单质押

(一)提单的性质与进口押汇

《海商法》第71条规定:"提单,是指用以证明海上货物运输合同和货物已经由承运人接收或者装船,以及承运人保证据以交付货物的单证。提单中载明的向记名人交付货物,或者按照指示人的指示交付货物,或者向提单持有人交付货物的条款,构成承运人据以交付货物的保证。"据此,我们认为,提单具有双重法律性质:其一,它是债权凭证,用于证明"海上货物运输合同和货物已经由承运人接收或者装船";其二,它是物权凭证,是"承运人保证据以交付货物的单证"。此外,根据上述规定,提单可以分为三种:记名提单、指示提单和无记名提单。记名提单意味着只有提单记载的权利人才能提取货物;指示提单则意味着承运人应按照指示人的指示交付货物;无记名提单则是指向提单持有人交付货物即可。

在信用证交易中,因提单具有物权凭证的属性,是当事人控制货权的工具,故扮演着极为重要的角色。为了让大家明确提单在信用证交易中的作用,我准备了一张信用证交易流程图。

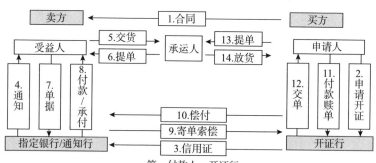

信用证交易流程图

　　从上图中,我们可以看到卖方和买方订立了一个买卖合同,也叫国际货物销售合同。国际货物销售合同签订之后,买方就负有支付货款的义务,但是考虑到风险控制或者交易的安全性,买方往往是通过银行来支付货款:首先,买方作为申请人,向自己所在地的银行申请开立一个信用证,开证行在开出信用证后,就会要求其在买方所在地设立的银行或者其他有合作关系的银行,让指定银行或者通知行支付货款。我们把这个银行叫作指定银行或者通知行。当然,指定银行或者通知行会通知卖方付款的条件。卖方在满足合同约定条件后,就可以拿着承运人签发的提单,向通知行或者指定银行请求付款。指定银行或通知行一旦付款或者承兑,就可以从卖方取得包括提单在内的全部单据。指定银行或通知行再把单据再寄给开证行,请求开证行偿付指定银行或者通知行垫付的资金。开证行完成偿付后,也就取得包括提单在内的全部单据,在要求信用证的开证申请人即买方付款赎单。如果开证申请人将欠开证行的钱还清了,开证行就会把包括提单在内的单据交给买方。买方拿到提单,就可以找承运人去提取货物。承运人见到提单后才能够放货,否则就构成无单放货,而无单放货是要承担赔偿责任的。

　　在信用证交易中,开证行经常采取所谓"进口押汇"来担保债权的实现。所谓进口押汇,是指开证申请人因资金周转关系,无法及时付款赎单,便以信用证项下的单据为质押,并提供必要的抵押/质押或者其他担保,由开证行先行代为对外付款。开证申请人在开证时如已预交部分保证金,银行在做进口押汇时,除将保证金扣抵货款外,其余部分列作进口押汇,待开证申请人备款赎单时,再按规定利率和银行垫款天数清偿进口押汇本息。在此过程中,经常会出现一种重要的文件,叫作"信托收据",它是开证申请人向开证行出具的,用以证明开证行对有关单据及单据项下货物享有所有权的确认书。同时,信托收据也是银行和开证申请人间的信托合同,开证申请人据此将为开证行的受托人,代替开证行处理信用证项下的货物,因为即使开证行取得信用证项下的货物,但开证行往往不善于处置这些货物,因此常常委托开证申请人来处置货物,所得价款则用来偿还信用证项下的欠款。

(二)指导案例第 111 号

实践中,因信用证交易中的法律关系极为复杂,常常会就开证行的法律地位发生争议。指导案例第 111 号对于我们认识信用证交易中的担保问题具有极为重要的意义。

指导案例第 111 号,是指"中国建设银行股份有限公司广州荔湾支行诉广东蓝粤能源发展有限公司、惠来粤东电力燃料有限公司、广东蓝海海运有限公司、蓝文彬信用证开证纠纷案"[最高人民法院(2015)民提字第 126 号]。基本案情是:

中国建设银行股份有限公司广州荔湾支行(以下简称建行广州荔湾支行)与广东蓝粤能源发展有限公司(以下简称蓝粤能源公司)于 2011年 12 月签订了《贸易融资额度合同》及《关于开立信用证的特别约定》等相关附件,约定该行向蓝粤能源公司提供不超过 5.5 亿元的贸易融资额度,包括开立等值额度的远期信用证。惠来粤东电力燃料有限公司(以下简称粤东电力)等担保人签订了保证合同等。2012 年 11 月,蓝粤能源公司向建行广州荔湾支行申请开立 8592 万元的远期信用证。为开立信用证,蓝粤能源公司向建行广州荔湾支行出具了《信托收据》,并签订了《保证金质押合同》。《信托收据》确认自收据出具之日起,建行广州荔湾支行即取得上述信用证项下所涉单据和货物的所有权,建行广州荔湾支行为委托人和受益人,蓝粤能源公司为信托货物的受托人。信用证开立后,蓝粤能源公司进口了 164998 吨煤炭。建行广州荔湾支行承兑了信用证,并向蓝粤能源公司放款 84867952.27 元,用于蓝粤能源公司偿还建行首尔分行的信用证垫款。建行广州荔湾支行履行开证和付款义务后,取得了包括本案所涉提单在内的全套单据。蓝粤能源公司因经营状况恶化而未能付款赎单,故建行广州荔湾支行在本案审理过程中仍持有提单及相关单据。提单项下的煤炭因其他纠纷被广西防城港市港口区人民法院查封,建行广州荔湾支行提出了执行异议。在此过程中,建行广州荔湾支行提起诉讼,请求判令蓝粤能源公司向建行广州荔湾支行清偿信用证垫款本金 84867952.27 元及利息;确认建行广州荔湾支行对信用证项下 164998 吨煤炭享有所有权,并对处置该财产所得款项优先清偿上述信用证项下债务;粤东电力等担保人承担担保责任。

广东省广州市中级人民法院于 2014 年 4 月 21 日作出 (2013) 穗中法金民初字第 158 号民事判决, 支持建行广州荔湾支行关于蓝粤能源公司还本付息以及担保人承担相应担保责任的诉请, 但以信托收据及提单交付不能对抗第三人为由, 驳回建行广州荔湾支行关于请求确认煤炭所有权以及优先受偿权的诉请。建行广州荔湾支行不服一审判决, 提起上诉。广东省高级人民法院于 2014 年 9 月 19 日作出 (2014) 粤高法民二终字第 45 号民事判决, 驳回上诉, 维持原判。建行广州荔湾支行不服二审判决, 向最高人民法院申请再审。最高人民法院于 2015 年 10 月 19 日作出 (2015) 民提字第 126 号民事判决, 支持建行广州荔湾支行对案涉信用证项下提单对应货物处置所得价款享有优先受偿权, 驳回其对案涉提单项下货物享有所有权的诉讼请求。

在裁判理由部分, 最高人民法院认为, 提单具有债权凭证和所有权凭证的双重属性, 但并不意味着谁持有提单谁就当然对提单项下货物享有所有权。**对提单持有人而言, 其能否取得物权以及取得何种类型的物权, 取决于当事人之间的合同约定。**建行广州荔湾支行履行了开证及付款义务并取得信用证项下的提单, 但是由于当事人之间没有移转货物所有权的意思表示, 故不能认为建行广州荔湾支行取得提单即取得提单项下货物的所有权。虽然《信托收据》约定建行广州荔湾支行取得货物的所有权, 并委托蓝粤能源公司处置提单项下的货物, 但根据物权法定原则, 该约定因构成让与担保而不能发生物权效力。然而, 让与担保的约定虽不能发生物权效力, 但该约定仍具有合同效力, 且《关于开立信用证的特别约定》约定蓝粤能源公司违约时, 建行广州荔湾支行有权处分信用证项下单据及货物, 因此根据合同整体解释以及信用证交易的特点, 表明当事人真实意思表示是通过提单的流转而设立提单质押。本案符合权利质押设立所需具备的书面质押合同和物权公示两项要件, 建行广州荔湾支行作为提单持有人, 享有提单权利质权。建行广州荔湾支行的提单权利质权如果与其他债权人对提单项下货物所可能享有的留置权、动产质权等权利产生冲突的, 可在执行分配程序中依法予以解决。据此, 最高人民法院在将该案作为指导案例发布时, 总结的裁判要点有以下两个:

（1）提单持有人是否因受领提单的交付而取得物权以及取得何种类型的物权，取决于合同的约定。开证行根据其与开证申请人之间的合同约定持有提单时，人民法院应结合信用证交易的特点，对案涉合同进行合理解释，确定开证行持有提单的真实意思表示。

（2）开证行对信用证项下单据中的提单以及提单项下的货物享有质权的，开证行行使提单质权的方式与行使提单项下货物动产质权的方式相同，即对提单项下货物折价、变卖、拍卖后所得价款享有优先受偿权。

（三）《民法典担保解释》第 60 条解读

《民法典担保解释》第 60 条第 1 款规定："在跟单信用证交易中，开证行与开证申请人之间约定以提单作为担保的，人民法院应当依照民法典关于质权的有关规定处理。"

上述规定的意思是说：**如果双方明确约定了银行持有提单是为了享有担保权利，即明确约定以提单作为担保，就应认为构成提单质押。**当然，严格来说，如果是提单质押，那就要有"质押"背书的字样和签章，但在跟单信用证交易过程中往往没有去背书，因为从前面谈到的信用证流程图可以看出，卖方是把货物交给承运人之后就取得了提单，取得提单之后就可以直接拿着单据去找通知行或者是指定银行要求付款。在这个过程中，不存在"质押"背书记载，提单就直接交付给了通知行或者开证行。指定银行或者通知行付款之后，提单又被寄给了开证行。在这个过程中，也没有一个背书记载的问题。也就是说，以提单作为担保实际上是开证申请人与开证行之间通过合同来约定。但是，在指导案例第111 号中，蓝粤能源公司申请银行开立信用证时，与开证行签订的合同虽然约定要为开证行提供担保，但未明确约定开证行对提单享有质权，因此，指导案例第 111 号不属于这种情形。

《民法典担保解释》第 60 条第 2 款规定："在跟单信用证交易中，开证行依据其与开证申请人之间的约定或者跟单信用证的惯例持有提单，开证申请人未按照约定付款赎单，开证行主张对提单项下货物优先受偿的，人民法院应予支持；开证行主张对提单项下货物享有所有权的，人民法院不予支持。"

　　显然,指导案例第 111 号所要表达的裁判规则与《民法典担保解释》第 60 条第 2 款的规定是一致的。在指导案件 111 号中,开证申请人与开证行虽然有一个《关于开立信用证的特别约定》,约定乙方有权行使下述一项或几项权利,但这个权利不一定都是指担保,所以这个约定不很清楚,无法认定当事人明确约定了提单质押。但根据当事人的约定,开证行在付款后即可根据约定持有案涉提单。当然,即使当事人没有约定开证行付款后有权持有提单,根据有关跟单信用证的国际惯例,开证行也应有权持有提单。既然开证行根据约定或者惯例持有提单,而提单又是物权凭证,那是不是意味着开证行此时就是提单项下货物的所有权人呢?指导案例第 111 号说得很清楚,开证行持有提单,并不意味着开证行取得了提单项下货物的所有权,因为开证行取得提单并不是以取得提单项下的货物所有权为目的,当事人没有这个意思表示,自然不能解释为开证行取得的是提单项下货物的所有权。但是,既然开证申请人有提供担保的意思表示,且开证行又已根据约定或者惯例,合法持有提单,就应理解为开证行已经取得提单质权,可主张对提单项下的货物享有优先受偿权。对提单项下的货物享有所有权与对提单项下的货物享有优先受偿权有什么区别呢?在指导案例第 111 号中,这个区别反映得淋漓尽致:**如果开证行对提单项下的货物享有所有权,则它在另案提起的执行异议,就应获得支持,因为执行标的属于案外人所有,是排除强制执行最为重要的理由;但是,如果开证行对提单项下的货物不享有所有权,而仅享有优先受偿权,即担保物权,则开证行另案提起的执行异议就无法获得支持,而只能在执行程序中请求优先受偿。**在指导案例第 111 号中,由于执行标的尚存在申请执行人的留置权,即使开证行享有提单质权,对执行标的享有优先受偿权,其权利顺位也在留置权之后,可能最终也无法全面获得实现。显然,《民法典担保解释》第 60 条第 2 款正是要将指导案例第 111 号体现的裁判思路落实到司法解释上。

　　《民法典担保解释》第 60 条第 3 款规定:“在跟单信用证交易中,开证行依据其与开证申请人之间的约定或者跟单信用证的惯例,通过转让提单或者提单项下货物取得价款,开证申请人请求返还超出债权部分的,人民法院应予支持。”

这是关于信用证项下提单质权实现程序的规定。信用证项下的提单质权是必须通过拍卖、变卖提单项下的货物来实现,还是也可以通过转让提单或者提单项下货物的方式来实现?《民法典担保解释》第60条第3款明确了两点:第一,可以直接转让提单,因为提单是物权凭证,通过转让提单实现优先受偿也可以;第二,可以直接转让提单项下的货物。由于开证行往往不擅长处置货物,所以开证行常常把提单直接转让给了擅长处置该货物的机构,让他们去处置提单项下的货物。当然开证行也可以自己处置提单项下的货物。可见,《民法典担保解释》对于信用证项下提单质权的实现,采取的是极为宽松的政策,尽可能让当事人通过约定去实现自己的担保物权。当然,如果开证行处置提单或者提单项下的货物的价格过低,从而损害了开证申请人的利益,开证申请人就可以请求撤销该转让行为。此外,开证行转让提单或者提单项下的货物,所得款项如果超过开证申请人所欠款项,则应将超过部分返还给开证申请人。

《民法典担保解释》第60条第4款规定:"前三款规定不影响合法持有提单的开证行以提单持有人身份主张运输合同项下的权利。"

前面谈到,提单不仅具有物权凭证的性质,还有一个很重要的属性,就是作为债权凭证,能够用来证明托运人与承运人之间的运输合同关系以及托运人已将标的物交付承运人。因此,如果说开证行或者通过转让取得提单的提单持有人在处置提单项下货物时,发现有货损,开证行或者其他提单持有人能不能找承运人要求索赔呢?比如说货物在运输过程中因承运人的过错发生了毁损、灭失,而现在提单由开证行持有,开证行能不能向承运人索赔?根据《民法典担保解释》第60条第4款的规定,即使开证行对提单项下的货物不享有所有权,而仅享有担保物权,也不影响开证行依据提单向承运人进行索赔。道理很简单:提单不仅是物权凭证,也是债权凭证,提单持有人无论是对提单项下的货物享有所有权还是享有担保物权,都可以提单持有人身份主张运输合同项下的权利。

四、"仓单乱象"与仓单质押的规范

　　下面谈仓单质押。首先涉及对仓单的性质应如何理解。在民法理论上,往往是把提单和仓单看成具有相同的性质,即与提单一样,仓单也具有两重法律性质:第一它是债权凭证,用于证明仓储合同关系以及货物已经交给保管人进行保管;第二它是物权凭证,仓单一经签发,仓单持有人就有权凭仓单提取货物。

　　需要注意的是,仓单作为债权凭证能够证明仓储合同关系的存在,但除了仓单,还有仓储合同本身可以证明合同关系的存在。此外,《民法典》还用了"入库单"这一概念。入库单也可以作为债权凭证,可以用来证明仓储合同以及货物已经交付给保管人,但入库单和仓单有一个根本性的区别,即入库单只能作为债权凭证,不能作为物权凭证。

　　尽管从民法理论上看,仓单的法律地位很清楚,仓单的法律效力也非常强大,但在现实中,问题就复杂了,出现了所谓"仓单乱象"。什么是"仓单乱象"?就是保管人就同一批货物出具多份仓单,以致存货人将同一批货物转让给数个买受人或者将同一批货物质押给数个债权人。当然,也可能发生存货人在将同一批货物转让给他人的同时,又将该货物质押给其他债权人的情况。此外,实践中还经常发生当事人以仓单质押的同时,又以仓单所表征的货物进行质押的现象。由于"仓单乱象"必然引起权利冲突,因此也就必然会有一方当事人会受到损失。此时应保护哪一方当事人的权利,应由谁承担由此带来的损失,就成为困扰司法实践的疑难问题。

　　从法理上说,"仓单乱象"的出现根源于当事人尤其是保管人没有正确认识到仓单的性质与效力。前面谈到,仓单在性质上类似于提单,既是债权凭证,也是物权凭证。既然是物权凭证,则仓单一经签发,就只能凭单交货。如果无单放货,保管人就要承担赔偿责任。就此而言,无论是保管人签发多份仓单,还是保管人在签发仓单后,又接受存货人的指示无单放货,抑或在签发仓单后再接受存货人的指示为存货人的其他债权人保管货物从而以该货物设定动产质权,保管人都要为权利冲突带来的损失承担赔偿责任。当然,发生权利冲突的主要原因是存货人将同

一批货物进行了多次处分(转让或者质押等),只不过他利用了保管人对于仓单的性质与效力在认识上的缺陷。因此,"板子"既要打在保管人的屁股上,也要打在存货人的屁股上。

在《民法典担保解释》的制定过程中,我们的思路是:既要为"仓单乱象"引发的纠纷提供裁判规则,也要努力引导实践走上正常的轨道。需要说明的是,由于《民法典担保解释》只能就涉及担保的问题作出规定,因此并未就涉及"仓单乱象"的所有问题进行规定,例如因保管人签发多份仓单引发存货人就同一批货物多次转让的问题,就无法在《民法典担保解释》中作出规定。但尽管如此,《民法典担保解释》就担保问题作的规定,也为我们正确处理转让问题提供了思路。

问题是,如何才能通过裁判规则的制定来化解"仓单乱象",从而引导实践走向正常呢?当然是要通过裁判规则来强化当事人的责任意识。也就是说,在因"仓单乱象"引发权利冲突时,裁判规则应明确规定受到损失的债权人不仅有权向存货人主张赔偿责任,而且也有权向有过错的保管人主张赔偿责任。保管人应承担何种程度的赔偿责任?通常情形下,"一个巴掌拍不响",如果没有保管人的配合,存货人是无法将同一批货物多次转让或者质押的。可见,在"仓单乱象"中,债权人的损失往往是存货人和保管人的共同行为导致的,二者构成共同侵权。《民法典》第1168条规定:"二人以上共同实施侵权行为,造成他人损害的,应当承担连带责任。"据此,存货人与保管人应对当事人的损失承担连带赔偿责任。这就是《民法典担保解释》第59条第4款的基本思路。

既然《民法典担保解释》就有过错的保管人规定了较为严格的责任,那么就要明确仓单质押的设立条件,不能让保管人或者存货人"稀里糊涂"地就承担"锅中"的责任。就此而言,债权人在接受仓单质押时,也负有一定的审查义务,否则,其交易安全就不应得到如此高强度的保护。《民法典》第910条规定:"仓单是提取仓储物的凭证。存货人或者仓单持有人在仓单上背书并经保管人签名或者盖章的,可以转让提取仓储物的权利。"尽管该条仅就仓单转让进行了规定,并未就仓单质押进行规定,但由于质押同样是对仓单的处分,且仓单质权实现时,亦涉及仓单的转让,因此,该条也应类推适用于仓单质押。此外,《民法典》第441条规定,"以汇票、本票、支票、债券、存款单、仓单、提单出质的,质权自权利凭证交付质权人时设立;没有权利凭证的,质权自办理出质登记时设立"。据此,在有权利凭证的情况下,仓单质押必须以仓单的交付为设立条件。基于上述规定,《民法典担保解释》第59条第1款在借鉴提单质押设立条件的基础上,就仓单质押的设立条件也作了明确的规定,即"存货人或者仓单持有人在仓单上以背书记载'质押'字样,并经保管人签章,仓单已经交付质权人的,人民法院应当认定质权自仓单交付质权人时设立"。

在明确了仓单质押的设立条件后,为解决因"仓单乱象"引起的权利冲突问题,《民法典担保解释》第59条第2、3款还就多重担保时的权利优先顺序作了规定,即"出质人既以仓单出质,又以仓储物设立担保,按照公示的先后确定清偿顺序;难以确定先后的,按照债权比例清偿""保管人为同一货物签发多份仓单,出质人在多份仓单上设立多个质权,按照公示的先后确定清偿顺序;难以确定先后的,按照债权比例受偿"。需要注意的是,所谓"出质人既以仓单出质,又以仓储物设立担保",既有可能是先以仓单设定质权,再以仓储物设定抵押或者质押,也可能是先以仓储物设定抵押或者质押,再以仓单设定质权,但不论是何种情形,都应根据公示先后确定权利优先顺序,否则,就会害及交易安全。在司法解释的制定过程中,也有一种意见认为应该强化仓单作为物权凭证的效力,当仓单质押与以仓储物提供担保并存时,接受仓单质押的债权人应优先于接受仓储物担保的债权人,理由是:仓单一经签发,就只能通过凭单提货,其他债权人如果接受仓储物抵押或者质押,就要承担由此带来的风险。经过研究,我们认为,接受仓储物抵押或者质押的债权人并不一定知道保管人已经就该批货物签发仓单,在接受仓储物抵押或者质押的债权人不知道保管人已经签发仓单的情形下,由接受仓储物抵押或者质押的债权人承担风险,对其不够公平。另外,由于无论是仓单质押,还是以仓储物抵押或者质押,都须以登记或者交付作为公示方式,因此,以公示的时间先后来确定清偿顺序,较为合理。实际上,在动产抵押和动产质押并存的情形下,《民法典》也是以公示时间的先后作为确定清偿顺序的依据,例如《民法典》第415条规定:"同一财产既设立抵押权又设立质权的,拍卖、变卖该财产所得的价款按照登记、交付的时间先后确定清偿顺序。"

以公示时间的先后作为确定清偿顺序的标准,必然要求债权人无论是在接受仓储物抵押或者质押时,还是在接受仓单质押时,都要尽到一定程度的注意义务,即审查是否在仓储物或者仓单上已经存在担保物权,否则,就可能遭受权利不能实现的损失。尽管《民法典担保解释》第59条第4款规定了债权人因此受到的损失,有过错的保管人与存货人须承担连带责任,但在二者均没有清偿能力的情况下,债权人的损失就无法得到救济。这就是债权人必须面临的交易风险。

此外,值得注意的是,以公示时间作为确定清偿顺序的标准虽然可以解决权利冲突问题,但也可能带来一些问题。例如,除了抵押以登记公示方式,仓单质押与仓储物质押都是以交付作为公示方式,而当事人什么时候完成交付,有时是很难判断的,这就为有的当事人造假提供了机会——有的当事人为了获得优先顺序,就可能通过伪造证据来证明自己是最先完成公示方式的债权人。为此,《民法典担保解释》第59条在以公示时间先后作为判断清偿顺序标准的同时,还规定难以判断公示时间时,应按照债权比例清偿。也就是说,如果以交付作为公示方式的债权人主张交付在先、登记在后,而其用于证明交付时间的证据并不十分可信,且不排除存在伪造的可能性,就可认为属于难以判断公示时间的情形,此时就应按照债权比例清偿,从而在发生权利冲突的情形下在当事人之间最大限度地实现公平公正。需要说明的是,这一思路虽然规定在仓单质押这一条,但在我们看来,似也可类推适用于解决动产抵押和动产质押并存时因确定公示时间带来的问题。

前面谈到,《民法典》第415条对于动产抵押和动产质押并存的处理,采取的也是按公示时间的先后来确定清偿顺序的思路。但在实践中,对于完成动产交付的时间,常常会发生争议。如果主张交付在先的债权人无法证明交付的准确时间,或者虽有证据证明交付时间,但不排除伪造证据的可能,就应认为公示时间难以确定。此时按照债权比例清偿,也许是一个能够兼顾各方利益的解决方案。

五、应收账款质押及其实现

(一)权利质押与权利转让

根据《民法典》第 445 条的规定,以应收账款出质的,质权自办理出质登记时设立。也就是说,只有登记之后,质权才设立,这与债权转让和保理都不一样。关于应收账款与保理的关系,后面会详细讨论。就应收账款质押与债权转让的关系而言,《民法典》第 445 条第 2 款规定:"应收账款出质后,不得转让,但是出质人与质权人协商同意的除外。出质人转让应收账款所得的价款,应当向质权人提前清偿债务或者提存。"可见,与抵押物转让的规则不同,应收账款质押后,应收账款债权人无权再转让应收账款,除非质权人同意。类似规定,也都存在于其他以登记作为生效要件的权利质押,例如《民法典》第 443 条第 2 款规定:"基金份额、股权出质后,不得转让,但是出质人与质权人协商同意的除外。出质人转让基金份额、股权所得的价款,应当向质权人提前清偿债务或者提存。"第 444 条第 2 款规定:"知识产权中的财产权出质后,出质人不得转让或者许可他人使用,但是出质人与质权人协商同意的除外。出质人转让或者许可他人使用出质的知识产权中的财产权所得的价款,应当向质权人提前清偿债务或者提存。"需要注意的是,尽管这些条文都用了"不得"的表述,但如果出质人在将权利质押后又与他人签订了权利转让合同或者知识产权许可使用合同,我们不能以当事人之间的行为违反法律、行政法规的强制性规定为由认定这些合同都是无效的,因为这里的"不得"仅仅意味着出质人在没有得到质权人同意时转让质押权利或者许可他人使用质押的知识产权,构成无权处分,因而这些条文都属于所谓赋权性的规定,是私法上的强制性规定,而非公法性质的强制性规定。既然未经质权人同意的转让行为构成无权处分,自应类推适用《民法典》第 597 条的规定,在出质人无法履行转让合同时,受让人可请求解除合同,并要求出质人承担违约责任。可见,如果没有其他合同无效的情形,转让合同本身应是有效的。

问题是,何以在抵押的情况下,《民法典》一改原《物权法》的思路,不再规定未经抵押权人同意,抵押人不得转让抵押财产,而是允许抵押人自由转让抵押物,再通过抵押权的追及效力来保护抵押权人的交易安全,而在以登记为生效要件的权利质押中,《民法典》却仍坚持原《物权法》的思路,规定出质人未经质权人同意,不得转让质押权利或者将质押的知识产权许可他人使用呢? 对此,笔者的解释是,立法者在此没有考虑到规则的一致性。事实上,通过赋予质权以追及效力来保护质权人的交易安全,同时放开出质人转让出资权利的自由,就可以最大限度实现物尽其用,因为担保责任只是"或有责任",债权人最终通过行使担保物权来实现债权毕竟是少数,仅仅因权利被质押而限制其转让,可能会造成财产权利被闲置。需要说明的是,如果质权人同意出资人转让被质押的权利或者允许出质人许可他人使用被质押的知识产权,是否意味着质权人已经放弃质权,从而导致质权已经消灭呢? 显然不是。既然不是,那么质权人能否向权利的受让人主张质权,并就拍卖、变卖质押权利的价款优先受偿呢? 显然也不能,因为质权人已经同意出质人转让质押的权利或者同意出质人许可他人使用出质的知识产权,受让人的交易安全自然也要获得一定程度的保护。所以,类似我们在前面谈到的《物权法》第191条的法律适用,此时宜理解为发生了物上代位的后果,即质权人虽然没有因同意而丧失质权,但该质权的标的物已经不再是当初被质押的权利,而是因权利转让或者许可使用而取得的金钱。也正因如此,《民法典》在上述条文中都规定了出质人转让权利或者许可他人使用知识产权所获的价款,应当向质权人提前清偿债务或者提存。也就是说,质权人对于出质人因转让权利或者许可他人使用知识产权而获得的价款,应有优先受偿权。

(二)将有的应收账款质押及其实现

回到应收账款质押本身,实践中还存在一些特殊疑难问题。前面谈到,《民法典》扩张了可用于质押的应收账款的范围,规定不仅现存的应收账款可用于质押,而且将来的应收账款也可用于质押。之所以如此,主要是考虑到《民法典》对于权利质押采取的是封闭式的列举,只有法律、行政法规规定可以质押的财产权利才能作为质押的标的物。这样一来,就会有大量具有财产价值的权利因没有法律、行政法规的明确规定而无法作为质押财产,从而影响到当事人的融资能力。我们认为,在法律、行政法规没有明确规定某种财产权利可以被质押时,如果该财产权利能够理解为将来的应收账款,即可通过应收账款质押来解决其融资能力问题。当然,什么样的财产权利可以理解为将来的应收账款呢?2019年修订的《应收账款质押登记办法》第2条规定:"本办法所称应收账款是指权利人因提供一定的货物、服务或设施而获得的要求义务人付款的权利以及依法享有的其他付款请求权,包括现有的和未来的金钱债权,但不包括因票据或其他有价证券而产生的付款请求权,以及法律、行政法规禁止转让的付款请求权。本办法所称的应收账款包括下列权利:(一)销售、出租产生的债权,包括销售货物,供应水、电、气、暖,知识产权的许可使用,出租动产或不动产等;(二)提供医疗、教育、旅游等服务或劳务产生的债权;(三)能源、交通运输、水利、环境保护、市政工程等基础设施和公用事业项目收益权;(四)提供贷款或其他信用活动产生的债权;(五)其他以合同为基础的具有金钱给付内容的债权。"据此,《民法典担保解释》将应收账款质押区分为现有的应收账款质押和将有的应收账款质押,其中将有的应收账款质押,是指"以基础设施和公用事业项目收益权、提供服务或者劳务产生的债权以及其他将有的应收账款出质"。可见,并非所有的财产权利都可以作为担保财产纳入到将有的应收账款,将有的应收账款主要是基于各种基础设施和公用事业项目的收益权而产生,此外还有提供服务或者劳务产生的债权。这些债权的基本特点是将来必然发生但债务人并不特定,因而在质权的实现方式上,不同于现有的应收账款质押。

对于现有的应收账款质押,由于应收账款已经实际发生,因此债务人是确定的。《担保法解释》第106条规定:"质权人向出质人、出质债权的债务人行使质权时,出质人、出质债权的债务人拒绝的,质权人可以起诉出质人和出质债权的债务人,也可以单独起诉出质债权的债务人。"尽管这一条并非仅仅针对现有的应收账款质押作的规定,但现有的应收账款是最为典型的金钱债权,自应可以适用这一规定。也就是说,**在当事人以现有的应收账款质押时,债权人可直接向应收账款债务人主张权利**。当然,在以现有的应收账款出质时,如果应收账款债务人已经向应收账款债权人履行了债务,事后质权人又请求应收账款债务人履行债务,其结果将导致应收账款债务人承担双重支付的义务,人民法院自然不应予以支持。但值得主义的是,如果应收账款债务人接到质权人要求向其履行的通知后,仍然向应收账款债权人履行,则可能导致质权人的权利无法实现,因而不能免除应收账款债务人的给付义务。此即《民法典担保解释》第 61 条第 3 款的基本思路。

此外,在当事人以将有的应收账款质押时,由于债权并未实际发生,债务人并不特定,如何实现质权也是一个争议较大的问题。实践中,一种观点认为,对于将来的应收账款质押,债权人在实现其质权时,可以请求拍卖、变卖产生应收账款的收益权并就获得价款优先受偿。我们认为,当事人在以将有的应收账款质押时,往往会约定设立一个特定账户,专门用来接受因未来发生的债权而可能获得的收益。此时,如果债权,主张就该特定账户的资金优先受偿,自然应予支持。问题是,债权人能否不主张就特定账户的资金优先受偿,而选择拍卖、变卖产生应收账款的收益权本身并以所得价款优先受偿呢?我们认为,**在当事人约定设定特定账户的情况下,债权人只能先就该特定账户的资金优先受偿,只有在该特定账户的资金不足以清偿全部债权时,债权人才能请求拍卖、变卖产生应收账款的收益权本身来实现质权。**此即《民法典担保解释》第 61 条第 4 款的基本思路。

(三)指导案例第 53 号及其意义

问题是,如果当事人没有约定设立特定账户,债权人是否可请求拍卖、变卖产生应收账款的收益权本身来实现债权呢?我们认为,如果当事人没有约定设立特定账户,债权人原则上可请求拍卖、变卖产生应收账款的收益权本身来实现债权,但**如果产生应收账款的特定收益权依其性质不宜折价、拍卖或变卖,质权人主张优先受偿权时,人民法院就只能判令出质债权的债务人将收益权的应收账款优先支付质权人,而不能直接拍卖、变卖收益权本身来实现担保物权。**例如,在指导案例第 53 号"福建海峡银行股份有限公司福州五一支行诉长乐亚新污水处理有限公司、福州市政工程有限公司金融借款合同纠纷案"中,由长乐市建设局作为让与方、福州市政公司作为受让方、长乐市财政局作为见证方签订《长乐市城区污水处理厂特许建设经营合同》,约定长乐市建设局授予福州市政公司负责投资、建设、运营和维护长乐市城区污水处理厂项目及其附属设施的特许权,并就合同双方权利义务进行了详细约定。后福州市政公司为履行《长乐市城区污水处理厂特许建设经营合同》而设立长乐亚新公司。2005 年 3 月 24 日,福州市商业银行五一支行与长乐亚新公司签订《单位借款合同》,约定长乐亚新公司向福州市商业银行五一支行借款 3000 万元。福州市政公司为长乐亚新公司的借款本息承担连带责任保证。同日,福州市商业银行五一支行与长乐亚新公司、福州市政公司、长乐市建设局共同签订《特许经营权质押担保协议》,约定福州市政公司以《长乐市城区污水处理厂特许建设经营协议》授予的特许经营权为长乐亚新公司向福州市商业银行五一支行的借款提供质押担保,长乐市建设局同意该担保;福州市政公司同意将特许经营权收益优先用于清偿借款合同项下的长乐亚新公司的债务,长乐市建设局和福州市政公司同意将污水处理费优先用于清偿借款合同项下的长乐亚新公司的债务;福州市商业银行五一支行未受清偿的,有权依法通过拍卖等方式实现质押权利等。上述合同签订后,福州市商业银行五一支行依约向长乐亚新公司发放贷款 3000 万元,但长乐亚新公司于 2007 年 10 月 21 日起未依约按期足额还本付息,故福州市商业银行五一支行提起诉讼,诉请法院判令:长乐亚新公司偿还原告借款本金和利息;确认《特许经营权质押担保协议》合法有效,拍卖、变卖该协议项下的质物,原告有优先受偿权;将长乐市建设局支付给两被告的污水处理服务费优先用于清偿应偿还原告的所有款项;福州市政公司承担连带清偿责任。

法院生效裁判认为,被告长乐亚新公司未依约偿还原告借款本金及利息,已构成违约,应向原告偿还借款本金,并支付利息及实现债权的费用;福州市政公司作为连带责任保证人,应对讼争债务承担连带清偿责任。问题是,案涉污水处理项目特许经营权质押是否有效以及该质权如何实现? 对此,生效判决认为,污水处理项目特许经营权是对污水处理厂进行运营和维护,并获得相应收益的权利。污水处理厂的运营和维护,属于经营者的义务,而其收益权,则属于经营者的权利。由于对污水处理厂的运营和维护,并不属于可转让的财产权利,故讼争的污水处理项目特许经营权质押,实质上系污水处理项目收益权的质押。

关于污水处理项目等特许经营的收益权能否出质,生效判决认为应当考虑以下方面。其一,本案讼争污水处理项目《特许经营权质押担保协议》签订于 2005 年,尽管当时法律、行政法规及相关司法解释并未规定污水处理项目收益权可质押,但污水处理项目收益权与公路收益权性质上相类似。《担保法解释》第 97 条规定,"以公路桥梁、公路隧道或者公路渡口等不动产收益权出质的,按照担保法第七十五条第(四)项的规定处理",明确公路收益权属于依法可质押的其他权利,与其类似的污水处理收益权亦应允许出质。其二,国务院办公厅 2001 年 9 月 29 日转发的《国务院西部开发办〈关于西部大开发若干政策措施的实施意见〉》(国办发〔2001〕73 号)中提出,"对具有一定还贷能力的水利开发项目和城市环保项目(如城市污水处理和垃圾处理等),探索逐步开办以项目收益权或收费权为质押发放贷款的业务",首次明确可试行将污水处理项目的收益权进行质押。其三,污水处理项目收益权虽系将来金钱债权,但其行使期间及收益金额均可确定,其属于确定的财产权利。其四,在《物权法》颁布实施后,因污水处理项目收益权系基于提供污水处理服务而产生的将来金钱债权,依其性质亦可纳入依法可出质的"应收账款"的范畴。因此,讼争污水处理项目收益权作为特定化的财产权利,可以允许其出质。

对于污水处理项目收益权的质权公示问题,生效判决认为,在《物权法》自 2007 年 10 月 1 日起施行后,因收益权已纳入该法第 223 条第 6 项的"应收账款"范畴,故应当在中国人民银行征信中心的应收账款质押登记公示系统进行出质登记,质权才能依法成立。由于本案的质押担保协议签订于 2005 年,在《物权法》施行之前,故不适用《物权法》关于应收账款的统一登记制度。因当时并未有统一的登记公示的规定,故参照当时公路收费权质押登记的规定,由其主管部门进行备案登记,有关利害关系人可通过其主管部门了解该收益权是否存在质押之情况,该权利即具备物权公示的效果。本案中,长乐市建设局在《特许经营权质押担保协议》上盖章,且协议第 7 条明确约定"长乐市建设局同意为原告和福州市政公司办理质押登记出质登记手续",故可认定讼争污水处理项目的主管部门已知晓并认可该权利质押情况,有关利害关系人亦可通过长乐市建设局查询了解讼争污水处理厂的有关权利质押的情况。因此，本案讼争的权利质押已具备公示之要件，质权已设立。

关于污水处理项目收益权的质权实现方式问题，生效判决认为，我国《担保法》和《物权法》均未具体规定权利质权的具体实现方式，仅就质权的实现作出一般性的规定，即质权人在行使质权时，可与出质人协议以质押财产折价，或就拍卖、变卖质押财产所得的价款优先受偿。但污水处理项目收益权属于将来金钱债权，质权人可请求法院判令其直接向出质人的债务人收取金钱并对该金钱行使优先受偿权，故无须采取折价或拍卖、变卖之方式。况且收益权均附有一定之负担，且其经营主体具有特定性，故依其性质亦不宜拍卖、变卖。因此，原告请求将《特许经营权质押担保协议》项下的质物予以拍卖、变卖并行使优先受偿权，不予支持。根据协议约定，原告海峡银行五一支行有权直接向长乐市建设局收取污水处理服务费，并对所收取的污水处理服务费行使优先受偿权。由于被告仍应依约对污水处理厂进行正常运营和维护，若无法正常运营，则将影响到长乐市城区污水的处理，亦将影响原告对污水处理费的收取，故原告在向长乐市建设局收取污水处理服务费时，应当合理行使权利，为被告预留经营污水处理厂的必要合理费用。

应该说，指导案例第53号与《民法典担保解释》的思路是一致的。在《民法典担保解释》就将来的应收账款质押及其实现方式作出明确规定的情况下，指导案例第53号仍具有如下重要意义：其一，在《民法典担保解释》施行前，实践中就当事人以污水处理项目等特许经营的收益权进行质押是否有效存在较为激烈的争议，指导案例第53号通过类推适用《担保法解释》第97条的规定，将能够用于质押的财产权利扩张到污水处理项目等特许经营的收益权；其二，在当时欠缺统一登记制度的情况下，认为讼争污水处理项目的主管部门已知晓并认可该权利质押情况，有关利害关系人亦可通过长乐市建设局查询了解讼争污水处理厂的有关权利质押的情况，故已满足质权设定的公示要件；其三，在质权实现方面，采取的是较为灵活的实现方式，即质权人可请求法院判令其直接向出质人的债务人收取金钱并对该金钱行使优先受偿权，但应当合理行使权利，为被告预留经营污水处理厂的必要合理费用。

（四）应收账款的真实性及其认定

应收账款质押采取的是登记生效主义，从而与保理、应收账款债权的转让都有所不同。值得注意的是，尽管应收账款质押采取的登记生效主义，但根据《国务院关于实施动产和权利担保统一登记的决定》第3条的规定，纳入统一登记范围的动产和权利担保，由当事人通过中国人民银行征信中心动产融资统一登记公示系统自主办理登记，并对登记内容的真实性、完整性和合法性负责，登记机构不对登记内容进行实质审查。也就是说，尽管登记在应收账款质押的设立与保理中的地位不同，但登记机构并未对登记程序作区别对待，采取的都是所谓"声明登记制"，即由当事人在公示系统上自主办理登记。

既然登记机构对登记内容不作实质审查，而由当事人对登记内容的真实性、完整性和合法性负责，那么，在当事人就被质押的应收账款的真实性发生争议的情况下，人民法院能否以当事人已经办理应收账款质押登记为由认定该被质押的应收账款是真实存在的呢？显然不能。也就是说，债权人在接受应收账款质押时，应通过尽职调查了解被质押的应收账款是否真实存在，而不能简单以已经办理质押登记为由主张该被质押的应收账款真实存在。当然，债权人在进行尽职调查时，最为有效的办法，就是要求应收账款债务人书面确认该应收账款的存在。如果应收账款债务人书面确认该应收账款的真实性，事后又以应收账款不存在或者已经消灭为由主张其不承担责任，系不诚信行为，法律自无保护的必要。相反，如果当事人以现有的应收账款出质，而应收账款债务人并未确认应收账款的真实性，则**只有质权人举证证明办理出质登记时应收账款真实存在，才能以应收账款债务人为被告，请求就应收账款优先受偿**。如果质权人不能举证证明办理出质登记时应收账款真实存在，而仅以已经办理出质登记为由请求就应收账款优先受偿，人民法院自不应予以支持。此即《民法典担保解释》第61条的基本思路。

第二十九讲

留置权的法律适用

一、留置权的适用范围

在很多人看来,留置权是一个不太重要的担保物权。为什么会有这样的印象呢? 主要因为留置权是法定的,适用范围自然受到一定程度的限制。但是,需要指出的是,虽然《担保法》第 84 条第 1—2 款规定,"因保管合同、运输合同、加工承揽合同发生的债权,债务人不履行债务的,债权人有留置权。法律规定可以留置的其他合同,适用前款规定",但我们不能理解为留置权仅存在法律有规定的情形,在法律没有明确规定的情况下,就不能产生留置权。《担保法》之所以如此规定,主要是考虑到留置权主要发生在因保管合同、运输合同、加工承揽合同发生的债权债务关系中或者法律规定可以留置标的物的其他合同中(例如《海商法》第 25 条第 2 款就船舶留置权作了特别规定,明确船舶留置权"是指造船人、修船人在合同另一方未履行合同时,可以留置所占有的船舶,以保证造船费用或者修船费用得以偿还的权利"),但不能据此认定留置权仅存在于法律有明确规定的情形。当然,留置权之所以主要发生在因保管合同、运输合同、加工承揽合同发生的债权债务关系中或者法律规定可以留置标的物的其他合同中,是因为依据传统民法理论,留置权的成立要求债权人留置的标的物与引起债权债务关系的法律关系是同一法律关系,例如保管合同中保管人在托管人未支付保管费时有权留置所保管的物品,这个被留置的物品与保管费的发生就是基于同一法律关系。

《物权法》不仅在表述上未再对留置权的适用范围作出规定,而且还放宽了对同一法律关系的要求,明确规定企业之间的留置可以不要求留置的动产与债权系同一法律关系。这一规定被视为《物权法》区分民事留置与商事留置的依据。也就是说,民事留置的成立仍然要求留置的标的物与债权的发生系同一法律关系,但商事留置(企业间留置)的成立则不需要这一要件。显然,《物权法》对商事留置的特别规定大大扩张了留置权的适用范围。

尽管留置权是法定的,且《物权法》通过对商事留置进行特别规定扩张了留置权的适用范围,但并非只要具备留置权的成立条件,债权人就必然享有留置权。《物权法》在规定留置权成立条件的同时,亦明确规定"法律规定或者当事人约定不得留置的动产,不得留置"。此外,《物权法》还对留置权的消灭作了特别规定,明确留置权人对留置财产丧失占有或者留置权人接受债务人另行提供担保时,留置权消灭。

《民法典》不仅全面继受了《物权法》关于留置权的规定,且在物权编第十九章规定"同一动产上已经设立抵押权或者质权,该动产又被留置的,留置权人优先受偿"(第456条)的同时,还于《民法典》第416条规定留置权优先于动产价款超级优先权。可见,留置权被赋予极高的法律效力。问题是,法律为什么要赋予留置权如此高的法律效力呢? 原因在于留置权所担保的债权具有特殊性。例如,加工承揽合同中留置权担保的是承揽人的劳动报酬请求权,而标的物正是因为有承揽人付出的劳动才提升了价值,如果没有承揽人付出的劳动,标的物的价值就没有那么高,现在承揽人仅就标的物在劳动报酬请求权的范围内优先受偿,其正当性自不待言。不过,根据《海商法》第25条的规定,船舶优先权先于船舶留置权受偿。

二、留置权的实践难题

应该说,《物权法》区分民事留置和商事留置的思路,既尊重了商事交易的特殊性,也尊重了商法的规律,因而是可取的。例如,甲公司长期委托乙公司加工生产布料,对于此前甲公司所欠加工费用,乙公司能否留置本次生产的布匹? 根据《物权法》第231条的规定,是可以的。这就更有利于企业之间的长期合作。但是,这个重大变化给实践带来了如下难题。

一是既然《物权法》允许企业之间留置的动产与债权可以不是基于同一法律关系,那么该债权的范围是否就没有任何限制? 例如,甲公司的汽车在乙公司进行修理,乙公司留置了甲公司的汽车,但导致乙公司留置该汽车的债权并非因修理汽车产生的修理费,而是乙公司自丙公司处通过债权转让而受让的债权。更为重要的是,该汽车在被乙公司留置之前,已经抵押给丁银行。如果认为法律对乙公司用于留置汽车的债权没有任何限制,则在上述情形,不仅应认定留置权成立,且在效力上高于丁公司的抵押权。如此一来,不仅甲公司的交易安全无法获得保障,丁公司的交易安全也将无法获得保障。可见,如果不对能够留置债务人财产的债权进行适当限制,不仅对债务人不公平,在赋予留置权如此强大效力的背景下,还可能会害及第三人的交易安全。

二是在企业间留置的情况下,如果债权人留置的是第三人所有的财产,是否也不需要留置的财产与债权的发生系基于同一法律关系?例如甲公司把自丙公司租来的飞机停靠在乙公司的机场,如果是甲公司因欠乙公司的停靠费用导致该飞机被乙公司留置,如前所述,是具有正当性的。但是,现在不是甲公司欠乙公司的停靠费用导致该飞机被乙公司留置,而是乙公司自丁公司处受让了丁公司对甲公司的债权,导致乙公司留置了该飞机。在此情形下,作为飞机所有权人的丙公司是否有权请求取回财产?对此,在《物权法》施行后,实践中存在激烈的争议:第一种意见认为,《物权法》第231条对于企业之间的留置并不要求留置的动产与债权是同一法律关系,因此,丙公司的诉讼请求应当被驳回;第二种意见认为,尽管《物权法》对于企业之间的留置不要求留置的动产与债权是同一法律关系,但《物权法》第230条要求债权人留置的财产必须是"已经合法占有的债务人的动产",而在上述情形下,乙公司留置的飞机并非甲公司的飞机,因此留置权不成立,丙公司可取回飞机;第三种意见认为,如果是民事留置,则债权人可以留置自债务人处取得合法占有的第三人所有的财产,但如果是企业之间的留置,且留置的财产与债权并非同一法律关系,则必须将留置财产属于债务人所有作为留置权成立的要件。

我们赞同第三种意见,认为在民事留置的情形下,由于被担保的债权受到严格限制,自然不需要将债权人可以留置的财产限制为债务人所有的财产,因此,《物权法》第230条关于"已经合法占有的债务人的动产"规定,应作扩大解释,即不仅包括已经合法占有的债务人的动产,也包括自债务人处合法占有的第三人的动产,否则,就可能出现不公平的问题。但是,**如果是企业之间的留置,且留置的动产与债权不是基于同一法律关系,则须以留置债务人的动产为要件,不能留置第三人的动产,否则,就会危害到第三人的交易安全。**

问题是,在企业之间留置的情形下,是不是只要债权人留置的是债务人的动产,就可以不用对被担保的债权进行限制呢? 我们认为,即使留置的是债务人的动产,也还是需要对被担保的债权进行适当限制。通过参考域外立法例,尽管商事留置不以留置的动产与债权是同一法律关系为要件,但还是应要求该债权是企业持续经营中发生的债权,而非与企业持续经营毫无关联的债权,否则,就不仅会给债务人造成交易上不可预测的风险,在赋予留置权强大法律效力的背景下,还可能给对该动产享有其他担保物权的第三人带来巨大的风险。

总之,《物权法》在坚持民商合一立法体例的背景下,对企业之间的留置不再要求留置的动产与债权是同一法律关系,这虽然适应了商事交易的需要,但却没有顾及由此带来的体系效应,从而造成制定法上的漏洞。《民法典》完全继受《物权法》的规定,且并未就实践中产生的问题进行回应。在《民法典担保解释》的制定过程中,关于债权人留置的标的物并非债务人所有的情形下留置权是否能够有效成立的问题,存在不同的意见:一种观点认为,根据《民法典》第447条的规定,债权人留置的标的物必须是债务人所有的动产,不能是第三人所有的动产;另一种观点认为,《民法典》第447条并非要求债权人留置的标的物必须是债务人所有的动产,只要是债务人合法占有的动产,即可成立留置权;第三种观点认为,虽然留置权的成立不以标的物必须属于债务人所有为必要,但如果留置的是第三人的动产,而留置该动产与债权并非同一法律关系,则留置权不成立。此外,在企业之间留置的动产与债权并非同一法律关系的情形下,对该债权是否要进行适当限制,也存在不同的意见:一种意见认为,《民法典》对企业之间的留置不要求是基于同一法律关系,因而不应对债权的范围进行限制;另一种意见认为,尽管《民法典》未要求企业之间的留置必须基于同一法律关系,但由于留置权被赋予极高的法律效力,还是要适当限制债权的范围,否则可能会给他人的交易安全带来威胁。我们认为,债权人留置的财产既可以是债务人所有的财产,也可以是债务人合法占有的第三人的财产,但在企业间发生留置的情形下,如果留置财产与债权并非基于同一法律关系,则债权人只能留置属于债务人所有的财产,不能留置属于第三人所有的财产。此外,在企业间发生留置的情形下,尽管留置财产与债权可以不是同一法律关系,但该债权必须是企业持续经营中发生的债权,如果该债权的发生与企业的持续经营无关,则留置权不能成立。也就是说,应通过目的性限缩解释,填补制定法上的漏洞。为此,《民法典担保解释》第 62 条规定:"债务人不履行到期债务,债权人因同一法律关系留置合法占有的第三人的动产,并主张就该留置财产优先受偿的,人民法院应予支持。第三人以该留置财产并非债务人的财产为由请求返还的,人民法院不予支持。企业之间留置的动产与债权并非同一法律关系,债务人以该债权不属于企业持续经营中发生的债权为由请求债权人返还留置财产的,人民法院应予支持。企业之间留置的动产与债权并非同一法律关系,债权人留置第三人的财产,第三人请求债权人返还留置财产的,人民法院应予支持。"

三、如何理解"持续经营"

上文谈到,传统民法要求债权人留置的财产与债权的发生系基于同一法律关系。也正因如此,留置权在一些国家或者地区也被认为是当事人行使同时履行抗辩权的表现,从而不再单独规定留置权。也正是在此背景下,在同一标的物上既有留置权又有其他担保物权时,留置权被赋予更高的法律效力。我国采民商合一的立法体例,因此,在《物权法》制定过程中,立法者考虑到商事交易的特点,对传统民法上的留置权制度进行了重大改造,明确规定企业之间留置财产不以债权的发生系同一法律关系为要件。《民法典》亦继受了这一特点。

一般认为,《民法典》之所以不要求企业之间留置权的成立以留置的财产与债权系同一法律关系为前提,是因为在商业实践中,企业之间相互交易频繁,追求交易效率,讲究商业信用,如果严格要求留置财产必须与债权的发生具有同一法律关系,则有悖于交易迅捷和交易安全原则。比如,甲运输公司与乙贸易公司经常有业务往来,因乙公司欠了甲公司一笔运费,后丙公司支付运费后委托甲公司将一批货物运给乙公司,甲公司为了实现催要运费的目的,遂将该批货物扣留,要求乙公司支付此前所欠运费方肯交货。在此种情况下,虽然甲公司所承运的货物与乙公司所欠的运费之前并不属于同一法律关系,但根据原《物权法》第231条"但书"的规定,甲公司仍有权行使留置权。[1]

从比较法的角度看,不少国家或者地区也都对商事留置进行了特别对待。但值得注意的是,尽管不少国家或者地区不要求留置的财产与债权之间存在牵连关系,但大多都对债权的范围进行了限制,例如《瑞士民法典》第895条第2款规定:"前款关联发生在商人之间的留置权,仅以占有及请求权由商业交易中产生的为限。"我国台湾地区"民法"第929条规定:"商人间因营业关系而占有之动产,及其因营业关系所生之债权,视为有前条所定之牵连关系。"《日本商法典》第521条规定:"商人之间因双方的商行为而产生的债权到期时,债权人未受清偿前,可以留置因商行为而归自己占有的债务人的所有物或有价证券。"《法国商法典》第95条规定:"行纪商对其委托人拥有的佣金债权,即使产生于以前的委托事务,对其义务标的的货物价值享有优先权。"可见,虽然商事留置权要求债权与动产有牵连关系,但仍要求债权必须是基于债权人与债务人的商行为或者营业关系而产生,即债权人系基于商行为占有动产。[2]有学者认为,之所以如此,是因为商事交易具有继续性,债权人可能基于经常性商业交往关系,对债务人享有一项或数项债权,也可能基于多次商业交往合法占有债务人一宗或数宗动产,在双方复杂的交往关系中,债权人享有的一项或数项债权被看成一个债权集合体,债务人享有的请求债权人返还一宗或数宗动产的请求权也被视为另一个债权集合体,这两个集合体在更宏观的层面上体现出了债权与留置物之间的内在关联

---

〔1〕　参见黄薇主编:《中华人民共和国民法典物权编解读》,中国法制出版社2020年版,第807页。

〔2〕　参见徐银波:《〈物权法〉留置权规则的解释适用与立法反思》,载《法律科学》2017年第2期。

性。[1] 我们认为,虽然我国没有商法典,商行为或者营业关系的概念也仅在理论上进行使用,但《民法典》对企业之间的留置进行特殊规定显然是考虑到商事留置的特殊性,因此,应对企业之间的留置在适用范围进行适当的限制。《民法典担保解释》第 62 条第 2 款中所称的"企业持续经营中发生的债权",是指企业之间因经常性的商事交易而发生的债权,从而排除当事人非因经常性商事交易而取得的其他债权,例如通过债权转让取得债权或者非基于法律行为取得的债权。需要注意的是,本条所称"持续经营"既与会计学上的"持续经营"有别,也与营业执照记载的经营范围有所不同。会计学上的"持续经营"是财务会计的基本假设或基本前提之一,是指企业的生产经营活动将按照既定的目标持续下去,在可以预见的将来,不会面临破产清算。会计学采用这一概念旨在明确会计主体将按照既定用途使用资产,按照既定的合约条件清偿债务,会计人员就可以在此基础上选择会计原则和方法,而本条所称"持续经营"则旨在说明商事主体营业行为的基本特征。就此而言,即使是商事主体在其营业执照的经营范围内从事交易而取得的债权,但如果该交易行为不具有经营的持续性,亦非本条所称的"企业持续经营中发生的债权"。

---

[1]　参见熊丙万:《论商事留置权》,载《法学家》2011 年第 4 期。

非典型担保
与新类型担保

下面我们讲非典型担保与新类型担保。 非典型担保作为一个独立的部分规定在《民法典担保解释》的第四个部分。 上文谈到，全国人大常委会副委员长王晨在对《民法典（草案）》进行说明时，就提到《民法典》的一个重要变化是增加了"其他具有担保功能的合同"，并明确"其他具有担保功能的合同"是指所有权保留买卖、融资租赁和保理等。 虽然他明确列举的"具有担保功能的合同"只有三种，但后面还有一个"等"字。 可见，非典型担保并不限于这三种。 从实践的情况看，让与担保和保证金账户质押亦被大量运用于民商事交易。 此外，实践中还存在一些所谓的新类型担保，如商铺租赁权质押、汽车租赁权质押、保单质押、信托受益权质押等。 我们认为，无论是《民法典》明确规定的非典型担保，还是实践中广泛存在的非典型担保以及所谓新类型担保，都需要结合实践，为当事人之间因此发生的纠纷找到合理的解决办法。 本篇我们先讨论让与担保问题的处理，再就《民法典》规定的所有权保留、融资租赁和保留分别进行讨论，最后讨论作为非典型担保的保证金账户质押以及一些常见的新类型担保。

第三十讲

让与担保的法律适用

让与担保,是指债务人或第三人为担保债务的履行而将某项财产权利(如所有权、用益物权、股权或者债权)移转至债权人的担保方式。让与担保自出现以来,其合法性和有效性即因涉嫌流质或者流押而备受质疑,尤其是在承认动产抵押的国家或者地区,对于是否仍有必要承认让与担保,也都存在不同的意见。在我国,不仅《担保法》和《物权法》未明确规定让与担保,《民法典》也未提及让与担保,但从最高人民法院发布的相关司法解释与司法政策文件看,让与担保似乎已被作为一种重要的非典型担保方式予以承认。然而,在对待当事人通过签订买卖合同或者以物抵债协议为债务履行提供担保的情形时,最高人民法院的司法解释与司法政策文件却又表达出模棱两可的态度,极易在实践中产生误解。此外,值得注意的是,让与担保在其他国家或者地区大多被运用于以动产提供担保,但在我国,让与担保却主要被运用于以不动产或者股权提供担保。这就带来一系列疑问:在《民法典》已构建较为完备的典型担保制度后,是否仍有承认让与担保的必要?《民法典》对于让与担保究竟采取的是何种态度?让与担保合同能否被理解为《民法典》第388条规定的"其他具有担保功能的合同"?《民法典》通过并施行后,司法解释与司法政策文件关于让与担保的规定是否有值得检讨之处?尤其是,在当事人仅订立买卖合同或者以物抵债协议而未完成财产权利变动的公示要件时,当事人之间订立的买卖合同或者以物抵债协议是否有效?在债务人未清偿债务的情况下,债权人能否主张继续履行该协议?这些问题既关涉《民法典》担保制度的正确实施,也关涉《民法典》担保制度的进一步完善,更关涉如何在个案中实现公平和正义。

一、让与担保的功能及其实践意义

一般认为,近代以来的让与担保是德国民法通过学说与判例发展起来的一种非典型担保方式,其目的是最大限度地发挥动产的担保功能。根据《德国民法典》的规定,动产只能作为质权的标的,不能作为抵押权的标的。在物权法定原则的支配下,由于动产质权的设定须以债权人占有标的物为要件,必然会严重影响到标的物的利用,因为质权人只能占有但不能使用标的物,而出质人即使想使用标的物,也因标的物被债权人占有而无法实现。在此背景下,德国的学说和判例发展出让与担保作为动产担保的形式,认为动产的所有权人可以采取占有改定作为交付的方式将动产所有权移转给债权人作为担保,这样既可以发挥动产的担保功能,又不至于影响标的物的利用。也就是说,在让与担保中,虽然债务人或第三人将动产的所有权移转至债权人,但并不需要将标的物现实交付给债权人,而是采用作为观念交付的占有改定来实现移转标的物的所有权。

让与担保一经学说和判例的承认,即获得强大的生命力,被包括日本、我国台湾地区在内的不少国家和地区接受。但是,让与担保的出现也给民法理论带来了巨大的挑战:一是让与担保的承认是否突破了物权法定原则?二是让与担保是否与流质契约之禁止的规定相冲突?三是让与担保采取占有改定作为交付方式,因而欠缺公示的效果,此时第三人的交易安全如何获得足够的保障?四是在承认动产抵押的国家和地区,是否有承认让与担保的必要性以及如何处理二者的关系?需要说明的是,上述四个方面的问题并非完全割裂开来的,而是相互交织在一起的。例如,即使在承认让与担保的国家或地区,立法上也鲜见关于让与担保的明确规定,因为让与担保涉嫌违反流质契约之禁止的规定,也与物权变动的公示原则相矛盾,不利于保护第三人的交易安全。为了解决这一问题,学理上将让与担保区分为事前归属型让与担保与事后清算型让与担保,认为事前归属型让与担保因违反流质契约之禁止而应当认定无效,但在否定此种让与担保的同时,应承认事后清算型让与担保,即债权人在主张标的物归其所有的同时,应对标的物的价值与债权债务关系进行清算,如果标的物价值高于债务人所欠款项,则应将超过部分返还给提供担保的债务人或者第三人。至于让与担保欠缺公示而给第三人的交易安全带来威胁的问题,在德国是通过较为成熟的交易模式来克服的，即让与担保往往是债务人企业以生产设备、产品等为与自己的有合作关系的银行的债权提供担保，第三人在与该企业进行交易时，就应当到与债务人企业有合作关系的银行进行尽职调查，以获知该企业的哪些财产已被让与担保给银行担保债务的履行。在要求债权人于主张标的物所有权时负有清算义务并通过成熟的交易模式解决交易安全问题后，学说和判例创设让与担保制度，也被认为是物权法定原则趋于缓和的表现，而不是对物权法定原则的违反。较有争议的是，在承认动产抵押制度的情况下，是否还有承认让与担保制度的必要。笔者认为，动产抵押虽然克服了动产质权影响标的物利用的缺陷，并采取登记制度来保护第三人的交易安全，看似较之让与担保更加科学，但是动产抵押制度也有其缺陷，因为动产数量较多，有些价值不大，采用登记作为公示方式无疑会增加当事人的交易成本尤其是查询成本。为此，承认动产抵押制度的国家和地区，大多将登记作为动产抵押权设立的对抗要件而非生效要件来降低当事人的登记成本，并明确规定动产抵押权不得对抗正常经营活动中已经支付合理对价的买受人，以降低买受人的查询成本。总之，动产抵押与让与担保各有其优势，也各有其局限，但均旨在克服动产质权的缺陷，因而在功能上具有相互替代性。即使在既承认动产抵押又承认让与担保的国家或者地区，也会为如何厘清二者之间的关系争执不断。

在我国，《担保法》即确立了动产抵押制度，但未规定让与担保，理论界则对于是否有必要承认让与担保争议不断。至《物权法》制定时，这一争议仍没有定论，以致立法者对此仍然保持沉默。当然，尽管立法没有明确规定让与担保，但并不妨碍实践对让与担保的运用。不过，与其他国家或者地区将让与担保适用于动产不同，我国的让与担保却大多是以不动产或者股权提供担保。在已有不动产抵押制度和股权质押制度的情况下，何以实践中广泛存在不动产让与担保和股权让与担保呢？与动产让与担保旨在克服动产质押的缺陷不同，实践中之所以出现不动产让与担保与股权让与担保，在笔者看来，主要是因为当事人担心抵押合同或者质押合同因主合同被认定无效而被认定无效，尤其是在最高人民法院发布《民间借贷解释》之前的司法实践中，企业之间的借贷合同将被认定无效，即使在最高人民法院发布《民间借贷解释》之后，被证明是经常性从事借贷的企业与其他企业签订的借贷合同也将被认定无效。主合同一旦被认定无效,作为担保合同的抵押合同和质押合同也将被认定无效。出借人为避免出现上述不利后果,常常要求与借款人直接签订不动产买卖合同或者股权转让协议,甚至还将标的物过户至出借人名下,约定借款人到期不能清偿债务,则标的物归债权人所有。相较于不动产抵押或者股权质押,不动产让与担保和股权让与担保还有一个好处,即一旦借款人不能清偿债务,标的物就自动归出借人所有,而无须通过担保物权的实现程序来实现债权,从而既节省了时间,也节约了成本。此外,在股权质押的情形下,因出质人仍被登记为股东,就可能通过行使《公司法》规定的股东权利处置公司的重要资产或者通过公司的增资行为稀释自己的股权,此时被质押的股权在价值上就会遭到贬损进而损害到质权人的利益,但如果采取股权让与担保的方式,因出借人被登记为股东,就可以在一定程度上避免上述情形的发生。

二、让与担保合同的效力之争

正是因为理论界对让与担保存在争议,而立法者对让与担保又长期保持沉默,以致实务界在面对实践中广泛存在的买卖型担保(或者担保型买卖)时,也表现出裁判尺度的不统一。例如,在"朱俊芳与山西嘉和泰房地产开发有限公司商品房买卖合同纠纷案"(以下简称"朱俊芳案")中,朱俊芳与嘉和泰公司先签订了14份商品房买卖合同并办理了销售备案登记手续,再于次日签订借款合同,其中约定嘉和泰公司向朱俊芳借款并自愿将其开发的商铺抵押给朱俊芳,抵押的方式是双方签订商品房买卖合同并办理备案手续、开具发票,如到期偿还借款,则将抵押手续(合同、发票、收据)退回;到期不能偿还,则将以该抵押物抵顶借款,双方互不支付对方任何款项。对此,最高人民法院经审理认为,当事人实际上是先后设立商品房买卖和民间借贷两个法律关系,两份合同属并立且有联系,即以签订商品房买卖合同的方式为之后借款合同的履行提供担保,同时借款合同也为商品房买卖合同的履行附设了解除条件,即借款到期时借款人偿还借款的,商品房买卖合同自动解除。在最高人民法院看来,由于两份协议中并没有约定,借款到期不能偿还时,朱俊芳直接通过借款协议的约定取得"抵押物"的所有权,而是必须通过履行商品房买卖合同的方式实现,因此并不违反流质契约之禁止的规定,且当事人以签订商品房买卖合同的形式为为借款合同提供担保,并为商品房买卖合同附设解除条件,系合同自由的表现,并不违反法律、法规的强制性规定,因此两份合同均应认定有效。[1] 但是,在"杨伟鹏与广西嘉美房地产开发有限责任公司商品房销售合同纠纷案"(以下简称"杨伟鹏案")中,同样是当事人为担保借贷合同的履行签订商品房买卖合同,在借款人未能按照借款合同的约定清偿债务时,出借人即依据买卖合同诉请借款人履行买卖合同,最高人民法院经再审却认为,既然当事人订立买卖合同的目的是为借款合同提供担保,就应遵循物权法有关禁止流押的原则。也就是说,在债权人实现担保债权时,对设定的担保财产,应当以拍卖或者变卖的方式受偿,并据此驳回了出借人的诉讼请求。[2]

从 2015 年发布的《民间借贷解释》看,"杨伟鹏案"体现的裁判思路成为最高人民法院的基本立场。2015 年《民间借贷解释》第 24 条 1 款规定:"当事人以签订买卖合同作为民间借贷合同的担保,借款到期后借款人不能还款,出借人请求履行买卖合同的,人民法院应当按照民间借贷法律关系审理,并向当事人释明变更诉讼请求。当事人拒绝变更的,人民法院裁定驳回起诉。"至于当事人如何变更诉讼请求,该司法解释并未给出答案,但从文义上看,似乎是变更为请求履行借贷合同。此外,虽然这一规定没有明确当事人订立的买卖合同无效,但由于人民法院不支持出借人请求继续履行买卖合同,因此难免不被解读为买卖合同应被认定无效。最高人民法院参与该司法解释起草工作的法官对该条的解读,也印证了这一判断,其理由是:买卖合同是当事人为隐藏借贷合同而签订的,即"名为买卖实为借贷",因此买卖合同是虚假意思表示订立的合同,当事人真实的意思表示是借贷。不过,从该条第 2 款的规定看,似乎也不能完全否认买卖合同的效力,因为该款明确规定"按照民间借贷法律关系审理作出的判决生效后,借款人不履行生效判决确定的金钱债

---

〔1〕 参见最高人民法院(2011)民提字第 344 号民事判决书。
〔2〕 参见最高人民法院(2013)民提字第 135 号民事判决书。

务,出借人可以申请拍卖买卖合同标的物,以偿还债务。就拍卖所得的价款与应偿还借款本息之间的差额,借款人或者出借人有权主张返还或补偿"。这一规定在思路上显然是与"杨伟鹏案"一致的。但问题是,如果买卖合同的标的物属于借款人所有,即构成借款人的责任财产,在借款人不履行生效判决时,自应作为执行标的,但在第三人为借款人提供担保而将标的物卖给出借人时,如果买卖合同被认定无效,也就不能再作为执行标的。也就是说,如果上述规定针对的是借款人与出借人订立买卖合同为民间借贷提供担保,在买卖合同被认定无效时,也就没有必要予以规定;而如果上述规定针对的是第三人与出借人订立买卖合同为民间借贷提供担保的情形,在买卖合同被认定无效时,就欠缺足够的正当性。

从司法实践看,不仅《民间借贷解释》第24条被认为是否定买卖合同之效力的依据,而且该条在实践中还存在被误用甚至滥用的情况,即只要出现民间借贷与买卖合同并存的情形,买卖合同即被认定无效。事实上,当事人之间已存在民间借贷关系又订立买卖合同,既有可能是为民间借贷提供担保,也可能是在借款期限届满后,因借款人无法清偿金钱债务,于是出借人与借款人在清算本息的基础上达成以物抵债的协议,但形式上签订的却是买卖合同。其实,买卖合同和以物抵债协议仅仅是名称不同,其法律性质并无实质差异,因而实践中也经常会互用。例如,当事人为担保民间借贷的履行,也常常会在借款期限尚未届满前订立一份以物抵债协议,约定如果债务人到期不能清偿金钱债务,则将标的物折抵所欠本息。此时,以物抵债协议与买卖合同也会发生互用。值得注意的是,由于《民间借贷解释》第24条的规定不支持出借人请求履行买卖合同或者以物抵债协议的重要理由之一是该合同或者协议因构成担保而涉嫌违反流质契约之禁止,因此,如果买卖合同或者以物抵债协议的订立并非为了担保民间借贷的履行,自然不能适用《民间借贷解释》第24条的规定。考虑到实践中存在"眉毛胡子一把抓"的问题,最高人民法院2016年11月发布的《八民纪要》在区分担保型以物抵债和清偿型以物抵债的基础上,于第17条明确规定:"当事人在债务清偿期届满后达成以房抵债协议并已经办理了产权转移手续,一方要求确认以房抵债协议无效或者变更、撤销，经审查不属于合同法第五十二条、第五十四条规定情形的，对其主张不予支持。"此外，最高人民法院还通过发布指导案例第 72 号（"汤龙、刘新龙、马忠太、王洪刚诉新疆鄂尔多斯彦海房地产开发有限公司商品房买卖合同纠纷案"），明确指出："借款合同双方当事人经协商一致，终止借款合同关系，建立商品房买卖合同关系，将借款本金及利息转化为已付购房款并经对账清算的，不属于《中华人民共和国物权法》第一百八十六条规定禁止的情形，该商品房买卖合同的订立目的，亦不属于《最高人民法院关于审理民间借贷案件适用法律若干问题的规定》第二十四条规定的'作为民间借贷合同的担保'。在不存《中华人民共和国合同法》第五十二条规定情形的情况下，该商品房买卖合同具有法律效力。"

尽管上述《八民纪要》和指导案例的目的是要求人民法院在处理涉及民间借贷的买卖合同或者以物抵债协议时，应区分担保型买卖合同或者以物抵债协议和清偿型买卖合同或者以物抵债协议，但从《八民纪要》和指导案例的表述也可以倒推出，如果是担保型买卖合同或者以物抵债协议，就应认为属于《物权法》第 186 条规定的流质契约，应根据《民间借贷解释》第 24 条认定该买卖合同或者以物抵债协议无效。

事实上，实践中广泛存在的买卖型担保也早已引起理论界的高度关注。一种较为流行的观点认为，以商品房买卖合同为借贷合同提供担保的形式是一种习惯法上的非典型担保物权，其产生的背景和发展过程与让与担保基本一致，但由于当事人仅订立买卖合同，未移转标的物所有权，只有在借款人不能清偿金钱债务时，出借人才有权请求借款人履行买卖合同，因此可以将其称为"后让与担保"。笔者认为，所谓"后让与担保"纯粹是某种臆想的产物，未能触及问题的本质。既然当事人仅订立买卖合同而未移转标的物所有权，就不应认为发生了物权变动，自然也就谈不上设立了"非典型担保物权"。事实上，当事人订立担保型买卖合同，确实是想设立让与担保这一非典型担保物权，只不过在实践中，因不动产所有权的转移须办理过户手续，而在此过程中，税收征管部门将对该交易进行征税，且如果债务人按约清偿债务，债权人还要将标的物再返还给债务人，就还要征一次税，所以当事人基于避税的考虑，很少在订立不动产买卖合同时即办理过户手续。既然当事人没有办理过户手续,就不能认定债权人已经取得一种非典型担保物权,而只能认为当事人之间存在让与担保合同关系。也就是说,所谓买卖型担保合同或者担保型买卖合同,在性质上就是让与担保合同,而非一种独立的非典型担保物权。这就如同抵押合同旨在设立抵押权,但不能认为抵押合同也是一种担保物权。

由于让与担保合同仅仅是设立让与担保的原因行为,只能拘束当事人双方,本身并不产生物权的效力,因此,多数学者认为不能以违反物权法定原则否定其效力,而应根据合同自由的原则,承认其在当事人之间的效力。但是,让与担保合同旨在设立让与担保,如果确认该合同有效且支持债权人请求债务人继续该协议,就会在当事人之间形成让与担保的法律后果,而让与担保既非物权法确认的担保物权,还可能涉嫌违反流质或者流押之禁止,因此,我们在讨论让与担保合同的效力时,仍然会面临如何看待让与担保本身的问题。

三、让与担保的司法立场

在《担保法》与《物权法》均未规定让与担保的情形下,对于实践中发生的已经构成让与担保的情形,最高人民法院也一直在不断探索解决的方案。在指导案例第 111 号中,蓝粤能源向建行荔湾支行申请开立远期信用证,在提供相应担保的同时,还出具《信托收据》确认自收据出具之日起,建行广州荔湾支行即取得信用证项下所涉单据和货物的所有权,建行广州荔湾支行为委托人和受益人,蓝粤能源公司为信托货物的受托人。建行广州荔湾支行履行开证和付款义务后,取得了包括案涉提单在内的全套单据。后蓝粤能源公司因经营状况恶化而未能付款赎单,故建行广州荔湾支行在本案审理过程中仍持有提单及相关单据。因提单项下的煤炭因其他纠纷被广西防城港市港口区人民法院查封,建行广州荔湾支行对蓝粤能源提起诉讼,请求判令蓝粤能源公司向建行广州荔湾支行清偿信用证垫款本金及利息,并确认建行广州荔湾支行对信用证项下货物享有所有权以及对处置该财产所得款项优先清偿信用证项下债务。一审法院支持建行广州荔湾支行关于蓝粤能源公司还本付息以及担保人承担相应担保责任的诉请,但以《信托收据》及提单交付不能对抗第三人为由,驳回建行广州荔湾支行关于请求确认煤炭所有权以及优先受偿权的诉请。建行广州荔湾支行不服一审判决,提起上诉。二审驳回上诉,维持原判。最高人民法院经再审驳回建行荔湾支行请求确认其对提单项下货物享有所有权的诉讼请求,但认定其对提单享有权利质权,可就提单项下的货物优先受偿。在裁判理由中,最高人民法院指出,提单虽然具有债权凭证和所有权凭证的双重属性,但这并不意味着持有提单即当然对提单项下货物享有所有权,对提单持有人能否取得物权以及取得何种类型的物权,应取决于当事人之间的意思表示。尽管建行广州荔湾支行履行了开证及付款义务并取得信用证项下的提单,但是由于当事人之间没有移转货物所有权的意思表示,故不能认为建行广州荔湾支行取得提单即取得提单项下货物的所有权。另外,虽然《信托收据》约定建行广州荔湾支行取得货物的所有权,并委托蓝粤能源公司处置提单项下的货物,但根据物权法定原则,该约定因构成让与担保而不能发生物权效力。不过,当事人关于让与担保的约定虽不能发生物权效力,但该约定仍具有合同效力,且当事人之间签订的《关于开立信用证的特别约定》约定蓝粤能源公司违约时,建行广州荔湾支行有权处分信用证项下单据及货物,因此根据合同整体解释以及信用证交易的特点,表明当事人真实意思表示是通过提单的流转而设立提单质押。据此,最高人民法院认为,该案符合权利质押设立所需具备的书面质押合同和物权公示两项要件,建行广州荔湾支行作为提单持有人,享有提单权利质权,至于其与其他当事人对提单项下货物所可能享有的留置权、动产质权等权利产生的冲突,可在执行分配程序中依法予以解决。

应该说,一审、二审法院的思路代表的是当时较为普遍的做法,即认为让与担保因违反物权法定原则而应认定不发生物权效力,而让与担保合同又仅在当事人之间发生效力,因此,债权人既无法依据让与担保主张自己是标的物的所有权人,也不能依据让与担保合同主张对标的物优先受偿。但在最高人民法院看来,既然当事人之间的真实意思并非移转标的物的所有权,而是要为债权债务提供担保,则担保的意思表示是真实的,这就意味着当事人之间存在担保合同(如质押合同)关系,在当事人已经完成物权公示的情形下,即使债权人不能依据让与担保主张自己是所有权人,也应有权对标的物优先受偿,因为其已具备取得典型担保物权设立所需的全部要件。需要说明的是,在该案中,当事人之间的担保意思表示是通过合同解释获得的。也就是说,提单本身虽然并未记载"质押"字样,但通过对《信托收据》以及《关于开立信用证的特别约定》相关条款的解释以及信用证交易的特点,可以得出当事人以提单项下货物提供担保的意思表示,再加上债权人实际持有提单,进而认定其享有提单质权。

可见,指导案例第111号是在立法未规定让与担保,理论界对让与担保也有争议的情形下,通过合同解释和法律解释方法的运用,将作为非典型担保的让与担保转化为作为典型担保的质押,从而在否定债权人直接依据让与担保取得标的物所有权的同时,认定债权人享有对标的物优先受偿的权利。这么处理有两个方面的好处。一方面,通过否认债权人取得标的物的所有权,排除流质契约或者流押契约的嫌疑,也防止债权人利用优势地位损害债务人的利益,因为标的物的价值可能超过债务人所负债务;另一方面,承认债权人有权就标的物优先受偿,也可以保障债权人的交易安全,并防止债务人的不诚信行为,因为在实践中,债务人常常为从债权人处借到款,信誓旦旦表示愿意将标的物所有权移转至债权人提供担保,但在双方争议后,债务人不仅否认债权人取得标的物的所有权,而且还否认债权人取得担保物权,显系不诚信的表现,而债权人本以为已经获得最为安全和便捷的担保,也不应因要保护债务人的利益而导致其债权没有任何担保。

需要说明的是,在指导案例第111号中,因建行荔湾支行直到诉讼时仍持有提单,尽管提单本身未记载"质押"字样,但债权人持有提单已经可以满足物权公示的要求,故在能够解释当事人之间存在担保意思表示的情形下,最高人民法院认定提单质权已经设立,建行荔湾支行有权就提单项下货物优先受偿。在不动产让与担保与股权让与担保中,当事人签订的是不动产转让合同或者股权转让合同,且办理的是所有权变更登记或者股权变更登记,此时是否可以解释为当事人设定的不动产抵押权或者股权质权呢?由于当事人签订不动产转让合同或者股权转让合同的真实意思不是要转让不动产所有权或者股权,而是要为债务履行提供担保,自应根据《民法总则》第146条认定不动产转让合同或者股权转让合同无效,但被不动产转让合同或股权转让合同隐藏的担保合同则应被认定有效。就此而言,在当事人以不动产或者股权让与担保的情形下,即使当事人已经办理了不动产所有权的变更登记或者股权变更登记,根据物权变动的要因原则,也应否定不动产所有权变动或者股权变动的效力。问题是,即使认为被隐藏的担保合同有效,但要实现担保物权设立的效果,还需要担保物权的公示方式,即不动产抵押登记或者股权质押登记,而在不动产让与担保或者股权让与担保中,当事人办理的却是所有权变更登记或者股权变更登记。能否将不动产所有权变更登记或者股权变更登记理解为具有不动产抵押登记或者股权质押登记的效力?显然,不动产登记的意义在于通过公示保护第三人的交易安全,能否将不动产所有权变更登记与股权变更登记理解为具有不动产抵押登记或者股权质押登记的效力,取决于是否对第三人的交易安全产生不利的影响。我们认为,将不动产所有权变更登记或者股权变更登记理解为具有不动产抵押登记或者股权质押登记的效力,不会影响第三人的交易安全,因为从公示状态而非实际权属的角度看,标的物已不再属于债务人,现在仅承认债权人对标的物享有抵押权或者股权而不承认其对不动产享有所有权或者股权,对因信赖公示状态而与债务人进行交易的第三人来说,显然是有百利而无一害。也正因为如此,在2019年7月召开的全国法院民商事审判工作会议上,最高人民法院审判委员会副部级专职委员刘贵祥大法官在讲话中谈到股权让与担保时指出:"鉴于当事人已经完成了股权变更登记,根据'举重以明轻'的法律解释规则,可以认为完成了股权质押登记,参照适用股权质押实现的有关规定,股权让与担保权利人也享有优先于一般债权人受偿的效力。"也正是基于这一思路,2019年11月发布的《九民纪要》第71条明确规定,在当事人订立合同约定债务人或者第三人将财产形式上移转至债权人担保债务履行且已完成财产权利变动的公示方式后,如果债务人到期没有清偿债务,债权人请求确认财产归其所有的,人民法院不予支持,但债权人请求参照法律关于担保物权的规定对财产拍卖、变卖、折价优先偿还其债权的,人民法院依法予以支持;如果债务人因到期没有清偿债务,请求对该财产拍卖、变卖、折价偿还所欠债权人合同项下债务,人民法院亦应依法予以支持。

由于《九民纪要》第71条的标题是让与担保,因此《九民纪要》施行后,一些学者在解读上述规定时,也将该条作为最高人民法院通过司法政策文件创设让与担保制度的明证。但是,仔细分析这一条文的来龙去脉,就会发现,该条仅仅是关于涉及让与担保案件应如何处理的规定,并不意味着最高人民法院据此创设了让与担保制度,因为这一条文实际上仍然是将作为非典型担保的让与担保转化为作为典型担保的抵押权或者质权进行处理,而非创设一种新的担保物权。也就是说,《九民纪要》是以当时的立法没有承认让与担保为前提而进行的解释论操作,而非认为当时的立法存在漏洞而进行的立法论操作。

当然,上述思路虽然是以立法没有承认让与担保为前提,但却在一定程度上发挥了让与担保制度的功能,因为即使在承认让与担保制度的国家或者地区,也仅承认清算型让与担保,即债权人在主张标的物所有权时,仍负有清算的义务,尤其是在标的物价值高于债务人所负债务时,应将超过部分返还给债务人或者提供担保的第三人。那么,承认让与担保与不承认让与担保的区别何在呢? 在笔者看来,对是否承认让与担保影响较大的是在当事人仅订立让与担保合同但不构成让与担保的情况下,对债权人如何进行救济:如果承认让与担保,则当事人订立的让与担保合同应被认定有效,在债务人或者提供担保的第三人未依约履行合同时,债权人自有权请求债务人或者第三人继续履行合同,将约定的财产权利移转至债权人名下;但是,如果不承认让与担保,则债权人请求继续履行让与担保合同的请求就不能获得支持,而只能将其转化为典型的担保合同(如抵押合同、质押合同),再在确认其效力的基础上,对债权人进行救济。也正因为《九民纪要》第71条是在不承认让与担保的前提下解决让与担保引起的纠纷,因此,该条第1款并未规定当事人订立的让与担保合同全部有效,而是仅规定只有当事人约定债务人到期没有清偿债务,债权人可以对财产拍卖、变卖、折价偿还债权,人民法院才能认定合同有效;但是,如果合同约定债务人到期没有清偿债务,财产归债权人所有,则人民法院应当认定该部分约定无效,但不影响合同其他部分的效力。也就是说,此时债权人虽然不能请求债务人或者第三人继续履行合同,将财产权利转移至债权人,但不影响债权人根据担保合同请求当事人履行相应的义务,如办理抵押登记或者质押登记、交付质物。

总之,虽然《九民纪要》是在立法不承认让与担保的前提下制定的,但这并不意味着当事人订立的让与担保合同无效,而是要在否定担保型买卖合同或者以物抵债协议的同时,探求当事人的真实意思是为债务提供担保,进而在确认该合同有效的基础上对债权人进行救济。就此而言,《九民纪要》第 71 条已为让与担保问题的解决提供了全面的规则。然而,令人遗憾的是,《九民纪要》在为让与担保问题提供了全面解决方案的同时,该纪要第 45 条关于担保型以物抵债协议的规定似乎又在一定程度上拖了后退,使得本来已经十分明了的规则,重新变得模糊不清。《九民纪要》第 45 条规定:"当事人在债务履行期届满前达成以物抵债协议,抵债物尚未交付债权人,债权人请求债务人交付的,因此种情况不同于本纪要第 71 条规定的让与担保,人民法院应当向其释明,其应当根据原债权债务关系提起诉讼。经释明后当事人仍拒绝变更诉讼请求的,应当驳回其诉讼请求,但不影响其根据原债权债务关系另行提起诉讼。"显然,该条在思路上与 2015 年《民间借贷解释》第 24 条类似,即在以物抵债协议系为担保债务的履行而订立时,如果标的物尚未交付债权人而债权人请求履行该以物抵债协议,则人民法院应通过释明告知当事人变更诉讼请求。但与《民间借贷解释》第 24 条进行比较,稍有不同的是:其一,对于当事人拒绝变更诉讼请求的后果,《民间借贷解释》第 24 条第 1款采取的是驳回起诉的表述,而本条采取的是驳回诉讼请求的表述,同时明确规定不影响债权人根据原债权债务关系起诉;其二,《民间借贷解释》第 24 条第 1 款仅规定人民法院应当通过释明告知当事人变更诉讼请求,但未明确如何进行变更,而本条则明确指出债权人应当根据原债权债务关系提起诉讼;其三,本条未规定《民间借贷解释》第 24 条第 2 款的内容,即人民法院依据原债权债务关系作出判决后,如果债务人仍不履行判决,应如何处理。另外,本条还特别指出,当事人签订担保型以物抵债协议但未将标的物交付债权人的情形不同于《九民纪要》第 71 条关于让与担保如何处理的规定。可见,最高人民法院并非没有注意到本条与第 71 条的关系,而是认为二者并非相同的问题。问题是,《九民纪要》第 71 条既涉及让与担保合同效力的认定,也涉及让与担保本身的处理,而当事人订立的担保型以物抵债协议在性质上就是让与担保合同,又如何能够否认两个条文之间的联系呢? 此外,既然《九民纪要》第 71 条已经就让与担保合同的效力及履行问题进行了规定,又有何必要再规定担保型以物抵债呢? 更何况《九民纪要》第 45 条关于担保型以物抵债的规定系沿袭《民间借贷解释》第 24 条的产物,而《民间借贷解释》第 24 条在遭受理论界众多批判和质疑的情况下,是否仍有检讨的必要? 当然,在此之前,还是要先谈谈《民法典》对待让与担保的基本态度,因为如前所述,《九民纪要》第 71 条是在立法不承认让与担保的背景下制定的。

四、《民法典》与让与担保

在《民法典》编纂过程中,有学者提出采用占有改定作为交付方式的动产让与担保或者缺乏公示的"后让与担保"将导致隐形担保泛滥,影响第三人的交易安全,故不能进入《民法典》,但在证券交易中,权利质权的制度设计又无法满足"强制平仓"的功能需求,因而在一定程度上有承认让与担保制度的必要。据此,《民法典》对待让与担保有三种可行的方案:其一,全面承认让与担保制度,但须构建动产让与担保登记制度;其二,部分承认让与担保制度,即在现行法存在有效公示制度的场合,通过特别法或者交易习惯有条件地承认让与担保制度;其三,完全否认让与担保制度,此时可通过变通解释担保物权实现规则中的"变卖"制度来解决证券交易中的"强制平仓"问题,进而通过意思表示解释原理将实践中广泛存在的既有让与担保交易转换为其他有效交易。[1]《民法典》编纂完成后,理论界与实务界较为普遍的意见是《民法典》已经承认让与担保制度。例如,有学者认为,《民法典》第 388 条第 1 款规定的"其他具有担保功能的合同"就包括让与担保合同,从而为让与担

---

〔1〕　参见龙俊:《〈民法典〉物权编中让与担保制度的进路》,载《法学》2019 年第 1 期。

保的承认留下空间[1];也有学者认为,《民法典》虽然没有规定让与担保,但通过修改流质或者流押之禁止的规则,间接地全面承认了让与担保[2];还有学者认为,《民法典》规定的有追索权保理实际上是债务人为担保债务的履行而将其对次债务人的应收账款债权转让给债权人,即表明《民法典》是承认让与担保的。受上述观点的影响,笔者也曾主张《民法典》通过"其他具有担保功能的合同"将担保制度扩大到所有权保留买卖、融资租赁和保理等合同中的非典型担保方式,同时通过修改有关流押契约或流质契约的规定,为让与担保制度的承认提供了法律基础,但现在看来,从《民法典》的上述变化是否就可以得出《民法典》已经承认让与担保,仍值得探讨。

首先,《民法典》第 388 条第 1 款规定的"其他具有担保功能的合同"究竟指何?是否包括让与担保合同?从全国人大常委会副委员长王晨就《民法典》草案所作的说明来看,"其他具有担保功能的合同"主要是指所有权保留买卖、融资租赁以及保理,至于是否包括让与担保合同,则不太明朗,因为王晨副委员长在谈到"其他具有担保功能的合同"时,仅仅明确列举了上述三类合同,但又在列举后加了一个"等"字。笔者认为,能否将让与担保合同理解为"其他具有担保功能的合同",应取决于《民法典》创设这一概念的目的。在笔者看来,《民法典》创设这一概念的目的,主要是通过将一些非典型担保物权纳入担保制度,再将物权公示制度运用于这些担保方式,从而尽可能消除隐形担保。考虑到《民法典》已经就所有权保留买卖、融资租赁以及保理的登记及其效力作了规定,但未就动产让与担保的公示问题进行规定,我们有理由认为,《民法典》似乎并无意承认动产让与担保。

其次,再来看《民法典》对流质与流押之禁止的修改。《物权法》从行为的角度规定当事人"不得"在债务履行期届满前约定当债务人不履行到期债务时标的物所有权归债权人所有(《物权法》第 186、211 条)。

---

[1] 参见王利明:《担保制度的现代化:对〈民法典〉第 388 条第 1 款的评析》,载《法学家》2021 年第 1 期。
[2] 参见陈永强:《〈民法典〉禁止流质之规定的新发展及其解释》,载《财经法学》2020 年第 5 期。

对此,《民法典》进行了重大修改,调整为从后果的角度规定:如果当事人在抵押合同中或者质押合同中作了上述约定,只能依法就抵押财产或者质押财产优先受偿(《民法典》第 401、428 条)。对于这一修改,不少人认为是理所当然,因为依据民法通说,即使当事人违反《物权法》有关流质或者流押之禁止的规定,也并不必然导致整个抵押合同或者质押合同无效,而仅仅是流质条款或者流押条款本身无效,根据原《合同法》第 56 条第 2 句的规定,也可得出债权人不能依据流质条款或者流押条款主张标的物所有权,而只能依据已经设定的质权或者抵押权主张就拍卖、变卖标的物的价款优先受偿。问题是,如果《民法典》仅仅是调整了规范的角度,那么立法者为何要进行修改呢? 也就是说,这一修改的意义究竟何在呢? 从《民法典》对流质或者流押之禁止进行修改的背景看,确实是想为更好地解决实践中大量存在的让与担保问题提供法律基础,因为在《民法典》的编纂过程中,最高人民法院曾多次向立法机构反映,希望未来的《民法典》能够就让与担保问题的处理作出明确规定。最终通过的《民法典》虽然未明确规定让与担保,而是却为让与担保问题的解决提供了法律基础,此即《民法典》关于流质和流押的规定。为什么说《民法典》关于流质与流押的规定与让与担保有关呢? 因为如前所述,在以往的司法实践中,人民法院常常以违反流质或者流押之禁止为由认定让与担保合同无效,让与担保合同无效,根据该合同设立的让与担保自然也就被认定无效,债权人既无法主张标的物所有权,也无法就标的物优先受偿。但是,在承认动产抵押的情况下,当事人订立的让与担保合同均可以理解为当事人是在抵押合同或者质押合同中约定了流押或者流质条款,让与担保则是当事人根据流押或者流质条款完成了财产权利的变动。也就是说,当事人既然是想为债务履行提供担保,本应签订抵押合同或者质押合同,再根据抵押合同或者质押合同办理抵押登记或者质押登记、交付质物,但当事人签订的是买卖合同、以物抵债协议等,甚至据此办理了所有权或者股权的变更登记。例如,在前文提到的"朱俊芳案"中,当事人在买卖合同中对标的物的称谓就是"抵押物",可见当事人的本意也是提供担保,自应签订抵押合同,但却直接签订了买卖合同。然而即使如此,也应根据当事人的意思,将买卖合同、以物抵债协议理解为抵押合同加上流押条款或者质押合同加上质押条款,再根据流押或者流质条款完成了财产权利变动的公示要件。根据《民法典》第401、428条的规定,债权人虽然不能主张标的物的所有权,但可以就标的物优先受偿。显然,这一思路与《九民纪要》的思路是一致的。也就是说,即使不承认让与担保,也应该通过意思表示解释方法与法律解释方法的运用,将作为非典型担保的让与担保转化为作为典型担保的抵押权或者质权,并据此认定债权人虽然不能主张标的物所有权,但却可以主张担保物权。可见,与《九民纪要》的思路相同,《民法典》虽然为让与担保问题的解决提供了思路和方案,但这一思路和方案是以不承认让与担保为前提的。我们不能因为《民法典》为让与担保问题的解决提供了法律基础,就想当然地认为《民法典》承认了让与担保。另外,值得注意的是,《民法典》第401、428条虽然为让与担保问题的解决提供了法律基础,但这两个条文的适用须以当事人已经完成让与担保的设立要件为前提,即当事人不仅签订了让与担保合同,而且也完成了财产权利变动的公示要件,因为债权人对标的物优先受偿的前提,是债权人已经取得了抵押权或者质权,否则就可能会影响到第三人的交易安全。也正因为如此,在当事人仅签订让与担保合同而未完成财产权利变动的公示要件时,如何处理当事人之间的争议,《民法典》第401、428条并未给出明确的答案。这也从侧面反映出《民法典》并无意承认让与担保制度。

最后,《民法典》承认有追索权的保理是否意味着《民法典》全面承认让与担保? 从交易结构来看有追索权的保理确实可以理解为应收账款债权人将其对应收账款债务人享有的应收账款债权转让给保理人,作为债务履行的担保。也正因如此,《民法典》第766条第1句规定:"当事人约定有追索权保理的,保理人可以向应收账款债权人主张返还保理融资款本息或者回购应收账款债权,也可以向应收账款债务人主张应收账款债权。"但这是不是意味着《民法典》已经承认债权的让与担保呢? 也不能据此得出这一结论,因为在应收账款质押的情形下,也会发生债权人既可以向债务人主张权利,也可以向出质人主张权利。此外,《民法典》第766条第2句规定:"保理人向应收账款债务人主张应收账款债权,在扣除保理融资款本息和相关费用后有剩余的,剩余部分应当返还给应收账款债权人。"可见,在有追索权的保理中,保理人在应收账款债务人主张全部权利后,仍有清算的义务。对于这一义务,既可解释为清算型让与担保中的清算义务,也可以解释为保理人关于债权让与的约定无效,但可在保理融资款本息和相关费用的范围内就应收账款受偿,即将当事人约定的债权让与担保转化为应收账款质押,从而在思路上与其他让与担保的处理保持一致。

总之,《民法典》虽然就让与担保问题的处理提供了法律基础,但这并不意味着《民法典》已经全面承认让与担保制度。从另一个角度来讲,也可以说,虽然《民法典》未就让与担保作出明确规定,但这既不意味实践中不存在让与担保,也不意味着实践中发生的让与担保纠纷没有相应的裁判规则。

五、《民法典担保解释》第 68 条解读

《民法典》通过后,最高人民法院为正确贯彻实施《民法典》有关担保的规定,制定了《民法典担保解释》。《民法典担保解释》第 68 条就让与担保的一般问题进行了规定,第 69 条就股权让与担保的特殊问题进行了规定。但尽管如此,也不能认为《民法典担保解释》已全面承认让与担保。在笔者看来,《民法典担保解释》仅仅是就让与担保问题的处理提供更加明确的规则,而其前提,仍然是《民法典》没有就让与担保作出明确规定。

与《九民纪要》不同的是,《民法典担保解释》第 68 条没有分别就让与担保合同的效力与让与担保的处理分别进行规定,而是在对已经构成让与担保的情形进行类型化处理的基础上,分别就不同类型的让与担保确立相应的裁判规则:第 1 款针对的是**典型的让与担保,即当事人约定将财产权利转让给债权人,但债权人仅有权对标的物优先受偿**;第 2 款针对的是**非典型的让与担保,即当事人约定将财产权利转让给债权人,在债务人不履行到期债务时,标的物归债权人所有**;第 3 款针对的是**特殊的让与担保,即当事人通过约定回购条款来实现让与担保的目的**。为什么《民法典担保解释》仅对已经构成让与担保的情形进行规定,而未涉及当事人仅签订让与担保合同,但未完成财产权利变动公示要件的情

形呢？这与《民间借贷解释》有关。在《民法典担保解释》的制定过程中，最高人民法院对《民间借贷解释》进行了修订。尽管此次修订主要涉及的是民间借贷的利率问题，但由于此次修订发生在《民法典》通过后，自然应根据已经公布的《民法典》进行全面审查，将与《民法典》有冲突或者不符合《民法典》精神的规定予以修改或者删除。然而令人遗憾的是，此次《民间借贷解释》的修订未能意识到该解释第 24 条与《九民纪要》第 71 条关于让与担保的规定存在矛盾，进而反思或者检讨该条与《民法典》对待让与担保问题的处理是否存在内在的不一致，因此未能就该条作出实质性修改，仍然规定"当事人以订立买卖合同作为民间借贷合同的担保，借款到期后借款人不能还款，出借人请求履行买卖合同的，人民法院应当按照民间借贷法律关系审理"。但与修订前的《民间借贷解释》比较，也有一个细微的变化，即将"并向当事人释明变更诉讼请求。当事人拒绝变更的，人民法院裁定驳回起诉"修改为"当事人根据法庭审理情况变更诉讼请求的，人民法院应当准许"。这一修改的背景是，最高人民法院于 2019 年 12 月发布《最高人民法院关于修改〈关于民事诉讼证据的若干规定〉的决定》，对 2001 年制定的《关于民事诉讼证据的若干规定》进行了修订，将该解释第 35 条规定的"诉讼过程中，当事人主张的法律关系的性质或者民事行为的效力与人民法院根据案件事实作出的认定不一致的，不受本规定第三十四条规定的限制，人民法院应当告知当事人可以变更诉讼请求。当事人变更诉讼请求的，人民法院应当重新指定举证期限"修改为第 53 条规定的"诉讼过程中，当事人主张的法律关系性质或者民事行为效力与人民法院根据案件事实作出的认定不一致的，人民法院应当将法律关系性质或者民事行为效力作为焦点问题进行审理。但法律关系性质对裁判理由及结果没有影响，或者有关问题已经当事人充分辩论的除外。存在前款情形，当事人根据法庭审理情况变更诉讼请求的，人民法院应当准许并可以根据案件的具体情况重新指定举证期限"。也就是说，根据修订后的民事证据规则，在当事人对法律关系性质的认识与人民法院根据案件事实作出的认定不一致时，人民法院无须再通过释明告知当事人变更诉讼请求，而是将法律关系性质作为焦点问题进行审理，再由当事人根据庭审情况变更诉讼请求。修订前的《民间借贷解释》既然认为当事人为担保民间借贷而订立的买卖合同属"名为买卖,实为借贷",当事人就只能在人民法院将法律关系性质作为焦点问题进行审理后变更诉讼请求,否则,也必然被驳回起诉。就此而言,此次《民间借贷解释》的修订并未触及该条的实体问题,仅仅涉及程序上是否还需要释明的问题。

在《民间借贷解释》的修订未解决让与担保合同效力之争的背景下,为防止出现司法解释之间相互"打架",《民法典担保解释》仅仅根据《民法典》关于流质与流押的规定,就已经构成让与担保的处理问题作出规定,而回避了让与担保合同的效力与履行问题。在笔者看来,"解铃还须系铃人",《民间借贷解释》第 24 条制造出来的问题,自然也还是需要通过对该解释的修订来解决。令人遗憾的是,虽然最高人民法院在 2020 年底再次对《民间借贷解释》进行了第二次修订,但由于此次修订依然是为了解决民间借贷的利率问题,因而同样未能顾及对其他条文可能存在的问题,仅将条文序号从第 24 条调整到第 23 条,内容则与第一次修订后的内容没有任何变化。

六、再谈让与担保合同的效力与履行

不过,值得注意的是,二次修订后的《民间借贷解释》虽然仅涉及程序问题,但也为实体问题的处理提供了更多的解释空间,因为与修订前的《民间借贷解释》第 24 条已明确规定如何变更诉讼请求不同,至少从文义上看,二次修订后的《民间借贷解释》第 23 条并未明确规定当事人应当如何变更诉讼请求,仅规定"当事人根据法庭审理情况变更诉讼请求的,人民法院应当准许",至于变更为何种诉讼请求,则语焉不详。受修订前《民间借贷解释》第 24 条的影响,我们在理解二次修订后的《民间借贷解释》第 23 条时,难免会认为所谓"变更诉讼请求",自然是从请求借款人履行买卖合同变更为请求借款人履行还本付息的义务,因为该条第 1 款第 1 句明确要求"人民法院应当按照民间借贷法律关系审理",且该条第 2 款规定的也是"按照民间借贷法律关系审理作出的判决生效后"的处理方案。显然,这种理解是以当事人之间的法律关系属"名为买卖,实为借贷"进行思考的结果。

　　问题是,当事人之间的法律关系果真是"名为买卖,实为借贷"吗?从实践的情况看,在少数案件中,确实存在当事人仅签订买卖合同,没有签订借款合同的情况,即直接在买卖合同中约定在借款人不履行到期债务时,出借人即可请求借款人履行买卖合同。但在大多数情况下,当事人会同时或者先后签订买卖合同和借款合同,前文提到的"朱俊芳案"和"杨伟鹏案"均属此种情形。法律关系的名实不符,通常是指当事人通过真实意思表示形成法律关系被虚假意思表示形成的法律关系隐藏或者是指当事人之间形成的法律关系在性质上认定错误。当事人之间既存在买卖合同关系又存在借款合同关系时,如何将当事人之间的法律关系界定为"名为买卖,实为借贷"呢? 显然,买卖合同订立的目的并不是要隐藏借款合同,而是担保借款合同的履行。也就是说,无论是买卖合同还是借款合同,都是当事人的真实意思表示。即使在仅签订买卖合同而未签订借款合同的场合,借款合同也可以从买卖合同中解释出来,即此时的买卖合同实际上是一个混合性质的合同,同时包含买卖和借贷的意思表示。可见,认为当事人之间的法律关系为"名为买卖,实为借贷",进而否认当事人之间有买卖的意思表示,不仅完全误解了当事人之间的法律关系,也与当事人的真实意思不相吻合。

　　此外,还需看到,在立法承认让与担保的情形下,如果当事人签订买卖合同为民间借贷提供担保不违反法律、行政法规的强制性规定,即应认定有效,在借款人不履行到期债务时,出借人自然有权请求借款人或者提供担保的第三人履行买卖合同,只不过出借人在主张上述权利时,仍负有清算的义务。在立法不承认让与担保的情形下,由于当事人签订买卖合同是为了担保民间借贷的履行,因此应将当事人之间的意思表示理解为"名为买卖,实为担保"。也就是说,在立法未提供让与担保这一担保方式时,当事人就只能通过签订抵押合同、质押合同或者其他具有担保功能的合同来为民间借贷提供担保,如果当事人采取订立买卖合同的方式为民间借贷提供担保,就应理解为当事人是以买卖合同来隐藏担保的意思表示。就此而言,即使立法不承认让与担保,我们在否定买卖合同效力的同时,也要承认担保合同的效力,并据此保护出借人的交易安全,而不能在否定买卖合同的效力后,对当事人之间有关担保的意思表示不管不顾,进而将出借人享有的债权理解为没有担保的债权。在立法不承认让与担保的情形下,认定当事人之间有关担保的意思表示有效对债权人交易安全的保护有何实益呢?笔者认为,尽管立法不承认让与担保,因而不能支持出借人继续履行买卖合同的诉讼请求,但是,如果当事人之间有关担保的意思表示真实有效,则出借人可以依据有效的担保合同(如抵押合同或者质押合同),请求债务人或者提供担保的第三人继续履行担保合同,从而取得担保物权,从而使自己的债权能够优先于债务人的其他债权人受偿。

如果上述思路成立,则即使认为《民法典》未确立让与担保制度,也不能简单地认为修订后的《民间借贷解释》第 23 条所称"变更诉讼请求",就是要求出借人从请求履行买卖合同变更为履行还本付息的义务,而应理解为是从请求履行卖合同变更为履行抵押合同或者质押合同,即请求借款人协助出借人办理抵押登记或者质押登记、交付质物等,从而使出借人取得对标的物的担保物权。当然,变更后的诉讼请求能否获得支持,还取决于担保合同是否存在履行障碍。对此,人民法院可以在查明案件情况的基础上参照《民法典担保解释》第 46 条的规定分别予以处理。较有争议的是,如果作为出借人的原告不变更诉讼请求,人民法院究竟是直接驳回诉讼请求,还是可直接判决借款人协助办理抵押登记或者质押登记、交付质物?对此,一种意见认为,由于出借人的诉讼请求是继续履行买卖合同,而人民法院认定当事人之间的法律关系是担保合同关系,因此,如果原告不变更诉讼请求,则应驳回其请求继续履行买卖合同的诉讼请求,但在判决书中应明确原告可另行提起诉讼,请求借款人继续履行担保合同。笔者的意见是,从责任后果上看,借款人履行买卖合同在后果上对其更不利,而履行担保合同则更有利,因此,"举重以明轻",应理解为人民法院即使直接判决借款人履行担保合同,也未超出原告的诉讼请求,同时也能一次性解决当事人之间的纠纷,更好地节约了司法资源,因而更可取。

七、司法解释之间的协调

尽管让与担保被称为民法制度上的"私生子",但这并未妨碍让与担保在实践中被广泛运用。在我国,面对广泛存在的让与担保,立法和司法均持相对保守的态度。究其原因,在于我国承认动产抵押制度,且已有的担保方式完全能够满足实践的需要,自然无须承认让与担保制度。例如,在谈到股权让与担保时,最高人民法院刘贵祥大法官特别指出:"现行法律尽管没有规定包括股权让与担保在内的让与担保,但也没有禁止此种担保方式。根据'法无禁止即可为'的私法解释规则,只要是当事人的真实意思,让与担保本身就是合法的,应予保护。但也要看到,仅就担保功能而言,股权让与担保完全可以为股权质押所代替。在《物权法》明确规定了股权质押的情况下,似无再肯定股权让与担保的必要。"问题是,在不承认让与担保的情况下,如何保护当事人之间已经达成的让与担保合意,进而保护债权人的交易安全呢?无论是从最高人民法院发布的司法政策文件和司法解释关于让与担保的规定来看,还是从《民法典》关于流押契约和流质契约的规定来看,都是将作为非典型担保的让与担保转化为典型的担保物权进行处理。也就是说,**对于当事人已经设定的让与担保,应以"名为买卖,实为担保"为由否定标的物所有权变动,但同时应认定债权人对标的物享有担保物权,从而确保其就标的物优先受偿。**按照这一思路,如果当事人仅订立让与担保合同,而未完成移转财产权利的公示方式,也应以"名为买卖,实为担保"为由认定买卖合同无效,但同时应认定当事人有关担保的意思表示真实有效,从而在否定债权人继续履行买卖合同的同时,应认可债权人请求继续履行担保合同的权利。就此而言,无论是修订后的《民间借贷解释》第23条关于担保型买卖的规定,还是《九民纪要》第45条关于担保型以物抵债的规定,均在否定买卖合同或者以物抵债协议之效力的基础上要求人民法院依据民间借贷法律关系或者原债权债务关系进行审理,进而不支持当事人请求继续履行买卖合同或者以物抵债协议,这当然是正确的。但是,如果仅仅是对民间借贷法律关系或者所谓原债权债务关系进行审理,而不对当事人之间的担保关系进行处理,则完全无法实现当事人交易的目的,也与债权人提起诉讼的目的不符,因为债权人不仅是想要人民法院确认当事人之间的民间借贷法律关系或者原债权债务关系,更为重要的是要实现担保权利。在此背景下,如果将修订后的《民间借贷解释》第23条规定的变更诉讼请求理解为从请求继续履行买卖合同变更为请求继续履行民间借贷合同,则债权人享有的债权将成为没有担保的债权,这对债权人显然极为不利,也可能诱发债务人或提供担保的第三人恶意违约,不利于诚信社会的建设。更为重要的是,这一理解必然导致司法政策文件和司法解释之间的矛盾,同时也不符合《民法典》对待让与担保的基本态度,因为《民法典》虽然没有规定让与担保,但并不意味着没有为让与担保问题的解决提供具体方案。根据这一方案,在当事人签订让与担保合同且已完成设定让与担保的公示要件时,应将让与担保理解为当事人根据抵押合同或者质押合同中存在流押或者流质条款办理的财产权利变更登记,因流押或者流质条款无效导致财产权利的变动也无效,但流押条款或者流质条款无效不影响抵押合同或者质押合同的效力,且债权人已经完成物权公示的要件,自应取得抵押权或者质权。**与此相适应,在当事人仅签订让与担保合同但未完成财产权利变动的公示要件时,让与担保合同也可理解为抵押合同或质押合同中包含着流押条款或者流质条款,该流押条款或者流质条款虽然无效,但不应影响抵押合同或者质押合同的效力,债权人虽然不能请求债务人或者提供担保的第三人继续履行其中的流质或者流押条款,但应有权请求履行抵押合同或者质押合同。**如果上述推理成立,则在对修订后的《民间借贷解释》第23条进行再次修改前,应将该条所规定的"变更诉讼请求"理解为从请求继续履行买卖合同变更为请求继续履行抵押合同或者质押合同等担保合同。即使当事人未根据庭审情况变更诉讼请求,人民法院也应在认定让与担保合同的基础上,驳回出借人请求履行买卖合同的诉讼请求,同时判决借款人协助办理抵押登记或者质押登记、交付质物等,从而使出借人能够取得担保物权。

第三十一讲

所有权保留的担保功能及其实现

一、所有权保留的担保功能

　　所有权保留买卖是一种特殊的买卖合同,因此被规定在《民法典》合同编"买卖合同"一章中。所有权保留是一种融资性的交易,一般运用于分期付款买卖:在买受人没有能力一次性付款的情况下,买卖双方采用分期付款的方式,让买受人在取得标的物的占有后再逐笔支付剩余款项,但为了担保剩余款项的支付,双方约定由出卖人对标的物保留所有权。所有权保留买卖在《合同法》中就已有规定,但《合同法》实施后,所有权保留买卖在实践中也引发了不少疑难问题。首先,由于《合同法》并无关于所有权保留可以办理登记的规定,出卖人所保留的所有权在外观上就看不出来,而买受人虽然没有支付全部价款,但是标的物实际上早已经交付给买受人占有,因此第三人从外观上就看不出来所有权仍然属于出卖人,此时一旦买受人因不能支付全部价款而导致出卖人主张行使所有权,就可能对第三人的交易安全造成严重威胁。例如在买受人破产的情况下,由于出卖人保留了标的物的所有权,因此出卖人可能会主张标的物不属于破产财产,从而行使破产法上的取回权,将标的物从买受人处取回。对于出卖人的这一诉讼请求,人民法院其实很为难。为什么呢? 如果人民法院支持了出卖人的诉讼请求,对其他债权人就可能不太公平,因为其他债权人并不知道标的物由出卖人保留了所有权,有些债权人可能正是因为买受人占有该标的物才与买受人进行交易的。当然,如果人民法院对于出卖人保留的所有权不予保护,似乎也不合适。为什么呢? 因为所有权保留是《合同法》明确规定的一种交易方式,既然当事人采取了这一交易方式且出卖人保留了所有权,人民法院自无不予保护的道理。不仅如此,在出卖人保留的所有权与其他权利尤其是其他担保物权发生冲突时,如何确定清偿顺序,也是一个难以解决的问题,因为一旦赋予出卖人取回权,则已经在标的物上设定担保物权的其他债权人就无法优先受偿,其交易安全就无法获得应有的保护,但是,如果不赋予出卖人取回权,似乎也没有足够的理由。

可见,尽管《合同法》规定了所有权保留买卖,且学理上也有人将所有权保留理解为一种非典型担保,但一到实践中争议就很大。为了解决上述问题,《民法典》第641条第2款规定,在出卖人保留所有权的情形下,"未经登记,不得对抗善意第三人"。这样一来,就能妥当解决出卖人与第三人的权利平衡问题,因为这一条文不仅明确了所有权保留可以办理登记,而且规定了登记的效力,即只有办理登记,才能对抗善意第三人。问题是,如何界定"善意第三人"呢?前面谈到,在动产抵押的情况下,《民法典》采取的也是登记对抗主义,即"非经登记,不得对抗善意第三人"。我们认为,所有权保留买卖中登记的效力与动产抵押时登记的效力应作相同的理解,因此,《民法典担保解释》第67条明确规定:"在所有权保留买卖、融资租赁等合同中,出卖人、出租人的所有权未经登记不得对抗的'善意第三人'的范围及其效力,参照本解释第五十四条的规定处理。"

可见,《民法典》通过"其他具有担保功能的合同"这一概念,使得这一非典型担保物权典型化,旨在将"隐形担保"显形化,从而既充分发挥其担保功能,保护出卖人的交易安全,又不至于影响第三人的交易安全。但问题是,《民法典》施行后,出卖人保留的所有权虽然可以办理登记,但在出卖人享有的所有权与标的物上存在的其他担保物权发生冲突时,是否可以适用《民法典》第414条第1款规定的顺序进行清偿?另外,在买受人破产时,出卖人能否行使取回权,将标的物直接取回呢?对此,存在不同的意见:

一种观点认为,既然《民法典》已经明确所有权保留是一种担保物权,那么,就应适用《民法典》第414条第1款规定的清偿顺序来解决出卖人保留的所有权与其他担保物权之间的冲突问题,因为该条第2款明确规定:"其他可以登记的担保物权,清偿顺序参照适用前款规定。"此外,在买受人破产时,出卖人也不能行使破产取回权,而只能行使破产别除权,就拍卖、变卖标的物的价款优先受偿。也就是说,在买受人破产的情况下,即使出卖人对标的物保留了所有权,但如果该标的物上存在其他债权人的担保物权,则出卖人不能取回被保留所有权的标的物,而只能与其他债权人一起参与破产财产的分配。至于出卖人保留的所有权与其他担保物权之间发生冲突时的清偿顺序,则须根据《民法典》第414条第1款进行确定。

另一种观点认为,尽管《民法典》将所有权保留买卖理解为具有担保功能的合同,但不能据此认为出卖人享有的不是所有权,而是担保物权。因此,在发生权利冲突时,可根据《民法典》第641条第2款关于"未经登记,不得对抗善意第三人"的规定来确定各权利之间的优先顺序;在买受人破产时,买卖标的物也不应理解为属于破产财产,出卖人应享有破产取回权。

我们认为,**在买受人没有破产的情况下,自应根据《民法典》及其相关司法解释的规定,将出卖人保留的所有权理解为担保物权,在该权利与其他担保物权发生冲突时,可通过适用《民法典》第414条第1款的规定来确定清偿顺序。但是,如果买受人破产,则应优先适用《企业破产法》以及相关司法解释的规定来处理所有权保留引起的法律问题,仅在《企业破产法》以及相关司法解释没有相关规定时,才能适用《民法典》及相关司法解释的规定。**当然,在适用《企业破产法》及相关司法解释时,也面临着如何理解和适用的问题,这就涉及买受人的期待权及其保护问题。

二、买受人的物权期待权及其保护

值得注意的是,《最高人民法院关于适用〈中华人民共和国企业破产法〉若干问题的规定(二)》(以下简称《企业破产法解释(二)》)第2条在将"债务人在所有权保留买卖中尚未取得所有权的财产"明确规定为不属于破产财产的同时,还在该解释第34条明确规定"买卖合同双方当事人在合同中约定标的物所有权保留,在标的物所有权未依法转移给买受人前,一方当事人破产的,该买卖合同属于双方均未履行完毕的合同,管理人有权依据企业破产法第十八条的规定决定解除或者继续履行合同"。问题是,如果是出卖人破产而其管理人选择继续履行合同,买受人即可通过履行行为"提前"实现债权,无须参与破产财产的分配;但如果管理人选择解除合同,则买受人只能依据《企业破产法》第53条将合同解除后的损害赔偿请求权作为债权予以申报,参与破产财产的分配。可见,出卖人的管理人究竟是选择继续履行合同还是解除合同,对买受人的影响极大。为了尽可能地消除此种差异,《企业破产法解释(二)》第36条规定:"出卖人破产,其管理人决定解除所有权保留买卖合同,并依据企业破产法第十七条的规定要求买受人向其交付买卖标的物的,人民法院应予支持……买受人依法履行合同义务并依据本条第一款将买卖标的物交付出卖管理人后,买受人已支付价款损失形成的债权作为共益债务清偿。但是,买受人违反合同约定,出卖人管理人主张上述债权作为普通破产债权清偿的,人民法院应予支持。"依据这一解释,在管理人选择解除合同的情形下,只要买受人已经依法履行了合同义务且已将标的物交付管理人,则买受人已支付价款损失形成的债权即可作为共益债务,从破产财产中随时予以清偿。

需要说明的是,《企业破产法》第42条仅将"因管理人或者债务人请求对方当事人履行双方均未履行完毕的合同所产生的债务"作为共益债务,但《企业破产法解释(二)》第36条却规定在所有权保留买卖中,可将买受人因合同被管理人解除而产生的债务作为共益债务。之所以如此,就是因为管理人选择继续履行合同或者解除合同对买受人交易安全的影响过大。但即使这样,也不能完全消除因选择解除合同而可能给买受人带来的风险,因为在破产财产不足以支付破产费用和共益债务的情形下,即使将买受人因合同被解除产生的债务作为共益债务,该债权也有不能实现的风险,因而与管理人选择履行合同所获得的结果仍不可同日而语。

考虑到管理人的选择权可能给买受人的交易安全带来重大影响,并可能导致偏颇履行,我们认为,法律不仅要对管理人选择解除合同所产生的债务进行特别处理(将其作为共益债务),对于管理人的选择权,也应适当予以限制,而其理论基础,就是物权期待权。[1] 也就是说,在买受人已经获得物权期待权的情形下,管理人不能选择解除合同,而只能选择继续履行合同,从而使买受人有机会将已经获得物权期待权发展为物权本身。就此而言,将买受人已经取得物权期待权的财产排除在破产财产之外,是适用《企业破产法》第 18 条的前提和基础,而不能以《企业破产法》第 18 条为由否定买受人的物权期待权。具体到不动产"一物多卖"的情形,在出卖人破产时,虽然各买受人均未支付全部价款并办理过户手续,也要进一步审查是否存在有的买受人已经获得物权期待权。如果答案肯定,则该财产不再属于破产财产,出卖人的管理人亦无权选择解除合同,而只能在选择继续履行合同的基础上,将出卖人对买受人享有的债权作为破产财产进行处理。

回到所有权保留买卖。《最高人民法院关于人民法院民事执行中查封、扣押、冻结财产的规定》(以下简称《查扣冻规定》)第 14 条规定:"被执行人将其财产出卖给第三人,第三人已经支付部分价款并实际占有该财产,但根据合同约定被执行人保留所有权的,人民法院可以查封、扣押、冻结;第三人要求继续履行合同的,向人民法院交付全部余款后,裁定解除查封、扣押、冻结。"据此,对于被执行人保留所有权的标的物,是否可以成为执行标的,取决于买受人是否选择继续履行合同,而非被执行人是否选择继续履行合同。也就是说,只要买受人选择继续履行合同,执行标的就不再是买卖合同的标的,而是买受人应当交付的余款。之所以如此规定,是因为在所有权保留买卖中,买受人在符合一定条件下已经取得物权期待权,出卖人不能再阻止买受人将其发展为物权,因此只要买受人愿意支付剩余价款,执行法院就不能对标的物采取强制执行措施,而只能将剩余价款作为执行标的。[2] 问题是,买受人何时取得

---

〔1〕 物权期待权,是指买受人虽然没有取得物权,但买受人已经完成取得物权的绝大部分要件,距离取得物权只有一步之遥,且已经没有其他因素阻止买受人取得物权,因而法律将此种法律地位作为一种独立的权利予以保护。关于物权期待权的相关理论,可参见申卫星:《期待权基本理论研究》,中国人民大学出版社 2006 年版。

〔2〕 关于所有权保留买卖中买主的期待权及其保护,参见申卫星:《期待权基本理论研究》,中国人民大学出版社 2006 年版,第 163 页以下。

物权期待权呢？对此，《查扣冻规定》并未作出规定，但不能据此认为所有权保留中的买受人都已经取得物权期待权，因为《查扣冻规定》仅仅是关于执行程序的规定，要解决的是何时可以对标的物采取强制执行措施，至于执行法院裁定对标的物采取强制执行措施后的救济，则需通过执行异议和执行异议之诉程序来解决。也只有在执行异议或者执行异议之诉程序中，才需要从实体上考虑买受人是否已经取得物权期待权。关于买受人何时取得物权期待权，《买卖合同解释》第 26 条第 1 款规定："买受人已经支付标的物总价款的百分之七十五以上，出卖人主张取回标的物的，人民法院不予支持。"据此，在买受人已经支付标的物总价款 75%以上时，出卖人即不能再解除合同取回标的物，这就意味着买受人已取得物权期待权。也正因为如此，《企业破产法解释（二）》第 35 条规定，在出卖人破产的情形下，即使破产管理人选择继续履行合同而买受人没有按照合同履行自己的义务，在买受人已经支付标的物总价款 75%以上的情形下，管理人也不能再请求解除合同取回标的物。需要说明的是，这一规定是在出卖人破产时，其管理人选择继续履行合同的情形下，限制其因买受人违约而请求解除合同的权利，因而具有一定的局限性。在笔者看来，在买受人已经支付标的物总价款 75%以上的情形下，之所以管理人不能再解除合同，是因为买受人已经取得物权期待权，因此即使买受人未再按照合同履行自己的义务，管理人也不能选择解除合同，而只能将买受人欠付的价款以及其应当承担的违约责任作为破产财产进行管理。

　　总之，尽管《企业破产法》第 18 条规定对于双方均未履行完毕的合同，破产管理人享有选择继续履行合同或者解除合同的权利，但该权利并非没有任何限制，尤其是在相对人已经取得物权期待权的情形下，由于破产债务人不能阻止相对人取得物权，因此破产管理人无权选择解除合同取回标的物，而只能将破产债务人对相对人享有的债权作为破产财产。基于这一判断，在不动产"一物多卖"情形中，如果出卖人破产而各买受人均未支付全部价款且未办理过户手续，则法官首先应查明各买受人是否已经取得物权期待权。对于已经取得物权期待权的买受人，管理人没有选择解除合同并取回标的物的权利，而只能在选择继续履行合同的基础上,将出卖人对该买受人享有的债权作为破产财产,由出卖人的债权人(包括其他买受人)进行分配。至于买受人何时取得物权期待权,在执行异议之诉司法解释正式发布并实施之前,应参照适用《执行异议和复议规定》进行认定。[1] 同理,在保留所有权买卖中,如果买受人已经取得物权期待权,因出卖人也不能阻止买受人取得物权,出卖人的管理人也不应有权选择解除合同。《企业破产法解释(二)》虽然对管理人在选择继续履行合同后的合同解除权进行了限制,但却未能从根本上排除管理人的选择权,因而值得检讨。此外,在出卖人破产时,既然出卖人因买受人取得物权期待权而不能解除合同,因而不能将买卖合同的标的物作为破产财产(属于破产财产的只能是出卖人对买受人享有的债权),那么在买受人破产时,该标的物自应属于破产财产。此时,破产管理人原则上不能放弃物权请求权,否则就可能因违反法定义务而须承担赔偿责任。也就是说,管理人选择解除合同而由出卖人取回标的物的权利也应受到相应的限制,只不过限制的途径是管理人应负的法定义务,即只有在解除合同而由出卖人取回标的物对买受人的其他全体债权人有利的情形下,管理人才能解除合同而由出卖人取回标的物。《企业破产法解释(二)》未能注意到物权期待权本身作为破产财产的意义,因而未能在区分情况的基础上限制管理人的选择权,仅于该解释第 37 条规定管理人在选择继续履行合同时,如果"买受人已支付标的物总价款百分之七十五以上或者第三人善意取得标的物所有权或者其他物权",则即使买受人管理人无正当理由未及时支付价款或者履行完毕其他义务,或者将标的物出卖、出质或者作出其他不当处分,给出卖人造成损害,出卖人也无权依据《民法典》第 641 条等规定主张取回标的物。我们认为,在买受人已支付标的物总价款 75% 以上的情形下,根据《买卖合同解释》第 26 条第 1 款的规定,买受人已经取得物权期待权,因此出卖人的

---

〔1〕 本书写作时,最高人民法院审判委员会已原则通过执行异议之诉的司法解释,但尚未正式发布。执行异议之诉司法解释正式发布并实施后,关于执行异议的裁判标准,自应适用执行异议之诉的相关规定。从目前《执行异议与复议规定》的相关规定看,认定物权期待权的标准可能过低,从而导致实践中出现大量问题,例如一些当事人通过伪造证据来获得物权期待权保护。

合同解除权被排除，因此即使买受人破产，出卖人也只能作为普通债权人参与破产财产的分配。只有在买受人未取得物权期待权的情形下，才能将当事人之间的买卖合同理解为双方均未履行完毕的合同，买受人管理人也才享有选择继续履行合同或者解除合同的权利，并将因此产生的对出卖人的债务作为共益债务处理。

三、出卖人的取回权及其保护

我们认为，尽管《民法典》将所有权保留买卖作为"其他具有担保功能的合同"予以规定，并明确出卖人所享有的所有权"未经登记，不得对抗善意第三人"（《民法典》第641条第2款），但《民法典》第642条第1款规定了出卖人取回标的物的条件，并在《民法典》第643条规定了出卖人取回标的物后买受人的回赎权。就此而言，《民法典》并未否定出卖人的取回权。容易引起争议的是《民法典》第642条第2款关于"出卖人可以与买受人协商取回标的物；协商不成的，可以参照适用担保物权的实现程序"的规定。对此，一种理解是，即使出卖人满足取回标的物的条件，但如果出卖人与买受人无法通过协商取回标的物，则只能参照担保物权的实现程序，即请求法院拍卖、变卖标的物或者以标的物折价来实现全部价金请求权。根据这一理解，《民法典》第643条关于回赎的规定也仅适用于出卖人通过协商取回标的物的情形。我们认为，上述理解将导致出卖人的取回权名存实亡，既不利于保护出卖人的交易安全，也不符合《民法典》的立法本意，因为在当事人就出卖人取回标的物协商不成的情况下，《民法典》仅仅是规定"可以"参照担保物权的实现程序，而非"必须"参照担保物权的实现程序。[1] 也就是说，《民法典》实际上赋予出卖人一个选择权：既可参照担保物权的实现程序，也可以通过取回标的物来实现自己的权利。问题是，在出卖人依法可以取回标的物的情形下，何以《民法典》第642条第2款要规定当事人可以协商取回标的物呢？我们认为，这是因为在出卖人依法取回标的物时，买受人的合法权

---

[1]　相同观点，参见崔建远：《对非典型担保司法解释的解读》，载《法治研究》2021年第4期。

益也应获得法律的有效保护,尤其是在当事人对于标的物的价值以及买受人欠付的价款存在争议时,如果人民法院仅仅判决出卖人取回标的物,而对当事人之间的相关其他争议不作处理,就可能导致买受人的合法权益也无法获得应有的保护。正因如此,《民法典担保解释》)第64条第2款一方面规定“出卖人请求取回标的物,符合民法典第六百四十二条规定的,人民法院应予支持”,另一方面也规定“买受人以抗辩或者反诉的方式主张拍卖、变卖标的物,并在扣除买受人未支付的价款以及必要费用后返还剩余款项的,人民法院应当一并处理”。这里的“一并处理”,并非对出卖人取回权的否定,而是要求人民法院对于买受人提出的抗辩或者反诉,本着诉讼经济以及平衡保护出卖人和买受人的原则,一并作出裁判。此外,即使出卖人符合《民法典》第642条第1款规定的条件要求取回标的物,但如果买受人已经支付了价款总额的75%,则买受人已经取得物权期待权,出卖人就不能解除合同并取回标的物。据此,在符合上述条件的情况下,如果买受人以这一理由提出抗辩或者反诉时,人民法院对于出卖人请求取回标的物的诉讼请求,就不能予以支持。

在买受人破产的情形下,出卖人的取回权是否也要受到限制呢?一种观点认为,根据《企业破产法》第18条的规定,买受人的管理人有权选择是否继续履行合同或者解除合同,因此,即使出卖人符合取回标的物的条件,但如果买受人的管理人选择继续履行合同,则出卖人的取回权也不应予以支持。对此,我们的看法是,《企业破产法》第18条仅适用于出卖人不满足《民法典》第642条第1款规定条件的情形,在出卖人有解除合同并取回标的物的权利时,自无《企业破产法》第18条适用之余地。也就是说,如果买受人破产,则出卖人既可选择以担保物权人的身份参与破产财产的分配,也可以在满足《民法典》第642条第1款规定条件的情形下,主张取回标的物。只不过人民法院在对出卖人取回标的物的诉讼请求进行审理时,应一并处理买受人提出的抗辩和反诉,例如在出卖人破产时,买受人因出卖人管理人选择解除合同而发生的债权,应作为共益债务进行处理。

四、《民法典担保解释》第 64 条解读

《民法典担保解释》第 64 条规定："在所有权保留买卖中，出卖人依法有权取回标的物，但是与买受人协商不成，当事人请求参照民事诉讼法'实现担保物权案件'的有关规定，拍卖、变卖标的物的，人民法院应予准许。出卖人请求取回标的物，符合民法典第六百四十二条规定的，人民法院应予支持；买受人以抗辩或者反诉的方式主张拍卖、变卖标的物，并在扣除买受人未支付的价款以及必要费用后返还剩余款项的，人民法院应当一并处理。"这是关于所有权保留买卖中出卖人的所有权及其实现问题的规定。

《民法典》第 642 条第 2 款规定，在出卖人有权取回标的物的情形下，"出卖人可以与买受人协商取回标的物；协商不成的，可以参照适用担保物权的实现程序"。可见，在当事人不能协商取回标的物时，《民法典》实际上一方面允许当事人通过非讼程序的方式实现担保物权，另一方面也允许出卖人通过诉讼取回标的物。如果出卖人不通过非讼程序请求人民法院拍卖、变卖标的物并以所得价款受偿，而是以诉讼的方式请求取回标的物，但买受人反诉请求出卖人将标的物价值超过欠付价款及其他费用的部分予以返还，或者买受人抗辩标的物的价值大于欠付价款及其他费用，请求人民法院拍卖、变卖标的物，则人民法院对于买受人的主张应一并予以处理。此外，无论是出卖人通过协商还是诉讼取回标的物，根据《民法典》第 643 条的规定，买受人一方面有权在合理期间回赎标的物，也有权在放弃回赎后请求出卖人以合理价格转卖标的物并将超过买受人欠付价款及其他费用的部分予以返还。如果出卖人不以合理价格转卖标的物并将超过买受人欠付价款及其他费用的部分返还给买受人，买受人也仍然有权请求参照担保物权的实现程序，申请人民法院拍卖、变卖标的物。

值得注意的是，尽管《民法典》第 642 条第 2 款规定出卖人在与买受人协商取回标的物无法达成一致时，可以参照适用担保物权的实现程序，但《民法典》第 642 条第 1 款还规定了出卖人的取回权，即"当事人约定出卖人保留合同标的物的所有权，在标的物所有权转移前，买受人有

下列情形之一,造成出卖人损害的,除当事人另有约定外,出卖人有权取回标的物:(一)未按照约定支付价款,经催告后在合理期限内仍未支付;(二)未按照约定完成特定条件;(三)将标的物出卖、出质或者作出其他不当处分"。此外,《民法典》第 643 条还规定:"出卖人依据前条第一款的规定取回标的物后,买受人在双方约定或者出卖人指定的合理回赎期限内,消除出卖人取回标的物的事由的,可以请求回赎标的物。买受人在回赎期限内没有回赎标的物,出卖人可以以合理价格将标的物出卖给第三人,出卖所得价款扣除买受人未支付的价款以及必要费用后仍有剩余的,应当返还买受人;不足部分由买受人清偿。"由此可见,虽然所有权保留买卖中出卖人保留的所有权被界定为非典型担保物权,可以参照适用担保物权的实现程序,但出卖人保留的所有权仍有其特殊性,即出卖人有权取回标的物。这是与典型的担保物权有所不同的地方。

在《民法典担保解释》的制定过程中,有实务界的同志提出,在所有权保留买卖中,如果买受人已经支付了大部分价款,且标的物的价值超过买受人欠付的价款及其他费用,允许出卖人取回标的物可能会导致买受人的利益受损,因为出卖人取回标的物后买受人可能无力依据《民法典》第 643 条进行回赎,而出卖人可能也不以合理价格转卖标的物并将超过欠付价款及其他费用的部分返还给买受人。因此,为防止买受人的利益受到侵害,应认为出卖人享有的所有权仅具有担保功能,在买受人不能清偿全部价款时,如果出卖人与买受人不能就标的物的取回协商一致,出卖人就只能参照担保物权的实现程序申请人民法院对标的物进行拍卖、变卖并以所得价款受偿,而不能通过诉讼取回标的物。也就是说,出卖人请求参照担保物权的实现程序对标的物拍卖、变卖并以所得价款受偿的,人民法院应予支持;出卖人提起诉讼请求买受人返还标的物的,人民法院不予支持。

对于上述观点,我们的意见是,如果出卖人不通过非讼程序请求人民法院拍卖、变卖标的物并以所得价款受偿,而是以诉讼的方式请求取回标的物,则应根据买受人是否提出抗辩或者反诉来审理案件:如果出卖人虽然有权取回标的物,但买受人反诉请求出卖人将标的物价值超过欠付价款及其他费用的部分予以返还,或者出卖人虽然有权取回标的物,但买受人抗辩标的物的价值大于欠付价款及其他费用,请求人民法院拍卖、变卖标的物,则人民法院对于买受人的主张应一并予以处理。也就是说,如果出卖人诉请取回标的物,而买受人未提出抗辩或者反诉,或者买受人所提抗辩或者反诉不成立,则人民法院应支持出卖人取回标的物的诉讼请求;但是,如果买受人提出了反诉或者抗辩且反诉或者抗辩成立,则即使出卖人满足取回标的物的实体要件,人民法院也不能判决支持出卖人取回标的物的诉讼请求,而是应判决对标的物进行拍卖、变卖并以所得价款偿还买受人所负债务。

当然,无论是出卖人通过协商还是诉讼取回标的物,根据《民法典》第643条的规定,买受人既有权在合理期间回赎标的物,也有权在放弃回赎后请求出卖人以合理价格转卖标的物并将超过买受人欠付价款及其他费用的部分予以返还。如果出卖人不以合理价格转卖标的物并将超过买受人欠付价款及其他费用的部分返还给买受人,买受人也仍然有权请求参照担保物权的实现程序,申请人民法院拍卖、变卖标的物。

第三十二讲

融资租赁的担保功能及其实现

一、融资租赁的担保功能

与所有权保留中出卖人保留的所有权具有担保功能一样,融资租赁中出租人对租赁物享有的所有权亦具有担保功能。但与《民法典》关于所有权保留的规定有所不同的是,《民法典》关于融资租赁中出租人权利保护的规定有两个特点:一是明确规定出租人收回租赁物的前提是解除合同;二是没有规定当事人无法就租赁物的取回协商一致时,可以请求参照适用担保物权的实现程序。问题是,《民法典》在规定上的不同是否意味着《民法典》对于融资租赁中出租人对租赁物所享有的所有权在其担保功能的实现上采取了不同于所有权保留的思路呢? 对此,存在不同的意见。

一种意见认为,虽然融资租赁中出租人对租赁物享有的所有权和所有权保留买卖中出卖人对标的物保留的所有权均旨在为价款或者租金债权的实现提供担保,但由于融资租赁的标的物往往是大型设备和机械等,其价值较高,对出租人权利保护的程度也应更高,因此,只要在满足法律规定的条件,出租人请求解除合同并收回租赁物,人民法院就应予以支持。

另一种意见则认为,尽管《民法典》关于所有权保留中出卖人权利保护的规定与融资租赁中出租人权利保护的规定不同,但无论是出卖人享有的所有权还是出租人享有的所有权,都是非典型担保物权,自可参照适用担保物权的实现程序。此外,在融资租赁合同中,我们既要保护出租人的利益和交易安全,同时也要保护承租人的利益和交易安全。因此,在出租人请求解除合同并收回租赁物的情形下,如果承租人担心利益受损,提出反诉或者抗辩,请求人民法院对标的物进行拍卖、变卖并以所得价款清偿所欠出租人的租金,人民法院也应一并处理。

　　我们认为,根据《民法典》第752条的规定,在融资租赁合同履行过程中,如果承租人经催告后在合理期限内仍不支付租金的,出租人可以请求支付全部租金,也可以解除合同并收回租赁物,因此关于出租人对租赁物的所有权及其实现问题,应根据出租人的选择进行不同的处理。

　　如果出租人选择的是请求承租人支付全部未付租金,则出租人有两个途径可供选择:其一,通过诉讼请求承租人支付全部未付租金,并可主张就拍卖、变卖租赁物所得价款受偿;其二,以非诉执行的方式直接申请人民法院拍卖、变卖租赁物,并就所得价款受偿。这是因为,既然出租人选择的是由承租人支付全部未付租金,自然不能同时请求解除合同并收回租赁物。(《最高人民法院关于审理融资租赁合同纠纷案件适用法律问题的解释》第10条规定:"出租人既请求承租人支付合同约定的全部未付租金又请求解除融资租赁合同的,人民法院应告知其依照民法典第七百五十二条的规定作出选择。出租人请求承租人支付合同约定的全部未付租金,人民法院判决后承租人未予履行,出租人再行起诉请求解除融资租赁合同、收回租赁物的,人民法院应予受理。")但是,即使是出租人选择由承租人支付全部未付租金,出租人对租赁物享有的所有权仍具有担保功能,因此,在承租人无力支付全部未付租金的情形下,出租人自有权通过诉讼或者非诉的方式请求人民法院拍卖、变卖租赁物并以所得价款受偿。至于出租人能否主张就拍卖、变卖租赁物所得价款优先受偿,则取决于出租人对租赁物享有的所有权是否已经办理登记。根据《民法典》第745条的规定,出租人对租赁物享有的所有权未经登记时,不得对抗善意第三人,因此在出租人对租赁物享有的所有权未办理登记时,对于出租人请求以拍卖、变卖租赁物所得价款优先受偿的请求,人民法院不应支持,而仅支持其请求以拍卖、变卖租赁物所得价款受偿的请求。

　　如果出租人选择的是解除租赁合同并收回租赁物,但双方无法就合同解除和租赁物的收回达成一致,那么出租人自可起诉到人民法院,请求解除合同并收回租赁物。此外,如果出租人仅起诉请求承租人支付全部未付租金,但承租人未履行生效判决,根据《最高人民法院关于审理融资租赁合同纠纷案件适用法律问题的解释》第 10 条第 2 款的规定,出租人仍可再行起诉请求解除融资租赁合同、收回租赁物。不过,无论在何种情形下出租人起诉请求解除合同并收回租赁物,如果当事人约定租赁期限届满租赁物归承租人所有,且承租人已经支付大部分租金,只是无力支付剩余租金,此时出租人享有的所有权就与出卖人保留的所有权极为类似,都可能涉及承租人的利益保护问题。也正因为如此,民法典第758 条规定,出租人因此解除合同收回租赁物,收回的租赁物的价值超过承租人欠付的租金以及其他费用的,承租人可以请求相应返还。据此,我们认为,在出租人请求解除融资租赁合同并收回租赁物的情况下,如果承租人以抗辩或者反诉的方式主张返还租赁物价值超过欠付租金以及其他费用,则人民法院也应当一并处理。也就是说,此时人民法院一方面应判决解除合同并由出租人收回租赁物,另一方面也应判决出租人将租赁物价值超过欠付租金以及其他费用的部分返还给承租人。

二、出租人的破产取回权及其行使

在融资租赁合同中,如果承租人破产,出租人是否也可以选择破产取回权或者别除权呢? 对此,原《合同法》第 242 条规定:"出租人享有租赁物的所有权。承租人破产的,租赁物不属于破产财产。"显然,根据这一规定,只要融资租赁的承租人破产,出租人即可行使破产取回权。但是,《民法典》删除了这一规定,从而导致实践中对融资租赁出租人在承租人破产时是否享有取回权发生争议。我们认为,《民法典》没有保留上述规定,是因为该规定过于绝对,既与破产管理人可选择继续履行合同与解除合同的规定不符,也与《民法典》将融资租赁作为具有担保功能的合同予以对待的立法政策不符,但这并不意味着在承租人破产时,出租人不享有破产取回权。根据《民法典担保解释》第 65 条的规定,在融资租赁中,如果承租人未按照约定支付租金,经催告后在合理期限内仍不支付,则出租人既可选择承租人支付全部租金,也可以请求解除合同并取回租赁物。只不过人民法院在对出租人取回标的物的诉讼请求进行审理时,应一并处理承租人提出的抗辩和反诉。这是因为《民法典》第 758 条第 1 款明确规定:"当事人约定租赁期限届满租赁物归承租人所有,承租人已经支付大部分租金,但是无力支付剩余租金,出租人因此解除合同收回租赁物,收回的租赁物的价值超过承租人欠付的租金以及其他费用的,承租人可以请求相应返还。"据此,在承租人破产的情形下,如果破产管理人选择继续履行合同,并按照约定支付租金,则出租人自然不能解除合同取回标的物;但是,如果破产管理人虽然选择继续履行合同,但未按照约定支付租金,经出租人催告后在合理期限内仍不支付,则出租人既可选择要求承租人支付全部租金,也可选择解除合同并取回租赁物。在出租人选择要求承租人支付全部租金的场合,出租人可以就租赁物优先受偿,此为融资租赁合同具有担保功能的表现;在出租人选择要求解除合同并取回租赁物的场合,出租人行使的是破产取回权,但在租赁物价值超过承租人欠付租金与相关费用时,应将出租人应当返还的金额作为破产财产。

总之,尽管《民法典》将所有权保留买卖、融资租赁理解为具有担保功能的合同,且《民法典担保解释》第 1 条也将担保的有关规则适用于此类合同因担保功能发生的纠纷,但这并不意味着在买受人或者承租人破产的情况下,出卖人或者出租人不享有破产取回权。[1] 在符合法定条件的情形下,出卖人或者出租人不仅可以选择行使破产别除权,也可选择行使破产取回权。

三、《民法典担保解释》第 65 条解读

《民法典》第 752 条规定,如果承租人经催告后在合理期限内仍不支付租金,出租人既可选择请求支付全部租金,也可以选择解除合同,收回租赁物。在出租人选择请求支付全部租金的情形下,如果承租人无力支付全部租金,出租人能否参照适用担保物权的实现程序,申请人民法院拍卖、变卖租赁物并以所得价款受偿? 对此,有不同的意见:一种意见认为,与《民法典》明确规定所有权保留可以参照适用担保物权的实现程序不同,《民法典》并未明确规定融资租赁中可以参照适用担保物权的

---

[1]　相同观点,参见邹海林:《论出卖人在破产程序中的取回权——以所有权保留制度为中心》,载《上海政法学院学报》2021 年第 4 期。

实现程序,因此出租人只能提起诉讼,请求拍卖、变卖租赁物并以所得价款受偿,而不能以非诉执行的方式直接请求人民法院拍卖、变卖租赁物并以所得价款受偿;另一种意见则认为,尽管《民法典》没有规定融资租赁中出租人的所有权可以参照适用担保物权的实现程序,但融资租赁中出租人对租赁物享有的所有权仅具担保功能,属于非典型担保物权,自应可以参照适用担保物权的实现程序。

此外,在出租人选择解除合同并收回租赁物的情况下,对于出租人的诉讼请求是否一概应予支持,也存在不同的意见:一种意见认为,在出租人依据《民法典》第752条请求解除合同并收回租赁物时,只要满足该条规定的条件,人民法院就应予以支持;另一种意见认为,如果出租人依据《民法典》第752条的规定请求解除合同并收回租赁物,即使是满足该条规定的条件,人民法院也应视承租人是否提出抗辩或者反诉来确定判决结果:在承租人以抗辩或者反诉的方式主张返还租赁物价值超过欠付租金以及其他费用时,人民法院应一并处理。

我们认为,**在融资租赁中,承租人经催告后在合理期限内仍不支付租金,出租人既可选择请求支付全部租金,也可以选择解除合同并收回租赁物。在出租人选择支付全部租金时,如果承租人未履行义务,则出租人可申请人民法院拍卖、变卖租赁物并以所得价款优先受偿。**如果承租人欠付租金导致出租人有权解除合同并收回租赁物,而双方无法就合同解除和租赁物的收回达成一致,出租人自可起诉到人民法院,请求解除合同并收回租赁物,但承租人提出抗辩或者反诉就收回的租赁物的价值超承租人欠付的租金以及其他费用的部分请求出租人返还时,人民法院应一并予以处理。至于租赁物的价值,融资租赁合同有约定的,按照其约定;融资租赁合同未约定或者约定不明的,根据约定的租赁物折旧以及合同到期后租赁物的残值来确定;根据前述方法仍然难以确定,或者当事人认为根据前两项规定的方法确定的价值严重偏离租赁物实际价值的,可根据当事人的申请委托有资质的机构评估。据此,《民法典担保解释》第65条规定:"在融资租赁合同中,承租人未按照约定支付租金,经催告后在合理期限内仍不支付,出租人请求承租人支付全部剩余租金,并以拍卖、变卖租赁物所得的价款受偿的,人民法院应予支持;当事人请求参照民事诉讼法'实现担保物权案件'的有关规定,以拍卖、变卖租赁物所得价款支付租金的,人民法院应予准许。出租人请求解除融资租赁合同并收回租赁物,承租人以抗辩或者反诉的方式主张返还租赁物价值超过欠付租金以及其他费用的,人民法院应当一并处理。当事人对租赁物的价值有争议的,应当按照下列规则确定租赁物的价值:(一)融资租赁合同有约定的,按照其约定;(二)融资租赁合同未约定或者约定不明的,根据约定的租赁物折旧以及合同到期后租赁物的残值来确定;(三)根据前两项规定的方法仍然难以确定,或者当事人认为根据前两项规定的方法确定的价值严重偏离租赁物实际价值的,根据当事人的申请委托有资质的机构评估。"

值得注意的是,在出租人请求解除合同并收回租赁物的情形下,如果承租人请求出租人将租赁物价值超过欠付租金以及其他费用的部分返还给承租人,而此时当事人就租赁物的价值发生争议,应如何确定租赁物的价值? 显然,由于融资租赁出租人的目的是解除合同并收回租赁物,因此承租人既不能主张参照适用担保物权的实现程序由人民法院通过拍卖、变卖来确定租赁物的价值,也不能在诉讼程序中请求人民法院对租赁物进行拍卖、变卖来确定租赁物的价值。关于租赁物的价值,我们的意见是,融资租赁合同有约定的,按照其约定;融资租赁合同未约定或者约定不明的,可以根据约定的租赁物折旧以及合同到期后租赁物的残值来确定;如果根据前述方法仍难以确定,或者当事人认为依照前述方法确定的价值严重偏离租赁物实际价值的,可以请求人民法院委托有资质的机构评估。显然,这一思路与融资租赁司法解释第 12 条的规定是一致的。[1]

---

[1] 《最高人民法院关于审理融资租赁合同纠纷案件适用法律问题的解释》第 12 条规定:"诉讼期间承租人与出租人对租赁物的价值有争议的,人民法院可以按照融资租赁合同的约定确定租赁物价值;融资租赁合同未约定或者约定不明的,可以参照融资租赁合同约定的租赁物折旧以及合同到期后租赁物的残值确定租赁物价值。承租人或者出租人认为依前款确定的价值严重偏离租赁物实际价值的,可以请求人民法院委托有资质的机构评估或者拍卖确定。"

第三十三讲

保理的担保功能及其实现

一、保理的类型及其担保功能

《民法典》第761条给保理合同下了一个定义,即保理合同是应收账款债权人将现有的或者将有的应收账款转让给保理人,保理人提供资金融通、应收账款管理或者催收、应收账款债务人付款担保等服务的合同。可见,保理并非仅仅是债权人将应收账款债权转让给保理人,而且也包括保理人提供的各项服务。当然,从我国目前的情况看,保理人提供的主要服务是资金融通。也就是说,应收账款债权人将现有的或将有的应收账款转让给保理人的目的,就是从保理人处获得融资。为此,《民法典》将保理区分为两种:一种是无追索权的保理,另一种是有追索权的保理。《民法典》第766条规定的是有追索权的保理,而《民法典》第767条规定的是无追索权的保理。

无追索权的保理,简单一点说,就是保理商为了赚差价从应收账款债权人处受让应收账款。具体来讲,就是应收账款债权人有一笔应收账款(包括现在的和将来的)想提前变现,但是应收账款还没有到期或者虽然到期但应收账款债务人暂时没有清偿能力,于是应收账款债权人便将应收账款打折转让给保理商。就此而言,无追索权的保理在内容上主要就是应收账款债权的转让。因此,《民法典》第767条规定:"当事人约定无追索权保理的,保理人应当向应收账款债务人主张应收账款债权,保理人取得超过保理融资款本息和相关费用的部分,无需向应收账款债权人返还。"

较为复杂的是有追索权的保理。所谓有追索权的保理,是指应收账款债权人将应收账款转让给保理人,是为其从保理人处获得的融资提供担保,因此,如果保理人无法从应收账款债务人处获得清偿从而实现债权,应收账款债权人仍应向保理人支付借款本息。说得简单一点,就是应收账款债权人从保理人处借了一笔钱,为担保本息的偿还,于是将其持有的应收账款转让给保理人,保理人既可要求应收账款债权人还本付息,也可以要求应收账款债务人清偿债务,但必须将超过本息的部分返还给应收账款债权人。对此,《民法典》第766条明确规定:"当事人约定有追索权保理的,保理人可以向应收账款债权人主张返还保理融资款本息或者回购应收账款债权,也可以向应收账款债务人主张应收账款债权。保理人向应收账款债务人主张应收账款债权,在扣除保理融资款本息和相关费用后有剩余的,剩余部分应当返还给应收账款债权人。"

可见,有追索权的保理在性质上应属债权的让与担保,即债务人将自己持有的应收账款债权转让给债权人,从而担保借款本息的偿还,但债权人在通过向应收账款债务人主张权利来实现债权时,负有清算义务,即"多退少补",将超过本息的部分返还给应收账款债权人。就此而言,尽管《民法典》未明确规定让与担保,但从《民法典》关于有追索权保理的规定看,至少在例外情形下,是承认让与担保制度的。这也是保理具有担保功能的原因。也就是说,并非所有保理都有担保功能,只有在有追索权的保理中,因应收账款债权人转让应收账款是为借款本息的偿还提供担保,才涉及保理的担保功能。在无追索权的保理中,尽管保理人有时也可能提供担保服务,但这并非保理制度本身的担保功能。由于我国目前的保理大多数是有追索权的保理,因此,讨论保理的担保功能及其实现,具有较为重要的现实意义。

二、多重保理的处理规则及其类推适用

无论是有追索权的保理,还是无追索权的保理,都会涉及债权转让的问题。有追索权的保理实际上是通过债权转让提供担保,而无追索权的保理就是真实的债权转让。就像买卖合同或者以物抵债协议一样,有的是真正意义上的买卖合同或者以物抵债协议,当事人订立合同目的就是取得标的物的所有权,还有的当事人签订以物抵债协议或者买卖合同则是为了提供担保,但不管是什么目的,都有一个转移标的物所有权的过程。同理,不管是有追索权的保理,还是无追索权的保理,都有一个应

收账款债权的转让问题。

应收账款债权转让是最为常见的债权转让,自应适用《民法典》关于债权转让的一般规定。关于债权的转让,《民法典》第 546 条规定:"债权人转让债权,未通知债务人的,该转让对债务人不发生效力。"之所以如此,是因为要保护债务人的交易安全,使其避免在不知情的情况下向原债权人清偿债务后,新的债权人又再次向债务人主张权利。也就是说,如果债权转让没有通知债务人,则债务人已经向原债权人所进行的清偿就构成债的消灭原因,在此范围内新的债权人无权再对债务人主张权利,因为债权转让"对债务人不发生效力"。不过,即使债权转让通知了债务人,也仅仅是对债务人发生效力(即使债务人已经向原债权人履行了债务,也不构成有效的清偿,仍须向新债权人履行债务),但无法对除原债权人、新债权人以及债务人之外的其他当事人发生效力。这就带来一个问题:如果债权人就同一债权进行多重转让,且各受让人均主张已经取得该债权,人民法院应如何处理? 对于这个问题,无论是《合同法》还是《民法典》关于债权转让的规定都没有涉及,因而造成司法实践无所适从。

尽管《民法典》关于债权转让的规定没有涉及如何处理债权多重转让的问题,但《民法典》关于保理的规定就实践中常见的多重保理问题则提供了相应的处理规则。根据《民法典》第 768 条的规定,应收账款债权人就同一应收账款订立多个保理合同,致使多个保理人主张权利的,已经登记的先于未登记的取得应收账款;均已经登记的,按照登记时间的先后顺序取得应收账款;均未登记的,由最先到达应收账款债务人的转让通知中载明的保理人取得应收账款;既未登记也未通知的,按照保理融资款或者服务报酬的比例取得应收账款。据此,保理不仅可以办理登记,而且《民法典》还赋予了登记一定的法律效力。

问题是,登记在保理中究竟处于何种法律地位呢? 从《国务院关于实施动产和权利担保统一登记的决定》以及中国人民银行发布的《动产和权利担保统一登记办法》的规定来看,虽然保理的登记与应收账款质押的登记都采取"声明登记制",即登记机构不对登记内容进行审查,由当事人自主办理登记,但与应收账款质押将登记作为质权设立的生效要件不同,登记显然不是保理的生效要件,因为《民法典》第 768 条亦对没有办理登记的保理进行了明确规定。据此,我们认为,与动产抵押类似,登记仅仅是保理的对抗要件,而非生效要件。但与动产抵押不同的是,在动产抵押与其他担保发生冲突时,须根据《民法典》第 414、415 条来处理权利冲突问题,但在多重保理的情形下,则须根据《民法典》第 768 条处理权利冲突问题。二者的差异是,在都没有办理登记的情形下,依据《民法典》第 414 条第 1 款的规定,须按照债权比例清偿,但依据《民法典》第 768 条,则由最先到达应收账款债务人的转让通知中载明的保理人取得应收账款,只有既未登记也未通知时,才按照保理融资款或者服务报酬的比例取得应收账款。显然,将转让通知作为判断优先顺序的依据,无疑是考虑到保理涉及债权转让,自应适用债权转让的一般规定。但是,前面谈到,通知仅仅是对债务人发生效力的要件,并非法定的公示方式,不能发生对抗第三人的效力,因此,将转让通知作为判断优先顺序的依据,正当性有待论证。

另外,在《民法典》背景下,债权转让没有登记的规定,应收账款质押则须以登记为生效要件,而保理则以登记作为对抗要件,这也会在一定程度上造成法律适用的困难。我们认为,尽管《民法典》没有就债权转让规定登记,但由于保理涉及应收账款债权的转让,且应收账款债权是债权的一种典型情形,因此,应将《民法典》第 768 条关于多重保理的处理规则类推适用于解决所有因债权多重让与引起的权利冲突。此外,尽管应收账款质押以登记为生效要件,但是,在同一应收账款同时存在应收账款质押、保理或者债权转让的情形下,也需要有解决权利冲突的规则,而这个规则,也应是《民法典》第 768 条就多重保理确立的规则。[1] 也就是说,《民法典》第 768 条不仅可以类推适用解决债权多重让与引发的权利冲突,也可类推适用解决应收账款质押、保理或者债权让与并存于同一应收账款时的权利冲突问题。当然,因《民法典担保解

---

〔1〕　不动产抵押以登记为生效要件,而动产抵押则以登记为对抗要件,但《民法典》第 414 条在处理担保物权之间的权利冲突时,并未区分动产和不动产。当然,从该条第 1 款第 3 项的表述看,似应认为该款针对的动产抵押。然而,即使如此,该条第 2 款也将第 1 款确立的规则扩大适用到了不动产抵押。

释》仅能就涉及担保的问题作出解释,故该解释第 66 条第 1 款仅规定:"同一应收账款同时存在保理、应收账款质押和债权转让,当事人主张参照民法典第七百六十八条的规定确定优先顺序的,人民法院应予支持。"

三、有追索权的保理及其适用

在有追索权的保理中,《民法典》第 766 条规定,"保理人可以向应收账款债权人主张返还保理融资款本息或者回购应收账款债权,也可以向应收账款债务人主张应收账款债权",这是不是意味着应收账款债权人与应收账款债务人在融资款本息范围内须对保理人承担连带责任?从逻辑上看,既然有追索权的保理是应收账款债权人为担保借款本息而将应收账款转让给保理人,则在借贷担保法律关系中,应收账款债权人就是借款人,即主债务人,而既然应收账款已经转让给保理人,则应收账款债务人也就是保理人的债务人。我们认为,虽然应收账款债权人与应收账款债务人都是保理人的债务人,但二者并不构成真正连带债务关系。首先,二者的债务范围不同,应收账款债权人仅在借款本息的范围内对保理人承担债务,或者有义务赎回应收账款债权,但在应收账款债权人未偿还本息或者赎回应收账款债权时,应收账款债务人须向保理人在应收账款的范围内承担债务。其次,《民法典》第 766 条规定"保理人可以向应收账款债权人主张返还保理融资款本息或者回购应收账款债权,也可以向应收账款债务人主张应收账款债权",无非是为了最大限度实现保理人的利益,体现有追索权的保理的担保功能,但这并不意味着应收账款债权人与应收账款债务人之间在内部也存在连带关系,更不能通过适用《民法典》第 519 条来解决二者之间的追偿问题,至于二者的内部关系,须根据产生应收账款的原因来进行认定。最后,《民法典》第 1203 条对于产品责任也采取了相同的做法,即为保障产品买受人的利益,规定买受人既可向生产者主张权利,也可向销售者主张权利,产品缺陷由生产者造成的,销售者赔偿后,有权向生产者追偿,而因销售者的过错使产品存在缺陷的,生产者赔偿后,有权向销售者追偿。依据民法通说,生产者和销售者系不真正连带关系。同理,也应认为应收账款债权人与应收账款债务人亦属于不真正连带关系。也正因如此,《民法典担保解释》第 66 条第 2、3 款规定:"在有追索权的保理中,保理人以应收账款债权人或者应收账款债务人为被告提起诉讼,人民法院应予受理;保理人一并起诉应收账款债权人和应收账款债务人的,人民法院可以受理。应收账款债权人向保理人返还保理融资款本息或者回购应收账款债权后,请求应收账款债务人向其履行应收账款债务的,人民法院应予支持。"

由此可见,**在有追索权的保理中,在融资本息没有实现的情形下,保理人既可以分别起诉应收账款债权人或者应收账款债务人,也可以一并起诉应收账款债权人和应收账款债务人**。之所以允许保理人一并起诉应收账款债权人与应收账款债务人,目的是一次性解决纠纷,因为有时候无论是应收账款债权人还是应收账款债务人都可能没有清偿全部债务的能力,如果不允许保理人一并起诉,保理人就可能要打两次官司,就会导致诉累。问题是,在一并提起诉讼的情形下,人民法院的判决书如何表述呢? 我们认为,既然应收账款债权已经转让至保理人且保理人已经起诉应收账款债务人,则人民法院首先应判决应收账款债务人清偿全部债务,再判决应收账款债权人在一定期间偿还融资款本息或者在一定期间按照约定回赎应收账款,最后还应明确应收账款债权人在所还本息的范围内或者回赎应收账款的范围内,可请求应收账款债务人向其履行应收账款债务。

第三十四讲

保证金账户质押的设立

一、保证金与保证金账户质押

保证金的问题在《担保法解释》就已经有所涉及,例如《担保法解释》第85条规定:"债务人或者第三人将其金钱以特户、封金、保证金等形式特定化后,移交债权人占有作为债权的担保,债务人不履行债务时,债权人可以以该金钱优先受偿。"可见,保证金也是一种担保方式。不过,这里的保证金与我们这里要讨论的保证金账户不是一回事。《担保法解释》第85条规定的保证金实际上是一笔金钱,即债务人或者第三人将这笔金钱以保证金的形式特定化后,交付给债权人占有,以作为债务履行的担保。也就是说,它是一种金钱担保。而保证金账户,则是债务人或者第三人将一笔钱存入自己的账户,只不过这个账户的名称是保证金账户,其也是为了担保债务的履行。如此说来,保证金账户是不是就是《担保法解释》第85条规定的"特户"呢?也不是。从《担保法解释》第85条将特户与封金、保证金并列规定且明确规定金钱在以特户、封金、保证金等形式特定化后还必须移交债权人占有的情况看,《担保法解释》第85条规定的"特户"应指债权人以自己名义开设的特定账户,用于存放债务人或者第三人交付的保证金。从实践中的情况看,虽然债务人或者第三人既可以将一笔金钱以封金的形式特定化后交付给债权人占有,也可以将一笔金钱以保证金的形式特定化后交付给债权人占有,但这两种形式都需要采取现金的方式,因而不太方便,也有一定的风险,因此有时就会采取由债务人或者第三人将一笔金钱存入债权人特定账户的做法来担保债务的履行。不过,将一笔金钱存入债权人特定账户在实践中也会遇到很多的问题。例如,在债权人为银行的情况下,银行往往不愿债务人或者第三人为担保债务的履行而直接将一笔金钱存入自己的特定账户,因为如此一来,从财务会计的角度看,这笔钱就会成为银行的资产,从而可能会影响到银行相关业务的开展。也正是在此情形下,保证金账户就应运而生,即债务人或者第三人将一笔金钱存入自己在银行开设的保证金账户,并由当事人约定,该账户的资金专门用于担保债务的履行。

《担保法解释》第118条规定:"当事人交付留置金、担保金、保证金、订约金、押金或者订金等,但没有约定定金性质的,当事人主张定金权利的,人民法院不予支持。"该条虽然规定除定金外,保证金与其他金钱担保都不能适用定金罚则,但并未明确保证金与其他金钱担保如何发挥担保功能。也就是说,保证金不适用定金罚则,究竟适用什么规则呢?关于这一点,我们在讨论具有担保功能的制度时,已经指出留置金、担保金、保证金、订约金、押金或者订金等的担保功能不是通过定金罚则来实现的,而是通过抵销制度来实现的。事实上,抵销制度的担保功能是非常强大的。试想,如果债务人或者第三人已经将足额的金钱交付给债权人占有,而金钱的占有原则上就等于所有,债权人又有何必要再担心自己的债权不能实现呢? 同理,在债务人或者第三人将金钱以封金的方式特定化后移交债权人占有或者将金钱存入债权人设立的特定账户,债权人同样可以通过抵销制度来实现其担保功能。问题是,在债务人或者第三人将一笔金钱存入自己设立的保证金账户,债权人能否对账户内的资金享有优先受偿权呢? 也就是说,保证金账户能否作为质押的标的呢?

实际上,账户质押在我国已有实践。例如,根据2004年发布的《最高人民法院关于审理出口退税托管账户质押贷款案件有关问题的规定》第1条第2款的规定,出口退税专用账户质押贷款,"是指借款人将出口退税专用账户托管给贷款银行,并承诺以该账户中的退税款作为还款保证的贷款"。此外,该司法解释在明确"出口退税专用账户质押贷款银行,对质押账户内的退税款享有优先受偿权"(第3条)的同时,也要求以出口退税专用账户质押方式贷款不仅要签订书面质押贷款合同,而且质押贷款合同自贷款银行实际托管借款人出口退税专用账户时生效(第2条)。值得注意的是,《物权法》施行后,这一司法解释已被废止。废止的背景是,因《物权法》已明确规定应收账款债权可以质押,而出口退税账户的退税款可以理解为国家应当返还给纳税人的应收账款,自应适用应收账款质押的一般规定。

与出口退税款可以理解为债务人或者第三人自国家所得的应收账款不同,在保证账户质押的情况下,由于保证金账户的资金系债务人或者第三人自己存入,且保证金账户系债务人或者第三人以自己的名义开设,因此,很难将保证金账户质押也理解为应收账款质押。在此背景下,是否仍有承认账户质押的必要,就是一个亟需明确的问题。

二、指导案例第 54 号及其意义

在指导案例第 54 号"中国农业发展银行安徽省分行诉张大标、安徽长江融资担保集团有限公司执行异议之诉纠纷案"中,农发行安徽分行于 2009 年 4 月 7 日与长江担保公司签订一份《贷款担保业务合作协议》,约定长江担保公司向农发行安徽分行提供的保证担保为连带责任保证,并在"担保保证金(担保存款)"中约定长江担保公司在农发行安徽分行开立担保保证金专户,长江担保公司需将具体担保业务约定的保证金在保证合同签订前存入担保保证金专户,且缴存的保证金不低于贷款额度的 10%;未经乙方同意,长江担保公司不得动用担保保证金专户内的资金;长江担保公司违反约定,没有按时履行保证责任,农发行安徽分行有权从担保基金专户或其他任一账户中扣划相应的款项。2009 年10 月 30 日、2010 年 10 月 30 日,农发行安徽分行与长江担保公司还分别签订与上述合作协议内容相似的两份《信贷担保业务合作协议》。上述协议签订后,农发行安徽分行与长江担保公司就贷款担保业务进行合作,长江担保公司在农发行安徽分行处开立担保保证金账户,账号尾号为 9511。长江担保公司按照协议约定缴存规定比例的担保保证金,并据此为相应额度的贷款提供了连带保证责任担保。2009 年 4 月 3 日至2012 年 12 月 31 日,该账户共发生了 107 笔业务,其中贷方业务为长江担保公司缴存的保证金;借方业务主要涉及两大类,一类是贷款归还后长江担保公司申请农发行安徽分行退还的保证金,部分退至债务人的账户;另一类是贷款逾期后农发行安徽分行从该账户内扣划的保证金。2011 年 12 月 19 日,安徽省合肥市中级人民法院在审理张大标诉安徽省六本食品有限责任公司、长江担保公司等民间借贷纠纷一案的过程中，根据张大标的申请，对长江担保公司上述保证金账户内的资金1495.7852万元进行保全。该案判决生效后，合肥市中级人民法院将上述保证金账户内的资金1338.313257万元划至该院账户。农发行安徽分行作为案外人提出执行异议，2012年11月2日被合肥市中级人民法院裁定驳回异议。随后，农发行安徽分行因与被告张大标、第三人长江担保公司发生执行异议纠纷，提起诉讼。

原告农发行安徽分行诉称：长江担保公司在农发行安徽分行处开设的担保保证金专户内的资金实际是长江担保公司向其提供的质押担保，请求判令其对该账户内的资金享有质权。被告张大标辩称：农发行安徽分行与第三人长江担保公司之间的《贷款担保业务合作协议》没有质押的意思表示；案涉账户资金本身是浮动的，不符合金钱特定化要求，农发行安徽分行对案涉保证金账户内的资金不享有质权。第三人长江担保公司认可农发行安徽分行对账户资金享有质权的意见。

安徽省合肥市中级人民法院于2013年3月28日作出（2012）合民一初字第00505号民事判决：驳回农发行安徽分行的诉讼请求。宣判后，农发行安徽分行提出上诉。安徽省高级人民法院于2013年11月19日作出（2013）皖民二终字第00261号民事判决：（1）撤销安徽省合肥市中级人民法院（2012）合民一初字第00505号民事判决；（2）农发行安徽分行对长江担保公司账户（账号尾号为9511）内的13383132.57元资金享有质权。

法院生效裁判认为，农发行安徽分行与长江担保公司之间虽没有单独订立带有"质押"字样的合同，但依据该协议第4条、第6条、第8条约定的条款内容，农发行安徽分行与长江担保公司之间协商一致，对以下事项达成合意：长江担保公司为担保业务所缴存的保证金设立担保保证金专户，长江担保公司按照贷款额度的一定比例缴存保证金；农发行安徽分行作为开户行对长江担保公司存入该账户的保证金取得控制权，未经同意，长江担保公司不能自由使用该账户内的资金；长江担保公司未履行保证责任，农发行安徽分行有权从该账户中扣划相应的款项。该合意明确约定了所担保债权的种类和数量、债务履行期限、质物数量和移交时间、担保范围、质权行使条件,具备《物权法》第 210 条规定的质押合同的一般条款,故应认定农发行安徽分行与长江担保公司之间订立了书面质押合同。

此外,《物权法》第 212 条规定:"质权自出质人交付质押财产时设立。"《担保法解释》第 85 条规定,债务人或者第三人将其金钱以特户、封金、保证金等形式特定化后,移交债权人占有作为债权的担保,债务人不履行债务时,债权人可以以该金钱优先受偿。依照上述法律和司法解释规定,金钱作为一种特殊的动产,可以用于质押。金钱质押作为特殊的动产质押,不同于不动产抵押和权利质押,还应当符合金钱特定化和移交债权人占有两个要件,以使金钱既不与出质人其他财产相混同,又能独立于质权人的财产。本案中,首先金钱以保证金形式特定化。长江担保公司于 2009 年 4 月 3 日在农发行安徽分行开户,且与《贷款担保业务合作协议》约定的账号一致,即双方当事人已经按照协议约定为出质金钱开立了担保保证金专户。保证金专户开立后,账户内转入的资金为长江担保公司根据每次担保贷款额度的一定比例向该账户缴存保证金;账户内转出的资金为农发行安徽分行对保证金的退还和扣划,该账户未作日常结算使用,故符合《担保法解释》第 85 条规定的金钱以特户等形式特定化的要求。另外,特定化金钱已移交债权人占有。占有是指对物进行控制和管理的事实状态。案涉保证金账户开立在农发行安徽分行,长江担保公司作为担保保证金专户内资金的所有权人,本应享有自由支取的权利,但《贷款担保业务合作协议》约定未经农发行安徽分行同意,长江担保公司不得动用担保保证金专户内的资金。同时,《贷款担保业务合作协议》约定在担保的贷款到期未获清偿时,农发行安徽分行有权直接扣划担保保证金专户内的资金,农发行安徽分行作为债权人取得了案涉保证金账户的控制权,实际控制和管理该账户,此种控制权移交符合出质金钱移交债权人占有的要求。据此,应当认定双方当事人已就案涉保证金账户内的资金设立质权。

关于账户资金浮动是否影响金钱特定化的问题,生效判决认为,保证金以专门账户形式特定化并不等于固定化。案涉账户在使用过程中,随着担保业务的开展,保证金账户的资金余额是浮动的。担保公司在开展新的贷款担保业务时,需要按照约定存入一定比例的保证金,必然导致账户资金的增加;在担保公司担保的贷款到期未获清偿时,扣划保证金账户内的资金,必然导致账户资金的减少。虽然账户内资金根据业务发生情况处于浮动状态,但均与保证金业务相对应,除缴存的保证金外,支出的款项均用于保证金的退还和扣划,未用于非保证金业务的日常结算。即农发行安徽分行可以控制该账户,长江担保公司对该账户内的资金使用受到限制,故该账户资金浮动仍符合金钱作为质权的特定化和移交占有的要求,不影响该金钱质权的设立。

应该说,指导案例第 54 号是在当时的法律、司法解释对账户质押没有明确规定的情况下,通过扩大解释《担保法解释》第 85 条规定的"特户"来解决保证金账户质押的问题。但是,前面谈到,《担保法解释》第 85 条规定的"特户"本指债权人以自己的名义开立的特定账户,不包括债务人或者第三人以自己的名义开设的保证金账户,而在实践中,债务人或者第三人不是将保证金存入债权人开立的特定账户,而是将保证金存入自己开设的保证金账户。为什么银行作为债权人不要求把保证金存入银行的名下,而是要求债务人自己在银行开设一个保证金账户,然后把保证金存入债务人自己名义开设的保证金账户呢?这主要是因为银行表内资产管理的问题。也就是说,钱一旦存入银行自己的账户,这笔钱就成为银行自己的资产,作为银行来说,就会面临管理方面的要求,因为这笔钱已经是银行自己的资产,但银行又不能使用这笔钱,从而影响到其业务的开展。但是,此种做法虽然解决了银行资产管理的问题,但在指导案例第 54 号发布之前,实践中对于银行能否主张优先受偿权争议非常大。因为当时《担保法解释》第 85 条规定的保证金是金钱担保,要求必须将金钱特定化且移交给债权人占有,所以就有人提出,由于保证金账户内的资金是上下浮动的,并不满足特定化的要求,且账户无法移交债权人占有,所以不能认为存在金钱质权。从指导案例第 54 号的表述来看,不仅保证金账户资金的浮动不应影响质权的设立,债权人对保证金账户的控制和管理也意味着债权人已经占有保证金账户内的资金。可见,指导案例第 54 号仍然是从金钱担保的交付来解决保证金账户的质押问题。

三、《民法典担保解释》第 70 条解读

　　显然,指导案例第 54 号事实上为我们承认账户质押奠定了基础。为此,《民法典担保解释》第 70 条第 1 款规定:"债务人或者第三人为担保债务的履行,设立专门的保证金账户并由债权人实际控制,或者将其资金存入债权人设立的保证金账户,债权人主张就账户内的款项优先受偿的,人民法院应予支持。当事人以保证金账户内的款项浮动为由,主张实际控制该账户的债权人对账户内的款项不享有优先受偿权的,人民法院不予支持。"需要注意的是,这一规定区分了债务人或者第三人为担保债务的履行设立专门的保证金账户并由债权人实际控制和债务人或者第三人将资金存入债权人设立的保证金账户两种情形。从法律关系的角度看,债务人或者第三人将资金存入债权人设立的保证金账户,属于《担保法解释》第 85 条规定的"特户",在性质上是金钱担保,只有债务人或者第三人为担保债务的履行设立专门的保证金账户并由债权人实际控制,才是真正意义上的保证金账户质押。也就是说,这一规定真正的意义在于确立保证金账户质押的规则。

　　问题是,如何判断债权人是否对保证金账户实际控制? 我们认为,实践中保证金账户质押又有两种具体情形,因而判断债权人是否实际控制保证金账户的标准也不一样。第一种情形是银行作为债权人要求债务人或者第三人在自己这里开设保证金账户,并约定未经自己同意,债务人或者第三人不能使用保证金账户内的资金,而只要债务人未及时清偿债务,自己有权扣划保证金账户内的资金。显然,指导案例第 54 号涉及的就是这种情形。在这种情形下,由于保证金账户就开设在作为银行的债权人处,因此,只要有双方的上述约定,即应认定债权人已经实际控制保证金账户。但是,如果债权人不是银行,或者虽然债权人是银行,但没有要求债务人或者第三人在自己这里开设保证金账户,而是在其他银行开设保证金账户,就不能简单通过约定来解决实际控制的问题。在这种情形下,债权人必须提交足以证明自己实际控制保证金账户的证据,例如保证金账户的共管协议,即债权人、债务人以及开户银行三方约定,只有债权人与债务人同时签字或盖章,才能使用保证金账户内的资金。

　　另外,还有一个问题需要考虑,那就是保证金账户质押的公示问题。显然,如果只要债权人能够实际控制账户资金,就能设立账户质押,就可能会影响到第三人的交易安全,因为账户的实际控制是当事人之间的约定,第三人无法知晓,一旦第三人因相信账户内的资金仍归债务人享有且不存在其他人的优先受偿权而与债务人进行交易,其交易安全就可能受到威胁。所以,尽管我们承认账户质押,但并非任何账户都可以质押,而必须是保证金专户。也就是说,只有保证金专户才能用于质押,因为第三人在进行尽职调查时,只要看到保证金账户,就应意识到该账户内的资金极有可能已经为他人设立了担保。也就是说,**保证金账户质押是通过专户和实际控制两个途径来解决公示问题的,二者缺一不可。**

　　当然,对于保证金专户也不能过于僵化地理解为必须是独立的保证金账户,从实践的情况看,由于债权人与债务人进行的交易可能不止一次,且可能不限于某一个类型的交易,因此,为了便于操作,也存在银行直接在债务人或第三人名下的银行账户开立保证金分户的情况。我们认为,只要银行标记为保证金账户,无论是独立的保证金专户,还是在银行账户下开立的保证金分户,均能满足外部可识别性,因而应允许债权人就该账户内的资金优先受偿。正因如此,《民法典担保解释》第70条第2款规定:"在银行账户下设立的保证金分户,参照前款规定处理。"

　　此外,**债权人主张对保证金账户的资金优先受偿权仍然须以当事人之间有担保的意思表示为前提。**资金虽然存放于保证金账户,但如果当事人之间没有担保的意思表示,自然不应理解为保证金账户质押,例如当事人缴存的质量保证金,也可能存放在保证金账户,但如果当事人没有提供担保的意思表示,就不能认为构成保证金账户质押,而只能依据法律的有关规定或当事人的约定来认定当事人之间的法律关系。因此,《民法典担保解释》第70条第3款规定:"当事人约定的保证金并非为担保债务的履行设立,或者不符合前两款规定的情形,债权人主张就保证金优先受偿的,人民法院不予支持,但是不影响当事人依照法律的规定或者按照当事人的约定主张权利。"

第三十五讲

新类型担保的法律适用

一、新类型担保的界定

上文谈到,《民法典》第 395 条对于可供抵押的财产范围,采取的是"开放式"的立法模式,即除法律规定可以抵押的财产外,"法律、行政法规未禁止抵押的其他财产",都可以抵押。但是,《民法典》第 440 条对于可供质押的财产权利,则采取的是"封闭式"的立法模式,即除法律规定可以质押的财产权利外,只有"法律、行政法规规定可以出质的其他财产权利",才允许用于质押。对于实践中出现的以商铺租赁权、出租车经营权、排污权以及信托计划份额、银行理财产品、保单等财产设定的质押,一旦不能归入该条明确列举的权利类型,而法律、行政法规对其又没有规定,就可能带来法律适用上的难题。鉴于这些权利都是实践中不断涌现的新类型权利,理论上将以这些权利作为担保标的的担保称为新类型担保,以此区别于非典型担保。

关于新类型担保的范围,首先应该注意的是其与应收账款质押的关系。上文谈到,虽然《民法典》第 440 条对于可供质押的财产采取的是"封闭式"的立法模式,但该条关于应收账款质押的表述有一个重大变化,就是将《物权法》第 223 条规定的"应收账款"修改为"现有的以及将有的应收账款"。对于将有的应收账款质押,《民法典担保解释》第 61 条第 4 款规定:"以基础设施和公用事业项目收益权、提供服务或者劳务产生的债权以及其他将有的应收账款出质,当事人为应收账款设立特定账户,发生法定或者约定的质权实现事由时,质权人请求就该特定账户内的款项优先受偿的,人民法院应予支持;特定账户内的款项不足以清偿债务或者未设立特定账户,质权人请求折价或者拍卖、变卖项目收益权等将有的应收账款,并以所得的价款优先受偿的,人民法院依法予以支持。"也就是说,凡是《应收帐款质押登记办法》第 2 条第 2 款所列举的权利,都可以作为应收账款用于质押,应办理应收账款出质登记,自不属于新类型担保。以排污权质押为例,在环境保护的大背景下,行政主管部门确定的排污指标具有一定程度的稀缺性,从而使其具有可被用于交易、融资的功能。近年来,不少地方如浙江、江苏、湖南等地区都在尝试以排污权作为融资工具,允许以其作为财产权利提供质押担保。但是,由于排污权在性质上属于基于行政许可产生的特许经营权,因此,关于此种权利能否用于质押存在较大争议。对此,指导案例第 53 号"福建海峡银行股份有限公司福州五一支行诉长乐亚新污水处理有限公司、福州市政工程有限公司金融借款合同纠纷案"指出,特许经营权的收益权可以质押,并可作为应收账款进行出质登记;特许经营权的收益权依其性质不宜折价、拍卖或变卖,质权人主张优先受偿权的,人民法院可以判令出质债权的债务人将收益权的应收账款优先支付质权人。

对于无法纳入应收账款的财产权利质押,在法律适用上就会面临问题。实践中,在当事人约定以法律、行政法规尚未规定可以用于担保的财产权利设定担保时,因欠缺法定登记机构,就只能采取向非法定的登记机构办理登记的方式予以公示。对于此种登记的效力,实务界存在不同的意见:一种意见认为,《民法典》所规定的具有公示效力的登记机构,仅限于法定的登记机构,非法定的登记机构进行的"登记",不具有公示的效力,自然也就无法使当事人的约定发生物权效力;另一种意见认为,为了扩大可用于担保的财产的范围,如果当事人以法律、行政法规尚未规定的可用于担保的财产设定担保物权的,即使没有法定的登记机构,但如果当事人通过一定的方式将权利以外部可查知的方式予以公示,也有必要认可其物权效力。

我们认为,对于无法纳入应收账款的财产权利质押,在法律适用上应分为两个层次:就担保合同效力而言,除非当事人签订的担保合同违反法律、行政法规的强制性规定或者违背公序良俗,当事人不得以法律、行政法规尚未规定该财产权利可以用于提供担保或者未在法定登记机关办理登记为由,请求人民法院认定担保合同无效;但是,当事人是否能够取得担保物权,还须看当事人是否办理出质登记。尽管不存在法律、行政法规规定的登记机构,但如果地方性法规、行政规章有关于登记机构的规定,且已形成习惯,则经最高人民法院以司法解释、指导性案例、会议纪要等确认,也可认为债权人取得担保物权。据此,《民法典担保解释》第 63 条规定:"债权人与担保人订立担保合同,约定以法律、行政法规尚未规定可以担保的财产权利设立担保,当事人主张合同无效的,人民法院不予支持。当事人未在法定的登记机构依法进行登记,主张该担保具有物权效力的,人民法院不予支持。"

二、新类型担保的具体情形

从实践的情况看,容易引发争议的新类型担保主要有以下几种情形。

(一)商铺租赁权质押

商铺租赁权质押的交易模式是:由贷款人(银行)、借款人(商户)与商铺出租人签订三方协议,以商户的商铺租赁权作为优先清偿贷款人债务的担保财产,在商铺出租人处办理质押登记,并限制商铺承租人将商铺租赁权以任何形式进行转让、转租或者重复质押,商铺租赁权的价值由贷款人进行评估、出租人进行确认;如果商户到期不能归还贷款,由出租人出质该商铺租赁权,所得价款用于优先清偿商户的欠款。但商铺租赁权能否用于质押,实践中争议较大。此外,商铺租赁权质押虽然在出租人处办理登记,但此种登记能否产生对抗效力,也存在争议。

(二)出租车经营权质押

出租车经营权质押的交易模式是:出租车运营公司为向银行申请贷款,将出租车营运证交银行保管,并在车辆管理所进行质押登记。出租车运营公司到期不能还贷的,由债权人对出租车运营权进行处置,所得款项用于优先清偿债务。但出租车运营权能否用于质押,实践中争议较大。一种意见认为,出租车经营权属于特许经营权,不能用于质押。另一种意见认为,出租车经营权虽然属于特许经营权,但并非所有特许经营的权利都不能用于质押,至于出租车经营权质押时未在法定登记机构办理登记的问题,则属于该物权是否取得的问题。

(三)信托受益权质押

在信托关系中,受益人享有的各种权利的总和被称为"受益权",具体包括两大类:一类是自益权,即受益人从信托财产中获得利益的权利;另一类是共益权,即对受托人进行监督的权利。实践中用于质押的是其中的自益权,但是对于该权利究竟是物权还是债权,抑或其他特殊权利,存在不同的观点。我们认为,应区分通道类信托和真正的信托。在通道类信托中,受益权的性质要看委托人享有何种权利,既可能是债权,也可能是股权,但都不是信托法意义上的受益权,但不论其性质为何,都不属于新类型担保。在真正的信托中,如果将受益权理解为物权或者债权,受益权质押也不属于新类型担保,但如果将其理解为一种新的特殊权利,则当事人将其用于质押,就会面临如何适用法律的问题。

(四)资产收益权质押

近年来,随着金融创新的发展,在包括资产证券化、结构性资管计划等金融交易中,都有将资产收益权作为交易标的进行融资的案例。但何谓资产收益权?其与基础资产之间究竟是何关系?能否作为与基础资产相区别的独立财产进行转让或者质押?实践中均存在较大的争议。我们认为,除可以纳入应收账款质押的资产收益权(如基础设施和公用事业项目收益权)质押外,对于其他资产收益权的质押,应采取适当限制的司法政策,因为这实质上是"一鱼两吃",不当地放大了金融风险(例如,当事人以股权进行质押后,再以股权的分红权进行质押,然而股权质押的效力已经及于股权所产生的股息,所谓分化权质押就不适当地放大了用于担保的财产范围)。

三、《民法典担保解释》第 63 条解读

前面谈到,在债权人与担保人订立担保合同,约定以法律、行政法规尚未规定可以担保的财产权利设立担保的情形下,《民法典担保解释》第 63 条区分两个层次来解决其中的法律适用问题:一是担保合同效力的层面;二是物权效力的层面。关于担保合同效力的层面,我们的意见是,**除非当事人签订的担保合同违反法律、行政法规的强制性规定或者**

违背公序良俗,当事人不得以法律、行政法规尚未规定该财产权利可以用于提供担保或者未在法定登记机关办理登记为由,请求人民法院认定担保合同无效。

当然,尽管当事人签订的担保合同有效,但不意味着债权人可以就约定的财产权利取得优先受偿的效力。根据《民法典》第441条关于权利质押成立的规定,在没有权利凭证的情形下,当事人是否能够取得担保物权,除担保合同合法有效外,还须看当事人是否办理出质登记。问题是,如何界定登记机构的范围呢?新类型担保往往欠缺法律、行政法规对登记机构的规定,但在实践中,既存在由某些部门规章规定登记机构的情况,也存在由地方性法规或地方政府规章规定登记机构的情形。前者如原银监会2017年发布的《信托登记管理办法》规定中国信托登记有限责任公司对信托机构的信托产品及其受益权进行统一登记;后者如《〈深圳经济特区出租小汽车管理条例〉实施细则》规定,出租车经营权转让或者质押的登记机构均为车管所。关于当事人在地方性法规或者行政规章规定的登记机构办理出质登记的效力,一种意见认为,根据《民法典》第208条关于“不动产物权的设立、变更、转让和消灭,应当依照法律规定登记。动产物权的设立和转让,应当依照法律规定交付”的规定,公示方式只能由法律规定,不能由当事人约定,也不能由地方性法规或者行政规章规定,因此,即使当事人依据地方性法规或者行政规章办理了出质登记,也不能认定债权人取得担保物权。

我们认为,根据《民法典》第10条关于“处理民事纠纷,应当依照法律;法律没有规定的,可以适用习惯,但是不得违背公序良俗”的规定,在地方性法规或者行政规章对登记机构有规定,且有证据证明相关登记的实践在特定地区或者特定行业已经形成一贯做法,则可以将其认定为习惯,从而赋予已经办理登记的权利质押具有物权效力。不过,为避免各地擅自设立各种物权影响交易安全,防止地方法院随意创设新类型担保物权,还应通过最高人民法院以司法解释、指导性案例、会议纪要等方式将其认定为习惯。至于当事人自创的既缺乏地方性法规或者行政规章依据,又欠缺法定登记机构的权利质押如商铺租赁权质押,根据举重以明轻的规则,自然不应认其具有物权效力。当然,如前所述,虽然债权人没有取得担保物权,但并不意味着担保合同没有效力。实践中,当事人约定的财产权利往往具有经济上的价值,在担保合同合法有效时,债权人请求按照担保合同的约定就该财产权利折价或者以拍卖、变卖所得价款受偿的,人民法院应予支持。

附录

最高人民法院关于适用《中华人民共和国民法典》有关担保制度的解释

为正确适用《中华人民共和国民法典》有关担保制度的规定，结合民事审判实践，制定本解释。

一、关于一般规定

第一条 因抵押、质押、留置、保证等担保发生的纠纷，适用本解释。所有权保留买卖、融资租赁、保理等涉及担保功能发生的纠纷，适用本解释的有关规定。

（第三讲 担保制度一般规则）

第二条 当事人在担保合同中约定担保合同的效力独立于主合同，或者约定担保人对主合同无效的法律后果承担担保责任，该有关担保独立性的约定无效。主合同有效的，有关担保独立性的约定无效不影响担保合同的效力；主合同无效的，人民法院应当认定担保合同无效，但是法律另有规定的除外。

因金融机构开立的独立保函发生的纠纷，适用《最高人民法院关于审理独立保函纠纷案件若干问题的规定》。

（第五讲 担保从属性的表现及其适用）

第三条 当事人对担保责任的承担约定专门的违约责任，或者约定的担保责任范围超出债务人应当承担的责任范围，担保人主张仅在债务人应当承担的责任范围内承担责任的，人民法院应予支持。

担保人承担的责任超出债务人应当承担的责任范围，担保人向债务人追偿，债务人主张仅在其应当承担的责任范围内承担责任的，人民法院应予支持；担保人请求债权人返还超出部分的，人民法院依法予以支持。

（第五讲　担保从属性的表现及其适用）

第四条　有下列情形之一，当事人将担保物权登记在他人名下，债务人不履行到期债务或者发生当事人约定的实现担保物权的情形，债权人或者其受托人主张就该财产优先受偿的，人民法院依法予以支持：

（一）为债券持有人提供的担保物权登记在债券受托管理人名下；

（二）为委托贷款人提供的担保物权登记在受托人名下；

（三）担保人知道债权人与他人之间存在委托关系的其他情形。

（第八讲　关于担保物权的委托持有）

第五条　机关法人提供担保的，人民法院应当认定担保合同无效，但是经国务院批准为使用外国政府或者国际经济组织贷款进行转贷的除外。

居民委员会、村民委员会提供担保的，人民法院应当认定担保合同无效，但是依法代行村集体经济组织职能的村民委员会，依照村民委员会组织法规定的讨论决定程序对外提供担保的除外。

（第十讲　担保能力与担保合同的效力）

第六条　以公益为目的的非营利性学校、幼儿园、医疗机构、养老机构等提供担保的，人民法院应当认定担保合同无效，但是有下列情形之一的除外：

（一）在购入或者以融资租赁方式承租教育设施、医疗卫生设施、养老服务设施和其他公益设施时，出卖人、出租人为担保价款或者租金实现而在该公益设施上保留所有权；

（二）以教育设施、医疗卫生设施、养老服务设施和其他公益设施以外的不动产、动产或者财产权利设立担保物权。

登记为营利法人的学校、幼儿园、医疗机构、养老机构等提供担保，当事人以其不具有担保资格为由主张担保合同无效的，人民法院不予支持。

（**第十讲　担保能力与担保合同的效力**）

第七条　公司的法定代表人违反公司法关于公司对外担保决议程序的规定,超越权限代表公司与相对人订立担保合同,人民法院应当依照民法典第六十一条和第五百零四条等规定处理:

（一）相对人善意的,担保合同对公司发生效力;相对人请求公司承担担保责任的,人民法院应予支持。

（二）相对人非善意的,担保合同对公司不发生效力;相对人请求公司承担赔偿责任的,参照适用本解释第十七条的有关规定。

法定代表人超越权限提供担保造成公司损失,公司请求法定代表人承担赔偿责任的,人民法院应予支持。

第一款所称善意,是指相对人在订立担保合同时不知道且不应当知道法定代表人超越权限。相对人有证据证明已对公司决议进行了合理审查,人民法院应当认定其构成善意,但是公司有证据证明相对人知道或者应当知道决议系伪造、变造的除外。

（**第十一讲　越权担保的合同效力与责任归属**）

第八条　有下列情形之一,公司以其未依照公司法关于公司对外担保的规定作出决议为由主张不承担担保责任的,人民法院不予支持:

（一）金融机构开立保函或者担保公司提供担保;

（二）公司为其全资子公司开展经营活动提供担保;

（三）担保合同系由单独或者共同持有公司三分之二以上对担保事项有表决权的股东签字同意。

上市公司对外提供担保,不适用前款第二项、第三项的规定。

（**第十一讲　越权担保的合同效力与责任归属**）

第九条　相对人根据上市公司公开披露的关于担保事项已经董事会或者股东大会决议通过的信息,与上市公司订立担保合同,相对人主张担保合同对上市公司发生效力,并由上市公司承担担保责任的,人民法院应予支持。

相对人未根据上市公司公开披露的关于担保事项已经董事会或者股东大会决议通过的信息，与上市公司订立担保合同，上市公司主张担保合同对其不发生效力，且不承担担保责任或者赔偿责任的，人民法院应予支持。

相对人与上市公司已公开披露的控股子公司订立的担保合同，或者相对人与股票在国务院批准的其他全国性证券交易场所交易的公司订立的担保合同，适用前两款规定。

（第十一讲　越权担保的合同效力与责任归属）

第十条　一人有限责任公司为其股东提供担保，公司以违反公司法关于公司对外担保决议程序的规定为由主张不承担担保责任的，人民法院不予支持。公司因承担担保责任导致无法清偿其他债务，提供担保时的股东不能证明公司财产独立于自己的财产，其他债权人请求该股东承担连带责任的，人民法院应予支持。

（第十一讲　越权担保的合同效力与责任归属）

第十一条　公司的分支机构未经公司股东（大）会或者董事会决议以自己的名义对外提供担保，相对人请求公司或者其分支机构承担担保责任的，人民法院不予支持，但是相对人不知道且不应当知道分支机构对外提供担保未经公司决议程序的除外。

金融机构的分支机构在其营业执照记载的经营范围内开立保函，或者经有权从事担保业务的上级机构授权开立保函，金融机构或者其分支机构以违反公司法关于公司对外担保决议程序的规定为由主张不承担担保责任的，人民法院不予支持。金融机构的分支机构未经金融机构授权提供保函之外的担保，金融机构或者其分支机构主张不承担担保责任的，人民法院应予支持，但是相对人不知道且不应当知道分支机构对外提供担保未经金融机构授权的除外。

担保公司的分支机构未经担保公司授权对外提供担保，担保公司或者其分支机构主张不承担担保责任的，人民法院应予支持，但是相对人不知道且不应当知道分支机构对外提供担保未经担保公司授权的除外。

公司的分支机构对外提供担保,相对人非善意,请求公司承担赔偿责任的,参照本解释第十七条的有关规定处理。

(第十讲　担保能力与担保合同的效力)

第十二条　法定代表人依照民法典第五百五十二条的规定以公司名义加入债务的,人民法院在认定该行为的效力时,可以参照本解释关于公司为他人提供担保的有关规则处理。

第十三条　同一债务有两个以上第三人提供担保,担保人之间约定相互追偿及分担份额,承担了担保责任的担保人请求其他担保人按照约定分担份额的,人民法院应予支持;担保人之间约定承担连带共同担保,或者约定相互追偿但是未约定分担份额的,各担保人按照比例分担向债务人不能追偿的部分。

同一债务有两个以上第三人提供担保,担保人之间未对相互追偿作出约定且未约定承担连带共同担保,但是各担保人在同一份合同书上签字、盖章或者按指印,承担了担保责任的担保人请求其他担保人按照比例分担向债务人不能追偿部分的,人民法院应予支持。

除前两款规定的情形外,承担了担保责任的担保人请求其他担保人分担向债务人不能追偿部分的,人民法院不予支持。

(第十六讲　共同担保人之间的追偿问题)

第十四条　同一债务有两个以上第三人提供担保,担保人受让债权的,人民法院应当认定该行为系承担担保责任。受让债权的担保人作为债权人请求其他担保人承担担保责任的,人民法院不予支持;该担保人请求其他担保人分担相应份额的,依照本解释第十三条的规定处理。

(第十六讲　共同担保人之间的追偿问题)

第十五条　最高额担保中的最高债权额,是指包括主债权及其利息、违约金、损害赔偿金、保管担保财产的费用、实现债权或者实现担保物权的费用等在内的全部债权,但是当事人另有约定的除外。

登记的最高债权额与当事人约定的最高债权额不一致的,人民法院应当依据登记的最高债权额确定债权人优先受偿的范围。

(第二十三讲　担保物权的效力)

第十六条　主合同当事人协议以新贷偿还旧贷,债权人请求旧贷的担保人承担担保责任的,人民法院不予支持;债权人请求新贷的担保人承担担保责任的,按照下列情形处理:

(一)新贷与旧贷的担保人相同的,人民法院应予支持;

(二)新贷与旧贷的担保人不同,或者旧贷无担保新贷有担保的,人民法院不予支持,但是债权人有证据证明新贷的担保人提供担保时对以新贷偿还旧贷的事实知道或者应当知道的除外。

主合同当事人协议以新贷偿还旧贷,旧贷的物的担保人在登记尚未注销的情形下同意继续为新贷提供担保,在订立新的贷款合同前又以该担保财产为其他债权人设立担保物权,其他债权人主张其担保物权顺位优先于新贷债权人的,人民法院不予支持。

(第七讲　借新还旧中的担保责任)

第十七条　主合同有效而第三人提供的担保合同无效,人民法院应当区分不同情形确定担保人的赔偿责任:

(一)债权人与担保人均有过错的,担保人承担的赔偿责任不应超过债务人不能清偿部分的二分之一;

(二)担保人有过错而债权人无过错的,担保人对债务人不能清偿的部分承担赔偿责任;

(三)债权人有过错而担保人无过错的,担保人不承担赔偿责任。

主合同无效导致第三人提供的担保合同无效,担保人无过错的,不承担赔偿责任;担保人有过错的,其承担的赔偿责任不应超过债务人不能清偿部分的三分之一。

(第九讲　担保合同无效的原因与后果)

第十八条　承担了担保责任或者赔偿责任的担保人,在其承担责任的范围内向债务人追偿的,人民法院应予支持。

同一债权既有债务人自己提供的物的担保,又有第三人提供的担保,承担了担保责任或者赔偿责任的第三人,主张行使债权人对债务人享有的担保物权的,人民法院应予支持。

(**第十五讲 担保人对债务人的追偿权及其实现**)

第十九条 担保合同无效,承担了赔偿责任的担保人按照反担保合同的约定,在其承担赔偿责任的范围内请求反担保人承担担保责任的,人民法院应予支持。

反担保合同无效的,依照本解释第十七条的有关规定处理。当事人仅以担保合同无效为由主张反担保合同无效的,人民法院不予支持。

(**第十七讲 反担保的法律性质及其适用**)

第二十条 人民法院在审理第三人提供的物的担保纠纷案件时,可以适用民法典第六百九十五条第一款、第六百九十六条第一款、第六百九十七条第二款、第六百九十九条、第七百条、第七百零一条、第七百零二条等关于保证合同的规定。

(**第三讲 担保制度一般规则**)

第二十一条 主合同或者担保合同约定了仲裁条款的,人民法院对约定仲裁条款的合同当事人之间的纠纷无管辖权。

债权人一并起诉债务人和担保人的,应当根据主合同确定管辖法院。

债权人依法可以单独起诉担保人且仅起诉担保人的,应当根据担保合同确定管辖法院。

第二十二条 人民法院受理债务人破产案件后,债权人请求担保人承担担保责任,担保人主张担保债务自人民法院受理破产申请之日起停止计息的,人民法院对担保人的主张应予支持。

第二十三条 人民法院受理债务人破产案件,债权人在破产程序中申报债权后又向人民法院提起诉讼,请求担保人承担担保责任的,人民法院依法予以支持。

担保人清偿债权人的全部债权后,可以代替债权人在破产程序中受偿;在债权人的债权未获全部清偿前,担保人不得代替债权人在破产程序中受偿,但是有权就债权人通过破产分配和实现担保债权等方式获得清偿总额中超出债权的部分,在其承担担保责任的范围内请求债权人返还。

债权人在债务人破产程序中未获全部清偿,请求担保人继续承担担保责任的,人民法院应予支持;担保人承担担保责任后,向和解协议或者重整计划执行完毕后的债务人追偿的,人民法院不予支持。

(第十五讲　担保人对债务人的追偿权及其实现)

第二十四条　债权人知道或者应当知道债务人破产,既未申报债权也未通知担保人,致使担保人不能预先行使追偿权的,担保人就该债权在破产程序中可能受偿的范围内免除担保责任,但是担保人因自身过错未行使追偿权的除外。

(第十五讲　担保人对债务人的追偿权及其实现)

二、关于保证合同

第二十五条　当事人在保证合同中约定了保证人在债务人不能履行债务或者无力偿还债务时才承担保证责任等类似内容,具有债务人应当先承担责任的意思表示的,人民法院应当将其认定为一般保证。

当事人在保证合同中约定了保证人在债务人不履行债务或者未偿还债务时即承担保证责任、无条件承担保证责任等类似内容,不具有债务人应当先承担责任的意思表示的,人民法院应当将其认定为连带责任保证。

(第十八讲　保证方式的类型及其识别)

第二十六条　一般保证中,债权人以债务人为被告提起诉讼的,人民法院应予受理。债权人未就主合同纠纷提起诉讼或者申请仲裁,仅起诉一般保证人的,人民法院应当驳回起诉。

一般保证中,债权人一并起诉债务人和保证人的,人民法院可以受理,但是在作出判决时,除有民法典第六百八十七条第二款但书规定的情形外,应当在判决书主文中明确,保证人仅对债务人财产依法强制执行后仍不能履行的部分承担保证责任。

债权人未对债务人的财产申请保全,或者保全的债务人的财产足以清偿债务,债权人申请对一般保证人的财产进行保全的,人民法院不予准许。

(第十九讲 先诉抗辩权的性质与行使)

第二十七条 一般保证的债权人取得对债务人赋予强制执行效力的公证债权文书后,在保证期间内向人民法院申请强制执行,保证人以债权人未在保证期间内对债务人提起诉讼或者申请仲裁为由主张不承担保证责任的,人民法院不予支持。

第二十八条 一般保证中,债权人依据生效法律文书对债务人的财产依法申请强制执行,保证债务诉讼时效的起算时间按照下列规则确定:

(一)人民法院作出终结本次执行程序裁定,或者依照民事诉讼法第二百五十七条第三项、第五项的规定作出终结执行裁定的,自裁定送达债权人之日起开始计算;

(二)人民法院自收到申请执行书之日起一年内未作出前项裁定的,自人民法院收到申请执行书满一年之日起开始计算,但是保证人有证据证明债务人仍有财产可供执行的除外。

一般保证的债权人在保证期间届满前对债务人提起诉讼或者申请仲裁,债权人举证证明存在民法典第六百八十七条第二款但书规定情形的,保证债务的诉讼时效自债权人知道或者应当知道该情形之日起开始计算。

(第二十一讲 保证与诉讼时效)

第二十九条 同一债务有两个以上保证人,债权人以其已经在保证期间内依法向部分保证人行使权利为由，主张已经在保证期间内向其他保证人行使权利的，人民法院不予支持。

同一债务有两个以上保证人，保证人之间相互有追偿权，债权人未在保证期间内依法向部分保证人行使权利，导致其他保证人在承担保证责任后丧失追偿权，其他保证人主张在其不能追偿的范围内免除保证责任的，人民法院应予支持。

（第二十讲　保证期间）

第三十条　最高额保证合同对保证期间的计算方式、起算时间等有约定的，按照其约定。

最高额保证合同对保证期间的计算方式、起算时间等没有约定或者约定不明，被担保债权的履行期限均已届满的，保证期间自债权确定之日起开始计算；被担保债权的履行期限尚未届满的，保证期间自最后到期债权的履行期限届满之日起开始计算。

前款所称债权确定之日，依照民法典第四百二十三条的规定认定。

（第二十讲　保证期间）

第三十一条　一般保证的债权人在保证期间内对债务人提起诉讼或者申请仲裁后，又撤回起诉或者仲裁申请，债权人在保证期间届满前未再行提起诉讼或者申请仲裁，保证人主张不再承担保证责任的，人民法院应予支持。

连带责任保证的债权人在保证期间内对保证人提起诉讼或者申请仲裁后，又撤回起诉或者仲裁申请，起诉状副本或者仲裁申请书副本已经送达保证人的，人民法院应当认定债权人已经在保证期间内向保证人行使了权利。

（第二十讲　保证期间）

第三十二条　保证合同约定保证人承担保证责任直至主债务本息还清时为止等类似内容的，视为约定不明，保证期间为主债务履行期限届满之日起六个月。

（第二十讲　保证期间）

第三十三条　保证合同无效,债权人未在约定或者法定的保证期间内依法行使权利,保证人主张不承担赔偿责任的,人民法院应予支持。

（第二十讲　保证期间）

第三十四条　人民法院在审理保证合同纠纷案件时,应当将保证期间是否届满、债权人是否在保证期间内依法行使权利等事实作为案件基本事实予以查明。

债权人在保证期间内未依法行使权利的,保证责任消灭。保证责任消灭后,债权人书面通知保证人要求承担保证责任,保证人在通知书上签字、盖章或者按指印,债权人请求保证人继续承担保证责任的,人民法院不予支持,但是债权人有证据证明成立了新的保证合同的除外。

（第二十讲　保证期间）

第三十五条　保证人知道或者应当知道主债权诉讼时效期间届满仍然提供保证或者承担保证责任,又以诉讼时效期间届满为由拒绝承担保证责任或者请求返还财产的,人民法院不予支持;保证人承担保证责任后向债务人追偿的,人民法院不予支持,但是债务人放弃诉讼时效抗辩的除外。

（第二十一讲　保证与诉讼时效）

第三十六条　第三人向债权人提供差额补足、流动性支持等类似承诺文件作为增信措施,具有提供担保的意思表示,债权人请求第三人承担保证责任的,人民法院应当依照保证的有关规定处理。

第三人向债权人提供的承诺文件,具有加入债务或者与债务人共同承担债务等意思表示的,人民法院应当认定为民法典第五百五十二条规定的债务加入。

前两款中第三人提供的承诺文件难以确定是保证还是债务加入的,人民法院应当将其认定为保证。

第三人向债权人提供的承诺文件不符合前三款规定的情形,债权人请求第三人承担保证责任或者连带责任的,人民法院不予支持,但是不影响其依据承诺文件请求第三人履行约定的义务或者承担相应的民事责任。

(第十八讲　保证方式的类型及其识别)

三、关于担保物权

(一)担保合同与担保物权的效力

第三十七条　当事人以所有权、使用权不明或者有争议的财产抵押,经审查构成无权处分的,人民法院应当依照民法典第三百一十一条的规定处理。

当事人以依法被查封或者扣押的财产抵押,抵押权人请求行使抵押权,经审查查封或者扣押措施已经解除的,人民法院应予支持。抵押人以抵押权设立时财产被查封或者扣押为由主张抵押合同无效的,人民法院不予支持。

以依法被监管的财产抵押的,适用前款规定。

(第十二讲　标的违法与担保合同的效力认定)

第三十八条　主债权未受全部清偿,担保物权人主张就担保财产的全部行使担保物权的,人民法院应予支持,但是留置权人行使留置权的,应当依照民法典第四百五十条的规定处理。

担保财产被分割或者部分转让,担保物权人主张就分割或者转让后的担保财产行使担保物权的,人民法院应予支持,但是法律或者司法解释另有规定的除外。

(第二十三讲　担保物权的效力)

第三十九条　主债权被分割或者部分转让,各债权人主张就其享有的债权份额行使担保物权的,人民法院应予支持,但是法律另有规定或者当事人另有约定的除外。

主债务被分割或者部分转移,债务人自己提供物的担保,债权人请求以该担保财产担保全部债务履行的,人民法院应予支持;第三人提供物的担保,主张对未经其书面同意转移的债务不再承担担保责任的,人民法院应予支持。

（第五讲　担保从属性的保险及其适用）

第四十条　从物产生于抵押权依法设立前,抵押权人主张抵押权的效力及于从物的,人民法院应予支持,但是当事人另有约定的除外。

从物产生于抵押权依法设立后,抵押权人主张抵押权的效力及于从物的,人民法院不予支持,但是在抵押权实现时可以一并处分。

（第二十三讲　担保物权的效力）

第四十一条　抵押权依法设立后,抵押财产被添附,添附物归第三人所有,抵押权人主张抵押权效力及于补偿金的,人民法院应予支持。

抵押权依法设立后,抵押财产被添附,抵押人对添附物享有所有权,抵押权人主张抵押权的效力及于添附物的,人民法院应予支持,但是添附导致抵押财产价值增加的,抵押权的效力不及于增加的价值部分。

抵押权依法设立后,抵押人与第三人因添附成为添附物的共有人,抵押权人主张抵押权的效力及于抵押人对共有物享有的份额的,人民法院应予支持。

本条所称添附,包括附合、混合与加工。

（第二十三讲　担保物权的效力）

第四十二条　抵押权依法设立后,抵押财产毁损、灭失或者被征收等,抵押权人请求按照原抵押权的顺位就保险金、赔偿金或者补偿金等优先受偿的,人民法院应予支持。

给付义务人已经向抵押人给付了保险金、赔偿金或者补偿金,抵押权人请求给付义务人向其给付保险金、赔偿金或者补偿金的,人民法院不予支持,但是给付义务人接到抵押权人要求向其给付的通知后仍然向抵押人给付的除外。

抵押权人请求给付义务人向其给付保险金、赔偿金或者补偿金的，人民法院可以通知抵押人作为第三人参加诉讼。

（**第二十三讲　担保物权的效力**）

第四十三条　当事人约定禁止或者限制转让抵押财产但是未将约定登记，抵押人违反约定转让当事人约定禁止或者限制转让抵押财产但是未将约定登记，抵押人违反约定转让抵押财产，抵押权人请求确认转让合同无效的，人民法院不予支持；抵押财产已经交付或者登记，抵押权人请求确认转让不发生物权效力的，人民法院不予支持，但是抵押权人有证据证明受让人知道的除外；抵押权人请求抵押人承担违约责任的，人民法院依法予以支持。

当事人约定禁止或者限制转让抵押财产且已经将约定登记，抵押人违反约定转让抵押财产，抵押权人请求确认转让合同无效的，人民法院不予支持；抵押财产已经交付或者登记，抵押权人主张转让不发生物权效力的，人民法院应予支持，但是因受让人代替债务人清偿债务导致抵押权消灭的除外。

（**第二十三讲　担保物权的效力**）

第四十四条　主债权诉讼时效期间届满后，抵押权人主张行使抵押权的，人民法院不予支持；抵押人以主债权诉讼时效期间届满为由，主张不承担担保责任的，人民法院应予支持。主债权诉讼时效期间届满前，债权人仅对债务人提起诉讼，经人民法院判决或者调解后未在民事诉讼法规定的申请执行时效期间内对债务人申请强制执行，其向抵押人主张行使抵押权的，人民法院不予支持。

主债权诉讼时效期间届满后，财产被留置的债务人或者对留置财产享有所有权的第三人请求债权人返还留置财产的，人民法院不予支持；债务人或者第三人请求拍卖、变卖留置财产并以所得价款清偿债务的，人民法院应予支持。

主债权诉讼时效期间届满的法律后果，以登记作为公示方式的权利质权，参照适用第一款的规定；动产质权、以交付权利凭证作为公示方式的权利质权,参照适用第二款的规定。

（第五讲　担保从属性的保险及其适用）

第四十五条　当事人约定当债务人不履行到期债务或者发生当事人约定的实现担保物权的情形,担保物权人有权将担保财产自行拍卖、变卖并就所得的价款优先受偿的,该约定有效。因担保人的原因导致担保物权人无法自行对担保财产进行拍卖、变卖,担保物权人请求担保人承担因此增加的费用的,人民法院应予支持。

当事人依照民事诉讼法有关"实现担保物权案件"的规定,申请拍卖、变卖担保财产,被申请人以担保合同约定仲裁条款为由主张驳回申请的,人民法院经审查后,应当按照以下情形分别处理:

（一）当事人对担保物权无实质性争议且实现担保物权条件已经成就的,应当裁定准许拍卖、变卖担保财产;

（二）当事人对实现担保物权有部分实质性争议的,可以就无争议的部分裁定准许拍卖、变卖担保财产,并告知可以就有争议的部分申请仲裁;

（三）当事人对实现担保物权有实质性争议的,裁定驳回申请,并告知可以向仲裁机构申请仲裁。

债权人以诉讼方式行使担保物权的,应当以债务人和担保人作为共同被告。

（第二十五讲　担保物权的消灭）

（二）不动产抵押

第四十六条　不动产抵押合同生效后未办理抵押登记手续,债权人请求抵押人办理抵押登记手续的,人民法院应予支持。

抵押财产因不可归责于抵押人自身的原因灭失或者被征收等导致不能办理抵押登记,债权人请求抵押人在约定的担保范围内承担责任的,人民法院不予支持;但是抵押人已经获得保险金、赔偿金或者补偿金等,债权人请求抵押人在其所获金额范围内承担赔偿责任的,人民法院依法予以支持。

因抵押人转让抵押财产或者其他可归责于抵押人自身的原因导致不能办理抵押登记,债权人请求抵押人在约定的担保范围内承担责任的,人民法院依法予以支持,但是不得超过抵押权能够设立时抵押人应当承担的责任范围。

（**第二十六讲　不动产抵押的疑难问题解析**）

第四十七条　不动产登记簿就抵押财产、被担保的债权范围等所作的记载与抵押合同约定不一致的,人民法院应当根据登记簿的记载确定抵押财产、被担保的债权范围等事项。

（**第二十三讲　担保物权的效力**）

第四十八条　当事人申请办理抵押登记手续时,因登记机构的过错致使其不能办理抵押登记,当事人请求登记机构承担赔偿责任的,人民法院依法予以支持。

（**第二十六讲　不动产抵押的疑难问题解析**）

第四十九条　以违法的建筑物抵押的,抵押合同无效,但是一审法庭辩论终结前已经办理合法手续的除外。抵押合同无效的法律后果,依照本解释第十七条的有关规定处理。

当事人以建设用地使用权依法设立抵押,抵押人以土地上存在违法的建筑物为由主张抵押合同无效的,人民法院不予支持。

（**第十二讲　标的违法与担保合同的效力认定**）

第五十条　抵押人以划拨建设用地上的建筑物抵押,当事人以该建设用地使用权不能抵押或者未办理批准手续为由主张抵押合同无效或者不生效的,人民法院不予支持。抵押权依法实现时,拍卖、变卖建筑物所得的价款,应当优先用于补缴建设用地使用权出让金。

（**第二十六讲　不动产抵押的疑难问题解析**）

当事人以划拨方式取得的建设用地使用权抵押,抵押人以未办理批准手续为由主张抵押合同无效或者不生效的,人民法院不予支持。已经依法办理抵押登记,抵押权人主张行使抵押权的,人民法院应予支持。抵押权依法实现时所得的价款,参照前款有关规定处理。

(第二十六讲　不动产抵押的疑难问题解析)

第五十一条　当事人仅以建设用地使用权抵押,债权人主张抵押权的效力及于土地上已有的建筑物以及正在建造的建筑物已完成部分的,人民法院应予支持。债权人主张抵押权的效力及于正在建造的建筑物的续建部分以及新增建筑物的,人民法院不予支持。

当事人以正在建造的建筑物抵押,抵押权的效力范围限于已办理抵押登记的部分。当事人按照担保合同的约定,主张抵押权的效力及于续建部分、新增建筑物以及规划中尚未建造的建筑物的,人民法院不予支持。

抵押人将建设用地使用权、土地上的建筑物或者正在建造的建筑物分别抵押给不同债权人的,人民法院应当根据抵押登记的时间先后确定清偿顺序。

(第二十六讲　不动产抵押的疑难问题解析)

第五十二条　当事人办理抵押预告登记后,预告登记权利人请求就抵押财产优先受偿,经审查存在尚未办理建筑物所有权首次登记、预告登记的财产与办理建筑物所有权首次登记时的财产不一致、抵押预告登记已经失效等情形,导致不具备办理抵押登记条件的,人民法院不予支持;经审查已经办理建筑物所有权首次登记,且不存在预告登记失效等情形的,人民法院应予支持,并应当认定抵押权自预告登记之日起设立。

当事人办理了抵押预告登记,抵押人破产,经审查抵押财产属于破产财产,预告登记权利人主张就抵押财产优先受偿的,人民法院应当在受理破产申请时抵押财产的价值范围内予以支持,但是在人民法院受理破产申请前一年内,债务人对没有财产担保的债务设立抵押预告登记的除外。

(第二十六讲　不动产抵押的疑难问题解析)

(三)动产与权利担保

第五十三条 当事人在动产和权利担保合同中对担保财产进行概括描述,该描述能够合理识别担保财产的,人民法院应当认定担保成立。

第五十四条 动产抵押合同订立后未办理抵押登记,动产抵押权的效力按照下列情形分别处理:

(一)抵押人转让抵押财产,受让人占有抵押财产后,抵押权人向受让人请求行使抵押权的,人民法院不予支持,但是抵押权人能够举证证明受让人知道或者应当知道已经订立抵押合同的除外;

(二)抵押人将抵押财产出租给他人并移转占有,抵押权人行使抵押权的,租赁关系不受影响,但是抵押权人能够举证证明承租人知道或者应当知道已经订立抵押合同的除外;

(三)抵押人的其他债权人向人民法院申请保全或者执行抵押财产,人民法院已经作出财产保全裁定或者采取执行措施,抵押权人主张对抵押财产优先受偿的,人民法院不予支持;

(四)抵押人破产,抵押权人主张对抵押财产优先受偿的,人民法院不予支持。

(第二十七讲 动产抵押权与质押权)

第五十五条 债权人、出质人与监管人订立三方协议,出质人以通过一定数量、品种等概括描述能够确定范围的货物为债务的履行提供担保,当事人有证据证明监管人系受债权人的委托监管并实际控制该货物的,人民法院应当认定质权于监管人实际控制货物之日起设立。监管人违反约定向出质人或者其他人放货、因保管不善导致货物毁损灭失,债权人请求监管人承担违约责任的,人民法院依法予以支持。

在前款规定情形下,当事人有证据证明监管人系受出质人委托监管该货物,或者虽然受债权人委托但是未实际履行监管职责,导致货物仍由出质人实际控制的,人民法院应当认定质权未设立。债权人可以基于质押合同的约定请求出质人承担违约责任,但是不得超过质权有效设立时出质人应当承担的责任范围。监管人未履行监管职责,债权人请求监管人承担责任的,人民法院依法予以支持。

(第二十七讲 动产抵押权与质押权)

第五十六条 买受人在出卖人正常经营活动中通过支付合理对价取得已被设立担保物权的动产,担保物权人请求就该动产优先受偿的,人民法院不予支持,但是有下列情形之一的除外:

(一)购买商品的数量明显超过一般买受人;

(二)购买出卖人的生产设备;

(三)订立买卖合同的目的在于担保出卖人或者第三人履行债务;

(四)买受人与出卖人存在直接或者间接的控制关系;

(五)买受人应当查询抵押登记而未查询的其他情形。

前款所称出卖人正常经营活动,是指出卖人的经营活动属于其营业执照明确记载的经营范围,且出卖人持续销售同类商品。前款所称担保物权人,是指已经办理登记的抵押权人、所有权保留买卖的出卖人、融资租赁合同的出租人。

(第二十七讲 动产抵押权与质押权)

第五十七条 担保人在设立动产浮动抵押并办理抵押登记后又购入或者以融资租赁方式承租新的动产,下列权利人为担保价款债权或者租金的实现而订立担保合同,并在该动产交付后十日内办理登记,主张其权利优先于在先设立的浮动抵押权的,人民法院应予支持:

(一)在该动产上设立抵押权或者保留所有权的出卖人;

(二)为价款支付提供融资而在该动产上设立抵押权的债权人;

(三)以融资租赁方式出租该动产的出租人。

买受人取得动产但未付清价款或者承租人以融资租赁方式占有租赁物但是未付清全部租金,又以标的物为他人设立担保物权,前款所列权利人为担保价款债权或者租金的实现而订立担保合同,并在该动产交付后十日内办理登记,主张其权利优先于买受人为他人设立的担保物权的,人民法院应予支持。

同一动产上存在多个价款优先权的,人民法院应当按照登记的时间先后确定清偿顺序。

（第二十七讲　动产抵押权与质押权）

第五十八条　以汇票出质,当事人以背书记载"质押"字样并在汇票上签章,汇票已经交付质权人的,人民法院应当认定质权自汇票交付质权人时设立。

（第二十八讲　权利质押的法律适用）

第五十九条　存货人或者仓单持有人在仓单上以背书记载"质押"字样,并经保管人签章,仓单已经交付质权人的,人民法院应当认定质权自仓单交付质权人时设立。没有权利凭证的仓单,依法可以办理出质登记的,仓单质权自办理出质登记时设立。

出质人既以仓单出质,又以仓储物设立担保,按照公示的先后确定清偿顺序;难以确定先后的,按照债权比例清偿。

保管人为同一货物签发多份仓单,出质人在多份仓单上设立多个质权,按照公示的先后确定清偿顺序;难以确定先后的,按照债权比例受偿。

存在第二款、第三款规定的情形,债权人举证证明其损失系由出质人与保管人的共同行为所致,请求出质人与保管人承担连带赔偿责任的,人民法院应予支持。

（第二十八讲　权利质押的法律适用）

第六十条　在跟单信用证交易中,开证行与开证申请人之间约定以提单作为担保的,人民法院应当依照民法典关于质权的有关规定处理。

在跟单信用证交易中,开证行依据其与开证申请人之间的约定或者跟单信用证的惯例持有提单,开证申请人未按照约定付款赎单,开证行主张对提单项下货物优先受偿的,人民法院应予支持;开证行主张对提单项下货物享有所有权的,人民法院不予支持。

在跟单信用证交易中,开证行依据其与开证申请人之间的约定或者跟单信用证的惯例,通过转让提单或者提单项下货物取得价款,开证申请人请求返还超出债权部分的,人民法院应予支持。

前三款规定不影响合法持有提单的开证行以提单持有人身份主张运输合同项下的权利。

(第二十八讲　权利质押的法律适用)

第六十一条　以现有的应收账款出质,应收账款债务人向质权人确认应收账款的真实性后,又以应收账款不存在或者已经消灭为由主张不承担责任的,人民法院不予支持。

以现有的应收账款出质,应收账款债务人未确认应收账款的真实性,质权人以应收账款债务人为被告,请求就应收账款优先受偿,能够举证证明办理出质登记时应收账款真实存在的,人民法院应予支持;质权人不能举证证明办理出质登记时应收账款真实存在,仅以已经办理出质登记为由,请求就应收账款优先受偿的,人民法院不予支持。

以现有的应收账款出质,应收账款债务人已经向应收账款债权人履行了债务,质权人请求应收账款债务人履行债务的,人民法院不予支持,但是应收账款债务人接到质权人要求向其履行的通知后,仍然向应收账款债权人履行的除外。

以基础设施和公用事业项目收益权、提供服务或者劳务产生的债权以及其他将有的应收账款出质,当事人为应收账款设立特定账户,发生法定或者约定的质权实现事由时,质权人请求就该特定账户内的款项优先受偿的,人民法院应予支持;特定账户内的款项不足以清偿债务或者未设立特定账户,质权人请求折价或者拍卖、变卖项目收益权等将有的应收账款,并以所得的价款优先受偿的,人民法院依法予以支持。

(第二十八讲　权利质押的法律适用)

第六十二条　债务人不履行到期债务,债权人因同一法律关系留置合法占有的第三人的动产,并主张就该留置财产优先受偿的,人民法院应予支持。第三人以该留置财产并非债务人的财产为由请求返还的,人民法院不予支持。

企业之间留置的动产与债权并非同一法律关系,债务人以该债权不属于企业持续经营中发生的债权为由请求债权人返还留置财产的,人民法院应予支持。

企业之间留置的动产与债权并非同一法律关系,债权人留置第三人的财产,第三人请求债权人返还留置财产的,人民法院应予支持。

(第二十九讲 留置权的法律适用)

四、关于非典型担保

第六十三条 债权人与担保人订立担保合同,约定以法律、行政法规尚未规定可以担保的财产权利设立担保,当事人主张合同无效的,人民法院不予支持。当事人未在法定的登记机构依法进行登记,主张该担保具有物权效力的,人民法院不予支持。

(第三十五讲 新类型担保的法律适用)

第六十四条 在所有权保留买卖中,出卖人依法有权取回标的物,但是与买受人协商不成,当事人请求参照民事诉讼法"实现担保物权案件"的有关规定,拍卖、变卖标的物的,人民法院应予准许。

出卖人请求取回标的物,符合民法典第六百四十二条规定的,人民法院应予支持;买受人以抗辩或者反诉的方式主张拍卖、变卖标的物,并在扣除买受人未支付的价款以及必要费用后返还剩余款项的,人民法院应当一并处理。

(第三十一讲 所有权保留的担保功能及其实现)

第六十五条 在融资租赁合同中,承租人未按照约定支付租金,经催告后在合理期限内仍不支付,出租人请求承租人支付全部剩余租金,并以拍卖、变卖租赁物所得的价款受偿的,人民法院应予支持;当事人请求参照民事诉讼法"实现担保物权案件"的有关规定,以拍卖、变卖租赁物所得价款支付租金的,人民法院应予准许。

出租人请求解除融资租赁合同并收回租赁物,承租人以抗辩或者反诉的方式主张返还租赁物价值超过欠付租金以及其他费用的,人民法院

应当一并处理。当事人对租赁物的价值有争议的,应当按照下列规则确定租赁物的价值:

(一)融资租赁合同有约定的,按照其约定;

(二)融资租赁合同未约定或者约定不明的,根据约定的租赁物折旧以及合同到期后租赁物的残值来确定;

(三)根据前两项规定的方法仍然难以确定,或者当事人认为根据前两项规定的方法确定的价值严重偏离租赁物实际价值的,根据当事人的申请委托有资质的机构评估。

(第三十二讲 融资租赁的担保功能及其实现)

第六十六条 同一应收账款同时存在保理、应收账款质押和债权转让,当事人主张参照民法典第七百六十八条的规定确定优先顺序的,人民法院应予支持。

在有追索权的保理中,保理人以应收账款债权人或者应收账款债务人为被告提起诉讼,人民法院应予受理;保理人一并起诉应收账款债权人和应收账款债务人的,人民法院可以受理。

应收账款债权人向保理人返还保理融资款本息或者回购应收账款债权后,请求应收账款债务人向其履行应收账款债务的,人民法院应予支持。

(第三十三讲 保理的担保功能及其实现)

第六十七条 在所有权保留买卖、融资租赁等合同中,出卖人、出租人的所有权未经登记不得对抗的"善意第三人"的范围及其效力,参照本解释第五十四条的规定处理。

第六十八条 债务人或者第三人与债权人约定将财产形式上转移至债权人名下,债务人不履行到期债务,债权人有权对财产折价或者以拍卖、变卖该财产所得价款偿还债务的,人民法院应当认定该约定有效。当事人已经完成财产权利变动的公示,债务人不履行到期债务,债权人请求参照民法典关于担保物权的有关规定就该财产优先受偿的,人民法院应予支持。

债务人或者第三人与债权人约定将财产形式上转移至债权人名下,债务人不履行到期债务,财产归债权人所有的,人民法院应当认定该约定无效,但是不影响当事人有关提供担保的意思表示的效力。当事人已经完成财产权利变动的公示,债务人不履行到期债务,债权人请求对该财产享有所有权的,人民法院不予支持;债权人请求参照民法典关于担保物权的规定对财产折价或者以拍卖、变卖该财产所得的价款优先受偿的,人民法院应予支持;债务人履行债务后请求返还财产,或者请求对财产折价或者以拍卖、变卖所得的价款清偿债务的,人民法院应予支持。

债务人与债权人约定将财产转移至债权人名下,在一定期间后再由债务人或者其指定的第三人以交易本金加上溢价款回购,债务人到期不履行回购义务,财产归债权人所有的,人民法院应当参照第二款规定处理。回购对象自始不存在的,人民法院应当依照民法典第一百四十六条第二款的规定,按照其实际构成的法律关系处理。

(第三十讲　让与担保的法律适用)

第六十九条　股东以将其股权转移至债权人名下的方式为债务履行提供担保,公司或者公司的债权人以股东未履行或者未全面履行出资义务、抽逃出资等为由,请求作为名义股东的债权人与股东承担连带责任的,人民法院不予支持。

第七十条　债务人或者第三人为担保债务的履行,设立专门的保证金账户并由债权人实际控制,或者将其资金存入债权人设立的保证金账户,债权人主张就账户内的款项优先受偿的,人民法院应予支持。当事人以保证金账户内的款项浮动为由,主张实际控制该账户的债权人对账户内的款项不享有优先受偿权的,人民法院不予支持。

在银行账户下设立的保证金分户,参照前款规定处理。

当事人约定的保证金并非为担保债务的履行设立,或者不符合前两款规定的情形,债权人主张就保证金优先受偿的,人民法院不予支持,但是不影响当事人依照法律的规定或者按照当事人的约定主张权利。

(第三十四讲　保证金账户质押的设立)

五、附则

第七十一条　本解释自 2021 年 1 月 1 日起施行。

（第四讲　新旧担保制度的衔接与适用）

后　　记

　　尽管审理过不少担保纠纷案件,并在《物权法》通过后,曾就《物权法》与《担保法》的规范冲突、抵押物的转让以及《物权法》第184条(《民法典》第399条)的规范性质等问题撰写过数篇论文,且数十次以"后物权法时代的担保制度"为题给实务界人士讲授担保法,但在接受执笔起草民法典担保制度司法解释的任务时,仍然觉得力所不逮,如履薄冰。究其原因,一是担保制度的复杂性决定起草司法解释的难度很大,二是原《担保法解释》树立了一个很难超越的标杆,且《民法典》又将大家的期望值提高到一个难以企及的高度。幸运的是,当时已有《九民纪要》奠定了坚实基础,且从接受任务到完成初稿并提交给2020年6月11日在湖南浏阳召开的民商事审判座谈会进行讨论,我们也已得到了理论界和实务界诸多专家的大力支持和无私奉献。在对座谈会就初稿提出的问题进行全面梳理并广泛调研的基础上,我们将修改稿提交给10月11日在中国人民大学法学院召开的专家论证会进行讨论。此后,我们又先后在国家法官学院、重庆召开座谈会,全面听取了各级法院的意见;通过委托全国律协举办座谈会,全面听取了各地律师代表的意见。在充分吸收理论界的意见和建议后,我们形成了征求意见稿,并在向全社会征求意见的同时,再次委托数家法学院校和科研机构对征求意见稿进行论证。此外,在向全国人大常委会法工委征求意见前,我们还就融资租赁、提单质押、仓单质押等问题专门征求了"一行两会"以及包括银行业协会在内的八家行业协会的意见,并就司法解释涉及的不动产登记问题专门听取了自然资源部不动产登记局的意见。应该说,这部司法解释是理论界与实务界共同智慧的结晶。

　　当然,也正是因为要吸收各方面的意见和建议,可能有些意见和建议最终没有被采纳,但并不意味这些意见不重要或者不正确,而是因为要取"最大公约数",就必然要舍弃一些意见和建议,包括我自己的一些意见和建议。例如,考虑租赁权与担保物权的冲突是实践中的一个常见问题,且《民法典》确立了居住权制度,也必然对担保物权的行使产生影响,我们在征求意见稿之前的稿子中,本已就居住权、租赁权与担保物权的竞合问题作了规定,但在后续的讨论中,有人提出居住权的实践还没有开始,有待积累经验,因此这一规定在征求意见稿中被删除了。再如,直到提交给审委会讨论的稿子中,都有作为购房人的消费者的权利与担保物权发生冲突时如何处理的规定,但在讨论时,有观点建议将这一问题交给当时正在制定的执行异议之诉司法解释予以规定,所以也被删除了。这些遗憾,也许只能留待今后的司法解释或者指导案例去弥补了。本书在一定程度上交代了当时决策的过程,算是对所提意见和建议的一个回应。同时,笔者也想顺便谈谈自己的一些感受:一是司法解释的起草,本质上属于一种解释论的操作,因此和法官审理案件一样,既要遵循法律解释的方法,更要尊重立法原意,这是依法治国的必然要求;二是《民法典担保解释》的不少规定来自个案审理的经验,因此及时总结实践智慧,是实现法律本土化的必经之路,例如《民法典担保解释》关于在同一份合同书上签字、盖章或者按指印的共同担保人之间可以相互追偿的规定,就是受到个案审理的启发而提出的方案,再如公司对外提供担保裁判规则的形成,也起源于个案的审理。对于这些内容,书中已有交代,此处不赘。

在司法解释的起草过程中,受最高人民法院民二庭的指派,笔者曾四次前往中信银行为该行法律和合规部门系统讲授"制定中的担保制度解释"。这四次授课的内容,形成本书最初的架构——"教学相长",在授课前必然要先将自己的知识系统化。此外,通过与学员的交流,也使我对银行业务有了更加深入的了解。例如,关于保证金账户的类型及其管理,就是在授课过程中获得的知识。因此,四次授课也就成了四次现场调研。司法解释通过后,在法院系统组织的培训中,我又从参训法官那里了解到他们在理解和适用这部司法解释时面临的诸多困惑。这无疑是激发我将讲稿进一步予以完善的重要动力。需要说明的是,每本书都有其使命,本书也不例外。本书旨在为实务界人士全面系统地掌握担保制度提供一个通俗易懂的读本。与大学教材不同的是,本书更加重视揭示制度或者规则之间的内在联系以及协同适用,因而要求读者具有一定的法学基础知识以及实务经验;与法学专著不同的是,本书不是就某一方面的问题进行专门研究,而是结合司法实务全面讲授担保制度。就担保制度进行的专题性研究,笔者将通过其他作品予以呈现。谢谢大家的关注,并请不吝赐教!

本书得以面世,首先要感谢"麦读"曾健先生和天津大学王绍喜教授的鼓励。没有他们的鼓励,讲稿现在可能还躺在书桌上。此外,曾健先生对书稿的完善也起到了至关重要的作用。在本书编辑出版的过程中,笔者正全身心投入民法典合同编司法解释的起草工作,因此本书的内容,只能委托他找专家帮忙把关。书中的重点提示和图表制作,也体现了他们的法律智慧和专业精神。最后,中国民主法制出版社的编辑和排版师,为本书的出版也付出了十分辛勤的劳动,在此一并致谢!

图书在版编目(CIP)数据

担保法精讲:体系解说与实务解答/吴光荣著.—北京:中国民主法制出版社,2023.1

ISBN 978-7-5162-3005-3

Ⅰ.①担… Ⅱ.①吴… Ⅲ.①担保法-法律解释-中国 Ⅳ.①D923.25

中国版本图书馆 CIP 数据核字(2022)第 223575 号

图书出品人:刘海涛
图 书 策 划:麦 读
责 任 编 辑:陈 曦 庞贺鑫 孙振宇
书名/担保法精讲:体系解说与实务解答
作者/吴光荣 著
出版·发行/中国民主法制出版社
地址/北京市丰台区右安门外玉林里 7 号(100069)
电话/(010)63055259(总编室) 63058068 63057714(营销中心)
传真/(010)63055259
http://www.npcpub.com
E-mail:mzfz@npcpub.com
经销/新华书店
开本/32 开 880 毫米×1230 毫米
印张/19 字数/500 千字
版本/2023 年 1 月第 1 版 2025 年 9 月第 5 次印刷
印刷/北京天宇万达印刷有限公司
书号/ISBN 978-7-5162-3005-3
定价/99.00 元